北京大学经济学教材系列 | 金融学系列

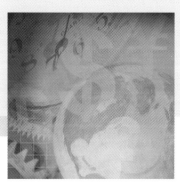

2nd Edition
Corporate Finance

公司金融学

（第二版）

李心愉 编著

北京大学出版社
PEKING UNIVERSITY PRESS

图书在版编目(CIP)数据

公司金融学/李心愉编著. —2版. —北京:北京大学出版社,2015.10
(北京大学经济学教材系列)
ISBN 978-7-301-26317-4

Ⅰ.①公…　Ⅱ.①李…　Ⅲ.①公司—金融学—高等学校—教材　Ⅳ.①F276.6

中国版本图书馆CIP数据核字(2015)第229382号

书　　　名	公司金融学(第二版) GONGSI JINRONGXUE
著作责任者	李心愉　编著
策划编辑	郝小楠
责任编辑	兰　慧
标准书号	ISBN 978-7-301-26317-4
出版发行	北京大学出版社
地　　　址	北京市海淀区成府路205号　100871
网　　　址	http://www.pup.cn
电子信箱	em@pup.cn　　　QQ:552063295
新浪微博	@北京大学出版社　@北京大学出版社经管图书
电　　　话	邮购部 62752015　发行部 62750672　编辑部 62752926
印刷者	三河市博文印刷有限公司
经销者	新华书店
	787毫米×1092毫米　16开本　29印张　670千字 2008年9月第1版 2015年10月第2版　2020年12月第3次印刷
定　　　价	58.00元

未经许可，不得以任何方式复制或抄袭本书之部分或全部内容。
版权所有，侵权必究
举报电话：010-62752024　电子信箱：fd@pup.pku.edu.cn
图书如有印装质量问题，请与出版部联系，电话：010-62756370

编委会名单

丛书主编：孙祁祥

编　　委：（按汉语拼音排序）

董志勇　何小锋　林双林

平新乔　宋　敏　王跃生

叶静怡　章　政　郑　伟

总　序

在经济全球化趋势不断强化和技术进步对经济活动的影响不断深化的时代，各种经济活动、相关关系和经济现象不是趋于简单化，而是变得越来越复杂，越来越具有嬗变性和多样性。如何对更纷繁、更复杂、更多彩的经济现象在理论上进行更透彻的理解和把握，科学地解释、有效地解决经济活动过程中已经存在的、即将面对的一系列问题，是现在和未来的各类经济工作者需要高度关注的重要课题。

北京大学经济学院作为国家教育部确定的"国家经济学基础人才培养基地"和"全国人才培养模式创新实验区"，一直致力于不断地全面提升教学和科研水平，不断吸引和培养世界一流的入学学生及毕业生，不断地推出具有重大学术价值的科研成果，以创建世界一流的经济学院。而创建世界一流经济学院，一个必要条件就是培养世界一流的经济学人才。我们的目标让学生能够得到系统的、科学的、严格的专业训练，系统而深入地掌握经济学学习和研究的基本方法、基本原理和最新动态，为他们能够科学地解释和有效地解决他们即将面对的现实经济问题奠定基础。

基于这种认识，北京大学经济学院在近年来深入总结了人才培养各个方面的经验教训，在全面考察和深入研究国内外著名经济院系本科生、硕士研究生、博士研究生的培养方案以及学科建设和课程设置经验的基础上，对本院学生的培养方案和课程设置等进行了全方位改革，并组织编撰了"北京大学经济学教材系列"。

编撰该系列教材的基本宗旨是：

第一，学科发展的国际经验与中国实际的有机结合。在教学的实践中我们深刻地认识到，任何一本国际顶尖的教材，都存在一个与中国经济实践有机结合的问题。某些基本原理和方法可能具有国际普适性，但对原理和方法的把握则必须与本土的经济活动相联系，必须把抽象的原理与本土鲜活的、丰富多彩的经济现象相联系。我们力争在该系列教材中，充分吸收国际范围内同类教材所承载的理论体系和方法论体系，在此基础上，切实运用中国案例进行解读和理解，使其成为能够解释和解决学生遇到的经济现象和经济问题的知识。

第二，"成熟的"理论、方法与最新研究成果的有机结合。教科书的内容必须是"成熟"或"相对成熟"的理论和方法，即具有一定"公认度"的理论和方法，不能是"一家之言"，否则就不是教材，而是"专著"。从一定意义上说，教材是"成熟"或"相对成熟"的理论和方法的"汇编"，所以，相对"滞后"于经济发展实际和理论研究的现状是教材的一个特点。然而，经济活动过程及其相关现象是不断变化着的，经济理论的研究也在时刻发生着变化，我们要告诉学生的不仅是那些已经成熟的东西，而且要培养学生把握学术发展最新动态的能力。因此，在系统介绍已有的理论体系和方法论基础的同时，本系列教材还向学生介绍了相关理论及其方法的创新点。

第三，"国际规范"与"中国特点"在写作范式上的有机结合。经济学在中国发展的

"规范化""国际化""现代化"与"本土化"关系的处理,是多年来学术界讨论学科发展的一个焦点问题。本系列教材不可能对这一问题作出确定性的回答,但是在写作范式上,却争取做好这种结合。基本理论和方法的阐述坚持"规范化""国际化""现代化",而语言的表述则坚守"本土化",以适应本土师生的阅读习惯和文本解读方式。

本系列教材的作者均是我院主讲同门课程的教师,各教材也是他们在多年教案的基础上修订而成的。自2004年本系列教材推出以来至本次全面改版之前,共出版教材18本,其中有6本教材入选国家级规划教材("九五"至"十二五"),4本获选北京市精品教材及立项,多部教材成为该领域的经典,形成了良好的教学与学术影响,成为本科教材的品牌系列。

在北京大学经济学院成立100周年之际,为了更好地适应新时期的教学需要以及教材发展要求,我们特对本系列教材进行全面改版,并吸收近年来的优秀教材进入系列,以飨读者。当然,我们也深刻地认识到,教材建设是一个长期的动态过程,已出版教材总是会存在不够成熟的地方,总是会存在这样那样的缺陷。本系列教材出版以来,已有三分之一的教材至少改版一次。我们也真诚地期待能继续听到专家和读者的意见,以期使其不断地得到充实和完善。

十分感谢北京大学出版社的真诚合作和相关人员付出的艰辛劳动。感谢经济学院历届的学生们,你们为经济学院的教学工作作出了特有的贡献。

将此系列教材真诚地献给使用它们的老师和学生们!

北京大学经济学院教材编委会
2013年3月

前　　言

公司金融活动的核心是通过投融资等金融决策为股东创造价值。本书以价值及价值创造为核心，并以这一核心形成逻辑顺序，系统地阐述了公司金融学的理论和方法。本次修订后，仍然保持第一版的章节结构体系及主要内容。本书的内容可以概括为以下几个部分：

第一部分包括第一章至第三章，介绍与公司金融决策相关的基本财务知识，包括财务报表的阅读和分析，公司金融学的主要研究内容和理论框架。这部分内容的特点是，强调在理解公司财务报表的基础上，对财务报表进行分析，以揭示公司的投资、融资、经营管理等财务决策活动的重要信息，深入地了解公司现金流和价值创造的特征。

第二部分包括第四章至第八章，介绍资产定价理论和投资决策方法，包括价值确定的基本原理、投资组合理论与资产定价模型、资本预算决策、资本预算与证券投资中的风险分析以及实物期权。这部分内容强调理论与应用的结合，注重从价值创造的角度进行投资决策分析。

第三部分包括第九章至第十二章，介绍公司融资理论和融资决策方法，包括有效资本市场理论、资本结构和股利理论、估算资本成本的方法，以及融资方式、资本结构、股利政策的选择等。这部分内容的特点是注重联系资产定价和投资决策的内容，从创造价值的角度讨论公司融资问题。通过本部分内容的学习，读者不仅能够了解公司融资决策的主要方法和内容，而且能够进一步加深对投资决策方法的理解，从而可以从公司金融决策的角度（而不是孤立地）来看待公司的投融资决策。

第四部分包括第十三章至第十五章，介绍公司营运资本的投融资理论和决策方法，包括公司营运资本政策、流动资产和流动负债的管理等。在简要介绍流动资产和流动负债管理基本内容的基础上，强调营运资本决策的两个主要方面：确定流动资产的最佳水平和决定维持最佳流动资产水平而进行的短期融资与长期融资的组合。

本书最后部分介绍了公司价值评估的理论与方法，包括确定公司价值的比较价值法和自由现金流贴现法，以及经济增加值和附加市场价值等方法。

本次重点修订的章节是第二章和第三章。2007年以来，我国的企业会计报表开始执行新的会计准则，会计报表的科目有较大变化。因此，第二版对第一版第二章和第三章中的企业会计报表案例进行了更换，在新案例的基础上重新计算了财务分析指标，并介绍了阅读和分析企业财务报表的方法。

对于本书其他章节的修订主要体现在对一些案例的调整上。例如，在第一章中增加和改写了案例，在公司金融理论模块的介绍中加入了对行为公司金融理论的简介，以反映公司金融理论的最新进展，在第五章中增加了风险分散效应的实例；等等。此外，修订中对各章节所阐述的理论和概念都重新进行了斟酌，对不够精练和准确的表述进行了修改，力求表述更加严谨。对各章节的案例和例题都尽可能进行了重新编排，以使其更加具有时代感。

  本书尽可能吸收目前国内外同类教材的特点，以较广的视角和深度介绍公司金融学基本理论的同时，配合一定的案例、小资料、小故事以及例题，以增强读者兴趣，帮助读者更好地理解和应用相关理论及方法。每章开头的本章概要和学习目标，能够帮助读者提高学习的目的性和主动性，每章末尾的总结则可以帮助读者回顾和复习各章的知识点与主要内容，提高学习效率。各章所附有的思考和练习则有助于读者拓展思路、巩固知识。

李心愉
2015 年 2 月于北京大学经济学院

目 录

第一章 导论 (1)
- 引言 (1)
- 第一节 公司金融活动的内容 (1)
- 第二节 公司金融决策的目标 (9)
- 第三节 公司金融活动的环境 (13)
- 第四节 现代公司金融理论的基本框架 (19)
- 本章总结 (22)
- 思考与练习 (23)

第二章 财务报表 (24)
- 引言 (24)
- 第一节 资产负债表 (24)
- 第二节 损益表 (32)
- 第三节 现金流量表 (40)
- 第四节 财务报表以外看公司 (47)
- 本章总结 (50)
- 思考与练习 (51)

第三章 财务分析 (54)
- 引言 (54)
- 第一节 财务比率分析 (55)
- 第二节 增长趋势分析 (66)
- 第三节 综合财务分析 (68)
- 本章总结 (71)
- 思考与练习 (72)

第四章 货币的时间价值 (74)
- 引言 (74)
- 第一节 概述 (74)
- 第二节 货币的将来值与现值 (77)
- 第三节 债券与普通股的价值 (86)
- 本章总结 (93)
- 思考与练习 (95)

第五章 收益与风险 .... (98)

引言 .... (98)

第一节 期望收益率与风险 .... (99)

第二节 投资组合与风险分散 .... (107)

第三节 资本资产定价模型 .... (120)

第四节 因素模型 .... (130)

第五节 套利定价理论 .... (133)

本章总结 .... (138)

思考与练习 .... (139)

第六章 资本预算 .... (142)

引言 .... (142)

第一节 资本预算过程 .... (142)

第二节 估算投资项目的现金流量 .... (146)

第三节 投资决策准则 .... (153)

本章总结 .... (171)

思考与练习 .... (173)

第七章 资本预算与证券投资中的风险分析 .... (176)

引言 .... (176)

第一节 调整资本预算的贴现率 .... (177)

第二节 调整资本预算的现金流量 .... (179)

第三节 评估资本预算风险的其他方法 .... (181)

第四节 证券投资风险分析 .... (192)

本章总结 .... (205)

思考与练习 .... (206)

第八章 期权与实物期权 .... (209)

引言 .... (209)

第一节 期权的基本知识 .... (209)

第二节 期权的价值 .... (215)

第三节 实物期权 .... (223)

本章总结 .... (228)

思考与练习 .... (229)

第九章 长期资金筹集 .... (231)

引言 .... (231)

第一节 公司融资与资本市场有效性 .... (232)

第二节 权益融资 .... (240)

第三节 债务与租赁融资 .... (252)

第四节 认股权证与可转换债券融资 .... (273)

本章总结 …………………………………………………………………… (284)
　　思考与练习 ………………………………………………………………… (286)

第十章　估算资本成本 …………………………………………………………… (289)

　　引言 ………………………………………………………………………… (289)
　　第一节　估算个别资本成本 ………………………………………………… (290)
　　第二节　估算加权平均资本成本 …………………………………………… (294)
　　第三节　估算边际资本成本 ………………………………………………… (299)
　　第四节　估算项目的资本成本 ……………………………………………… (302)
　　本章总结 …………………………………………………………………… (308)
　　思考与练习 ………………………………………………………………… (309)

第十一章　确定资本结构 ………………………………………………………… (312)

　　引言 ………………………………………………………………………… (312)
　　第一节　资本结构理论 ……………………………………………………… (313)
　　第二节　资本结构与财务杠杆效应 ………………………………………… (330)
　　第三节　资本结构决策 ……………………………………………………… (333)
　　本章总结 …………………………………………………………………… (341)
　　思考与练习 ………………………………………………………………… (342)

第十二章　股利理论与政策 ……………………………………………………… (345)

　　引言 ………………………………………………………………………… (345)
　　第一节　股利理论 …………………………………………………………… (346)
　　第二节　股利政策的选择 …………………………………………………… (351)
　　第三节　股票股利、拆股与股票回购 ……………………………………… (358)
　　本章总结 …………………………………………………………………… (364)
　　思考与练习 ………………………………………………………………… (366)

第十三章　营运资本政策与短期融资 …………………………………………… (368)

　　引言 ………………………………………………………………………… (368)
　　第一节　概述 ………………………………………………………………… (369)
　　第二节　营运资本政策 ……………………………………………………… (371)
　　第三节　短期融资决策 ……………………………………………………… (378)
　　本章总结 …………………………………………………………………… (382)
　　思考与练习 ………………………………………………………………… (383)

第十四章　流动资产管理 ………………………………………………………… (386)

　　引言 ………………………………………………………………………… (386)
　　第一节　现金与有价证券管理 ……………………………………………… (387)
　　第二节　应收账款管理 ……………………………………………………… (400)
　　第三节　存货管理 …………………………………………………………… (406)
　　本章总结 …………………………………………………………………… (409)

思考与练习 ………………………………………………………… (410)
第十五章　公司价值评估 ………………………………………………… (412)
　　引言 ………………………………………………………………… (412)
　　第一节　公司价值评估的方法 …………………………………… (412)
　　第二节　公司购并中的价值评估 ………………………………… (420)
　　第三节　公司价值创造的衡量 …………………………………… (426)
　　本章总结 …………………………………………………………… (435)
　　思考与练习 ………………………………………………………… (436)
参考文献 …………………………………………………………………… (439)
附表 ………………………………………………………………………… (440)
后记 ………………………………………………………………………… (449)
第二版后记 ………………………………………………………………… (451)

第一章 导 论

▌本章概要▌

从事公司金融活动最重要的任务是要找到以下三个主要问题的解决途径：第一，公司应该选择或避免什么长期投资项目，是否应该停止正在进行的长期投资项目？这是资本预算决策。第二，公司应该通过何种方式筹集资金以满足投资需求？这是融资决策。第三，公司应该如何提高短期资产的运转效率，增加资产的流动性，降低企业的经营风险？这是营运资金管理决策。公司金融活动的核心是通过投资、融资、营运资金管理等金融决策创造价值，而公司金融学则为有效的金融决策提供理论框架和决策依据。投资组合等投、融资理论，资本结构理论，资产定价理论，资本市场理论，公司契约、控制理论等构成了公司金融学的主要理论基础。与其他学科一样，公司金融学在对其原理论体系的不断突破和丰富中发展完善。

▌学习目标▌

1. 了解公司金融学的主要内容和核心问题。
2. 了解公司金融决策的基本目标。
3. 了解公司金融学的基本理论框架。

引 言

通用电气、微软、沃尔玛、思科这些我们耳熟能详的世界著名企业连年被作为最受欢迎的公司而名列《财富》杂志的榜首。这些公司在为投资者赢得丰厚的投资收益的同时，也为股东、债权人、消费者、企业员工、供应商等创造了价值，而这一切都离不开科学的公司金融决策。如果缺乏对现代金融理论的认识，就不可能作出科学的决策，也就不能成为一个称职的管理者。

本书将帮你找到如何进行科学金融决策的答案。在本章中，你将初步了解公司金融学的基本内容，了解进行科学金融决策所必须遵循的基本目标等重要问题，这些将为你后续的学习奠定基础并开拓专业的视角。

第一节 公司金融活动的内容

假如你需要创办一家公司，生产一种你认为可以带来大量利润的产品，你首先需要招募一批人员负责经营、管理、生产和销售，并且要在存货、机器、土地等方面进行投资。为了满足投资所需的资金，你需要筹集与你的投入相等的资金。当公司运转产品销售之后，开始获得现金和利润。如果你打算扩大业务规模，那么必须考虑将一部分利润留下，并从公司外部融通一部分资金用于扩大生产和销售规模。上述经营过程反映了公司金融活动的主要内容,倘若从财务的角度进行描述,这些内容可以通过一幅简易的资产负债平衡图描述。

一、公司资产负债平衡图

资产负债平衡图如图 1-1 所示,它的左边是公司资产的价值。这些资产被划分为流动资产和非流动资产。流动资产指现金、应收账款、存货等短期就能变现的资产,非流动资产则包括固定资产、对外长期投资和人力资源、专利等无形资产。各种有形、无形的资产价值之和就是公司资产的总价值。这些资产的价值是公司通过各种各样的投资活动和经营管理活动取得的。资产负债平衡图的右边表示公司的融资结构,公司既可以通过吸收自有资金也可以通过筹集债务资金来取得所需资金,融资结构的状况反映了公司的财务风险和资本实力,各种来源的资金价值之和应等于公司资产的总价值。

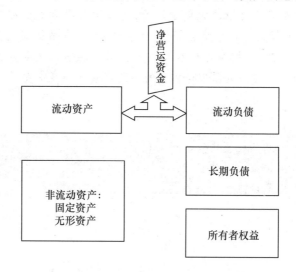

图 1-1 公司资产负债平衡图

资产负债平衡图不仅反映了公司金融活动的主要内容,也反映了公司金融学需要研究的基本问题:

(1)公司应该选择什么样的长期投资战略?这是投资决策问题,涉及资产负债平衡图的左边。

(2)公司应该如何筹集长期投资所需要的资金?这是筹资决策问题,涉及资产负债平衡图的右边。

(3)公司应该如何管理自身在经营中的现金流量?需要多少短期资金以保证日常生产经营活动的正常周转?这是营运资金管理的问题,涉及资产负债平衡图的左上方和右上方。

当然,公司金融活动的内容和公司金融学所研究的问题远不止这些,但以上三方面却是最重要最基本的问题。

二、公司金融活动的主要内容

公司金融活动是指组织企业金融事务、处理财务关系的经济管理活动。不同的主体,在不同的经济制度下,其金融活动的内容与作用是不同的。如营利性机构和非营利性机构金融活动的内容就不一样,传统计划经济体制下企业与市场经济体制下的独立法人企业的金融活动的内容也不一样。但任何企业要想生存,就要筹资、投资、生产、销售,这其中的每一个环节都会发生资金的收支活动,这些资金的收支往来构成了企业种类繁多的金融活动以及在组织这些金融活动过程中发生的各种各样的经济关系,公司金融活动的主要内容就是处理和协调好这些问题。①

(一) 长期资金筹集

长期资金筹集管理是要解决企业的资金来源问题。在长期资金筹集管理中要研究和解决的问题包括以下几个方面:

1. 长期资金来源的类别及其比例的选择

任何企业在筹资的时候,都面临自有资金和债务资金比例的选择。人们常说:"最潇洒的人是今天花明天的钱的人,最聪明的人是用别人的钱发财的人,最傻的人是把钱存在银行让别人发财的人。"对于公司而言,就是选择自有资金与债务资金的比例问题。根据公司金融理论中的资本结构学说,自有资金与债务资金的比例不仅影响公司的财务风险,而且可能影响公司的价值。因此,融资决策的目标就是要选择使得公司财务风险尽可能小而企业价值尽可能大的负债和所有者权益的比例。韩国大宇集团在政府政策和银行信贷的支持下,走的是一条"高负债经营"之路,大规模举债,大规模扩张,结果使集团的财务风险增大。1997年亚洲金融危机爆发后,大宇集团继续发行债务,从而加速了这个负债累累的集团的解散速度。

企业在筹资的时候还要安排好长期资金与短期资金的比例。权益资金和长期负债是公司可以在较长时间内运用的资金,属于长期资金,而短期债务则属于短期资金。较多的长期资金可以减少现金支付的压力,降低对短期资金的需求,从而降低财务风险。但是由于成本高,长期资金占比太高则可能影响公司的收益。因此,公司进行筹资时,必须考虑长短期资金的合理搭配和资本结构与资产结构的有机协调。在我国,很多企业长期以来都是把银行短期贷款用于资金回收时间较长的长期性资产投资上,由此使企业的资产结构与资本结构在时间上和数量上形成较大的不协调,并因此形成"短贷长投"的资金缺口,稍有不慎就可能引起资金周转困难。

2. 确定各种资金来源的成本与风险

企业资金来源的类别不同,性质不同,资金成本与风险也就不同。权益资本风险小,但成本高;债务资本成本低,但风险大。而股票、债券、银行借款、租赁等各种具体的融资方式的成本及其利弊各异,需要通过分析计算进行对比和选择。

3. 确定利润分配计划或股利政策

利润也是资金来源的渠道之一,在筹集决策中还要考虑利润如何分配,对于股份公司而言,则为股利政策问题。

---

① 英文中的"Corporate Finance"一词既可以翻译为"公司金融",也可以翻译为"公司财务"。为了更好地区别于财务会计,本书作者强调公司金融的概念并主要讨论现代公司制企业的金融活动。

大宇集团高负债之累

1967年,金宇中靠手中的1万美元,成立了大宇贸易公司。公司最初做服装贸易,后来靠成为美国纽约政府采购项目的一个供应商步入了发展的新台阶。1976年,大宇得到了一个亏损37年的国有重型机械厂。一年间,大宇扭亏为盈,并以该工厂为基础,开始造船、造汽车。在银行贷款的支持下,通过不断兼并、收购和投资,90年代,大宇成为仅次于三星和现代的韩国第三大企业集团,业务遍布全球110个国家,雇员达到32万人。

就在大宇仍在高速扩张之时,亚洲金融风暴来临了。韩币大幅贬值,股市大幅下跌。为了渡过危机,三星、现代等企业集团纷纷调整产业结构,致力于减轻债务负担。但大宇集团却继续大量发行债券,进行"借贷式经营"。1998年大宇集团发行的公司债券达7万亿韩元(约60亿美元)。

1999年,大宇集团因负债高达650亿美元而宣告破产,成为世界上最大的破产案之一。

资料来源:作者根据相关资料整理。

(二) 长期投资决策

长期投资为企业的生产经营活动奠定必要的物质基础,决定公司资产的构成。具体地说,就是要决定公司"做什么""做多少""何时做"与"怎样做",在公司金融学中称为资本预算管理。

1. 做什么

"做什么"是要确定企业的投资方向,即决定企业应向何处发展的问题,包括投资行业和主导产品的选择。

显然,"做什么"的决策在很大程度上决定了企业未来收益的状况,从而决定了企业的生存和发展。有很多企业产品一直滞销,效益持续下降,债务负担不断加重,究其原因,与企业投资决策的失误有着密切的关系,由于把资金投在没有收益的地区或领域内,既不能创造收益,又不能收回投资,还得支付高额的利息,因此也就没有资金投入技术改造与产品创新,而质量不佳或式样过时的产品又怎会不滞销?企业又怎会不陷入困境呢?有很多企业在进行投资决策时,不愿意做细致的市场调查,却喜欢赶时髦,看见别人做什么行业赚了钱,马上跟着做。天下没有免费的午餐,市场上也没有永远的幸运儿。从市场经济的发展看,出现新技术、新产品,确实能使敢在风口浪尖上弄潮的企业家获得令人瞩目的成功。例如,网络的出现和发展制造了新浪、雅虎等一批优秀的企业,但是当互联网行业以每天新增成千上万个网站的速度快速扩张、人人都想成为网络英雄时,靠网络暴富的概率就越来越小了。

巨人集团突发休克,大厦陷入危机漩涡

1989年7月,史玉柱用东拼西凑的4 000元钱承包下天津大学深圳科工贸发展公司电脑部。他利用《计算机世界》先打广告后收钱的时间差,用4 000元做了一个8 400元的广告:"M-6401,历史性的突破。"13天后,史玉柱的银行账户第一次收到三笔汇款共15 820元。到9月下旬,4 000元的广告投入已换来10万元的回报。面对第一笔利润,史玉柱又一次将其全部变为广告投入。4个月后,M-6401为他赚回100万元。

1991年4月,珠海巨人新技术公司注册成立,公司共15人,注册资金200万元,史玉柱出任总经理。巨人辉煌的历史从此开始了。

1992年9月,珠海巨人高科技集团公司成立,注册资金1.19亿元,史玉柱出任总裁,公司员工发展到100人。

1993年1月,巨人集团在北京、深圳、上海、成都、西安、香港等地成立了8家全资子公司,在1年之内推出了中文手写电脑、中文笔记本电脑、巨人传真卡、巨人中文电子收款机、巨人防病毒卡等产品。12月,巨人集团在全国各地成立了38家全资子公司,当年实现销售额3.6亿元,利税4 600万元,成为中国极具实力的计算机企业。

史玉柱认为仅靠电脑单一行业发展风险较大,必须走向多元化发展的道路。而国内当时正值房地产和生物工程热。因此,从1992年后,巨人集团开始涉足房地产和生物工程行业,形成电脑软件、房地产和生物工程三大产业三足鼎立的局面。多元化的快速发展使得巨人集团自身的弊端一下子暴露无遗,但最严重的失误在于兴建巨人大厦的投资决策。

1992年史玉柱打算建造巨人大厦时,最初的设想是18层楼,出来的方案是38层,而最终的方案是70层。如果盖38层,工程预算大致为2亿元,工期两年。当时巨人集团的资产规模已达1亿元,流动资金有几百万元,每年还可以从电脑和保健品销售中回报四五千万资金,两年就是1亿元。当时正值房地产热,靠预售楼款还能筹到1亿元。而且部分施工款可以等完工后再付,资金周转不会有问题。因此38层楼的方案巨人是可以承担的。但楼层改为70后,预算就要增加到12亿元,工期则大约需要6年。以巨人集团当时1亿元资产规模的实力根本无法承受这么大的工程。当预售楼款用完后,史玉柱将生物工程的流动资金抽出投入大厦建设。随之而来的是全国保健品市场的不景气,巨人保健品的销量也急剧下滑,资金占用导致维持生物工程正常运作的基本费用和广告费用不足,生物工程也出现了问题。到1996年年底时,显赫一时的巨人集团陷入了巨大的财务危机的漩涡,资金缺口达三四亿元。

巨人集团以超过其资金实力十几倍的规模投资于陌生而资金周转周期长的房地产行业,使公司有限的财务资源被冻结,公司的资金周转产生困难,最终导致了失败。

资料来源:作者根据相关资料整理。

2. 做多少

"做多少"是要确定企业的投资规模,至少要考虑两个方面的问题:一是企业能够获取的产品或服务的市场容量有多大,二是产品和服务本身所要求的经济技术条件能否达到。从市场容量看,投资规模过大,不是造成产品积压,就是造成生产能力闲置;投资规

模过小,既达不到规模经济的要求,又由于留下市场需求的大量缺口,给竞争对手以可乘之机,导致市场份额丧失和利润减少。

我国有很多企业由于处理不好"做多少"的问题而导致了失败。20世纪90年代,许多民营企业家"栽跟头"的一大根源就是"巨人症"。如三株集团、飞龙集团、巨人集团、亚细亚集团、秦池酒厂等企业,在它们最风光的日子里,哪个的规模不是几十倍、几百倍地增长?对利润的追求、对财富的渴望、对成功的期盼导致对发展规模特殊的无节制的偏好,而在特殊条件下轻易获得的成功,又使它们相信自己无所不能。结果,在不经意中它们才发现企业大到自己无法掌握和控制的程度,而这时企业已漏洞百出。扩张和发展是硬道理,但绝不是盲目、超常规的扩张和发展。

三株神话的破灭

三株公司于1994年成立于山东济南,专门生产和销售三株口服液。三株口服液一面世,立刻得到消费者的认同。三株集团当年实现销售收入1.25亿元,1995年实现销售收入23.5亿元,发展速度达到1880%。1996年实现销售收入80.6亿元,是1995年的340%。1997年年初,三株公司提出更加宏伟的计划,要在1999年实现800亿—1000亿元的销售收入,进入世界500强。

三株的速度令人惊叹,三株的规划也令人振奋。从1994年到1996年短短两年时间内,公司发展为有600多家子公司、2000多个办事处、15万名员工的大型集团公司。急剧扩张导致机构臃肿,部门林立,层次繁多,程序复杂,官僚风气严重,对市场反应迟钝,管理、约束机制跟不上,企业内耗严重等一系列问题。从1997年开始,公司效益出现大幅滑坡。1998年三株开始全面亏损。1999年,三株的200多个子公司终止,绝大多数工作站和办事处关闭,全国销售基本停止。

资料来源:作者根据相关资料整理。

3. 何时做

"何时做"是要确定企业的投资时机。经济发展具有周期性,产品也有生命周期,必须选择合适的投资时机,力争产品的产出适应这种周期。有句话说"领先两步是英烈,领先一步是英雄",这就是说投资时机的选择将决定投资项目的成败。

2001年3月,在中国笔记本电脑市场相对成熟、成本下降的时刻,清华紫光及时率先推出了低价格、高配置的"万元笔记本电脑",凭借比竞争对手快半步的策略,打了一个漂亮的时间差距战,从而在2001年上半年中国笔记本电脑市场市场占有率达5.5%,居国内品牌第二。我们知道,在2000年以前,紫光笔记本电脑还只是市场新秀。但如果紫光在2000年就推出万元机,就可能被打入低价格低配置的队伍,从而成为"万元先烈"。

4. 怎样做

"怎样做"就是要确定以什么样的方式和策略实现企业的经营方向与目标。例如要采取什么样的生产配置、什么样的营销策略、什么样的管理模式等。

(三)营运资金管理

营运资金管理是对企业流动资产与流动负债的管理,包括如何确定合理的现金与存货的持有量,是否向客户提供商业信用,依据什么条件向客户提供商业信用,如何有效地使用暂时多余的资金,如何取得短期资金,如何利用商业伙伴提供的商业信用,等等,其核心是保证企业日常生产经营活动所需的流动资金的正常供给和到期债务的按时偿还。

流动资产从货币形态开始,以货币形态结束,处于不断的循环周转过程中,其特点是周转快、变现快,但很容易沉淀和流失。所谓流动资产沉淀,是指流动资产停滞在周转的某个阶段不再循环周转。如原材料、产成品等存货积压,应收账款长期不能收回,从而使本应该不断循环流动的资金停滞不动。流动资产也容易流失,如由于管理不善造成资金被贪污,财产被盗窃;由于对客户缺乏了解,交易中上当受骗,应收账款变成坏账损失;等等。营运资金管理就是要加速流动资产周转,防止流动资产沉淀和流失,节约资金的占有。

(四) 财务预测、计划、预算、控制和分析

财务预测是以历史资料和最新信息为基础,对企业未来财务活动的资金、收入、成本和盈利水平进行预计与测算,对企业未来的财务状况和发展趋势进行估计。财务预测的内容包括资金需要量及其来源的预测,金融市场发展趋势、资金价格变化趋势的预测,销售和盈利预测,成本费用预测,投资前景预测等。财务预测是财务决策的基础,也是编制财务计划的前提。

财务计划是以财务预测提供的信息为基础编制的,通过规划保证企业收入、支出、成本费用等相互协调,以实现企业的财务目标。财务计划要服从企业的目标、战略、政策,最重要的是强调各部分活动的协调。其内容包括筹资计划、投资计划、成本费用计划、销售计划、利润计划、采购计划等。

财务预算是财务计划的细化和实现。财务预算是企业全面预算的一个重要组成部分,是企业在预算期内反映有关现金收支、经营成果和财务状况的预算。它是企业计划工作的终点,又是控制工作的起点,把计划和控制联系起来了。

财务控制是对企业的财务活动施加影响或调节,以便实现计划所规定的目标。

财务分析是根据财务报表及其他相关财务资料对企业的财务状况和成果进行研究评价。常用的方法有对比分析法、财务比率分析法、动态分析法、趋势分析法等。

财务预测、计划、预算控制和分析共同组成了财务管理的循环系统,其循环程序如图1-2所示。

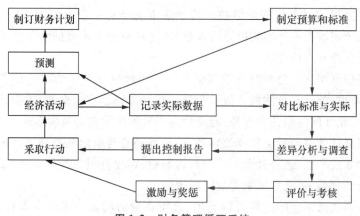

图1-2 财务管理循环系统

（五）公司兼并、收购、重组等资本运营活动

公司在什么条件下应该合并？如何收购、合并或转让公司？兼并和收购公司的价格应该是多少？公司是否应该以及选择什么方式进行重组？这些都是公司金融理论所需要研究的重要领域和公司金融决策所要解决的问题。

例如，以生产万宝路香烟而著名的菲利普·莫里斯公司，在20世纪60年代就已意识到香烟市场会萎缩，因此，它有意识地将从香烟上获得的利润进行转移，兼并了一系列食品行业的公司。特别是在1988年，菲利普·莫里斯公司以130亿美元的巨资兼并了卡夫食品公司，利用卡夫食品公司的包装和食品保鲜特长，使公司的销售额大幅增长的同时，食品生产成本大幅下降，带来了巨额利润，从而使公司成为仅次于雀巢公司的世界第二大包装食品公司，并实现了公司"要在20世纪末将烟草公司转变为拥有大量利润的有香烟分部的食品公司，而不是附带生产食品的烟草公司"的战略规划。这个伟大宏图的实现过程中，资本运营起了巨大的作用。

在我国，通过资本收购、兼并、参股、控股和置换的资本运营活动，也有相当一些企业因此盘活了资产，变无效资产为有效资产，变低效资产为高效资产，变存量资产为流动资产，优化了资源配置，实现了增长方式的转变。

（六）处理协调财务关系

由上述管理活动必然产生各种各样的财务关系。按章纳税等活动形生企业和国家地方政府的关系；吸收投资形成企业和出资者的关系；筹集债务资金形成企业与债权人的关系；采购销售形成企业与供应商和消费者的关系，还有企业与职工的关系；等等。这些关系代表不同的利益集团，资本所有者和债权人要得到投资收益；经理人希望得到管理的报酬、荣誉和地位；职工应该得到合理的劳动报酬、福利和符合标准的工作条件；供应商希望按时足额取得销售收入；客户要求得到满意的产品和服务；政府要取得税收；社会要求公司履行必要的责任。财务关系的存在要求公司在金融决策中要把处理和协调各种财务关系作为一项重要工作。财务关系处理不好，很可能导致信用危机，而信用危机则是企业破产的导火索。

在我国，处理和协调财务关系应该特别强调：

（1）珍视公司的财务信誉和形象。信誉是市场经济不断发展的产物，企业信誉至上、形象良好，才能取得扎扎实实的经济效益，才能具有经久不衰的竞争能力。信誉是一个企业的无形资产和无价之宝。

（2）加强信息交流。公司财务管理必须有意识地确立公司的财务信息系统和信息网络，形成企业内、外部充分的财务信息交流。只有加强了信息交流，才能充分沟通公司上下内外，建立相互间的信任和支持，避免信息不对称所带来的负面影响。

（3）公司局部效益与社会整体效益并重，长远利益与短期利益并重。如果公司只注重自身利益和眼前利益，忽视社会利益和长远利益，难免有损自身的形象，虽然可能取得一些暂时的眼前利益，却必然要承受最终的损失。

从上述公司金融活动的内容可以看出，公司金融活动是一系列决策行为，其成效决定着自身的兴衰存亡。

京城"红苹果"红光不在——由财务危机引发的企业破产

"红苹果"点点利商贸集团是一家股份制民营商业连锁企业,1995年11月在北京西城区工商局注册登记,注册资金为1 000万元,法人代表是三十而立的刘鸿鹄。1996年6月1日,36家"红苹果"连锁店在京同时开张亮相,遍布京城的8个城区。

起步之初,"红苹果"制定了三大原则:规模出效益,将在年内在全国扩张到100家;把实惠让给消费者,实行京城零售业最低毛利率——5点利;为市政府分忧,大量招收下岗女工。在传媒的炒作与自身的宣传下,"红苹果"引起了社会各个层面的广泛关注。开业之初,"红苹果"各连锁店门前车水马龙。各路供货商闻风而来,希望与"红苹果"建立供销关系;不少商家纷纷表示希望加盟,在经济学家中则掀起一场"5点利可行不可行"的论战,真可谓轰动京城。业头4个月各店累计日销售额持续达到100万元以上。3个月后,"红苹果"请求将注册资金增加到5 707万元,连锁店发展到42家。然而在繁荣的表象后,危机同时在悄悄增长。1997年2月,开张仅半年的"红苹果"就被供货商投诉拖欠货款。开业一年,"红苹果"拖欠货款总额为3 000万元,涉及供货商达300家。供货商不仅"打"上门去讨债,而且逐步减少供货量,以致最终停止供货。"红苹果"被迫歇业。

"红苹果"陷入财务危机的主要原因表现在:

(1) 存在严重的投资缺口,以1 000万元的注册资金要在全国开上百家的连锁店,不符合实际。

(2) 流动资金严重不足。固定资产投资及居高的经营成本占压大量流动资金。

(3) 超低的利润率导致整个企业在微利情况下运行,经营风险加大。即便是以低成本作为竞争战略,"5点利"也超过了零售企业正常运转与发展最低利润率的合理区间。

(4) 财务规章制度不健全,缺乏有效的监督与约束机制。

资料来源:作者根据相关资料整理。

第二节 公司金融决策的目标

公司金融活动既然是一系列的决策行为,为使决策有效率,就需要设置一些目标。目标决定思路,思路决定方法,方法决定行动,不同的目标会导致不同的理财思路,也就形成了不同的决策方法和决策选择。

一、股东价值最大化目标

公司作为一个以营利为目标的经营组织,经营结果应当是创造价值。因此,所有者权益的市场价值最大化应该是公司金融决策的目标。

对于股份制公司而言,投资者的财产就体现在股票这种虚拟资本上,其财产价值就是股票的市场价值。而股票的市场价值又是公司融资、投资和资产管理决策效率的反映。因此,判断一项财务决策是否正确的标准应该是这项决策最终对股票市场价值的影响或对所有者权益市场价值的影响。因此,股份制公司金融决策的目标应该是股东价值最大化,在运行良好的资本市场里,股东价值最大化也可以直观地表述为最大限度地提高公司的股票价值。

(一) 股东价值最大化与公司利益相关者利益

根据现代企业理论,现代股份公司实际上是一系列契约关系的集合体。在这个契约合同关系的集合体中,除股东外,还有经理、债权人、员工、供应商、客户、政府、社会等多个利益集团,各个利益集团向企业提供的生产要素和服务不同,在企业中拥有不同的利益,在共享企业经营收入这块大蛋糕时,存在此消彼长的关系,不可避免地导致相互间的竞争与对抗。那么,以股东价值最大化为目标是否必然导致忽视甚至损害公司利益相关者的利益呢? 要回答这个问题,我们需要研究在一个运行良好的市场中,究竟是哪些因素决定了公司股票的价值。

以下三个基本因素决定了公司股票的价值:

(1) 公司在当前和未来通过生产经营所能够产生的净现金流量。在其他条件相同的情况下,净现金流量越多越好。

(2) 现金流量流入的时间。在其他条件相同的情况下,现金流量流入的时间越早越好,因为所获得的现金可以进行再投资。

(3) 现金流量的风险。在其他条件相同的情况下,现金流量获取的不确定性越大,股票的价值就越小,因为投资者需要得到风险的补偿。

决定公司股票价值的三个要素都与现金流量密切相关,也就是说,要实现股票价值最大化,必须在控制风险的前提下最大限度地增加现金流量。增加现金流量的方法很多,概括而言就是扩大销售、提高利润和增加资本投入。在一个充分竞争的市场上,扩大销售,必须通过生产适销对路、价廉物美的产品来实现,而不能通过随意提高价格来增加销售收入。提高利润,必须通过控制成本、降低费用来实现,控制成本、降低费用并不是使用劣质材料以减少成本投入,压低员工工资和福利以降低人工费用,因为从长远看那样反而会导致更大的成本损失。通过增加必要的培训、合理的劳动报酬和激励来提高劳动生产率,通过科学的供应链管理来降低成本,才是有效的控制成本、提高利润的手段。至于增加投入,只有在能够提高投资回报率的前提下,才能在完善资本市场的约束下,通过安排周密细致的融资计划来实现。

综上所述,以股东价值最大化为目标,意味着公司必须不断地开发和生产出适合消费者需求的新产品与新服务,必须以最低的成本提供最优质的产品和服务。这一切没有经理、员工、供应商等相关利益者的贡献是不可能实现的。因此,忽视其他利益相关者的利益不可能实现真正的股东价值最大化。一个优秀的公司往往能够很好地承担社会责任,不仅有心满意足的股东,也有忠实的顾客和供应商、积极的经理和员工,不仅能够为股东创造价值,也能够为所有的利益相关者创造价值。

(二) 股东价值最大化与公司经营者目标

股东价值最大化作为公司金融决策的最终目标是合理的,但是能够实现利益相关者的共赢,并不等于在实践过程中,各利益相关者的利益不会发生冲突。在公司金融决策中,特别关注两类冲突:一是股东与经营者目标不一致所导致的利益冲突;二是股东与债权人之间的利益冲突。

代理理论认为,管理者的目标与股东不同。管理者作为最大合理效用的追求者所追求的目标来自两种基本动因:

(1) 管理者自身的生存和公司的生存。只有公司能够生存和持续,管理者个人的报酬、荣誉和地位才能得到满足。在竞争激烈的市场中,公司的生存意味着管理者总是要控制足够的资源来防止被淘汰。

(2) 独立性和自我满足。希望能够自由地控制和支配较多的资源,增加自身的报酬、荣誉和社会地位。

出于上述动因,管理者的基本财务目标与股东价值最大化可能产生冲突,而在所有权和经营权分离的前提下,这种冲突将导致代理成本。如果企业所有者不能有效地监督和控制管理者的行为,代理成本将不可避免,股东价值最大化的目标就有可能实现不了。特别是在股份极其分散的情况下,大多数股东疏于管理,甚至并不知道自己的决策目标。在这种状况下,对管理者的控制和影响就更弱了。以下办法可以较为有效地解决上述问题,降低代理成本:

(1) 股东通过投票选择董事会成员,董事会代表股东的利益控制管理者行为。

(2) 董事会通过与管理者签订合同和收入报酬计划,激励管理者为实现股东利益最大化而努力工作。

(3) 来自资本市场的约束使激励管理者努力增加公司股票价值,否则被兼并收购将使管理者失去现有的职位。

(4) 经理市场竞争的约束将促使管理者在经营中以股东利益为重,否则,他们将被取代,而其不良的经营业绩记录将降低自身在经理人市场上的价值。

可见,通过合理的机制,股东价值最大化作为财务决策的基本目标是可以实现的。当然,这并不排除在某些时候,公司管理者因为违背股东价值最大化目标而使股东付出代价。

(三) 股东价值最大化与债权人财富最大化

股东与债权人利益冲突指当公司拥有风险负债时,能够使企业价值最大化的公司金融决策却并不一定能够同时使股东价值和债权人财富价值最大化。例如,在负债率较高时,出于股东价值最大化的考虑,股东和经理人会有强烈的动机去从事那些成功率较低但一旦成功将获利颇丰的投资项目。因为倘若投资成功,股东将获得大部分收益;而一旦投资失败,大部分费用则由债权人承担。相反,股东和经理人会拒绝那些能够增加企业价值但预期收益大部分归属于债权人的投资项目。显然,负债降低了股东和经理人选择好的投资项目的热情,增加了委托代理成本,减少了公司价值。

二、会计利润最大化目标

利润代表公司新创造的财富,追求利润最大化,能够促使企业增加销售,降低成本,合理配置资产,提高经济效益。因此,利润最大化或每股收益最大化常常被认为是公司金融决策的正确目标。然而,这种观点存在以下缺陷:

（1）利润和每股收益是公司经营成果的会计度量，对同一经济问题的会计处理方法的多样性和灵活性，可以使会计利润并不反映公司的真实情况。例如，当企业财务窘迫，不得不靠出售资产增加现金收入时，表面上看增加了企业利润，但并没有给企业带来价值增加。其他如金融资产分类的调整、折旧计提方法的选择等都可能影响企业的利润。

（2）利润和每股收益只反映企业某一期间的盈利水平，并不能反映企业未来的盈利能力。例如，当年获利100万元和下一年获利100万元，哪一个更符合企业的目标？利润最大化是在当年还是在更长的期间内最大？企业可以通过限制研究和发展支出来提高当年利润，但这明显对企业长期发展不利。

（3）利润最大化忽略了利润和投入资本额的关系。例如，同样是获得200万元利润，一种可能需要投入800万元，另一种可能只要投入600万元，不与投入的资本额联系，可能导致财务决策优先选择高投入项目。

（4）利润和每股收益最大化无法反映为获取利润所承担的风险。高风险往往伴随高利润，如果为了利润最大化而选择高风险的投资项目，或进行过度的债务融资，企业的经营风险和财务风险就会大大提高。

（5）利润和每股收益并不代表企业可以支配与使用的现金，如果企业的商品大部分是以赊销的方式销售出去的，期末账面上仍有大量的应收账款，这时仍然可以形成可观的利润，产生有利无钱的现象，却不能保证能够有足够的现金保证企业未来生存和发展的需求。

所以，虽然利润最大化目标有其合理的一面，但却不是一个令人满意的公司金融决策的目标。

三、公司金融决策的具体目标

根据股东价值最大化目标，针对公司金融活动的特点，公司金融决策的目标可以概括表述为：在保证企业安全运行的前提下，努力提高资金的使用效率，使资金运用取得良好的成果。并进一步分解为三个具体的子目标：

（1）成果目标。即在控制投资风险的前提下，努力提高资金的报酬率。企业的经营成果表现在利润的获得和资产的增值。要实现较高的利润率，最重要的是选择好资金的用途。由于资金利润率的高低与风险相关，因此一定要在控制风险的前提下提高利润率。

（2）效率目标。即合理使用资金，加速资金周转，提高资金的使用效率。在资源和资金数量有限的前提下，每项活动占用和耗费的资金量越少，就可以开展越多的业务活动，取得越高的收益。

（3）安全目标。即保持较高的偿债能力和较低的财务风险，保证企业安全运行。负债经营在给企业带来一定经济利益的同时，也必然带来财务风险，因此，要求企业有一个合理的资本结构和负债规模，并保持适当的资金储备，保证企业有能力按期偿还债务，应付意外的资金需求。

第三节　公司金融活动的环境

与公司的其他经营决策一样,公司金融活动也要受周围环境的制约和影响,多变的环境可能带来机遇,也可能引起麻烦。

公司金融活动的环境是指对企业金融活动产生影响的外部条件,涉及的范围很广,经济、法律、金融、社会人文、自然资源等都具有十分重要的影响力,其中最重要的是宏观经济环境、法律环境和金融市场环境。

一、宏观经济环境

宏观经济环境是指影响公司金融决策的宏观经济状况,如宏观经济发展的速度和水平、经济波动、通货膨胀等。

从某种意义上看,宏观经济发展速度是各经济单位发展速度的平均值,一个企业要在行业中维持它的地位,至少应保持与宏观经济同样的增长速度。而经济周期波动则要求企业适时迅速调整财务策略以适应这种变化。例如在经济萧条阶段,整个宏观环境不景气,企业将面临产品销售受阻、资金紧缺、利率上涨等困难,需要采取缩减管理费用、放弃次要利益、削减存货、尽量维持生产份额、出售多余设备、转让一些分部、停止扩张和增加雇员等措施。在经济繁荣时期,市场需求旺盛,销售大幅度上升,企业则要采取迅速筹集资金、扩充厂房设备、建立存货、提高价格、开展营销规划等措施。虽然政府总是力图减少不利的经济波动,但事实上,经济还是有时过热,有时过冷,公司金融决策必须能够应对这种波动。

通货膨胀是经济发展中最为棘手的宏观经济问题之一,通货膨胀导致企业产品成本上升,资金需求和资金成本增加,影响企业的投资收益率、价值等,对公司金融活动影响极为严重。在通货膨胀期间,企业为了实现预期的报酬率就必须采取各种办法调整收入和成本,如利用套期保值、提前购买设备和存货、买进现货卖出期货等方法尽可能减少损失。

利息率波动引起贷款利率变化,股票债券价格变动,直接影响企业的投资收益和利润,影响企业的筹资成本。因此如何应对利息率波动也是对公司金融决策的挑战。

政府对某些地区、某些行业、某些经济行为的优惠和鼓励构成了政府主要的经济政策。公司金融决策应能够利用好这些政策并为应对政策的变化留有余地,甚至预见其变化趋势。

此外,来自同行业的竞争、技术发展水平、速度的变化等都是对公司金融决策的挑战。

二、法律环境

公司金融决策的法律环境是指企业所必须遵循的各种法律、法规和规章制度。一般而言,国家管理经济活动与经济关系的手段主要有行政手段、经济手段和法律手段。在市场经济条件下,越来越多的经济关系和经济活动的准则被用法律的形式固定下来,行政手段逐步减少,而法律手段日益增多。企业在进行各种各样的财务活动并处理由此产生的各种财务关系时,必须遵守有关的法律规范,企业不懂法就好比走进地雷阵,随时会带来危险。

(一) 企业组织法律法规

我国先后颁布过许多与企业组织相关的法律法规。按照所有制框架,有《中华人民共和国全民所有制工业企业法》《中华人民共和国城镇集体所有制企业条例》《中华人民共和国乡镇企业法》《中华人民共和国私营企业暂行条例》《中华人民共和国外资企业法》等。按照责任制框架,有《中华人民共和国公司法》《中华人民共和国个人独资企业法》《中华人民共和国合伙企业法》等。这些法律法规既是企业的组织法,又是企业的行为法。

例如,个人独资企业的财务优势是,由于企业主对企业的债务承担无限责任,法律对这类企业的管理就比较松,设立企业的条件不高,设立程序简单,所有权能够自由转让。另外,由于所有者与经营者合为一体,没有代理成本,且经营方式灵活,财务决策迅速,也不存在公司制企业的双重纳税问题。但个人独资企业也存在很多的财务劣势:由于个人财力有限,企业规模小,发展慢;由于信用程度不足限制,对债权人缺少吸引力,企业筹资能力较弱,难以投资资金密集、规模生产的行业;由于受业主能力素质、资金规模的影响,企业抵御风险的能力较差;另外,还必须承担无限的债务责任。

合伙制企业[①]的财务优势是,由于每个合伙人既是所有者又是经营者,可以发挥每个合伙人的专长,提高合伙企业的决策水平和管理水平;由于有合伙人共同筹措资金,相对于个人独资企业而言筹资能力有所提高,企业规模扩大也比较容易;另外,由于有各个合伙人共同偿还债务,企业的偿债能力提高,对债权人的吸引力增强。合伙企业的财务劣势表现为,由于合伙企业以人身相互信任为基础,任何一个合伙人发生变化(如合伙人死亡、退出、新人加入等)都会改变原来的合伙关系,产生新的合伙企业,因而企业的存续期和财务不稳定性较大;由于在重大财务决策问题上必须经过全体合伙人一致同意,因此,企业的财务决策和经营方式可能不如个人独资企业迅速和灵活易变。另外,盈余分配也较复杂。

相对于上述两种组织形式,公司制企业[②]的优点最多。例如,筹资能力强,资金实力雄厚,易于扩大规模,降低成本,形成规模经济;企业存续期长,股份易于转让,股东只以出资额承担有限责任;等等。但公司制企业所引起的财务问题也最多。公司不仅要争取最大的利润,而且要实现股东财富最大化;随着筹资能力增强,可供选择的筹资方式也增多,各种筹资方式利弊各异,需要认真分析和筛选;公司盈余的分配也更复杂,需要双重纳税;在进行公司金融决策时需要考虑信息不对称可能引起的传递效应、代理成本等企业内部和外部多种因素。

---

① 合伙制企业又可以分为普通合伙制与有限合伙制。普通合伙制企业的所有合伙人共同分享企业利润,分担企业亏损,对企业的所有债务承担无限责任。有限合伙制企业由一个或多个合伙人负责经营企业并承担无限责任,其他合伙人并不参与企业的实际经营活动,仅以出资额为限对企业的债务承担有限责任。

② 公司制企业是一种法人制度,所有股东以其出资额为限对公司承担责任,公司以其全部资产对其债务承担责任。在这种组织形式下,公司是不同于其所有者的"独立法人",拥有类似于自然人的权利和职责。在现代经济社会中,公司制企业是最重要的企业组织形态。

（二）工商税收法律法规

税负是企业的费用，引起企业的现金流出，了解税收制度、熟悉税法无疑对公司金融决策具有至关重要的意义。我国各类不同经济性质的企业应纳的税种主要有增值税、消费税、营业税、关税、所得税、城市维护建设税、房产税、车船使用税、印花税、固定资产投资方向调节税、土地使用税、土地增值税、资源税等。税种的设置、税率的调整都会对企业生产经营活动成果产生影响。

例如，在一个公司所得税税率为33%、个人投资收益所得税税率为20%的税收环境下，个人投资者作为股东实际承担的税负既不是33%，也不是20%，而是46.4%。显然，这将影响企业股利分配政策的选择，进而影响企业的融资成本和投资收益。

再如，在一个国债利息收入免征所得税，而企业债利息收入必须按20%的税率纳税的税收环境下，若两年期国债的利率为10%，则购买1 000元国债两年后的净收益是200元，假如购买利率为12%的两年期企业债券，扣除个人所得税后，个人实际所得为192元（1 000×12%×2×(1-20%)=192），这一收入低于国债，投资者会选择国债投资。这时企业若要吸引投资者购买企业债券，要么提高票面利率，要么折价销售债券。按国家金融管理规定，一般企业债券的利率高于同期国债利率一定百分点后，高出部分的利息需从企业税后利润中支付，显然，提高企业债券的票面利率没有充分发挥债务的节税作用，降低了股东收益。若选择折价销售，折价部分可在债券存续期内作为税前费用逐期摊销，则可以充分利用债务的节税的作用。

上例仅仅分析了所得税对企业财务决策的部分影响，如果考虑所有的税种，对企业财务决策的影响就更大了，一个没有税负情况下的合理财务决策，在考虑了税负之后却可能成为错误的决策。

除了上述法律法规外，与企业财务活动密切相关的法律法规还有很多，如会计法、会计准则、会计制度、证券法、基金法、合同法、破产法，等等，公司财务决策应善于掌握法律界限，充分利用法律工具实现公司财务决策的目标。

三、金融市场环境

所有的企业都在不同程度上参与金融市场的活动。金融市场上存在多种方便而又灵活的筹资工具，企业需要资金时，可以到这里寻找合适的工具筹集。当企业有了剩余资金时，也可在这里选择投资方式，为其资金寻找出路。金融市场上活跃着各种金融机构、非金融机构和个人，这些机构、企业和个人在市场上进行货币与证券的交易活动。在这里，企业通过证券买卖、票据承兑、贴现等金融工具实现长、短期资金的转换，以满足企业经营需要。企业还可以在金融市场上通过远期合约、期货合约、互换合约等各种套利、投机和套期保值的手段，化解、降低、抵消可能面临的利率风险、汇率风险、价格风险等。金融市场还为公司金融决策提供有意义的信息。金融市场的利率变动反映资金的供求状况，有价证券市场的行情反映投资人对企业经营状况和盈利水平的评价。没有发达的金融市场，经济就会遇到困难。不了解金融市场，企业就无法作出最优的金融决策。

（一）金融市场的类别

金融市场可以按照不同的分类标准进行分类。

1. 按交易对象分为资金市场、外汇市场和黄金市场

资金市场是进行资金借贷的市场，包括融资期限在一年以内的货币市场和融资期限在一年以上的资本市场。

外汇市场是进行外汇买卖的交易场所或交易网络，主要设置在各国主要的金融中心，如英国的伦敦、美国的纽约、日本的东京、中国的香港等都是著名的国际金融中心。

黄金市场是专门经营黄金买卖的金融市场，包括现货交易市场和期货交易市场，市场的参与者主要是各国的官方机构、金融机构、经纪商、企业和个人。

2. 按融资期限分为货币市场和资本市场

货币市场是融资期限不超过一年的资金交易市场，是调剂短期资金的场所，交易内容较为广泛，主要包括短期存贷款市场、银行间同业拆借市场、商业票据市场、可转让大额存单市场、短期债券市场等。

资本市场是融资期限在一年以上的长期资金交易市场，主要包括长期存贷款市场、长期债券和股票市场，是企业取得大额资金的场所，企业以投资者和筹资者的双重身份活跃在这个市场上。

3. 按交易的性质分为发行市场和流通市场

发行市场是发行证券的市场，也称为一级市场。流通市场是从事已发行证券交易的市场，也称为二级市场。资金在一级市场上从投资者手中流入企业，二级市场则方便了投资者之间的交易，增加了投资者资产的流动性，提供了公司股票价值的信号，间接地促进了一级市场的发达。

此外，金融市场还可以按交割时间分为现货市场和期货市场，按地理区域分为国内金融市场和国际金融市场，等等。

（二）金融中介机构

金融中介机构是金融市场上连接资本需求者与资本供给者的桥梁，在金融市场上发挥着十分重要的作用。人们通常将金融机构分为银行金融机构和非银行金融机构两类。

1. 银行金融机构

按照其职能，银行金融机构又可以进一步分为中央银行、商业银行和专业银行。

中央银行虽然也称为"银行"，但它并非一般意义上的银行，而是一个政府管理机构。它的目标不是利润最大化，而是维护整个国民经济的稳定和发展，它的基本职能是制定和执行国家的金融政策。我国的中央银行是中国人民银行，它代表政府管理全国金融机构，经理国库。其主要职责是：制定和实施货币政策，保持货币币值稳定；依法对金融机构进行监督管理，维护金融业的稳定；维护支付和清算系统的正常运行；保管、经营国家外汇储备和黄金储备；代理国库和其他与政府有关的金融业务；代表政府从事有关的国际金融活动；等等。

商业银行是主要经营存贷款业务、以营利为经营目标的金融企业。随着金融市场的

发展,商业银行的业务范围已大大扩展。不论一国的证券市场发达与否,商业银行都是金融市场的主要参与者。在我国,中国工商银行、中国农业银行、中国建设银行、中国银行、交通银行、光大银行、招商银行、中信实业银行、华夏银行、深圳发展银行、上海浦东发展银行、福建兴业银行等都属于商业银行。

专业银行是只经营指定范围金融业务和提供专门金融服务的银行。如美国的互助储蓄银行,仅靠接受存款筹措资金,业务也仅限于发放抵押贷款。

此外,银行金融机构还包括政策性银行。政策性银行一般不以营利为目的,其基本任务是为特定的部门或产业提供资金,执行国家的产业政策和经济政策。如我国的国家开发银行、中国进出口银行就是政策性银行。政策性银行虽然不以营利为目的,但银行的资金并非财政资金,也必须有偿使用,对贷款也要严格审查,并要求还本付息。

2. 非银行金融机构

非银行金融机构的构成和业务范围都极为庞杂,与公司金融活动密切相关的有保险公司、证券公司、投资银行、信托投资公司、养老基金、共同基金、金融租赁公司等。

保险公司从事财产保险、人寿保险等各项保险业务,不仅为企业提供防损减损的保障,其聚集起来的大量资金还是公司及金融体系中长期资本的重要来源。

投资银行主要从事证券买卖、承销,我国习惯上称之为证券公司。证券公司为企业代办、发行或包销股票和债券,参与企业兼并收购重组等活动,为企业提供财务咨询服务,与企业的关系十分密切。

共同基金是一种进行集合投资的金融机构,聘请有经验的专业人士,根据投资者的不同愿望进行投资组合,获取投资收益。

财务公司不能吸收存款,但可以提供类似银行的贷款及其他金融服务。我国的财务公司多为由企业集团内部各成员单位入股设立的金融股份有限公司,是集团内部各企业单位融通资金的重要机构。

金融租赁公司则通过出租、转租赁、杠杆租赁等服务为企业提供生产经营所需的各种动产和不动产。

(三) 金融市场利息率

金融市场上的交易对象是货币资金。无论是银行的存贷款,还是证券市场上的证券买卖,最终要达到的目标都是货币资金转移,而货币资金的交易价格就是利率。利率的高低通过影响筹资方的筹资成本和投资方的投资收益而直接影响交易双方的利益,是公司金融决策的基本依据。

金融市场上有各种各样的利率,主要有以下几大类别:

1. 市场利率与官方利率

既然利息是资金的价格,利率水平的高低也就与其他商品一样是由可借贷资金的供求关系决定的。可借贷资金主要来源于居民的储蓄、货币供给的增长和境外资金的流入。资金的需求则主要来自投资、政府赤字、持有现金、经济货币化过程等所产生的对资金的需求。显然,利息率越高,资金的供给就越多,而资金的需求就越小;利息率越低,资金的需求就越高,而资金的供给就越少。根据上述利率与资金供求量之间的关系可以得到资金的供求曲线(见图1-3),资金供求曲线的交点是市场的均衡利率。市场利率就是由货币资金的供求关系决定的利息率,是由市场供求的均衡点决定其水平高低的利息率。

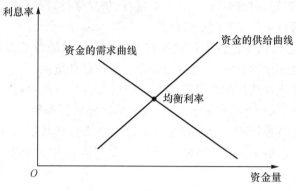

图 1-3　资金供求与利率

官方利率是由中央银行或政府金融管理部门确定的利率,也称为法定利率。我国的利率属于官方利率,由国务院统一制定,中国人民银行统一管理。官方利率是国家进行宏观调控的一种手段,虽然是由政府确定公布的,但也要考虑市场供求的状况。

2. 基准利率与套算利率

按照利率之间的变动关系可以将利率分为基准利率与套算利率。基准利率是在多种利率并存的条件下起决定作用的利率,这种利率的变动将影响和决定其他利率的变动。如西方国家中央银行的再贴现率和我国中国人民银行对商业银行的贷款利率。套算利率是指在基准利率的基础上,各金融机构根据借贷特点换算出来的利率。例如,某金融机构规定,贷款给 AA 级企业的利率是在基准利率的基础上增加 1%,若基准利率是 3%,则 A 级企业可获得的该金融机构的贷款利率为 4%。

3. 实际利率与名义利率

在公司金融决策中区分实际利率与名义利率至关重要,一项投资是赚钱还是赔钱不能看名义利率,而要看实际利率,名义利率和实际利率之差就是通货膨胀率。例如,在 1988 年,中国的通货膨胀率平均高达 18.5%,假如某企业年初取得一笔贷款的年利息率为 24.5%,则该企业负担的实际利率是 6%(24.5% − 18.5%)。

通常,贷款合同里签署的都是名义利率,包含借贷双方对未来通货膨胀的预期。倘若对未来的通货膨胀不能作出比较准确的估计,交易的某一方就会发生损失。实际通货膨胀率高于预期,对贷方不利;实际通货膨胀率低于预期,则对借方不利。因此在公司金融决策中更重要的是能够对实际利率作出比较准确的事先估计。

4. 浮动利率与固定利率

为了避免借贷期内由于通货膨胀等因素引起实际利率变动而造成损失,就产生了浮动利率。浮动利率允许贷款利率按照合同协定规定的条件依市场利率的变动而调整,适用于借贷时期较长、市场利率多变的借贷关系。固定利率则是在借贷期内固定不变的利率,适用于短期借贷。

第四节　现代公司金融理论的基本框架

与其他学科一样,现代公司金融理论也是在对原有理论体系的不断突破和丰富中发展起来的。从1897年美国著名经济学者托马斯·L.格林(Thomas L. Green)出版《公司金融》这一最早的公司金融学著作至今,公司金融理论已经走过了一百多年的历程。20世纪初,主要资本主义国家新兴工业的发展引起企业资金需要量的急剧增长,公司金融理论侧重于研究公司成立、证券发行、公司兼并收购等相关法律事务及企业外部融资的方法。20世纪30年代的经济大萧条导致许多企业破产,使人们认识到在激烈的竞争和不确定经济环境中要维持企业的生存与发展,公司金融的主要问题不仅是筹措资金,而且要同时提高资金的使用效果。因此,从30年代到50年代,公司金融理论的研究扩展到公司的资产投资,资本成本、资本预算、金融资产定价、现金流量分析预测等问题成为研究的重点。50年代到60年代初可以看作公司金融理论进入一个崭新发展阶段的重要转折时期,在这一时期出现了一批在公司金融学术领域里有重大贡献的研究成果,如资产组合理论、MM资本结构理论、股利政策理论等。70年代是公司金融理论的另一次革命时期,资本资产定价理论、B-S期权定价理论等新理论的问世为公司金融理论研究拓宽了视野,提供了新的分析方法和技术。自80年代以来,已经形成的理论框架在不断地完善,公司金融理论研究的领域不断深入和扩展,不仅围绕着对已有模型进行经验性的验证和修改,而且涉及企业控制权、个人税收、公司税收、通货膨胀、国际化与信息化趋势等"非财务"问题。

以下是构成现代公司金融理论基本框架的基本理论模块,它们都经历了时间的检验,必然随着理论研究的深化与实践的反馈得到修正、更新和发展。

一、完善资本市场下的储蓄和投资理论

1930年,美国著名经济学家欧文·费雪(Irving Fisher)在他的著作《利息理论》[①]中指出,在一个完善的资本市场上,只存在一种利率,使借贷双方在进行投资和消费时都可以以此为依据,增加个人的效用。在费雪的分析中,最令人激动之处在于发现了人们的投资决策标准并不会因为个人对消费的偏好而改变的费雪分离原理。根据费雪这一原理,无论人们的消费偏好如何,都可以有共同的代理人,这一代理人不需要了解每一个投资者的消费偏好,只要使其所代理的资本投资取得超过市场利率的收益,就能使所有的投资者都满意。这个理论之所以如此重要,是因为它揭示了资本经营过程中资本所有者和管理者可以分开的基本原理。许多大公司有着成千上万的股东,没有两个股东会有同样的偏好、财富和个人投资机会,也不可能让所有的股东都参加管理,而由股东的代理人来管理企业时,他们可以被授予一个简单的标准——实现投资的净现值最大。

二、投资组合理论

资产组合理论是由哈里·马科维茨(Harry Markowitz)于1952年首先提出的。[②] 马科

---

① Irving Fisher, *The Theory of Interest*. Augustus M. Kelley, Publishers, New York, 1965.
② Harry M. Markowitz, "Portfolio Selection", *Journal of Finance*, March 1952.

维茨的资产组合理论主要运用均值-方差模型,分析了资产收益与风险的关系,指出通过组合投资,投资者可以在不减少收益的情况下降低投资的总风险。马科维茨的资产组合理论在现代投资理论中占据着重要的地位,为投资组合理论的发展奠定了基础。

三、资本结构理论

资本结构理论所探讨的是公司融资方式及结构与公司市场价值之间的关系。1958年,弗兰科·莫迪利安尼(Franco Modigliani)和默顿·米勒(Merton Miller)在他们的论文"资本成本、公司融资与投资理论"中以全新的角度研究了公司价值与公司资本结构间的关系[1],指出在完善和有效率的金融市场上,公司的价值取决于资产所产生的经营现金流量,而与公司的资本结构无关。在 MM 模型提出之后,莫迪利安尼和米勒又进一步放松了无税假定,对原有模型进行了修正。[2] 其他学者则把财务危机成本、破产成本、债权市场、非对称信息、委托代理等因素引进资本结构研究,进一步丰富和发展了资本结构理论。

四、股利政策理论

股利政策理论探讨公司股利政策与公司市场价值之间的关系。1961年,莫迪利安尼和米勒在提出资本结构无关论之后,又在论文"股利政策、增长与股票价值"中提出了股利无关论的观点。[3] MM 的股利无关论的基本观点为:在完善的资本市场上,给定企业投资政策和资本结构,公司的价值完全由投资政策所决定的获利能力决定,而与盈利的分割方式无关,股利政策只影响公司的筹资方式。虽然 MM 理论忽视了许多现实因素,但仍然对认识股利问题十分有用,为股利政策理论研究奠定了基础。

五、资本资产定价模型

1964 年,威廉·夏普(William Sharpe)在马科维茨均值-方差模型基础上,提出了资本资产定价模型(Capital Assets Pricing Model,CAPM)。[4] 该模型用非常简单的线性方程式,揭示了个别资产的风险与收益间的关系,建立了具有很好应用价值的风险资产的均衡价格理论模型。该模型的魅力在于它提供了一种易于分析的方法,帮助人们思考有风险的投资所应该获得的收益。但由于该模型无法用经验性的方法进行论证,长期以来也招致了各种批评和争议。但无论如何,该模型的建立都具有革命性的意义,因为它提出了从微观分析到金融资产价格形成的市场分析的第一步。在此基础上,产生和发展了许多新的定价模型,如斯蒂芬·罗斯(Stephen Ross)的套利定价模型[5],尤金·法玛(Eugene

---

[1] Franco Modigliani and Merton H. Miller, "The Cost of Capital, Corporation Finance and the Theory of Investment", *American Economic Review*, June 1958.

[2] Franco Modigliani and Merton H. Miller, "Taxes and the Cost of Capital:A Correction", *American Economic Review*, June 1963.

[3] Merton H. Miller and Franco Modigliani, "Dividend Policy, Growth and Valuation of Shares", *Journal of Business*, October 1961.

[4] William F. Sharpe, "Capital Asset Prices:A theory of Market Equilibrium Under Conditions of Risk", *Journal of Finance*, September 1964. 几乎在同时 Lintner(1965)和 Mossinr(1966)分别提出了类似的模型。参见:John Linter, "Security Prices, Risk, and Maximal Gains from Diversification", *Journal of Finance*, December 1965;Jan Moissin, "Security Prices and Investment Criteria in Competitive Market", *American Economic Review*, December 1969。

[5] Stephen A. Ross, "The Arbitrage Theory of Capital Assets Pricing", *Journal of Economic Theory*, December 1976.

Fama)和肯尼思·弗兰寺(Kennebh French)的三因素定价模型[①]等。或许今后还会有更趋完美的定价模型问世,但 CAPM 所蕴含的可分散和不可分散两类风险差异的理论精髓仍将被保留。

六、有效资本市场理论

1970 年,法玛发表了一篇著名的论文"有效市场:理论和实证评论"[②],在这篇论文中,他根据历史信息、公开信息和内幕信息对股票价格的不同影响将资本市场的效率性分为三种程度:弱有效性、中有效性和强有效性,并作了深入的讨论。如果有效市场假说成立,则证券的价格就是处于均衡状态下的均衡价格,是公司未来净现金流的现值,任何人都不可能根据所取得的信息在一个效率市场上获取额外利润。有效资本市场理论对投资者的投资行为和投资收益评估具有非常重大的意义。

七、期权定价理论

许多重要的公司决策问题涉及期权的定价。费雪·布莱克(Fisher Black)与迈伦·斯科尔斯(Myron Scholes)的期权定价模型提供了期权定价的简单而又有效的数学方法,即在确定期权的价值时只需考虑标的资产的执行价格、现行价格、收益的风险程度、市场的无风险利率和期权合约的剩余期间这五个可观测的变量,从而实现了定价理论重大的突破。[③] 期权定价理论不仅解决了期权定价的难题,而且对许多领域产生了广泛的影响,如将投资机会看作成长期权所产生的对于传统资本预算方法的改进;对公司高级管理人员实施以股票期权为主的激励报酬合同而使公司管理领域产生的革新;等等。

八、代理理论

代理理论研究代理成本问题。1976 年以前,公司金融理论在描述公司行为时总是将公司当作"黑匣子",对输入信息加工后输出有用信息,几乎没有考虑真正负责公司经营的管理者的利益对公司经营的影响。1976 年,迈克尔·詹森(Michael Jensen)与威廉·麦克林(William Meckling)[④]提出了公司代理成本模型,指出企业股东作为委托人委托企业经营者管理企业,从而形成了股东与经营管理者之间的委托代理关系;债权人将资金投入企业后也成为委托人,委托企业股东和企业的管理者代理行使资金的运用与控制权,从而形成了债权人和股东间的委托代理关系。代理人为追求自身利益的最大化,可能会偏离甚至损害委托人的利益。为防止这种现象的发生、减少损失,委托人要对代理人进行必要的监督与约束,从而形成代理成本。依据该模型,公司只是一种契约关系的法律实体,包括股东、债权人、管理者、供应商、顾客、雇员等众多理性

---

① Eugene F. Fama and Kenneth R. French, "Common Risk Factors in Returns of Stocks and Bonds", *Journal of Financial Economics*, 1993.
② Eugene F. Fama, "Efficient Markets: A Review of Theory and Empirical Work", *Journal of Finance*, May 1970.
③ Fisher Black and Myron Scholes, "The Pricing of Options and Corporate Liabilities", *Journal of Politicl Economy*, May—June 1973.
④ Michael C. Jensen, and William Meckling, "Theory of the Firm: Managerial Behavior, Agency Costs and Ownership Structure", *Journal of Financial Economics*, 3, October 1976.

的利益相关者,这些利益相关者的行为以维护自身利益最大化为出发点,同时知悉其他所有订约利益相关者的动机,并能够采取措施防止其他关系人对契约的可能违背,以保护自身利益。代理成本是公司金融决策无法回避的重要问题,不同的融资策略、不同的公司治理结构都会有不同的代理成本。代理理论研究不同的筹资方式、不同的资本结构、不同的公司治理模式对代理成本的影响,研究如何降低代理成本以实现股东权益价值最大化,对公司财务决策所产生的影响是广泛而深刻的。

九、信号理论[①]

公司金融理论中运用信号理论研究信息不对称对公司投融资决策和公司价值的影响。企业的经营者掌握着公司的控制权和各种信息,因而被称为内部人。公司的内部人(高级经理人员和董事)比外部投资者(股东、债权人等)了解更多的有关公司经营状况、发展前景等信息。鉴于这种信息不对称问题的存在,投资者会对所有公司的股票价格作出平均且偏低的评价。业绩良好的公司的经理必须通过向投资者传递信号以证实自己的价值。在信息不对称的市场环境下,这种信号往往代价高昂。信号理论较好地解释了现实世界中公司的融资行为、股利发放决策、资本结构选择、公司治理结构决定等现象。

十、现代公司控制论[②]

20世纪八九十年代是企业界收购兼并的十年,在学术界,现代公司控制论也在此期间发展起来。现代公司控制理论为企业购并提供逻辑解释和证明,涵盖的议题包括:普通股表决权的经济功能、公司董事会的角色、集中型与分散型股权结构的评价、并购对并购双方的联合财富效应、股价对目标公司管理层反收购措施的反应等。

十一、行为公司金融

20世纪90年代以来,随着行为经济学和行为金融学的发展,人们开始重新审视传统的公司金融理论,其中一个重要的突破是传统公司金融理论中的理性人假说。行为公司金融认为:一方面,企业经理人由于受其心理因素的影响可能导致非理性的决策,从而导致公司投融资决策偏离企业价值最大化的目标;另一方面,投资者的决策也会受到心理因素的影响,导致无法对企业的投融资行为作出正确的反应,不能准确判断企业的价值。这些心理因素的交错叠加,使得公司的金融决策变得更加复杂。

此外,近些年发展起来的金融中介理论、市场微观结构理论等也都为公司金融理论提供了更为宽广的视角和分析方法。

本章总结

1. 投资、融资和营运资金管理是公司主要的财务活动,公司金融研究如何对企业的金融活动进行科学决策和管理,主要包括长期筹资决策、长期投资决策和营运

[①] 有关信号理论的文献很多,这里仅列举几篇代表作,读者有兴趣可查阅相关文献:George Akerlof, The Market for "Lemons, Qualitative, Uncertainty and the Market Mechanism", *Quarterly Journal of Economics*, 84, 1970; Spence, M., "Job Market Signaling", *Quarterly Journal of Economics*, 87, August 1973; Stiglitz, J., and A. Weiss. "Credit Rationing in Markets with Imperfect Information", *American Economic Review* 71, 3, 1981.

[②] 有关现代公司控制论的文献很多,读者有兴趣可查阅相关文献。

资金管理,此外还包括财务计划、预算的编制、财务预测、财务控制以及公司兼并收购重组决策等。

2. 公司长期筹资决策需要考虑资金来源的选择,各种资金的资金成本、风险及资本结构的确定,利润或股利的分配计划,资产与资本在期限、数量上的协调等问题。长期投资决策的主要任务是做好资本预算,包括投资方向和产品的选择、投资规模的确定、投资时机的选择和经营策略的安排。公司的营运资金管理是对公司流动资产和流动负债的管理,其核心是保证企业日常生产经营活动所需的流动资金的正常供给和到期债务的按时偿还。公司金融决策的过程就是处理财务关系的过程。珍视公司财务信誉和形象,注重长短期利益、公司局部和社会整体利益并重,加强信息交流是处理和协调好各种财务关系的基本原则。

3. 股份制公司金融决策的目标应该是股东价值最大化。在运行良好的资本市场里,股东价值最大化也可以直观地表述为最大限度地提高公司的股票价值。忽视其他利益相关者的利益不可能实现真正的股东价值最大化。一个优秀的公司往往能够很好地承担社会责任,不仅能够为股东创造价值,也能够为所有的利益相关者创造价值。利润和每股收益受会计计量方法选择的影响,不能反映资金的时间价值和风险,也不能反映与投入资本额之间的关系,因此利润和每股收益最大化不是一个很好的财务决策目标。成果、效率和安全是股东价值最大化目标的具体体现。

4. 所有权和经营权的分离导致了股东与管理者之间的潜在矛盾,如果企业所有者不能有效地监督和控制管理者的行为,股东价值最大化的目标就不可能实现。股东可以通过监督和激励机制防止管理者背离股东价值最大化的目标。

5. 经济、法律、金融、社会人文、自然资源等外部环境都对公司金融决策活动具有十分重要的影响力,特别是法律环境、宏观经济环境和金融市场环境。进行金融决策需要了解宏观经济状况,谙熟各种工商税收法规、财务制度法规等理财活动所涉及的各种法律法规和规章制度,掌握金融市场运行机制、金融市场利率变动趋势、各种金融工具等。

6. 完善资本市场下的储蓄和投资理论、资产组合理论、资本结构理论、股利政策理论、资本资产定价模型、期权定价模型、有效资本市场理论、代理理论、信号理论、现代公司控制论、行为公司金融等理论构成了现代公司金融理论的基本框架。公司金融理论必然随着这些理论研究的深化和实践的反馈而得到修正、更新与发展。

思考与练习

1. 公司金融活动的主要内容是什么?
2. 如何理解企业是一个"契约关系的集合"?公司有哪些"利益相关者"?
3. 公司金融决策的目标是什么?为什么"利润最大化"不是金融决策的最优目标?如果你是财务经理,你认为应该选择什么样的目标?
4. 股东可以采用哪些办法防止经理人员在经营中偏离公司金融决策的基本目标?
5. 公司金融理论的基本框架主要是由哪些理论模块构成的?

第二章 财务报表

▌本章概要▌

　　公司价值基于公司未来产生的现金流量,而如何估计未来的现金流量,什么样的决策能够带来更多的现金流量,则需要研究公司的财务报表。公司基本财务报表包括资产负债表、损益表、股东权益变动表和现金流量表,它们反映了企业资产、负债、收入、利润、现金收支等方面的状况,揭示了公司融资、投资、经营管理等财务决策活动的重要信息。本章主要介绍阅读和分析财务报表,了解现金流量等财务信息的方法。

▌学习目标▌

　　1. 了解资产负债表、损益表、股东权益变动表和现金流量表这四张主要财务报表所包含的信息内容。
　　2. 认识财务报表在揭示信息方面所存在的局限性。
　　3. 了解公司的财务报告体系及其揭示信息方面的作用。
　　4. 掌握通过财务报表及报告体系所反映的信息分析判断公司财务状况的基本方法。

引　言

　　公司财务决策的基本目标是实现股东财富价值最大化,而股东财富的价值依赖于企业未来产生的现金流量。准确地估计未来现金流量,明智地选择能够最大限度增加现金流量的财务方案,需要掌握大量准确的财务信息。企业财务报表经过几个世纪的演进,用符合公认会计准则的格式、语言为人们提供有价值的信息。财务报表能够连续、系统、全面、综合地提供企业经营状况的好坏,盈利能力的高低,承受债务能力的大小,以及总体财务状况的信息。懂得财务报表有助于更好地进行财务决策。

　　经过长期的发展演变,世界各国的报表体系逐渐趋于形式上的一致,一般包括资产负债表(balance sheet)、利润表(income statement 或 profit and loss account)和现金流量表(statement of cash flows 或 cash flow statement)。

第一节　资产负债表

　　资产负债表提供公司在某一特定时点上的财务状况,其内容包括企业的资产、负债以及所有者权益三个部分。
　　严格意义上的财务状况至少包括三层意思:一是关于资产、负债和所有者权益的构成及其合理性;二是关于流动性,通常指资产转换成现金的便捷程度;三是关于财务弹性,即企业应付意外情况的能力。

时点报表也有三层意思:一是不同时期的时点报表中数值相加是没有意义的,资产负债表所反映的是资产、负债等的存量;二是时点报表中的每一个数字都可能随企业的经营活动而发生变化;三是它代表企业目前所拥有的、未来可以使用的资产和目前所承担的未来要偿还的债务。

在任何时点上,企业的资产必须等于债权人和股东的出资之和。通常可用会计方程式表示为:资产 = 负债 + 所有者权益,这就是通常所说的会计恒等式。资产负债表就是按这一恒等式编制的。会计的这种恒等式来源于企业的经济活动,企业经营需要一定的物质基础,即资产,而资产源于权益资本和负债资本的投入。

资产负债表通常有两种格式:一种是账户式报表,即表的左方列示资产,右方列示负债和所有者权益。另一种是按资产、负债和所有者权益的顺序自上而下列示,称为报告式资产负债表。表2-1是账户式资产负债表。依据会计惯例,资产以流动性的递减顺序排列,负债按到期的递增顺序排列,资产和负债通常按稳健的原则记录,即不能丝毫夸大资产和负债的价值。

表 2-1　青岛啤酒(600600)2013 年资产负债表　　　　　　　　　　单位:万元

	2013 年 12 月 31 日		2013 年 12 月 31 日
流动资产:		流动负债:	
货币资金	853 172.01	短期借款	10 108.01
交易性金融资产		交易性金融负债	
应收票据	8 476.00	应付票据	13 838.29
应收账款	15 229.27	应付账款	270 707.08
预付款项	13 234.55	预收款项	98 049.76
应收利息	18 846.14	应付手续费及佣金	
其他应收款	18 339.55	应付职工薪酬	82 331.71
应收股利		应缴税费	33 203.34
买入返售金融资产		应付利息	120.29
存货	253 455.19	应付股利	102.00
待摊费用		其他应付款	423 198.15
其他流动资产	46 686.34	一年内到期的非流动负债	179 716.72
其他金融类流动资产		预提费用	
流动资产合计	1 227 439.05	应付短期债券	
非流动资产:		其他流动负债	
可供出售金融资产		其他金融类流动负债	
持有至到期投资		流动负债合计	1 111 375.35
长期应收款		非流动负债	
长期股权投资	127 194.74	长期借款	488.13
投资性房地产	792.50	应付债券	
固定资产	874 031.03	长期应付款	
在建工程	50 662.43	专项应付款	45 093.57

(续表)

	2013年12月31日		2013年12月31日
工程物资		预计负债	
固定资产清理	536.88	递延所得税负债	17 374.53
无形资产	253 302.74	其他非流动负债	174 807.97
开发支出		非流动负债合计	237 764.20
商誉	107 992.55	负债合计	1 349 139.55
长期待摊费用	2 152.51	所有者权益(或股东权益)	
递延所得税资产	70 016.22	实收资本(或股本)	135 098.28
其他非流动资产	22 366.02	资本公积金	407 879.36
非流动资产合计	1 509 047.60	减:库存股	
		专项储备	
		盈余公积金	105 946.91
		一般风险准备	
		未分配利润	750 551.50
		外币报表折算差额	2 579.85
		未确认的投资损失	
		归属于母公司所有者权益合计	1 402 055.90
		少数股东权益	-14 708.80
		所有者权益合计	1 387 347.10
资产总计	2 736 486.65	负债和所有者权益总计	2 736 486.65

资料来源:根据万得数据库,将报告式资产负债表调整为账户式资产负债表,该表为合并报表。

一、资产负债表的内容与分析

(一) 资产

资产是创造收入的基础,资产的耗费或损耗就是获取收入的代价。从长期看,所有资产都会逐渐转化为费用,如现金支出进入期间费用,原材料形成产品成本,固定资产通过折旧进入产品成本或制造费用、管理费用,从短期看,费用不过是瞬间的资产。

根据企业会计准则,资产被进一步分成流动资产、长期投资、固定资产、无形资产、递延资产、其他资产等。上述资产项目中的各个具体项目进一步按照流动性排列在资产负债表中。资产的流动性是指资产转化为现金的能力和速度。如应收票据的变现能力比应收账款强,存货的变现能力比应收账款弱,所以排列顺序依次为现金、应收票据、应收账款和存货。

1. 流动资产

流动资产包括现金、交易性金融资产、应收账款、应收票据、存货、预付货款、其他应收款等,它是指可以在一年内或一个营业周期内转化为现金的资产,是企业用于日常经营的资产。流动资产越多,企业对外支付的能力就越强,在市场中运用现金把握商业机会的能力也就越强。流动资产不足将造成资金周转困难。当然流动资产也不是越多越好,流动资产太多造成资金占用,会降低资金的使用效率。

在流动资产中,应收账款和存货占的比重往往比较大,因此要特别注意分析应收账款和存货的规模与质量。如注意分析应收账款的账龄、坏账计提和周转率,存货的构成、计价方法、跌价准备和周转率等。

2. 长期投资

长期投资指不准备在一年内变现的对外投资,包括持有时间准备超过一年的各种股票、债券、股权性质的投资。在资产负债表中项目具体表现为:可供出售金融资产、持有至到期投资、长期股权投资、投资性房地产等。

对外长期投资是企业资本经营和优化内部资源配置的重要途径,它不仅能够带来投资收益,而且能够较好地实现公司发展战略,实现多元化经营,但复杂的对外长期投资也为某些盈余操纵提供了空间。如对被投资单位具有控制或重大影响的长期股权投资形成了关联方关系,许多交易就有背离公允性的可能。因此,除了分析长期投资的规模外,还要关注投资的效益和风险。

不同类别金融资产占比对利润的影响

可供出售金融资产占比高于交易性金融资产占比,必然导致在大盘下跌的情况下,利润受公允价值变动的影响最小,且能够适时释放在可供出售金融资产上所储备的浮盈,从而形成在不利环境下的业绩屏障。

国金证券 2008 年第一季度归属母公司股东的净利润为 3.63 亿元,其中投资收益高达 4.73 亿元,公允价值变动净损失却仅为 0.72 亿元。考察其金融资产结构,交易性金融资产占总资产的比重从 2007 年年底的 3.45% 降为 0.84%,可供出售金融资产比重从 28.93% 降为 16.33%(这一方面是由于大盘下跌所导致的公允价值减少,另一方面则源于出售)。如此的金融资产分类,必然减少其利润受公允价值变动的影响,并能够适时释放在可供出售金融资产上所储备的浮盈。

而太平洋证券的情况恰好相反。太平洋证券 2008 年第一季度归属母公司股东的净亏损为 2.50 亿元,其中证券投资收益仅为 0.15 亿元,公允价值变动净损失为 3.36 亿元。考察其金融资产结构,不论是 2007 年年初、年末,还是 2008 年第一季度末,太平洋仅列报了交易性金融资产。其 2008 年第一季度末,交易性金融资产占总资产比重高达 20.71%,比年初的 14.69% 有了大幅度的提高。由于没有在可供出售金融资产上存在的业绩屏障或缓冲,当大盘下跌时,太平洋的公允价值变动损失皆得以全额展现。

资料来源:作者根据相关资料整理。

---

3. 固定资产

固定资产指使用期限较长、单位价值较高并且在经营过程中不改变其实物形态的资产,包括建筑物、机器设备、在建工程等。固定资产类项目主要有:固定资产原值、累计折旧、固定资产减值准备、在建工程、固定资产清理等。固定资产项目下也包括以融资租赁形式租入的固定资产,融资租赁的资产属于长期资产,在很多方面相当于借款购买固定资产,所以尽管资产的所有权属于出租人,但承租人拥有使用权,按其摊销(折旧)后的净额在资产负债表上列示,至于租金,一部分是要当期支付的,属于流动负债,另一部分是以后年度要支付的,属于长期负债。

对固定资产应注意从以下几方面进行分析:一是注意分析固定资产的规模和质量。固定资产的质量反映固定资产对盈利和现金流量的贡献能力,它与固定资产的技术状况、市场状况和企业对固定资产的管理水平等许多因素相关。二是注意分析固定资产的折旧。固定资产的价值是以折旧的方式逐渐转移到产品成本和有关费用中去的,固定资产折旧方法的选择对企业利润有时间上的影响。三是注意分析在建工程项目。在建工程反映企业期末各项未完工程的实际支出和尚未使用的工程物质的实际成本。在建工程往往金额较大,是企业重要的投资行为,其期初期末金额、利息资本化金额、资金来源、工程进度、转入固定资产的情况等信息有助于揭示企业的发展动态和未来的盈利能力。

4. 无形资产和商誉

无形资产指企业拥有的没有实物形态的长期资产,包括专利权、商标权、特许权、非专利技术、土地使用权等。无形资产只有在它能为企业带来收益时才有价值。根据我国会计制度,企业自行开发并按法律程序取得的无形资产,按依法取得时的成本列示在资产负债表上,在研究阶段发生的各项费用计入利润表中的费用,进行费用化处理,在开发阶段发生的各项费用应当资本化处理,确认为无形资产的成本。外购的无形资产则按购买时的历史成本入账,逐年摊销。

无形资产在会计计量中存在以下难点:一是无形资产价值的确认。按照会计准则,外购的无形资产按购买时发生的金额确认价值,自创的只确认开发阶段的支出以及注册费、聘请律师费等为无形资产的实际成本。这主要是因为无形资产的自创可能跨越多个会计期间,成本难以追溯,况且自创无形资产支出与其成功之间并没有数量比例关系。二是无形资产受益期的确认。无形资产是一种长期资产,其成本应在受益期内摊销。与固定资产比较,无形资产的受益期由于受更多不可控制因素的影响而更加不确定,受益期不确定无形资产就难以摊销。

商誉是指能在未来期间为企业经营带来超额利润的潜在经济价值,是企业由于优越的地理位置、卓越的信誉、高效率的生产经营管理及其他种种原因所导致的超越一般获利水平的获利能力,这种特殊的获利能力形成了无形价值。按照我国新会计准则,无形资产是企业拥有或者控制的没有实物形态的可辨认非货币性资产,而商誉具有不可辨认性,因此商誉被从无形资产中分离出去,独立确认为一项资产。由于商誉是由各种因素相互影响、相互作用而产生的,没有一笔费用可以被确认为是专为创造商誉而支出的,从而也就难以确定该笔支出究竟创造了多少价值的商誉,因此商誉的价值同样难以客观计量。在会计实务中,一般只对企业外购商誉即合并商誉加以确认入账。

上述计量难点无疑将影响无形资产项目所揭示的信息,在分析中应该考虑上述因素的影响。

5. 递延资产和其他资产

递延资产是指不能全部计入当期损益,应在以后年度内分期摊销的各项费用,如长期待摊费用、递延所得税资产等。

其他资产指除以上资产以外的其他资产,是由于某种特殊原因企业不得随意支配的资产,如特准储备物质、银行冻结存款和物资、涉及诉讼的财产。

（二）负债

负债是由企业过去的经济活动引起的需要在未来偿付的经济义务。在资产负债表中负债按其偿还期的长短分为流动负债和长期负债。

1. 流动负债

流动负债是指需要在一年内或超过一年的一个营业周期内偿还的债务，具体包括：短期借款、交易性金融负债、应付票据、应付账款、预收账款、应付工资、福利费、应交税金、未付利润、预提费用、其他应付款等。

根据流动负债的性质可以将所有的流动负债项目分为两类，一类是借入的债务，如短期借款，需要到期偿还。另一类是应付款项，如应付账款、预收账款等，需要按期履行支付义务；前者是企业资金筹集活动的结果，后者多是由企业业务交易中的商业信用引起的。如果一个企业的超过信用期的各项应付款金额很大，则说明企业资金短缺，信用较差。

在企业的全部负债中，流动负债的比重越大，企业当前偿债的压力就越大。应注意对比流动资产的情况来分析企业的短期偿债能力。

2. 长期负债

长期负债是指偿还期超过一年的债务，包括长期借款、应付债券、长期应付款、其他长期负债等。

对长期负债分析，除了要分析其数量、构成外，还需要注意对或有负债的分析。或有负债指在过去交易形成的，但在资产负债表日还不明确的，未来可能发生也可能不发生的债务责任。企业面临的主要或有负债有：担保、未决诉讼、应收票据贴现等。如应收票据贴现是企业以转让票据的办法从银行或金融公司取得借款的方式，若在票据到期日出票人不能如数付款，企业作为背书人则负有连带责任。或有负债一旦发生就会加重企业的债务负担。

上市公司担保之患

担保怪圈是我国上市公司的一大顽疾，年年医治却难以根除。这些公司对外担保风险不断扩大，部分公司甚至形成了担保圈，如果有一家公司出现问题必将形成"多米诺骨牌"风险，加剧上市公司的负担和困难，严重的甚至会拖垮或掏空上市公司。

上市公司中关村公告显示，截至2010年6月30日，公司及其控股子公司涉及诉讼的担保金额为5 430.1万元，因担保被判决败诉而应承担损失的金额为5 430.10万元，均已在以前年度计提预计负债；2010年上半年高新发展旗下的多处房产继续被法院查封，也是源于2003年一笔8 000万元贷款的担保。

ST金城公司在2010年年初的时候还是"金城股份"。1月30日，金城股份表示，公司为锦州彩练塑料集团有限责任公司和锦州宏威塑料有限责任公司贷款提供担保涉诉，两项共补提担保损失约7 900万元，增加亏损约7 900万元；中报时，公司再度表示，由于为金城造纸集团有限责任公司贷款担保涉诉，计提了1.57亿元的预计负债，增加了公司亏损额。就这样在担保诉讼的泥潭中不断打滚，公司戴上了ST的帽子。

资料来源：作者根据相关资料整理。

(三) 所有者权益

所有者权益代表公司的所有者对企业净资产的要求权,对于上市公司则称为股东权益,具体包括实收资本、资本公积、盈余公积、未分配利润等。

实收资本账户反映企业所有者的投入资本,是企业得以设立开业的基本条件之一,在我国,实收资本与注册资本在数额上是相等的。股份制公司则设立"股本"账户反映投资者实际投入的股本总额,股票发行收入面值部分计入股本账户,超过面值部分作为股本溢价计入资本公积。

资本公积主要由两个渠道形成,一是股东或业主投入资本,包括股本溢价、捐赠资本、资本汇率折算差额等;二是非经营性的资产增值,即法定资产重估增值。资本公积的主要用途是弥补亏损或按法定程序转增资本金。

盈余公积是企业按规定从税后利润中提取的企业留用利润,其主要用途是弥补亏损、增加资本金以及职工福利设施的建设。

企业当期实现的净利润,加上年初未分配利润为可供分配的利润,在提取盈余公积金并完成分红分配后的余额即未分配利润。未分配利润是所有者权益的重要组成部分,它勾稽资产负债表与利润表,如该项目为负数,则表示企业尚未弥补的亏损。

所有者权益是企业生存和发展的基础,也是维护债权人权益的保证。因此,应注意分析所有者权益与负债比例,并结合分红的情况分析所有者权益的增减变化,考察企业为其所有者创造财富的能力和对债务清偿的保证程度,反映企业的投资价值。

二、资产负债表在财务分析和评价中的作用

资产负债表提供了企业资产的规模、结构、流动性,企业资金来源的结构、负债水平、偿债能力等多方面的信息,是十分重要的财务报表。资产负债表所披露的信息至少能对报表使用者起到如下的作用:

(一) 评价企业的财务实力与财务弹性

不论是投资者、债权人还是企业经营者都希望企业拥有较强的资产实力和良好的财务弹性。企业的财务实力主要是就企业的资产规模和资本规模而言的,资产与资本规模较大的企业一般具备较强的财务实力。资产负债表中所显示的资产总额与资本金总额明确描述了企业的财务实力。财务弹性则是企业应付各种挑战、适应各种变化诸如新的投资机会或经济危机等的能力。财务弹性的评价来自资产的流动性、现金净流量、资本结构、盈利能力等特征,资产负债表则提供了许多这方面的信息。

(二) 评价企业的财务结构

企业的财务结构指企业资产的结构和资金来源的结构。资产的结构反映资源配置是否合理,资金来源的结构反映企业的财务风险和财务弹性,合理的结构是财务稳定持续成长的基础。

分析企业的资产的结构需要特别重视五点:一是现金资产占资产的比重。二是应收账款和存货占资产的比重。根据经验,财务失败的企业在走向失败的过程中往往呈现出

应收账款和存货比重越来越高,而现金及现金流量却越来越少的特点。三是生产经营性资产的比重;企业的资产可以分为生产经营用资产和非生产经营用资产两类,生产经营性资产是指销售商品或提供劳务所涉及的资产。对于生产经营性的企业而言,生产经营用资产是其长期持续发展的基础,若非生产经营用的资产占总资产的比重太高,则必然影响企业资产的效率。四是无形资产比重。过去人们在评价企业资产的能力和质量时往往较多关注固定资产而忽视无形资产,然而随着科学进步和知识经济的发展,包括无形资产在内的软资源在企业生存和发展中的作用越来越大,借助无形资产比重的指标可以分析企业可持续发展的潜力和综合竞争能力的强弱。五是对外投资的比重。资产的内外分布是企业降低资产风险的重要途径之一,商品经营与资本经营并举是现代企业经营的新趋势,目前形势下,许多企业都希望这个比重高些,但对于不同类型的企业而言应该有各自适当的组合。如集团化的大企业一般都是以资本为纽带组建的,对外投资太少,将影响集团化的进程和规模,而对于非集团化的生产经营性企业,对外投资的比例太高则可能加大其生产经营的风险。

资金来源结构的分析需要特别重视两点:一是所有者权益或负债比重;二是所有者权益和负债的内部结构。所有者权益体现企业投资者对净资产的所有权,是企业生存和持续发展的基础,也是维护债权人利益的保证。合理的负债比重是具有较低的财务风险但又能够充分发挥财务杠杆作用的比重。所有者权益内部结构指股本金、公积金等的比重。可以重点分析盈余公积和未分配利润的比重及其变动,这部分比重高,反映出企业的资本积累能力、弥补亏损能力、股利分配能力和应付意外风险的能力强。负债结构则主要看负债的期限结构及集中程度。负债的期限结构主要指长短期债务的分布,负债集中程度指债务类型和借款单位的分布。

(三) 评价企业资产的流动性与偿债能力

就资产而言,流动性指资产转变为现金的能力和速度;就负债而言,流动性指以现金偿还债务的时间长短。资产的流动性与偿债能力是反映企业盈利和风险状况的重要因素,这需要计算一系列比率,而这些资料则需要从资产负债表获取。

(四) 评价企业的资本结构和长期偿债能力

企业的资本结构和长期偿债能力不仅决定了企业的财务风险,而且影响企业未来的盈利能力,保持良好的资本结构和偿债能力是企业持续经营的重要前提。利用资产负债表提供的关于资本规模和比例的信息,联系损益表等其他报表提供的盈利能力和获取现金流的能力,可以分析企业资本结构,并对企业的长期偿债能力作出评价。

(五) 评价企业资产运用的效率以及获取利润和现金流的能力

企业拥有资产是为了创造财富,企业创造财富的能力主要体现在盈利能力和获取现金流的能力上,通过结合利润表和现金流量表所反映的盈利和现金流量,利用资产负债表提供的资产的信息,就可以评价企业利用所控制的经济资源所带来的经济利益,评价投入资本的增值能力。

三、资产负债表的局限性

虽然资产负债表能够提供许多有用的信息,但受会计核算方法的限制以及不断变化的客观环境的影响,资产负债表在信息揭示方面仍然存在较大的局限性,对此我们应该有一个清醒的认识。

第一,资产负债表中的资产只是反映了企业控制的可以用货币计量的资产部分,并没有包括企业的全部经济资源。企业实际控制的经济资源很多,如与市场联系对企业发展有重要价值的商誉、品牌、销售网络和渠道等;与知识产权相联系的专利权、商标权、版权和著作权、专有技术等;与组织管理相关联的企业文化、管理哲学和艺术等;人力资源;等等。这些重要的资源由于难以用货币计量,有些尚未得到反映,有些虽然有所计量但并不全面准确。

第二,资产的计量不够真实。这种不真实主要表现在两个方面:一是账面价值与实际价值的背离;二是"虚资产"和不良资产的存在。由于会计核算要求按照历史成本计价,从而产生了资产账面价值与实际价值的背离。虽然为了改变这种单一计价方法的缺陷,在会计核算中越来越多地引入并采用了公允价值、现值等计量方法,但仍无法完全避免账面价值与真实价值的不一致。"虚资产"指不能为企业带来经济利益的已经耗费的资产,如待摊费用、待处理资产损失等,它们加在资产项目上,使总资产虚增。不良资产指企业控制但不能变现的或不能正常发挥功能的资产,如不良应收款项、不良投资、不良存货、不良固定资产等。

第三,对负债的计量也不够全面和真实。与资产的多样性一样,企业负债也具有多样性的特征,如货币化负债和非货币化负债、现实负债和潜在负债、或有负债等。具体如未决诉讼、未决索赔、税务纠纷、应收票据的贴现、应收账款的抵押借款、其他债务的担保等,这些没有在资产负债表中反映的表外负债都可能影响我们的判断。

第四,存在虚饰美化企业资产负债表的情况。如采用暂时收回债权,或以长期借款的形式暂时借入资金,而在资产负债表日后以提前偿还的方式作为"短期借款"偿还;低估坏账准备使应收账款虚增;提前销货或延迟进货,导致存货减少;少记应付费用,导致流动负债减少等手段美化企业的资产结构及流动性。

第二节 损 益 表

损益表也称利润表,反映企业在一定期间内的经营成果。与资产负债表不同,损益表是一张时期报表。作为时期报表,它有两个含义:一是不同时期的报表是可以叠加的,如上半年报表的利润和下半年报表的利润加起来,就是一年的利润。二是报表中的数据代表一段时期的累计数。在任何时期,损益表中的净收益一定等于收入减各项费用,即损益表所依据的平衡式是:利润 = 收入 – 费用。表 2-2 是常见的损益表的表式。

表 2-2 青岛啤酒(600600)2012 年和 2013 年利润表　　　　　　单位:万元

	2013 年 12 月 31 日	2012 年 12 月 31 日
营业总收入	2 829 097.84	2 578 154.40
营业收入	2 829 097.84	2 578 154.40

(续表)

	2013年12月31日	2012年12月31日
其他业务收入(金融类)		
营业总成本	2 616 926.22	2 365 810.29
营业成本	1 700 789.40	1 543 386.95
营业税金及附加	222 777.63	220 108.25
销售费用	561 069.38	493 086.56
管理费用	157 254.45	126 942.17
财务费用	−25 139.13	−17 814.10
资产减值损失	174.49	100.46
其他业务成本		
其他经营收益	22 922.55	1 496.20
公允价值变动净收益		
投资净收益	22 922.55	1 496.20
其中:对联营企业和合营企业的投资收益	946.60	1 484.48
汇兑净收益		
营业利润	235 094.17	213 840.31
加:营业外收入	56 399.33	39 483.07
减:营业外支出	24 840.13	4 907.76
其中:非流动资产处置净损失	10 492.21	3 668.26
利润总额	266 653.37	248 415.62
减:所得税	69 160.99	63 939.40
加:未确认的投资损失		
净利润	197 492.38	184 476.22
减:少数股东损益	155.17	8 589.88
归属于母公司所有者的净利润	197 337.21	175 886.34
加:其他综合收益	596.97	190.58
综合收益总额	198 089.35	184 666.81
减:归属于少数股东的综合收益总额	155.17	8 589.88
归属于母公司普通股东的综合收益总额	197 934.18	176 076.92
每股收益:		
基本每股收益	1.4610	1.3020
稀释每股收益	1.4610	1.3020

资料来源:万得数据库,该表为合并利润报表。

一、损益表的内容与分析

(一) 营业总收入

营业总收入是指企业在从事商品销售、提供劳务、让渡资产使用权等日常经营业务过程中所形成的经济利益的总流入。营业总收入可进一步分为营业收入和其他业务收入。营业收入指主营业务收入,反映由企业经常性的主要业务所产生的收入,如制造业销售产品、非成品和提供工业性劳务作业的收入,商品流通企业的销售商品收入等。其他业务收入是指企业除商品销售以外的其他业务所取得的收入。

由于收入是按权责发生制的实现原则确认的,因此某一时期确认的收入与实际收到的现金往往是不同的。差异主要来自以下三方面:一是当年的收入部分表现为应收款,而当年收到的现金可能是过去的收入实现;二是商业折扣问题,企业在销售商品时,有时会发生现金折扣、销售折让、销售退回等情况,而在确认主营业务收入时,不考虑各种预计可能发生的现金折扣和销售折让;三是坏账问题,坏账估计不准也会造成收入和现金收入产生差异。

营业收入具有以下特性:首先,主营业务收入是从企业日常生产经营活动中产生的,而不是从偶发的交易或事项中产生的,如出售固定资产、取得投资收益等,虽然也能带来收入的增加,却不能算作营业收入。其次,营业收入一般表现为企业资产的增加,但也可能表现为企业负债的减少,如以商品或劳务抵偿债务等。由于营业收入能导致资产增加或负债减少,或两者兼而有之,根据"资产－负债＝所有者权益",营业收入将导致所有者权益的增加。不过,营业收入扣除相关成本费用后的净额可能为正,也可能为负,因此,所有者权益最终可能表现为增加,也可能表现为减少。

(二) 营业总成本

营业总成本反映与营业总收入相关的、已经确定了归属期和归属对象的成本。如表2-2所示,营业总成本可由下式得到:

营业总成本＝营业成本＋营业税金及附加＋销售费用＋管理费用＋财务费用＋资产减值损失＋其他业务成本

营业成本对应于营业收入,其他业务成本对应于其他业务收入,是为了取得对应收入而发生的相关成本。

营业税金及附加反映与本期营业收入有关的税金和附加,如营业税、消费税、城市维护建设税、资源税、土地增值税、教育费附加等。

销售费用、管理费用和财务费用统称为期间费用,指企业当期发生,不能直接或间接归入某种产品成本而是直接计入损益的各项费用,这些费用容易确定其发生期间和归属期间,但很难判断其归属对象。其中,销售费用反映企业在销售产品和劳务等主要经营业务过程中所发生的各项销售费用,如运输费、包装费、展览费、广告费、代销手续费等。管理费用反映公司行政管理部门为组织和管理公司生产经营活动所发生的各项费用,主要包括行政管理部门职工工资、办公费、差旅费、业务招待费、折旧费、工会经费、职工教育经费印花税、车船使用税、房产税、土地使用税、印花税等。财务费用指公司为筹集生产经营所需资金而发生的费用,主要包括利息费用、金融机构手续费等。利息费用指企业借款所发生的费用,是扣除利息收入后的净额。根据权责发生制,它所反映的是本期应支出的利息,而不是本期实际支出的利息。

资产减值损失是指资产的账面价值高于其可收回金额而造成的损失,如计提的坏账准备、存货跌价准备、可供出售金融资产减值准备、固定资产减值准备等形成的损失。根据我国资产减值准则,资产减值损失一经确认,在以后会计期间不得转回,改变了以往固定资产、无形资产等的减值准备计提后可以转回的会计核算方法,从而消除了一些企业通过计提准备来调节利润的可能,限制了利润的人为波动。

(三) 营业利润

营业利润是企业销售产品、提供劳务等日常经营活动产生的利润。根据2006年财政部颁布的企业会计准则有：

营业利润 = 营业总收入 − 营业总成本 + 公允价值变动净收益 + 投资净收益

其中，公允价值变动损益科目反映企业以各种资产（如投资性房地产、债务重组、非货币交换、交易性金融资产等）公允价值变动形成的应计入当期损益的利得或损失，即公允价值与账面价值之间的差额。为了与国际会计准则接轨并提高会计信息的相关性，我国发布的38项会计具体准则中有17项不同程度地运用了公允价值计量属性，因此有必要在利润表中单独列示公允价值变动损益。

投资收益是对外投资所取得的利润、股利、债券利息，以及投资到期收回的或到期前转让债权取得款项高于账面价值的差额等，用投资收入减去投资损失后就可以得到投资净收益。投资净收益虽不是企业通过自身的生产或劳务供应活动所得，但随着企业管理和运用资金权力的日益增大和资本市场的逐步完善，投资活动获得的收入已成为企业重要的利润来源。因此在2006年财政部颁布的企业会计准则中将投资收益归入营业利润。不过，我们也要注意企业通过短期投资收益掩盖长期获利能力的倾向。

营业利润是企业最基本经营活动的成果，也是企业一定时期获得利润中最主要、最稳定的来源。

(四) 利润总额

营业利润加上营业外收支净额就可以得到利润总额，即：

利润总额 = 营业利润 + 营业外收入 − 营业外支出

营业外收支反映企业从事非生产经营活动中获得的各项收入和支出。营业外收支主要包括固定资产盘盈（盘亏）及出售净收入、处理固定资产净收益（损失）、出售无形资产净收益（损失）、资产再次评估增值、债务重组收益（损失）、罚款收入（支出）、捐赠支出、债权人变更无法支付的应付款项、非正常停工损失、自然灾害损失等。

非流动资产处置净损失包括固定资产处置净损失和无形资产处置净损失。固定资产处置净损失指企业出售固定资产所取得价款或报废固定资产的材料价值和变价收入等，不足以抵补处置固定资产的账面价值、清理费用、处置相关税费所发生的净损失；无形资产出售损失，指企业出售无形资产所取得的价款，不足以抵补出售无形资产的账面价值、出售相关税费后所发生的净损失。

虽然营业外收支与企业日常经营活动没有直接关系，但同样能够增加或减少利润总额，特别是巨额的营业外收支会对企业的利润总额及净利润产生相当大的影响，而且这种影响是短期的，并不代表企业长期的盈利能力。由于在营业外收支中，非流动资产的处置损益所涉及的金额通常较大，因此需要在利润表中单独列示，方便报表使用者更好地分析非经常性损益对企业当期利润的影响。

(五) 净利润

净利润反映企业最终的财务成果，是归属于企业所有者的利润，其计算公式为：

净利润 = 利润总额 − 所得税

所得税是国家对企业就其经营所得及其他所得征收的税,将利润总额乘以适用所得税税率就可以得到利润表上所列示的所得税。由于根据财务会计原则确认的会计利润与按照税法规定确认的纳税所得之间存在差异,企业实际上缴的所得税需要将会计利润调整为纳税所得后乘以适用税率来计征。

当母公司拥有子公司的股份不足100%时,子公司股东权益的一部分属于其他股东所有,由于其他股东在子公司全部股权中不足半数,对于公司经营没有控制权,这部分股权被称为少数股权。在合并公司报表中,这部分股权在子公司中所拥有的权益则为少数股东权益。从净利润中扣除少数股东权益后的部分才是归属于母公司股东的净利润。

(六) 综合收益

综合收益总额项目指反映企业净利润与其他综合收益的合计金额。

其他综合收益反映企业根据会计准则规定未在损益中确认的各项利得和损失扣除所得税影响后的净额,主要包括可供出售金融资产的公允价值变动、减值及处置导致的其他资本公积金的增加或减少,将持有至到期投资重新分类为可供出售金融资产时重分类日公允价值与账面余额的差额计入"其他资本公积"的部分,以及将可供出售金融资产重分类为采用成本或摊余成本计量的金融资产对于原记入资本公积的相关金额进行摊销或于处置时转出导致的其他资本公积的减少;按照权益法核算的在被投资单位其他综合收益中所享有的份额导致的其他资本公积的增加或减少;外币财务报表折算差额等;与计入其他综合收益项目相关的所得税影响等。

(七) 每股收益

每股收益指税后利润与股本总数的比率,是普通股股东每持有一股所能享有的企业净利润或需承担的企业净亏损。每股收益通常被用来反映企业的经营成果,衡量普通股的获利水平及投资风险,是投资者等信息使用者据以评价企业盈利能力、预测企业成长潜力进而作出相关决策的重要的财务指标之一。每股收益又可以进一步分为基本每股收益和稀释每股收益。

基本每股收益按照归属于普通股股东的当期净利润,除以发行在外普通股的加权平均数计算得到,其计算公式为:

每股收益 = (税后利润 − 优先股股利) / 发行在外普通股加权平均股数

其中,发行在外普通股加权平均股数 = 期初发行在外普通股股数 + 当期新发行普通股股数 × 已发行时间 ÷ 报告期时间 − 当期回购普通股股数 × 已回购时间 ÷ 报告期时间

稀释每股收益是以基本每股收益为基础,在假设企业所有发行在外的稀释性潜在普通股均已转换为普通股的前提下,分别调整归属于普通股股东的当期净利润以及发行在外普通股的加权平均数计算而得到的每股收益。

稀释性潜在普通股主要包括可转换公司债券、认股权证和股份期权等。例如,当上市公司发行可转换公司债券时,由于转股选择权的存在,这些可转换债券的利率低于正常条件下普通债券的利率,从而降低了上市公司的融资成本,在经营业绩和其他条件不变的情况下,相对提高了基本每股收益的金额。考虑可转换公司债券的影响以计算和列

报"稀释每股收益",显然可以提供一个更可比、更有用的财务指标。因此,如果公司存在稀释性潜在普通股的,则应计算稀释每股收益。如果没有潜在普通股,稀释每股收益＝基本每股收益。

二、损益表在财务分析和评价中的作用

损益表提供了公司经营能力等情况的重要信息,备受各类利益相关者的关注,其在财务分析和评价中的作用主要表现在以下几个方面：

(一) 分析公司的经营实力和经营成长性

企业的经营能力受多种因素影响,如经营机制的灵活性、产品开发和生产能力与效率、市场营销和开拓能力等,这些都会最终体现在经营业绩即市场份额和获利能力上。销售额直接体现公司产品的市场占有情况,通过分析销售额及销售额的增长情况,可以获得企业经营实力和经营成长性的信息。

(二) 分析公司的经营结构

经营结构主要指经营收入、成本费用等的结构。规模和速度体现了公司的实力和成长性,但合理的经营结构才能提供可持续发展的后劲和坚强的实力。利用损益表可以分析各种收入的比重,如主营业务收入比重、投资收益比重、其他营业收入比重等,从而评价公司收入的质量。此外,我们还可以利用损益表分析成本费用结构,因为提高利润的途径除了增收就是节支。比如,分析销售成本占销售收入的比重,该比重直接影响公司的毛利润；分析各项期间费用的比重,过高的期间费用影响公司利润。一些竞争性行业的企业为扩大销售、争取市场份额而采取广告战,使得广告费激增,营业利润下降,还有一些企业为了降低期间费用,过度削减研究开发费用的支出,影响了公司长远发展。此外,过低的使用财务杠杆也会导致当期管理费用和财务费用减少,虽然当期利润增加了,但未来的盈利能力却受到了遏制。

(三) 分析公司的盈利水平和能力

公司盈利能力的分析主要通过研究损益表中利润项目及其与有关项目间的对比关系来进行。除了利润的规模外,还需要分析利润形成的结构,如毛利润、营业利润、净利润的占比等,它们各自从不同的角度反映了公司的盈利能力,揭示了利润的形成过程,提供了是否有利润操纵迹象的信息。

三、关于公司利润质量的分析

追求最大规模的利润是公司经营的目标,也是衡量经营业绩的主要标准之一,但由于损益表所反映的利润是公司经营成果的会计度量,权责发生制及不同会计处理方法的选择可能导致同样的经营成果却有不同的利润规模,或隐含不同的利润质量。高质量的公司利润表现为,利润能够带来公司经营净现金流量的增加和公司现金支付能力的增强,由利润所带来的净资产增加能够为公司未来的发展奠定良好的资产基础。而低质量的公司利润则不能准确反映公司真实的盈利能力和发展前景。分析公司利润的质量可

以从两个方面进行,一是注意利润形成过程,警惕利润操纵;二是关注是否存在利润质量下降的现象。

(一)注意利润形成过程,警惕利润操纵

通过收入构成与成本费用构成分析可以发现利润形成过程和利润操纵迹象。

在公司的各种收入中,营业收入及其比重对于利润形成和利润操纵具有很好的揭示作用。一方面,营业收入是形成营业利润的基础,而营业利润是公司利润的主要来源;另一方面,营业收入往往有较严格的确认标准,较难进行利润操纵。因此,通过对营业收入的确认方式、关联交易收入比重、非经常性收入比重等的分析,可以发现利润形成的主要途径和利润操纵的蛛丝马迹。例如,有些公司为了在年末实现利润目标,通过突击签订商标租赁合同、委托理财合同、财产托管合同、租赁合同等一锤子买卖合同进行利润包装,根据合同安排确认了收入,但与收入相关的现金并没有随之流入,而一锤子买卖显然是不具有持续性的。因此,如果其他业务收入超过了营业收入,或者突然出现大幅度增加,就应该引起高度重视。

在营业收入既定的前提下,营业成本越低,毛利润就越高。营业成本的高低,既有公司不可控的因素,也有公司可控的因素,可以反映公司在组织采购、生产和销售方面的管理水平。除了营业成本外,不合理的期间费用也会严重影响公司当期的营业利润。例如,有些公司由于过度负债带来的巨大财务费用吞噬了毛利润;有些公司则由于滥用广告战或管理费用居高而导致营业利润亏损;有些公司为了实现利润目标,通过利息资本化、资产减值处理等方法调整期间费用,从而达到调节利润的目的。

根据中国证券市场的具体情况,上市公司常用的操纵利润的手段还有:利用资产重组、关联交易、资产计提等方法调节利润;利用资产评估美化资产负债表和利润表;利用虚拟资产、利息资本化等方法虚增利润;利用跨年度、会计政策选择和变更等方法操纵利润等。这些利润操纵的现象,除了通过关注利润的形成过程发现外,还可以通过关注审计报告的非标准意见和现金流量分析揭示。

(二)利润质量下降的预警信号

公司规模的过度扩张、大规模的收购兼并、价格战等恶性竞争、经营管理不力等许多原因都会造成利润质量下降,而企业利润质量的下降又往往伴随着资产质量的下降,因此,当出现流动资产周转趋缓、负债率上升、利润异常、经营现金流持续入不敷出等现象时,都可视为公司利润质量下降的预警信号。

1. 应收账款或存货规模增长异常、周转趋缓

在企业赊销政策稳定的前提下,企业的应收账款规模与营业收入保持较稳定的对应关系。因此,倘若相对于营业收入的增长,应收账款出现大规模的增加,特别是应收账款的平均收账期明显延长,往往是公司为达到促销的目的放宽信用政策的结果,使自身面临的坏账风险加大。

必要的存货是企业维持正常的生产经营所必需的,但过多的存货不仅占用资金,还可能增加存货损失和存货保管成本。虽然合理的存货规模涉及许多因素,但存货规模出现了大幅度的上升,特别是存货周转速度显著变缓,说明企业在产品质量、价格、存货控

制、营销策略等方面存在问题,警示企业的经营风险增大。

应收账款和存货是公司最主要的流动资产,其质量下降,必然影响企业未来的盈利能力,在流动资产质量下降的情况下,利润质量自然是不高的。

2. 过度举债,支付能力下降

公司在通过正常的生产经营活动和投资活动不能获得足够的现金流的情况下,需要通过融资方式来取得资金。特别是在回款不力、资金周转缓慢时,公司往往依赖增加短期借款和应付账款,延长应付账款的付款期来满足支付需求。因此,当公司的购货和销售情况没有发生很多变化,公司的供货商也没有主动放宽信用政策时,公司应付款规模大量增加,付款期明显延长,负债率迅速上升,都在提示公司的支付能力出现了问题。没有支付能力保证的利润显然是低质量的。

3. 费用不正常降低,资产不正常增加

公司各项费用可以进一步分为固定部分和变动部分,只有变动部分的费用随企业业务变化而变化,虽然通过加强管理,可以节约开支,压缩费用,但有一定的刚性约束,若相对于业务量而言,费用出现不正常的降低,有可能是企业刻意采用费用资本化等费用转移的方法"调"出来的。

企业计提的各项资产贬值准备和折旧太低同样会导致较高的利润。由于企业计提的各项资产贬值和折旧的幅度取决于企业对有关资产贬值程度的主观认识以及对会计政策与估计方法的选择,为了提高会计期间的利润,一些企业往往选择较低的准备和折旧。例如在我国一些上市公司就通过调整资产贬值准备的计提比率,以及准备金冲减来进行利润操纵。

按照会计借贷记账法,倘若公司通过人为会计调整降低费用和资产贬值准备,必然会在资产方表现出不正常的增加或变化。因此,资产不正常的增加则提示企业可能为了减少费用对利润的影响而进行的冲减。

4. 利润率异常,业绩过度依赖非经常性收益

公司所发生的交易事项可以按照其性质和发生的频率分为经常性事项与非经常性事项,经常性事项是指与生产经营直接相关的经常发生的交易事项,如出售商品、提供劳务等,由经常性交易事项引起的收益即经常性收益,是具有持续性、基础性的公司收益的核心部分。非经常性事项是指公司发生的与生产经营无直接关系,或虽与生产经营相关,但由于其性质、金额或发生频率,影响了真实、公允地评价公司当期经营成果和获利能力的各项收入、支出,如补贴收入、资产出让等营业外收入,以及托管收入、资产重组收入等。非经常性收益具有一次性、偶发性的特点,公司的业绩不能过度依赖非经常性收益,因为其利润难以代表公司未来的发展前景,对判断未来的投资价值意义不大。

利润率异常还经常表现为毛利率异动,净利润与经营现金流不符、与股利分配政策不符,等等。毛利率异动是指毛利率相对于行业或公司自身历史而言,出现不正常的降低或提高。如在竞争性行业,单个企业没有定价权,毛利率急剧下降说明企业无法压缩成本费用,可能会被市场淘汰;相反,倘若企业的产品并无特色,却取得远高于行业平均水平的毛利,则可能是会计将成本在存货和当期销售成本之间分配的结果。净利润与经营现金流量不符是由于会计利润是按权责发生制核算导致的,但若这种现象延续若干个

会计年度,则说明企业现金回笼情况不好。发放现金股利是公司股利分配的主要形式,在公司有足够可供分配的利润的前提下,却不进行现金股利分配,说明公司的现金支付能力可能出现了问题。

5. 会计政策或会计师事务所变更,会计报表被出具非标准审计意见

为了保证可比性,公司采用的会计政策和估计方法前后各期应保持一致,无正当理由的不得随意变更。因此,若公司在不符合条件的情况下,突然改变了原先采用的会计政策和方法,而选择了有利于报表利润改善的会计政策和方法,则提示公司面临不良的经营状况。

公司是会计师事务所的客户,一般情况下,两者维持比较稳定的关系。但是,在审计过程中,当注册会计师与公司管理者对报表编制出现重大分歧时,这种合作关系往往难以为继。因此,对于变更会计师事务所的企业的报表应特别关注。

在审计师对财务报表审计意见的各种表述中,只有无保留意见称为标准审计意见,其他表述均称为非标准审计意见。若公司的财务报表被出具了非标准审计意见,则应认真阅读审计师的审计报告,从中寻找可供参考和判断公司盈利质量的信息。

第三节 现金流量表

现金流量表反映一定期间内公司由于经营活动、筹资活动、投资活动等对公司现金及现金等价物所产生的影响,提供一定会计期间公司现金流入及流出变动过程的具体信息。如果想了解公司经营活动产生了多少现金收入,这些收入能否满足生产经营活动的支出;公司从投资或筹资活动中产生的现金流入又能否弥补经营现金流的赤字;公司对外部资金的依赖性是否很强;公司的财务弹性如何,是否会发生支付危机……就可以观察现金流量表。

现金流量表分为主表和附表。主表按照经营活动、投资活动和筹资活动分类,反映这三类活动所引起的具体的现金流入和流出;附表为补充资料或附注,反映不涉及现金收支的投资和理财事项以及按间接法计算的经营活动现金流量和现金及等价物的存量变动情况。现金流量表的表式如表 2-3 所示。

表 2-3 青岛啤酒(600600)2012 年和 2013 年现金流量表 单位:万元

	2013 年 12 月 31 日	2012 年 12 月 31 日
经营活动产生的现金流量:		
销售商品,提供劳务收到的现金	3 128 249.46	2 801 768.19
收到的税费返还	447.79	1 968.55
收到其他与经营活动有关的现金	143 788.63	123 923.92
经营活动现金流入小计	3 272 485.88	2 927 660.66
购买商品接收劳务支付的现金	1 635 752.02	1 409 903.15
支付给职工以及为职工支付的现金	337 405.39	294 078.27
支付的各项税费	554 135.08	560 501.91
支付的其他与经营活动有关的现金	405 078.27	352 817.65
经营活动现金流出小计	2 932 370.77	2 617 300.99

(续表)

	2013年12月31日	2012年12月31日
经营活动产生的现金流量净额	340 115.12	310 359.68
投资活动产生的现金流量:		
收回投资所收到的现金	3 965.00	
取得投资收益收到的现金	5 064.57	305.03
处置固定资产、无形资产和其他长期资产收回的现金净额	1 162.83	1 284.54
处置子公司及其他营业单位收到的现金净额		
收到其他与投资活动有关的现金	86 586.56	67 726.41
投资活动现金流入小计	96 778.96	69 315.98
构建固定资产、无形资产和其他长期资产所支付的现金	203 622.99	237 821.77
投资支付的现金	2.33	400.00
取得子公司及其他营业单位支付的现金净额		
支付其他与投资活动有关的现金	42 746.18	30 575.56
投资活动现金流出小计	246 371.50	268 797.33
投资活动产生的现金流量净额	-149 592.53	-199 481.35
筹资活动产生的现金流量:		
吸收投资收到的现金	1 000.00	7 025.50
其中:子公司吸收少数股东投资收到的现金	1 000.00	7 025.50
取得借款收到的现金	3 809.25	7 540.22
收到的其他与筹资活动有关的现金		
发行债券收到的现金		
筹资活动现金流入小计	4 809.25	14 565.72
偿还债务支付的现金	20 778.03	9 722.12
分配股利、利润或偿付利息所支付的现金	61 802.09	43 964.02
其中:子公司支付给少数股东的股利、利润	5 078.67	5 483.11
支付其他与筹资活动有关的现金	0.68	64.12
筹资活动现金流出小计	82 580.79	53 750.26
筹资活动产生的现金流量净额	-77 771.54	-39 184.54
汇率变动对现金的影响	-179.00	209.87
现金及现金等价物净增加额	112 572.04	71 903.65
期初现金及现金等价物余额	626 918.43	555 014.77
期末现金及现金等价物余额	739 490.46	626 918.43
补充材料:		
净利润	197 492.38	184 476.22
加:资产减值准备	174.49	100.46
固定资产折旧、油气资产折耗、生产性生物资产折旧	71 196.23	68 508.48
无形资产摊销	16 702.54	15 406.26
长期待摊费用摊销	606.12	468.98
待摊费用减少		
预提费用增加		

(续表)

	2013年12月31日	2012年12月31日
处置固定资产无形资产和其他长期资产的损失	10 164.50	2 627.23
固定资产报废损失		
公允价值变动损失		
财务费用	-26 380.62	-16 942.12
投资损失	-22 922.55	-1 496.20
递延所得税资产减少	-21 758.30	-9 288.50
递延所得税负债增加	-2 353.46	-3 099.64
存货的减少	-33 629.07	35 929.67
经营性应收项目的减少	-63 282.35	15 025.68
经营性应付项目的增加	214 105.19	18 643.16
未确认的投资损失		
其他		
间接法-经营活动产生的现金流量净额	340 115.12	310 359.68
债务转为资本		
一年内到期的可转换公司债券		
融资租入固定资产		
现金的期末余额	739 490.46	626 918.43
减:现金的期初余额	626 918.43	555 014.77
加:现金等价物的期末余额		
减:现金等价物的期初余额	0	16 203 740.00
间接法-现金及现金等价物净增加额	112 572.04	71 903.65

资料来源:万得数据库,该表为合并报表。

一、现金流量表的内容与分析

(一)现金、现金等价物与现金流量

现金、现金等价物与现金流量是阅读现金流量表首先必须明确的概念。现金流量表中的现金指公司库存现金以及随时用于支付的存款,即不仅包括会计核算"现金账户"下核算的库存现金,而且包括"银行账户"下存入各种金融企业、随时可用于支付的存款,以及"其他货币资金"账户下的外埠存款、银行本票和汇票存款、在途货币资金等。

现金等价物指公司持有的期限短、流动性强、易于转换为已知金额现金、价值变动风险小的投资,如可在证券市场上流通的3个月到期的短期国债等短期有价证券。现金等价物虽不是现金,但由于其支付能力与现金差别不大,现金流量表将现金等价物视为现金一并核算。

现金流量则是指现金及现金等价物的流入和流出。由于现金流量表中的现金包括不同形态的货币资金,因此需要注意的是,货币资金不同形态之间的转换不会产生现金流量。如公司出售3个月内到期的国库券取得现金,并存入银行账户,这些都不表现为现金的流入或流出。

（二）经营活动现金流量

经营活动现金流量是现金流量表反映的主要内容，体现了公司由于日常生产经营活动所产生的现金流入流出量，主要由现金流入、现金流出和现金净流量三部分组成。其中现金流入的项目主要是销售商品、提供劳务收到的现金，收到的税费返还，以及收到的其他与经营活动有关的现金；现金流出主要是购买商品、接受劳务等支付的现金，支付给职工以及为职工支付的现金，支付的各项税费，以及支付的其他与经营活动有关的现金等。具体项目可参见表2-3。

阅读和分析经营活动的现金流量时，要注意和把握如下几点：

第一，将现金流入与现金流出联系起来分析。除了特殊时期，如公司正处于生产经营初期，由于设备人力资源的利用率低、材料消耗量高、经营成本较高有可能导致企业经营活动现金流量入不敷出外，一般在正常经营情况下，如果现金流入小于流出量，说明通过正常经营活动不仅不能支持投资或偿债，还要借助于收回投资或举借新债来取得现金才能维持正常经营。现金流入量大于现金流出量，则说明企业从当期活动中获得的现金收入不仅能够满足自身经营的需要，还可用于偿还债务，扩大生产经营规模，或进行新产品投资，体现了稳定的经营对公司投资和融资活动的支持能力，将对公司经营的可持续性、业务规模的扩大和及时回报投资者产生重要的支持作用。

第二，将经营活动现金流量净额与投资活动和筹资活动的净现金流量联系起来分析。如果经营活动现金流量在全部现金流量中所占的比例较大，说明企业创造现金的能力较强。反之，则说明企业创造现金的能力不强，这样的企业对外部资金依赖性较大。一个运转正常的现金流程应当是：首先，经营活动中取得的现金流入足以满足经营活动所需的现金支出需求，并有一定的剩余用于偿还债务或用于投资；其次，如果经营活动产生的现金收入不足以满足经营活动所需的现金支出，需要通过短期借款弥补，但企业未来的盈利能力和创造现金能力足以偿还短期债务；最后，当企业需要长期投资时，一般需要通过发行股票、筹集长期借款等方式筹集长期资金，如果长期投资有效，将来会产生现金流入，不会出现现金窘迫及还债困境。最糟糕的情况是，一方面企业的经营活动现金收入严重不足，经常需要通过借款来维持周转，另一方面却进行大规模的扩张投资，于是不得不依赖举借大量长期债务维持运转。由于企业创造现金的能力弱，日积月累，企业终将面临严重的财务拮据，甚至导致破产。

第三，将经营活动的净现金流量与净利润联系起来分析。有句话说"利润是主观评价，现金是客观事实"。虽然一定期间的现金流量与净利润都是用于衡量经营活动成果的标准，但它们是不同的概念。公司所有的收益只有在产生现金流入后，才有真正的价值。如果企业利润较高，而经营活动净现金流量较低，说明企业利润质量不高，其原因可能是回款不及时、存货积压，当然也有可能是利润操纵。

第四，将经营活动现金流量的具体项目与其他报表的具体项目联系起来分析。例如，关注"销售商品、提高劳务收到的现金"项目，将其与损益表中的营业收入净额相比，可以判断企业当期的收现情况。又如通过联系本期购货现金支出与损益表中的销货成本比较，可以看出企业是否支付了本期购货款，是否偿还了前期的欠款，赊购是否形成了未来的偿债压力等。

（三）投资活动现金流量

投资活动是指企业长期资产的购建和不包括在现金等价物范围内的投资及其处置活动。其中的长期资产是指固定资产、在建工程、无形资产、其他资产等持有期在一年或一个营业周期以上的资产。由于已将包括在现金等价物范围内的投资视同现金，因此将之排除在投资活动之外。其中，现金流入量包括收回投资所收到的现金，分得股利或利润所收到的现金，取得债券利息收入所收到的现金，处置固定资产、无形资产和其他长期资产而收到的现金净额；现金流出量包括购建和处置固定资产、无形资产和其他长期资产所支付的现金，权益性投资所支付的现金，债权性投资所支付的现金，以及其他与投资活动有关的现金收入与支出等。

阅读和分析投资活动现金流量时要注意把握如下几点：

第一，将投资活动的现金流入和流出联系起来分析。企业通过投资扩大规模，实现发展，因此在一般情况下，投资活动的现金流出大于流入，如果这个比例很大，说明企业实行的是投资扩张政策，并获得了较多的投资机会，但这些投资究竟会带来怎样的效益，则要与未来的投资收益结合分析。如果扣除投资收益后，投资活动的现金流入大于流出，则说明企业变现了大量资产，如果这些资产是闲置的、多余的，对企业的经营就有利；否则就可能是企业经营或还债方面出现了问题，也可能是由于经营困难或环境改变不得不收缩投资战线。

第二，将投资活动现金流入中分到的股利或利润与损益表上的投资收益联系分析，两者的比例能够说明对外投资收益的回收情况。

第三，将投资活动现金流量与经营活动现金流量和筹资活动现金流量联系起来，分析公司的投融资策略和投资效益。公司处于大举扩张时期，经营活动所取得的现金通常不足以满足投资需求，多数时候要通过对外融资获取现金，从理财的谨慎角度，长期资产应当筹集长期资金，短期资产则可筹集短期资金投入。不同的筹资策略将形成不同的资金来源结构，影响公司资产的风险和收益水平。

（四）筹资活动现金流量

筹资活动是指导致企业资本及债务规模和构成发生变化的活动，其中的资本包括实收资本（股本）、资本溢价（股本溢价）。企业发生的与资本有关的现金流入和流出项目，一般包括吸收投资、发行股票、分配利润等。筹资活动所指的债务是企业对外举债所借入的款项，如发行债券、向金融企业借入款项以及偿还债务等。筹资活动的现金流入量主要包括吸收权益性投资所收到的现金、发行债券所收到的现金和借款所收到的现金；现金流出量主要包括偿还债务所支付的现金、发生筹资费用所支付的现金、分配股利或利润所支付的现金、偿付利息所支付的现金、融资租赁所支付的现金、减少注册资本所支付的现金、与筹资活动有关的其他现金收入与支出等。

（五）现金及现金等价物的净增加

公司总的净现金流量是将一定时期内营业、投资和筹资活动产生的现金流相加的结果，在现金流量表中称为现金及现金等价物净增加，这是判断公司财务适应能力和现金支付能力的重要信息。财务的实质就是现金及其周转,财务适应能力的实质就是现金流量和存量满足企业经营、偿债和投资需要的能力,这个能力越强,企业的经营风险就越小。因此,如果全部现金净流量为正数,表明企业的现金支付能力较强;若全部现金净流量出现赤字,则表明企业的财务适应能力较差。

二、现金流量表在财务分析和评价中的作用

(一)反映净利润的质量,提高会计信息的可比性

现金流量与公司盈亏并不一定成正向关系变化,但净利润与现金流量的关系却反映了企业净利润的质量,有现金流量支持的净利润是高质量的利润。利用现金流量可以解释为什么有些企业连续不断地有可观的利润却停止营业或发生财务困难;为什么有些企业出现经营亏损却能在短期内继续经营并有现金流量。许多破产企业的倒闭并不是因为亏损,而是因为现金不足。此外,由于现金流量表是按收付实现制编制的,排除了权责发生制下会计处理方法所造成的影响,从而使得数据在时间和空间上都更有可比性。

(二)反映公司的偿债及支付投资者报酬的能力

公司的偿债能力表现为对利息和本金的支付能力,现金流量表反映了公司现金流量适应经营、偿债和支付股利的需要的情况。据此,还可以预测公司未来所能获得的现金流量,为债权人和投资者提供进行投资与信贷决策的重要信息。

(三)反映公司未来获取现金的能力

现金流量表中经营活动产生的现金流量,代表企业运用其经济资源创造现金流量的能力;投资活动产生的现金流量,代表企业运用资金产生现金流量的能力;筹资活动产生的现金流量,代表企业通过融资活动获取现金的能力。因此,现金流量表全面反映了过去一年公司通过各种活动获取现金的情况,据此,可以预测公司未来获取或支付现金的能力。如企业通过银行借款筹得资金,在本期现金流量表中反映为现金流入,却意味着未来偿还借款时要流出现金。

(四)提供动态财务信息,更全面地反映公司的财务状况

现金流量表作为动态的报表,是连接资产负债表与损益表的桥梁,其关系可用图2-1表示。

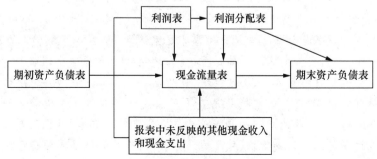

图2-1 三张基本财务报表之间的联系

利用现金流量表与资产负债表和损益表之间的联系,我们能够更深入地揭示公司资产、负债和权益的变化原因,可以回答如下诸多问题:① 利润到哪里去了? ② 为什么股利不能更多些? 为什么可以在超过本期利润的水平或在有损失的情况下分发股利? ③ 净收益上升了,为什么现金余额却下降了? 报告期有净损失,为什么现金净额还会增加? ④ 扩建厂房所需资金从何而来? 收缩经营而出售厂房设备的资金是如果处置的? ⑤ 债务是怎样偿还的? ⑥ 发行股票所得现金到哪里去了? ⑦ 发行债券所得现金用于何处? ⑧ 现金的增加是如何获得的? 现金的减少是什么原因造成的?

三、现金流量表的局限性

与资产负债表、损益表一样,现金流量表也有局限性。在报表分析中其局限性主要表现在:由于采用与损益表、资产负债表不一致的会计核算方法,增加了分析对比的难度;一些非现金的交易得不到反映;存在人为操纵现金流量的可能;等等。

现金流量泡沫主要表现在通过往来资金操纵现金流量表。例如,关联企业之间的往来资金往往带有融资性质,但是借款方并不作为短期借款或者长期借款,而是作为其他应付款核算,而在贷款方则不将其作为债权,而作为其他应收款核算。这样在编制现金流量表时,这些实质上属于筹资、投资活动引起的现金变动就转变成了经营活动产生的现金流量,从而夸大了经营活动所产生的现金流量净额,美化了现金流量表。

蓝田股份业绩之谜

2002 年春天,中国股市又一个美丽的肥皂泡在人们的感叹声中破灭了。与银广夏"异曲同工"的是,曾以"老牌绩优股"著称的蓝田股份用的同样是编造业绩神话的伎俩。

蓝田股份自从 1996 年发行上市以后,在财务数字上一直保持着神奇的增长速度:总资产规模从上市前的 2.66 亿元发展到 2000 年年末的 28.38 亿元,增长了 10 倍,历年年报的业绩都在每股 0.60 元以上,最高达到 1.15 元,即使遭遇了 1998 年特大洪灾以后,每股收益也达到 0.81 元。创造了中国农业企业罕见的"蓝田神话",被称作"中国农业第一股"。然而就在 2001 年 12 月,刘姝威教授以一篇发表在《金融内参》上的 600 字短文对蓝田神话直接提出了质疑,使市场的目光再次聚焦于蓝田讲述其业绩神话故事的财务报告。汇总人们对蓝田业绩的质疑,表现在以下几个方面:

第一,应收账款如此之少——收入确认真实吗?

蓝田股份 2000 年销售收入 18.4 亿元,应收账款仅 857.2 万元,2001 年中期这一状况也未改变:销售收入 8.2 亿元,应收账款 3 159 万元。根据公司"2001 年中期报告补充说明",造成这种状况的原因是公司地处洪湖市瞿家湾镇,占公司产品 70%的水产品在养殖基地现场成交,上门提货的客户个体比重大,当地银行没有开通全国联行业务,客户办理银行电汇或银行汇票结算业务,必须绕道 70 公里去洪湖市办理,故采用"钱货两清"方式结算成为惯例。但 18 亿元的水产品销售不可能是直接与每一个消费者进行交易,必然需要代理商进行代理,因此水产品销售全部"以现金交易结算"的说法难以成立;况且其中销售收入达 5 亿元之巨的野藕汁、野莲汁等饮料,不可能也以现金结算。

第二,融资行为与现金流表现不符——现金都流向何处了?

2001年中报显示,蓝田股份加大了对银行资金的依赖程度,流动资金借款增加了1.93亿元,增加幅度达200%。这与其良好的现金流表现不相符。按照公司优秀的现金流表现,自有资金是充足的,况且其账上尚有11.4亿元的未分配利润,又何以会这样依赖于银行借贷?

公司固定资产的扩张速度很快,2000年固定资产净额增长率达到54.57%,当年实现经营性现金净流量7.86亿元,而投资活动产生的现金净流量则为-7.15亿元(绝大部分是固定资产投入),这两个数字极为相近,这是巧合,还是虚构的利润只能变成不易盘点的固定资产?

第三,产品毛利率太高——虚增利润之嫌。

2000年年报及2001年中报显示,蓝田股份水产品的毛利率约为32%,饮料的毛利率达46%左右。从公司销售的产品结构来看,除非公司能够绝对垄断市场或具有超常低成本,以农产品为基础的相关产品都是低附加值的产品。以公司当时具有的行业地位看,达到这样高的盈利水平的可能性很小。

第四,关联方其他应付款数额巨大——占尽便宜的关联交易。

与其他上市公司的控股股东占用资金,导致上市公司其他应收款数额巨大相反,蓝田股份则是大量占用了中国蓝田总公司等关联方巨额资金。2001年中报显示,关联方其他应付款余额2.22亿元。其中,仅中国蓝田总公司直接借款就达1.93亿元。如同代付广告费一样,就连1999年因上市造假被处以的行政罚款100万元,也是由中国蓝田总公司代为垫付的。一家年盈利近5亿元、未分配利润多达10亿元的上市公司,资金运用如此捉襟见肘简直让人难以理解。

资料来源:作者根据相关资料整理。

第四节 财务报表以外看公司

通过前面的学习,我们看到财务报表的内容很丰富,为我们了解与分析公司的主要财务状况、经营成果和现金收支提供了许多重要信息。但资产负债表、损益表和现金流量表只是公司对外提供的财务报告的重要组成部分,公司公布的财务报告通常还包括"各类附表""财务报表附注""财务状况说明书""审计报告"等,从中我们可以读到许多三张基本报表所未能反映的重要信息。

一、财务报表附注和各类附表的内容与作用

资产负债表、损益表和现金流量表是公司对外报告的主要报表,又称为主表。由于三张主表只反映企业财务状况的基本信息,而且从各国实践看越来越趋向于对内容予以精练化、概括化,因此,大量详细的信息需要通过附表披露。附表是对主表的某些重大项目进行补充说明的报表,从我国目前看,主要的附表有存货表、应收账款账龄分析表、固定资产及累计折旧表、利润分配表、主营业务收支明细表、制造费用明细表、现金流量表附表等。上述报表有的已经形成了财务报表附注的部分内容,有的则不一定对外报告,

仅用于内部管理。对上市公司而言,对外报告的附表主要包括资产减值准备明细表、股东权益增减变动表和应交增值税明细表、利润分配表等。

财务报表附注提供了编制基本会计报表的具体说明和计算依据,主要包括:

1. 会计政策、会计估计和会计报表编制方法说明

根据会计准则的规定,公司在进行会计核算时,可以根据其实际情况在既定的会计政策和会计估计方法中进行选择使用。如存货的计价、固定资产的折旧、外币业务的核算等都有很多种方法可供选择,而选择不同的方法将产生不同的核算结果。通过报表附注的形式,就可以明确地告诉读者报表编制所采用的会计政策、会计估计和会计报表编制方法,有利于读者更好地理解和分析财务报表。

2. 会计政策的变更

为了保证会计信息的连续性,要求公司在会计报表编制中所选择的会计处理方法应尽量保持一致性。但是,当公司过去选择的会计政策和估计方法已严重不适用于目前的经营方针、财务管理体制或经营环境时,必须重新选择或变更,而会计处理方法一旦变更必然对报表所体现的财务数据产生影响,这时需要对会计处理方法变更的情况、理由以及变更对财务状况和经营成果的影响作出分析和解释。

例如,2001年之前我国的上市公司都执行股份制企业的会计制度,从2001年开始,上市公司与其他企业一样执行新颁布的《企业会计制度》。这是一项重要的会计政策改变,因此,每一个上市公司在其2001年的年度报告中都披露了这一政策的变化,并说明了政策改变对公司造成的影响。

3. 报表重要项目的说明

根据会计重要性原则,对重要的项目应当说明其明细的构成,而这些信息从三张基本会计报表中无法获取,因此需要对此在附注中加以说明。附注中反映的重要项目通常包括货币资金、应收账款、存货、长期投资、固定资产、无形资产、短期借款、应付账款、应交税金、实收资本、主营业务收入等。在附注中有关这些项目的具体收支、构成等明细资料按照一定的表式或格式进行披露。以应收款为例,附注中披露的信息有应收账款的账龄结构及欠款金额前几位的排名、所欠金额、欠款时间和原因,对重大已核销应收款的说明及催讨情况,应收票据贴现抵押的有关出票人、出票日期、到期金额情况说明等。

4. 重要事项的说明

财务报表无法反映不能用货币衡量但对公司财务状况有重大影响的事项,忽略这些事项在阅读和分析报表时可能产生误解,这方面的信息则通过附注的形式反映。这些事项包括:与关联公司之间发生的交易(关联公司之间发生的交易可能不一定按照市场价格);对外担保的情况(提供担保使公司承担潜在的风险);未决诉讼和仲裁(公司与其他单位发生法律纠纷,这些未决事项可能造成公司的损失);资产抵押;等等。

财务报表附注由于提供了大量主表无法表达或未能充分表达的内容和信息,因而进一步扩展了财务信息的内容,提高了财务报表信息的可比性,对于公司财务信息的揭示具有十分重要的作用,将附注与报表结合分析,能够对公司的财务状况有更深入的认识和准确的判断。

二、分清账外价值、账面价值和市场价值

受会计核算方法的局限,财务报告并不能反映企业的全部资源,于是就产生了公司资产的账外价值。如公司开发的非专利技术,由于不需要经过法律登记注册程序,因此在资产负债表中并未反映其价值,但它们却很可能是公司的核心竞争能力,是公司创造利润的源泉。公司拥有的客户资料和供货渠道、营销网络、高管人员的才能、企业品牌的知名度、优秀的企业组织管理体系和企业文化等都是公司重要的账外资产。2002年11月中旬,法国最大的保险公司法国国家人寿保险公司(CNP)宣布将与中国邮政签订合资经营协议,以参股方式与中国邮政设立合资公司,通过中国邮政的销售网络进行产品分销。对此,专家们的评论是,CNP找中国邮政联姻,将在一夜之间织就其在中国的营销网络。

在资产负债表中,许多资产的价值采用历史成本法核算,即按购买或取得该项资产时的成本或付出的代价核算,称为资产的账面价值。账面价值有时候并不与市场价值一致。例如,公司长期投资项目下购买的股票价值将随着其市场价格不断波动,而在公司的账面上反映的则是股票的购买成本,一般情况下是不变的。再如,公司购买的一块土地的使用权可能由于周边地区经济的发展,其潜在的市场价值已经上升,而公司账面上反映的是按土地使用权的年限将购买成本摊入经营成本后的净值。

三、审计报告

阅读报表的人常常会对会计报表及附注的真实性和完整性存有疑虑,特别是近年出现了很多虚假的财务会计报表问题,比如中国的郑百文、蓝田股份事件,美国的安然、世界通信、施乐公司事件等,这些公司都涉及提供虚假财务会计报表的问题,其中有注册会计师的责任,也有企业的责任。因此,对于审计报告内容的理解、解读和使用也是分析财务报表、获取公司财务信息的一个十分必要的途径。

审计报告是注册会计师根据独立审计准则的要求,在实施了必要的审计程序后出具的、用于对被审计单位年度会计报表发表审计意见的书面文件,是审计工作的最终成果。审计报告是注册会计师发表审计意见的载体,具有法定证明力。

根据不同的审计结果,独立审计师在审计报告中发表的审计意见有以下四类:标准无保留意见、保留意见、反对意见和拒绝发表意见。

(1)标准无保留意见指公司的会计政策和处理符合会计准则及有关规定,会计报表的内容完整、表达清楚、无重要遗漏,合法、公允、一致地反映了公司的财务状况、经营成果和资金变化情况。

(2)保留意见指所审计的会计报表在整体上是合法、公允、一致的,但在某些重大方面不符合会计准则和会计制度的要求,保留意见并不全盘否定所审计的会计报表。

(3)反对意见意味着所审计的会计报表不符合会计准则和会计制度的要求,没有合法、公允、一致地反映公司的财务状况、经营成果和资金变化,这是对所审计报表的全盘否定。

(4)拒绝发表意见指的是由于审计范围受到限制,注册会计师无法取得充分而有效的证据来对所审计的会计报表发表意见,审计人员拒绝对此报表的合法性发表意见。

需要特别指出的是,尽管独立审计要求注册会计师关注公司的舞弊行为,但独立审计并不是舞弊审计,如果审计师严格按照审计准则认真执行审计程序,未发现舞弊现象,则不对事后发现的舞弊承担责任。注册会计师承担的是审计责任,并不承担会计责任。换言之,注册会计师的审计意见提高了会计报表的可信度,但并不能100%地保证会计报表的准确,因财务报表本身的问题而使报表使用者遭受损失,则不由注册会计师承担责任。

本章总结

1. 资产负债表、损益表(利润表)和现金流量表是提供公司财务信息的最基本的三张报表。资产负债表提供公司在特定时点上的资产、负债以及所有者权益数量结构的信息;损益表(利润表)提供公司在特定期间内的经营成果;现金流量表提供公司在特定期间内由于经营活动、筹资活动和投资活动等而引起的公司现金流入及流出变动过程的具体信息。

2. 资产负债表提供了公司资产的规模、结构、流动性及资金来源结构、负债水平、偿债能力等多方面的信息,利用资产负债表可以评价公司的财务实力与财务弹性,评价公司资产的流动性和偿债能力,评价公司的资本结构及财务风险,等等。虽然资产负债表能够提供许多有用的信息,但我们应该清醒地认识到,受会计核算方法的限制以及不断变化的客观环境的影响,资产负债表在信息揭示方面仍然存在较大的局限性。这种局限性表现在对资产和负债的计量不够真实,也不够全面。另外我们还应该警惕美化虚饰资产负债表的情况。

3. 利用损益表所反映的信息,可以分析公司的经营实力和经营成长性,分析公司的盈利水平和经营结构。公司的利润是人们关注的核心,我们不仅要关注利润的数量,更要关心利润的质量,警惕利润操纵。加强利润形成过程分析,关注利润质量下降的信号,是分析公司利润质量的重要途径。

4. 应收账款或存货规模增长异常、周转趋缓;过度举债,支付能力下降;费用不正常降低,资产不正常增加;利润率异常,业绩过度依赖非经常性收益;会计政策或会计师事务所变更,会计报表被出具非标准审计意见等现象都可被视为利润质量下降的预警信号。

5. 现金流量表反映一定期间内公司由于经营活动、筹资活动、投资活动等对公司现金及现金等价物所产生的影响,提供一定会计期间公司现金流入及流出变动过程的具体信息。现金流量表是连接资产负债表和损益表的桥梁,在现金为王的现代经济中,具有十分重要的信息揭示作用。利用现金流量表可以评价公司利润的质量、偿债能力和支付能力、获取现金的能力、支付投资者报酬的能力。

6. 分析现金流量表特别要关注经营活动的现金流量。一个处于正常经营时期获取现金能力较强的公司,其经营活动产生的现金流入量往往大于现金流出量,即企业从当期活动中获得的现金收入不仅能够满足自身经营的需要,还可用于偿还债务,扩大生产经营规模,或进行新产品投资,体现了其稳定的经营活动对公司投资和融资活动的支持能力,对经营的可持续性、业务规模的扩大和及时回报投资者起到重要的作用。如果经营活动现金流量在全部现金流量中所占的比例较大,说明企业创造现金的能力较强,反之则说明企业创造现金的能力不强,这样的企业对外部资金依赖性较大。

7. 财务报表附注是公司财务报告的重要组成部分,主要是对三张基本会计报表编制的方法和计算依据进行说明,包括会计政策、会计估计和会计报表编制方法及其变更的说明,报表中重要项目和公司重大事项的解释等,提供了大量基本财务报表无法表达或未能充分表达的内容和信息。

8. 公司资产的价值有账面价值和市场价值之分,资产负债表上反映的是资产的账面价值,账面价值与实际的市场价值常常不同。资产负债表所无法反映的公司资源形成了公司资产的表外价值。

9. 审计报告是注册会计师发表审计意见的载体,具有法定的证明力。根据不同的审计结果,独立审计师在审计报告中发表的审计意见有标准无保留意见、保留意见、反对意见和拒绝发表意见这四种类别。仔细阅读审计报告,了解审计师的审计意见也是我们分析财务报表、获取公司财务信息的一个十分必要的途径。但要注意,注册会计师的审计意见提高了会计报表的可信度,但并不能100%地保证会计报表的准确。

思考与练习

1. 什么是资产负债表?它有什么作用?有什么局限性?
2. 什么是流动资产?流动资产有什么作用?流动资产是否越多越好?
3. 对固定资产进行分析时,应注意什么?
4. 对无形资产进行分析有哪些难点?
5. 什么是或有负债?它对企业有什么影响?
6. 什么是利润表(损益表)?它有什么作用?为什么阅读损益表时,不仅要关注最后结果(净利润)的多少,更要考察形成利润的过程?
7. 现金流量表中的现金有什么特殊的含义?
8. 为什么在分析现金流量表时要特别重视分析公司的经营活动的现金流量?
9. 现金流量表有什么作用?
10. 财务报表分析的对象是(   )。
    A. 企业收支活动   B. 企业经营活动
    C. 企业基本经济活动   D. 企业投资活动
11. 资产负债表中资产项目的排列顺序是依据项目的(   )。
    A. 重要性   B. 收益性   C. 流动性   D. 时间性
12. 一般来说,偿还流动负债的现金是从(   )中产生的。
    A. 长期借款   B. 银行存款   C. 流动资产   D. 有价证券
13. 存货计价方法不同,影响着期末存货成本和当期销售成本,进而影响财务报表分析的(   )。
    A. 可比性   B. 相关性   C. 及时性   D. 可验证性
14. 主营业务收入与资产负债表的应收账款应保持一定的(   )关系。
    A. 对应   B. 增长   C. 下降   D. 固定

15. 主营业务收入代表公司的主要经营能力和获利能力,而这种能力应与企业的( )相适应。
    A. 资产总额   B. 负债总额
    C. 所有者权益总额   D. 利润总额
16. 营业费用是一种期间费用。它是随着时间推移而发生的,与当期( )直接相关。
    A. 产品生产   B. 产品销售   C. 产品采购   D. 产品储存
17. 影响公司现金净流量的经济业务为( )。
    A. 出售无形资产   B. 提取盈余公积
    C. 以固定资产对外投资   D. 计提折旧
18. 一般而言,公司净利润与经营活动的现金流量净额之间( )。
    A. 存在较大差异 B. 存在较小差异 C. 不存在差异 D. 没有关系
19. 如果经营活动的现金流量净额为负值,净利润为正值,则说明( )。
    A. 企业财务状况不佳   B. 企业收益质量不佳
    C. 企业财务状况一般   D. 企业收益质量一般
20. 有关会计估计、会计假定和会计报表编制方法的信息最有可能出现在( )中。
    A. 资产负债表   B. 审计报告
    C. 财务报表附注   D. 财务状况说明书
21. 当审计员对一个公司的财务报表出具无保留意见是,这意味着( )。
    A. 会计估计和前一年采用的方法相同
    B. 财务报表陈述公平,因而没有错误
    C. 审计员未发现任何影响财务报表的重大错误陈述
    D. 金融分析员在分析财务比率时不需要作任何调整
22. 下述资料来自某公司 2010 年 12 月 31 日的账户,项目排列无顺序(单位:元)。

普通股	10 000
股本溢价	38 000
现金	13 000
有价证券	17 000
应收账款	26 000
应付账款	15 000
一年内到期的长期债务	11 000
应付抵押账款	80 000
应付债务	70 000
存货	30 000
土地和建筑物	57 000
机器和设备	125 000
商誉	8 000
专利	10 000

其他资产	50 000
递延所得税(长期负债)	18 000
留存收益	33 000
累计折旧	61 000

要求:根据上述资料编制资产负债表。资产分成流动资产、固定资产、无形资产和其他资产四类。负债分为流动负债和长期负债两类。

23. 同创公司现金流量表如下。请根据以下资料,对同创公司 2014 年和 2013 年的经营活动、投资活动和筹资活动产生的现金流量以及这两个年度现金流量的增减变动情况作出评价。

现金流量表(简表)

同创公司　　　　　　　　2014 年和 2013 年　　　　　　　　单位:万元

项目	2014 年	2013 年
一、经营活动产生的现金流量		
现金流入小计	16 192	12 151
现金流出小计	15 953	12 046
经营活动产生的现金流量净额	239	105
二、投资活动产生的现金流量		
现金流入小计	339	420
现金流出小计	5 434	2 765
其中:购建固定资产支付的现金	5 213	2 078
投资活动产生的现金流量净额	-5 095	-2 345
三、筹资活动产生的现金流量		
现金流入小计	16 840	10 420
其中:借款收到现金	16 840	10 420
现金流出小计	13 567	5 456
其中:偿还债务所支付的现金	13 567	5 456
筹资活动产生的现金流量净额	3 272	4 964
四、汇率变动对现金的影响	0	0
五、现金及现金等价物净增加额	-1 584	2 724

第三章　财务分析

▍本章概要▍

　　财务报表是反映和提供公司基本财务信息的重要渠道,在第二章中我们从了解财务报表的角度,介绍了财务报表所包含的信息内容和局限性,以及如何通过财务报表及财务报告体系所反映的信息分析判断公司财务状况。在上述基础上,本章将介绍对财务报表所提供的大量数据资料进行整理、计算和分析的方法,主要包括财务比率分析法、增长趋势分析法和综合财务分析法。通过这些方法对财务数据进一步加工提炼,得到更多有价值的信息,从而对公司当前经营状况作出更加全面深入的评价。

▍学习目标▍

　　1. 了解主要财务比率的计算方法及其所揭示的信息内容,并能够据此对公司的资产流动性、偿债能力、盈利能力等各方面情况进行比较深入的分析和比较准确的评价。
　　2. 能够运用趋势分析的方法分析企业财务状况的变动,并通过其变动特征判断企业财务状况的变化趋势。
　　3. 能够运用杜邦财务体系分析股东权益收益率,指出其影响因素,发现提高股东报酬的途径。
　　4. 了解综合评分法的基本思想和基本原理。

引　言

　　财务报表为评价公司当前的财务状况提供了基本的信息,通过财务报表可以了解公司的财务状况和经营业绩,但是这种了解还只是表面的,不足以满足报表使用者进行决策的需要。例如,公司管理者要实现公司价值最大化,必须发挥优势并纠正问题,这就需要将公司经营状况和业绩与其他公司以及公司自身过去的经营状况和业绩进行对比,分析评价公司在行业中的地位和发展趋势。而要进行对比分析,就需要对财务报表所提供的大量数据作进一步加工处理,以显示各项数据间隐含的关系,并解释这种关系。财务分析就是运用分析方法和技巧,从财务报表及其他财务资料中整理出有用信息的全过程。它可以避免决策时的直觉推测,减少不确定的判断和错误的范围,以增加决策的科学性。财务分析的主要方法有财务比率分析法、增长趋势分析法、综合财务分析法等,其中比率分析是财务分析的核心。

通过财务分析至少能达到如下目的：① 能够评价公司的财务实力与财务弹性；② 能够评价公司资产的流动性与短期偿债能力；③ 能够评价公司的资本结构和长期偿债能力；④ 能够了解公司的盈利水平和能力；⑤ 能够评价和预测公司财务状况的发展趋势。当然对于不同的使用者来说，关注的焦点和目的会有所不同。比如，债权人注重于公司的获利能力和资本结构，因为获利能力是公司信用安全的重要保证因素；资本结构则直接涉及放款的风险。股东承担的风险最大，所以对企业的各种信息都很关心。不过，财务报表分析的最终目的还是评价企业的财务状况、衡量企业的经营业绩、观察和预测企业未来的发展趋势，为决策者提供决策依据。

第一节 财务比率分析

财务比率分析通过对比有关联关系的财务数据而求出比率，然后通过比率来说明企业的财务状况。表 3-1 列出了财务分析中常用的财务比率及其计算公式，并计算了青岛啤酒公司的财务比率。下面我们将介绍这些比率的计算，并以青岛啤酒公司为例介绍如何通过财务比率评价企业财务状况。然而，要想利用财务比率评价公司的财务状况，还需要一些标准来判别这些比率的优劣。虽然并不存在适合所有公司的"标准"财务比率系列，但通过与本公司历史比率对比，或通过与行业平均比率和与行业其他公司的对比仍然可以说明问题。因此，在表 3-1 中我们对青岛啤酒公司与其主要竞争对手——燕京啤酒公司的财务比率进行了比较。

表 3-1 2013 年青岛啤酒与燕京啤酒的财务比率

比率名称	计算公式	青岛啤酒	燕京啤酒
短期偿债能力			
流动比率	流动资产/流动负债	1.10	1.07
速动比率	速动资产/流动负债	0.88	0.39
现金比率	（货币资金＋交易性金融资产）/流动负债	0.77	0.27
现金流量比率	经营活动净现金流量/流动负债	0.31	0.53
长期偿债能力			
资产负债率	负债总额/资产总额	0.49	0.32
负债权益比	负债总额/股东权益	0.97	0.46
利息保障倍数	息税前利润/利息费用	—	13.90
现金利息保障倍数	经营活动净现金流量/利息	—	39.30
现金流量债务比	经营活动净现金流量/负债总额	0.25	0.52
资产运用效率			
应收账款周转率	营业收入/平均应收账款	240.80	112.09
应收账款周转期	365/应收账款周转率	1.52	3.24
存货周转率	营业成本/平均存货	6.95	2.00
存货周转期	365/存货周转率	52.52	182.78
流动资产周转率	营业收入/平均流动资产	2.52	2.16
固定资产周转率	营业收入/固定资产平均净值	3.31	1.45
总资产周转率	营业收入/平均总资产	1.11	0.74
资产现金回收率	经营现金净流量/全部资产	0.12	0.16

(续表)

比率名称	计算公式	青岛啤酒	燕京啤酒
获利能力			
销售净利率	净利润/营业收入	0.070	0.050
毛利润率	(营业收入－营业成本)/营业收入	0.399	0.390
资产经营利润率	息税前利润/平均总资产	0.094	0.059
资产净利润率	净利润/平均总资产	0.072	0.042
股东权益收益率	(净利润－优先股股利)/股东权益	0.140	0.060
销售现金比率	经营现金净流量/销售收入	0.120	0.225
市场价值比率			
市盈率	每股市价/每股收益	33.50	32.02
市净率	每股市价/每股净资产	4.72	1.94

注：表中青岛啤酒财务比率根据第二章所提供的三张财务报表中的财务数据，按表中所列计算公式计算得到。其中，资产项目如未注明"平均"均采用期末数值；利息支出用财务费用代替，由于青岛啤酒财务费用为负数，故未计算利息保障倍数。读者可以通过查阅报表自行进行计算练习并核对。② 燕京啤酒财务比率则根据其2013年年度报告中的合并财务报表数据计算得到。③ 青岛啤酒和燕京啤酒的每股市价采用2013年12月31日的收盘价，每股现金股利按利润分配预案的每股派发0.45元股利计算，普通股股数用2013年12月31日的数据，数据来源于中财网(http://quote.cfi.cn)。

一、短期偿债能力分析

企业的短期偿债能力是指企业偿还短期债务的能力，是反映企业偿还债务能力的重要标志。如果企业短期偿债能力不足，就可能影响长期债务的偿还，进而影响股东回报率的实现。由于流动资产和流动负债之间存在密切联系，因此考虑短期偿债能力要看流动资产变现的能力。一般说来，偿还流动负债的现金是从流动资产中产生的。若企业流动负债中有1 000万元应付账款，另外有500万元和100万元的应付税款已到期必须支付。那么企业应该如何来偿还这些债务呢？首先，考虑流动资产中的货币资金，假设可动用的货币资金有400万元；其次，考虑可变现的有价证券，假设变现交易性金融资产得到300万元；最后，剩余部分可考虑用应收账款回收款支付，若收回的应收账款仍不足以支付剩余的900万元，则要出售存货或通过新的流动负债取得（比如取得新的短期借款）现金来支付。这就说明企业在盈利的情况下仍不能保证自身的短期偿债能力。换句话说，在权责发生制下，企业可以有很高的利润，却可能没有能力偿还债务，因为它缺乏可用的资金，而一个企业发生亏损，只要有可用资金，仍然有能力偿还短期负债。所以企业能否偿还短期债务，要看有多少短期债务以及有多少可变现的流动资产。因此，企业短期偿债能力又称为变现能力。

（一）流动比率

流动比率是流动资产与流动负债对比所确定的比率。计算公式为：

$$\text{流动比率} = \text{流动资产}/\text{流动负债} \tag{3-1}$$

该比率表示假定所有的流动资产都用于偿还流动负债，每一元流动负债有几元的流动资产作为偿债保障。

根据上述公式计算得到青岛啤酒公司2013年的流动比率为1.1，即每1元负债有1.1元的流动资产可用于偿还。

一般而言，流动比率越高，企业偿还短期债务的能力越强。流动比率高还可以对企业的长期资产保全产生屏障的效果。因为当企业因偿还债务所迫，而不得不出售非流动资产时，不仅会影响到现阶段乃至下阶段资产的正常使用，而且往往由于削价求售而无法获得公允的价格，造成本不该发生的变现损失。流动比率高还可显示出企业应对不确定因素冲击的能力，对于企业的财务危机具有较强的预测能力。由于流动比率具有上述优点，因此早已成为金融机构、债权人及潜在投资者衡量企业短期偿债能力所普遍采用的工具。

长期以来，2.0的流动比率下限被认为是比较理想的。这是因为在传统制造行业，企业的存货余额大约占流动资产的一半，而存货是流动资产中流动性最弱的资产，为了保证有充裕的资金偿还流动负债，流动比率就应是流动资产的2倍。然而，最近几十年，制造业企业的经营方式和金融环境都发生了很大的变化，流动比率下降已成趋势。另外，企业的存货还受行业特点、生产的季节性、赊销或赊购的条件等许多因素的影响，例如，飞机、轮船等大型设备的制造公司由于生产周期长、原材料价格高、存货价值大，其流动比率就较高。而电力、餐饮娱乐等服务业，经营周期短、存货少，其流动比率就较低。因此，并不存在一个统一、标准的流动比率数值。我们在分析企业的流动比率时，需要根据实际情况选择对比标准。如与行业的平均水平比较，有助于评判企业流动比率水平是否正常；与本企业前期或过去各期比较，有助于判断流动比率的变化情况，从而判断企业短期偿债能力是逐渐改善还是恶化；与竞争对手比较，则有助于分析差距。例如，燕京啤酒公司的流动比率是1.07，其资产的流动性或变现力与青岛啤酒十分接近。

不过，如果要解释流动比率的变化，仅仅进行以上分析还是不够的。这是因为影响流动资产和流动负债的因素很多，只有对影响流动比率数值的流动资产和流动负债项目进行具体分析，才能说明流动比率变动的原因，以及企业实际的偿债能力。

例如，影响企业流动资产数额的一个主要项目是存货，采用不同的方法所得到的存货的价值是不一样的，而不同的存货价值又会影响流动资产价值，进而影响企业的流动比率。若企业因存货价值低估导致流动比率下降，那么这种情况下较低的流动比率并不意味着企业的流动性风险增大或偿债能力下降。相反，如果因产品积压而引起存货的价值增加，并因此而导致较高的流动比率，这样的高流动比率并不意味着短期偿债能力增强，因为积压的产品变现性往往比较差。

应收账款是流动资产的另一项重要内容，如果由于大额的周转缓慢的应收账款而导致流动比率居高，显然也并不代表企业短期偿债能力高，特别是在我国目前三角债严重、信用状况堪忧的情况下，有些账龄长的应收账款很可能成为永远收不回来的坏账，因此而导致的高流动比率显然没有任何意义。

另外，在某些情况下，一个很高的流动比率或许意味着并不令人满意的企业条件，而一个较低的流动比率或许却伴随企业的盈利性运作。如在经济衰退阶段，企业纷纷压缩生产，调整资本结构，偿还流动负债，这时即便流动资产处于极低的水平，流动比率也可能达到较高的水平。而在经济繁荣阶段，企业生产扩大，资金需求量剧增，流动负债相应增加以适应不断增加的对营运资金的需求，流动比率可能出现很低的水平。

因此，要利用流动比率正确地评价公司的短期偿债能力，需要结合各行业的特点，对构成流动资产和流动负债的各个项目的情况进行全面综合分析。

（二）速动比率

速动比率是速动资产与流动负债对比所确定的比率。所谓速动资产是指变现能力较强的流动资产。在企业的流动资产项目中，预付费用是变现能力最差的项目。除了预付货款有可能在收到货物后再通过出售货物转化为现金外，一般的预付费用（如预付税款、广告费、保险费等）很难收回再转化为现金。存货也是变现能力较差的资产项目，特别是其中作为安全库存的那一部分，几乎是一项长期资产，部分存货还可能已经被抵押给了特殊的债权人，此外，由于偿债和清算等原因企业被迫出售库存品时，其价格往往也受到不利影响。考虑这些因素后，真正具有较强变现能力的流动资产项目是货币资金、交易性金融资产、应收票据、应收账款等应收款项。于是有速动比率的计算公式：

$$速动比率 =（货币金 + 交易性金融资产 + 应收票据 + 应收账款 + 其他应收款）/流动负债 \qquad (3-2)$$

由于预付账款、待摊费用等项目相对金额较小，通常计算时可以忽略，国内也常常采用以下计算公式计算速动比率。

$$速动比率 =（流动资产 - 存货）/ 流动负债 \qquad (3-3)$$

显然，相对于流动比率而言，速动比率更能严密测验企业的短期偿债能力。

根据(3-2)式可以得到青岛啤酒2013年的速动比率为0.88，即相对于每1元短期负债而言，青岛啤酒约有0.88元的资产可以迅速变现以保证偿还，明显高于其行业竞争对手燕京啤酒的0.39的速动比率。

速动比率同样与行业具有密切的关系。例如，典型的只进行现金交易的行业，其速动比率就比较低，而且仍然具备足够强的流动性。通常情况下，速动比率的变化趋势与流动比率是高度相关的，许多影响流动比率的因素往往也会影响速动比率的变化，所以可结合流动比率分析中的方法进行分析。

（三）现金比率

在速度资产中流动性最强、可直接用于偿债的资产是所持有的现金和有价证券，这类资产又称为现金资产。现金比率是将现金资产与流动负债对比得到的比率。计算公式为：

$$现金比率 =（货币资金 + 交易性金融资产）/流动负债 \qquad (3-4)$$

现金比率越高，表示企业可用于偿付流动负债的现金资产越多，变现损失的风险越小，且变现时间越短。现金是清偿债务的最后手段，如果缺少可用的现金，可能使企业陷入无清偿能力的困境。因此，现金比率太低意味着企业的即期支付可能出了问题。

现金比率是对短期偿债能力要求最高的财务标准，主要适用于那些应收账款与存货的变现能力都存在问题的企业。

根据(3-4)式计算得到的青岛啤酒2013年的现金比率为0.77，而燕京啤酒仅为0.27，差距仍然很大。

(四)现金流量比率

现金流量比率是经营活动现金净流量与流动负债对比得到的比率。计算公式为:

$$\text{现金流量比率} = \text{经营活动净现金流量} / \text{流动负债} \quad (3-5)$$

该比率说明企业每年的经营活动所得到净现金流量对于短期债务的偿还保障程度,是衡量企业短期偿债能力的动态指标。这一指标越高,说明企业支付即期债务的能力越强。反之,则说明企业支付即期债务的能力越弱。

根据(3-5)式计算得到的青岛啤酒2013年的现金流量比率为0.31,而燕京啤酒为0.53,要高于青岛啤酒。

上述四个财务比率是反映企业短期偿债能力的主要财务指标。在运用上述比率进行分析时要注意,一些财务报表没有反映出来的因素也会影响企业的短期偿债能力。如增强短期偿债能力的因素有可动用的银行贷款额度、准备变现的长期资产、偿债能力的声誉,等等。而未作记录的或有负债,已售产品发生的质量事故赔偿的可能性,尚未解决的诉讼争端可能导致的不利后果,担保责任引起的负债,经营租赁合同中的承诺条款等都是减弱变现能力的因素。

二、长期偿债能力分析

企业的长期偿债能力是企业支付到期长期债务的能力。企业的长期偿债能力不仅取决于企业在长期内的盈利能力,也受企业资本结构的重要影响。因此,长期偿债能力分析主要侧重于收益及资产对其债务的保障程度的分析。

(一)资产负债率

资产负债率是企业总负债与总资产之比,用以衡量企业总资产中由债权人提供的比例有多大,说明企业偿还债务的综合能力以及资产对债权的保障程度。计算公式为:

$$\text{资产负债率} = \text{负债总额} / \text{资产总额} \quad (3-6)$$

一般情况下,(3-6)式中的负债总额不仅包括长期负债,也包括短期负债。这主要是因为,虽然从某一具体的短期负债项目看,其时期是短期的,但从企业总是长期性地存在一定的短期债务的角度看,短期债务也可以看作一种长期性的债务负担。

对于这个比率,企业的债权人、股东和经营者往往从不同的角度来评价。

对债权人而言,其关心的是贷出资金的安全性,负债比率越大,表示股东权益占总资本比例越小,对债权的保护程度就越低。例如,根据(3-6)式计算得到的青岛啤酒的负债比率为49%,这表明该企业将近一半的资金是由债权人投入的,如果企业清算,总资产变现的价值扣除清算费用后低于其账面价值的一半,则债权人将不能全部收回自己的投资。

对股东来说,其关心的是投资收益。企业借入的资金与自有资金同样发挥作用,只要支付的利息率低于投资收益率,就可以借债,从而可以较高的负债比率扩大企业获利的基础,以较少的投资控制较大的资金规模,取得财务杠杆利益。他们更关心的是投资收益率是否超过利息率,而不是负债比率本身的高低。

站在经营者的角度,既要考虑企业的盈利,也要考虑财务风险。负债比率高,不仅能够产生财务杠杆效应,增加股东收益,而且说明企业活力充沛,前景很好,从而能够增强资本市场投资者对企业的信心。但同时风险也会加大,一旦市场出现大的波动,企业经营受损,利息费用将使企业不堪重负,得不偿失。并且倘若负债率太高以至于超出债权人的心理承受程度时,企业根本就无法筹措到足够的债务资金。但如果负债比率低,财务风险虽然小了,但财务杠杆的作用不能得以发挥,股东利益最大化不能实现,同时还可能向市场传递企业发展前景不佳的信号,从而降低了资本市场投资者对企业的信心。所以经营者要权衡利弊,审时度势,以确定最佳的资产负债率。

另外,负债比率到底多高为好,还要视各企业自身具体情况及企业所处的行业而定。假如某企业所处的是一个新兴的处于上升中的行业,行业的平均负债比率就会比较高,而公司的负债比率较高但与行业水平接近,并不说明企业负债率有问题。如果该企业的成长速度比行业平均水平还高,那么即使企业负债比率高于行业水平也可以接受,因为上升的行业资金需求量大。因此,分析时应结合行业的平均负债水平、企业自身经营状况、宏观经济环境等情况作出判断。

(二)负债权益比率

又称为产权比率,反映由债权人提供的资本与股东提供的资本之间的相对关系。计算公式为:

$$负债权益比率 = 负债总额/股东权益 \qquad (3\text{-}7)$$

该比率越低,说明债权人投入的资本受到股东权益保障的程度越高,它与资产负债率所反映的问题是相同的。因此,对其分析可参见对资产负债率指标的分析。根据(3-7)式计算得到青岛啤酒的负债权益比为0.97,即其债权人与股东提供的资本股东接近1:1,其权益资本对债权的保障程度低于其竞争对手燕京啤酒。

(三)利息保障倍数

又称为已获利息倍数,是企业付息付税前利润与利息费用的比值。计算公式为:

$$利息保障倍数 = 息税前利润/利息 \qquad (3\text{-}8)$$

该比率反映了企业利用盈利支付年利息费用的能力。利息保障倍数越大,说明可用以支付利息费用的收益越多,企业偿还债务利息的风险越小,债权越有保障。如果利息保障倍数小,则说明企业负债太多,或是盈利能力不佳,以至于连维持支付利息都很困难,这将使得企业偿债能力降低。若该指标低于1,则意味着企业的收益不能满足利息支付的需要,而企业若不能按期如数支付利息,就将面临被强制破产清算的威胁。从债权人的角度出发,除了要审查企业借入资本占总资本的比例,利息保障倍数是另一个十分重要的贷款依据。

根据(3-8)式,考虑到数据的可得性,用财务费用代替利息计算可以得到利息保障倍数。表2-2显示,青岛啤酒的财务费用是负数,这意味着企业本期的利息收入大于利息支出,这表明尽管青岛啤酒的负债率接近50%,但从利息保障倍数看,企业利用盈利支付利息的能力还是很好的,燕京啤酒的利息保障倍数的数值接近14,这主要是由于较低的债务负担和较强的盈利能力共同作用所致。

正确评价该指标的高与低,应将本年度的指标与以前年度、同一行业的其他企业或行业平均水平比较。从稳健性的角度出发,最好比较本企业连续几年的数据。因为企业在经营好的年度要偿债,经营不好的年度仍然要偿债,某一个年度利润很高,并不代表年年都可以如此。

(四)现金利息保障倍数

真正具有支付能力的是企业生产经营中所产生的现金流量,而非利润。现金利息保障倍数可以更好地反映企业对利息的偿还能力。计算公式为:

$$现金利息保障倍数 = 经营活动净现金流量/利息 \quad (3-9)$$

青岛啤酒 2013 年的经营活动净现金流量为 340 115 万元,明显高于其付息付税前利润,显然,青岛啤酒通过生产经营活动创造现金的能力还是比较理想的,足以满足利息支出的需要。

(五)现金流量债务比

该比率主要衡量企业的债务可由经营活动产生的现金来偿付的程度。计算公式为:

$$现金流量债务比 = 经营活动净现金流量/负债总额 \quad (3-10)$$

相对于现金利息保障倍数,该比率能更全面地反映公司对债务的偿还能力。2013 年青岛啤酒的现金流量债务比值为 0.25,燕京啤酒为 0.52。我们看到,在综合考虑了现金支付能力和债务负担后,青岛啤酒的偿债能力比率不如燕京啤酒。这也说明,企业的偿债能力不仅与资本结构相关,而且取决于企业的获利能力和创造现金的能力。

在运用长期偿债能力比率分析时,要注意一些表外因素可能会影响企业的长期偿债能力,如经营性租赁。当企业急需设备又缺乏足够的资金购买时,往往采取租赁的方式取得。如果采取的是融资租赁的方式,租入的固定资产列入资产负债表的资产方,相应的租赁费用作为长期负债列入负债方,则负债总额已反映了这一部分偿债责任。若采取的是经营性租赁的方式,且金额较大,并形成经常性状态,则构成了一种表外负债,这显然增加了企业的偿债责任,降低了偿债能力。另外如担保责任、未决诉讼等,有的涉及短期负债,还有的带来潜在的长期负债。对这些表外债务因素,应该给予充分的重视。

三、资产运营效率分析

同样的资产由不同的人来运作会产生不同的效果,从而影响企业的盈利状况。资产运营效率分析是通过相关的财务比率衡量公司在资产管理方面的效率。

(一)应收账款周转率和应收账款周转期

应收账款在流动资产中具有举足轻重的地位,应收账款周转率和应收账款周转期从不同的角度说明应收账款的变现能力,即特定期间收回赊销款的能力。计算公式为:

$$应收账款周转率(次数) = 全年赊销收入/平均应收账款 \quad (3-11)$$

$$应收账款周转期(天数) = 365/应收账款周转率$$

$$= (平均应收账款/全年赊销收入) \times 365 \quad (3-12)$$

由于财务报表往往只提供销售收入数据,因此在(3-11)式和(3-12)式中往往用销售收入净额替代全年赊销收入。只要企业现销与赊销的比例比较稳定,不妨碍计算结果与本企业上期数据的可比性,但与其他企业比较时可比性就难以保证。(3-11)式和(3-12)式中的平均应收账款则是扣除了坏账准备后的应收账款期初期末平均值。

一定时期内应收账款周转次数越多,或应收账款周转天数越少,说明应收账款周转越快。否则,企业的营运资金会过多停留在应收账款上,影响资金的正常周转,也会影响企业的偿债能力和对资金的运营效率。因此,该比率不仅反映了企业在应收账款管理方面的效率,而且能够反映企业短期的偿债能力。

需要注意的是,季节性因素、分期付款结算方式、销售中现金结算方式、企业的信用政策变化等都会影响该比率的计算结果,在分析中要联系行业及企业的特点作出判断。

通过计算得到,青岛啤酒的应收账款一年平均周转约240次,周转一次的时间平均为1.5天,而燕京啤酒应收账款周转率为112次,周转期为3.24天。显然,青岛啤酒在产品销售的回款能力方面强于燕京啤酒。

(二) 存货周转率和存货周转期

与应收账款一样,存货也是在流动资产中所占比重较大的资产,特别是对于制造行业企业,存货的周转速度将直接影响企业流动资产的变现能力。用于反映存货周转速度的财务比率是存货周转率和存货周转期。它们的计算公式为:

$$存货周转率(次数) = 营业成本 / 平均存货 \tag{3-13}$$

$$存货周转期(天数) = 365 / 存货周转率$$
$$= (平均存货 / 营业成本) \times 365 \tag{3-14}$$

一定时期内,存货周转率越高或存货周转期越低,则表明存货通过销售转变为现金的速度越快,不仅能够衡量和评价企业购入存货、投入生产、销售收回等各环节管理的水平和效率,而且能够弥补流动比率低这一不利因素对偿债能力的影响。

根据(3-13)式和(3-14)式计算得到,青岛啤酒的存货一年平均周转6.95次,周转一次所需时间约为52天,与应收账款的周转速度一样,其存货的周转速度也快于其竞争对手燕京啤酒。

需要注意的是,企业所处行业、季节性生产、批量采购、存货的计价方法等因素都会对企业的存货周转率产生影响。如果企业生产经营活动具有很强的季节性,则年度内各季度的存货会有很大波动。在这种情况下,可以计算按季度平均的库存额来消除其影响。存货周转率高低与行业差别有特别密切的关系。例如建筑业、养殖业、木材业等行业生产周期长,其存货周转率就比较低,而出口贸易业、百货业及电力、煤气等供应业的存货周转率则比较高。另外,销售成本过高、存货水平过低、采购次数过于频繁等都可能导致较高的存货周转速度,但由此对应的却可能是偏低的盈利能力和并不让人乐观的经营状况。

(三) 流动资产周转率

流动资产周转率是销售收入与平均流动资产的比值,说明流动资产的周转速度。计算公式为:

$$流动资产周转率 = 营业收入 / 平均流动资产 \tag{3-15}$$

流动资产周转率高,相当于节约了流动资产,扩大了其他资产投入,能够增强企业的盈利能力；而流动资产周转率低，等于增加了流动资金占用，必然降低企业的盈利能力。我们看到，在存货周转速度和应收账款周转速度都较理想的情况下，青岛啤酒的流动资产周转率达到 2.52 次，略高于燕京啤酒。

（四）固定资产周转率

固定资产周转率是企业的销售收入与固定资产平均净值进行对比所确定的财务比率，说明企业对厂房、机器设备等固定资产的利用情况，该比率低，同样会影响企业的获利能力。计算公式为：

$$\text{固定资产周转率} = \text{营业收入} / \text{固定资产平均净值} \qquad (3-16)$$

2013 年青岛啤酒的固定资产周转率为 3.31，燕京啤酒为 1.45，从固定资产使用效率看，青岛啤酒优于燕京啤酒。

（五）总资产周转率

将销售收入与平均总资产对比所得到的是总资产周转率。计算公式为：

$$\text{总资产周转率} = \text{营业收入} / \text{平均总资产} \qquad (3-17)$$

通过总资产周转率可以综合反映企业对全部资产的利用效率。总资产周转率越高，销售能力越强，薄利多销、处置闲置资产等措施都能够加速总资产周转，增加利润的绝对额。

根据(3-17)式计算得到，2013 年青岛啤酒的总资产全年平均周转将近 1.11 次，而燕京啤酒平均周转 0.74 次，青岛啤酒对资产的利用效率明显高于燕京啤酒。

（六）资产现金回收率

资产现金回收率是经营现金净流量与全部资产的比值，说明企业运用资产产生现金的能力。计算公式为：

$$\text{资产现金回收率} = \text{经营现金净流量} / \text{全部资产} \qquad (3-18)$$

该指标客观反映了企业在利用资产进行经营活动过程中获得现金的能力，体现了现金为王的经营理念。

2013 年青岛啤酒的资产现金回收率为 0.12，略低于燕京啤酒的 0.16。

四、获利能力分析

获利能力是企业赚取收益的能力。盈利是企业重要的经营目标，是企业生存和发展的基础，不论是投资者、债权人还是经营者，都十分关注企业的获利能力。

（一）销售净利率

销售净利率是净利润与营业收入之比。计算公式为：

$$\text{销售净利率} = \text{净利润} / \text{营业收入} \qquad (3-19)$$

该比率反映了每 1 元营业收入所带来的净利润。销售净利率高，可供股东分配的利润就多，直接关系股东的收益水平。企业在增加营业收入时，只有同时降低营业成本、期间费用等，才能获得更多的净利润，使销售净利率增加。

根据上述计算公式,用表 2-2 中的净利润除以营业收入,得到 2013 年青岛啤酒的销售净利率为 7.7%,明显高于燕京啤酒的 4.9%。

(二)毛利润率

毛利润率是毛利润与销售收入之比。计算公式为:

$$毛利润率 = (营业收入 - 营业成本)/营业收入 \tag{3-20}$$

毛利润率反映每 1 元营业收入扣除成本后,有多少剩余可以用于弥补期间费用和形成盈利。没有足够大的毛利润率便不能盈利。但若企业不能很好地控制费用,即便有较高的毛利润率也难以带来理想的净利润率。根据(3-20)式计算得到 2013 年青岛啤酒的毛利润率是 39.9%,燕京啤酒的毛利率是 39.4%,两公司的毛利率十分接近。

(三)资产经营利润率

资产经营利润率是企业付息付税前利润与平均资产总额的比值。计算公式为:

$$资产经营利润率 = 付税付息前利润/平均资产总额 \tag{3-21}$$

该比率反映企业运用资产创造收益的能力。由于它排除了不同的财务杠杆和不同的税收制度对企业收益的影响,所反映的是资产的基本盈利能力,因此是一个十分重要的财务比率。

计算结果显示,2013 年青岛啤酒企业每 100 元资产投入能带来 9.4 元的息税前利润,而燕京啤酒每 100 元资产投入只能带来 5.9 元的息税前利润。

(四)资产净利润率

资产净利润率是净利润与平均资产总额的比值。计算公式为:

$$资产净利润率 = 净利润/平均资产总额 \tag{3-22}$$

净利润的高低与资产的多少、资产的结构及企业的经营管理水平都有着密切的关系。因此,资产净利润率的高低不仅受到利润水平,而且受到资产的周转率等多种因素影响,是一个综合性的评价指标。

根据(3-22)式及表 2-1 和表 2-2 中的相关数据计算得到,2013 年青岛啤酒的资产净利润率为 7.2%,远高于燕京啤酒 4.2% 的水平。

(五)股东权益收益率

又称为净资产收益率,反映企业所有者投入资金所获得的报酬。计算公式为:

$$股东权益收益率 = (净利润 - 优先股股利)/股东权益 \tag{3-23}$$

股东权益收益率的大小不仅受企业所有者投入资金的规模和企业运用资金获取利润的能力的影响,而且受到企业财务杠杆的影响。

利用(3-23)式计算得到 2013 年青岛啤酒的股东权益收益率为 14%,而燕京啤酒的股东权益收益率只有 6%。

(六)销售现金比率

销售现金比率是经营现金净流量与营业收入的比值,说明每 100 元销售收入能得到

的现金,反映企业获取现金的能力。计算公式为:

$$销售现金比率 = 经营现金净流量 / 营业收入 \tag{3-24}$$

2013 年青岛啤酒的销售现金比率为 12.09%,燕京啤酒为 22.04%,其获取现金的能力明显高于青岛啤酒。

(七) 股利发放率

股利发放率是每股股利与每股收益的比值,反映的是公司的股利分配政策和支付股利的能力。计算公式为:

$$股利发放率 = 每股股利 / 每股收益 \tag{3-25}$$

五、市场价值比率

市场价值比率是指与公司股票市场价格有关的财务比率,反映市场上的投资者对公司价值的评价。如果公司的经营业绩和未来前景令投资者满意,其股票的市场价格也就会因投资者的良好预期而升高,从而导致较为理想的市场价值比率。

(一) 市盈率

市盈率(P/E ratio)是普通股每股市价与普通股每股盈余对比而确定的比率,是判断公司股票是否有吸引力以及测算股票发行价格的重要参数。计算公式为:

$$市盈率 = 普通股每股市价 / 普通股每股盈余 \tag{3-26}$$

市盈率反映的是市场投资者对公司的共同期望,市盈率高表明市场投资者看好公司的发展前景,而发展前景不佳的公司的市盈率偏低。

市盈率可以用于投资选择的参考标准。假如公司将盈利全部分红,市盈率的倒数就相当于红利率(一种类似于存款利率或投资报酬率的指标,即投资收益与投资额的比值)。假如盈利并未全部分红,市盈率倒数则可反映投资的潜在收益率。潜在收益率尽管不是实际收益率,但至少是实际收益率的基础。假如市场期望报酬率在 5%—10%,相应的市盈率则为 20—10 倍。青岛啤酒按照我们所选择的股票价格计算的市盈率为 33.5,高于燕京啤酒的市盈率(32.02)。

但是,市盈率也有较大的局限性。首先,市盈率的有效性取决于普通股市价与每股净收益的有效性。普通股市场价格变动的投机因素、投资者过度悲观或乐观的情绪对股价的影响、证券市场的有效性、每股收益的会计问题等都会导致市盈率的不正常。其次,当企业利润非常低或者发生亏损时,市价不会降至零,这时市盈率会异常高或出现负值,而这时的市盈率说明不了任何问题。

为了克服市盈率的局限性,我们可以联系每股市价与每股主营业务收入之比或每股市价与每股现金流量之比。收入分析是评估企业经营前景至关重要的一步,主营业务收入对于公司未来的发展有着决定性的影响,每股市价与每股主营业务收入比率有助于考察公司收益基础的稳定性和可靠性。现金流量同样有助于对企业真实经营状况的了解。

（二）市净率

市净率也称为市值账面价值比率，是普通股每股市价与每股净资产账面价值的比率。计算公式为：

$$市净率 = 每股市价 / 每股净资产 \qquad (3\text{-}27)$$

这一比率反映了普通股股东愿意为每1元净资产支付的价格，说明了市场对公司资产质量的评价。市净率还可用于投资分析，一般来说，市净率较低的股票投资价值较高，相反，则投资价值较低；但在判断投资价值时还要考虑当时的市场环境以及企业的经营情况、盈利能力等因素。

2013年青岛啤酒4.72的市净率意味着企业现在的市场价值是股东过去投入资本的4.72倍，反映了市场对企业资产质量具有较高的评价。

六、财务比率分析应注意的问题

比率分析是财务分析的一种重要方法，但它本身也存在一些局限性，在分析中应注意克服以下局限性：

（1）可比性。每个企业都有自身的特点，各种比率在不同的企业以及同一企业发展的不同阶段各有特点，不能简单对比。因此，应慎重选择对比的标准。

（2）真实性。如果计算财务比率使用的财务报表数据不能反映企业的真实情况，据此计算的比率也就存在虚假成分。因此，需要结合报表数据进行分析。

（3）侧重性。一项财务比率只能反映企业某一方面的财务状况。因此，要注意根据不同的分析目的有侧重性地选择财务比率。例如，贷款部门侧重偿债能力比率，而投资者更关心盈利能力财务比率。

第二节　增长趋势分析

增长趋势分析是指通过比较企业连续几个会计期间的财务报表或财务比率，分析计算增长的绝对量和相对比率，从中发现增长变化的特点、问题及趋势。常用的方法有比较财务报表、比较百分比财务报表、比较财务比率等。趋势分析要注意剔除偶然性因素的影响，以保证不同时期报表的可比性。

一、比较财务报表

比较财务报表是指比较企业连续数期的财务报表，计算其增减变化的绝对值和相对值，以揭示企业财务状况和经营成果的增减变化，判断其发展的趋势。表3-2和表3-3就是通过比较青藤公司2012—2013年财务报表所得到的结果。一般而言，这种方法选择的期数越多，对于趋势的揭示越准确。

表 3-2 青藤公司 2012—2013 年资产负债表主要项目与上年相比的变动情况

	2012 年		2013 年	
	增加额(万元)	增长率(%)	增加额(万元)	增长率(%)
资产总额	343	9.92	700	18.42
其中:流动资产	130	8.23	270	15.79
固定资产	220	12.72	350	17.95
负债总额	71	4.05	246	13.49
其中:流动负债	73	8.83	100	11.11
长期负债	-2	-0.22	146	15.80
股东权益	272	15.96	454	22.98

表 3-3 青藤公司 2012—2013 年利润表主要项目与上年相比的变动情况

	2012 年		2013 年	
	增加额(万元)	增长率(%)	增加额(万元)	增长率(%)
营业收入	1 565.0	26.39	1 025.0	13.68
营业利润	686.0	27.14	430.6	13.36
利润总额	259.4	18.23	133.6	7.94
税后净利	7.0	0.60	86.0	7.33

二、比较百分比财务报表

比较百分比财务报表是指通过选择共同的对比基数,将财务报表中的数据用百分比表示出来,又称为共同比分析。将不同时期的百分比财务报表进行对照比较可以反映企业财务结构的变动趋势。通常,选择"资产总额"作为资产负债表项目的共同对比基数,选择"销售收入"作为利润表项目的共同对比基数。表 3-4 和表 3-5 就是通过比较青云公司 2011—2013 年比较百分比资产负债表和比较百分比利润表所得到的结果。

表 3-4 青云公司 2011—2013 年简化的比较百分比资产负债表　　　　单位:%

	2011 年	2012 年	2013 年
流动资产	46.5	45.0	44.0
非流动资产	53.5	55.0	56.0
资产总额	100.0	100.0	100.0
流动负债	22.2	22.9	21.0
长期负债	27.8	26.2	25.8
负债总额	50.0	49.1	46.8
股东权益	50.0	50.9	53.2
负债及股东权益	100.0	100.0	100.0

表 3-5　青云公司 2011—2013 年简化的比较百分比利润表　　　　　　　单位：%

	2011 年	2012 年	2013 年
营业收入	100.00	100.00	100.00
减：营业成本	51.06	48.50	48.00
营业税金及附加	6.16	7.00	7.10
营业利润	42.78	44.50	44.90
利润总额	23.00	22.10	21.70
净利润	19.68	18.80	18.10

三、比较财务比率

比较财务比率就是将企业若干年度的财务比率进行对比，通过财务比率的变动揭示企业财务状况的变动趋势。表 3-6 是青云公司 2011—2013 年主要财务比率的变动趋势。

表 3-6　青云公司 2011—2013 年主要财务比率

	2011 年	2012 年	2013 年
流动比率	1.91	1.89	1.99
速动比率	1.22	1.23	1.28
应收账款周转率	10.98	11.0	12.65
存货周转率	6.69	6.80	6.9
资产负债率	0.50	0.48	0.47
总资产周转率	2.05	2.06	2.04
销售净利润率(%)	19.56	15.55	14.87
总资产收益率(%)	33.89	32.53	30.33
股东权益收益率(%)	64.82	63.74	58.0

第三节　综合财务分析

无论是财务比率还是其他财务数据，每一个指标都只是从某一个侧面反映企业某一方面的财务状况，难免有一定的片面性和局限性。综合财务分析通过一定的方法将不同的财务指标联系起来，对企业的财务状况作出综合的分析。

一、杜邦体系分析法

杜邦体系分析法是根据财务比率之间的内在数量联系，建立由多种财务比率构成的财务体系，并据此对企业财务状况作出综合判断和评价的一种分析方法。由于此法首先由美国杜邦(DuPont)公司采用，故称为杜邦体系分析法。杜邦财务体系如图 3-1 所示。

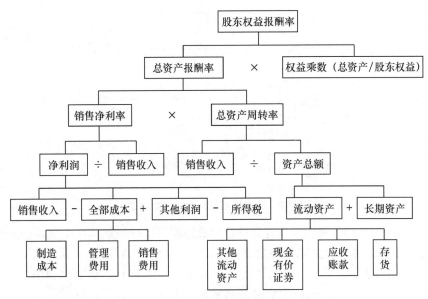

图 3-1 杜邦财务体系分析图

在杜邦分析系统中,股东权益报酬率是一个核心指标。这是因为股东权益收益率反映了股东投资的获利能力。提高股东权益报酬率取决于两个因素:一是高的总资产报酬率,二是非常有效地使用债务,企业的负债越多,权益乘数就越大,由此带来的财务杠杆利益也就越大,或者是两者兼而有之。而提高资产报酬率也取决于两个因素:一是高的销售净利率,二是高的总资产周转率。通过层层分解,一个综合性很强的"股东权益报酬率"就被分解为三个财务比率相乘,从而使股东权益报酬率变动的原因得以显性化和具体化。

在以上基础上,还可以进一步对销售净利润率和总资产周转率作深入分析。企业若要提高销售净利润率,要么提高销售收入,要么降低成本费用,要么两者兼而有之。一方面,要改进产品,生产适销对路的产品,并不断开发新产品;另一方面,则需严格控制成本费用支出。若要提高总资产周转率,首先应分析流动资产与非流动资产的结构是否合理,保持一定比例的流动资产固然重要,因为资产的流动性体现了企业的偿债能力,但也关系到企业的获利能力,如果流动资产比重过大,就要仔细检查企业的现金是否有闲置,存货是否积压等,对应收账款周转率、存货周转率等各类资产使用效率进行分析,判断影响企业资产周转率的主要问题在哪个环节。如果企业既能保持高的总资产报酬率,又能保持高的资产周转率,就能为股东创造更多的财富。但是,由于企业所处行业不同以及所采取的竞争战略不同,就会使得企业在各项经济效益指标上的侧重点不同。比如,重工业企业固定资产比例高,所以更强调销售利润率,而不是资产周转率;一般零售业固定资产比例低,则更强调资产周转率,更多地采用薄利多销的策略。

下面我们用青岛啤酒2013年的财务数据作一个简单的杜邦财务体系分析,如图3-2所示。

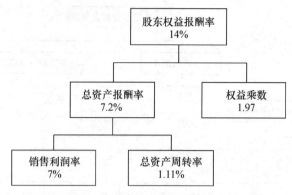

图 3-2　青岛啤酒杜邦财务分析体系

通过对比燕京啤酒,我们看到青岛啤酒的股东权益收益率远远高于燕京啤酒的6%,这一方面源于青岛啤酒的总资产报酬率高于燕京啤酒(4.2%),另一方面源于其较高的财务杠杆,青岛啤酒的权益乘数为1.97,高于燕京啤酒的1.46。而燕京啤酒的销售利润率和总资产周转率均低于青岛啤酒,使得总资产报酬率低于青岛啤酒。

二、综合评分法

综合评分法是以20世纪初美国学者亚历山大·沃尔(Alexander Wole)的评分法为雏形演变而来的,所以也被称为沃尔评分法。

综合评分法通常的程序是:

(1) 选定评价的财务比率。一般从盈利能力、偿债能力、营运能力、获利能力等方面各选择若干重要指标,尽可能使选出指标的变化方向具有一致性。

(2) 根据由研究目的所决定的各项财务比率的重要程度设定每项财务比率的标准评分值,即各项财务比率达到标准时可以得到的分数。各项标准分值加总的总分值等于100。

(3) 确定各项财务比率的最高分和最低分。此举的目的是减少由于某一比率严重异常时所产生的对总评分的不合逻辑的重大影响。例如,设定的速动比率标准值为1.0,标准评分值为10分。若某企业的速动比率为2.0,可得20分;若速动比率为3.0,则仅此一项就可得30分。假如设定了该比率的最高分为20分,则当速动比率超过2.0时最多也只能得20分。对于异常低的指标则通过设定最低分限制其影响。

(4) 确定各项财务比率的标准值,即达到此标准就可得到标准分值。通常根据行业的平均水平,经调整后确定。

(5) 计算所要评价的企业的各项财务比率的实际值,并据此计算实际值与标准值的比率,即计算关系比率。

(6) 将关系比率乘以标准分值以得到被评价企业各项财务比率的实际得分,加总后即可得到总分值。

上述方法的关键步骤是"标准评分值"和"标准比率"的确定。表3-7是综合评分法标准的一个例子。

表 3-7 综合评分的标准

指标	评分值	标准比率（%）	行业最高比率（%）	最高评分	最低评分
盈利能力					
总资产净利率	20	10	20	30	10
销售净利率	20	4	20	30	10
净资产收益率	10	16	20	15	5
偿债能力					
自有资本比率	8	40	100	12	4
流动比率	8	150	450	12	4
应收账款周转率	8	600	1 200	12	4
存货周转率	8	800	1 200	12	4
成长能力					
销售增长率	6	15	30	9	3
净利增长率	6	10	20	9	3
人均净利增长率	6	10	20	9	3
合计	100			150	50

资料来源：财政部注册会计师考试委员会办公室，《财务成本管理》，经济科学出版社 2002 年版。

企业财务状况的综合得分可以反映企业的综合财务状况，如果综合得分等于或接近于 100，说明企业各方面的财务状况达到了标准，如果超过 100，则说明企业的财务状况比较理想。

综合评分法的基本思想和原理可以被扩展应用在许多方面。

本章总结 》

1. 财务比率是通过对比有关联关系的财务数据而求出比率。利用财务比率可以对企业的偿债能力、资产运用效率、盈利能力等方面作出评价和判断。通过对比流动资产和流动负债的有关项目而得到的财务比率（如流动比率、速动比率、现金流量比率等），主要反映企业资产的流动性及短期偿债能力。通过对比反映企业资本结构及收益的相关项目所得到的财务比率（如资产负债率、利息保障倍数、到期债务本息偿付比率等），可以说明企业资产或收益对债务的保障程度。通过对比资产与销售的相关项目所得到的财务比率（如应收账款周转率、存货周转率、总资产周转率、资产现金回收率等），可以反映企业对资产的运营效率。通过对比资产、销售和收益的相关项目所得到的财务比率（如销售利润率、净利润率、资产经营利润率、股东权益收益率等），可以反映企业的盈利能力。将企业的财务数据与企业股票市场价格对比可以得到市场价值比率（如市盈率、市值账面价值比率、股利收益率等），它反映了市场上投资者对企业价值的评价。

2. 财务比率分析虽然是财务分析的一种重要方法，但由于受到财务数据真实性和对比标准选择困难的影响，使该方法在揭示企业财务状况方面仍存在一定的局限性。因此，在运用财务比率进行分析时，一定要根据分析目的和公司发展阶段及经营特点，有侧重性地慎重选择对比标准，并结合报表数据和其他相关信息作出评价。

3. 增长趋势分析是通过比较企业连续几个会计期间的财务报表或财务比率,分析计算增长的绝对量和相对比率,对企业增长变化的特点、问题及趋势作出判断。常用的趋势分析法有比较财务报表、比较百分比财务报表和比较财务比率。比较百分比财务报表是通过选择共同的对比基数,将财务报表中的数据用百分比表示出来,又称为共同比分析。将不同时期的百分比财务报表进行对照比较可以反映企业财务结构的变动趋势。

4. 杜邦体系分析法根据财务比率之间的内在数量联系,建立一个以股东权益收益率为核心,由多个互相关联的财务比率构成的财务体系。通过层层分解,一个综合性很强的"股东权益报酬率"就被分解为销售利润率、总资产周转率和权益乘数三个财务比率相乘,从而使股东权益报酬率变动的原因得以显性化和具体化。在此基础上,还可以进一步对销售净利润率和总资产周转率进行剖析,找出提高股东权益收益率的途径。

5. 综合评分法是通过选择财务比率,并对不同的财务比率确定"标准评分值"和"标准比率",加总计分的方法,以得到对公司财务状况的综合评价。上述方法的关键步骤是"标准评分值"和"标准比率"的确定。

思考与练习

1. 怎样理解财务比率在财务分析中的作用和局限性?
2. 如何运用财务比率分析公司的偿债能力、获利能力和资产运营能力?它们之间有什么关系?
3. 什么是杜邦财务分析体系?它的作用是什么?
4. 什么是结构百分比分析?它的作用是什么?
5. 什么是综合评分法?它的作用是什么?
6. 下列说法是否正确?
(1) 公司的负债权益比率的总值总是小于1;
(2) 速动比率总是小于流动比率;
(3) 权益收益率总是小于资产收益率;
(4) 红利发放率总是小于市盈率。
7. 已知 M 公司的速动比率为 1.4,流动比率为 3.0,存货周转率为 6 次/年,流动资产总额为 81 万元,现金和短期投资总额为 12 万元,请你回答:
(1) M 公司的流动负债是多少?
(2) M 公司的年销售额是多少?
8. 根据下表资料计算下面的财务比率:
(1) 资产负债率; (2) 已获利息倍数; (3) 流动比率; (4) 速动比率;
(5) 净利润率; (6) 存货周转天数; (7) 权益收益率; (8) 红利发放率。

2012 年唯欣公司的损益表和资产负债表　　　　　　　　　单位：百万元

损益表		资产负债表		
			年末	年初
销售收入净额	15 980	现金与短期证券	115	1 640
销货成本	12 035	应收账款	1 247	1 296
其他费用	1 412	存货	1 499	1 329
折旧	859	其他流动资产	427	278
息税前收益	1 674	流动资产总额	3 288	4 543
利息净额	351	固定资产	10 427	9 582
所得税	483	其他长期资产	4 480	4 214
净利润	840	资产总额	18 195	18 339
红利	263	短期负债	733	909
		应付账款	921	961
		其他流动负债	1 050	1 083
		流动负债总额	2 704	2 953
		长期负债	5 114	5 100
		其他长期负债	3 544	3 113
		普通股股东权益	6 832	7 173
		负债与股东权益总额	18 195	18 339

9. 利用杜邦财务分析体系对下表所提供的星星公司的经营状况进行分析评价。

星星公司 2012 年经营状况财务比率

财务比率	星星公司	同业平均水平
流动比率	3.48	2.70
速动比率	1.36	1.25
应收账款周转期	32.6	35.0
存货周转期	130.4	91.2
负债比率	32%	40%
利息保障倍数	4.99	4.0
资产经营利润率	10.76%	13.2%
资产净利润率	6.73%	7.49%
销售净利润率	7.51%	6.24%
总资产周转率	0.8956	1.2
固定资产周转率	1.58	2.5
股东权益收益率	9.94%	12.5%

10. 假如第 9 题中星星公司的净利润增长率为 8%，销售增长率为 14%，人均净利润增长率为 10%。按照本章表 3-7 的综合评分标准，计算星星公司的综合得分。

第四章　货币的时间价值

┃本章概要┃

　　金融市场为个人及公司间的借贷活动提供了交易场所,个人通过金融市场对其消费模式进行调整,公司则通过金融市场对其投资模式进行调整。无论是消费模式的调整还是投资模式的调整,都需要处理不同时期的现金流量,需要对不同时期的现金流量进行价值比较。金融市场最基本的原则之一就是"今天的一元钱比明天的一元钱更值钱"。在这一章中我们将讨论货币的时间价值,学习如何计算货币的将来值与现值,如何运用合适的利息率将不同时点上的现金流量的价值调整到同一时点,以进行公平的比较,以及如何利用现值法对股票和债券的价值进行估计。

┃学习目标┃

　　1. 了解复利与复利间隔期在时间价值分析中的作用,掌握复利计息的方法。
　　2. 掌握单期现金流、多期现金流以及年金将来值与现值的计算方法;能够熟练地运用这些方法解决现实中的问题。
　　3. 能够熟练运用各种现金流折现模型估计各种类型的债券和股票的内在价值。

引　言

　　在日常生活中我们经常会遇到这种情况:一张在一年后能够获得 1 000 元收入的凭证若转换为现金可能只有 909 元,一套两年后交付使用的价值 60 万元的公寓,当前全额付款可能只需 49 万元。因此,人们所面临的问题就是"一年后的今天收到的 1 000 元在当前的价值是多少""两年后价值 60 万元的公寓房的现值是否等于 49 万元"。为什么我们必须考虑这样的问题?这是因为货币是有时间价值的。"今天的一元钱比明天的一元钱更值钱"是公司金融理论和实务中最重要的价值观念之一,也是财务决策的基本依据。

第一节　概　述

一、时间价值的概念

　　时间价值是客观存在的经济范畴,它是指货币经历一定时间的投资和再投资所增加的价值。由于货币在其运用过程中不可避免地面临各种各样的风险因素,因此,准确地说,货币的时间价值是指在不考虑风险、通货膨胀因素时,货币投入生产经营过程后,其数额随着时间的持续不断增长。也正是因为货币具有时间价值,所以今天的一元钱与明天的一元钱价值是不相等的。

通常情况下,货币的时间价值用相对值即利息率或收益率的形式表示。利息率和收益率有许多表现形式,如银行存贷款利率、债券的票面利率、股票收益率等。准确地说,从投资的角度,它们都可以被看作投资收益率,但并不等同于时间价值。投资收益率通常划分为货币的时间价值、通货膨胀补偿率和风险收益率三个部分。

$$投资收益率 = 货币的时间价值 + 通货膨胀补偿率 + 风险收益率$$

风险收益指由于承担了收回货币的不确定性的风险而取得的收益。通货膨胀表现为货币购买力的下降,虽然其实质上也是一种风险,却是一个较为特殊的风险因素,因此人们总是将它从诸多风险因素中分离出来单独考虑,将这一部分风险收益称为通货膨胀补偿。显然,货币的时间价值实际上是没有通货膨胀、不存在风险情况下的投资报酬率。

如果用利息率表示收益率,也可以对利率进行分解:

$$利率 = 纯粹利率 + 通货膨胀附加率 + 变现力附加率$$
$$+ 违约风险附加率 + 到期风险附加率$$

其中,变现力附加率、违约风险附加率和到期风险附加率统称为风险收益,表现为对于未来收回货币的不确定性的补偿,纯粹利率是无通货膨胀和风险下的平均利率,反映了货币的时间价值。

二、现金流量

计算货币的时间价值,需要弄清每一笔现金流量发生的时间和方向。时间指每一笔现金流量所发生的时点,方向指每一笔现金流量是收入还是支出。为了清晰地反映现金流量的上述特征,一个简便的方法是画现金流量图。如图 4-1 所示,横轴代表时间,横轴上的坐标代表每一个时点,从每一个时点引出的纵向箭线表示发生在该时点上的现金流。箭头指向用以表示现金的流入和流出。如可用箭头指向横轴表示现金流入,箭头背向横轴表示现金流出,现金流量的大小则可由箭线旁边的数字表示。在随后的学习中我们将会看到,现金流量图是时间价值计算与分析中一个十分便捷的工具。

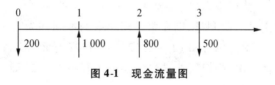

图 4-1 现金流量图

三、利息率

对于今天的 1 000 元和 10 年后的 1 000 元,我们当然是选择今天的 1 000 元,因为我们知道用今天的 1 000 元去投资就能获得利息。若现实中的所有现金流量都是确定的,则货币的时间价值就可以用利息率来表示。

(一)单利与复利

利息的计算通常有单利和复利两种方法。单利是指在规定时期内只就本金计算利息,每期的利息收入在下一期不作为本金,不产生新的利息收入。所谓复利,是指不仅本金要计算利息,利息也要计算利息,即通常所说的"利滚利"。由于利息收入同样是可运用的资金,必须尽快投入以取得新的收益,因此复利的概念充分体现了资金时间价值的意义。因此,在计算资金的时间价值时,通常采用复利的方法。显然,单利还是复利,两种方法计算出来的利息会有较大的差距。而且随着间隔时间的延长,这种差距将会变得越来越大。

复利的威力

有一个故事可以说明复利的威力。很久以前,一个农夫在国王举办的象棋比赛中获胜。国王打算根据农夫的要求赐予他奖品。农夫希望得到一些谷子。国王说"那好办",并问农夫要多少。农夫回答说,只要在象棋棋盘的第 1 格放入 1 粒谷子,第 2 格放入 2 粒,第 3 格放入 4 粒,第 4 格放入 8 粒……以此类推,装满棋盘即可。国王满口答应。让他没想到的是,若按此规律——即谷粒在 64 个棋格中以 100% 的复利增长,则要将象棋棋盘的 64 个格子全部装满的话,一共需要 1.85 亿粒谷子。如果每个谷粒长 0.25 英寸,那么将所有的谷粒一粒粒排列起来后,可以从地球到太阳来回 391 320 次。

(二) 复利间隔期

根据利息支付的间隔时间,利率有年利率、季利率、月利率等。一般情况下,当人们说到利率时多是指年利率,即利息每年支付一次。然而在现实中经常遇到这种情况,给定年利率,但计息期是半年、季度或月。例如,我国与法国、德国等国家的公司债券多是每年付息一次,但美国和英国的公司债券更多的是半年付息一次。再如,我们在汽车或住房的贷款中通常要求以年利率按月偿还。由于计息期不同,实际的年利率与给定的年利率(称为名义利率或报价利率)必然不同。

例 4.1 企业向银行贷款 100 万元,按 12% 的利率支付利息。试计算在每年、每半年、每月支付一次利息的情况下,这笔贷款在一年后的本利和。

解 (1) 若每年支付一次利息,则在第一年年末的本利和为:
$$FV_1 = 100(1+0.12)^1 = 112(万元)$$

(2) 若每半年付息一次,则银行要求半年偿还年利率的 1/2,即半年的利率为 $12\%/2 = 6\%$,则在一年后的本利和为:
$$FV_1 = 100(1+0.12/2)^2 = 112.36(万元)$$

(3) 若每月付息一次,则有:
$$FV_1 = 100(1+0.12/12)^{12} = 112.68(万元)$$

同样是 12% 的名义利率,按半年付息实际的利率是 12.36%,而按月付息的实际利率是 12.68%。推而广之,一年中按复利计息 m 次的实际利率为:

$$r_e = \left(1+\frac{r}{m}\right)^m - 1 \tag{4-1}$$

式中,r_e 为实际利率,是考虑了复利间隔期后的年利率;r 为给定的年利率,称为名义年利率,指不考虑年内复利计息间隔期的利率。

实际利率公式表明,当一年中的计息次数 m 大于 1 时,实际年利率将大于名义年利率。名义利率只有在给出计息间隔期的情况下才是有意义的,相反,实际利率本身就有很明确的意义。

既然人们可以以半年、每季、每天、每小时甚至每分钟复利计息,那么最极端的情况就是对无穷短的时间间隔进行复利计息,即连续复利计息(continuous compounding)。

由于当 m 趋于无穷时,$\left(1+\dfrac{r}{m}\right)^m$ 趋于 e^r,因此,以利率 r 连续复利,实际利率为:

$$r_e = e^r - 1 \tag{4-2}$$

据此,可以得到 1 元钱在一年后的本利和为:

$$FV_1 = e^r$$

例如,例 4.1 中的 100 万元贷款,若按 12% 的利率连续计息,则一年后的本利和为:

$$FV_1 = 1\,000\,000 \times e^{0.12} = 1\,127\,497(元)$$

虽然实际上连续付息难以做到,但讨论这个问题却是十分有意义的。因为这样不仅可以简化计算,而且由此取得的结果与经常性的付息所得的结果也十分接近。[1]

第二节　货币的将来值与现值

通过上一节的学习,我们知道个人和公司的大部分决策都必须考虑货币的时间价值。在这一节中,我们将学习时间价值分析的方法。所谓时间价值分析就是利用合适的利息率将不同时点上的现金流量的价值调整到同一时点,以便于进行公平的比较。在下面的讨论中,我们暂不考虑如何选择合适的利息率问题,而假设不存在风险和通货膨胀,以利息率代表时间价值率,且现金流无论产生于何时,利率都是相等的。

一、单期现金流量的将来值与现值

根据由简到繁、由易到难的研究问题的逻辑顺序,我们首先学习单期现金流量的将来值与现值的计算方法。单期现金流量指某个时点上的单笔现金流入或流出,将来值又称终值,指单期现金流量经过若干期后包括其本金和利息在内的未来价值,以 FV_n 表示,现值指其在当前的价值,以 PV 表示。

(一) 将来值

例 4.2　杨先生在年初存入银行 5 000 元,年利率为 10%,一年后(年末时)其存款的价值是多少?按复利计算,三年后的价值是多少?

首先,计算该笔现金流量在一年后的价值,即其一年后的将来值,有:

$$FV_1 = PV_0 + I_1 = PV_0(1+r) = 5\,000(1+10\%) = 5\,500(元)$$

式中,I 代表利息,r 代表利息率。

其次,计算三年后复利将来值,有:

$$FV_3 = PV(1+r)^3 = 5\,000(1+10\%)^3 = 6\,655(元)$$

显然,单期现金流量复利将来值的计算公式可写为:

$$FV_n = PV(1+r)^n \tag{4-3}$$

---

[1]　20 世纪 60 年代到 70 年代,美国储蓄与贷款协会为了避免支付对最高年利率的限制,转而通过增加利息支付频率提高对投资者的吸引力。渐渐地有公司推出连续复利利率,将利息的支付想象成全年等额连续进行。

(4-3)式中的 n 表示间隔的年数,如果计息期不是以年为单位,则 n 为利息的周期数。

(4-3)式中的 $(1+r)^n$ 称为复利将来值系数,记为 $FVIF_{r,n}$。于是,(4-3)式又可以写成如下形式:

$$FV_n = PV(FVIF_{r,n}) \tag{4-4}$$

不同利率 r 和周期 n 的将来值系数已编制成复利终值系数表,可直接查阅(详见书后附表一)。

(二)现值

计算现值需要把将来的现金流量按一定的利率折算为当前的价值,这一折算过程叫作贴现,折算时所采用的利率又叫作贴现率。我们可以通过倒求本金的方法由将来值计算公式得到现值的计算公式。

$$PV = \frac{FV_n}{(1+r)^n} \tag{4-5}$$

式中,$\frac{1}{(1+r)^n}$ 称为复利现值系数,记为 $PVIF_{r,n}$。于是,(4-5)式又可以写为如下形式:

$$PV = FV_n(PVIF_{r,n}) \tag{4-6}$$

不同利率 r 和周期 n 的现值系数已编制成复利现值系数表,可直接查阅(详见书后附表二)。

例 4.3 假如你的父母为了奖励你顺利考上了大学,提供下列方案给你选择:(1)马上给你一笔钱 X;(2)4 年后当你大学毕业时给你 13 605 元。请问:你在 X 为多少的情况下,接受第一个方案?(提示:若选第一个方案你可将 X 元钱存入复利计息,利率为 8% 的银行中。)

若要正确地作出选择,首先需要估计 4 年后的 13 605 元的现值。

$$PV = \frac{13\,605}{(1+0.08)^4} \approx 10\,000(元)$$

即:

$$PV = 13\,605 \times 0.735 = 9\,999.68(元)$$

显然,如果你的父母给你的一笔钱大于 9 999.68 元,你应该选择第一个方案。

二、多期现金流量的将来值与现值

上面我们介绍了单期现金流量的现值和将来值的计算方法,现在我们要将之推广到多期的情况。所谓多期现金流是指在多个时点上发生多次的现金流量,形成 $C_1, C_2, \cdots, C_n$ 等若干收入或支出的现金流,如图 4-2 所示。

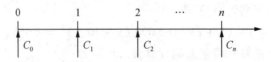

图 4-2 多期现金流量图

由于货币价值计算的一个优良性质就是当它们都以相同时期的价值表示时,就可以将它们累加起来。因此,多期现金流 $C_1, C_2, \cdots, C_n$ 的将来值与现值就等于其各期现金流的将来值与现值之和。这样我们就有多期现金流将来值和现值的计算公式分别为：

$$FV_n = \sum_{t=0}^{n} C_t (1+r)^{n-t} \tag{4-7}$$

$$PV = \sum_{t=0}^{n} \frac{C_t}{(1+r)^t} \tag{4-8}$$

例 4.4 Z 公司的一笔投资，预计未来 5 年可能取得的收入如表 4-1 所示，按照 5% 的利率，这些现金收入在第五年年末的价值和现值分别是多少？

表 4-1 Z 公司未来 5 年的现金流入 单位：万元

年末	1	2	3	4	5
现金收入	1 000	2 000	100	3 000	4 000

解 （1）计算将来值：

$$FV_5 = 1\,000 \times 1.05^4 + 2\,000 \times 1.05^3 + 100 \times 1.05^2 + 3\,000 \times 1.05^1 + 4\,000$$
$$= 10\,791(万元)$$

也可以通过查找复利将来值系数表计算得到，其结果是一样的。

$$FV_5 = \sum_{t=1}^{5} C_t FVIF_{5\%,n-t}$$
$$= 1\,000 \times 1.216 + 2\,000 \times 1.158 + 100 \times 1.103 + 3\,000 \times 1.050 + 4\,000$$
$$= 10\,792(万元)$$

（2）计算现值：

$$PV = 1\,000 \times 1.05^{-1} + 2\,000 \times 1.05^{-2} + 100 \times 1.05^{-3} + 3\,000 \times 1.05^{-4} + 4\,000 \times 1.05^{-5}$$
$$= 8\,457.4(万元)$$

若直接查找复利现值系数计算，则有：

$$PV = \sum_{t=1}^{5} C_t PVIF_{5\%,t}$$
$$= 1\,000 \times 0.952 + 2\,000 \times 0.907 + 100 \times 0.864 + 3\,000 \times 0.823 + 4\,000 \times 0.784$$
$$= 8\,457.4(万元)$$

三、年金的将来值和现值

在多期现金流量中，如果每期的现金流量相等，形成一系列等额现金流，我们称此类多期现金流为年金。如果每期现金流发生在期末，我们称此类年金为普通年金，也叫后付年金。如果每期现金流发生在期初，我们则称此类年金为先付年金。折旧、利息、租金、保险费等收付款项通常表现为年金的形式。

（一）普通年金的将来值和现值

以 A 代表等额的现金流量，代入多期现金流量的计算公式，可以得到年金将来值的计算公式为：

$$FV_n = A \sum_{t=1}^{n} (1+r)^{t-1} \tag{4-9}$$

式中，$\sum_{t=1}^{n}(1+r)^{t-1}$ 称为年金将来值系数，记为 $FVIFA_{r,n}$。

已知：

$$FVIFA_{r,n} = \sum_{t=1}^{n}(1+r)^{t-1} \qquad ①$$

将①式两边同时乘以 $(1+r)$ 有：

$$FVIFA_{r,n}(1+r) = \sum_{t=1}^{n}(1+r)^{t} \qquad ②$$

将②式减去①式得：

$$FVIFA_{r,n}(1+r) - FVIFA_{r,n} = (1+r)^n - 1$$

整理上式得：

$$FVIFA_{r,n} = \frac{(1+r)^n - 1}{r}$$

于是我们可以得到年金将来值的另一种表达式：

$$FV_n = A(FVIFA_{r,n}) = A\left[\frac{(1+r)^n - 1}{r}\right] \qquad (4\text{-}10)$$

为了方便应用，不同利率 r 和周期 n 的年金将来值系数已编制成年金终值系数表，可直接查阅（详见书后附表三）。

例 4.5 假如你在第一年至第四年每年年末等额存入银行 6 000 元，年利率 10%，按年计算复利，那么，在第四年年末，你在银行的存款额是多少？

解 将本例数据代入 (4-10) 式，得到：

$$FV_4 = 6\,000\left[\frac{(1+10\%)^4 - 1}{10\%}\right] = 6\,000 \times 4.641 = 27\,846(元)$$

也可直接查年金将来值系数表：$FVIFA_{10\%,4} = 4.641$，乘以等额现金流 6 000 元来得到。

类似地，以 A 代表等额的现金流量代入多期现金流量的计算公式，可以得到年金现值的计算公式为：

$$PV = A\sum_{t=1}^{n}\frac{1}{(1+r)^t} \qquad (4\text{-}11)$$

式中，$\sum_{t=1}^{n}\frac{1}{(1+r)^t}$ 称为年金现值系数，记为 $PVIFA_{r,n}$。

因为

$$PVIFA_{r,n} = \sum_{t=1}^{n}\frac{1}{(1+r)^t} \qquad ①$$

将①式两边同时乘以 $(1+r)$ 有：

$$PVIFA_{r,n}(1+r) = \sum_{t=1}^{n}\frac{1}{(1+r)^{t-1}} \qquad ②$$

将②式减去①式得：

$$PVIFA_{r,n}(1+r) - PVIFA_{r,n} = 1 - \frac{1}{(1+r)^n}$$

整理上式得：

$$\text{PVIFA}_{r,n} = \frac{1}{r} - \frac{1}{r(1+r)^n}$$

于是我们有普通年金现值的另一表达式：

$$PV = A(\text{PVIFA}_{r,n}) = A\left[\frac{1}{r} - \frac{1}{r(1+r)^n}\right] \tag{4-12}$$

为了方便应用，不同利率 r 和周期 n 的年金现值系数已编制成年金现值系数表，可直接查阅（详见书后附表四）。

例 4.6 假如银行愿意贷款 250 万元给你购房，但在未来 25 年中，你每年年底要偿还 254 516 元，根据当前住房贷款情况，贷款利率为 9%。问你是否接受银行的贷款。

解 这是一个求解 25 年期普通年金现值的问题。用利率 9%，计算每年贷款的偿还额 254 516 的现值，将其与贷款额 250 万元对比就可作出选择。

$$PV = 254\,516\left[\frac{1}{0.09} - \frac{1}{0.09(1+0.09)^{25}}\right]$$
$$= 254\,516(11.1111 - 1.2885) = 2\,500\,008.86(\text{元})$$

也可以直接查年金现值系数表得到年金现值系数计算得到上述结果。

显然，这个贷款偿还额度正是按照 9% 的贷款利率算出的，因此，这笔贷款是可以接受的。

（二）先付年金的将来值和现值

先付年金与普通年金唯一的区别是，它的现金流发生在每期期初，而不是每期期末。

如图 4-3 所示，n 期先付年金与普通年金现金流发生次数相同，但其年金将来值比普通年金多计算一期利息，其年金现值则比普通年金少贴现一期。据此，我们可以利用 $1+r$ 对普通年金将来值和现值的计算公式进行调整，就可以得到先付年金的将来值和现值计算公式①：

$$FV_n = A\left(\sum_{t=1}^{n}(1+r)^{t-1}\right) \times (1+r) = A(\text{FVIFA}_{r,n})(1+r) \tag{4-13}$$

$$PV = A\left[\sum_{t=1}^{n}\frac{1}{(1+r)^t}\right] \times (1+r) = A(\text{PVIFA}_{r,n})(1+r) \tag{4-14}$$

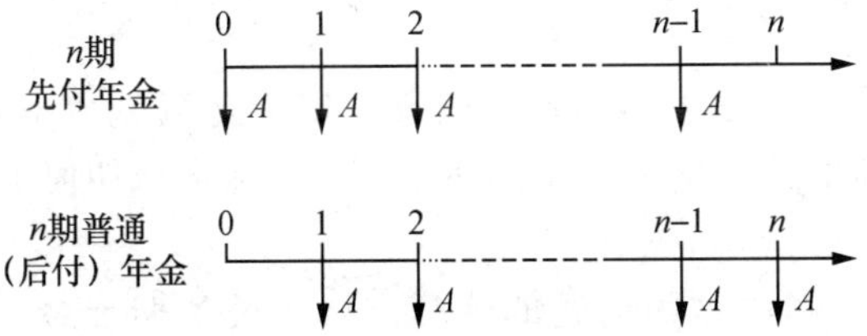

图 4-3 先付年金与普通年金比较图

---

① 根据先付年金与普通年金的关系，我们还可以推导出另一种计算先付年金将来值和现值的公式。由于 n 期先付年金与 $n+1$ 期普通年金的计息期相同，但比 $n+1$ 期普通年金少一期现金流，因此，只要将 $n+1$ 期普通年金的将来值减去 1 期现金流 A，便可得到先付年金的将来值。而 n 期先付年金现值与 $n-1$ 期普通年金贴现期相同，但比 $n-1$ 期普通年金多 1 期不用贴现的现金流量 A，所以，只要将 $n-1$ 期普通年金的现值加上 1 期现金流量 A，便可求出 n 期先付年金的现值。于是我们得到先付年金将来值和现值另一表达式：$FV_n = A(\text{FVIFA}_{r,n+1}) - A$；$PV = A(\text{PVIFA}_{r,n-1}) + A$。

例4.7 将例4.5中的每年年末存入银行6 000元,改为每年年初存入银行6 000元,其他条件不变,那么,在第四年年末时银行存款额是多少?

解

$$FV_4 = 6\,000\left[\frac{(1+10\%)^4-1}{10\%}\right](1+0.1)$$
$$= 6\,000 \times 4.641 \times 1.1 = 30\,630.6(元)$$

例4.8 你需要一种设备,若购买,价格是1 600元,可用10年,10年后报废无残值。若租用,则每年年初需付租金200元。假如除此之外,买与租的情况完全相同,假设利率为6%,那么,你会选择哪一种方式呢?

解 要作出正确选择,首先需要确定租金支付所产生的现金流的现值,可用求解先付年金现值的方法得到。

$$PV = 200(PVIFA_{6\%,10})(1+6\%) = 200 \times 7.360 \times 1.06 = 1\,560.32(元)$$

由于租金的现值小于购买的价格,因此应该选择租赁。

(三)永续年金

大多数年金支付或收入都是在有限时期内发生的,若年金支付或收入是无限期的,则称为永续年金。西方有些债券为无期限的债券,这些债券的利息可看作永续年金。

对普通年金现值的计算公式(4-12),求当 n 趋于无穷时的解,即可得永续年金现值的计算公式:

$$PV = A \times \lim_{n \to \infty}\left\{\frac{1-[1/(1+r)^n]}{r}\right\} = A \times \frac{1}{r} \quad (4-15)$$

例4.9 某永久性公债每年年底的利息为800元,利息率为8%,求该项永续年金的现值。

$$PV = \frac{A}{r} = \frac{800}{0.08} = 10\,000(元)$$

永续年金的概念和其现值的计算方法十分重要。现代股份制公司的经营具有连续性,在一定条件下可看成有无限寿命,优先股因为有固定股利而又无到期日,在一定条件下也可视作永续年金,运用永续年金的概念和方法,我们可以解决公司价值及现金流分析中的许多复杂问题。

(四)增长年金的现值

例4.10 假如有一无限期现金流序列,第一期现金流量为1 000元,此后各期的现金流量预计以每年5%的速度增长,若利息率为11%,那么该如何确定它们在当前的价值呢?

下面我们先来找出解决这类问题的计算方法。设各期现金流量的增长率为 g,且 $g < r$,则有:

$$PV = \frac{A}{1+r} + \frac{A(1+g)^1}{(1+r)^2} + \cdots = \frac{A}{1+r}\left[1 + \frac{1+g}{1+r} + \left(\frac{1+g}{1+r}\right)^2 + \left(\frac{1+g}{1+r}\right)^3 + \cdots\right] \quad ①$$

①式右边中括号内为一无穷等比递减数列,其和为:

$$S = 1 + \frac{1+g}{1+r} + \left(\frac{1+g}{1+r}\right)^2 + \cdots = \frac{1+r}{r-g} \quad ②$$

将②式代入①式则可以得到永续增长年金现值的计算公式为：

$$PV = \frac{A}{r-g}, \quad r > g \tag{4-16}$$

我们将上例中的数据代入(4-16)式，可以求出该例中永续增长年金的现值为：

$$PV = \frac{1\,000}{0.11 - 0.05} = 16\,666.67(元)$$

公司由于实际增长、通货膨胀等原因，往往会使得现金流量随着时间而增长，具有增长年金的性质，永续增长年金的计算能够解决增长年金现值的计算问题。

表4-2中的年金1是我们要求解的n期增长年金，而年金2是从当期开始的永续增长年金，年金3则是从$n+1$期开始的永续增长年金，显然我们可以把年金1看作年金2与年金3的差。因此，将永续增长年金2的现值减去永续增长年金3的现值所得到的差额即增长年金1的现值。

表4-2 增长年金与永续增长年金

时期	0	1	2	⋯	n	$n+1$	$n+2$	⋯
年金1		A	$A(1+g)$	⋯	$A(1+g)^{n-1}$			
年金2		A	$A(1+g)$	⋯	$A(1+g)^{n-1}$	$A(1+g)^n$		⋯
年金3						$A(1+g)^n$		⋯

已知年金2的现值可用(4-16)式计算，易知年金3的现值可通过下式计算：

$$PV(年金3) = \frac{A(1+g)^n}{r-g} \times \frac{1}{(1+r)^n}$$

将年金2的现值减去年金3的现值，得到：

$$PV(年金2) - PV(年金3) = \frac{A}{r-g} - \frac{A(1+g)^n}{r-g} \times \frac{1}{(1+r)^n}$$

整理后就可以得到一般增长年金的现值的计算公式为：

$$PV = \frac{A}{r-g}\left[1 - \left(\frac{1+g}{1+r}\right)^n\right] \tag{4-17}$$

例4.11 小王大学刚毕业，找到了一份年薪80 000元的工作。假如他能够很好地胜任这个工作，预计薪金会在第一年80 000元的基础上每年增长9%，直到40年后他退休为止。若年利率为10%，他工作期间薪金的现值为多少？

解 小王薪金构成的现金流满足增长年金的性质，因此，可以用(4-17)式计算其现值，有：

$$PV = \frac{80\,000}{10\% - 9\%}\left[1 - \left(\frac{1+0.09}{1+0.1}\right)^{40}\right] = 2\,448\,089(元)$$

（五）对于复利现值系数随着期限增加而递减的一点解释

在现值计算过程中，我们注意到，随着期限的增加，复利现值系数呈现出递减的趋势。那么，是什么原因造成了这样的结果呢？这里的原因是我们在现值的计算过程中采用了一个使问题简单化的假设，即假设无论现金流产生于何时，利率都是相同的。

我们知道，事实上未来利率是会变化的。若不同的时期有不同的利率，显然，对于不同时期发生的现金流就要用相应时期的利率进行贴现。以 $r_1, r_2, \cdots, r_{n-1}, r_n$ 代表 n 期内各期的利率,以 $C_1, C_2, \cdots, C_{n-1}, C_n$ 代表各期发生的现金流量,则这些现金流的现值就由以下计算公式来计算才是正确的。

$$PV = \frac{C_1}{1+r_1} + \frac{C_2}{(1+r_2)^2} + \cdots + \frac{C_{n-1}}{(1+r_{n-1})^{n-1}} + \frac{C_n}{(1+r_n)^n}$$

求解上式需要首先确定利率的期限结构。利率的期限结构反映利率与到期年限之间的关系,遗憾的是,要准确地确定利率的期限结构并非易事。为了简化这一问题,通过假设未来不同时刻的利率相同,就可以将上述现值计算公式简化为:

$$PV = \frac{C_1}{1+r} + \frac{C_2}{(1+r)^2} + \cdots + \frac{C_{n-1}}{(1+r)^{n-1}} + \frac{C_n}{(1+r)^n}$$

四、时间价值计算的应用举例

例4.12 王先生为购买住房,向银行申请了总额为60万元的住房抵押贷款,准备在25年内按月分期等额偿还,若年利率为12%,按半年复利计息,王先生每月的等额偿还额是多少?

解 房屋、耐用消费品抵押贷款的分期支付一般都是按月等额偿还,由于是半年计复利,因此首先要将名义利率转换为实际月利率,然后通过实际月利率求解每月的等额支付额。

因为

$$(1+r_{em})^{12} = \left(1+\frac{r}{2}\right)^2$$

式中,r_{em} 为实际月利率,将名义利率12%代入上式整理后得:

$$r_{em} = \left(1+\frac{0.12}{2}\right)^{2/12} - 1 = \sqrt[6]{(1+0.06)} - 1 = 0.0097588$$

又因为

$$PV = A\left\{\frac{1-[1/(1+r_{em})^{12n}]}{r_{em}}\right\}$$

式中,A 为每月等额支付额,n 为抵押贷款偿还年数,PV 为贷款额。

代入数据得到:

$$600\,000 = A\left\{\frac{1-[1/(1.0097588)^{12\times25}]}{0.0097588}\right\} = A(96.9087)$$

$$A = 6\,191.39(元)$$

例4.13 欣欣公司向银行借了利率为8%的一笔款,按照合约规定,前10年不用还本付息,从第11年至第20年每年年末偿还本息1000元,这笔借款的金额应该是多少?

解 如果交易是公平的,那么这笔借款的金额就是未来等额还款额的现值。根据还款支付的特征,首先计算还款额在第10年年末时的现值,然后再将其第10年年末的现值贴现到现在。

$$PV = 1\,000(PVIFA_{8\%,10})(PVIF_{8\%,10}) = 1\,000 \times 6.71 \times 0.463 = 3\,107(元)$$

例4.14 假如某公司的一则广告说:"如果你在未来的10年每年付给我们100元,我们将在10年后起每年付给你100元,直至永远。"如果这笔交易是公平的,它的利率是多少?

解 如果这笔交易是公平的,则10年后所获得的给付的现值应等于前10年投资额的现值,即:

$$100\left[\frac{1}{r} - \frac{1}{r(1+r)^{10}}\right] = \frac{100}{r} \times \frac{1}{(1+r)^{10}}$$

解上式得到:$r = 7.18\%$。

例 4.15 李达的哥哥将其积蓄10 000元以连续计息的方式投资2年,利率为10%。那么他的投资到了2年后将等于多少?假如李达在4年后将得到一笔10 000元的收入,如果按8%的利率连续计息,这笔钱的现值是多少?

解 (1) 由(4-2)式可得:

$$10\,000 \times e^{0.1 \times 2} = 12\,214(元)$$

即李达的哥哥的投资在2年后等于12 214元。

(2) 同样,根据(4-2)式和现值的计算方法,可得:

$$10\,000 \times \frac{1}{e^{0.08 \times 4}} = 7\,261.5(元)$$

李达4年后的10 000元收入,按8%的利率连续计息的现值为7 261.5元。

例 4.16 孙先生夫妇在女儿姗姗出生时就制订了一个计划,准备在未来17年间每年在姗姗过生日的那天存入等额的资金,以便在姗姗18岁上大学时支付她的大学教育费用。根据测算,姗姗未来大学4年期间每年的费用为20 000元。假如在未来的几十年中利率都是10%,问:(1)照此计划,孙先生夫妇每年应存入多少钱?(2)如果他们每年的存款额以4%的速度增长,那么,他们第一年的存款应是多少?

解 (1) 假设姗姗是在18周岁生日那天上大学,则4年学费的现值为:

$$20\,000 \times \left[\frac{1}{0.1} - \frac{1}{0.1(1+0.1)^4}\right] \times \left[\frac{1}{(1+0.1)^{17}}\right]$$

$$= 20\,000 \times 3.1699 \times 0.1978 = 12\,540(元)$$

由于每年存款的现值应等于12 540元,则每年的存款额为:

$$A = \frac{12\,540}{\text{PVIFA}_{0.1,17}} = \frac{12\,540}{8.0216} = 1\,563.28(元)$$

即在今后的17年中每年存入1 563.28元,按照10%的利率,就恰好能够在姗姗上大学那年支付姗姗在大学4年间每年20 000元的学费。

(2) 如果每年的存款额以4%的速度增长,可以用增长年金的计算公式(4-17)计算其现值,且其现值应恰好等于4年学费现值12 540元,即有:

$$\frac{A}{r-g}\left[1 - \left(\frac{1+g}{1+r}\right)^n\right] = \frac{A}{0.1-0.04}\left[1 - \left(\frac{1+0.04}{1+0.1}\right)^{17}\right] = 12\,540(元)$$

解得:$A = 1\,224.18(元)$。

即孙先生夫妇在女儿的第一个生日时的存款应为1 224.18元。

第三节 债券与普通股的价值

债券和股票都是资产,资产的价值一词有不同的含义和用法。在财务报表分析部分我们了解到资产有账面价值和市场价值之别,账面价值是指资产在公司资产负债表上所列示的价值,市场价值是一项资产在交易市场上的价格,是市场上买卖双方进行竞价后产生的双方都能接受的价格。例如,某一种股票的市价是每股 27 元,这是大量的买入者和卖出者在交易中竞价的结果。资产还有内在价值,它是适当的收益率对资产预期能产生的未来现金流进行贴现所得到的价值。这是在给定未来预期现金流量、持续时间和风险条件下,投资者认为可以接受的合理价值。从理论上说,所有资产都有市场价值和内在价值,但有些资产由于交易次数及频率太少,也就没有真正的市场价值。在证券市场上,投资者估算出一种债券式股票的内在价值后,将它与该证券的市场价格比较,如果内在价值高于市价,投资者将会认为该证券的价值被低估了,反之则高估了。显然,合理地估计一项资产的价值并不是一件容易的事,在这一节里我们要应用现值的概念和方法来估计债券与股票的内在价值。

一、债券的价值

(一) 债券的基本特征

对债券进行估价首先要了解债券的基本特征。债券最主要的特征包括债券面值、票面利率、期限、等级、债券契约、对债券发行公司收益和资产的追偿权等。

债券面值是指债券的票面价值,通常表示债券到期时债券持有人从发行者处应得到的金额。

票面利率是按契约规定每年应付给债券持有人的利息率,不管市场上债券的价格或市场利率如何变化,债券持有人都按照票面利率乘以债券面值获得其应得的利息金额。

债券期限是指从债券发行到偿还本金或提前赎回时的时间长度,在下面的分析中我们都暂不考虑提前赎回的问题。

债券等级是债券的信用评级。债券的信用等级标志着债券违约风险的大小,等级越低违约风险越大。债券的信用等级决定了投资者对其收益率的要求,从而影响公司融资成本的高低。

债券契约是债券发行人与代表债券投资者利益的债券托管人之间所签订的具有法律效力的协议,契约中包括许多具体条款,规定了债券持有人、发行者和托管人的各种权利、义务、责任等,其中大多数都是保护债券持有人利益的条款。

对债券发行公司收益和资产的追偿权指债权人对公司资产拥有优先于股东的追偿权,不同的债务对公司资产的追偿权也有先后顺序。

关于债券的信用评级、契约、追偿权等问题,我们将在债务融资的相关章节中详细讨论。

(二) 债券估价的基本模型

根据资产内在价值的含义,债券的价值应当等于用适当的收益率对其预期产生的未来现金流进行贴现所得到的价值,由于债券的预期现金流是一系列的利息支付再加上到期时的一笔面值支付,适当的收益率就是证券市场投资者根据其风险条件所要求的投资收益率。因此,可以得到债券的基本估价模型如下:

$$V = \sum_{t=1}^{n} \frac{I}{(1+r)^t} + \frac{F}{(1+r)^n} = I(\text{PVIFA}_{r,n}) + F(\text{PVIF}_{r,n}) \qquad (4\text{-}18)$$

式中,V 为债券的内在价值;r 为投资者要求的收益率,我们也称之为市场利率;I 是债券持有期间的利息收入,等于债券票面利率与票面值的乘积;F 是债券的面值;n 是债券期限。

例 4.17 1984 年,美国阿拉斯加航空公司发行了一笔期限为 30 年(2014 年到期)、面值为 1 000 美元、票面利率为 6.875% 的债券。1995 年年初,离债券到期还有 20 年时,投资者要求的收益率为 7.5%,若一年支付一次利息,该债券的价值是多少?若半年支付一次利息,该债券的价值又为多少?

解 (1) 按照 6.875% 的票面利率,每年支付的利息为 68.75 美元,已知投资者要求的收益率为 7.5%,则用债券基本估价模型计算得到该债券在 1995 年年初的价值为:

$$V_0 = \sum_{t=1}^{20} \frac{68.75}{(1+7.5\%)^t} + \frac{1\,000}{(1+7.5\%)^{20}}$$
$$= 68.75 \times 10.206 + 1\,000 \times 0.2365 = 938.16(\text{美元})$$

(2) 若每半年支付一次利息,则按照 3.75% 的利率支付利息,假设阿拉斯加航空公司于每年的 1 月 15 日和 7 月 15 日分别付息 34.375 美元。则该债券在 1995 年年初的价值为:

$$V_0 = \sum_{t=1}^{2n} \frac{68.75/2}{(1+7.5\%/2)^t} + \frac{1\,000}{(1+7.5\%/2)^{2n}}$$
$$= 34.375 \left\{ \frac{1}{0.0375} - \frac{1}{0.0375(1+0.0375)^{40}} \right\} + \frac{1\,000}{(1+0.0375)^{40}}$$
$$= 935.8(\text{美元})$$

(4-18)式给出了债券估价的基本计算公式,据此,根据各债券现金流量的特征就可以估计出不同类型的债券的内在价值。

例 4.18 某债券面值为 1 000 元,期限为 5 年,期内不计利息,到期按面值偿还,当前市场利率为 8%,其价格为多少时,企业才会购买?

解 这种债券的典型特征是不支付利息,到期按面值偿还,但折价发行,通常称为纯贴现债券,也称为零息债券。零息债券的现金流量再简单不过了,只有到期日的单笔现金流。在这里市场利率(即投资者要求的收益率)为 8%,于是该债券的内在价值为:

$$V = \frac{F}{(1+r)^n} = \frac{1\,000}{(1+0.08)^5} = 681(\text{元})$$

显然只有当该债券价格低于或等于 681 元时才值得购买。

例 4.19 某债券面值为 1 000 元,票面利率为 10%,随本付息,期限为 5 年,不计复利。当前市场利率为 8%,债券价格为多少时方值得购买?

解 这是一种随本付息的债券,其现金流量的特点与零息债券一样都是只有到期日的单笔现金流,但该债券有票面利率,因此到期日的单笔现金流中不仅包括面值,还包括各期利息之和。因此,该债券的内在价值为:

$$V = \frac{F + I \times n}{(1+r)^n} = \frac{1\,000 + 1\,000 \times 10\% \times 5}{(1+0.08)^5} = 1\,020(元)$$

(三) 债券的到期收益率

现在我们换一个角度分析债券的定价模型,假如用债券的市场价值代替债券估价公式中的内在价值,而将分母中的贴现率作为求解的未知数,那么所解出的这个未知数显然就是债券的投资收益率。用公式表示为:

$$P = \sum_{t=1}^{n} \frac{I}{(1+x)^t} + \frac{F}{(1+x)^n} = I(\text{PVIFA}_{x,n}) + F(\text{PVIF}_{x,n}) \qquad (4\text{-}19)$$

解(4-19)式所得到的 x 值就是债券的到期收益率。

例 4.20 假设某人以 1 384 元的价格卖给你一张票面利率为 12%、19 年后到期、面值为 1 000 元的债券,你买下后就一直持有至到期日,那么,在这一期间内,你每年平均的收益率是多少?

解 将上例数据代入(4-19)式,有:

$$1\,384 = \sum_{t=1}^{19} \frac{120}{(1+x)^t} + \frac{1\,000}{(1+x)^{19}} = 120(\text{PVIFA}_{x,19}) + 1\,000(\text{PVIF}_{x,19})$$

解上式得到:$x = 8\%$。[①]

债券到期收益率的高低与债券的票面利率和市价有关。若债券市价等于面值,其到期收益率等于票面利率;若债券市价不等于面值,则到期收益率包括利息收益和资本利得(或利失)。由于市场利率不断变动,故不同购买日的到期收益率也就不同。

债券的到期收益率指按照一定价格买下债券后持有至到期日的投资收益率,但多数债券持有人并不打算持有债券至到期日,而是在合适或需要的时候按照一定的价格出售。这种情况下的收益率称为债券的持有期收益率。我们仍然可以用(4-19)式计算持有期收益率,不过需要用债券的售价替换到期日按面值的偿还额。

例 4.21 玛丽小姐于 1 月 1 日购买了一种债券,价格为 800 美元,面值为 1 000 美元,票面利率为 12%,每半年付息一次,付息日为每年的 1 月 1 日和 7 月 1 日。假定玛丽小姐于 7 月 1 日将这一债券售出,出售价是 850 美元,那么她的债券投资收益率是多少?

解

$$800 = \frac{60}{1+x} + \frac{850}{1+x}$$

容易解得:$x = 13.75\%$。

即玛丽小姐半年的持有期收益率为 13.75%,这里价格上升提供的收益率为 6.25%,而利息支付提供的收益率为 7.5%。

在本例中,如果该债券于次年 1 月出售,持有期为 1 年,则有:

$$800 = \frac{60}{(1+x)} + \frac{60}{(1+x)^2} + \frac{850}{(1+x)^2}$$

解得:$x = 10.47\%$。

[①] 求解债券的到期收益率可以用电脑中配备的专门程序或财务软件,也可以用试误-插值法,即通过反复测试,找出能够使得债券现金流量的现值等于购买价的贴现率。例如,由于债券的售价高于面值,因此到期收益率必低于票面利率 12%。以低于 12% 的利率代入尝试直至公式的两边相等。

注意:这里及例4.20中的收益率都是半年的收益率,若换算为年持有期收益率则为22.04%。也可以直接计算年度的收益率:

$$800 = \frac{60}{(1+x)^{0.5}} + \frac{60}{(1+x)^1} + \frac{850}{(1+x)^1}$$

$$x = 22.04\%$$

二、普通股的价值

(一)股票定价的基本模型

与估计债券的价值一样,股票价值的贴现现金流方法就是用资本市场上投资者所要求的收益率对股票所能够带来的现金流量进行贴现。对于股票而言,所能产生的现金流量是红利和资本利得。因此,用 r 代表投资者所要求的投资收益率,对于一个持有股票并准备在未来第 n 年出售的投资者,股票的价值应为:

$$V = \sum_{t=1}^{n} \frac{D_t}{(1+r)^t} + \frac{P_n}{(1+r)^n} \tag{4-20}$$

股票没有到期日,假如投资者选择一直持有股票,则投资者的收益就是股利收益,在公司持续经营的前提下,股利收益表现为持续的没有到期日的现金流。因此,股票的价值应为:

$$V = \sum_{t=1}^{\infty} \frac{D_t}{(1+r)^t} \tag{4-21}$$

(4-20)式与(4-21)式本质上是相同的。这个道理很简单,既然当前的股票价值等于下一期的股利与股价的贴现值,那么下一期的股票价格就是再下一期的股利与股价的贴现值,以此类推,必然得到上述结果。

例4.22 预计某股票未来3年的股息和第三年年末的股价为:$D_1 = 1$元;$D_2 = 1.5$元;$D_3 = 2$元;$P_3 = 20$元,且投资者要求的报酬率为10%,该股票的价值是多少?

$$V = \sum_{t=1}^{3} \frac{D_t}{(1+r)^3} + \frac{P_3}{(1+r)^3} = \frac{1}{1.1} + \frac{1.5}{1.1^2} + \frac{2}{1.1^3} + \frac{20}{1.1^3} = 18.68(元)$$

即在投资者期望收益率为10%时,按预期的股息和市场价格的现金流,投资者对该股票支付的价格应为18.68元。

应用上述股价模型需要预测未来各期的股息和市场价格,然而一般情况下,未来的股息和股价很难准确预测,因此,实际中往往针对股利特征概括出以下两种简单易于应用的估价模型。

(二)固定股利额股票的估价

如果公司的股利每年保持固定不变,股票的红利现金流就是永续年金,于是股票定价模型可以简化为如下形式:

$$V = \frac{D}{r} \tag{4-22}$$

例4.23 假如例4.22中,股息每年都是1元,该股票的价值是多少?

解 $V = 1/10\% = 10(元)$。

(三) 固定股利增长率股票的估价

1. 估价模型

一些公司在一定时期内经营状况蒸蒸日上,盈利能力稳步提高,支付的股息也稳步增长。如果股利以固定的比率 g 增长,有:

$$V = \sum_{t=1}^{\infty} \frac{D_t}{(1+r)^t} = \frac{D_0(1+g)}{1+r} + \frac{D_0(1+g)^2}{(1+r)^2} + \cdots$$

上式中的各期股利就是永续增长年金,因此,固定股利增长率股票价值的计算公式为:

$$V = \frac{D_1}{r-g} \tag{4-23}$$

(4-23)式也称为固定成长模型。

例 4.24 U 公司的股票将一年后每股支付 4 元股利,分析家认为在可预见的未来,股利每年增长 3%,基于对公司风险的考虑,该股票的投资回报率应为 12%。那么,该公司的股票价格应该是多少?

解

$$V = \frac{4}{12\% - 3\%} = 44.44(元)$$

事实上,股价非常依赖于 g,假如 g 为 6%,则 U 公司的股价变为 66.67 元。特别是当 $g = r$ 时,股价变为无穷大,显然股票价格不可能无穷大,所以 g 的估计可能是错误的。这也再一次提醒我们,应用固定股利增长率模型的前提是 $g < r$。

2. 增长率 g 的估计

公司股价是股利增长率 g 和投资回报率 r 共同作用的结果,那么又该如何来估计这两个参数呢?

首先讨论股利增长率 g 的估计。一般而言,除非净投资(总投资减去折旧)大于零,否则公司下年度的盈利是不会增长的,如果总投资等于折旧,公司维持现有的生产状况,盈利不会增长。只有当一些盈利没有被当作股利支付,而被保留在公司用于再投资时,公司的盈利才会增长。也就是说,由于存在留存收益的再投资,盈利才会增长,而从长期来看,只有盈利增长了股利才能够稳定增长。有关系式如下:

下年度的盈利 = 本年度的盈利 + 本年度的留存收益 × 留存收益的回报率

下年度盈利 / 本年度盈利 = 1 + (本年度留存收益 / 本年度盈利) × 留存收益的回报率

由于留存收益回报率的预测存在一定的困难,通常假定当年留存收益回报率与其他年度一样,而留存收益就是公司的股东权益,因此往往用公司历史的股东权益回报率 ROE(每股收益/每股股东权益账面价值)来估计留存收益预期回报率。对以上关系式略加整理,我们就可以得到盈利增长率 g 的计算公式为:

$$g = 留存收益率 \times \text{ROE} \tag{4-24}$$

例 4.25 西尔斯公司的股利支付率为 45%,股东权益账面价值收益率为 12%,预计今年的股利发放为每股 2 美元。若资本市场投资者对其股票要求的投资收益率为 11.5%,西尔斯公司的股票价值应为多少?

解 首先估计其股利的增长率,有:
$$g = 0.55 \times 12\% = 0.066$$
其次用固定股利增长率模型估计其股价,有:
$$V = \frac{2}{(11.5\% - 6.6\%)} = 40.8(美元)$$

需要注意的是,由于 g 是建立在一系列的假设之上的,因此我们强调上述方法是估计而不是精确的计算,并且在估计时要特别慎重。例如,当出现超常高的增长率时,就不能简单地代入固定增长模型估计股价。这是因为当企业正处于其生命周期中的高速成长期时,会将大部分盈利用于再投资,从而导致很高的增长率,在有限的几年内这是可能的,但公司不可能永远维持超常的增长状态。所以要根据企业成长的特点,谨慎地分阶段考虑。

例 4.26 表 4-3 是一家正处于并即将结束其高速增长时期的新技术公司 A 的预测盈利和红利。

表 4-3　A 公司的预测盈利和红利

	第 1 年	第 2 年	第 3 年	第 4 年	…
权益的账面价值(元)	10.00	13.20	17.42	19.16	…
每股收益,EPS(元)	4.00	5.28	3.48	3.83	…
权益收益率,ROE(%)	0.40	0.40	0.20	0.20	…
红利发放率(%)	0.20	0.20	0.50	0.50	…
每股红利,D(元)	0.80	1.06	1.74	1.92	…
红利增长率(%)	—	32	64	10	…

我们看到,在经历了高速增长后,A 公司的盈利能力开始下降,尽管实际盈利能力是逐步下降的,但为简化计算,假设在第三年时该公司股东权益收益率突然从 40% 下降到 20%,由于盈利能力下降,留存收益率也从 80% 下降为 50%。假如 10% 的增长率可以长期保持,投资者要求的收益率水平为 15%。试估计 A 公司当前的股票价格。

解 我们可以通过以下公式求出 A 公司的股价:
$$V = \frac{D_1}{(1+r)} + \frac{D_2}{(1+r)^2} + \frac{D_3}{(1+r)^3} + \frac{1}{(1+r)^3} \times \frac{D_4}{r-g}$$

代入上例数据可得 A 公司的股价为:
$$V = \frac{0.80}{1.15} + \frac{1.06}{1.15^2} + \frac{1.74}{1.15^3} + \frac{1}{1.15^3} \times \frac{1.92}{0.15 - 0.10} = 27.89(元)$$

3. 投资收益率 r 的估计

假如公司的股利按固定的增长率增长,公司股票当前的市价为 P_0,则可以用固定股利增长率模型推导出投资收益率 r 的计算公式,即:
$$r = \frac{D_1}{P_0} + g \tag{4-25}$$

由于 r 代表的是资本市场上具有同类风险股票的期望收益率,除了上述方法外,还可以通过其他方法来取得 r 的估计值,在随后的章节中我们将会涉及这些方法。

(四) 股利、盈余增长与增长机会

在前面的讨论中,一直都是采用股利对股票定价,但我们已经看到了每股收益对股价的影响。设想一个处于稳定经营状态的企业,假如每股收益不变,并且将所有的盈利都用于发放股利,则有每股收益(EPS)等于每股股利,显然,可用每股收益代替(4-22)式中的每股股利来计算这种股票的价值,有:

$$V = \frac{\text{EPS}}{r} \tag{4-26}$$

这种股票称为收益型股票,投资者购买此种股票的目的在于获取现金股利。我们之所以在讨论股票定价的一般模型时都是采用股利而非每股收益,是因为投资者是根据他们从股票中取得的现金流来判断股票的价值大小,而每股收益究竟有多少能用于股利发放则取决于公司的股利分配政策。但许多公司都有投资于盈利项目的增长机会,有些公司甚至具有很强的增长潜力,若将所有的盈利都用于发放股利,而不投入这些项目,是不明智的。具有较强增长潜力的股票称为成长股,投资者购买此种股票的目的在于获得资本利得。成长股的股价不仅体现公司当前的收益能力,而且反映公司的增长潜力,这种增长潜力对股价的影响则取决于每股收益中有多少被留下来再投资,再投资的收益率是否超过投资者对公司要求的必要回报率 r。下面我们通过一个例子来看增长机会对股价的影响。

例 4.27 已知凤凰公司当年的 EPS = 8.33,ROE = 0.25,r = 0.15,预计下年的股利 D = 5;假如该公司股利按固定的增长率增加,公司的股票价值是多少?其中增长机会对股价的影响又是多少?

解 (1) 首先用固定股利增长模型求其股价:

因为

$$g = 0.25 \times \left(1 - \frac{5}{8.33}\right) = 0.1$$

所以

$$V = \frac{D_1}{r - g} = \frac{5}{0.15 - 0.1} = 100(元)$$

(2) 其次假设公司将所有收益都用于发放股利,求解公司处于零增长状态时的股价。

$$V = \frac{\text{EPS}}{r} = \frac{8.33}{0.15} = 55.53(元)$$

(3) 考虑增长时的股价与零增长股价之差就是增长机会对股价的贡献。

$$100 - 55.53 = 44.47(元)$$

上述增长机会对股价的贡献称为增长机会的现值(present value of growth opportunities, PVGO)。因此,从每股收益和增长潜力的角度考虑股价,可以得到以增长机会现值表示的估计股票价值的计算公式:

$$V = \frac{\text{EPS}}{r} + \text{PVGO} \tag{4-27}$$

收益型股票就是 PVGO 为零的股票,成长型股票就是 PVGO 大于零的股票,这说明为什么有些股票没有红利,人们却仍然愿意购买和持有它,而且价格可观。IBM 公司曾

经的一段辉煌历史就是一个很好的例证。在20世纪五六十年代,尽管IBM的销售额和盈利每年以20%以上的比率增长,却一直支付极少的红利,但大多数投资者仍购买并持有它,这显然不是为了股利,而是受其增长机会的吸引。然而,到了20世纪70年代以后,IBM由于缺少有吸引力的投资机会,使公司的现金越来越多,从此开始支付越来越多的红利并进行股票回购,如1978年其红利支付率已达到54%,这样高的股利支付率一直持续了整个80年代。

本章总结 》

1. 时间价值是客观存在的经济范畴,扣除了在货币的价值增值中所包括的风险报酬后所剩余的部分就是货币的时间价值。通常用没有通货膨胀、不存在风险情况下的利息率或投资报酬率的形式表示货币的时间价值率。

2. 利息的计算方法有单利和复利之别,单利是指在规定时期内只就本金计算利息,复利是指不仅本金要计算利息,利息也要计算利息。复利的概念充分体现了资金时间价值的意义,因此,在计算资金的时间价值时,通常采用复利的方法。另外,由于计息期不同,实际的年利率与名义利率(报价利率)不同。这里的实际利率是指考虑了复利间隔期后的年利率,名义年利率指不考虑年内复利计息间隔期的利率,名义利率只有在给出计息间隔期的情况下才是有意义的。当一年中的计息次数 m 大于1时,实际年利率将大于名义年利率。

3. 单期现金流量指某个时点上的单笔现金流入或流出,其将来值是经过若干期后包括其本金和利息在内的未来价值,以 FV_n 表示;现值指其在当前的价值,以 PV 表示。利用合适的利息率和计算公式可以计算出单期现金流量的将来值和现值。

4. 多期现金流是指在多个时点上发生多次的现金流量,计算多期现金流的将来值和现值的基本方法是将各期现金流的将来值和现值加总。年金是一种特殊的多期现金流量。如果每期现金流发生在期末,称为普通年金,也叫后付年金;如果每期现金流发生在期初,则称为先付年金。先付年金的将来值与现值可利用 $(1+r)$ 对普通年金将来值和现值的计算公式进行调整来得到。

5. 永续年金的概念和其现值的计算方法十分重要。现代股份制公司的经营具有连续性,在一定条件下可看成有无限寿命,优先股因为有固定股利而又无到期日,在一定条件下也可视作永续年金。运用永续年金的概念和方法,我们可以解决许多公司价值及现金流分析中的复杂问题。

6. 股票和债券作为一种资产,其内在价值是指在给定未来预期现金流量、持续时间和风险条件下,投资者可以接受的合理价值。运用现值法估计债券和股票的内在价值,是通过适当的收益率对资产预期能产生的未来现金流进行贴现而得到。这个适当的收益率就是在一定风险条件下,投资者可以接受的合理的投资回报率。

7. 由于债券的预期现金流是一系列的利息支付再加上到期时的一笔面值支付,债券的基本估价方法就是运用市场利率对预期的利息和本金支付进行贴现。需要注意由于不同的债券付息期不同,因此估价时要考虑债券的付息期情况酌情处理。利用债券定价模型还可以求解债券的到期收益率和持有期收益率。债券到期收益率的高低与债券的票面利率和市价有关。若债券市价等于面值,其到期收益率等于票面利率,若债券市价不等于面值,则到期收益率将包括利息收益和资本利得(或利失)。由于市场利率不断变动,故不同购买日的到期收益率也就不同。

8. 用现值法估计股票的价值遇到的主要困难是对股票的预期现金流量的确定,通常都是采用一定的假设来使问题简化。常用的估价模型有固定股利额和固定股利增长率估价模型。股票价值极大地依赖于股利增长率 g 和投资回报率 r。在一定的假设前提下,可以通过留存收益率和股东权益报酬率来得到股利的增长率 g。需要特别注意的是,在估计公司股价时,一定要根据企业成长的特点,谨慎地分阶段估计增长率 g。估计投资回报率 r 的方法之一是通过股票估价模型倒推。

9. 虽然采用股利现金流量估计股票价值是正确的,但每股收益、增长机会都会影响股利现金流,从而影响股票价值。增长机会对股价的贡献称为增长机会的现值(present value of growth opportunities,PVGO)。收益型股票,就是 PVGO 为零的股票,成长型股票则是 PVGO 大于零的股票。

10. **本章公式汇编**

一年内复利 m 次的实际利率	$r_e = \left(1 + \dfrac{r}{m}\right)^m - 1$	(4-1)式
以利率 r 连续复利的实际利率	$r_e = e^r - 1$	(4-2)式
单期现金流量的复利将来值	$FV_n = PV(1+r)^n$	(4-3)式
	$FV_n = PV(FVIF_{r,n})$	(4-4)式
单期现金流量的复利现值	$PV = \dfrac{FV_n}{(1+r)^n}$	(4-5)式
	$PV = FV_n(PVIF_{r,n})$	(4-6)式
多期现金流量的复利将来值	$FV_n = \sum_{t=0}^{n} C_t(1+r)^{n-t}$	(4-7)式
多期现金流量的复利现值	$PV = \sum_{t=0}^{n} \dfrac{C_t}{(1+r)^t}$	(4-8)式
普通年金的将来值	$FV_n = A \sum_{t=1}^{n}(1+r)^{t-1}$	(4-9)式
	$FV_n = A(FVIFA_{r,n}) = A\left[\dfrac{(1+r)^n - 1}{r}\right]$	(4-10)式
普通年金的现值	$PV = A \sum_{t=1}^{n} \dfrac{1}{(1+r)^t}$	(4-11)式
	$PV = A(PVIFA_{r,n}) = A\left[\dfrac{1}{r} - \dfrac{1}{r(1+r)^n}\right]$	(4-12)式
先付年金的将来值和现值	$FV_n = A\left(\sum_{t=1}^{n}(1+r)^{t-1}\right) \times (1+r) = A(FVIFA_{r,n})(1+r)$	(4-13)式
	$PV = A\left[\sum_{t=1}^{n} \dfrac{1}{(1+r)^t}\right] \times (1+r) = A(PVIFA_{r,n})(1+r)$	(4-14)式

（续表）

永续年金的现值	$PV = A \times \lim_{n \to \infty} \left\{ \dfrac{1 - [1/(1+r)^n]}{r} \right\} = A \cdot \dfrac{1}{r}$	（4-15）式
永续增长年金的现值	$PV = \dfrac{A}{r-g}, \quad r > g$	（4-16）式
增长年金的现值	$PV = \dfrac{A}{r-g} \left[1 - \left(\dfrac{1+g}{1+r} \right)^n \right]$	（4-17）式
债券的价值	$V = \sum\limits_{t=1}^{n} \dfrac{I}{(1+r)^t} + \dfrac{F}{(1+r)^n} = I(\text{PVIFA}_{r,n}) + F(\text{PVIF}_{r,n})$	（4-18）式
债券的到期收益率	$P = \sum\limits_{t=1}^{n} \dfrac{I}{(1+x)^t} + \dfrac{F}{(1+x)^n} = I(\text{PVIFA}_{x,n}) + F(\text{PVIF}_{x,n})$	（4-19）式
普通股的价值	$V = \sum\limits_{t=1}^{n} \dfrac{D_t}{(1+r)^t} + \dfrac{P_n}{(1+r)^n}$	（4-20）式
	$V = \sum\limits_{t=1}^{\infty} \dfrac{D_t}{(1+r)^t}$	（4-21）式
固定股利额股票价值	$V = \dfrac{D}{r}$	（4-22）式
固定股利增值率股票价值	$V = \dfrac{D_1}{r-g}$	（4-23）式
	$g = $ 留存收益率 $\times \text{ROE}$	（4-24）式
	$r = \dfrac{D_1}{P_0} + g$	（4-25）式
每股盈余、增长机会与普通股价值	$V = \dfrac{\text{EPS}}{r}$	（4-26）式
	$V = \dfrac{\text{EPS}}{r} + \text{PVGO}$	（4-27）式

思考与练习》》

1. 下列说法是否正确？
(1) 同等风险的所有股票的定价对应同样的期望收益率。
(2) 股票的价值等于该股票未来红利的现值。

2. 假如有两家银行可向你提供贷款。一家银行的利率为12%，按月计息；另一家银行的利率为12.2%，按半年计息。请问哪家银行的利率条件更有吸引力？

3. 王先生打算将手头闲置的10万元投资出去，他有两个投资机会可供选择：(1) 购买零票面利率债券，这种债券目前的售价为420元，在7年后到期时，可以得到1 000元；(2) 用1 000元的价格购买每年付息100元的7年期债券，到期时同样可以得到1 000元的本金支付。假如市场平均利率是10%。那么，王先生应该做何选择呢？

4. 某爱女心切的张先生鉴于大学教育经费每年上涨的考虑，急欲为12岁的女儿安排一个储蓄升学计划，协助女儿顺利读完大学。他的女儿17岁时将进入大学就读，再花4年拿到学位。假如目前大学念书，每年总共要花费1万元，但这笔费用每年会上涨6%。那么,从现在起在利率等于10%的情况下,张先生每年要将多少钱存进银行,才能在女儿念大学时,累积到足够的金钱,使她能无忧无虑拿到学位?

5. 如果利率是7%,下面这些投资的价值是多少?

(1) 按复利计息,每年年末获得100美元报酬。

(2) 按复利计息,每年年初获得100美元报酬。

(3) 按连续复利计息,每年获得100美元报酬。

6. 你打算购买一辆10 000美元的汽车,Kangaroo Autos公司提供的条件是,你支付1 000美元的首付,在随后的30个月内每月支付300美元。而Turtle Motors公司提供的条件是,给你1 000美元的折扣,但你需立即支付剩余的9 000美元车款。请问哪一个公司提供的条件更优惠?

7. A公司普通股预期年末股利为每股10元,支付股利后股价是110元,如果投资者要求的回报率为10%,A公司股票的价值是多少?

8. B公司将所有的盈利都用于发放股利,预期股利为每股5元,如果公司目前股价为每股40元,那么,B公司股票的报酬率是多少?

9. Z公司的普通股每股股利预计每年按5%的比率增长,若下年的股利预计为每股10元,投资者要求的必要报酬率为8%,问:(1) Z公司股票的价值是多少?(2) 如果Z公司打算把所有的盈余都用于发放股利,而预计未来每股股利为15元,那么公司的股票价值又为多少?公司增长机会对股价的贡献是多少?

10. 你预计D公司下年度的每股股利是2元,此后每股股利将按每年4%的增长率增加,根据同类股票的收益率,你认为D公司股票的收益率应达到12%,那么你打算支付多少钱购买D公司的股票呢?

11. 某普通股明年将支付现金股利10元,并预计每年红利将增长5%,公司盈利的再投资率为20%,投资者要求的报酬率为14%。问:

(1) 明年期望每股收益是多少?

(2) 权益收益率是多少?

(3) 增长机会的现值是多少?

12. 某公司2008年1月1日平价发行新债券,每张面值1 000元,票面利率10%,5年到期,每年12月31日付息。

(1) 2008年1月1日的到期收益率是多少?

(2) 假如2012年1月1日的市场利率下降到8%,此时债券持有人将债券出售,则该持有人的年持有收益率是多少?

(3) 假如2010年1月1日的市价为900元,此时购买债券的到期收益率是多少?

(4) 假如2010年1月1日的市场利率为12%,债券市价为950元,你是否购买该债券?

13. CIS公司的股东权益收益率为10%,这年年末预计派发红利4元,该公司一直将40%的盈利用于再投资,保持4%的年增长率。

(1) 假设CSI公司继续这种增长趋势,以100元的价格购买该公司股票,期望的投资收益率为多少?这100元的价格中有多少是公司增长机会的现值?

（2）假设目前 CSI 承接了一个项目，这意味着公司需在今后五年必须将其利润的 80% 进行再投资，但从第六年开始，公司又将恢复 60% 的红利发放率。这一计划一经宣布，市场完全了解 CSI 的措施后，公司股价将为多少？

14．四年前濒临破产的微微公司终于走出了困境，刚刚宣布了每股派发 1 元的红利，这是公司渡过危机后的第一份红利。分析师预计，再过三年，公司将进入稳定增长阶段，每年红利的增值率可保持在 6% 的适度增长水平。若期望收益率为 12%，微微公司的股价是多少？

第五章　收益与风险

║本章概要║

　　如果人们的当期收入不能满足当期的消费偏好,他们将借入或贷出资金。这种收入与消费的不均衡就产生了资本市场。在资本市场上,人们进行投资要求必要的投资回报率,平均来看,风险资产的收益率高于无风险资产的收益率。这说明收益与风险之间存在某种内在的联系。本章将围绕风险与收益这一对公司金融中的核心理念展开讨论。首先,讨论风险与收益的基本概念和计量方法。其次,讨论资产组合的风险与收益,介绍现代资产组合理论。最后,研究资本市场上资产收益率是如何生成的,介绍资本资产定价模型、因素模型和套利定价理论。

║学习目标║

1. 掌握收益率与期望收益率的衡量方法。
2. 了解风险的含义,掌握方差和标准差的计算方法。
3. 了解投资者风险偏好的分类方法和风险回避者的无差异曲线。
4. 掌握资产组合的收益与风险的衡量方法;理解系统风险和非系统风险的区分,以及投资组合的风险分散效应。
5. 理解有效资产组合的概念,了解马科维茨的效率边界的形成以及加入无风险资产后的效率边界的形成。
6. 了解资本市场线和分离定理。
7. 掌握资本资产定价模型的内涵和估计方法,理解模型中市场组合及 β 系数的含义,理解证券市场线与资本市场线的区别。
8. 了解因素模型的内涵和特征,理解市场模型与资本资产定价模型的区别。
9. 了解套利原则与套利组合及其在套利定价理论中对于证券均衡价格形成的作用。

引　言

　　2015年,中国股票市场迎来了7年未见的牛市行情。6月15日,A股从最高点5 100点开始暴跌,短短17个交易日沪指跌幅超过30%,并且出现了连续踩踏导致股票无法卖出的流动性危机,市值蒸发24万亿元。短短1年时间,股市就经历了一个超级大牛市和一个超级大熊市,投资者从信心满满到几乎草木皆兵。股市又一次用它残酷的一面警示了投资的风险。股市有风险,投资需谨慎,这是所有投资者都明白的道理,但究竟如何看待和管理这种风险却并非每个投资者都了解的。身兼投资者和筹资者双重角色的企业,无论是在资本市场上进行投资或融资决策,还是在实物市场上购买资产、进行项目投资决策,都面临风险,都需要在风险和收益之间进行权衡。

第一节 期望收益率与风险

一、期望收益率的概念与衡量

(一) 实际收益率与平均收益率

对于收益率我们并不陌生,最常见的有实际收益率和平均收益率。实际收益率是投资活动中扣除初始投资额后增值部分与初始投资额的比率。平均收益率则是在一段期间内平均每期(通常指每年)的实际报酬率。

以股票投资为例,其实际收益率就是股利加资本利得之和与期初股价的比率。若用公式表示则有:

$$R_t = \frac{D_t + (P_t - P_{t-1})}{P_{t-1}} \tag{5-1}$$

式中,R_t 为第 t 期的收益率;D_t 为第 t 期的股利收益;P_t 为第 t 期股价,P_{t-1} 为第 t 期期初股价。

在已知各期实际收益率的基础上,则可用下式计算 n 期的平均收益率:

$$\bar{R} = \frac{R_1 + R_2 + \cdots + R_n}{n} \tag{5-2}$$

(二) 期望收益率

由于在进行投资决策时需要对未来的投资回报作出预测,而未来是不确定的,为了在衡量投资收益率时体现出这种对不确定的考虑,人们通常用期望收益率来衡量预期收益率。期望收益率是统计上的概念,是以未来各种收益可能出现的概率为权数对各收益率加权平均的结果。其公式为:

$$E(R_i) = \sum_{j=1}^{m} P_j \tilde{R}_{i,j} \tag{5-3}$$

式中,$E(R_i)$ 为 i 股票的期望收益率;P_j 为第 j 种情况发生的概率;$\tilde{R}_{i,j}$ 是 i 股票在第 j 种情况出现时的可能收益率。

例 5.1 A、B 两公司股票的收益率及其概率分布情况如表 5-1 所示,假设你要对这两家公司的股票进行投资,那么你将如何估计两家公司股票的投资收益率呢?

表 5-1 A 公司与 B 公司股票的收益率和概率分布

经济情况	发生的概率	A 公司股票报酬率	B 公司股票报酬率
繁荣	0.3	30	70
一般	0.4	20	20
衰退	0.3	10	-30

解 由于两公司股票未来可能的投资收益率取决于未来的经济状况,并且已知各种经济状况发生的概率,于是我们可以计算这两只股票的期望收益率,有:

A 公司股票的期望收益率：$E(R_A) = 0.3 \times 0.3 + 0.2 \times 0.4 + 0.1 \times 0.3 = 20\%$

B 公司股票的期望收益率：$E(R_B) = 0.7 \times 0.3 + 0.2 \times 0.4 - 0.3 \times 0.3 = 20\%$

二、风险的概念与衡量

（一）风险的概念

为了更好地理解什么是风险，我们先看下面这两个例子：

(1) 假设投资者花 1 万元购买了利率为 2% 的国债，那么在这一投资上所实现的收益率基本上就是国债的利率 2%。

(2) 假设投资者花 1 万元购买了 500 股某公司的股票，并打算持有一年，该股票预期的红利是每股 0.8 元，那么在这一投资上实现收益率则是不确定的，因为一年后实际的红利可能高于 0.8 元，也可能低于 0.8 元，而一年后的股价与购买时价格的差异也会有各种可能，即实际的资本利得与预期的可能完全不同。

对比上述两种投资，显然购买公司股票的风险大于购买国债的。当我们不能确定将来会发生什么结果时，就存在不确定性，风险正是这种不确定性，或者说是未来实际与预期之间的偏离的可能性。这种不确定性越大，实际与预期偏离的可能性就越大，风险也就越大。但不确定性之所以会成为风险，是因为其会影响人们的福利或利益的实现。如投资于股票，股价上扬，则为收益，股价下跌，则为损失，而在期货交易中无论商品价格朝预期的哪个方向偏离都令人不快，都可能增加代价或减少福利。因此，风险实质上是指未来实际与预期的偏离朝着不利方向变化的可能性。

既然风险意味着损失或福利的减少，那么人们为什么还要进行有风险的投资呢？这里的主要原因有两个：其一，风险客观存在，无法完全避免。没有任何因素能保证未来的收益是确定的。即便是最安全的国债投资也存在因通货膨胀率的不确定性所带来的收益的不确定性。既然如此，人们在进行投资时，就不是要绝对回避有风险的投资，而是要通过风险管理以达到降低风险的目的。其二，风险同时意味着危险和机会。当未来实际与预期的偏离朝着不利方向变化时意味着危险，当未来实际与预期的偏离朝着有利方向变化时则意味着机会，而机会带来的收益或福利的增加就是承担风险的风险收益，即投资收益中超过时间价值的那部分收益。对于投资者而言，其真正的收益只能来源于资金的时间价值和风险报酬。

（二）风险的衡量

由于风险意味着未来实际收益与预期偏离的可能性，因此，我们通常利用某一收益率的概率分布描述不确定性，并通过计算概率分布的标准差或方差来衡量风险的大小。

将例 5.1 中 A 公司和 B 公司未来各种可能状况发生的概率及相应的收益率作图，可以显示出两公司各自的收益率分布情况。

由图 5-1 可以看出，虽然 A 公司和 B 公司股票的期望收益率均为 20%，但 A 公司收益率的变动范围比 B 公司狭窄。以上只是假定未来存在三种经济状况，所以图 5-1 描述的实际上是关于收益率的离散的概率分布。显然实际上经济状况显然不止三种，从经济景气过热到大萧条之间可能有无数种结果。如果能够得到每一种经济状况的发生概率及其相应的收益率,就可以得到关于收益率的连续的概率分布①,其图形如图 5-2 所示。

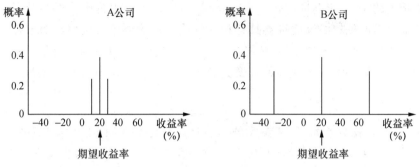

图 5-1　A 公司与 B 公司收益率的概率分布

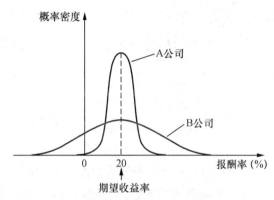

图 5-2　A 公司与 B 公司收益率的连续概率分布

统计理论指出,概率分布的形状越狭窄,实际收益偏离期望收益率的可能性就越小,而统计学中的标准差或方差则可以说明概率分布的宽窄程度,揭示风险的大小。所谓标准差是以概率对各种可能收益率与期望收益之间的离差进行加权后得到平均离差,而方差则是标准差的平方。其计算公式为:

$$\sigma_i = \sqrt{\sum_j [R_i - E(R_i)]^2 P_j} \tag{5-4}$$

$$\sigma_i^2 = \sum_j [R_i - E(R_i)]^2 \tag{5-5}$$

式中,σ_i 为 i 股票的标准差,$E(R_i)$ 为 i 股票的期望收益率;P_j 为第 j 种情况发生的概率。

从标准差的计算公式可以看出,标准差越小,各种可能收益率与期望收益的平均离差越小,其概率分布的形状就越狭窄,风险也就越小。

下面我们应用例 5.1 中的数据,来计算 A 公司和 B 公司股票收益率的标准差。

已知两个公司的期望收益率都是 20%,将期望收益率和表 5-1 中的数据代入(5-4)式,得到 A、B 两公司的标准差分别为:

$$\sigma_A = \sqrt{(0.3-0.2)^2 \times 0.3 + (0.2-0.2)^2 \times 0.4 + (0.1-0.2)^2 \times 0.3} = 7.75\%$$

$$\sigma_B = \sqrt{(0.7-0.2)^2 \times 0.3 + (0.2-0.2)^2 \times 0.4 + (-0.3-0.2)^2 \times 0.3} = 38.73\%$$

由于 A 公司收益的标准差小于 B 公司,因此我们可以认为投资 A 公司股票的风险要

---

① 关于离散型概率分布与连续型概率分布的性质和特征的详细内容,请读者参阅统计学教材或著作。

小于 B 公司的。

需要指出的是,由于标准差是一个有量纲的量,因此利用其比较不同投资机会的风险大小的前提是所比较的投资机会具有相等的或接近的期望收益率。如果各投资机会间的期望收益率具有较大的差异,则需要将标准差转换为无量纲的相对量——标准差率(也称为离散系数)方可说明风险的程度。以 V 代表标准差率,其计算公式为:

$$V = \frac{\sigma}{E(R)} \qquad (5-6)$$

例如,有两只股票 X 和 Y,股票 X 的期望收益率为 15%,标准差为 12.65%;股票 Y 的期望收益率为 40%,标准差为 31.62%。由于股票 X 和 Y 的期望收益率差别很大,因此我们不能简单断言股票 X 的风险小于股票 Y 的,需要计算标准差率后方可作出判断。

$$V_X = \frac{12.65\%}{15\%} = 0.84, \quad V_Y = \frac{31.62\%}{40\%} = 0.79$$

计算结果表明,在考虑到两只股票的期望收益率水平后,股票 X 的风险要大于股票 Y 的。

三、风险与收益率

如前所述,人们愿意承担风险的原因之一在于有可能赢得机会,获得风险收益,高风险必然伴随高收益。设想如果投资者承担了风险却不能获得必要的风险报酬,那么所有的资金都会流向低风险的行业,而高风险行业无人问津。市场竞争的结果必然导致高风险投资的收益率增加。例如,在证券市场上,当大多数人都具有很强的回避风险的倾向时,高风险的证券就会遭到抛售,而竞相抛售的结果使得高风险的证券价格下降,收益率提高。从另一个角度来理解风险与收益率的关系,就是说风险相同的证券所提供的收益率也要相同,否则,市场中就会出现无风险套利现象,而投资人争相套利的结果,使得相同的证券在市场供需均衡时,所提供的收益率趋于一致。

表 5-2 是美国 1926—2000 年间证券市场一些证券资产组合的年平均收益率和标准差,反映了不同投资机会的风险与收益间的关系。

表 5-2 美国 1926—2000 年间证券资产的年平均收益率与标准差   单位:%

投资组合	年平均收益率		风险收益率 (相对于国库券的额外收益)	标准差[①]
	名义	实际		
小公司股票	17.3	13.8	13.4	33.4
普通股(S&P 500)	13.07	9.7	9.1	20.2
公司债券	6.0	3.0	2.1	8.7
政府债券	5.7	2.7	1.8	9.4
国库券	3.9	0.8	0.0	3.2

资料来源:根据 Richard A. Brealey, and Stewart C. Myers, *Principles of Corporate Finance*, 7th Edition, McGraw Hill Higer Education,表 7-1 和第 120 页标准差数据整理得到。

[①] 从风险收益看,公司债券高于政府债券,但从收益的变动性看,公司债券的标准差却低于政府债券的。这主要是由于统计上不能完全满足样本同质性所导致的。如大多数公司债券是可回购的,而政府债券却不可回购,公司债券一般支付更高的利息……这些原因都可能导致公司债券的投资者更快收回投资,从而减少了其收益的变动性。

统计结果证明,国库券的风险最小,其平均收益率最低,收益率的变动程度最小。普通股风险大,其平均收益率也高,风险溢酬率达到9.1%,而小公司股票收益的变动程度最大,所以其风险溢酬率也最高。

四、风险与风险偏好

假如你考虑拿出50万元进行证券投资,现在你可以在表5-2所提供的五种投资组合中选择其一进行投资,那么你会作何选择呢?如果你希望得到普通股的高收益,就必须承担高风险;如果你不愿意承担风险而选择国库券,则你只能得到仅为0.8%的实际平均年收益率。这个例子说明,在投资决策中不能脱离投资者的风险偏好而单凭预期收益率和标准差作出最优的选择,需要将人们的风险偏好纳入风险分析。而将风险偏好纳入风险分析的一个很好的方法就是效用分析方法。根据效用理论,我们可以根据人们对风险的态度建立起相应的效用函数。

(一)风险偏好与效用函数

效用函数是经济学中描述财富或收益与由此带来的效用之间关系的分析方法。根据财富增加与效用增加之间的关系,投资者的效用函数有凹性效用函数、凸性效用函数和线性效用函数三种类型,这三种效用函数分别代表投资者对风险持回避态度、追求态度和中性态度。

1. 风险回避者与凹性效用函数

风险回避者与凹性效用函数(concave utility function)代表风险回避者的风险偏好。它表示投资者希望财富或收益越多越好,但财富的增加为投资者带来的是边际效用递减。这种效用函数对财富的一阶导数为正(表示财富或收益越多越好);二阶导数为负(表示边际效用递减),其图形如图5-3所示。

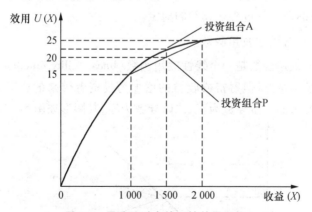

图5-3 风险回避者的凹性效用函数

图5-3中,某投资组合P有50%的概率在期末获得2 000元收益,带给某投资者甲的效用值为25个单位,有50%的概率获得1 000元收益,带给甲的效用值为15个单位。则此投资的期望收益为1 500元,期望效用值为20个单位。而另一投资组合A在期末可以得到确定的1 500元收益,其效用值为23个单位。它说明,对于甲而言,有$U(A)=23>U(P)=20$,即虽然投资组合A的预期收益与投资组合P的预期收益完全相同,但由于投

资组合 A 的预期收益是确定的,而投资组合 P 的收益是不确定的,因此投资组合 A 的收益所带来的效用要大于投资组合 P。

2. 风险爱好者与凸性效用函数

风险爱好者与凸性效用函数(convex utility function)代表风险爱好者的风险偏好。它表示投资者希望财富或收益越多越好,且财富或收益增加为投资者带来的是边际效用递增。这种效用函数对财富或收益的一阶导数和二阶导数都大于零,其图形如图 5-4 所示。

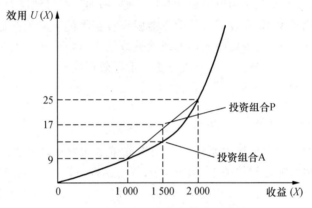

图 5-4　风险爱好者的凸性效用函数

图 5-4 中,投资组合 P 有 50% 的概率在期末获得 2 000 元收益,带给某投资者乙的效用值为 25 个单位,有 50% 的概率获得 1 000 元收益,带给乙的效用值为 9 个单位。则此投资的期望收益为 1 500 元,期望效用值为 17 个单位。而投资组合 A 在期末的确定性收益为 1 500 元,带给乙的效用值为 14 个单位。由于 $U(P) = 17 > U(A) = 14$,因此,乙将会选择投资组合 P。对于风险爱好者,同样的期望收益下,风险大的收益带给他们更大的效用,他们喜欢收益的动荡超过喜欢收益的稳定。

3. 风险中立者与线性效用函数

风险中立者的效用函数是一个线性效用函数(linear utility function)。它表示投资者希望财富或收益越多越好,但财富或收益的增加为投资者带来的边际效用是一个常数。这种效用函数对财富的一阶导数为正,二阶导数为零,其图形如图 5-5 所示。

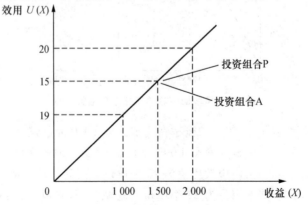

图 5-5　风险中立者的线性效用函数

图 5-5 说明,对于风险中立者,收益不确定的投资组合 P 与确定性的投资组合 A 所带来的效用是一样的。在对待风险的态度方面,风险中立者的特点是既不回避风险,也不主动追求风险,同样的期望收益带来同样的效用,他们进行投资决策时只考虑期望收益,而不考虑风险的状况。

以上我们讨论三种效用函数时都假定效用是期末财富或收益的函数,但在投资分析中,由于期末收益的大小直接受到期初投资额大小的影响,因此分析中往往采用收益率,即假定效用是收益率的函数。

(二) 按期望收益的确定性等值划分风险偏好类型

在效用函数的讨论中,我们看到对于期望收益和确定性收益的不同态度决定了投资者的风险偏好类型。于是一种近似的划分风险偏好类型的方法被开发出来——按照期望收益的确定性等值来划分。下面我们用一个游戏来说明确定性等值的概念以及如何按确定性等值划分风险偏好类型。

假设你在参加一个游戏,游戏中有两扇一模一样的门,主持人告诉你一扇门后放着 1 万元现金,另一扇门后什么也没有,你走进有现金的门,现金就属于你。当你正犹豫着不知该走进哪一扇门时,主持人又告诉你,他将给你提供一笔现金,你可以选择接受这笔现金,但你必须退出这个游戏。

如果你决定,若主持人给你的现金小于等于 3 000 元,就选择继续参加游戏;若主持人给你的现金大于 3 000 元,就选择放弃游戏。假设主持人答应给你 3 500 元,于是你选择了放弃游戏。你的上述选择说明你是一个风险回避者,宁愿要确定的 3 500 元,而不要有风险的 5 000 元。如果你决定只有当主持人给你的现金大于等于 7 000 元时才选择放弃游戏,那么,你就是一个风险爱好者,在你的眼里,只有当确定的收入大于有风险的期望收入时才给你带来同等的效用。如果你决定只有当主持人给你 5 000 元时才放弃游戏,那么你就是一个风险中立者,在你看来有风险的收入额与无风险的收入额只有在金额相等时其效用才相等。

显然,每一个人都会有一种选择,即认为某一数额的确定收入与有风险的期望收入无差别。这个与有风险的期望收入无差别的确定性收入就称为确定性等值。

按照确定性等值我们可以划分风险偏好的三种类型:

若确定性等值 < 期望值,则属风险回避者;

若确定性等值 = 期望值,则属风险中立者;

若确定性等值 > 期望值,则属风险爱好者。

(三) 风险回避者与无差异曲线

尽管根据风险与效用的关系,人们的风险偏好表现为三种不同的类型,但在公司金融理论中通常假定大部分投资者都属于风险回避者,只是不同的人对风险厌恶的程度不同而已。[①] 由于投资者的效用既取决于收益率,也取决于风险,因此投资者的效用函数也可以用期望收益和标准差的平面图上的无差异曲线来表示。无差异曲线用期望收益和

---

① 关于投资者是回避风险的假设有大量的证据支持。经济学家发现,投资者通常持有多样化的投资组合。如果投资者不是回避风险的,其合乎逻辑的行动应是只持有预期回报率最高的那个证券。另一个证明是大多数人都通过购买各种类型的保险来回避未来不确定性可能造成的损失。

标准差来表现收益与风险互相替换的情况,某个投资者的无差异曲线表示在曲线上的各点进行风险和收益的相互替换对投资者的效用是无差异的。

图 5-6 描述的是一个风险回避者的无差异曲线图。例如,对于拥有图 5-6 无差异曲线的投资者而言,组合 A 与组合 B 带来的满意程度是相同的。虽然这两个组合有不同的期望收益率和标准差,但它们落在同一条无差异曲线上。组合 B 的标准差(30%)高于组合 A 的标准差(10%),在风险维度上,组合 B 所给予的满足程度较低,但这方面的不足正好被其较高的期望收益(20%)弥补。这个例子说明无差异曲线的第一条主要性质:一条给定的无差异曲线上所有的投资组合对拥有它的投资者来说,具有相同的效用。无差异曲线的另一条性质是,一个投资者有无数条互不相交的无差异曲线,这些无差异曲线构成一个无差异曲线族,位于上方无差异曲线上的组合比位于下方的无差异曲线上的组合给予投资者更多的效用。例如,虽然图 5-6 所示的投资者发现组合 A 与组合 B 效用相同,但他会觉得组合 C 比组合 A 与组合 B 都好。

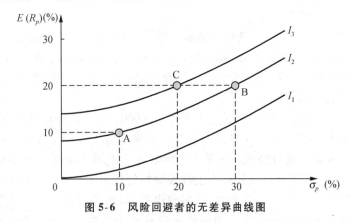

图 5-6　风险回避者的无差异曲线图

风险回避者的无差异曲线隐含风险回避者选择投资组合的两个假设:第一,当两个组合的其他情况相同时,总是选择期望收益率高的组合;第二,在两个风险投资组合的期望收益相同时,总是选择风险小的,因为损失带来的不愉快的量大于同等收益带来的愉快的量。正是上述两个隐含的假设,导致其无差异曲线是正斜率而且是下凸的。需要注意的是,虽然公司金融理论中假设大多数投资者都是风险厌恶的,但并没有假定他们都有相同的风险厌恶程度。有些投资者有较高的风险厌恶程度,而有些投资者可能只有轻微的风险厌恶程度。这意味着同是风险厌恶者,但有不同的无差异曲线。越是厌恶风险的投资者就有着越陡的无差异曲线。图 5-7 的(a)和(b)展示了不同厌恶程度的情况。

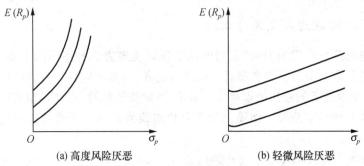

图 5-7　不同程度风险回避者的无差异曲线

第二节 投资组合与风险分散

迄今为止,我们对于风险与收益的讨论主要都是针对处于分离状态的单项资产,但实际上,正如投资决策中一句众所周知的名言"不要把所有的鸡蛋放在一个篮子里",投资者很少把所有的财富都投入一种资产或单个投资项目中,他们通常会构建一个投资组合。那么,投资组合的风险和收益应该如何衡量呢?它又是如何分散风险的呢?在本节中,我们就要讨论这些问题,并介绍现代资产组合理论。

1952年,哈里·马科维茨在美国《金融杂志》上发表了一篇里程碑性的论文"组合选择",这篇著名的论文被公认为现代组合理论的开端。马科维茨在文章中指出投资者在期初进行投资决策时,由于无法确知持有期各种证券的收益,需要估计预期的回报率,然后投资于预期回报率最高的一种证券。但是典型的投资者不仅希望收益高,而且希望收益确定,并会尽量在两者中寻找平衡点。在此基础上,马科维茨建立了均值-方差模型来阐述如何全盘考虑上述目标,并推导出一个有趣的结果,即投资者应该通过同时购买多种证券而不是一种证券进行分散化投资。

虽然以马科维茨投资组合理论为基础的现代投资组合理论主要是针对证券投资而言的,但它对于固定资产等项目投资仍具有重要的指导意义。

一、投资组合的收益与风险[①]

(一) 两个资产组合的收益与风险

假如有两只股票:股票1和股票2,由于其未来收益都是不确定的,因此可以将其收益率 R_1 和 R_2 看作随机变量。若将股票1和股票2按一定的资金分配比例 w_1 和 w_2 组合在一起,则产生组合P,而组合P的收益率为一个新的随机变量 R_p,且有 $R_p = w_1 R_1 + w_2 R_2$。由于随机变量 R_p 是随机变量 R_1 和 R_2 的和,则根据求解随机变量和的数学期望和方差的方法,可以得到两个资产组合的期望收益率和方差的计算公式如下:

$$E(R_p) = w_1 E(R_1) + w_2 E(R_2) \tag{5-7}$$

$$\begin{aligned}\sigma_p^2 &= E[R_p - E(R_p)]^2 = E[w_1 R_1 + w_2 R_2 - w_1 E(R_1) - w_2 E(R_2)]^2 \\ &= w_1^2 E[R_1 - E(R_1)]^2 + w_2^2 E[R_2 - E(R_2)]^2 \\ &\quad + 2 w_1 w_2 E[(R_1 - E(R_1))(R_2 - E(R_2))] \\ &= w_1^2 \sigma_1^2 + w_2^2 \sigma_2^2 + 2 w_1 w_2 \sigma_{12} \\ &= w_1^2 \sigma_1^2 + w_2^2 \sigma_2^2 + 2 w_1 w_2 \rho_{12} \sigma_1 \sigma_2\end{aligned} \tag{5-8}$$

(5-7)式和(5-8)式中,$E(R_1)$ 和 $E(R_2)$ 分别是随机变量 R_1(股票1的收益率)和 R_2(股票2的收益率)的数学期望;σ_1 和 σ_2 分别是随机变量 R_1(股票1的收益率)和 R_2(股票2的收益率)的标准差,σ_1^2 和 σ_2^2 分别是两个随机变量的方差;σ_{12} 是两个随机变量间的协方差,ρ_{12} 则是两随机变量间的相关系数。

[①] 这部分内容将涉及一些统计学的知识,如关于随机变量的数学期望和方差的计算方法及其推导,协方差和相关系数的计算方法和含义等,详细内容请读者参阅相关的统计学教材。

我们知道,方差和标准差度量的是单个资产收益的变动性,但上述公式中的协方差和相关系数度量的又是什么呢?由于投资组合需要把多个资产组合在一起,因此就不能仅仅了解单个资产收益的变动性,还需要了解各个资产之间的关系,即一种资产收益与另一种资产收益变动中的关系。而协方差和相关系数都是衡量两个变量之间(如股票的收益率)"相互变动"关系和程度的统计量。协方差和相关系数的计算公式分别为:

$$\sigma_{12} = \sum_j [R_{1,j} - E(R_1)][R_{2,j} - E(R_2)]P_j \tag{5-9}$$

$$\rho_{12} = \frac{\sigma_{12}}{\sigma_1 \sigma_2} \tag{5-10}$$

下面我们通过一个具体的例子来说明协方差和相关系数的含义和计算。

例 5.2 已知两只股票 A 与 B 在未来各种经济状况下的收益率如表 5-3 所示。

表 5-3 股票 A 与股票 B 的预期收益率及其概率分布

经济状况	发生概率	A 的预期收益率	B 的预期收益率
萧条	0.25	−0.2	−0.05
衰退	0.25	0.1	0.20
正常	0.25	0.3	−0.12
繁荣	0.25	0.5	0.09

首先,计算股票 A 与股票 B 的期望收益。有:

$$E(R_A) = 0.25(-0.2 + 0.1 + 0.3 + 0.5) = 17.5\%$$

$$E(R_B) = 0.25(0.05 + 0.20 + -0.12 + 0.09) = 5.5\%$$

其次,计算股票 A 与股票 B 各自的标准差和协方差,计算过程如表 5-4 所示。

表 5-4 股票 A 与股票 B 收益的方差及协方差

经济状况	概率	股票 A		股票 B		$[R_A - E(R_A)][R_B - E(R_B)]$
		R_A	$R_A - E(R_A)$	R_B	$R_B - E(R_B)$	
萧条	0.25	−0.2	−0.375	0.05	−0.05	0.001875
衰退	0.25	0.1	−0.075	0.20	0.145	−0.010875
正常	0.25	0.3	0.125	−0.12	−0.175	−0.021875
繁荣	0.25	0.5	0.325	0.09	0.035	0.011375
合计	1.00	—	—			−0.019500

$$\sigma_A^2 = \sum_j [R_{A,j} - E(R_A)]^2 P_j$$

$$= [(-0.375)^2 + (-0.075)^2 + (0.125)^2 + (0.325)^2]0.25 = 0.066875$$

$$\sigma_A = 0.2586$$

$$\sigma_B^2 = \sum_j [R_{B,j} - E(R_B)]^2 P_j$$

$$= [(-0.005)^2 + (0.145)^2 + (-0.175)^2 + (0.035)^2]0.25 = 0.013225$$

$$\sigma_B = 0.1150$$

$$\sigma_{AB} = \frac{-0.0195}{4} = -0.004875$$

协方差的符号反映两个股票收益间的相互关系。如果两只股票的收益变动呈同方向变动趋势,即在任一经济状态下都同时上升或同时下降,则协方差为正;如果两只股票的收益变动呈反方向变动趋势,即在任一经济状态下一个上升一个下降,则协方差为负;如果两个股票收益变动间没有关系,则协方差为零。当协方差为零时,了解股票 A 的收益对判断股票 B 的收益没有作用,当协方差不为零时,则了解一只股票的收益变动就有助于判断另一只股票的收益的变动。虽然协方差在一定程度上揭示了两个资产收益间变动的相互关系,但由于它的结果是离差的平方,因此我们很难解释协方差数值大小的含义。因此需要计算相关系数对协方差进行标准化处理。

最后,我们利用协方差和标准差来计算股票 A 与股票 B 间的相关系数。

$$\rho_{AB} = \frac{\sigma_{AB}}{\sigma_A \sigma_B} = \frac{-0.004875}{0.2586 \times 0.115} = -0.1639$$

由于标准差总是正值,因此相关系数的符号及其对两变量间相互关系的解释上与协方差有着同样的作用,即相关系数为正,两变量之间为正相关;相关系数为负,两变量之间为负相关。但相关系数更重要的意义在于,其值在 +1 和 -1 之间,这使得我们可以通过相关系数比较不同资产或证券间相互关系的特征。图 5-8 中(a)、(b)和(c)描述了两变量间相关系数为 +1、-1 和 0 的三种情况。假如有两只股票 A 与 B,若两者相关系数为 +1,说明两股票收益率间存在完全正相关关系,即股票 A 的收益率与股票 B 的收益率间存在同向变动的线性关系;若两者相关系数为 -1,说明两股票收益率间存在完全负相关关系,即股票 A 的收益率与股票 B 的收益率间存在反向变动的线性关系。在上述两种情况下,我们只要知道其中一只股票的收益率(或收益率变动)就可以预测出另一只股票的收益率(或收益率变动)。若两者相关系数为 0,说明两股票收益率间不存在线性关系,无法通过其中一只股票收益率的变动来预测另一只股票收益率的变动。

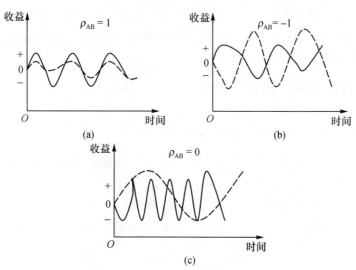

图 5-8 不同相关系数图形特征

(二)多个资产组合的收益和风险

将两种资产组合推广到由 n 项资产构成的组合,可以得到 n 项资产组合的期望收益率和方差的计算公式分别如下:

$$E(R_p) = \sum_{i=1}^{n} w_i E(R_i) \tag{5-11}$$

$$\sigma_p^2 = \sum_{i=1}^{n}\sum_{j=1}^{n} w_i w_j \sigma_{ij} = \sum_{i=1}^{n} w_i^2 \sigma_i^2 + \sum_{i}\sum_{j \neq i} w_i w_j \rho_{ij} \sigma_i \sigma_j \tag{5-12}$$

(5-11)式和(5-12)式中,$E(R_i)$ 是第 i 个资产的期望收益;σ_i^2 和 σ_i 分别是第 i 个资产收益率的方差和标准差;w_i 指资产 i 在资产组合中所占的价值比例;σ_{ij} 是 i 资产和 j 资产收益率的协方差,ρ_{ij} 则是 i 资产和 j 资产收益率间的相关系数。由于每两个股票就有一个协方差或相关系数,n 个资产的方差和协方差就构成了一个 $n \times n$ 阶矩阵,称为方差-协方差矩阵,在矩阵的对角线上总共有 n 个方差,在非对角线上共有 $n(n-1)$ 个协方差。表5-5 就是以矩阵方式表示的投资组合方差的计算表。

表 5-5 投资组合方差的矩阵计算表

股票	1	2	3	…	n
1	$w_1^2 \sigma_1^2$	$w_1 w_2 \sigma_{12}$	$w_1 w_3 \sigma_{13}$	…	$w_1 w_n \sigma_{1n}$
2	$w_2 w_1 \sigma_{21}$	$w_2^2 \sigma_2^2$	$w_2 w_3 \sigma_{23}$	…	$w_2 w_n \sigma_{2n}$
3	$w_3 w_1 \sigma_{31}$	$w_3 w_2 \sigma_{32}$	$w_3^2 \sigma_3^2$	…	$w_3 w_n \sigma_{3n}$
⋮	⋮	⋮	⋮	⋱	⋮
n	$w_n w_1 \sigma_{n1}$	$w_n w_2 \sigma_{n2}$	$w_n w_3 \sigma_{n3}$	…	$w_n^2 \sigma_n^2$

从上述投资组合的期望收益和方差的计算公式可以看到,投资组合的期望收益等于组合中所包含的资产各自的期望收益按投资比例加权的加权平均和,但组合的方差却并不简单地等于各资产方差的加权平均和,它的大小不仅依赖单个资产的方差,而且非常依赖反映各资产间的相互关系的协方差或相关系数,特别是 n 越大时,对协方差或相关系数的依赖性越强。

二、投资组合的风险分散效应

(一)两个资产组合的风险分散效应

假设有两个资产股票 1 和股票 2,分别讨论它们具有完全正相关、完全负相关和零相关这几种特殊情况下,其组合的期望收益与风险。

(1)假定两种股票完全正相关,即 $\rho_{12}=1$,则:

$$\sigma_p^2 = w_1^2 \sigma_1^2 + w_2^2 \sigma_2^2 + 2w_2 w_2 \sigma_1 \sigma_2 = (w_1 \sigma_1 + w_2 \sigma_2)^2 = [w_1 \sigma_1 + (1-w_1)\sigma_2]^2$$

$$w_1 = \frac{\sigma_p - \sigma_2}{\sigma_1 - \sigma_2}$$

$$E(R_p) = E(R_2) + w_1[E(R_1) - E(R_2)]$$

$$= E(R_2) + \frac{\sigma_p - \sigma_2}{\sigma_1 - \sigma_2}[E(R_1) - E(R_2)]$$

$$= \frac{\sigma_1 E(R_2) - \sigma_2 E(R_1)}{\sigma_1 - \sigma_2} + \frac{E(R)_1 - E(R_2)}{\sigma_1 - \sigma_2}\sigma_p$$

上式表明,当两个资产间的相关系数为1时,组合的收益是风险的线性函数,具有正的斜率。因此,如果两个证券完全正相关,则无法通过投资组合使得组合的风险低于组合中风险较小的股票的风险,但通过组合却能使组合的风险低于较大风险证券的风险。

(2) 假定两种股票完全不相关,即 $\rho_{12} = 0$,则:

$$\sigma_p^2 = w_1^2\sigma_1^2 + w_2^2\sigma_2^2$$

显然,可以找到一投资比例 w_1、w_2,使得组合的方差小于较小风险股票的方差,即:

$$\sigma_p^2 = w_1^2\sigma_1^2 + w_2^2\sigma_2^2 < \min(\sigma_1^2, \sigma_2^2)$$

(3) 最后假定两种股票完全负相关,即 $\rho_{12} = -1$,则:

$$\sigma_p^2 = w_1^2\sigma_1^2 + w_2^2\sigma_2^2 - 2w_1w_2\sigma_1\sigma_2 = (w_1\sigma_1 - w_2\sigma_2)^2$$

$$\sigma_p = |w_1\sigma_1 - w_2\sigma_2|$$

很明显,风险可以被大大降低,甚至可以被完全回避。如选择一个投资比例使得 $w_1\sigma_1 = w_2\sigma_2$,就可使 $\sigma_p^2 = 0$。

根据对以上三种情况的分析,我们可以得到以下结论:

(1) 当两个资产完全正相关时,其组合的风险无法低于两者之间风险较小资产的风险,但却能低于较大风险资产的风险。

(2) 当两个资产完全不相关时,组合可以降低风险,随着风险小的资产的投资比重增加,组合风险随之下降,总有一个比例,自该比例后,组合的风险将低于组合中任一种资产的风险。

(3) 当两个资产完全负相关时,组合可以降低风险,甚至可以实现无风险。

(二) 多项资产组合的风险分散效应

下面,我们来证明由 n 项资产构成的组合如何分散风险。已知, n 项资产组合的方差为:

$$\sigma_p^2 = \sum_{i=1}^{n} w_i^2\sigma_i^2 + \sum_{i}\sum_{j \neq i} w_i w_j \rho_{ij}\sigma_i\sigma_j$$

上式等号右边第一项为各项资产自身方差项对组合方差的贡献,第二项是各项资产间相互作用和相互影响对组合风险的贡献。表5-5中投资组合方差的矩阵表明,随着 n 的增加,上述求和关系中,协方差项的作用会越来越大,对组合风险的贡献也越来越大。现假设每项资产在组合中所占的比例同为 $1/n$,则投资组合的方差公式可表示为:

$$\sigma_p^2 = \sum_{i=1}^{n}\frac{1}{n^2}\sigma_i^2 + \sum_{i}\sum_{j \neq i}\frac{1}{n^2}\rho_{ij}\sigma_i\sigma_j$$

令

$$\bar{\sigma}^2 = \frac{1}{n}\sum_{i=1}^{n}\sigma_i^2, \quad \bar{\sigma}_{ij} = \sum_{i}\sum_{j}\frac{\sigma_{ij}}{n(n-1)}$$

则上式可简化为：

$$\sigma_p^2 = \frac{1}{n}\bar{\sigma}^2 + \frac{n-1}{n}\bar{\sigma}_{ij}$$

显然，当 n 趋于无穷大时，等式右边第一项趋于零，只有第二项被保留下来。由此可见，当资产数目较大时，资产间的相互作用和影响是资产组合的主要风险来源。

关于分散化能降低投资组合风险的效果问题，学者们做了很多研究。其中费雪等人[1]的研究就是对这一过程的最好说明。他们考虑了所有上市股票，并从中随机采样组成具有不同股票数目的投资组合，组合内的股票都是等权重的，如表 5-6 所示。

表 5-6　投资组合的股票数、标准差和回报率　　　　　　　　　　单位：%

股票数	平均回报率	标准差	可消除的市场份额	与市场有关的份额
1	9	40.0	45	55
2	9	32.4	38	62
8	9	25.6	20	80
16	9	24.0	12	88
32	9	23.6	8	92
128	9	22.8	2	98
指数基金	9	22.0	0	100

从表中我们可以看到，单一股票投资组合的标准差是 40%，而由 128 只股票组成的大型组合的标准差已降至 22.8%。需要引起注意的是，随着股票数目的继续增加，分散化降低风险的效果很快就耗尽了。

三、系统风险与非系统风险

上述讨论证明了资产组合可以有效地减少和分散风险，但我们同时也看到各资产间相互作用、共同运动所产生的风险始终存在，并不会随着 n 的增大而消失。虽然当两个资产之间完全负相关时，组合可以使风险降到零，但在现实中两个资产完全负相关的情况十分罕见。[2] 从经验上看多数股票收益率的相关系数介于 0.5—0.6，而同一产业或部门内的股票收益率的相关系数则更高些，平均约为 0.8。这种各资产间相互作用、共同运动产生的风险称为系统风险。由于系统风险无法通过投资组合分散掉，因此又称为不可分散的风险。而那些只反映各资产自身收益率的变化特性，可以通过增加资产组合中资产数目而最终消除的风险称为非系统风险，又称为可分散的风险。

系统风险是由那些影响整个市场的风险因素引起的，这些整体经济风险因素包括国家经济、政治形势的变化，国家政策的大调整，通货膨胀，国际经济政治形势等，它威胁着所有企业，只是对不同的企业影响的程度不同而已。例如，一个出乎意料的通货膨胀或利率变化在某种程度上可能会影响几乎所有的公司，虽然每个公司对此的反应程度不

---

[1] Fisher, Lawrence and James H. Lorie, "Some Studies of Variability of Returns on Investment in Common Stocks", *Journal of Business*, April 1970, 99—134.

[2] 完全负相关的情况仅在一些"对冲交易"或"套头交易"的情况下出现，例如同时在两个不同的市场上分别买进和卖出同一种证券等。

同。正因如此,投资者不论拥有多少股票,都必须接受证券市场的不确定性。1987年10月19日"黑色星期一"引发的全球股灾,使所有股票都受到了不利影响。

非系统风险是个别企业或个别资产自身所特有的风险,是由个别企业或个别资产自身的各种风险因素引起的,包括企业自身的经营风险、财务风险、信用风险等。如某公司收益的下降可能由于该公司内部管理不善,也可能由于某一项投资决策失误或者员工素质不高等。总之,这些风险因素都是个别企业所特有的,所产生的影响也只发生在个别企业,与其他企业无关,因此,就可以通过多元化投资组合来分散或减少这种风险。例如,同时购买多家公司股票,则发生在一家公司的不利事件就可以由另一家公司的有利事件抵消。

图5-9描述了分散化与系统风险、非系统风险的关系。图中曲线为投资组合的总风险由σ_p^2表示。当组合中只包含一个或少数资产时,投资组合的总风险主要是非系统风险。随着组合中资产数目的增加,总风险随着非系统风险的迅速减少而迅速下降,当资产数目增加到一定程度后,投资组合的风险主要来自系统风险,总风险趋于平缓。因此,继续增加组合中的资产数目对于降低风险已无意义。比较分散化的成本和收益,迈尔·斯塔特曼(Meir Statman)[①]的研究表明,要取得最优的多元化只需大约30种证券构成一个投资组合。威廉·夏普(William Sharpe)[②]也指出,一个随机选出的30个证券构成的组合就有一个相对较小的非系统风险。当然,在一个系统风险很高的市场上,不同证券收益之间的相关性很强,则这一市场投资组合的风险分散效应就十分有限。

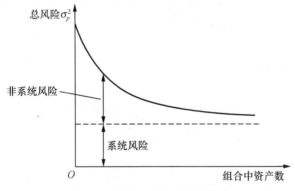

图5-9 分散化与组合的风险

四、有效资产组合与效率边界

通过前面的讨论,我们知道投资组合能够分散风险。其实,投资组合的好处远不止这些。通过投资组合,还能够增加投资机会,并提供使投资者满意的有效资产组合。

(一)仅由两项风险资产构成的投资组合的集合及其效率边界

例5.3 已知有两只股票的期望收益和标准差分别为:$E(R_1) = 10\%$,$\sigma_1 = 14.14\%$;

---

① M. Statman, "How Many Stocks Make a Diversified Portfolio?", *Journal of Financial and Quantitative Analysis*, 22 (September 1987), 353—363.
② 威廉·F.夏普,戈登·J.亚历山大,杰弗里·V.贝利,《投资学》(第5版上册),中国人民大学出版社1998年版。

$E(R_2)=15\%$，$\sigma_2=42.42\%$，若将这两只股票按一定的资金投资比例 w_1 和 w_2 组合在一起，请计算出这两只股票在假定相关系数分别为 -1、-0.5 和 $+1$ 情况下的组合的方差和期望收益。

解 根据上述资料计算所得到的计算结果如表5-7所示。

表5-7 股票1和股票2在不同相关系数假定下投资组合的期望收益和风险

w_1	w_2	$\rho_{12}=-1$		$\rho_{12}=-0.5$		$\rho_{12}=+1$	
		$\bar{R}_p(\%)$	$\sigma_p(\%)$	$\bar{R}_p(\%)$	$\sigma_p(\%)$	$\bar{R}_p(\%)$	$\sigma_p(\%)$
1.0	0.0	10	14.14	10	14.14	10	14.14
0.8	0.2	11	2.83	11	10.20	11	19.80
0.75	0.25	11.25	0.00	11.25	10.60	11.25	21.20
0.6	0.4	12	8.49	12	14.70	12	25.46
0.4	0.6	13	19.80	13	23.15	13	31.11
0.2	0.8	14	31.11	14	32.62	14	36.77
0.0	1.0	15	42.42	15	42.42	15	42.42

计算结果表明，如果投资者不进行投资组合，那么可以选择的投资机会只有两个：用全部资金购买股票1，或者用全部资金购买股票2。如果投资者按例5.3中的资产配置进行投资组合，投资机会增加了5个。可以设想，如果资产可以无限细分，即可以按任意比例进行资产配置，则投资机会将大大增加。为了更形象地揭示投资组合的特点，我们在以期望收益为纵轴、以标准差为横轴的坐标图中绘出表5-6中所列数据，得到图5-10。

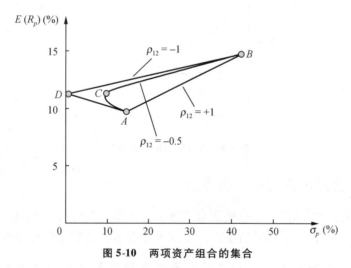

图5-10 两项资产组合的集合

图5-10表明，投资组合的收益与资产收益间的相关性无关，而风险与资产间的相关性关系则十分密切。当两个资产完全正相关时，组合风险无法低于两个资产之间风险小的资产的风险，但却可以使投资选择的机会大大增加；而当两项资产完全负相关时，组合的风险分散效应最大，通过投资组合不仅能够增加投资机会，而且可以使风险降低至零。图5-10中 AB、ACB 和 ADB 三条线段分别代表当两只股票相关系数为 $+1$、-1 和 -0.5 时的投资组合的期望收益与风险之间的关系。由于任意两个资产间的相关系数总是在 -1

和 +1 之间,即满足 $-1 \leq \rho_{ij} \leq +1$ 的条件,因此,只要两个资产间的相关关系不是完全线性正相关,其投资机会曲线就是包含在 ADBA 围成的平面中的一条向纵轴凸出的曲线。这是因为,由于任何两个资产组合的期望收益只与资产配置的比例和资产的收益相关,因此,具有不同相关系数的资产进行组合时,在比例确定的情况下,组合的期望值都是相同的,但组合的方差却随着相关系数由 -1 至 +1 逐渐增加而增加,其凸性逐渐减弱,直至形成一条直线。

既然曲线 ACB 代表相关系数为 -0.5 时,由股票 1 和股票 2 构成的投资组合的集合,那么投资者是否会在这条曲线的任意点上进行投资组合的选择呢?要回答这个问题,我们需要进一步观察曲线 ACB。在曲线 ACB 所代表的这一集合中,C 点组合是所有的组合中标准差最小的组合,对应线段 AC 上的每一个组合,线段 CB 上都有相应的一个组合,其风险程度(标准差)与 AC 线段上对应的组合相同,但期望收益率更高。因此,尽管投资者可以在曲线 ACB 上任意选择投资组合,但按照风险回避型投资者追求效用最大化的假设,投资者只会在线段 CB 上选择资产组合。也就是说,在所有的投资组合中只有一部分组合成为投资者考虑的投资机会,这样的投资组合被称为有效资产组合,而由全部有效资产组合构成的集合被称为效率边界。在图 5-10 中,线段 CB 就是相关系数为 -0.5 时,股票 1 和股票 2 构成的效率边界,效率边界上的每一个点都代表一个有效资产组合。若相关系数为 +1,投资组合的集合表现为一条直线,如图 5-10 中的线段 AB,其效率边界亦为线段 AB。若相关系数为 -1,其投资组合的集合为一条折线,如图 5-10 中的折线 ACB,其效率边界为线段 DB。

(二) 由多项风险资产构成的投资组合的集合及其效率边界

分析由多项风险资产构成的投资组合的基本方法是马科维茨模型。马科维茨模型建立在以下 7 个基本假设的基础之上:

(1) 投资者遵循效用最大化原则;

(2) 投资者在给定时期里进行单期投资,即期初买入,在期末全部卖出;

(3) 投资者都是风险回避者,即在收益相等的情况下,选择风险最低的投资组合;

(4) 投资者根据均值、方差以及协方差选择最佳投资组合;

(5) 证券市场是完善的,无交易成本,而且证券可以无限细分(即证券可按任一单位进行交易);

(6) 资金全部用于投资,但不允许卖空;

(7) 证券间的相关系数都不是 -1,不存在无风险证券,且至少有两个证券的预期收益是不同的。

以上述假设为前提,根据每个证券的期望收益、标准差以及每两个证券之间的协方差估计所有可能构成的组合的期望收益和标准差,就会生成证券资产组合的集合。将其绘在图中,如图 5-11 所示,阴影部分即投资组合的集合,也称为投资机会集或可行集。

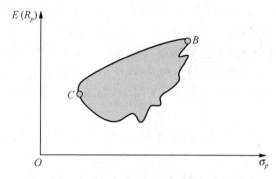

图 5-11　由多种证券构成的投资组合可行集

为了更直观地理解上述图形的形成,我们以三种证券为例进行图示说明,如图 5-12 所示。假设有三只股票 A、B、C。仅仅由 A 和 B 这两只股票构成的组合的集合如图 5-12 中的曲线 AB,仅仅由 B 和 C 这两只股票构成的组合的集合如图 5-12 中的曲线 BC,而仅仅由 A 和 C 这两只股票构成的组合的集合如图 5-12 中的曲线 AC。显然,任何一个组合都可以当作单个证券看待,于是,可以将曲线 AB 上的任何组合与证券 C 组合,将曲线 AC 上的组合与 B 组合,与 BC 和 AB 线上的任何一个组合再组合……以此类推。最后代表所有组合的集合将填满某个区域。事实上,当组合的证券超过两个时,在不允许卖空的前提下,证券组合的可行域就会是平面上一个有限的区域,其形状如图 5-12 所示。

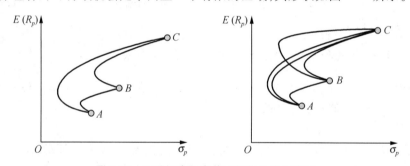

图 5-12　三项证券组合的可行集生成示意图

由图 5-11 可知,由多项风险资产构成的组合的集合在期望值-标准差平面上形成一形如破蛋壳状的平面区域,区域内的每一点都代表一个由多项资产组成的集合。在这些组合中,必有一个组合的方差是最小的,如图中的 C 点,称其为最小方差组合。① 显然,从最小方差点开始,在平面边缘上的曲线 CB 上的每一个组合都满足在同样的风险下期望收益最高,且在同样的期望收益下风险最低的条件。因此,边缘曲线 CB 上的每一个点都代表一个有效资产组合,而边缘曲线 CB 作为有效资产组合的集合就是多项资产组合的效率边界。投资者只会在有效边界上选择他们的投资组合,而不会选择效率边界以外平面区域内的投资组合。当然,不同的投资者会在效率边界上根据个人的风险偏好来选择不同的在他看来最优的证券组合。

---

① 可以通过严格的数学证明,多项证券组合边缘在期望收益-标准差空间中是以最小方差组合为中心的双曲线,而在期望收益-方差空间是以最小方差组合为顶点的抛物线,它们的性质之一就是有效证券组合集是凸集。

(三) 加入无风险资产时的投资组合及其效率边界

以上讨论都假定所有的资产都具有风险,现在我们引入另一种可能性,假设投资者还可以按一定的无风险利率 R_f 借入或贷出资金。例如,投资者可以将一部分资金购买国库券,用剩余的资金来购买股票。

根据组合的期望收益与标准差的计算公式,当无风险证券与一种风险证券 i 组合时,组合的收益与风险可写为:

$$E(R_p) = w_f R_f + (1 - w_f) E(R_i);$$

$$\sigma_p = \sqrt{w_f^2 \sigma_f^2 + w_i^2 \sigma_i^2 + 2 w_f w_i \rho_{if} \sigma_i \sigma_f} = (1 - w_f) \sigma_i$$

式中,R_f 表示无风险证券的收益率,为确定值;σ_f 表示无风险证券的标准差,为零;w_f 表示无风险证券的投资比例;ρ_{if} 表示无风险证券与风险证券 i 之间的相关系数,为零。

因为

$$w_f = \frac{\sigma_i - \sigma_p}{\sigma_i}$$

将其代入期望收益的计算公式,则有:

$$E(R_p) = \left(1 - \frac{\sigma_p}{\sigma_i}\right) R_f + \left(\frac{\sigma_p}{\sigma_i}\right) R_i = R_f + (R_i - R_f) \frac{\sigma_p}{\sigma_i} \tag{5-13}$$

(5-13)式表明组合的期望收益是其标准差的线性函数。如果 $w_f = 1$,即所有资金都用于购买无风险证券,则 $\sigma_p = \sigma_f = 0$;如果 $w_f = 0$,即所有资金都用于购买风险证券,则有 $\sigma_p = \sigma_i, E(R_p) = E(R_i)$;如果 $0 < w_f < 1$,即一部分资金投资于无风险证券,剩余资金投资于风险证券,则 $0 < \sigma_p < \sigma_i, R_f < E(R_p) < E(R_i)$;如果 $R_f < R_i$,并且 $w_f < 0$,即发生卖空无风险证券的情况,那么有 $\sigma_p > \sigma_i, E(R_p) > E(R_i)$。上述线性关系可以用图 5-13 来说明。

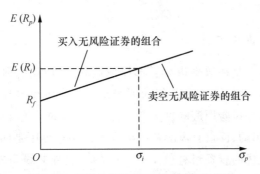

图 5-13 无风险资产与风险资产 i 的组合

由于可以将投资组合看作单个资产,任何一个投资组合都可以与无风险证券进行新的组合,因此图 5-13 所描述的关系也适合无风险证券与多个风险证券组合再组合的情况,如图 5-14 所示。

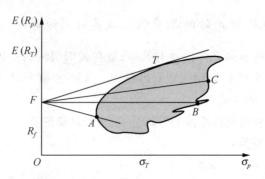

图 5-14 加入无风险资产时多项资产组合的效率边界

在图 5-14 中,点 F 代表收益率为 R_f 的无风险证券,点 A、B 和 C 分别为由风险证券构成的三个组合,点 F 则为位于风险证券组合效率边界上的一个有效资产组合。而直线 FB 则代表无风险证券与风险证券组合 B 组合之后的所有的组合集,直线 FA、FC 和 FT 分别代表无风险证券与 A、C 和 T 组合之后的组合集。

显然,可以在图中绘出无数条这样的直线。但在众多的直线中,有一条特殊的直线具有特别重要的意义。这条特殊的直线就是从点 F 开始,与效率边界 T 点相切的直线,即 FT 直线。由于马科维茨模型中的效率边界是凸性的,因此,从无风险利率经过的直线必有一条与效率边界的某一点相切。任何一条经过无风险利率点的射线,只要斜率低于切线的斜率,就不能带来最佳的收益与风险的匹配,因为在给定风险时,切线所带来的收益是最高的。任何经过无风险利率点,但斜率高于切线的射线都是不可能的,因为在这样的射线上的点都超过了马科维茨投资集的范围。显然,这条切线上的每一点都代表一个有效组合,而这条切线则代表所有有效组合的集合。因此,在加入了无风险证券后,马科维茨模型的效率边界变成了一条直线,在这条直线上,所有的组合都是无风险证券与切点 T 组合而成的新组合。

(四) 投资者的投资选择

如前所述,投资者总是在效率边界上选择他们的投资组合,但不同的投资者会在有效边界上选择不同的在他们看来是最优的证券组合。由于无差异曲线代表投资者获得效用的情况,又由于对于风险回避的投资者而言,其效用的无差异曲线在期望收益-标准差平面上是向横轴凸出的,而仅有风险资产构成的效率边界则是向纵轴凸出的,因此,对于每个投资者而言,最优的投资组合就是其个人的无差异曲线与效率边界的相切点,如图 5-15 所示。图中,无差异曲线 Ⅰ 和 Ⅱ 分别代表风险回避程度不同的投资者甲和乙,无差异曲线 Ⅰ 和 Ⅱ 与效率边界相切于 A 和 B 两点,表明投资者甲认为组合 A 是最优的投资组合,所带来的效用值最大;投资者乙认为组合 B 带给自己的效用最大,因而 B 组合是最优的。

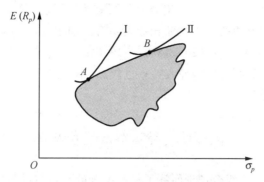

图 5-15　投资者的无差异曲线与投资选择

当引入无风险证券后,新的效率边界变成一条直线,但投资者效用的无差异曲线并无变化。因此,对于每个投资者而言,最优的投资组合仍然是其个人的无差异曲线与新的效率边界的切点。显然,由于无差异曲线不同,该切点可以落在 T 点上,也可以落在 T 点左下方,或者是落在 T 点右上方,如图 5-16 所示。如果切点刚好落在 T 点上,说明投资者的资金全部被用于购买风险证券组合 T,无风险证券持有量为零,即投资者不进行任何借贷活动;如果切点落在 T 点的左下方,说明投资者的全部投资组合中,既包括风险证券组合 T,又包括无风险证券;也就是说,投资者购买的 T 组合,是其总资金量的一部分,另一部分资金被贷出;如果切点落在 T 点的右上方,说明投资者购买的 T 组合的量已经超过了总资金量,超过的部分是通过借入资金或者说是卖空无风险证券来实现的。那些偏好低风险、风险承受能力弱的投资者可以在直线的 T 点下方选择组合,而那些风险承受能力强的人可以在直线的 T 点上方选择组合,他们将所有的资金购买风险资产组合 T 后,还按照无风险利率借入一部分资金投资于风险资产,每个投资者都可以在这条效率边界上找到适合自己投资需求的资产组合。T 点上方的投资组合称为"借入"组合,T 点下方的组合称为"贷出"组合。

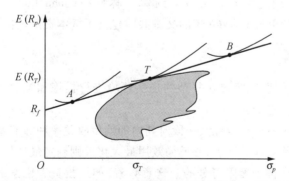

图 5-16　加入无风险资产时的效率边界与投资者的投资选择

例 5.4　假设风险资产组合 T 的期望值为 15%,标准差为 20%,投资人 A 向投资人 B 借入了相当于自有资金 20% 的资金,并将所有的资金用于购买 T 组合。若市场无风险收益率为 8%,那么,投资人 A 和 B 各自构成何种投资组合? 其收益和风险如何?

解　由于投资人 A 的投资于 T 组合的比重为 120%,无风险资产投资比重为 -20%,由此形成的投资人 A 的借入投资组合的期望收益和标准差分别为:

$$E(R_p) = 120\% \times 15\% + (1 - 120\%)8\% = 16.4\%, \quad \sigma_p = 120\% \times 20\% = 24\%$$

对于投资人 B,由于已将 20% 的资金贷给投资人 A,因此只能将剩余的 80% 资金购买风险资产组合,于是有投资人 B 的贷出投资组合的期望收益与标准差分别为:

$$E(R_p) = 80\% \times 15\% + (20\%)8\% = 13.6\%, \quad \sigma_p = 80\% \times 20\% = 16\%$$

由于借入组合的风险较高,因而收益率也较高,不管怎么说,两者都比在仅有风险资产时,提高了自己的效用。

第三节　资本资产定价模型

上一节所讨论的资产组合理论回答了资产组合的收益与风险之间的关系,解决了如何通过建立均值-方差模型进行分散化投资的问题,为投资者提供了确定最佳的投资组合的方法。但资产组合理论也遇到了两个方面的重大挑战:

首先,在使用这一方法时,需要估计所有证券的期望收益率和方差,还要估计这些证券之间的协方差,最后还要估计无风险收益率,并利用这些数据生成有效组合的集合。因此,当评价的证券数目很大时,应用起来就很困难。目前,这种方法更多地被应用于资产配置实践中。资产配置的目标是混合资产类型以便为投资者在其能接受的风险水平上提供最高的回报。许多投资机构者通常仅考虑三种资产类型:普通股、长期债券、货币市场工具(如国库券),这样的话,只需要九个数据,而且这三类资产的数据也比较容易取得。近年来,一些具有较好的协方差特征的资产类型被增加进来,如国际权益、国际债券、房地产、风险资本、基金等。

其次,长期以来,对于想要预测资本市场行为的投资者而言,一直存在一个难点:金融交易中的风险实在太大,却一直没有出现考虑风险条件下的资产价格的市场均衡理论。资产组合理论仍然没有解决这个问题。

威廉·夏普于 1964 年 9 月在美国的《金融杂志》上发表了题为"资本资产价格:风险条件下的市场均衡理论",这篇文章与约翰·林特纳(John Lintner)和简·莫森(Jan Mossin)分别发表于 1965 年、1966 年的文章共同建立了资本资产定价模型。[①]

一、假设条件

为了使模型简单明了,需要对复杂的现实环境进行提炼和抽象,资本资产定价模型也不例外。这些假设包括:

(1) 投资者通过投资组合在某一段时期内的期望收益率和标准差来评价投资组合。
(2) 投资者都是风险厌恶者,并遵循效用最大化准则确定最佳投资组合。
(3) 每一个资产都是无限可分的。这意味着,如果投资者愿意的话,他可以购买一个证券的一部分。
(4) 投资者可以按无风险利率来贷出或借入资金,并且对于所有投资者,无风险利率都是相同的。

[①] William F. Sharpe, "Capital Asset Prices: A Theory of Market Equilibrium under Conditions of Risk", *Journal of Finance*, September 1964; John Lintner, "The Valuation of Risk Assets and the Selection of Risky Investments in Stock Portfolios and Capital Budgets", *Review of Economics and Statistics*, February. 1965; Jan Mossin, "Equilibrium in a Capital Asset Market", *Econometrica*, October 1966.

(5) 税收和交易成本均忽略不计,即税收对证券交易和资产选择不产生任何影响。

(6) 信息对于所有的投资者都是免费的并且是立即可得的。

(7) 所有的投资者都有相同的投资期限。

(8) 所有投资者都具有相同预期,他们对于证券的期望收益率、标准差和协方差具有相同的理解。

分析上述假设,可以看到,资本资产定价模型通过假设已将现实情况简化为一种极端的情形。例如,每一个投资者都具有相同预期,意味着投资者以同样的方式来处理同样的信息;税收和交易成本可忽略不计,意味着证券市场没有任何摩擦会阻碍投资;等等。这样做的目的无非是保证这样一点:除了初始财富和风险承受能力不同外,每个投资者都是尽可能相似的。这样就可以将研究的注意力集中于考察市场上所有投资者的集体行为,从而获得每一种证券的风险和收益之间的均衡关系。

二、资本市场线

(一) 分离定理

如果每一个投资者对资本市场中各个证券的风险和收益的预期不同,那么每一个投资者据此构造出来的仅由风险资产组成的组合集合就会不同,即图5-11中的破蛋壳的形状会不同。但是根据一致性预期假设,由于所有投资者对于每项风险资产收益与风险的判断基本上是相同的,因此,所有投资者将构造出完全相同的风险资产组合集合。又由于所有的投资者都可以按照同样的无风险利率无限制地从事借贷活动,这也就意味着,加入无风险资产后的线性效率边界对于所有的投资者都是相同的,只包括切点组合与无风险借入或贷出所构成的组合。

既然所有投资者都将面临相同的有效集,那么,他们之所以选择不同组合的唯一原因就在于他们拥有不同的无差异曲线。尽管不同的投资者将根据个人的偏好从相同的有效集中选出不同的最佳组合,但所选择的风险资产组合是相同的。效用函数在决定投资者持有相同风险资产组合与无风险资产的比例中的作用称为"分离定理"(separation theorem)。

根据分离定理,投资者的投资选择要经过两个阶段:

第一个阶段,估计每一种风险资产的期望收益和标准差,以及各资产间的协方差,在此基础上构造风险资产组合的集合和效率边界,最后经无风险利率点 R_f 向风险资产组合的效率边界引切线,切点组合就是投资者应当持有的风险资产组合。不管投资者之间风险偏好的差异有多大,他们都只要根据风险资产的特性选择风险资产组合,只要他们对风险资产特性的判断相同,就会选择相同的风险资产组合。

第二个阶段,根据个人的风险偏好决定风险资产与无风险资产的比例。

(二) 市场组合

由于每个投资者都选择相同的风险投资组合即相同的切点组合,那么,在市场均衡时,切点组合就是市场组合,记为 M。

市场组合最重要的特征就是，在市场均衡时，每一种风险资产在切点组合中具有一个非零比例。这是因为，在每一个投资者的投资组合中，所持有的风险资产部分都仅仅是切点组合。如果每一个投资者都购买切点组合，而切点组合中又不包含所有的风险证券，那么，切点组合中没有包括的资产就没有人进行投资，没有人投资的资产的价格必然要下降，因此导致这些资产的期望收益率上升，直至它们被包含在切点组合中为止。由于在市场均衡时，不存在对于任一资产的过度需求和过度供给，因此，市场组合 M 就应该包括市场上所有的风险资产，并且在这个组合中，投资于每一种资产的比例就应该是每一种资产市值占整个市场风险资产市值的比例。

假设 Z 公司股票当前价格为 35 元，预期期末价格为 40 元，可知其预期收益率为 14.3%。如果在无风险利率为 5% 的情况下，切点组合 M 没有包括该公司股票，没有投资者愿意持有 Z 公司的股票，卖单越来越多，买单却没有，经纪人必然通过降低价格来吸引买主。随着 Z 公司股票价格的降低，预期收益率逐渐上升，于是逐渐地就会有投资者愿意购买 Z 公司的股票，最终，在 35 元的价位处，对于该股票的需求总数与供给总数相等，从而使得 Z 公司的股票在切点组合中将具有非零比例。

另一种相反的情形也可能出现。假如股票 Y 的市场份额是 5%，但所有投资者都断定切点组合将包括 10% 的股票 Y，结果是对股票 Y 的买单大量涌现，由于在当前的价格上没有足够的供给来满足需求，经纪人于是提高价格寻求卖主，股票 Y 的投资收益率随之下降，导致需求降低，最终使得它在切点组合中的比例下降，直至 5%。在这一水平上，对股票 Y 的需求量等于供给量。

这种过程适用于每一只股票，当所有股票的价格调整停止时，这个市场就已经被带入了一种均衡状态。首先，所有投资者都愿意持有一定数量的风险资产；其次，市场上每种风险资产的价格都处在使得对该资产的需求等于供给的水平上；最后，无风险利率的水平正好使得市场上的借入资金总量等于贷出资金总量。

因此，与图 5-16 中的切点组合 T 相比，同样是切点组合的市场组合 M，其含义已经发生重要的演变，它已不是一般意义上的切点组合，而是指包括市场上所有风险资产，并且每一种资产的比例等于该资产市值占整个市场风险资产总市值的比例。因此，在资本资产定价模型中，我们用 M 表示切点组合，并称为市场组合。理论上，市场组合不仅由普通股票组合，还应该包括其他种类的风险资产，如债券、优先股、房地产等。但在实践中更多地仅将 M 局限于普通股票。

（三）资本市场线

当我们用市场组合 M 代替无风险资产与马科维茨效率边界的切点组合，并且在无风险资产可以卖空的条件下，新的效率边界直线称为资本市场线（CML），如图 5-17 所示。这条直线是由通过将市场组合与无风险借贷的结合而获得的有效集，任何不是使用市场组合而与无风险借贷的组合都将位于资本市场线的下方。

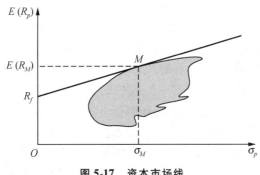

图 5-17 资本市场线

以 $E(R_M)$ 与 σ_M 代表市场组合的期望收益率和标准差,以 R_f 代表无风险借贷的利率,以 $E(R_p)$ 与 σ_p 代表位于效率边界上的有效组合的期望收益率和标准差,我们可以很容易地得到决定有效组合的期望收益 $E(R_p)$ 和风险 σ_p 之间关系的资本市场线的方程为:

$$E(R_p) = R_f + \frac{E(R_M) - R_f}{\sigma_M}\sigma_p \tag{5-14}$$

资本市场线的斜率代表单位总风险的市场价格,$E(R_m) - R_f$ 代表风险溢价,即市场风险组合收益率超过无风险收益率的部分,资本市场线的截距则代表时间的价格。因此,资本市场线的斜率和截距成为描述证券市场均衡的关键因素。本质上,证券市场提供了一个场所,在这里时间和风险都有价格可循,可以进行交易,而它们的价格将由供需力量对比决定。

例 5.5 假设市场投资组合的期望收益为 15%,标准差为 16%,国库券的利率为 5%。徐先生准备将一半资金用于购买市场组合,另一半资金以 5% 的利率贷出。问:徐先生的投资组合的收益和风险如何? 如果徐先生打算借入与自有资金等量的资金,并将自有资金和借入资金全部用于购买市场组合,那么,他的投资收益和风险又会是怎样的?

解 (1) 这是一个贷出组合,其期望收益和标准差为:

$$E(R_p) = \frac{1}{2}(0.05 + 0.15) = 10\%$$

$$\sigma_p = \sqrt{(0.5)^2 \times (0.16)^2} = 8\%$$

(2) 这是一个借入组合,其期望收益和标准差为:

$$E(R_p) = 2 \times 0.15 - 0.05 = 25\%$$

$$\sigma_p = \sqrt{(2)^2 \times (0.16)^2} = 32\%$$

徐先生的第一个组合将位于资本市场线中市场组合 M 的下方,其收益和风险都低于市场组合。而第二个组合将位于资本市场线中市场组合 M 的上方,其收益和风险都明显高于市场组合。

三、系统风险与 β 系数

资本市场线代表有效资产组合收益与风险之间的均衡关系,单个风险资产由于不是一个有效的资产组合,因此始终位于资本市场线的下方。要能够很好地解释单个风险资产收益与风险之间的均衡关系,我们还需要对单个风险资产的风险进行更深入的分析。

在讨论资产组合的风险分散作用时,我们已经说明,资产的总风险都可以分为系统风险和非系统风险,非系统风险可以通过将不同的资产组合在一起而分散掉,而只有与整个市场变动有关的系统风险才是无法分散的。显然,市场组合只含有系统风险。那么如何才能衡量一般的个别资产所含有的系统风险的程度呢?

由于市场组合的风险收益 $E(R_m) - R_f$ 反映的是系统风险的报酬,那么,观察个别资产收益率与市场组合收益率之间的关系,即测量个别资产收益率与市场组合收益率之间的协方差,就可以据此反映个别资产所含有的系统风险的强度。

以 σ_m^2 表示市场组合的方差,它的大小说明系统风险的大小,以 σ_{iM} 代表任一单个资产收益率与市场组合收益率间的协方差,并定义单个资产的 β 系数为:

$$\beta_i = \sigma_{iM} / \sigma_M^2 \tag{5-15}$$

于是,我们可以用 β_i 来说明个别资产所含有的系统风险的大小或强弱。如果单个资产的 β 值大于 1,说明系统风险发生时,这个资产收益率的变动将大于市场组合收益率的变动。例如,某股票的 β 值为 2,则意味着若系统风险导致整个股市所有股票组合的收益率上升 10%,则该资产收益率将上升 20%,但若系统风险导致所有股票组合的收益率下降 10%,该资产收益率将下降 20%。如果一种资产的 β 值小于 1,如 β 值为 0.5,则说明若系统风险导致市场组合的收益率上升 10%,该资产收益率只上升 5%,说明这种资产对系统风险是不敏感的。如果一种资产的 β 值为 1,则该资产收益率会随着市场组合收益率的变动作相同的变动,这种资产称为平均风险资产。显然,市场组合的 β 值为 1。

由于我们可以将某一组合看作单个资产,因此,也可以用 β 值衡量某一资产组合的系统风险。资产组合的 β 值是构成该组合的各单个资产的 β 值的加权平均值,有:

$$\beta_p = \sum_i w_i \beta_i \tag{5-16}$$

(5-16)式的证明很容易。

因为

$$\beta_p = \frac{\sigma_{p,M}}{\sigma_M^2}$$

$$\begin{aligned}\sigma_{p,M} &= E[R_P - E(R_P)][R_M - E(R_M)] \\ &= E\left[\sum_i w_i R_i - \sum_i w_i E(R_i)\right][R_M - E(R_M)] \\ &= E\left[\sum_i w_i (R_i - E(R_i))\right][R_M - E(R_M)] = \sum_i w_i \sigma_{i,M}\end{aligned}$$

所以

$$\beta_p = \frac{\sum_{i=1}^k w_i \sigma_{iM}}{\sigma_M^2} = \sum_i w_i \beta_i$$

例 5.6 某组合由 5 只股票组成,各股票所占比例均为 1/5。已知这 5 只股票的 β 值分别为 0.9、0.9、1.1、1.2、1.4。那么,该组合的 β 值是多少?若用 β 值为 0.6 的一只股票替换组合中 β 值为 1.4 的股票,替换后组合的 β 值是多少?

解 (1) 根据(5-16)式,可以求得:

$$\beta_p = (0.9 + 0.9 + 1.1 + 1.2 + 1.4)/5 = 1.1$$

(2) 用 0.6 替换上式中的 1.4,则新的组合的系数为：
$$\beta_p = (0.9 + 0.9 + 1.1 + 1.2 + 0.6)/5 = 0.94$$

可见,通过改变组合中的资产可以改变投资组合所含有的系统风险。另外,我们还可以通过改变投资组合中各资产的组成比例来改变组合的系统风险。一般来说,一个有效分散的投资组合所包含的风险绝大部分都属于系统风险,其风险与其 β 值成正比。例如,我们随机选取 500 只股票,会得到一个非常接近市场组合的有效组合,假设这一组合的 β 值为 1,标准差为 20%,则可以推测市场组合的标准差约为 20%。但如果我们是从一组平均 β 值为 1.5 的单个股票中选取,虽然也可以得到一个由 500 只股票构成的几乎没有个别风险的投资组合,但由于这一组合的 β 值为 1.5,它会将市场风险放大,因此,其系统风险将是市场的 1.5 倍。

四、资本资产定价模型与证券市场线

(一) 模型的推导

根据前面的分析,市场投资组合是在市场均衡条件下,投资人所持有的风险资产组合,其包含市场上所有可买卖的资产,每种资产所占比重为 w_i,有：

$$w_i = 个别资产的市场价值 / 所有资产的市场价值$$

那么,我们将市场组合与任一单个资产 i(也可以是任一组合)进行新的组合,根据资产组合的性质,就可以得到新组合的集合如图 5-18 中的曲线 iMI。

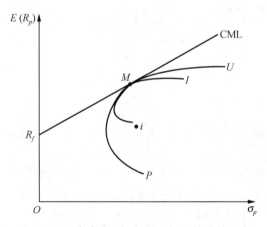

图 5-18　任意资产 i 与市场组合 M 构成的组合

曲线 iMI 表明资产 i 与市场组合 M 重新组合后收益与风险的关系。假定投资于 i 资产的比例为 α,则投资于市场组合的比例为 $1-\alpha$。若 $\alpha=1$,说明全部资金都用于购买资产 i;若 $\alpha=0$,说明全部资金都投资于市场组合。由于在市场组合中已包括资产 i,因此若 $\alpha=0.5$,则说明投资于 i 资产的比例大于 50%;如果在新的组合中,资产 i 的比例为零,则必有 α 为负值。曲线 iMI 与资本市场线(CML)相切于 M 点。

根据资产组合理论,由 α 比例的 i 资产与 $1-\alpha$ 比例的市场组合所构成的新组合的期望收益和方差的计算公式为：

$$E(R_p) = \alpha E(R_i) + (1-\alpha)E(R_M)$$

$$\sigma_p = \sqrt{\alpha^2 \sigma_i^2 + (1-\alpha)^2 \sigma_M^2 + 2\alpha(1-\alpha)\sigma_{iM}}$$

对以上计算公式求风险和期望收益相对于 α 的变化率,有:

$$\frac{dE(R_p)}{d\sigma_p} = \frac{dE(R_p)}{d\alpha} \Big/ \frac{d\sigma_p}{d\alpha}$$

$$\frac{dE(R_p)}{d\alpha} = E(R_i) - E(R_M)$$

$$\frac{d\sigma_p}{d\alpha} = \frac{2\alpha\sigma_i^2 - 2\sigma_M^2 + 2\alpha\sigma_M^2 + 2\sigma_{iM} - 4\alpha\sigma_{iM}}{2\sqrt{\alpha^2\sigma_i^2 + (1-\alpha)^2\sigma_M^2 + 2\alpha(1-\alpha)\sigma_{iM}}}$$

又由于当市场均衡时,α 代表对个别风险资产 i 的追加需求,因此对资产 i 与市场组合的重新组合,其 α 值必然为零,以 $\alpha = 0$ 代入上式,得到:

$$\frac{d\sigma_p}{d\alpha}\Big|_{\alpha=0} = \frac{2\sigma_{iM} - 2\sigma_M^2}{2\sqrt{\sigma_M^2}} = \frac{\sigma_{iM} - \sigma_M^2}{\sigma_M}$$

由此可以决定风险的市场均衡价格,即:

$$\frac{dE(R_p)}{d\sigma_p} = \frac{\dfrac{dE(R_p)}{d\alpha}}{\dfrac{d\sigma_p}{d\alpha}} = \frac{E(R_i) - E(R_M)}{\dfrac{\sigma_{iM} - \sigma_M^2}{\sigma_M}}$$

显然,这是 M 点的切线斜率,它代表新组合的均衡风险价格,而这一均衡风险价格显然等于资本市场线的斜率,即:

$$\frac{E(R_M) - R_f}{\sigma_M} = \frac{E(R_i) - E(R_M)}{\dfrac{\sigma_{iM} - \sigma_M^2}{\sigma_M}} \quad E(R_i) = R_f + [E(R_M) - R_f]\frac{\sigma_{iM}}{\sigma_M^2}$$

整理后得到:

$$E(R_i) = R_f + [E(R_M) - R_f]\frac{\sigma_{iM}}{\sigma_M^2}$$

上式是一个线性方程,其斜率就是资产 i 的 β 值,于是上式又可表示为:

$$E(R_i) = R_f + \beta_i[E(R_M) - R_f] \tag{5-17}$$

(5-17)式就是资本资产定价模型(CAPM)。这一模型表明,单个资产的收益取决于三个因素:无风险收益率;系统风险收益率 $E(R_M) - R_f$,由市场投资者总体对风险的态度决定;单个资产自身所含有的系统风险程度,即单个资产对系统风险的敏感性,由单个资产自身的特征决定。从中我们得到一个很重要的结论:资产的价格只与该资产的系统风险大小有关,而与其非系统风险的大小无关。这个道理并不难理解,既然非系统风险可以分散,而且很容易做到,特别是在资本市场上,通过持有由多项证券构成的资产组合分散投资风险是一项成本很低的活动,就不应该因为承担了非系统风险而得到报酬。这一结论不仅对证券投资的收益分析成立,对分析其他投资亦有重要的参考价值。

将资本资产定价模型绘制在 $E(R_i) - \beta_i$ 平面上,可以得到一条直线,如图 5-19 所示,这条直线称为证券市场线(security market line,SML)。收益率高于证券市场线的证券属于价格被低估的证券,这些证券的收益率在相同风险(β 值相同)的情况下,比其他证券的收益率高,如图中 A 点。而收益率低于证券市场线的证券则属于价格被高估的证券,这些证券的收益率在相同风险下(β 值相同),比其他证券的收益率低,如图中 B 点。

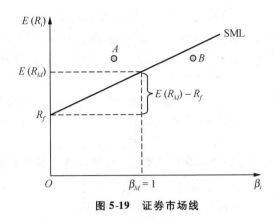

图 5-19　证券市场线

证券市场线与资本市场线是资本资产定价模型中两个重要的结论,两者之间存在密切的内在联系,但要注意两者是不同的。证券市场线反映的是单个证券(或组合)的预期收益与其系统风险之间的均衡关系,在市场均衡的情况下,所有证券的收益率都将落在证券市场线上。而资本市场线反映的是有效资产组合预期收益与总风险之间的均衡关系,资本市场线上的每一个点都代表一个有效组合。因此,资本市场线可以看作证券市场线的一个特例。

(二) 模型的估计

为了能够应用资本资产定价模型,必须估计无风险收益率、市场风险溢价和 β 值。

1. 对无风险收益率的估计

通常用国债利率代表无风险收益率。由于短期公债受许多因素的影响,特别是在用资本资产定价模型估计权益资本收益率时,权益资本更多情况下都是作为长期投资持有的,因此在实证中常常用政府长期公债的收益率代表无风险收益率。

2. 对市场风险溢价的估计

一般用包含许多种典型股票作为成分股的股价指数作为市场组合。如美国股市通常用标准普尔 500 指数(S&P 500),或者用道·琼斯指数。我国沪市可用上证 A 股指数,深市可用深证成分 A 股指数或沪深 300 指数。

市场风险溢价的估算一般有两种方法:

其一,以历史风险溢价为分析基础。例如,在美国用样本期内标准普尔 500 指数收益率与国债收益率之间的差额的历史平均值作为市场风险溢价的估计值。此法估算的风险溢价数值与所选的样本时期密切相关。

其二,以未来预期的风险溢价为分析基础。采用这种方法可以避免历史数据估计中的代表性不足的问题。常用的方法有折现现金流量法,其计算公式为:

$$E(R_M) = D_{M1}/P_{M0} + g_M$$

式中, D_{M1} 代表市场组合预期期末股利, P_{M0} 是市场组合当前市价, g_M 为市场组合收益率的平均增长率。使用这种方法的困难在于需要预期市场指数未来股利和其收益率增长率。

3. 对 β 值的估计

资本资产定价模型作为一种预测模型,其模型中的 β 值必须能够代表未来某一特定期间中,所估计的证券收益率相对于市场组合收益率的变动情况,即模型中所应用的值必须代表未来特定时期系统风险的状况。由于只能得到收益率的历史资料,因此,通常人们使用过去某一段时期中的收益率资料(为了保证统计估计的准确性,至少需要5年内的月收益率,即至少需要60个数据),利用线性回归的方法来估计β值,并假定所估计的证券未来收益率相对于市场组合收益率变动的状况与过去那段时期相同。

在上述假定下,可以有线性回归方程式如下:

$$R_{i,t} = a_i + b_i(R_{M,t}) + e_{i,t} \tag{5-18}$$

式中,$R_{i,t}$为第i种证券在第t期的实际收益率;a_i为线性回归方程的截距项;b_i为第i种证券β值的估计值;$R_{M,t}$为市场组合在第t期的收益率;$e_{i,t}$为回归误差项。

利用历史数据对(5-18)式进行回归就能得到参数值。

例 5.7 假设天意公司和代表市场投资组合的股票指数在过去五年中的实际收益率情况如表5-8所示。试估计天意公司的β值。① 若市场的无风险利率为6%,且在下一年度代表市场组合的股票指数收益率预期如表5-9所示,试预测天意公司股票的期望收益率。

表5-8 天意公司与股票指数在过去五年的收益率   单位:%

年度	股票指数收益率	天意公司股票收益率
1	22	43
2	3	−10
3	10	18
4	6	14
5	19	35

表5-9 股票指数的预期收益率

经济状况	概率	股票指数预期报酬率(%)
繁荣	0.3	30
正常	0.4	10
衰退	0.3	−10

解 (1)估计天意公司的β值,回归系数计算表如表5-10所示。

表5-10 回归系数计算表

$R_{M,t} - \overline{R}_M$	$(R_{M,t} - \overline{R}_M)^2$	$R_{i,t} - \overline{R}_i$	$(R_{M,t} - \overline{R}_M)(R_{i,t} - \overline{R}_i)$
22 − 12 = 10	100	43 − 20 = 23	230
3 − 12 = −9	81	−10 − 20 = −30	270
10 − 12 = −2	4	18 − 20 = −2	4
6 − 12 = −6	36	14 − 20 = −6	36
19 − 12 = 7	49	35 − 20 = 15	105
	270		645

---

① 如前所述,一般情况下,至少要保证30或60个以上的样本,才能保证统计回归所估计参数的代表性。由于这里只是为了举例说明用统计回归方法估计β值的基本原理,为了计算方便,故仅选择5个样本数据。

$$b_i = \frac{\sum_{t=1}^{n}(R_{M,t} - \overline{R}_M)(R_{i,t} - \overline{R}_i)}{\sum_{t=1}^{n}(R_{M,t} - \overline{R}_M)^2} = \frac{645}{270} = 2.39$$

$$a_i = \overline{R}_i - b_i\overline{R}_M = 20 - 2.39 \times 12 = -8.68\%$$

于是我们得到天意公司 β 值的估计值为 2.39。根据上述计算结果,有天意公司的股票收益率的回归方程为:

$$\hat{R}_{i,t} = -8.68\% + 2.39 R_{M,t}$$

用历史数据回归作为资产将来时期的 β 值,不可避免存在误差。人们对 β 值大量的实证研究表明 β 值具有偏离性和不稳定性,公司的股利支付率、资产增长率、收益变化等许多因素都会影响 β 值。

(2)估计资本资产定价模型,并据此预测天意公司股票的期望收益率。

因为

$$E(R_M) = 0.3 \times 30\% + 0.4 \times 10\% + 0.3 \times (-10\%) = 10\%$$

所以

$$E(R_i) = 6\% + (10\% - 6\%)\beta_i$$

将天意公司的 β 估计值代入上式,得到天意公司股票的期望收益率为:

$$E(R_j) = 6\% + (10\% - 6\%)(2.39) = 15.56\%$$

(三) 实证检验

任何经济模型都是对现实世界的简单概括,因为为了阐释经济现象,我们需要经过简化后的模型。但无论怎样,一个好的模型都必须经过实证的检验。自从资本资产定价模型问世以来,对模型的各种检验可谓层出不穷,有支持的,也有质疑的。争论主要集中在以下两个方面:

第一,证券的收益率与系数之间是否存在资本资产定价模型所描述的关系?使用 20 世纪 30—60 年代的数据所进行的实证研究大多数都表明股票组合平均收益与组合的系数之间出现了明显的正相关关系,因此比较有力地支持了资本资产定价模型。[1] 但随后的一些研究却提供了不一样的证据。如法玛和弗兰奇于 1992 年和 1993 年共同发表的两篇论文[2]就指出,在美国 1941—1990 年间,股票的平均收益与其 β 系数关系十分微弱,而在 1963—1990 年间,则基本没有关系。布莱克的研究[3]也表明,美国 1931—1991 年间,高系数的投资组合会产生较高的风险溢价,这与资本资产定价模型的预期一致。但高 β 系数的投资组合位于证券市场线的下方,而低 β 系数的投资组合位于证券市场线的上

---

[1] 比较著名的两篇论文是:Fischer Black, Michael C. Jensen, and Myron S. Scholes, "The Capital Asset Pricing Model: Some Empirical Tests", in M. Jensen, ed., *Studies in the Theory of Capital Markets* (New York: Praeger, 1972); Eugene F. Fama and James MacBech, "Risk, Return and Equilibrium: Some Empirical Tests", *Journal of Political Economy*, 8(1973), 607—636。

[2] E. F. Fama and K. R. French, "The Cross-Section of Expected Stock Returns", *Journal of Finance*, 47(1992), 427—466; E. F. Fama and K. R. French, "Common Risk Factors in the Returns on Stocks and Bonds", *Journal of Financial Economics*, 17 (1993), 3—56.

[3] F. Black, "Beta and Return", *Journal of Portfolio Management*, 20 (Fall 1993), 8—18.

方,这说明由实际数据拟合的股票收益率直线要比资本资产定价模型所描述的直线更加"平坦"。特别是将数据分为1931—1965年和1966—1991年两个期间后,1966年以后的数据拟合的直线明显比1966年之前的数据拟合的直线平坦得多,这说明1966年以来,β系数与平均收益率的关系大为削弱。对上述质疑的反驳意见则强调,资本资产定价模型描述的是期望收益与β系数的关系,而检验用的却是真实收益率,真实的收益率中毕竟包含了太多的"噪声"。此外,β值的正确与否直接关系到资本资产定价模型的检验和预测结果,用历史数据回归作为未来时期的β值,不可避免存在误差,人们对β系数大量的实证研究表明,β系数具有偏离性和不稳定性,公司的股利支付率、资产增长率、收益变化等许多因素都会影响β值。

第二,除了β系数以外,是否还存在其他影响证券收益率的因素?资本资产定价模型遇到挑战的另一个领域是,虽然股票收益率并不随β系数增长,但与其他经济指标相联系。例如人们观察到小公司股票与大公司股票的收益率之间存在明显的差异,小公司股票的收益远远超过大公司。另外,价值股(高账面-市值比)的长期收益也高于成长股(低账面-市值比)。[①] 这似乎表明,现实并不像资本资产定价模型所描述的那样,β系数是证券期望收益的唯一来源。对上述质疑的反驳意见则认为,虽然我们不能拒绝还有其他因素会影响证券收益率的结论,但关于规模和账面-市值比的影响也可能只是数据挖掘的结果,可能存在"事后认识误差"的统计错误。[②]

支持也好,质疑也罢,本质上,资本资产定价模型实证检验中最根本的问题是难以检验。首先,按照定义,市场组合应该是市场上全部风险资产按照其市场价值比例所构成的投资组合,但这样的组合显然难以确定,而在实证检验中多数以股票指数为代表。很明显,如果股价指数不能有效代表市场组合,比如股价指数的非系统风险不能为零,它就不会位于由全部风险资产组成的资产组合集合的效率边界上,而以股价指数为标准构成的资本市场线和证券市场线的斜率将小于模型所描述的资本市场线和证券市场线的斜率。其次,期望收益也是不可观测的。在实际检验中用的都是历史或当期的实际收益,而当期收益都包含大量的非系统风险,这些非系统风险所引起的收益率的变化是无法用β值来解释的。此外,还有β值的稳定性问题等。因此,要从经验数据上检验资本资产定价模型是很困难的。

可见,资本资产定价模型并不是完美无缺的,但否定它同样会产生很多合理的疑问。毫无疑问,资本资产定价模型代表金融经济学领域最重要的进展和突破,在深刻揭示资本和资本市场的运动规律方面有着重要的意义。

第四节 因 素 模 型

现代投资组合理论为投资者提供了能够在无限多种可能性中选择最佳的投资组合

[①] 比较著名的两篇论文是:Fischer Black, Michael C. Jensen, and Myron S. Scholes, "The Capital Asset Pricing Model: Some Empirical Tests", in M. Jensen, ed., *Studies in the Theory of Capital Markets* (New York: Praeger, 1972); Eugene F. Fama and James MacBech, "Risk, Return and Equilibrium: Some Empirical Tests", *Journal of Political Economy*, 8(1973), 607—636。

[②] 例如,S. P. Kothari, Jay Shanken, and Richard G. Sloan, "Another Look at the Cross-Section of Expected Stock Returns", *Journal of Finance*, March 1995。

的方法。投资者首先需要估计每一种证券的预期收益率和标准差,以及每一对证券之间的协方差,在此基础上导出马科维茨弯曲的有效集,然后方可按照无风险利率确定切点组合以及线性有效集。然而,随着证券数目的增加,需要计算的方差和协方差仍然令具有巨大数据处理能力的高速计算机也力所不及。因素模型则为解决马科维茨有效集的计算量问题提供了行之有效的途径。

因素模型是描述证券的回报率是如何产生的一种统计模型,又称为指数模型。该模型假设证券之间的收益率具有相关性,并且这种相关性是一种或多种经济或市场因素的变动对不同证券所产生的影响的间接反映。因此,证券分析的主要目的就是确定这些因素以及证券收益率对这些因素的敏感性。

一、单因素模型

(一) 单因素模型的特征

如果市场上所有证券的收益率生成过程只受到一种因素的影响,这个共同的影响因素可以是经济增长率、股票市场价格指数,也可以是利率水平、通货膨胀率等,则我们就可以用这一共同的因素来解释所有证券的收益率的生成,这种关系可用公式表示如下:

$$\tilde{R}_{it} = a_i + b_i \tilde{F}_t + \varepsilon_{it} \tag{5-19}$$

式中,$\tilde{R}_{it}$ 代表任一证券 i 在 t 期的实际收益率;$\tilde{F}_t$ 是 t 时期共同因素的预期值;ε_{it} 为随机误差项,其均值为零,标准差为 $\sigma_{\varepsilon i}$。

显然,对于任一证券 i,其期望收益可以表示为:

$$E(R_i) = a_i + b_i \overline{F} \tag{5-20}$$

式中,$\overline{F}$ 代表共同因素的期望值。

设:(1) 随机误差与因素不相关;
(2) 任意两个证券的随机误差之间不相关;

在这两个假设前提下,可以证明任意证券 i 的方差以及任意两个证券之间的协方差的表达式分别为:

$$\sigma_i^2 = b_i^2 \sigma_F^2 + \sigma_{\varepsilon i}^2 \tag{5-21}$$

$$\sigma_{ij} = b_i b_j \sigma_F^2 \tag{5-22}$$

(5-21)式说明任意证券 i 的风险可以被分为两部分,一部分是与因素相关的风险,是所有证券共同面临的风险,即系统风险;另一部分是与因素无关的风险,是个别证券特有的风险,即非系统风险。

在上述假设前提下,同样可以证明,当每个证券都与一个共同因素相关时,由 n 个证券构成的投资组合的收益和风险为:

$$\tilde{R}_p = a_p + b_p \tilde{F} + \varepsilon_p \tag{5-23}$$

(5-23)式中

$$a_p = \sum_{i=1}^n w_i a_i, \quad b_p = \sum_{i=1}^n w_i b_i, \quad \varepsilon_p = \sum_{i=1}^n w_i \varepsilon_i$$

$$\sigma_p = b_p^2 \sigma_F^2 + \sigma_{\varepsilon p}^2 \tag{5-24}$$

单因素模型有两个具有特别重要意义的特征：

其一，大大简化了确定马科维茨有效集及切点组合的计算。例如，根据马科维茨的资产组合理论，如果要分析一个由 50 个证券构成的有效集，需要估计 50 个期望收益、50 个方差、1 225 个协方差，总共要估计 1 325 个参数。而利用单因素模型，只需要估计 50 个期望收益、50 个因素风险系数 b_i、50 个随机误差 σ_{ε}^2 和 1 个共同因素方差 σ_F^2，总共只要估计 151 个参数。可想而知，当组合的证券数目增加时，其简化计算的作用将更加重要。

其二，单因素模型的第二个特征与分散化有关。利用单因素模型确定的投资组合的风险同样分为系统风险 $b_p^2 \sigma_F^2$ 和非系统风险 $\sigma_{\varepsilon p}^2$，其系统风险的大小既取决于共同因素风险的大小，也取决于组合系数 b_p 的大小。由于 $b_p = \sum w_i b_i$，是各单个证券对共同因素的敏感性系数的加权平均。因此，在各系数都为正的情况下，组合的风险将介于单个证券中最高风险和最低风险之间，而当证券间受共同因素影响的方向不同的时候，即在有的证券与共同因素是正相关、有的是负相关的情况下，由于各单个证券的因素风险相互抵消了，会使得组合的风险变得很低。由于单个证券随机误差项之间是不相关的，因此，当组合中的证券数目很多时，组合的非因素风险将变得很低。例如，当 $w_i = 1/n$ 时，有：

$$\sigma_{\varepsilon p}^2 = \sum w_i^2 \sigma_{\varepsilon i}^2 = \sum \frac{1}{n^2}\sigma_{\varepsilon i}^2 = \frac{1}{n}\left[\frac{1}{n}(\sigma_{\varepsilon 1}^2 + \sigma_{\varepsilon 2}^2 + \cdots + \sigma_{\varepsilon n}^2)\right]$$

方括号内是组合中所有证券的非因素风险的算术平均数，而组合的非因素风险仅是该算术平均数的 $1/n$。随着组合更加分散化，组合中的证券数目 n 越来越大，使得组合的非因素风险越来越小。

（二）单因素模型的特例——市场模型

如果市场上的所有股票都只与股票市场指数的收益率有关，则任意股票 i 的单因素模型可表示为：

$$\tilde{R}_i = a_i + b_i \tilde{R}_M + \varepsilon_i \tag{5-25}$$

式中，$\tilde{R}_M$ 为股票指数的收益率。上述模型又称为市场模型。对（5-25）式求其期望值，有：

$$E(R_i) = a_i + b_i E(R_M)$$

自然，我们会想到市场模型与资本资产定价模型之间的联系，毕竟两个模型都与市场收益率有关，都有反映对市场收益率变动敏感性的系数。但是，它们之间却有明显的区别：

首先，市场模型只是一个描述证券回报率如何以市场收益率为影响因素而生成的单因素模型，而资本资产定价模型则是一个描述证券价格如何确定的"均衡模型"。

其次，市场模型采用市场指数，如股票价格指数，市场指数只是基于市场的一个样本。而资本资产定价模型采用的是市场组合。因此，基于市场指数测定的系数 b_i 与基于市场组合测定的系数从概念上看是不同的。虽然在实践中，由于无法得到确切的市场组合，通常用市场指数代替，但是由市场指数测出的敏感系数只能是 β 系数的估计值。

二、多因素模型

经济或市场中影响证券收益的共同因素很多，如经济增长、利率水平、股价指数等。

与单因素模型不同,多因素模型将考虑多种不同的影响因素,这样会使模型的精确性提高。作为多因素模型的一个例子,我们首先考虑一个两因素模型。

假设证券的收益率生成受两个共同因素影响,则有双因素模型如下:

$$\tilde{R}_i = a_i + b_{i1}\tilde{F}_1 + b_{i2}\tilde{F}_2 + \varepsilon_i \tag{5-26}$$

式中,$\tilde{F}_1$ 和 $\tilde{F}_2$ 是两个共同影响因素,b_{i1} 和 b_{i2} 分别是证券 i 对两个因素的敏感系数,ε_i 是随机误差。

与单因素模型一样,双因素模型也假定单个证券的随机误差与每一个共同因素都不相关,且任意两个证券的随机误差项之间也都不相关。在这两个假设前提下,同样可以证明在双因素模型下,任意证券 i 的方差以及任意两个证券之间的协方差分别为:

$$\sigma_i^2 = b_{i1}^2 \sigma_{F1}^2 + b_{i2}^2 \sigma_{F2}^2 + 2b_{i1}b_{i2}\text{Cov}(F_1, F_2) + \sigma_{\varepsilon i}^2 \tag{5-27}$$

$$\sigma_{ij} = b_{i1}b_{j1}\sigma_{F1}^2 + b_{i2}b_{j2}\sigma_{F2}^2 + (b_{i1}b_{j2} + b_{i2}b_{j1})\text{Cov}(F_1, F_2) \tag{5-28}$$

将两个因素扩展到多个因素,即假定有 K 个共同影响因素,则可有多因素模型为:

$$\tilde{R}_i = a_i + b_{i1}\tilde{F}_1 + b_{i2}\tilde{F}_2 + \cdots + b_{iK}\tilde{F}_K + \varepsilon_i \tag{5-29}$$

式中,$\tilde{F}_1, \tilde{F}_2, \cdots, \tilde{F}_K$ 代表对证券有普遍影响的 K 个因素,$b_{i1}, b_{i2}, \cdots, b_{iK}$ 代表证券 i 对应于 K 个因素的 K 个敏感系数;ε_i 是单个证券收益率的随机误差项,它与任何一个共同因素都不相关,且任意两个证券的随机误差项之间也都不相关。

与单因素模型一样,在多因素模型中,组合对某一因素的敏感性是其所包含的单个证券敏感性系数的加权平均数,即:

$$\tilde{R}_p = \sum_{i=1}^{n} w_i(a_i + b_{i1}\tilde{F}_1 + b_{i2}\tilde{F}_2 + \cdots + b_{iK}\tilde{F}_K + \varepsilon_i)$$

$$= a_p + b_{p1}\tilde{F}_1 + \cdots + b_{pK}\tilde{F}_K + \varepsilon_p \tag{5-30}$$

式中

$$a_p = \sum_{i=1}^{n} w_i a_i; \quad b_{p1} = \sum_{i=1}^{n} w_i b_{i1}, \cdots, b_{pK} = \sum_{i=1}^{n} w_i b_{iK}; \quad \varepsilon_p = \sum_{i=1}^{n} w_i \varepsilon_i$$

多因素模型同样具有两个重要特征:一是根据以上方程式可以计算各个证券的预期收益率、方差和协方差,并在此基础上应用最优化分析导出马科维茨的有效集,继而根据无风险利率确定切点组合和适合投资者风险偏好的最佳组合;二是通过投资组合能导致要素相关风险的平均化,并大大降低非因素风险。

第五节 套利定价理论

套利定价理论(arbitrage pricing theory,APT)是斯蒂芬·罗斯于1976年提出的。[①] 与资本资产定价模型一样,套利定价理论也是研究证券的预期收益率是如何确定的问题的,而且其导出的均衡模型与资本资产定价模型具有很多相似之处。但两个模型所用的假设与处理技术不同,资本资产定价模型建立在大量严格的假设上面,其中包括马科维茨的均值-方差模型中的一系列假设。而套利定价模型的假设要宽松得多,它不再追问

---

① Stephen A. Ross, "The Arbitrage Theory of Capital Asset Priding", *Journal of Economic Theory*, December 1976.

什么样的组合才是有效的,其最主要的假设就是每个投资者都会利用无风险套利机会为自己的投资组合增加回报。

一、套利原则与套利组合

套利是利用一个或多个市场上存在的同一种证券或实物资产的不同价格来赚取无风险收益的行为。例如,以较高的价格出售证券并同时以较低的价格购入相同的证券。如果具有相同因素敏感性的证券或组合出现多种价格,就会给投资者提供无风险套利的机会,投资者将竭力构造一个套利组合,以便在不增加风险的情况下增加预期的回报率。随着投资者买入卖出所构造的套利组合的活动的不断进行,最终使得获利机会消失,恢复到一物一价的市场均衡状态。因此,套利行为决定了市场的有效性,使得具有相同因素敏感性的证券或组合必然具有相同的预期收益率。套利定价模型的推导正是沿着上述思路进行的。

根据套利定价理论,投资者所竭力构造的套利组合具有以下三个特点:

(1) 构造这样一个套利组合不需要投资者增加任何投资。若以 w_i 代表套利组合中的单个证券 i 的权重,套利组合的这一特点可以表述为:

$$\sum_{i=1}^{n} w_i = 0 \qquad (5\text{-}31)$$

(2) 套利组合对任何因素都没有敏感性。由于组合对任一因素的敏感性是组合中各证券对该因素的敏感性的加权平均,因此套利组合可以使其因素敏感性为零。套利组合的这一特点可以表述为:

$$\sum_{i=1}^{n} b_i w_i = 0 \qquad (5\text{-}32)$$

(3) 套利组合的预期收益率必须大于零,即:

$$\sum_{i=1}^{n} w_i E(R_i) > 0 \qquad (5\text{-}33)$$

只有满足上述三个特征的套利组合,才对渴望高收益却并不关心非因素风险的投资者具有足够的吸引力。

例 5.8 假设有三种股票的期望收益率及其对 GDP 增长率的敏感性如表 5-11 所示。请根据这些资料构造一个套利组合。

表 5-11 三种股票的期望收益率及其对 GDP 增长率的敏感性系数

	$E(R_i)$	b_i
股票 1	20%	4.0
股票 2	15%	2.5
股票 3	10%	3.0

解 我们可以根据(5-31)式和(5-32)式识别出潜在的套利组合。由于有 3 个未知数和两个方程,因此,意味着有无限多组 w_1、w_2、w_3 满足这两个方程。可以先随意给 w_1 赋予一个值,如 0.1,于是有两个方程、两个未知数:

$$0.1 + w_2 + w_3 = 0$$
$$4.0 \times 0.1 + 2.5 w_2 + 3.0 w_3 = 0$$

容易解得：$w_2 = 0.2$；$w_3 = -0.3$，为了保证该组合真的是一个套利组合，还必须证实它的预期回报率大于零。因为

$$0.1 \times 20\% + 0.2 \times 15\% - 0.3 \times 10\% = 2\%$$

所以，上述组合为套利组合。假如投资者持有的上述三种股票的总市值为 300 万元，每种股票的市值均为 100 万元，则上述套利组合包括购买 30 万元的股票 1 和 60 万元的股票 2，购买这些证券所需的资金则来自出售 90 万元的股票 3。① 而在不增加任何资金投入和不承担任何风险的情况下，通过上述套利活动，投资者由于减持股票 3 减少了 9 万元的收益，但通过增持股票 1 和股票 2 分别增加了 6 万元和 9 万元的收益，加总得到 6 万元的净收益（300 万元 ×2% =6 万元）。

上述套利活动给市场带来的影响是什么呢？由于每个投资者都将买入股票 1 和股票 2，同时卖出股票 3，股票 1 和股票 2 的价格将会上升，而股票 3 的价格将会下降，它们的预期收益率也会相应作出调整。这种买卖行为将持续到所有套利机会消失为止。

二、单因素套利定价模型

套利定价理论的基本出发点是假设证券的收益率与未知的某个或某些因素相联系，因此，它是在因素模型的基础上，按照前面介绍的套利假设推导出来的资产定价的均衡模型。

与前面所讨论的单因素模型相同，套利定价理论认为，证券的收益受到两类风险因素的影响：一类是共同因素（或称为宏观因素），这类风险无法通过分散化削减；另一类是公司特有因素，分散化能够减少这类风险，因此分散化的投资者在进行投资时不必考虑此类风险。假如市场上的证券都只受一个因素的影响，则可建立一般的单因素模型如下：

$$\tilde{R}_i = a_i + b_i\tilde{F} + e_i \tag{5-34}$$

与单因素模型一样，式中 $\tilde{R}_i$ 代表证券 i 的实际收益率；$\tilde{F}$ 为共同因素的值；b_i 为证券 i 的收益率相对于共同因素的敏感系数；e_i 为随机误差项，即证券 i 自身独特风险对收益的影响，其期望值为零，且与共同因素及其他证券的随机误差之间不相关。

由于在金融市场上交易的任何证券收益都由两个部分组成：一部分来自证券的正常收益或期望收益，取决于股东对未来的预期，基于投资者拥有的信息；另一部分来自意料之外的非期望收益，取决于即将公布的信息。也就是说，任何公布的信息都可以分为预期部分与意外部分，实际上当我们讨论公开信息的时候，往往关注的是意外部分，因为那才是真正的风险，一个出人意料的通货膨胀的出现在某种程度上将会影响几乎所有证券，当然不同的证券对这一意料之外的风险反应的程度不同。于是我们可以建立另一种形式的理论框架来描述证券的实际收益率：

$$R_i = E(R_i) + b_iF + e_i \tag{5-35}$$

式中，$E(R_i)$ 为资产 i 的期望收益率；F 为共同因素实际值与预期值的偏离，其期望值为零（即偏离的期望值为零）；b_i 和 e_i 的含义与 (5-34) 式中的相同。

---

① 这个结果是用组合的总市值 300 万元乘以组合的权数得到：300 万元 ×0.1 =30 万元；300 万元 ×0.2 =60 万元；300 万元 ×(-0.3) = -90 万元。

当市场均衡时,证券的期望收益率 $E(R_i)$ 与共同因素敏感性系数之间将满足如下关系:

$$E(R_i) = \lambda_0 + \lambda_1 b_i \tag{5-36}$$

式中,λ_0 和 λ_1 为常数。方程(5-36)就是套利定价理论的资产定价的均衡模型,它说明在市场均衡时,证券的预期收益率与其因素敏感性系数之间存在一种线性关系,其形如图 5-20 所示。下面我们通过这个图形来解释该模型的含义。

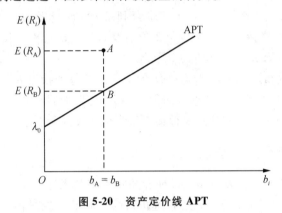

图 5-20　资产定价线 APT

根据套利定价理论,对于一个因素敏感性和预期回报率没有落在直线上的证券,其定价就是不合理的。在图 5-20 中,证券 A 与证券 B 具有相同的因素敏感性,但证券 A 的期望收益率却高于证券 B,这说明证券 A 的价格被低估了。于是,它就创造了一种能转化为无风险套利的盈利机会。例如,投资者可以通过卖出一定量的证券 B,并用此资金来购买一定量的证券 A,即构造一个我们前面所分析的套利组合来获取无风险利润。而大量买入证券 A 的结果必然使得证券 A 的价格上升,从而导致其收益率下降,当套利活动停止时,市场处于均衡状态,证券 A 的收益率将落在直线上。

那么我们又该如何理解套利定价方程式(5-36)中常数 λ_0 和 λ_1 的含义呢?

虽然套利定价理论并没有假定投资者能够以无风险利率自由借入贷出资金,但我们可以推论,如果存在一个无风险证券或零风险组合,这样的资产或组合对共同因素的敏感性必然为零,那么,根据套利定价模型,其期望收益率为:

$$E(R_i) = \lambda_0 = R_f$$

可见,套利定价模型中的常数 λ_0 一定等于无风险收益率,也就是说,λ_0 代表无风险收益率或零风险组合的收益率。

再考虑另一种情况,假如有一种组合 $\tilde{P}$,该组合的敏感性系数为 $1(b_{\tilde{P}}=1)$,也就是说,该组合具有单位因素敏感性。将 $b_{\tilde{P}}=1$ 代入套利定价模型,整理后有:

$$\lambda_1 = E(R_{\tilde{P}}) - R_f$$

既然 $\tilde{P}$ 组合具有单位因素敏感性,λ_1 就代表单位因素风险溢价。

至此,需要进一步回答的问题是,我们又该如何理解方程式(5-34)、(5-35)和(5-36)之间的区别呢?因为它们之间有如此多的相似之处。尽管如此,这三个方程式的意义是完全不同的。

方程式(5-34)只是一般的单因素模型。方程式(5-36)是套利定价理论的均衡定价模型,由该模型确定的证券的期望收益包含共同因素对证券所有的预期的影响。而方程式(5-35)则是套利定价理论用于描述证券实际收益率生成过程的模型,由于当实际因素值出现时,可能与预期产生偏差,因此会导致证券的实际收益率偏离期望收益率。

三、多因素套利定价模型

单因素显然不足以全面描述证券回报率的生成过程,假如证券的收益率由 k 个共同因素生成,则根据单因素套利定价模型的基本方法,可以建立得到多因素的套利定价模型如(5-35)式和(5-36)式所示。

$$R_i = E(R_i) + b_{i1}F_1 + b_{i2}F_2 + \cdots + b_{ik}F_k + e_i \tag{5-37}$$

式中,R_i、$E(R_i)$ 和 e_i 的定义与单因素方程式(5-35)相同,$F_j(j=1,2,\cdots,k)$ 为第 j 个共同因素实际值与预期值的偏离,b_{ij} 为证券 i 收益率相对于第 j 个共同因素的敏感系数。

$$E(R_i) = \lambda_0 + \lambda_1 b_{i1} + \lambda_2 b_{i2} + \cdots + \lambda_k b_{ik} \tag{5-38}$$

式中,λ_0 为无风险收益率,λ_j 是因素 j 的单位风险溢价。(5-38)式是市场均衡时,证券定价模型。

套利定价理论并没有告诉我们什么是共同因素,一般认为,利率、通货膨胀率、实际经济增长率、石油价格等都是对证券收益率有重要影响的因素。

下面我们举一个例子,对套利定价模型作一个简单的应用,以加深对它的理解。

例 5.9 假如长期利率(因素 1)、经济增长率(因素 2)和汇率变动(因素 3)是影响股票收益的三个主要因素。三个共同因素的预期值分别为:$E(F_1)=6\%$;$E(F_2)=4\%$;$E(F_3)=3\%$。通过回归分析,我们得到股票 A 和股票 B 对这三个因素的敏感性系数如下:$b_{A1}=-0.2$; $b_{A2}=2.35$; $b_{A3}=-0.98$; $b_{B1}=-0.45$; $b_{B2}=2.21$; $b_{B3}=-1.21$。另外,通过构造分别针对三个因素的纯因素组合,即对于三个因素的敏感系数为 1,具有单位因素敏感性的组合,以估计单位风险溢价。我们得到:$\lambda_1=4\%$;$\lambda_2=2\%$;$\lambda_3=1\%$。已知市场的无风险利率为 2%。根据套利定价理论,证券 A 和证券 B 预期收益率为多少?

解 将上述分析的数据代入方程式(5-38),就可以得到证券 A 和证券 B 的预期收益率:

$$E(R_A) = 2\% - 0.2(4\%) + 2.35(2\%) - 0.98(1\%) = 4.92\%$$
$$E(R_B) = 2\% - 0.45(4\%) + 2.21(2\%) - 1.21(1\%) = 3.41\%$$

假如经济系统运行实际出现的结果是:长期利率为 5%,经济增长率为 6%,汇率变动率为 4%,那么,证券 A 和证券 B 的实际收益率则可通过方程式(5-37)计算得到:

$$R_A = 4.92\% - 0.2(5\% - 6\%) + 2.35(6\% - 4\%) - 0.98(4\% - 3\%) = 9.84\%$$
$$R_B = 3.41\% - 0.45(5\% - 6\%) + 2.21(6\% - 4\%) - 1.21(4\% - 3\%) = 7.07\%$$

四、套利定价模型与资本资产定价模型的比较

套利定价模型与资本资产定价模型都是关于资产的均衡定价模型,两种模型各有优势和不足。

资本资产定价模型的优点是形式简单,含义明确,推导过程也更容易理解,但是其模型推导的前提假设过于严格。另外,由于模型只用市场组合的 β 系数解释证券的预期收益率,因此无法告诉人们风险来自何处。而套利定价模型的形式及推导过程则相对复杂

一些，理解起来也比较困难。但它的主要优点是能够处理多个影响因素，模型的假设条件也要宽松得多，这样就可以更加贴近现实，从而适用性也就大一些。

从模型的检验看，两者都遇到比较大的挑战。如前所述，资本资产定价模型在检验中遇到的主要问题是无法检验的难题。而套利定价模型由于建立在资产收益的因素模型基础上，因此，对它的检验实质上是对均衡理论和所选因素模型的适用性的联合检验。这意味着解释检验结果同样是困难的，因为我们不能分辨究竟是模型失效，还是选择了错误的因素。

本章总结

1. 收益率是人们衡量投资回报率的指标，常见的有实际收益率、平均收益率和期望收益率。期望收益率主要用于衡量未来不确定情况下的预期收益率，它是以未来各种收益可能出现的概率为权数对各收益率加权平均的结果。

2. 风险意味着损失或福利的减少。由于风险既无法完全避免，又同时意味着危险和机会，因此人们进行风险投资就能够得到风险收益。投资收益中超过时间价值的那部分收益就是风险收益。对于投资者而言，其真正的收益只能来源于资金的时间价值和风险报酬。

3. 通常用收益率的方差、标准差或标准差率（离散系数）来衡量投资风险，但在投资决策中不能脱离投资者的风险偏好而单凭期望收益率和标准差作出最优的选择。根据投资者对风险偏好的三种效用函数，可以将投资者划分为风险回避者、风险中立者和风险爱好者三种类型。在公司金融理论中通常假定大部分投资者都属于风险回避者，只是不同的人对风险厌恶的程度不同。风险回避者的无差异效用曲线隐含风险回避者选择项目的两个原则：(1) 当两项投资的其他情况相同时，总是选择期望收益率高的投资；(2) 在两个风险投资的期望收益相同时，总是选择风险小的。

4. 投资组合的期望收益等于组合中所包含的资产各自的期望收益按投资比例加权的平均和，但组合方差的大小不仅依赖单个资产的方差，而且非常依赖反映各资产间相互关系的协方差或相关系数。当资产数目较大时，资产间的相互作用和影响是资产组合的主要风险来源。这种各资产间相互作用、共同运动产生的风险称为系统风险。由于系统风险无法通过投资组合分散掉，因此是不可分散的风险。而那些只反映各资产自身收益率变化特性，可以通过增加资产组合中资产数目而最终消除的风险称为非系统风险，又称为可分散的风险。

5. 投资组合不仅能够分散风险，而且能够增加投资机会，并提供使投资者满意的有效资产组合。有效资产组合是指在同样的风险下期望收益最高，且在同样的期望收益下风险最低的组合。由所有有效资产组合构成的集合的图形称为效率边界。在一定的假设条件下推导出来的马科维茨的效率边界，在期望值-标准差平面上表现为一条弯曲的凸向纵轴的曲线，它代表由所有风险资产构成的有效组合的集合。当引入无风险资产后，效率边界变成一条直线。对于每个投资者而言，最优的投资组合是其个人的无差异曲线与效率边界的切点组合。

6. 分离定理告诉我们,市场上同时存在风险资产和无风险资产时,投资者的投资选择要经过两个阶段:第一个阶段根据风险资产的特性和无风险利率构造效率边界;第二个阶段根据个人的风险偏好决定风险资产与无风险资产的比例。

7. 当我们用市场组合 M 代替无风险资产与马科维茨效率边界的切点组合,并且在无风险资产可以卖空的条件下,所得到的新的效率边界直线称为资本市场线(CML)。市场组合最重要的特征就是,在市场均衡时,每一种风险资产在切点组合中具有一个非零比例。因此,资本市场线代表有效资产组合收益与风险之间的均衡关系。

8. 资本资产定价模型表明,单个资产的收益取决于三个因素:(1) 无风险收益率;(2) 系统风险收益率 $[E(R_M)-R_f]$,由市场投资者总体对风险的态度决定;(3) 单个资产自身所含有的系统风险程度,即单个资产对系统风险的敏感性系数 β,它由单个资产自身的特征所决定。从资本资产定价模型中我们得到一个很重要的结论:资产的价格只与该资产的系统风险大小有关,而与其非系统风险的大小无关。将资本资产定价模型绘制在 $E(R_i)-\beta_i$ 平面上,所得到的直线称为证券市场线(SML),在市场均衡的情况下,所有证券的收益率都将落在证券市场线上。

9. 应用资本资产定价模型,必须估计 β 值、无风险收益率和市场组合收益率。通常用国债利率代表无风险收益率,用包含许多种典型股票作为成分股的股价指数作为市场组合,用实际数据作回归分析以得到 β 值。市场组合的难以复制,以及期望收益与代表未来系统风险状况的 β 值的难以观测,是资本资产定价模型检验中遇到的主要难题。

10. 因素模型是描述证券的回报率如何产生的一种统计模型,又称为指数模型。在因素模型中,任一证券的风险都被分为两部分,一部分是与因素相关的风险,是所有证券共同面临的风险,也即系统风险;另一部分是与因素无关的风险,是个别证券特有的风险。因素模型能够大大简化马科维茨有效集及切点组合的计算,而且具有风险分散化的特征。

11. 市场模型只是一个描述证券回报率如何以市场收益率为影响因素而生成的单因素模型,并不是一个描述证券价格如何确定的"均衡模型"。

12. 套利定价模型是在因素模型的基础上,按照套利假设推导出来的资产定价的均衡模型,它描述了证券的预期收益率与其因素敏感性系数之间的关系,其主要优点是能够处理多个影响因素,模型的假设条件比较宽松,比较贴近现实,适用性也比较大。

思考与练习

1. 讨论马科维茨有效集的含义。
2. 为什么多样化能分散个别风险却不能降低系统风险?
3. 加入无风险资产后,马科维茨有效集发生了什么变化?这时投资者如何寻找最优投资组合?
4. 什么是市场组合?一个证券不包含在市场证券组合中可能吗?为什么?
5. 说明资本市场线和证券市场线各自的含义,以及两者的区别。

6. "市场模型与资本资产定价模型在本质上是一样的"这句话对吗？为什么？
7. 解释单因素套利定价模型参数 λ 的含义。
8. 套利组合的条件是什么？
9. 张明投资了两只股票 X 和 Y，它们的期望收益率分别是 12% 和 8%，标准差分别是 8% 和 5%，两只股票之间的相关系数是 0.2。计算下表中投资组合的期望收益率和标准差。

组合	投资 X 的比例(%)	投资 Y 的比例(%)
1	50	50
2	25	75
3	75	25

10. 假如有三种资产的期望收益率向量和方差-协方差矩阵如下：

$$E(R)=\begin{bmatrix}10.1\\7.8\\5.0\end{bmatrix},\quad VC=\begin{bmatrix}210 & 60 & 0\\60 & 90 & 0\\0 & 0 & 0\end{bmatrix}$$

许先生的风险组合是两个资产各占 50%：(1) 三种证券中哪一种是无风险资产？为什么？(2) 计算许先生的投资组合的期望收益和标准差。(3) 如果无风险资产占许先生总投资组合的 25%，其总投资组合的期望收益率和标准差是多少？

11. 确定下面这一证券组合的期望收益和 β 值。

股票	在证券组合中的百分比(%)	β	期望收益(%)
1	40	1.00	12
2	25	0.75	11
3	35	1.30	15

假设无风险利率为 8%，市场证券组合的期望收益为 12%，作出证券市场线，标出该例中证券组合的位置，并说明由此你得到的结论。

12. 无风险报酬率为 7%，市场证券组合的报酬率为 12%，计算以下 4 种证券的期望报酬率：

证券	1	2	3	4
β	1.5	1.0	0.6	2.0

13. 短期国库券利率为 4%，市场证券组合的期望报酬率为 12%。问：(1) 市场风险报酬率是多少？(2) 若一证券的 β 值为 0.8，期望报酬率为 9.8%，是否应进行投资？

14. 基于单因素套利定价模型，Z 股票的因素敏感性为 3。给定无风险收益率为 5%，因素的单位风险溢酬为 7%，Z 股票的均衡期望收益率是多少？

15. 假如只有两种风险因素影响证券，有三种股票 X、Y 和 Z，它们对于这两个的因素敏感性系数如下表所示。

股票	b_{1i}	b_{2i}
X	1.75	0.25
Y	−1.00	2.00
Z	2.00	1.00

(1) 假如风险因素 1 的风险溢酬是 4%，风险因素 2 的风险溢酬是 8%，给定无风险利率 5%，则按照套利定价模型，这三只股票的期望收益率是多少？

(2) 假如你投资 200 元购买了 X 股票，50 元购买了 Y 股票，150 元购买了 Z 股票，那么你的投资组合相对于这两个风险因素的敏感性系数是什么？组合的期望收益是多少？

第六章　资本预算

┃本章概要┃

　　决定对某个投资项目是接受还是拒绝的过程称为资本预算决策。资本预算所涉及的项目通常都是耗资多、回收期长且难以变现的固定资产投资，其决策正确与否不仅关系公司未来许多年的财务业绩，甚至可能影响公司的存亡。可以说资本预算决策是公司金融决策中最具有挑战性的决策活动。本章将勾画出资本预算的基本框架，在此基础上，详细介绍投资项目现金流量的估计方法和识别原则，常用的决策准则以及实例。

┃学习目标┃

　　1．了解资本预算决策的全过程以及各阶段的主要内容。
　　2．明确投资项目现金流量的概念和构成，了解识别相关现金流量的基本准则和标准，并且能够运用这些准则和标准对投资项目的现金流量进行估计。
　　3．掌握净现值、内部收益率、现值指数和回收期的计算方法，了解它们各自的优缺点。
　　4．能够较为熟练地运用净现值、内部收益率、现值指数和回收期决策准则对投资项目进行评估与选择。

引　言

　　1996年年底，中国蓝星集团总公司接手重组江西九江星火化工厂。这是一个停业四年，毫无效益可言，被人们戏称为"化工部三大难题之一"的老国企。蓝星集团经过周密的市场调查后，决定以当地一家历史悠久的小酒坊为基础，投资3 000万元，建设一座年产3 000万吨白酒的酒厂。然而，当时中国的白酒市场宛如拥挤的车道，早已堵得满满的。在这样的市场状况下，蓝星的白酒能否打开市场，取得正的净现值？蓝星集团此项投资决策究竟是明智之举还是失败之招？对类似这些问题分析和判断的过程称为资本预算。资本预算详细描述了投资项目在未来时期内现金流入量和流出量的状况，并在此基础上计算多种评价指标。成功的资本预算决策将会对公司未来较长时期内的财务业绩作出积极的贡献，而失败的资本预算决策将会使公司为此付出高昂的代价。而所谓成功的资本预算决策，是一个能够带来正的净现值，因而能够提高公司股东权益市场价值的决策。下面将介绍常用的资本预算方法。

第一节　资本预算过程

　　资本预算是一个完整的决策过程，通常包括识别、评估、选择和执行四个阶段，各阶段的内容总结如图 6-1 所示。

```
识别          评估          选择          执行
─────────────────────────────────────────────→
寻找投资机    预测项目相    计算评价指    执行、监控、
会，产生投    关现金流量    标，选择决    重新审视和
资计划        和恰当的贴    策方法资机    再选择
              现率          会，产生投
                            资计划
```

图 6-1 资本预算过程图

一、识别

识别具有潜在投资价值的项目，是资本预算决策面临的第一个挑战。识别阶段也称为调查研究阶段。调查研究的主要内容是对投资环境的研究、对市场状况的考察和对技术能力的分析。

投资项目所面临的投资环境主要有政治环境、经济环境、法律环境和文化环境。政治环境是指投资项目所在国家和地区的政治稳定性及政策的一致性。经济环境是指投资项目所在国家和地区的经济体制与经济政策，如财税政策、金融政策、价格政策、产业政策、对外经济贸易政策等。法律环境是指企业在投资过程中所受到的法律制约，如公司法、商法、证券交易法、税法等。由于地理和历史的原因，各国的文化背景是不同的，文化方面的因素主要包括语言和文化传统、教育状况、宗教信仰、民众心理等。投资环境的好坏直接影响着投资项目的成败得失。

市场状况考察指对市场供求状况的调查。如调查消费者和客户对产品的偏好、市场需求总量的大小、市场的细分状态、市场现有厂家及潜在厂家的供给能力、进口产品的供给能力等。

技术能力分析指对投资项目的技术上的可行性和实用性进行考察。

"百年孤独"不孤独

中国蓝星(集团)总公司是由中国化工集团公司管理的大型国有企业。1996 年年底，蓝星集团总公司接受了重组江西九江星火化工厂的任务。面对这样一个已停业四年，毫无效益可言，被人们戏称为"化工部三大难题之一"的国企，蓝星集团进行了周密的市场调查后，决定生产白酒。其理由是：首先，白酒是一种劳动密集型产业，有利于吸纳下岗职工；其次，经中国当时最权威的专家赴现场调查考察的结果证明，该地区气候温和湿润，水质良好，是制造佳酿良醇的好地方。于是，1997 年 3 月，蓝星集团以当地一家历史悠久的小酒坊为基础，投资 3 000 万元，建起一座年产量 3 000 吨的酒厂，并依据当地的传说取名为"百年之酒有限公司"。

然而，中国的白酒市场，无论是高档酒、中档酒还是低档酒，在当时都早已宛如拥挤的车道，堵得满满的，几乎没有缝隙。于是，蓝星集团就在市场细分上做文章，将目标客

户定位于有文化、有涵养、事业有成的白领阶层,为他们量身定做了"百年孤独"酒。这样的市场定位,其市场空间相比其他高档名酒似乎窄了许多,但它却借酒为载体,以其独特的风格和个性寻觅人类精神深处的沟通,用独具匠心的商品风格逐步攻占了一个又一个城市。

资料来源:《经济参考报》,2000年5月13日。

中原"航母"何以搁浅?

中原制药厂是国家"八五"重点工程,横跨"七五""八五"和"九五"三个五年计划,历经12年筹备、建设、试产,总投资18亿元,其中世界银行贷款1.175亿美元,国内配套资金8.3亿元(国家和地方各承担50%),是我国医药行业自新中国成立以来一次性投资规模最大的建设工程,也是我国医药行业第一个利用世界银行贷款建设的医药工厂。建厂之初,因计划形成5 000吨VC生产能力,其产能与规模之大,被誉为中国制药"航母"。但到1994年项目建成之时,却不能正式投产,其主要的原因就是引进的工艺技术不过关。中原制药以国际一流、亚洲第一的规模,独一无二的技术为追求目标,整个生产过程的四套设备和工艺技术,除采用中国专利发酵技术外,全部从国外引进。然而引进的四套生产装置有三套存在工艺技术问题。从设备试车第一天起的五年内,试车就没有成功过。令人吃惊的是,设备试车不成功,但是货款竟然全部付给了外商。

停产中的中原制药厂,仅企业贷款利息及折旧费每天就高达80万元。截至2005年年底,其负债总额达48.1亿多元,而其资产总额只有11.2亿元。身陷巨大债务包袱的中原"航母",虽然在停产后就从未中断过寻求重组的努力,先是莲花集团、郑州热力,后是神马集团、中国蓝星集团,直到2006年年初出现的上海复星集团,郑州市政府和中原制药厂先后与近20家企业接触过,但都没有寻找到成功的重组之路。兼并无主,引资无路,2006年5月中旬,这艘巨大的中原"航母"终于走上了正式启动破产申请之路。

资料来源:《东方今报》,2006年6月16日。

识别项目是否具有潜在投资价值的准则是能否产生净现值。净现值准则隐含的前提是项目的投资报酬率必须高于资本市场上资本的机会成本。然而,在现实中真正能产生净现值的项目并不多,竞争性的行业比非竞争性的行业更难寻找到具有净现值的项目。而资本预算中的识别阶段的重要内容就是要寻找这样的投资机会。

二、评估

在调查研究的基础上,需要对调查研究所得到的数据资料进行加工整理,并根据历史和现有资料对未来情况作出假设,在合理假设的基础上,制订出各种可能的投资方案。这是资本预算决策中具有挑战性的第二个步骤。

评估的主要内容是对项目相关的现金流量和评估变量进行分析预测。

投资项目相关的现金流量取决于未来投资收益、费用和投资额的情况。因此,在分析预测中,通常首先需要对未来产品和生产要素的市场需求状况与价格水平进行预测,以便确定投资的收益与费用。其次需要估计投资额的大小,具体包括投资前的准备费用、设备支出、建筑工程支出、营运资金垫支及不可预见费用等。其中,投资准备费用包括市场调研费、勘察设计费、咨询费、资料费等内容;设备费用包括设备购置费和安装费;建筑工程费指土建工程所花费的费用;垫支的营运资金是项目完工后,为保证生产经营正常运行而投入的营运资金;不可预见费用是为应对意外事件支出所安排的费用,如支付意料之外的通货膨胀所造成的设备、材料等物资的价格上涨等。在上述分析预测结果的基础上就可以估算出对投资项目进行评估所需要的相关的期望现金流量。

对项目评估变量的预测,主要是估计确定项目现值所用的贴现率。为了得到恰当的评估项目相关现金流量的现值的贴现率,需要在资本市场寻找等价的投资项目的收益率。这样得到的贴现率称为门槛比例(hurdle rate)或资本机会成本。之所以称之为机会成本,是由于对此项目投资,从而丧失了对风险相当的其他项目进行投资而获得的收益。资本的机会成本的概念非常重要,因为利用项目的机会成本来贴现项目的期望现金流量时,所得到的现值是投资者愿意为项目付出的资金数量。

三、选择

当所需要的评估数据预测出来之后,就需要按照一定的决策准则来决定是接受还是拒绝项目,也就是进入选择阶段,这是资本预算决策中关键性的阶段。在进行项目的选择时,有多种评价标准,如净现值法准则、内部收益率准则、回收期准则等。在本章的第三节,我们要详细讨论这些准则。需要指出的是,这些准则或标准固然重要,但绝不是项目选择的全部依据,公司战略、决策者的经验和魄力等都会对项目的抉择产生重要的影响。

四、执行

最后,被采纳的项目计划必须付诸实施,进入资本预算过程的执行阶段。执行就是要在项目整个寿命期内对其进行监督、定期审核和事后评价。随着项目的进行,必须对项目实施引起的现金流量和发生时间进行监控,以确保项目预算费用的合理使用、工程的正常进展和按期投入使用。定期审核是定期根据新的信息对项目未来的现金流量进行估计,如果未来现金流量少于原来的预期值,则项目的获利性显然不如预期。如果审核结果表明项目未来现金流量的现值将小于继续投入的金额,则应该放弃此项投资。此外,公司也应从定期审核所揭示出来的错误中吸取经验教训。事后评价是指当项目投入运行后,对运行状况和效果进行分析评价,并将其与预期的要求进行比较,找出差距,总结经验。这些信息有助于公司避免未来的决策错误,提高资本预算决策的水准。

专业化 vs 多元化

企业发展到一定规模之后,要继续发展,应走专业化道路还是多元化道路?这是每个企业都可能遇到的"成长的烦恼",也是企业决策者在投资决策时面临的一个重要的选择和判断。

专业化发展的主要优越性在于:有利于企业的生产规模达到规模经济的要求,有利于企业核心竞争力的培育,有利于打造企业的行业地位,并且专业化发展的企业在管理上也比较容易。而经营活动单一、风险集中则是专业化经营的主要缺陷。与专业化发展相反,多元化经营具有经营范围广泛,风险分散,经营效果稳定的优点,但其缺点也很明显,主要表现在:

第一,多元化经营与核心竞争能力之间的矛盾。在企业的发展过程中,利润、市场份额、核心能力等因素中,对企业影响最深远的是核心竞争能力。尽管企业之间的竞争通常表现为核心能力所衍生出来的核心产品的市场之争,但其实质是核心能力之间的竞争,而核心能力要靠长期培植。企业必须首先有一个具有竞争力的核心产品,围绕核心产品、核心能力再考虑是否应该多元化经营。没有植根于核心能力的企业多元化经营,容易造成企业精力分散,难以在某领域内形成突破性发展;最终结果可能是把原来的竞争优势也丧失了。

如最早进入中国的正大集团,在中国投资曾遭遇重挫,业务锐减,账面亏空。有关专家在剖析其失败原因时,列举了诸多因素,其中最主要的是"核心竞争力被稀释"。正大集团是靠发展家畜、家禽和饲料起家的,并在相当长的时间内执着地走专业化发展之路,进入中国国门后,见处处都有投资机会,便采取了与以往不同的发展战略,在中国各省区投资兴建了180家企业,涉及农牧业、啤酒酿造、石油化工、水产养殖、通信制造、摩托车、房地产、医疗、金融等十几个行业。由于战线拉得太长,且一些行业相关度不密切,最终导致企业的核心竞争力被稀释。

第二,资金短缺与规模经济的矛盾。多元化经营如果没有足够的实力,就难以在多个经营项目上都达到规模经济的要求,从而使企业在该领域竞争中处于不利地位。

第三,多元化经营与管理能力的矛盾。实行多元化经营必然会面临进入新领域的问题。由于对新领域缺乏了解和经验,容易发生种种难以预测的失误。这只有依靠大量精通不同行业管理的专门人才,同时也要求企业最高的管理层具有很强的管理多种行业的能力。事实上,一个企业的多元化经营程度越高,协调活动中可能造成的决策失误也就越多。

第二节 估算投资项目的现金流量

估算投资项目的现金流量是资本预算的重要步骤。我们首先需要了解什么是投资项目相关的现金流量,再了解如何计算相关现金流。

一、现金流量的概念和构成

在资本预算中,现金流量是指由投资项目引起的现金收入与支出增加的数量。

根据现金流动的方向,资本预算中的现金流量分为现金流出量、现金流入量和净现金流量。现金流出量指由于实施投资方案而引起的现金支出的增加额。例如购置一条生产线,可能引起如下现金支出:生产线的购置款、垫支的流动资金等。现金流入量指由于实施投资方案而增加的现金收入。例如在项目寿命周期内由于生产经营活动所带来的营业现金流入、固定资产报废时的残值收入、收回的营运资金垫支款等。而现金流入量减现金流出量即净现金流量。

由于一个项目从准备投资到项目结束,需经历项目准备及建设期、生产经营期和项目终止期三个阶段,因此,资本预算中也将现金流量按照时期划分为初始现金流量、营业现金流量和终结现金流量三个部分。

初始现金流量是指为使项目建成并投入使用而发生的有关现金流量。包括固定资产的购置成本或建造费用,原材料、在产品、产成品和现金等流动资产上的投资,以及其他投资费用,如职工培训费、谈判费、注册费等。如果投资项目涉及固定资产的更新,则还包括清理费用等。

营业现金流量指项目投入使用后,在其寿命周期内由于生产经营所带来的现金流入和流出的数量,一般按年度计算。每年的净营业现金流量可以用公式表示如下:

$$\text{营业净现金流量(NCF)} = \text{每年营业现金收入} - \text{付现成本(不包括折旧)} - \text{所得税} \tag{6-1}$$

或

$$\text{营业净现金流量(NCF)} = \text{净利润} + \text{折旧} \tag{6-2}$$

终结现金流量指投资项目寿命终结时所发生的现金流量,包括:固定资产的残值收入或变价收入;原来垫支在各种流动资产上的资金(营运资金)的收回;停止使用的土地的变价收入;等等。

估计投资方案的现金流量涉及很多方面,需要企业有关部门的参与。销售部门负责预测售价和销量,具体涉及产品价格及价格弹性、广告效果、竞争者动向等;产品开发部门和技术部门负责估计投资方案的资本支出,具体涉及研制费用、设备购置、厂房建筑等;生产和成本部门负责估计制造成本,具体涉及原材料采购价格、生产工艺安排、产品成本等;财务人员则需要为生产、销售等部门的预测建立共同的基本假设条件,如物价水平、贴现率、限制条件等,协调参与预测的各部门人员,使各部门的预测工作相互衔接与配合,防止预测者因个人喜好与部门利益而高估或低估收入和成本。

二、相关现金流量的识别

(一) 基本准则

相关性准则为识别项目的现金流量提供了重要的依据。根据这一准则,必须确认与投资决策相关的现金流量。所谓与投资决策相关的现金流量是指由于投资决策而引起的公司未来现金状况变化的现金流量。例如,倘若采纳一个投资项目,必须雇用一个项目经理和三个管理人员,那么,这四个人的薪金就是相关的现金流量。倘若采纳一个投资项目,不需要增加管理人员和行政管理经费的支出,则公司现有的管理人员薪金和行政管理经费支出就是不相关的现金流量。

(二) 一些具体识别标准

在相关性基本准则的指导下,牢牢把握好如下具体识别标准可以帮助我们避免估计现金流中容易发生的错误。

1. 只有现金流才与投资决策有关

在投资决策中最基本、最重要的一点就是,项目价值由未来现金流量而不是会计利润决定,因此用现金流量而不是会计利润来衡量。会计意义上的税后利润并不是公司实际收到的现金,它与净现金流量往往不是同时发生的。例如,按会计制度,在厂房和设备上的资本支出要在未来若干年后提取折旧,而折旧与摊销要从每年的应税收入中扣除,从而减少了会计利润。但从现金流的角度看,厂房和设备上的资本支出在期初时已经发生,而折旧和摊销本身并没有引起现金流出,所以它们是非现金费用,不是现金流。当然它们会产生税盾效应,可以减少税收支出,从而间接带来现金流入。由于现金流准确反映了收入和成本发生的时间——现金什么时候收到,什么时候可用于再投资,什么时候必须支出,因此评估项目的价值应该用现金流量。

2. 对现金流的估计应始终以增量为基础

所谓增量现金流量是指接受或拒绝某个投资方案后,企业总现金流量因此发生的变动。只有那些由于采纳了某个项目引起的现金收入(支出)的增加额,才是该项目的现金流入(流出),这是确定投资项目相关的现金流量时应遵循的基本原则。

新项目往往不是孤立的,常常与公司的原有业务有关联。如新产品推出后,可能与公司的已有产品形成竞争,从而减少已有产品的销售额。从增量的角度评价项目的现金流,现有产品收入的减少量就必须从新项目的收入中扣除。当然,如果没有新产品推出,竞争对手也会占领这部分市场,由于新产品推出反而保住了这部分市场,则新项目的收入中就不必扣除现有产品减少的收入。总而言之,评价任何一个新项目的现金流量都应该站在公司的立场上,将公司作为一个整体来评价。

尽管在许多情况下,新项目会挤占公司现有产品的市场和销售,但在很多情况下,也会促进公司现有产品的销售。例如,开通了一条新航线,联入了已有航线系统后,不仅在新航线上创造了收入,还将旅客送至与之相联的其他航线,增加了相关航线的收入。因此,从增量的角度,新航线项目的收入不仅应包括新航线本身的收入,还应包括由于新航线的联入而使得相关航线收入增加的部分。

3. 切勿计入沉没成本

沉没成本(sunk cost)指在投资决策时已经发生的现金流出量,由于这些现金流量对决定是接受还是拒绝项目的决策选择已没有影响,因此,根据相关/不相关准则,沉没成本不必计入项目的现金流量。

在资本预算时通常需要考虑两个问题:① 如果接受这个项目,此项现金流量会发生吗? ② 如果拒绝这个项目,此项现金流会发生吗?对第一个问题进行肯定的现金流是相关的现金流,而对第二个问题进行否定的现金流才是相关的现金流。例如,某公司为新建一个车间,专门聘请了一家咨询公司做可行性分析,支付了咨询费7万元,该咨询费作为费用已经入账。假如此时公司进行投资分析,由于该笔咨询费用已经发生,不论公司是接受还是拒绝此项目,这个费用都与决策无关,因此它不应计入新项目的现金流。假如新车间建成需再投资10万元,建成后项目带来的净现金流量的现值是16万元,显然,如果考虑了沉没成本7万元,净现值为负,就应该放弃该项目。但若不考虑已经花掉的7万元,净现值为正,就不应该放弃该项目。由于沉没成本已与投资决策无关,因此准确的选择是接受该项目。

沉没成本就像泼出去的牛奶,已成为过去,是不可逆转的成本。但这一事实却常常被人们忘记。在投资实践中,许多人们已经知道决策失误的项目之所以能够最终完成并一直亏损下去,原因之一就是决策者们总是念念不忘沉没成本。

4. 必须包括机会成本

在计算投资项目现金流量时,不仅需要考虑直接的现金流入流出,还要考虑没有直接现金交易的"机会成本"。我们常常遇到的情况是,一旦选择了一个投资方案,就必须放弃投资于其他途径的机会。因此,所放弃的其他投资机会可能取得的收益,是实行这一方案的一种代价。例如,公司新建车间,可以使用属于公司的一块土地,因此公司不必动用资金去购置土地。那么,在计算投资项目的初始现金流中可否不包括土地的成本呢?我们的答案是必须考虑土地的成本。因为这块土地如不盖车间可以移作他用,并取得一定收入。假设这块土地可出售,并获得转让收入15万元,那么这15万元就是新建车间项目的机会成本。

机会成本是潜在的,不是实际支出,因此,识别和量化机会成本有时并不容易。例如,上例中如果土地可以自由交换,则新建车间土地的机会成本就等于土地的市场价值;如果土地不允许自由交换,没有土地的市场价格,就需要通过其他途径估计。

5. 酌情处理间接费用的分摊

在资本预算中,投资分析师与会计师之间的不一致往往还表现在对间接费用的分摊处理上。间接费用包括管理人员工资、租金、水电费等,这些费用在计算成本时必须考虑。因此,公司的每一项新投资都应分摊一定的间接费用,并从利润中扣除。但是在作投资的现金流量分析时,需要对这些费用作进一步辨别,因为这些费用也可能不与特定项目相关。那些确因所评估的投资项目引起的间接费用,则应计入项目的现金流量,而那些原本就要发生的间接费用,就不应计入项目的现金流量。

6. 忽略利息支付

在估算项目的现金流量时,往往将融资决策分开考虑,即假设项目所需全部资金都来自权益资本。因此,并不考虑利息费用。也就是说,即便接受该项目不得不发行债券融资,其利息费用和债券本金的偿还也不必从项目现金流中扣除。忽略利息支付并不是说资本预算不必考虑融资成本。实际上无论是债务融资还是权益融资,都需要付给投资者一定的回报,因而都是有代价或成本的。但是,在资本预算中对于融资成本的考虑不体现在现金流中,而是体现在对项目现金流计算现值时所采用的贴现率上。

因此,当我们计算项目的营业净现金流时,实际上是用息税前利润作为应税收入,据此求出所得税支付额,将应税收入减去所得税支出后,再加上折旧而得到的。那么,利息引起的税收减免是否被忽视了呢?这个问题同样是放在融资成本的计算中予以考虑的。因为作为项目贴现率的融资成本都是指税后的融资成本,不仅能反映债务的利息率和债务融资的比重,而且反映了债务利息费用的税盾效应。

7. 不可忘记营运资本需求

一般情况下,公司开办一个新业务并使销售额扩大以后,对于存货、应收账款等流动资产的需求也会相应增加,公司应筹措新的资金以满足这种需要。虽然这部分资金并没有被消耗掉,但也应作为投资支出在新项目开始时垫支,而在项目终结时收回。因此,对于营运资本的需求和收回必须纳入预期现金流分析。

8. 注意通货膨胀的影响

在通货膨胀期间,项目的收入或支出都会发生很大变化。因此,在资本预算中应该反映通货膨胀的影响。例如,可以利用预期的通货膨胀率调整预期的现金流量。需要注意的是,如果现金流量反映了通货膨胀的影响,则所用的贴现率也应是包含了通货膨胀率预期的名义贴现率,即在处理通货膨胀影响时要保持一致性。

三、案例:制图桌灯项目[①]

(一) 背景介绍

阳光制造公司在过去 20 年一直生产和出售电子设备,目前考虑进入相对高边际利润、高质量的制图桌灯市场。表 6-1 是关于此项目的一些基础数据。

表 6-1　制图桌灯项目的数据摘要　　　　　　　　　　　单位:美元

项目	未来 1—5 年
1. 预期年销售量	45 000;40 000;30 000;20 000;10 000
2. 单价	40,以后年上涨 3%
3. 咨询费	30 000
4. 标准桌灯上损失	80 000/年
5. 建筑物向外出租的租金	10 000
6. 设备成本	2 000 000
7. 折旧	400 000
8. 设备再售价值	100 000
9. 单位原材料成本	10,以后年上涨 3%
10. 原材料库存	7 天的销售额
11. 应付账款	4 周的采购额
12. 应收账款	8 周的销售额
13. 在产品和产成品库存	16 天的销售额
14. 单位直接人工成本	5,以后年上涨 3%
15. 单位能源成本	1,以后年上涨
16. 间接费用	销售额的 1%
17. 资金成本	资产净账面值的 12%
18. 所得税	税前利润的 40%
19. 资本收益税	税前资本收益的 40%
20. 税后资本成本	10%

表 6-1 中关于未来市场销售量和价格的数据是公司聘请的一家咨询公司对潜在市场作初步研究得到的,第 1 年销售量为 45 000 盏灯,此后每年销售量如表中所示,第 5 年项目结束。第 1 年每盏灯的售价为 40 美元,此后每年售价上浮不超过 3%。阳光制造公司已在 1 个月前向咨询公司支付了 30 000 美元的咨询费。

---

① 此案例选自〔美〕加布里埃尔·哈瓦维尼、克劳德·维埃里,《经理人员财务管理——创造价值的过程》,王全喜等译,机械工业出版社 2000 年版。

公司的销售经理认为新产品可能会降低公司目前正在生产和销售的标准桌灯的销售额,估计可能导致公司的税后经营净现金流每年减少 80 000 美元。

如果阳光制造公司决定生产制图桌灯,可以使用一座闲置的厂房。但是最近公司正巧收到附近商场经理写来的信,希望能够租用此厂房作为仓库,租金每年为 10 000 美元,据会计部门估计此租金与市场行情一致,因此是合理的。

公司的工程技术部门确定项目所需的设备成本为 200 万美元,包括运输和安装费。设备可按直线法折旧到零。如果项目在第 5 年年末转卖,估计价值为 10 万美元。

采购部门估计市场制图桌灯的原材料成本在第 1 年为每盏灯 10 美元,此后极可能以每年 3% 的预期通货膨胀率的比率增加。为避免供货中断,需要足够 7 天生产使用的原材料库存,供货商给公司的平均付款期为收到原材料后 4 周,而公司对客户的平均收款期为发出产品后 8 周。

生产部门估计,项目必要的在产品和产成品库存价值相当于 16 天的销售额。

会计部门估计,每盏制图桌灯的直接人工成本为 5 美元,能源费为 1 美元,这些费用在项目的寿命期内每年都会按 3% 的通货膨胀率增长。而公司的销售费、行政管理费等间接费用并不会因此项目而增加额外支出。但为了弥补公司的间接费用,新项目应该分摊一部分,其标准为项目销售收入的 1%。新项目还应承担支持项目所使用资产的资本成本,标准为项目所使用资产账面价值的 12%。但公司的财务经理认为,新项目的资本成本应该与公司现有项目的资本成本一致,而阳光制造公司的税后资本成本为 10%。

根据税法规定,当设备最终账面价值为零的情况下,出售设备的收入高于零的部分属于资本收益,需要缴纳税率为 40% 的资本收益税。另外,阳光制造公司的所得税税率为 40%。

(二)估计初始现金流量

对于制图桌灯项目,初始现金流量包括:

(1) 200 万美元的设备成本和安装成本;
(2) 为支持项目预计在第 1 年产生的销售收入而垫支的初始营运资本需求。

根据表 6-1 的信息不难估计出营运资本需求。企业对于营运资本的需求通常都是以销售额的百分比表示。对于制图桌灯项目,有:

$$营运资本需求 = 应收账款 + 存货 - 应付账款$$

由于应收账款等于 56 天的销售额,存货等于 23 天的销售额,两者之和为 79 天的销售额,而应付账款等于 28 天的购买额,等价于 7 天的销售额(10 元的原材料成本是 40 元灯价格的 1/4)。因此,可以得出项目的营运资本需求是 72 天的销售额,相当于年销售额的 20%。

接下来就要估计第 1 年预计的销售额,有:

$$第 1 年的销售额 = 40 \times 45\,000 = 1\,800\,000(美元)$$

将第 1 年的销售额乘以 20% 就可以得到初始营运资本需求为 360 000 美元。

这样,全部的初始现金流量为:

$$初始现金净流出(CF_0) = 2\,000\,000 + 360\,000 = 2\,360\,000(美元)$$

（三）估计营业净现金流量

根据表 6-1 所提供的信息，按照(6-1)式，可以计算每年的营业净现金流量。计算过程及结果列入表 6-2 及表注。

表 6-2　制图桌灯项目预期营业现金流量　　　　　　　　　　　　　单位：千美元

	1	2	3	4	5
预期销售收入(1)	1 800	1 648	1 273	874	450
营业费用总额(2)	1 130	1 069	919	760	590
息税前利润(3)＝(1)－(2)	670	579	354	116	－140
所得税(4)＝(3)×40%	－268	－232	－142	－47	56
税后利润(5)＝(3)－(4)	402	347	212	69	－84
折旧(6)	400	400	400	400	400
营业净现金流量(7)＝(5)＋(6)	802	747	612	469	316

注：① 预期销售收入＝销售价格×销售量，如：第 2 年销售收入＝(40×1.03)×40 000＝1 648 000（元）。

② 营业费用总额＝原材料成本＋人工成本＋能源成本＋租金损失＋折旧，如：第 2 年营业费用＝(10＋5＋1)×1.03×40 000＋10 000＋400 000＝1 069 200（元）。

（四）估计营运资本需求变动

营运资本需求是与销售额相关的资本需求，因此当各年度的销售规模不同时，营运资本需求也会相应发生变化。因此每年年初都需要根据年度的销售规模确定所需营运资本需求，然后与已投入的营运资本相减，以求出为支持本年度销售需要追加的营运资本。表 6-3 所列的是制图桌灯项目在寿命期内对营运资本需求的变动。

表 6-3　制图桌灯项目预期的营运资本需求变动　　　　　　　　　　单位：千美元

	0	1	2	3	4	5
营运资金需求变动	－360	30	75	80	85	
营运资本回收						90

注：每年增加的营运资本需求＝该年的销售额×20%－上年的营运资本需求。

由于制图桌灯项目的销售额在第 1 年后逐年减少，因此，营运资本需求从第 1 年后逐渐减少了，表现为逐年收回一部分期初投入的营运资本。在第 5 年年末由于项目终结，收回最后 9 万美元营运资本。

（五）估计终结现金流量

任何项目最后一年的终结现金流量都可称为终结现金流量，它应该包括项目在最后一年产生的营业净现金流量、营运资本的收回、设备残值的税后转卖价值、与项目终止有关的其他资本支出和成本支出。就制图桌灯项目而言，其终结现金流量，除了期末（第 5 年）的营业净现金流量和 9 万美元的营运资本回收外，就是设备残值的税后转卖价值 6 万美元。将表 6-2 至表 6-4 的计算结果整理汇总后统一汇入表 6-4。

表 6-4　制图桌灯项目预期现金流量　　　　　　　　　　　单位：千美元

	0	1	2	3	4	5
1. 设备支出净现金流	-2 000					
2. 营运资金需求变动	-360	30	75	80	85	
3. 营业净现金流量		802	747	612	469	316
4. 设备税后残值回收						60
5. 营运资本回收						90
6. 全部净现金流量	-2 360	832	822	692	554	466
7. 全部净现金流量(扣除标准桌灯损失8万元)	-2 360	752	742	612	474	386

注：表中第6行的数据是制图桌灯项目本身的预期现金流量，第7行是该项目的预期增量现金流量。

至此，我们完成了制图桌灯项目从投资开始整个寿命期间的现金流量的估计，那么，阳光制造公司是否应该采纳此项目呢？我们还需要在项目现金流量的基础上，计算投资决策分析指标，并根据投资决策准则作出选择。

第三节　投资决策准则

投资决策准则是帮助人们在投资决策中作出合理选择的标准。评价资本投资方案的投资决策准则有很多种，它们都有各自的特点和局限性。

一、净现值准则

（一）净现值的含义与计算

净现值(net present value, NPV)是投资项目寿命期内预计的各期现金流量按一定的贴现率折算为现值后，与初始投入相抵后的差额。

净现值的计算公式为：

$$\text{NPV} = \sum_{t=1}^{n} \frac{\text{NCF}_t}{(1+r)^t} + \text{NCF}_0 \qquad (6-3)$$

式中，NCF_t为第t期的营业净现金流；NCF_0是初始投资支出；r是相应的贴现率，通常用公司税后资本成本或投资者要求的必要投资回报率为贴现率①。

净现值的计算公式也可以用以下更简化的形式表示：

$$\text{NPV} = \sum_{t=0}^{n} \frac{\text{NCF}_t}{(1+r)^t} \qquad (6-4)$$

净现值方法的原理是，假设初始投资所要求的必要回报率为r，预计净现金流量在各年末实现，用于补偿投资所要求的回报，于是，净现值就是投资项目净现金收益补偿投资成本后的净收益（或损失）。净现值等于零意味着投资项目的收益正好弥补投资报酬和初始投资支出。净现值大于零意味着投资收益补偿投资报酬和初始资本支出后还有剩

---

① 关于贴现率的选择和公司税后资本成本的详细讨论请见本书第十章中的相关内容。

余,显然净现值实质上代表了项目创造的超额收益。

因此,按净现值决策,其准则是,如果净现值是正值,就应该接受项目;如果净现值是负值,就应该拒绝项目。在若干个互斥投资项目的比较中①,应该选择净现值最大的项目。

已知阳光制造公司的税后资本成本为10%,将表6-4中的净现金流量数据代入净现值的计算公式,我们可以得到制图桌灯项目的净现值为:

$$NPV = -2\,360\,000 + \frac{752\,000}{(1+10\%)} + \frac{742\,000}{(1+10\%)^2} + \frac{612\,000}{(1+10\%)^3}$$
$$+ \frac{474\,000}{(1+10\%)^4} + \frac{386\,000}{(1+10\%)^5}$$
$$= -2\,360\,000 + 2\,320\,088 = -39\,912(美元)$$

倘若不考虑标准桌灯的损失,则有净现值为:

$$NPV = -2\,360\,000 + \frac{832\,000}{(1+10\%)} + \frac{822\,000}{(1+10\%)^2} + \frac{692\,000}{(1+10\%)^3}$$
$$+ \frac{554\,000}{(1+10\%)^4} + \frac{466\,000}{(1+10\%)^5}$$
$$= -2\,360\,000 + 2\,623\,293 = 263\,293(美元)$$

阳光制造公司的管理者需要在作出决策之前对标准桌灯的市场竞争状况作出回答。如果近期内标准桌灯不存在市场竞争,即只有本公司才会生产对标准桌灯产生竞争的新产品,那么,就不应该接受该项目,因为该项目增量现金流的净现值小于零。但是如果标准桌灯的市场竞争存在,假设竞争对手也将推出新产品,那么制图桌灯项目就可以进行。

(二) 对净现值的评价

在现代投资决策中,净现值是决定是否实施投资的一个重要的判断标准。净现值准则的意义在于:

(1) 从财务管理的角度,一项好的投资项目就是一个能够提高公司权益市场价值,因而能为股东创造价值的项目。而净现值正是衡量一项投资决策是否为股东创造了价值的准则。

为了更深刻地认识这一点,我们对净现值的基础作进一步的探讨。②

多数人在每个特定时期的收入和消费都不是相等的。除非有办法存下现在的收入或预支未来的预期收入,否则人们将被动地接受由即期收入决定的即期消费。但是如果存在资本市场,人们就可以通过它来调整自己的消费模式。资本市场是当前的货币与未来的货币进行交易的市场,它的存在使得人们得以在任何时候都能按照自己的喜好进行消费。

假如在一个运作良好的资本市场上,人们可以自由地(不受约束地)借入贷出资金,并且借贷利率相同。以 r 表示资金的借贷利率,则图6-2中的直线就代表资本市场上今

---

① 所谓互斥项目是指不能同时采纳的项目。比如项目A是在某一块地上建一幢公寓,项目B是在同一块地上建一个商店。与此对应的概念是"独立项目"。所谓独立项目是指对某一项目的决策不受其他项目决策的影响。

② 这一部分的讨论主要参考:Richard A. Brealey and Stewart C. Myers, *Principle of Corporation Finance*, 3rd ed., McGraw-Hill Inc, 1988。

天的货币和明天的货币的交换比率。假如已知 0 期的收入为 B,1 期的收入为 F。则一个注重当前消费的人,可能会选择 C 点。他把未来收入中的一部分即 AF 提前用于当前消费,根据市场利率,未来资金量 AF 所能支持的借入额为 BC,从而使当前的消费由 B 增加到 C。而一个节俭谨慎的人可能选择 E 点消费而将当前收入 EB 部分用于贷出,以增加未来的收入和消费,使得未来收入由 F 增加到 G。不论是谁,不论消费偏好如何,人们都可以通过资本市场调整自己当前和未来的收入,实现个人效用的最大化。图中数据是假定市场利率7%时,当前的收入与未来收入之间的交换关系。

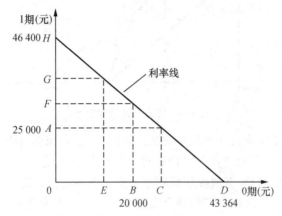

图 6-2 资本市场上货币的交换

假如人们除了可以在资本市场进行资金的借贷以外,还可以进行投资,我们知道好的投资机会的收益通常是高于资金借贷的利率的,当然这种好的投资机会是逐渐减少的,所以投资的边际报酬是递减的,如图6-3所示。

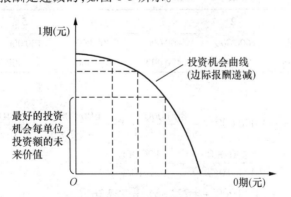

图 6-3 投资机会的报酬率曲线

我们用图 6-4 来说明人们如何利用投资和资金借贷为自己谋取利益。假定某人在 0 期最大可能的收入是 D。根据市场利率,这笔钱在未来的价值是 H。假如将部分收入 JD 用于投资,根据投资报酬曲线,这笔投资在未来的现金流入为 G,这笔未来的现金流根据市场利率折现,其现值等于 JK。投资成本 JD 与未来收入的现值 JK 之差为 DK,而 DK 就是投资的净现值。可见,净现值来源于投资的边际报酬率高于资本市场上资本的机会成本的投资机会。显然,只要存在这样的投资机会,不论是节俭谨慎的人还是注重当前消费的人都会利用投资来最大化自己当前的财富。而要最大化当前的财富,就要选择使净现值最大的投资项目。如图中选择将 ID 的资金用于投资,使得投资的边际报酬率等于资金的借贷利率时,可实现净现值最大。

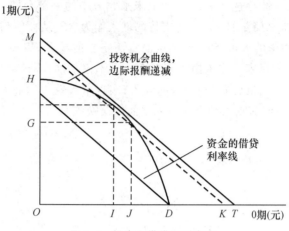

图 6-4 投资和借贷同时存在

上述分析说明了净现值并非只是一个经验法则,它有深刻的内涵。只要存在竞争的资本市场,股东无须公司管理者的帮助就可以得到最佳的消费安排,而公司管理者要实现股东财富最大化的目标,就要抓住所有净现值大于零的投资机会。

(2)净现值是通过对项目各期现金流量贴现而得到未来现金流量的现值,因此很好地反映了资金的时间价值。

例 6.1 设两个项目 A 和 B 所需的初始投资额均为 100 万元,两个项目寿命期内的预期现金流量如表 6-5 所示,若合适的贴现率为 10%,计算这两个项目的净现值。

表 6-5 项目 A 和 B 的预期净现金流量　　　　　　　　　　单位:万元

	1	2	3	4	5	合计
项目 A	800 000	600 000	400 000	200 000	100 000	2 100 000
项目 B	100 000	200 000	400 000	600 000	800 000	2 100 000

解

$$NPV_A = -1\,000\,000 + \frac{800\,000}{(1+10\%)} + \frac{600\,000}{(1+10\%)^2} + \frac{400\,000}{(1+10\%)^3}$$
$$+ \frac{200\,000}{(1+10\%)^4} + \frac{100\,000}{(1+10\%)^5}$$
$$= -1\,000\,000 + 1\,722\,361 = 722\,361(\text{元})$$

$$NPV_B = -1\,000\,000 + \frac{100\,000}{(1+10\%)} + \frac{200\,000}{(1+10\%)^2} + \frac{400\,000}{(1+10\%)^3}$$
$$+ \frac{600\,000}{(1+10\%)^4} + \frac{800\,000}{(1+10\%)^5}$$
$$= -1\,000\,000 + 1\,463\,269 = 463\,269(\text{元})$$

根据净现值准则,两个项目都值得投资。但若两个项目只能选择其中之一,由于项目 A 的净现值大于项目 B,因此应该选择 A 项目。原因不难看到,项目 A 由于资金回笼较快,因此其净现值大于项目 B。这个例子说明净现值准则能够反映资金的时间价值,选出更快收回投资的项目。

(3) 净现值还能够很好地反映和调整现金流的风险。假如有两个项目 C 和 D，其初始投资额都是 100 万元，未来 5 年每年的预期净现金流量都是 30 万元，但是项目 C 的风险比项目 D 大，即项目 C 的现金流的不确定性更大。显然，对于一个理性的投资人来说，把资金投入项目 C 一定会比投入项目 D 要求更高的回报率。换句话说，在一个运作良好的资本市场上，项目 C 的融资成本必然要高于项目 D。假如项目 D 的资本成本为 12%，而项目 C 的资本成本为 15%，于是有项目 C 和项目 D 的净现值分别为：

$$NPV_C = -1\,000\,000 + 300\,000 PVIFA_{15\%,5}$$
$$= -1\,000\,000 + 300\,000 \times 3.352 = 5\,600(元)$$
$$NPV_C = -1\,000\,000 + 300\,000 PVIFA_{12\%,5}$$
$$= -1\,000\,000 + 300\,000 \times 3.605 = 81\,500(元)$$

项目 C 由于风险大，其净现值小于项目 D。

(4) 净现值还具有可加性的优点。净现值的可加性对资本预算决策有很强的现实意义。考虑例 6.1 中对于项目 A 和项目 B 的投资决策，假如这两个项目不是互斥的，公司可以选择全部都投资，由于净现值是可加的，这两个投资创造的价值就等于两者净现值之和，即：

$$NPV(A+B) = NPV(A) + NPV(B) = 722\,361 + 463\,269 = 1\,185\,630(元)$$

这样，就不必计算合并项目现金流（项目 A 和项目 B 现金流的和），用 10% 折现后与初始支出的和 200 万元相减，以求得同时开发两个项目的净现值。

可加性还可以用于调整现金流。例如，在阳光制造公司开发制图桌灯项目的资本预算中，假如我们忽视了标准桌灯的 8 万美元损失，我们可以直接计算 8 万美元的净现值，然后从最初计算的净现值中扣除即可，即：

$$NPV = 263\,293 - 80\,000 PVIFA_{10\%,5} = 263\,293 - 303\,280 = -39\,987(美元)$$

(5) 净现值的局限性。与任何事物一样，净现值也有局限性。净现值是根据预期现金流和相对应的资本成本估计得到的。项目资本成本是项目风险的一个衡量，预期现金流量则有赖于相关信息的获取及其准确性，包括产品的生产能力、售价、被淘汰生产技术、税收环境、宏观经济变动等多方面的信息。倘若不能获得完全、准确的这些信息，估计项目预期现金流量和资本成本就会有偏差，从而影响净现值准则的应用。此外，净现值指标不能反映项目本身所可以达到的实际报酬率，这不利于投资规模不同的项目间的直接比较。

尽管有上述不足，但由于净现值所具有的诸多优点，使得净现值准则在投资决策中始终具有特别重要的意义。事实上，公司的资本预算决策就是要寻找能产生正的净现值的投资机会，并且尽可能长时间地保持。

(三) 应用举例

例 6.2 清泉饮料公司正考虑购买一条新的装瓶流水线来替换现有的。采用新流水线预期可使年销售收入从现在的 100 万元增加到 110 万元，付现成本从现在的 70 万元降低到 50 万元。新流水线的购置安装费用支出为 100 万元，预计使用寿命为 10 年，预计残值为零，采用直线法折旧。公司目前使用的装瓶流水线是 5 年前购置的，价值 75 万元，按 15 年的寿命直线法提取折旧，目前已累计提取折旧 25 万元，账面净值为 50 万元，但若现在出售,其售价只有 10 万元。公司的边际税率为 34%,税后资本成本为 10%。请问公司是否应该用新流水线替换现有的流水线?

解 这是一个固定资产更新的决策。解决这个问题的直接办法是分别计算继续使用旧流水线和采用新流水线的净现值,然后进行比较,选择净现值大者。但我们也可以用更简便的差量分析的方法。具体过程如下:

(1) 估计采用新流水线所引起的初始现金流出的增加量。

若采用新流水线,旧流水线只能按低于账面价值 40 万元的价格出售,从而带来公司税收流出减少 13.6 万元。于是有:

采用新流水线的初始增量现金流量
= 新流水线投资额 − 出售旧流水线收入 − 节税收入
= 1 000 000 − 100 000 − 136 000 = 764 000(元)

(2) 估计采用新流水线与继续使用旧流水线各期净现金流量的差量,如表 6-6 所示。

表 6-6 新流水线与旧流水线各期净现金流量及其差量 单位:元

	新流水线 (1)	旧流水线 (2)	新旧之差 (3) = (1) − (2)
销售收入	1 100 000	1 000 000	100 000
付现成本	− 500 000	− 700 000	200 000
折旧	− 100 000	− 50 000	− 50 000
税前利润	500 000	250 000	250 000
所得税(34%)	− 170 000	− 85 000	− 85 000
税后利润	330 000	165 000	165 000
经营净现金流量	430 000	215 000	215 000

(3) 利用各期净现金流量的差量计算净现值。

$$\Delta NPV = -764\,000 + 215\,000 \left[\frac{1}{0.1} - \frac{1}{0.1(1+0.1)^{10}} \right] = 557\,082(元)$$

由于采用新流水线的差量净现值大于零,因此,应该采用新的流水线替换现有的流水线。

例 6.3 大鹏公司需要在 A、B 两个设备中选取一个。半自动化的设备 A 需要 160 000 元的初始投资,每年能够产生 80 000 元的净现金流量。设备 A 的使用寿命为 3 年,3 年后必须更新且无残值。全自动化的设备 B 需要初始投资 210 000 元,使用寿命为 6 年,每年产生 64 000 元的净现金流量,6 年后必须更新且无残值。大鹏公司的资本成本为 16%。请问该选用哪个设备?

解 这是关于两个寿命期不等的互斥项目的决策。容易计算出两个项目寿命期内的净现值分别为:

$$NPV_A = 80\,000 \times \left[\frac{1}{0.16} - \frac{1}{0.16(1+0.16)^3} \right] - 160\,000$$

$$= 80\,000 \times 2.246 - 160\,000 = 19\,680(元)$$

$$NPV_B = 64\,000 \times \left[\frac{1}{0.16} - \frac{1}{0.16(1+0.16)^6} \right] - 210\,000$$

$$= 64\,000 \times 3.685 - 210\,000 = 25\,840(元)$$

如果直接对比两个设备的净现值,大鹏公司似乎应该选择设备 B。但是,这样的对比显然毫无意义,因为这两个设备有着不同的寿命期。为了使比较更合理,有两种方法:最小公倍数寿命法和等年值法。

方法一　最小公倍数寿命法

这种方法需要求出两个项目使用年限的最小公倍数,计算最小公倍数寿命期内的现金流量,然后决策比较。例如,在本例中两个设备寿命期的最小公倍数是 6 年,也就是说,连续使用两台设备 A 等价于使用一台设备 B。因此,我们只需要估计连续使用两台设备 A 的净现金流,如表 6-7 所示。

表 6-7　连续使用两台设备 A 的净现金流量　　　　　　　　　　　　　　　单位:元

项目	0	1	2	3	4	5	6
第 0 年投资现金流	-160 000	80 000	80 000	80 000			
第 3 年投资现金流				-160 000	80 000	80 000	80 000
合并的现金流	-160 000	80 000	80 000	-80 000	80 000	80 000	80 000

根据合并净现金流量计算净现值。

因为

$$NPV_A = 第\ 0\ 年投资的净现值 + 第\ 3\ 年投资的净现值$$

所以有

$$NPV_A = 19\,680 + 19\,680 \times \frac{1}{(1+0.16)^3} = 32\,288(元)$$

由于 $NPV_A > NPV_B$,在同样的时期内比较,应该选择设备 A。

最小公倍数寿命法通过周期匹配的办法解决不同寿命期的项目间的比较问题,最大的缺点是计算烦琐,如一个项目寿命为 7 年,另一个为 11 年,那么,最小公倍数为 77 年。

方法二　等年值法

这种方法是把项目总的净现值转化为项目等年值(相当于年金的含义)后再进行比较。可用求解年金的计算公式来解出等年值,即:

$$等年值 = 项目的净现值/年金现值系数$$

根据以上方法,可以求出:

采纳设备 A 的等年值为:

$$A_A = \frac{19\,680}{PVIFA_{16\%,3}} = 8\,762.24(元)$$

采纳设备 B 的等年值为:

$$A_B = \frac{25\,840}{PVIFA_{16\%,6}} = 7\,012.21(元)$$

采用等年值法所得结论与最小公倍数寿命法一致,应该采用设备 A。

既然两种方法结论相同,自然选择更简便的方法。于是,我们得到了一条简单的法则:两个或更多个发生时间长短不同或者时间结构不同的现金流,可以将其净现值转化为等年值后进行对比。

例 6.4　凯悦公司目前可运用的投资资金为 80 万元,资金的税后资本成本为 10%。现有 5 个投资期限均为 5 年的项目可供选择,这 5 个项目的资本预算方案如表 6-8 所示。

请问凯悦公司应该选择哪些项目？

表 6-8 投资项目的净现金流量和净现值　　　　　　　　　　　　　单位：元

项目	初始投资额	年净现金流量	NPV（10%）
A	600 000	174 097	60 000
B	350 000	100 791	32 100
C	450 000	131 495	48 500
D	300 000	85 470	24 000
E	100 000	23 752	-10 000

解　这是关于资本限量的投资决策。所谓资本限量是指公司由于没有足够的资金，不能投资于所有可接受的项目。在这种情况下，为了使公司获得最大利益，就要在有限的资本约束下，设法取得最大的净现值。而要实现这一目标，必须进行投资组合分析，从各种可能的组合中选出净现值最大的组合。

例 6.4 中，除了项目 E 由于其净现值为负数不予考虑外，其他的项目都是可接受的。为了最大限度地运用资金，假设选择投资组合后剩余的资金可用于借贷或进行证券投资，这类投资净现值为零，记为项目 F。表 6-9 列出了可供选择的投资组合及其净现值。

表 6-9 可以选择的投资组合　　　　　　　　　　　　　　　　　　单位：元

投资组合	初始投资额	NPV（10%）
A，F	800 000	60 000
B，C	800 000	80 600
B，D，F	800 000	56 100
C，D，F	800 000	72 500

显然，在资本限量条件下，凯悦公司应该选择投资项目 B 和项目 C。

例 6.5　大发公司拥有一种稀有矿石的开采权。根据预测，6 年后该矿石价格将一次性上升 30%，因此，公司要研究现在开发还是 6 年后开发的问题。不论现在开发还是 6 年后开发初始投资都相同，建设期均为 1 年。从第 2 年开始投产，投产后 5 年就把矿藏全部开采完。有关资料如表 6-10 所示[①]，请问何时开发合适？

表 6-10 大发公司投资项目有关资料

投资与回收		收入与成本	
固定资产投资	80 万元	年产销量	2 000 吨
营运资金垫支	10 万元	现投资开发每吨售价	0.1 万元
固定资产残值	0 万元	6 年后每吨售价	0.13 万元
税后资本成本	10%	付现成本	60 万元
		所得税率	40%

解　这是确定投资时机的资本预算决策。项目具有正的净现值并不意味着立即投资就是最好的选择，或许晚些时候再投资会产生更大的价值。类似地，立即投资净现值

[①] 此例引自荆新、王化成、刘钧炎，《财务管理学》（第三版），中国人民大学出版社 2002 年版，第 266 页。

为负的项目或许等待一段时间后再开发会成为很有价值的投资机会。因此,任何项目都有相互排斥的两种选择:立即行动或等待。因此需要确定开发时机。

(1) 首先计算现在开发的净现值。

第2—6年的营业净现金流为:

$$(200 - 60 - 16)(1 - 0.4) + 16 = 90.4(万元)$$

考虑初始投资支出和终结营运资金回收后,立即开发的全部净现金流量如表6-11所示。

表6-11 现在开发现金流量计算表　　　　　　　　　　　　　　单位:万元

项目	0	1	2—5	6
固定资产投资	-80			
营运资金垫支		-10		
营业现金流量		0	90	90
营运资金回收				10
现金流量	-80	-10	90	100

于是有现在开发的净现值为:

$$NPV = 90 PVIFA_{10\%,4} PVIF_{10\%,1} + 100 PVIF_{10\%,6} - 10 PVIF_{10\%,1} - 80 = 226.6477(万元)$$

(2) 其次计算6年后开发的净现值,其现金流量估计如表6-12所示。

$$(260 - 60 - 16)(1 - 0.4) + 16 = 126.4(万元)$$

表6-12 6年后开发现金流量计算表　　　　　　　　　　　　　单位:万元

项目	0	1	2—5	6
固定资产投资	-80			
营运资金垫支		-10		
营业现金流量		0	126	126
营运资金回收				10
现金流量	-80	-10	126	136

6年后开发的每年营业净现金流为:

计算6年后开发到开发年度初(第5年年底)的净现值,有:

$$NPV_5 = 126 PVIFA_{10\%,4}(PVIF)_{10\%,1} + 136 PVIF_{10\%,6} - 10 PVIF_{10\%,1} - 80$$
$$= 350.6868(万元)$$

将6年后开发到开发年度初的净现值折算到当前,有:

$$NPV_0 = 350.6868 \times PVIF_{10\%,6} = 197.7873(万元)$$

由于现在开发的净现值大于6年后开发的净现值,因此应该选择立即开发。

例6.6 甲公司进行一项投资,正常投资期为3年,每年投资200万元,3年共需投资600万元。第4—13年每年现金净流量为210万元。如果把投资期缩短为2年,每年需投资320万元,2年共投资640万元,竣工投产后的项目寿命和每年现金净流量不变。

资本成本为 20%,假设寿命终结时无残值,不用垫支营运资金。试分析是否应缩短投资期。[1]

解 这是关于投资期的资本预算决策。所谓投资期指从开始投资至投资结束投入生产所需的时间。缩短投资期可使项目提前竣工,尽早投入生产,产生现金收入,但缩短投资期往往需要采用一定的措施,如交叉作业、加班加点等,而采取这些措施往往需要增加投资额。因此需要对是否应缩短投资期作出选择。下面我们采用差量分析法对此例进行分析判断。

(1) 首先计算缩短投资期与正常投资期相比的差量现金流,计算过程和结果如表 6-13 所示。

表 6-13　甲公司项目缩短投资期计算表　　　　　　　　　单位:万元

	0	1	2	3	4—12	13
缩短投资期的现金流量(1)	-320	-320	0	210	210	
正常投资期的现金流量(2)	-200	-200	-200	0	210	210
缩短投资期的增量现金流量 (3)=(1)-(2)	-120	-120	200	210	0	-210

(2) 其次,计算缩短投资期的增量净现值:

$$\Delta NPV = -120 - 120 PVIF_{20\%,1} + 200 PVIF_{20\%,2} + 210 PVIF_{20\%,3} - 210 PVIF_{20\%,13}$$
$$= 20.9(万元)$$

由于缩短投资期的增量净现值大于零,因此应该选择缩短投资期。当然,我们也可以不采用差量分析法。那样,则需要分别计算两种投资期的净现值,然后对比,选择净现值大的投资期。两种方法相比,采用差量分析法更简便些。

三、内部收益率准则

(一) 内部收益率的含义和计算

内部收益率(internal rate return,IRR)是反映投资项目投资报酬率的指标,计算公式为:

$$\sum_{t=1}^{n} \frac{NCF_t}{(1+IRR)^t} + NCF_0 = 0 \tag{6-5}$$

可见,所谓内部收益率也就是使投资项目的净现值为零的贴现率。

根据内部收益率选择项目,其决策准则是,接受内部收益率大于资本机会成本的项目。[2]

例 6.7　投资项目 E、F 的初始投资额及各期现金流量如表 6-14 所示,资本机会成本为 10%。计算项目的内部收益率并作出决策。

---

[1] 此例引自荆新、王化成、刘钧炎,《财务管理学》(第三版),中国人民大学出版社 2002 年版,第 269 页。
[2] 内部收益率是使得净现值为零的贴现率,但它与净现值计算中所采用的资本机会成本具有本质上的不同。内部收益率是与项目现金流金额和发生时间相关的盈利指标,而资本机会成本是评估项目价值的标准,是资本投入同等风险的项目所可能获得的期望收益率,是在资本市场中形成的。

表 6-14　投资项目 E 和 F 的现金流量　　　　　　　　　　单位:万元

	0	1	2	3	4	NPV
项目 E	-20 000	16 000	16 000	7 000	7 000	17 808
项目 F	-20 000	6 000	6 000	6 000	30 000	15 411

解 对于项目 E 有:

$$\frac{16\,000}{(1+x\%)} + \frac{16\,000}{(1+x\%)^2} + \frac{7\,000}{(1+x\%)^3} + \frac{7\,000}{(1+x\%)^4} - 20\,000 = 0$$

利用试错法可以解出:

$$x\% = 55\%$$

对于项目 F 有:

$$\frac{6\,000}{(1+x\%)} + \frac{6\,000}{(1+x\%)^2} + \frac{6\,000}{(1+x\%)^3} + \frac{30\,000}{(1+x\%)^4} - 20\,000 = 0$$

利用试错法可以解出:

$$x\% = 33\%$$

由于两个项目的内部收益率都大于资本的机会成本,因此按照内部收益率准则两个项目都可以接受。如果两个项目是互斥的,则应该选择项目 E。

我们看到,按照内部收益率准则决策的结果与按照净现值准则选择的结果一样。

(二) 对内部收益率准则的评价

图 6-5 形象地说明了内部收益率对项目投资决策的意义。图中净现值是贴现率的因变量。曲线在贴现率为 30% 时与横轴相交,即内部收益率等于 30%,此时净现值为零。

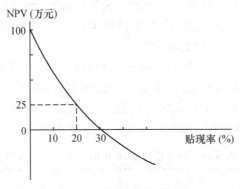

图 6-5　净现值与贴现率

图中曲线表明,当贴现率大于内部收益率时,净现值为正值;而当贴现率小于内部收益率时,净现值为负值。因此,如果我们在贴现率小于内部收益率时接受了一个项目,也就意味着接受了一个净现值大于零的项目。

在证券投资中,我们按照市场价格买下债券,到期时兑现,债券的到期收益率就是此项投资的投资收益率,相当于投资项目的内部收益率。如果资本市场是有效率的,那么债券的价格就等于或十分接近于它的价值,于是其到期收益率就等于债券投资的机会成本,没有超额利润。由于证券市场相对于产品市场更接近于完全竞争,更有效率,因此很难得到超额利润,也很难得到投资的净现值。

内部收益率的计算考虑了项目寿命期内各期的现金流量,考虑了风险,反映了项目的真实报酬率,而且在计算时只要输入现金流量,不必估计资本的机会成本,其概念也比净现值更符合人们的思维和表达习惯,因此在实际应用中广受欢迎。那么,这是否意味着内部收益率与净现值具有同样的功效呢?当问题复杂时,内部收益率的问题就显现出来了。内部收益率的主要缺陷是其计算结果的不稳定和不可靠,并在某些情况下与净现值准则发生冲突。

问题 1 投资规模不同时互斥项目的比较

例 6.8 长江公司正在考虑两个互斥项目 G 和 H,其现金流量如表 6-15 所示。公司的资本成本为 10%,公司应作何选择?

表 6-15 互斥项目 G 和 H 的现金流量表

项目	现金流量(万元)				IRR	NPV($r=10\%$)
	G_0	G_1	G_2	G_4		
G	-1 000	505	505	505	0.24	256
H	-11 000	5 000	5 000	5 000	0.17	1 435

解 相对于项目 H 而言,项目 G 是一个小预算项目,如果两个项目不是互斥的,无论是从内部收益率还是净现值看两个项目都是可取的,但两个项目之间只能选择一个时,内部收益率准则与净现值准则出现了冲突:根据内部收益率应该选择项目 H,而按照净现值准则应该选择项目 G。在这种情况下,公司应该如何选择呢?正确答案是,如果没有资本限量的约束,从公司财富增加的绝对额看,应该选择项目 H。因为不论采用何种决策标准,最重要的是选出能给公司带来最大价值增加的投资项目,净现值反映的正是项目现金收益的价值。而内部收益率法则的关键问题在于忽视了项目的规模。在投资规模较小时,容易出现较高的收益率,从而掩盖了收益总量偏低的不足。虽然项目 G 的收益率较高,但其现金收益的价值却较低。

虽然按照上述理由,运用净现值准则选择项目是正确的,但假如长江公司的总裁坚持要按照内部收益率准则选择项目,那么又该如何说服总裁呢?我们可以通过计算增量内部收益率的方法解决上述矛盾。其方法是,先计算采纳大预算,放弃小预算增加的现金流量,然后计算增量现金流量的内部收益率,如表 6-16 所示。

表 6-16 互斥项目 G 和 H 的增量 IRR 分析表

项目	现金流量(万元)				IRR	NPV($r=10\%$)
	G_0	G_1	G_2	G_4		
H - G	-10 000	4 495	4 495	4 495	0.17	1 179

增量内部收益率是选择大预算所增加的那部分投资的内部收益率,因此,当增量内部收益率大于资本的机会成本时,应该选择大预算项目。此例中,增量投资的内部收益率为 17%,明显高于资本机会成本 10%,增量投资的净现值也为正,因此,选择大预算项目是值得的。

问题 2　现金流模式差异较大时互斥项目的比较

例 6.9　假如长江公司面临两个互斥项目 A 和 B,其现金流量及据此计算的内部收益率和净现值如表 6-17 所示,公司应作何选择?

表 6-17　互斥项目 A 和 B 的现金流量表

项目	现金流量(万元)		IRR(%)	NPV($r=10\%$)
	C_0	C_1		
A	-100	120	20	9.09
B	100	-120	20	-9.09

解　项目 B 是一类比较特殊的投资项目,其现金流量的流动方向与项目 A 或一般的投资项目相反,在初始投资期,先获得一笔现金流入,然后才是现金流出。例如,举办会议、教育培训等,大部分支出发生在会议或培训期间,而收入则发生在会议或培训之前。

对于上述两个互斥项目,按照净现值准则,我们应该选择项目 A,拒绝项目 B。但是,由于两个项目的内部收益率都是 20%,都大于资本的机会成本,那么,我们应该如何应用内部收益率法则呢? 不妨通过以下类比方法来分析这个问题。

设想,若公司目前急需 100 万元,有两种选择:一是执行项目 B,二是向银行借款。项目 B 可以作为银行借款的替代方案。当项目 B 的内部收益率等于 20% 时,执行项目 B 就相当于按 20% 的利率向银行借款。显然,如果公司能够按照低于 20% 的利率向银行借款,就必须放弃项目 B,而采用银行借款,如果银行利率高于 20%,则应采纳项目 B。由于项目 B 在首期收到现金,因此,B 可看作融资性项目,对于融资性项目,我们用内部收益率进行决策时,必须采用与投资性项目相反的决策准则:即当内部收益率小于贴现率时,接受项目;当内部收益率大于贴现率时,拒绝项目。根据特殊准则对 A、B 两个项目进行选择,应该选择项目 A,选择结果与净现值准则相同。显然,当遇到特殊的融资性项目时,内部收益率准则受到了挑战,需要进行调整。而净现值准则总是一致的。

例 6.10　假如长江公司面临的是两个互斥项目 D 和 I,其现金流模式及据此计算的净现值和内部收益率如表 6-18 所示,长江公司又该作何选择呢?

表 6-18　互斥项目 D 和 I 的现金流量表

项目	现金流量(万元)				IRR(%)	NPV($r=10\%$)
	C_0	C_1	C_2	C_3		
D	-1 200	1 000	500	100	23	198
I	-1 200	100	600	1 180	19	273

解　按内部收益率准则,项目 D 优于项目 I,而按照净现值准则两个项目孰优孰劣则与贴现率有关。两种决策准则的冲突如图 6-6 所示。

我们看到,当贴现率为零时,项目 D 的净现值为 400 万元,项目 I 的净现值为 680 万元,并且当贴现率比较低时项目 I 的净现值一直高于项目 D。但随着贴现率提高,由于项目 I 净现值的下降速度比项目 D 快,项目 D 的净现值逐渐赶上并超过项目 I。发生这种结果的原因是,项目 I 的大额现金流发生的时间比较晚,而在贴现率比较低的时候,远期现金流对净现值的影响增大,所以项目 I 的净现值就相对比较高。当然其最根本的原因

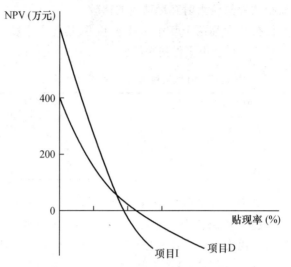

图 6-6　互斥项目的净现值与内部收益率

还在于计算方法中所隐含的假设前提：项目所有的现金流量都可以按同样的利率进行再投资。

对于上述冲突，我们也可以通过计算增量内部收益率的方法解决，如表 6-19 所示。

表 6-19　互斥项目 D 和 I 的增量内部收益率分析表

项目	现金流量（万元）				IRR（%）	NPV（$r=10\%$）
	C_0	C_1	C_2	C_3		
I − D	0	−900	100	1 080	15	76

由于增量内部收益率为 15%，大于公司资本的机会成本，因此选择项目 I 比较有利。

在运用增量内部收益率方法时，为了避免初始现金流量为正的情况，最好用大预算项目的现金流量减去小预算项目的现金流量。①

问题 3　多个内部收益率数值的情况

由于内部收益率的计算公式是一个多项式，根据笛卡尔的"符号法则"，多项式根的数目与其符号的变化次数相等，因此，当项目的现金流量在整个寿命期内多次改变符号时，就可能出现多个内部收益率的情况。

例 6.11　项目 K 的现金流量及其内部收益率和净现值如表 6-20 所示。

表 6-20　项目 K 的现金流量表

项目	现金流量（万元）			IRR（%）	NPV（$r=10\%$）
	C_0	C_1	C_2		
K	−4 000	25 000	−25 000	25　&　400	−1 934

例 6.11 中由于现金流量两次改变了符号，结果出现了两个内部收益率数值，如果资

---

① 不过，无论怎样相减，都不能绝对避免增量现金流量序列出现多次的符号变化，这样就可能出现下面将要讨论的多个内部收益率值的问题。

本的机会成本是10%,则两个内部收益率的值都大于资本机会成本,根据内部收益率准则应该接受项目 K,但是从净现值看,却应该拒绝该项目。显然,在这种情况下,内部收益率准则是不可靠的。

现实中,项目在其寿命期间多次改变符号的情况经常会发生。例如当项目要求在其寿命期内的不同时期构建一些配套设施时,这些年份的现金流就可能出现负值。若项目结束时需要大笔资金支出,如关闭采矿区后需整理土地、恢复该地区的自然景观等,也会在期末出现负的现金流。上述情况下,都可能出现多个内部收益率。

无论是内部收益率还是净现值,都隐含对再投资收益率的假定。与净现值相比,内部收益率法在隐含的再投资假设上有明显的缺陷。净现值假设在项目预期年限内获得的现金流量可以按照资本的机会成本进行再投资,而内部收益率法则假设在项目期限内获得的现金流量,在以后年限中的再投资收益率就是内部收益率本身。假设有一个预期寿命为6年、第1年的净现金流量为10 000元的投资项目,净现值法则假设这10 000元在第2年到第6年间的再投资收益率为资本的机会成本。如果该项目的内部收益率是35%,内部收益率法则假设这10 000元现金流量在第2年到第6年间的再投资收益率为35%。显然净现值法则的再投资收益率假设更符合现实。因为这些现金流量要么以现金红利的形式返还给股东,由自己进行再投资,要么留在公司用于再投资,无论是股东还是公司用于再投资,所要求的投资回报率都是资本市场形成的资本的机会成本。

(三) 修正的内部收益率

克服内部收益率多值的问题可以采用修正的内部收益率(modified internal rate of return,MIRR),其计算公式为:

$$\sum_{t=0}^{n} \frac{\mathrm{cof}_t}{(1+r)^t} = \frac{\sum_{t=0}^{n} \mathrm{cif}_t (1+r)^{n-t}}{(1+\mathrm{MIRR})^n} \tag{6-6}$$

式中,cof_t 为 t 时刻的净现金流出量;cif_t 为 t 时刻的净现金流入量;r 为资本的机会成本,MIRR 为修正的内部收益率。

例6.12 计算例6.11中项目 K 的修正的内部收益率。

解 将数据代入(6-6)式,有:

$$\frac{4\,000}{(1+0.1)^0} + \frac{25\,000}{(1+0.1)^2} = \frac{25\,000(1+0.1)}{(1+\mathrm{MIRR})^2}$$

解得:

$$\mathrm{MIRR} = 3.7\%$$

由于修正的内部收益率为3.7%,远远低于资本的机会成本,因此不应该接受项目 K。按照修正的内部收益率,我们得到了与净现值准则相同的选择。

虽然修正的内部收益率解决了内部收益率的多值问题,也修正了其再投资的假设,但仍不能解决其在投资规模不同的互斥项目之间的比较问题。因此,总的来看,净现值准则要优于内部收益率准则。

四、获利指数

(一) 获利指数的含义和计算

获利指数是投资项目未来报酬的总现值与初始投资额的现值之比,其计算公式为:

$$\text{PI} = \left(\sum_{t=1}^{n} \frac{\text{NCF}_t}{(1+r)^t} \right) \div CF_0 \tag{6-7}$$

获利指数的决策准则是,接受获利指数大于 1 的项目。因为获利指数大于 1 也就意味着净现值大于零。

例 6.13 计算例 6.7 中投资项目 E 和 F 的获利指数,并根据计算结果作出决策。

解 将表 6-14 中的数据,代入 (6-7) 式计算得到项目 E 和 F 的获利指数如表 6-21 所示。

表 6-21 项目 E 和 F 的获利指数 单位:元

项目	0	1	2	3	4	NPV	PI
E	−20 000	16 000	16 000	7 000	7 000	17 808	1.89
F	−20 000	6 000	6 000	6 000	30 000	15 411	1.77

两个项目的获利指数均大于 1,如果两个项目不是互斥的项目,则都可以接受;如果两个项目是互斥项目,则选择获利指数大的项目 E。选择结果与净现值准则相同。

(二) 对获利指数的评价

获利指数的计算考虑了现金流的时间性,体现了时间价值的观念,也考虑了风险,与净现值在计算和分析中所用的数据是完全一样的。不同的是获利指数是投资收益现值与初始投资额的比率,而净现值是投资收益现值与初始投资额的差额。这样,当初始投资额相同时,两种决策准则的选择结果一致,但当初始投资额不同时,就可能出现不同的选择结果。

例 6.14 设有两个项目 U 和 P,其现金流量如表 6-22 所示。

表 6-22 项目 U 和 P 的现金流量表 单位:元

项目	0	1	2	3	4	5	NPV	PI
U	−1 000 000	600 000	300 000	100 000	200 000	300 000	191 399	1.19
P	−2 000 000	100 000	300 000	600 000	200 000	2 100 000	230 169	1.12

若资本的机会成本为 10%,可以得到两个项目的净现值和获利指数,如表 6-22 所示。两个项目的净现值都大于零,获利指数都大于 1,因此,如果两个项目不是互斥项目,则都可以投资。但若两个项目是互斥项目,只能择其一,则按照净现值原则应该选择项目 P,而按照获利指数应该选择项目 U。出现这种结果的原因就是获利指数忽视了互斥项目之间规模上的差异。

与内部收益率法一样,获利指数的这一缺陷也可以用增量分析法进行调整。我们将例 6.14 中项目 P 的现金流减去项目 U 的现金流,并对增量现金流计算获利指数,然后再按照增量获利指数是否大于 1 进行选择,将得到与净现值一样的选择结果,计算过程如

表 6-23 所示。

表 6-23　项目 P 减 U 的增量现金流量表　　　　　　　　　　　单位:元

项目	0	1	2	3	4	5	NPV	PI
P – U	– 1 000 000	– 500 000	0	500 000	0	1 800 000	38 770	1.04

计算结果表明,增量获利指数大于 1,因此应该选择项目 P 而不是项目 U。

五、回收期准则

(一) 回收期的含义和计算

项目的回收期(payback period)是指用项目所产生的净现金流量来收回全部初始投资所需要的时间,通常以年为计量单位。

根据回收期准则选择项目,若公司项目的回收期短于一个特定的期间则接受,如果是在几个互斥项目中选择,则选择投资期短的。

例 6.15　假如有两个项目甲和乙,其初始投资和各期现金流量如表 6-24 所示,据此计算投资回收期。

表 6-24　项目甲和乙各期的净现金流量　　　　　　　　　　　单位:万元

	0	1	2	3	回收期
项目甲	– 2 000	500	500	5 000	2.2 年
项目乙	– 2 000	500	1 800	100	1.83 年

解　由于项目甲于第 2 年年末已抵补初始投资支出 1 000 万元,第 3 年有净现金流入收入 5 000 万元,假若现金在一年内是均匀流入的,则投资回收期为 2.2 年(2 + 1 000/5 000)。项目乙根据同样方法计算可以得到其投资回收期为 1.83 年。

若公司规定投资项目的回收期不得长于 2 年,则项目乙可以接受,项目甲不能接受。若公司规定项目的回收期不得长于 3 年,则甲乙两个项目都可以接受。若项目甲和乙只能选择其一,则应选择回收期短的项目乙。

(二) 对回收期的评价

回收期概念清晰,计算简便,却存在如下问题:

(1) 忽视了现金流的时间价值和风险。在回收期的计算中,对不同时期产生的现金流采用相等权重,即同样的 1 000 元在未来第 2 期还是第 3 期、第 4 期产生的现金流量,它们在回收期的计算中所起的作用都是相等的。

为了解决上述缺陷,一些公司计算贴现的回收期,即首先对项目预期现金流量贴现,然后计算回收期。

假如例 6.15 中项目甲和乙的风险相等,其资金的机会成本均为 10%,则其贴现的回收期的计算如表 6-25 所示。

表 6-25　项目甲和乙贴现回收期计算表　　　　　　　　　　　　　单位:万元

	0	1	2	3	贴现回收期
项目甲现金流的现值	-2 000	455	413	3 757	2.3 年
项目乙现金流的现值	-2 000	455	1 488	75	2.76 年

根据贴现回收期,项目甲要优于项目乙。

(2) 忽视了回收期之后产生的现金流量。

例 6.16　假设有 C 和 J 两个项目,其现金流量如表 6-26 所示。

表 6-26　投资项目 C 和 J 的现金流量表　　　　　　　　　　　　单位:万元

项目	0	1	2	3	4	5	回收期(年)	净现值($r=10\%$)
C	-1 000	600	400	10	5	5	2	-110
J	-1 000	300	300	400	1 000	1 000	3	1 125

按照投资回收期准则,项目 C 优于项目 J。若公司的目标回收期为 2 年,则拒绝项目 J。由于没有考虑回收期满后的现金流量状况,利用回收期准则选择出的项目很可能就不是净现值最大的项目。

(3) 没有客观的选择标准。为了利用回收期准则,必须选择目标回收期。而对于寿命期长短不同的所有项目都采用相同的目标回收期,很可能导致许多低效劣质的短期项目中选,而优良的长期项目却落选。

不过,虽然回收期准则具有上述种种局限,但是在一些特定的投资决策问题中仍能表现出一定的优越性。首先,回收期准则最大的优点是简单和易使用。一些大公司的管理者通常要对许多规模小而重复性的投资进行决策,类似于建设一个小仓库、修理卡车等。随着经验的增加,管理者对确定合适的回收期形成了良好的直觉,这种情况下,用回收期准则作出决策发生错误的成本反而要低于采用详细且耗时的决策准则的成本。例如,对于是否要投资 500 元修理卡车这样的决策,管理者可以简单推算:修理卡车之后每年节省燃料 400 元,并且可以维持两年,于是就应该投资 500 元进行大修理,这便是基于回收期法的决策。公司中这类决策很多,如果每年要进行 100 次类似的决策,这一方法的简便魅力无疑大增。其次,回收期准则适合于既缺乏资金,筹集能力又弱,并且偏好流动性的企业。这类企业主要依靠内部资金积累为经营活动和扩大再生产提供资金。最后,回收期准则还适合那些对于未来情况把握性较小以及未来事件很难量化的情况。因此,在上述情形下,回收期准则仍被较多地采用。另外,回收期准则有时也作为净现值的辅助指标而应用。例如,当两个项目净现值相同时,若回收期不同,这时就可以利用回收期帮助选择项目。

六、平均会计利润率

平均会计利润率(average accounting rate of return,AAR)是投资项目经济寿命期内的平均税后利润与平均投资额之比,其计算公式为:

$$AAR = 寿命期内的平均利润 / 寿命期内平均账面价值 \qquad (6-8)$$

例 6.17　康乐公司打算投资 500 000 元购买一个高尔夫球场 5 年的经营权,每年预计的营业收入和费用如表 6-27 所示。

表 6-27　某高尔夫球场的营业收入、费用和税后利润　　　　　　　　　　单位:元

	第 1 年	第 2 年	第 3 年	第 4 年	第 5 年
营业收入	433 333	450 000	266 667	200 000	133 333
营业费用	200 000	150 000	100 000	100 000	100 000
折旧	100 000	100 000	100 000	100 000	100 000
税前利润	133 333	200 000	66 667	0	-66 667
所得税(25%)	33 333	50 000	16 667	0	-16 667
净利润	100 000	150 000	50 000	0	-50 000

注:公司所得税税率为25%,第5年的所得税为-16 667元,是假定公司整体是盈利的,因此本项目的亏损抵扣了公司整体应上缴的所得税。

根据表中数据计算平均会计利润和平均账面价值,并代入(6-8)式,可得到:

$$\text{AAR} = \frac{(100\,000 + 150\,000 + 50\,000 + 0 - 50\,000)/5}{(400\,000 + 300\,000 + 200\,000 + 100\,000 + 0)/5}$$

$$= \frac{50\,000}{200\,000} = 25\%$$

按照平均会计利润率进行决策,需要事先确定公司的目标利润率,当平均会计利润率大于目标利润率时则可以接受所评估的项目。假如康乐公司的目标利润率大于25%,则上述项目将被放弃。

平均会计利润率的优点是计算较为简便,而且会计数据也比较容易获得。但它的缺点是没有进行现金流量的分析,没有考虑现金流量的时间因素和风险,同时也缺少客观的可参照的选择标准。

七、小结

上述对各决策准则的讨论表明,相比较而言,净现值准则是选择理想的投资方案最好的标准。但这并不意味着其他的决策准则毫无意义。事实上,并非所有的公司都只运用净现值准则进行投资决策,有些公司应用回收期准则,还有些公司应用平均会计利润率准则。不过,更多的情况下是将几种决策准则结合起来应用。总的来看,大公司最经常使用的是内部收益率或净现值,回收期准则通常被作为第二选择。内部收益率准则虽然有不少缺陷,但仍能够得到广泛应用,其主要原因是内部收益率比净现值更好理解,相对于绝对指标,人们也更习惯于用收益率测度收益,而且在计算内部收益率时也不需要一开始就确定贴现率。回收期准则强调早期的现金流,且早期现金流也是比较容易确定的现金流。因此,从某种意义上看,人们应用投资回收期来控制投资风险。另外,投资决策准则的应用也会因行业不同而异。那些有可能精确地预测未来现金流量的行业往往倾向于使用净现值准则或内部收益率准则。相反,难以预测未来现金流量的行业则很少考虑净现值准则,而倾向于采用回收期准则。

本章总结 》

1. 一个完整的资本预算过程通常包括识别、评估、选择和执行四个阶段。识别阶段也称为调查研究阶段,其主要内容是对项目投资环境、市场状况和技术能力的分析。识别项目是否具有潜在投资价值的准则是能否产生净现值。评估阶段的主要内容是确定项目相关的现金流量和合适的贴现率。选择阶段是根据评估数据,按

照一定的决策准则来决定是接受还是拒绝项目的过程。执行是指对所接受的项目进行从始至终的监督、定期审核和评价。

2. 在资本预算中,现金流量是指由投资项目引起的现金收入与支出增加的数量。根据现金流动的方向,现金流量分为现金流出量、现金流入量和净现金流量。根据现金流量发生的时间,则分为初始净现金流量、营业净现金流量和终结净现金流量。

3. 识别项目现金流量的基本准则相关现金流准则。特别要注意以下几点:① 只有现金流量才与投资决策有关;② 对现金流量的估计应始终以增量为基础;③ 在现金流出中切勿计入沉没成本;④ 必须考虑机会成本;⑤ 应酌情处理间接费用的分摊;⑥ 忽略利息支付;⑦ 不可忘记营运资本需求;⑧ 注意通货膨胀的影响。

4. 净现值(NPV)是投资项目寿命期内预计的各期现金流量按资本的机会成本折算为现值后,与初始投入相抵后的差额。按净现值决策的准则是,如果净现值是正值,就应该接受项目;如果净现值是负值,就应该拒绝项目。在若干个互斥投资项目的比较中,应该选择净现值最大的项目。

5. 在比较具有不同寿命期的投资项目的净现值时,为了使比较更合理,应该采用最小公倍数寿命法或等年值法。

6. 当公司由于没有足够的资金,不能投资于所有可接受的项目时,为了使公司获得最大利益,就要在有限的资本约束下,设法取得最大的净现值。而要实现这一目标,必须进行投资组合分析,从各种可能的组合中选出净现值最大的组合。

7. 净现值准则最重要的意义在于它是衡量一项投资决策是否为股东创造了价值的准则。此外,净现值的优点还表现在它反映了项目现金收益的时间价值和风险。公司的资本预算决策就是要寻找能产生正的净现值的投资机会,并且尽可能长时间地保持它。

8. 内部收益率(IRR)是使净现值为零的贴现率,反映了投资项目的真实报酬率。根据内部收益率选择项目,其决策准则是,接受内部收益率大于资本机会成本的项目。

9. 内部收益率的优点是在计算中考虑了项目寿命期内各期的现金流量,考虑了风险,而且在计算时只要输入现金流量,不必估计资本的机会成本。但是,当投资项目现金流具有特殊的模式,以及项目之间的投资规模具有差异时,内部收益率准则与净现值准则可能出现冲突,而采用内部收益率准则可能导致错误的选择。解决内部收益率问题的办法是进行增量现金流分析和计算修正的内部收益率。

10. 获利指数(PI)是投资项目未来报酬的总现值与初始投资额的现值之比。获利指数的决策准则是,接受获利指数大于 1 的项目。接受获利指数大于 1 的项目也就意味着接受净现值大于零的项目。获利指数的主要缺陷在于忽视了项目之间投资规模的差异。因此,当项目之间的初始投资额不同时,按照获利指数选择项目就可能出现与按净现值准则选择所不同的结果。与内部收益率一样,可用增量分析的方法解决这种矛盾。

11. 项目的回收期是指用项目所产生的净现金流量来收回全部初始投资所需要的时间,通常以年为计量单位。回收期准则是,若项目的回收期短于一个特定的期间则可接受,如果是在几个互斥项目中选择,则选择投资期短的。回收期概念清晰,计算简便,却不能反映现金流的时间价值和风险,而且忽视了回收期之后产生的现金流量,缺少客观的选择标准。

12. 平均会计利润率(AAR)是投资项目经济寿命期内的平均税后利润与平均账面价值之比。其优点是计算较为简便,会计数据较容易获得。它的缺点是没有进行现金流量的分析,没有考虑现金流量的时间价值和风险,同时也缺少客观的可参照的选择标准。

13. 相比较其他的投资决策准则而言,净现值准则是选择理想的投资方案最好的标准,但这并不意味着其他的决策准则毫无意义。每一种投资决策准则都有各自的特点和不足之处,都能在一些特定的投资决策问题中表现出一定的优越性。

思考与练习 》

1. 识别投资项目相关的现金流量需要注意哪些问题?
2. 什么是沉没成本和机会成本?
3. 列举回收期准则的优点及存在的问题。
4. 列举内部收益率准则的优点及存在的问题。
5. 1971 年,美国 Lockheed 公司为了继续发展三星飞机,请求联邦政府担保一笔银行贷款。Lockheed 公司及其支持者争辩说放弃这项已经耗资 10 亿美元的项目,可谓愚蠢至极;而 Lockheed 公司的批评者则争辩说继续一项已经耗资 10 亿美元却仍未出现令人满意的前景的项目同样愚不可及。请对这两种观点进行评价。
6. 在存在资本限量的情况下,如何在几个互斥项目中进行选择?
7. 对企业来说,折旧不是一项现金流出,那么折旧是否会影响项目的现金流量?
8. 航远公司打算购买一设备,现有甲乙两个方案。方案甲需投资 20 000 元,使用寿命 5 年,直线法折旧,5 年后无残值。5 年中每年销售收入 8 000 元,付现成本 3 000 元。方案乙需投资 24 000 元,使用寿命也是 5 年,直线法计提折旧,5 年后有残值收入 4 000 元,5 年中每年销售收入 10 000 元,付现成本第 1 年 4 000 元,以后将逐年增加修理费 200 元,另需垫支营运资金 3 000 元。假如所得税税率为 40%,资本机会成本为 5%。问:公司应该采用哪个方案?
9. 光明公司两个投资方案的现金流量如下表所示,该公司的资金成本为 10%,试分别用投资回收期、平均报酬率、内部收益率、现值指数和净现值法进行决策。

投资项目现金流量计算表 单位:元

	0	1	2	3	4	5
A:固定资产投资	-6 000					
营业现金流量		2 200	2 200	2 200	2 200	2 200
现金流量合计	-6 000	2 200	2 200	2 200	2 200	2 200
B:固定资产投资	-8 000					
营运资金垫支	-2 000					
营业现金流量		2 800	2 500	2 200	1 900	1 600
固定资产残值						2 000
营运资金回收						2 000
现金流量合计	-10 000	2 800	2 500	2 200	1 900	5 600

10. 某公司进行一项投资,正常投资期3年,每年投资300万元,3年需投资900万元,第4—13年每年产生净现金流量350万元。若投资期缩短为2年,每年需投资500万元,两年共投资1 000万元,竣工投产后项目寿命和每年净现金流量不变,设资金成本20%,寿命终结时无残值,不用垫支营运资金,判断应否缩短投资期。

11. 某公司有5个项目可以选择,其中B_1和B_2、C_1和C_2是互斥选项,该公司资本的最大限量是500 000元。详细情况如下表所示。问:公司应选什么样的投资组合?假定组合未用完的资金投资于证券,PI为1。

投资项目	初始投资(元)	PI	NPV(元)
A	200 000	1.375	75 000
B_1	180 000	1.467	84 000
B_2	400 000	1.250	100 000
C_1	110 000	1.309	34 000
C_2	100 000	1.210	21 000

12. 某公司有一稀有矿藏,其价格在不断上升。据预测,5年后价格将上升40%,公司要研究是现在开发还是4年后开发。两个时机开发的初始投资均相同,建设期均为1年,从第2年开始投产,投产后5年就把矿藏全部开采完。有关资料如下表所示。作出投资开发时机判断。

投资与回收		收入与成本	
固定资产投资	90万元	年产销量	2 000吨
营运资金垫支	10万元	现投资开发每吨售价	0.1万元
固定资产残值	0万元	4年后开发每吨售价	0.14万元
资本成本	20%	付现成本	50万元
		所得税率	40%

13. 某公司正打算购买一设备,该设备每年年末账面余额如下表所示。

单位:元

	购买设备时	第1年	第2年	第3年	第4年
投资总额	16 000	16 000	16 000	16 000	16 000
减:累计折旧	0	4 000	8 000	12 000	16 000
投资净额	16 000	12 000	8 000	4 000	0

如果决定购买该设备,预计公司平均每年可以增加净收入4 500元。计算该设备投资的平均会计利润率,并阐述平均会计利润率所存在的问题。

14. CPC公司现有一投资项目的现金流量情况如下表所示。

单位:元

年份	现金流量
0	−8 000
1	4 000
2	3 000
3	2 000

(1) 计算该项目的内部收益率。

(2) 若公司的资本机会成本为5%,该项目是否应被采纳?

15. 两个项目预期的现金流如下表所示,它们有相同的风险特征,资本的机会成本都是10%。

年末	项目A	项目B
0	2 000 000	2 000 000
1	200 000	1 400 000
2	1 200 000	1 000 000
3	1 700 000	400 000

(1) 计算每个项目的净现值。根据净现值准则,若项目是独立的,应该选择哪一个项目?若是互斥的呢?

(2) 计算每个项目的回收期和贴现的回收期。若项目是互斥的,应选择哪一个项目?

(3) 计算每个项目的内部收益率。若项目是独立的,应选择哪一个项目?若是互斥的呢?

(4) 计算每个项目的获利指数。若项目是独立的,应选择哪一个项目?若是互斥的呢?

(5) 根据上述分析,若项目是独立的,哪个准则可作出最佳选择?若是互斥的呢?

第七章　资本预算与证券投资中的风险分析

▌本章概要▐

　　资本预算与证券投资中的一个重要问题就是如何识别和衡量风险,以便在决策时充分体现对风险的考虑。首先,本章讨论资本预算中风险分析的主要方法。资本预算中风险分析的方法大致可以归为三类:第一类是根据项目的风险程度调整并确定项目现金流的贴现率;第二类是根据项目的风险程度调整资本预算的现金流量;第三类是对项目现金流本身的风险程度以及影响项目现金流的变量进行分析,包括概率分析、敏感性分析、情境分析、盈亏平衡分析等方法。其次,本章简要介绍了证券投资分析的主要分析方法,包括股票投资的基本分析和技术分析,债券投资中的利率风险分析和持续期。

▌学习目标▐

　　1. 掌握利用资本资产定价模型、项目比较和项目风险等级调整投资项目贴现率的方法。
　　2. 了解调整投资项目贴现率方法隐含的假设前提以及该方法的优缺点。
　　3. 掌握调整项目现金流量的方法,明确确定性等价现金流和确定性等价系数的含义。
　　4. 掌握运用概率计算项目期望现金流量及其标准差的方法,学会运用决策树进行资本预算决策。
　　5. 学会运用敏感性分析的方法找出影响资本预算现金流量的重要变量,以及进行情景分析。
　　6. 了解会计盈亏平衡点和现值盈亏平衡点的区别,掌握盈亏平衡分析的基本方法。
　　7. 了解经营杠杆和经营风险的含义以及两者之间的关系,掌握经营杠杆系数的计算方法。
　　8. 了解证券投资风险的主要风险源。
　　9. 了解股票投资基本分析和技术分析的主要内容。
　　10. 了解利率风险对债券投资的影响,以及持续期的含义和作用,掌握持续期的计算方法。

引　言

　　在前一章中,我们介绍了资本预算的方法,但并未专门讨论资本预算中的风险问题。实际上,不同的投资项目往往具有不同程度的风险。显然,在其他条件相同的情况下,风险程度大的项目总不如风险程度小的项目值得投资。因此,按照风险与收益匹配的基本原则,需要根据项目的风险调整资本预算。否则,资本预算决策就会偏离最大化公司价值的目标。

资本预算风险调整的方法有很多,这些方法通常沿着三条思路展开:第一条思路是根据投资项目现金流的不确定性程度调整资本预算中的贴现率;第二条思路是对投资项目的现金流进行保守估计,即通过剔除投资项目现金流中的不确定性,来调整项目预期的净现金流;第三条思路是对投资项目现金流的风险进行分析,以揭示项目为什么可取,又可能在什么情况下、在哪个方面出现问题。

第一节 调整资本预算的贴现率

根据风险与收益匹配的原则,投资者对项目所要求的必要回报率应包括无风险收益率和风险收益率。如果投资项目的风险高于公司现有业务的风险,那么就应该提高项目的风险收益率;如果投资项目的风险小于公司现有业务的风险,则应降低项目的风险收益率。因此,调整投资贴现率的基本原理就是根据投资项目风险的大小,适当加大(或减少)高(或低)风险项目的投资贴现率,使得投资收益的现值降低,以反映投资风险的大小,避免决策的失误。

一般可通过资本资产定价模型、项目比较法等方法来确定投资贴现率。

一、利用资本资产定价模型确定贴现率

根据资本资产定价理论,只有项目的系统风险才与项目的风险度量相关,并应该获得风险补偿。因此,系统风险的投资项目所应该得到的报酬率可由资本资产定价模型确定。

例7.1 某玩具制造商打算引进一条钓鱼用具生产线,预期寿命5年,每年的营业净现金流量为30万元,初始投入为110万元,全部是权益资金。由于钓鱼用具生产线的风险高于公司目前所从事业务的风险,公司管理者认为,对这个项目以公司通常所要求的股东报酬率10%来贴现是远远不够的,需要重新估计项目的贴现率。已知市场无风险收益率为5%,市场指数的平均收益率为12%,上市公司中钓鱼用具生产企业的β值为1.5。试按风险调整投资贴现率的方法对该投资项目进行决策。

解 由于新项目的风险与公司现有业务风险不同,因此不能以反映公司现有业务风险的收益率10%为新项目的贴现率,而上市公司中钓鱼用具生产企业的β值反映了此类业务的系统风险程度,于是可按资本资产定价模型确定新项目的投资贴现率。

$$r = 0.05 + 1.5(0.12 - 0.05) = 0.155$$

用15.5%对新项目的现金流贴现计算净现值,有:

$$\text{NPV} = 300\,000\left[\frac{1}{0.155} - \frac{1}{0.155(1+0.155)^5}\right] - 1\,100\,000 = 106\,144(元)$$

计算结果表明,考虑了钓鱼生产线的风险之后的净现值仍然大于零,所以可以投资该项目。

利用资本资产定价模型确定项目风险贴现率的关键因素是β值的确定。一般来说,需要有一个良好的资本市场和股票市场,才能得到相关数据。对于那些经营风险和财务风险与公司总体风险一致的项目可以用公司的β值,而对于那些与公司总体风险完全不

同的项目,就需要寻找代表公司,即寻找一家或多家系统风险特点与正待决策的项目十分相似的公开上市公司,以其 β 值或计算相似公司的平均 β 值来推算项目的预期报酬率。通常,对于比较大的项目容易找到完全或基本上经营同类业务的上市公司。如一家制造企业考虑组建一个不动产部门,因为有许多股票公开上市交易的不动产公司,所以容易找到一家或一组公司的 β 值,并用于资本资产定价模型以取得该不动产项目的预期报酬率。但有一点必须引起注意,利用资本资产定价模型确定的贴现率只适用于完全权益融资的项目,如果公司还采用了部分债务融资,则需按融资比率对各种融资方式的报酬率进行平均,计算加权的平均预期报酬率。计算加权平均预期报酬率的具体方法我们将在后面关于资本成本的章节中详细讨论。

二、利用项目比较法确定贴现率

在没有资本市场相关数据的时候,一个简便的办法就是寻找其他类似投资项目的平均投资报酬率作为项目投资贴现率的参考值。

如果在例 7.1 中无法得到资本市场的相关数据,如没有钓鱼用具生产企业的 β 值,那么我们可以通过市场调查来获取钓鱼用具生产企业的收益率资料,来作为本项目的投资贴现率。如果能获得若干家企业若干年的收益率资料,计算该类企业的平均收益率,则更有代表性。

三、按项目的风险等级确定贴现率

对于经常需要进行较大的投资项目决策的公司而言,为了充分利用以往的经验,往往会根据投资项目受不同风险因素影响的程度及风险因素本身的特点,确定与风险等级对应的贴现率的标准,以便于实际评价时应用。表 7-1 就是这种方法的一个示例。[1]

表 7-1 按风险等级调整的投资贴现率进行评分

	投资项目的风险状况及得分									
	A		B		C		D		E	
	状况	得分	状况	得分	状况	得分	状况	得分	状况	得分
市场竞争	无	1	较弱	3	一般	5	较强	8	很强	12
战略上的协调	很好	1	较好	3	一般	5	较差	8	很差	12
投资回收期	1.5 年	4	1 年	1	2.5 年	7	3 年	10	4 年	15
资源供应	一般	8	很好	1	较好	5	很差	12	较差	10
总分	—	14	—	8	—	22	—	38	—	49

总分	风险等级	调整后的贴现率
0—8	很低	7%
8—16	较低	9%
16—24	一般	12%
24—32	较高	15%
32—40	很高	17%
40 以上	最高	25% 以上

---

[1] 此例引自荆新、王化成、刘俊彦,《财务管理学》(第三版),中国人民大学出版社 2002 年版。

根据表 7-1 的标准,估计待评价项目的总分值,再根据总分值就可以找到待评价项目风险调整后的贴现率。

表 7-1 中的分数、风险等级、贴现率都是由企业各部门的相关人员(包括从企业外部聘请的有关专家)根据以往经验确定的。在实践中,不同的公司表中所列的风险因素、风险状况和风险等级可能会有所不同,也可能会更多。

四、对调整贴现率方法的进一步讨论

调整贴现率的方法对风险小的项目采用较低的贴现率,对风险大的项目采用较高的贴现率,通过调高投资的必要收益率来补偿超额风险。这种方法暗示着风险随时间的推移而增大。例如,某投资项目预计寿命为 5 年,预期每年营业净现金流为 10 000 元。若未调整风险时的贴现率为 10%,则第 1 年净现金流的现值为:$10\,000/1.1 \approx 9\,091$ 元,第 5 年净现金流的现值为:$10\,000/1.1^5 \approx 6\,209$ 元。若风险调整后的贴现率为 15%,则第 1 年净现金流的现值为:$10\,000/1.15 \approx 8\,696$ 元,第 5 年净现金流的现值为:$10\,000/1.15^5 \approx 4\,972$ 元。两种贴现率下的现值相比,第 1 年的现值比为 $6\,209/4\,972 = 1.249$,第 5 年的现值比为 $9\,091/8\,696 = 1.045$。这说明,随着时间的增加,贴现率对现金流的影响增大。

虽然风险并非按等比级数的比例增大,但由于项目现金流发生的时间距当前越遥远,影响项目现金流的各种因素发生变化的可能性也就越大,使得项目现金流的不确定性也越大。因此,调整贴现率方法所隐含的假设具有一定的合理性,应用得当,可以较好地反映风险,因此在实践中得到了广泛的应用。

第二节 调整资本预算的现金流量

投资项目风险的直接表现是未来净现金流量所具有的不确定,因此,可以考虑按项目预期现金流量风险的具体情况,剔除其不确定性,将其转换为等价值的稳定现金流量。这种方法的基本思路是,首先将各年的不确定现金流量按等价系数折算为确定性等价现金流量,然后用无风险收益率对调整后的现金流量贴现并进行决策。

一、确定性等价现金流的含义

确定性等价现金流(certainty-equivalent cash flows)是调整投资收益现金流量方法中的一个重要概念。下面我们用掷硬币游戏来说明确定性等价现金流的含义。

假设在游戏中,我们规定每人只能掷一次硬币,若出现正面则赢 100 元,若出现反面则什么也得不到。显然,参加游戏的人有 50% 的概率赢 100 元,50% 的概率什么也得不到,其期望收益是 50 元,显然,这个期望收益是不确定的。假如有人出 30 元让参加游戏的人退出游戏,若游戏参加者接受了这笔钱并同意退出游戏,则这笔无风险的收入 30 元就是有风险的期望收益 50 元的确定性等价现金流。显然,由于每个人的风险偏好不同,相对于同样的期望收益,每个人的确定性等价现金流也会不同。

二、确定性等价系数的含义

通常,人们通过确定性等价系数(ratio of certainty-equivalent)来将不确定的现金流量

转化为确定性等价现金流。所谓确定性等价系数就是确定性等价现金流与有风险的期望现金流的比值,也称为约当系数。若以 d_t 表示确定性等价系数,有:

$$d_t = \frac{确定性等价现金流}{有风险的期望现金流} \tag{7-1}$$

假设有两个项目 A 和 B。项目 A 的 β 值为 1.1,预计在未来 3 年中每年有 100 元的净现金流入。项目 B 是一个无风险的项目,其现金流如表 7-2 所示。已知市场上无风险收益率为 5%,市场风险报酬率为 8%。于是,可以用资本资产等价模型求出项目 A 的贴现率为:

$$R = R_f + \beta(R_m - R_f) = 0.05 + 1.1(0.08) = 13.8\%$$

分别按 13.8% 和 5% 的贴现率对项目 A 和 B 进行贴现,得到其现金流的现值如表 7-2 所示。

表 7-2 项目 A 和 B 的现金流　　　　　　　　　　　　　　单位:元

	项目 A			项目 B	
年份	净现金流	现值(13.8%)	年份	净现金流	现值(5%)
1	100	87.9	1	92.3	87.9
2	100	77.2	2	85.1	77.2
3	100	67.9	3	78.6	67.9
合计		233.0			233.0

比较 A 和 B 两个项目的现金流量,在第 1 年,项目 A 有风险的现金流 100 元与项目 B 无风险的现金流 92.3 元有同样的现值,因此,92.3 元是项目 A 有风险现金流量 100 元的确定性等价现金流,其确定性等价系数为 0.923,同样方法可以得到第 2 年、第 3 年的确定性等价系数分别为 0.851 和 0.786。

由于确定性等价系数的选择往往会因人而异,为了减少决策者的偏好对投资决策的影响,有些企业根据标准离差率来确定确定性等价系数,即通过经验数据取得标准离差率与确定性等价系数的经验对照关系,如表 7-3 所示。

表 7-3 项目现金流的标准离差率与确定等价系数对照示例

标准离差率%	0.00—0.07	0.08—0.15	0.16—0.23	0.24—0.32	0.33—0.42	0.43—0.54	0.55—0.7	…
确定性等价系数	1	0.9	0.8	0.7	0.6	0.5	0.4	…

三、投资项目现金流量的调整

根据项目现金流量的风险程度选择确定性等价系数之后,就可以将等价系数乘以项目的预期风险现金流量,使预计有风险的现金流转变为等价的无风险现金流,然后用无风险收益率贴现以获得净现值或现值指数。

例 7.2 某公司有一项目 Z,初始投入为 110 000 元,预计寿命为 5 年,各年预期净现金流量以及由该项目经理根据各年预期现金流量的标准离差率所确定的各年预期现金流量的确定性等价系数如表 7-4 所示。已知市场的无风险收益率为 6%,试根据调整现金流量的方法进行决策。

表 7-4 Z 项目的预期现金流量及相应的确定性等价系数

年份	预期现金流量(元)	确定性等价系数
1	10 000	0.95
2	20 000	0.90
3	40 000	0.85
4	90 000	0.75
5	70 000	0.60

解 （1）首先按确定性等价系数将预期现金流量转换为等价的无风险现金流,如表 7-5 所示。

表 7-5 等价无风险现金流计算表

预期现金流量(元)	确定性等价系数	等价无风险现金流(元)
10 000	0.95	9 500
20 000	0.90	18 000
40 000	0.85	34 000
90 000	0.75	67 500
70 000	0.60	42 000

（2）用无风险收益率贴现等价无风险现金流,并计算项目的净现值,如表 7-6 所示。

表 7-6 净现值计算表

年份	等价无风险现金流	现值($r=6\%$)
1	9 500	8 962.3
2	18 000	16 019.9
3	34 000	28 547.1
4	67 000	53 070.3
5	42 000	31 384.8
现值合计		137 984.4

NPV = 137 984.4 − 110 000 = 27 984.4(元)

由于该项目的净现值大于零,因此应该接受该项目。

注意:如果用等价无风险现金流计算项目的内部收益率,则进行决策时应将计算得到的内部收益率与无风险收益率对比,来决定项目的取舍。

调整现金流量的方法通过直接调低项目的预期现金流来处理项目的风险,与调整贴现率方法一样也会降低项目的净现值,而且能够克服调整贴现率法可能夸大远期风险的不足,但这种方法受决策者的主观感觉和风险偏好的影响较大。因此,需要特别注意准确、合理地确定等价系数。

第三节 评估资本预算风险的其他方法

在资本预算风险分析中,除了采用调整贴现率和调整现金流量这两种方法以外,通常还采用概率分析、敏感性分析、模拟分析等方法对项目的现金流量的风险状况进行分析。

一、概率分析法

在资本预算中需要确定未来的不确定现金流,然后按照一定的决策程序分析项目的净现值。概率法是通过估计项目各期的不确定现金流发生的概率,根据其概率计算期望现金流量和期望净现值,并在此基础上作出决策的资本预算风险评价方法。

例7.3 某公司有一投资项目各年的净现金流量与概率分布情况如表7-7所示,公司要求的必要收益率为6%。试判断该项目是否值得投资。

表7-7 投资项目的现金流量与概率分布表

年份	概率	净现金流量(元)
0	1	−5 000
1	0.25	3 000
	0.5	2 000
	0.25	1 000
2	0.2	4 000
	0.6	3 000
	0.2	2 000
3	0.3	2 500
	0.4	2 000
	0.3	1 500

解 (1) 计算各年的期望净现金流量。

$$\overline{NCF_1} = 3\,000 \times 0.25 + 2\,000 \times 0.5 + 1\,000 \times 0.25 = 2\,000(元)$$

$$\overline{NCF_2} = 4\,000 \times 0.2 + 3\,000 \times 0.6 + 2\,000 \times 0.2 = 3\,000(元)$$

$$\overline{NCF_3} = 2\,500 \times 0.3 + 2\,000 \times 0.4 + 1\,500 \times 0.3 = 2\,000(元)$$

(2) 计算项目的期望净现值。

$$\overline{NPV} = -5\,000 + \frac{2\,000}{1.06} + \frac{3\,000}{1.06^2} + \frac{2\,000}{1.06^3} = 1\,236(元)$$

该项目的净现值为正,故可以投资。

假如我们对未来各种情况发生的概率已有所了解,并已估算出在各种情况下的现金流量,那么通过计算现金流量的期望值和期望净现值进行决策显然是一个较好的考虑风险的资本预算决策。由于许多项目都是分阶段考虑问题的,相应地,决策也应分阶段,这时我们可以利用概率树或决策树的方法进行决策。

例7.4 某公司为生产某种新产品而设计了两种建设方案,一种是建大厂,另一种是建小厂。建大厂需投资300万元,建小厂只需投资100万元。预计第1年销售好的概率为0.7,而未来的销售状况取决于第1年的销售情况。如果第1年销售好,则未来销售好的概率为0.9;如果第一年销售不好,则未来销售好的概率为0.1。如果建大厂,销售好每年的净现金流量为100万元,销售不好每年的净现金流量为−20万元。如果建小厂,销售好每年的净现金流量为40万元,销售不好每年的净现金流量为5万元。如果在小厂的基础上扩建为大厂,需要再投资 100 万元。假设项目的寿命为 10 年,无残值,合适的贴现率为 10%。试用决策树方法进行决策。

解 决策树是对决策局面的一种图解,顾名思义,是一种类似于一棵树的图。决策树的图形如图 7-1 所示。

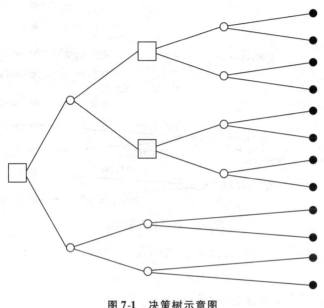

图 7-1 决策树示意图

在决策树中,为了区别决策时点与决策方案可能面临的未来状况,呈"□"状的图形称为决策点,由决策点引出的线条称为方案枝,方案枝上应标明方案的具体内容。呈"○"状的图形称为状态点,由状态点引出的线条称为概率枝或状态枝,状态枝上应标明状态出现的概率。为分析计算方便,可将各决策点和状态点依顺序编上号。在概率枝末端呈"●"状的记号称为终点,在终点右侧应标出相应状态下的损益值。如果整棵树上只有一个决策点,称为单级决策树,如果不止一个决策点,则称为多级决策树。图 7-1 是一个两级的多级决策树。制作决策树应从决策点开始,从左向右的顺序逐步展开,利用决策树进行决策分析时,则应从终点开始,按照从右向左的顺序逐步分析计算期望现金收益。

下面用决策树方法对例 7.4 的项目进行资本预算决策。
(1) 首先,根据案例背景情况画出决策树,如图 7-2 所示。
(2) 计算各方案下的期望净现值。
第一步决策:决定是否扩建工厂。
决策点 2 扩建方案的期望净现值为:
$$\overline{NPV}_1 = [100 \times 0.9 + (-20) \times 0.1] PVIFA_{0.1,9} - 100$$
$$= 88 \times 5.759 - 100 = 406.792(万元)$$
决策点 2 不扩建方案的期望净现值为:
$$\overline{NPV}_1 = [40 \times 0.9 + 5 \times 0.1] PVIFA_{0.1,9} = 35.5 \times 5.759 = 204.445(万元)$$
决策点 3 扩建方案的期望净现值为:

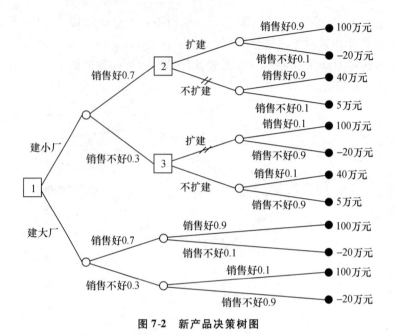

图 7-2　新产品决策树图

$$\overline{NPV}_1 = [100 \times 0.1 + (-20) \times 0.9]PVIFA_{0.1,9} - 100$$
$$= (-8) \times 5.759 - 100 = -146.072(万元)$$

决策点 3 不扩建方案的期望净现值为:

$$\overline{NPV}_1 = [40 \times 0.1 + 5 \times 0.9]PVIFA_{0.1,9}$$
$$= 8.5 \times 5.759 = 48.9515(万元)$$

根据计算结果,我们的选择是:在决策点 2 应选择扩建工厂,在决策点 3 应选择不扩建工厂。也就是说,如果第 1 年销售好,我们就选择扩建工厂,如果第 1 年销售不好,我们就选择不扩建工厂。因此在决策树图上,我们剪去决策点 2 的不扩建方案枝和决策点 3 的扩建方案枝。

第二步决策:决定是建大厂还是建小厂。

决策点 1 建小厂的期望净现值为:

$$\overline{NPV}_0 = \frac{40 \times 0.7 + 5 \times 0.3 + 406.792 \times 0.7 + 48.9515 \times 0.3}{(1 + 0.1)} - 100$$
$$= \frac{328.9398}{1.1} - 100 = 199.0362(万元)$$

决策点 1 建大厂若第 1 年销售好,则在第 1 年年末时有期望净现值:

$$\overline{NPV}_1 = [100 \times 0.9 + (-20) \times 0.1]PVIFA_{0.1,9} = 88 \times 5.759 = 506.792(万元)$$

决策点 1 建大厂若第 1 年销售不好,则在第 1 年年末时有期望净现值:

$$\overline{NPV}_1 = [100 \times 0.1 + (-20) \times 0.9]PVIFA_{0.1,9} = -8 \times 5.759 = -46.072(万元)$$

则决策点 1 建大厂的期望净现值为:

$$\overline{NPV}_0 = \frac{[100 \times 0.7 + (-20) \times 0.3] + [506.792 \times 0.7 + (-46.072) \times 0.3]}{(1 + 0.1)} - 300$$
$$= 68.1207(万元)$$

对比决策点 1 的建大厂与建小厂的期望净现值,由于建小厂的期望净现值(199.0362 万元)大于建大厂的期望净现值(68.1207 万元),因此决定建小厂。

将上述两个步骤的决策联系起来,决策的逻辑思路是,首先建设小厂生产新产品,如果第 1 年销售状况好,就进行扩建以扩大市场规模,如果第 1 年销售状况不理想,则保持期初的规模继续进行产品的生产。

二、敏感性分析

墨菲(Murphy)法则告诉我们:如果有什么事情可能出问题,那么就真的会出问题。在投资分析中,我们不能仅仅满足于估计项目风险、选择贴现率,还需要追根溯源,努力弄清楚项目为什么可取,在什么地方可能会出现问题。只有这样,当问题发生时才能坦然应对。敏感性分析正是检测项目净现值对特定假设条件变化的敏感度,揭示可能发生问题的因素的方法。

设某公司有一投资项目的初始投资额为 300 万元,寿命 5 年,按直线折旧,项目结束时设备无残值,公司的所得税税率为 33%,项目的必要投资回报率为 12%。财务分析人员不仅估计了正常生产经营情况下销售单价、销售量、单位变动成本的数据,而且提供了上述变量在乐观和悲观状态下的预测值,如表 7-8 所示。

表 7-8 某项目对不同变量的估计

	悲观估计	正常估计	乐观估计
销售量(件)	50 000	80 000	100 000
产品单价(元)	70	80	90
变动成本(元/件)	65	60	55
固定成本(元/年)	110 000	100 000	90 000

上述这些变量都是可能影响项目净现值的财务变量,标准的敏感性分析需要估计当其他变量均处于正常值的状态下,某一变量在各种可能状态下导致的各种可能的净现值。这一过程如表 7-9 至表 7-12 所示。

(1) 除销售量外,其余变量保持正常状态。

表 7-9 某项目净现值对销售量的敏感性分析　　　　　　　　　　　单位:元

	销售量	年净现金流量	净现值
悲观估计	50 000	801 000	-112 555
正常估计	80 000	1 203 000	1 336 574
乐观估计	100 000	1 471 000	2 302 660

注:① 年净现金流量 = (单价×销售量 - 总成本 - 折旧)(1 - 所得税税率) + 折旧
如:正常状况的年净现金流量 = (80×80 000 - 60×80 000 - 100 000 - 600 000)×0.67 + 600 000
　　　　　　　　　　　　 = 1 203 000(元)
② 净现值 = 年净现金流量 × $PVIFA_{12\%,5}$ - 3 000 000
如:正常状况的净现值 = 1 203 000×3.6048 - 3 000 000 = 1 336 574(元)

(2) 除单价外,其余变量保持正常状态。

表7-10　某项目净现值对单价的敏感性分析　　　　　　　　　　　单位:元

	单价	年净现金流量	净现值
悲观估计	70	67 000	-2 758 478
正常估计	80	1 203 000	1 336 574
乐观估计	90	1 739 000	3 268 747

(3) 除固定成本外,其余变量保持正常状态。

表7-11　某项目净现值对固定成本的敏感性分析　　　　　　　　单位:元

	固定成本	年净现金流量	净现值
悲观估计	110 000	1 196 300	1 312 422
正常估计	100 000	1 203 000	1 336 574
乐观估计	90 000	1 209 700	1 360 727

(4) 除变动成本外,其余变量保持正常状态。

表7-12　某项目净现值对变动成本的敏感性分析　　　　　　　　单位:元

	变动成本	年净现金流量	净现值
悲观估计	65	935 000	370 488
正常估计	60	1 203 000	1 336 574
乐观估计	55	1 471 000	2 302 661

上述对销售量、固定成本、变动成本和产品价格这四个变量的分析结果说明,该项目的净现值对固定成本和变动成本的变化较不敏感,即使固定成本和变动成本出现最悲观的结果,只要其他变量不变,项目的净现值始终大于零。但该项目的净现值对销售量和产品价格的变化十分敏感,一旦出现最悲观的销售量和价格,净现值就会出现负值。因此,需要搜集更多的关于未来可能的销售量和产品价格的资料,以便作出慎重且尽可能准确的预测。

敏感性分析找出影响项目净现值的关键变量,指出在哪些方面需要收集更多的信息,有助于降低决策失误的可能性。敏感性分析主要的不足在于孤立地处理各个变量,而实际上各个变量之间往往是互相关联和影响的。例如,如果市场需求旺盛,不仅销售规模会超出预期,产品价格也会相应上扬。而若通货膨胀导致原材料价格上升,成本会超过预期,同时产品价格也会上升。情景分析有助于弥补敏感性分析的上述不足。

三、情景分析

既然变量之间可能互相影响,因此可以考虑将变量进行合理组合后的不同情景状况下项目的净现值。例如,在例7.3中我们可以考虑各个变量都处于乐观状况时项目的净现值,或各变量都处于悲观状况时项目的净现值,如表7-13所示。

表 7-13　某项目在不同情景下的净现值

	悲观	正常	乐观
销售量（件）	50 000	80 000	100 000
产品单价（元）	70	80	90
变动成本（元/件）	65	60	55
固定成本（元/年）	110 000	100 000	90 000
年净现金流量（元）	291 800	1 203 000	2 482 700
净现值（元）	−1 948 119	1 336 574	5 949 637

从上述三种不同情景的分析可知，如果最悲观的情景出现，这一投资项目将出现巨额损失。显然，除了上述情景外，还可以通过变量的组合构造出更多种情景，了解不同情景下可能出现的结果。不过，情景分析只能考虑有限个变量组合下的结果，如果要考虑所有可能变动的组合结果，则需要应用蒙特卡洛模拟（Monte Carlo Simulation）方法。

四、盈亏平衡分析

敏感性分析和情景分析都是为了回答这样的问题：如果未来销售状况或产品成本达不到预期的水平，项目可能会出现什么样的严重后果？盈亏平衡分析则从另一个角度考虑不确定性问题：项目在什么样的销售额水平下将出现亏损。

（一）会计利润的盈亏平衡点

会计利润的盈亏平衡点是指当总收入等于总支出，即会计利润为零时的销售量水平。若将成本按性态划分为固定成本与变动成本，则成本、销售量和会计利润之间的关系如下式所示：

利润 = 价格 × 销售量 − 单位产品变动成本 × 销售量 − 固定成本
　　 = （价格 − 单位产品成本）× 销售量 − 固定成本

当利润为零时，根据上式解出的销售量就是盈亏平衡点，其表达式为：

$$销售量 = \frac{固定成本}{价格 - 单位产品成本}$$

上式中的分母称为边际利润或边际贡献，是产品扣除自身变动成本后对企业利润所做的贡献。它首先用于弥补企业的固定成本，如果还有剩余就成为利润，如果不足以弥补固定成本则发生亏损。而在盈亏平衡点，企业是没有利润的，即边际贡献正好弥补固定成本。

例 7.5　某企业新产品需投资 500 000 元，预计寿命 5 年，按直线法折旧，残值为零。企业的所得税税率为 33%，项目合适的贴现率为 10%。预计新产品的市场售价为每件 10 元，变动成本为每件 6 元，固定成本（不包括投资额的折旧）为 20 000 元。试估计该项目的会计利润盈亏平衡点。

解　依题意，每年的折旧额为 100 000 元，属于固定成本，则通过计算边际贡献得到盈亏平衡点的销售量为：

$$Q = \frac{20\,000 + 100\,000}{10 - 6} = \frac{120\,000}{4} = 30\,000（件）$$

即要保证该产品实现盈亏平衡，销售量必须达到 30 000 件。表 7-14 是该项目在预计

表 7-14　不同预计销售量下的收入、成本和利润　　　　　　　　　　单位:元

概率	销售量	销售收入	总成本	折旧	所得税	净利润
0.05	20 000	200 000	140 000	100 000	13 200	-26 800
0.10	25 000	250 000	170 000	100 000	6 600	-13 400
0.15	30 000	300 000	200 000	100 000	0	0
0.40	35 000	350 000	230 000	100 000	-6 600	13 400
0.15	40 000	400 000	260 000	100 000	-13 200	26 800
0.10	45 000	450 000	290 000	100 000	-19 800	40 200
0.05	50 000	500 000	320 000	100 000	-26 400	53 600

注:表中第1、2行出现亏损,假设公司其他的利润可用于抵消此项目的亏损,从而起到节税的作用。

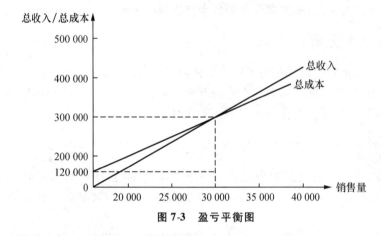

图 7-3　盈亏平衡图

由于该项目包括折旧在内的固定成本为120 000元,即使产量为零,其固定成本也是不可避免的支出,此时,其总成本为120 000元,而总收入为零。当销售量为30 000件时,其总收入和总成本均为300 000元,实现了盈亏平衡。只要销售量能够超过30 000件,总收入就大于总成本,项目开始盈利。

(二) 现值的盈亏平衡点

在项目决策中我们一再强调,与利润相比,我们更关注的是项目的净现金流和净现值。因此,我们可以利用盈亏平衡分析基本原理,找出使得净现值为零时的盈亏平衡点。

已知,项目的现值可用下式贴现得到:

[(单价 – 单位可变成本) × 销售量 – 固定成本 – 折旧](1 – 所得税税率) + 折旧

当项目的现值等于投资额时,项目的净现值为零,此时的销售量即盈亏平衡时的销售量。有下式:

初始投资额 = {[(单价 – 可变成本) × 销售量 – 固定成本 – 折旧]
　　　　　　× (1 – 所得税税率) + 折旧} × 年金现值系数

解上式,得盈亏平衡时的销售量为:

$$销售量 = \frac{(初始投资额/年金现值系数) - 折旧 + (固定成本 + 折旧)(1 - 所得税税率)}{(单价 - 可变成本) \times (1 - 所得税税率)}$$

$$= \frac{(初始投资额/年金现值系数) + 固定成本(1 - 所得税税率) - 折旧 \times 所得税税率}{(单价 - 可变成本)(1 - 所得税税率)}$$

将例7.5的数据代入上式,我们可以求出该项目现值的盈亏平衡点为:

$$Q = \frac{500\,000/PVIFA_{10\%,5} + 20\,000 \times (1 - 0.33) - 100\,000 \times 0.33}{(10 - 6)(1 - 0.33)} \approx 41\,900(件)$$

可见,如果该项目只实现会计盈亏平衡点所要求的销售量30 000件,实际上公司还是在亏本的,原因是会计盈亏平衡分析忽视了初始投资的机会成本。

(三)经营杠杆与盈亏平衡点

通过前面的盈亏平衡分析,我们了解到在其他条件相同的情况下,产品的固定成本越大,实现盈亏平衡所要求达到的销售量就越大。换一个角度看,也就是说,公司的总成本中固定成本的比重越大,当销售量增长时,利润会增长得越快。这是因为在一定范围内固定成本并不随着业务量的变动而变动,因此,当销售量增长时,利润就会增长得更快,而利润的增长速度快于销售量的增长速度的现象就好比物理学中的杠杆原理所描述的现象,被称为经营杠杆。当然,产品的固定成本高低,取决于产品的特性,并不是人为任意可定的。比如,发电厂的固定成本就高于杂货铺的,投资银行的固定成本远远低于钢铁公司的。但是对于一家经营性质已经确定的公司来说,可能有不同的生产方案和经营策略供其选择,与之相关的,可能是不同的设备投入以及不同的固定成本支出。这时,如何选择固定成本,取得经营杠杆利益,从而实现尽可能高的收益,就是十分重要的问题。下面我们就通过具体的例子来说明经营杠杆以及由此产生的利益。

例7.6 续例7.5,假如该项目有第二种生产方案可供选择,采用后产品的单位变动成本将由6元下降为5元,固定成本由20 000元上升为75 000元,其他情况与第一种生产方案相同。表7-15所列的是采用第二种生产方案预计的各种可能销售量状况时的收入、成本和利润。

表7-15 采用第二种生产方案的收入、成本和利润   单位:元

概率	销售量	销售收入	总成本	折旧	所得税	净利润
0.05	20 000	200 000	175 000	100 000	24 750	-50 250
0.10	25 000	250 000	200 000	100 000	16 500	-33 500
0.15	30 000	300 000	225 000	100 000	8 250	-16 750
0.40	35 000	350 000	250 000	100 000	0	0
0.15	40 000	400 000	275 000	100 000	-8 250	16 750
0.10	45 000	450 000	300 000	100 000	-16 500	33 500
0.05	50 000	500 000	325 000	100 000	-24 750	50 250

计算结果显示,由于固定成本加大,采用第二种方案的盈亏平衡点为35 000件,高于第一种生产方案的盈亏平衡点。对比表7-16所列的两个不同的生产方案销售量变动与利润变动之间的关系,我们看到,在相同的销售量变动率下,第二种方案的利润变动率大于第一种生产方案,而这就是固定成本加大所导致的经营杠杆加大的结果。

表 7-16　两种生产方案销售量、利润与盈亏平衡点的比较

概率	销售量（件）	销售收入（元）	增长（%）	第一种生产方案		第二种生产方案	
				净利润（元）	增长（%）	净利润（元）	增长（%）
0.05	20 000	200 000	—	-26 800	—	-50 250	—
0.10	25 000	250 000	25	-13 400	—	-33 500	—
0.15	30 000	300 000	20	0	—	-16 750	—
0.40	35 000	350 000	16.7	13 400	—	0	—
0.15	40 000	400 000	14.3	26 800	100	16 750	—
0.10	45 000	450 000	12.5	40 200	50	33 500	100
0.05	50 000	500 000	11.1	53 600	33	50 250	50

会计上通常用经营杠杆系数（degree of operating leverage, DOL）来说明杠杆作用的程度。定义为经营利润的变动率与销售收入的变动率之比，其计算公式为：

$$\text{经营杠杆系数} = \text{经营利润的变动率} / \text{销售收入的变动率}$$

以 S 代表销售收入，P 代表单价，F 代表固定成本，V 代表单位产品的可变成本，Q 代表销售量，EBIT 代表经营利润，有：$\Delta \text{EBIT} = \Delta Q(P-V)$，$\Delta S = P(\Delta Q)$，则根据定义，经营杠杆系数可以表示为：

$$\text{DOL} = \frac{\Delta \text{EBIT}/\text{EBIT}}{\Delta S/S} = \frac{\Delta Q(P-V)/(P-V)Q - F}{P(\Delta Q)/PQ}$$

$$= \frac{\Delta Q(P-V)(PQ)}{[(P-V)Q - F][P(\Delta Q)]} = \frac{Q(P-V)}{Q(P-V) - F}$$

根据上式，我们可以计算例 7.6 当销售量为 35 000 件时，两种生产方案的经营杠杆系数。

第一种生产方案：

$$\text{DOL}_1 = \frac{Q(P-V)}{Q(P-V) - F} = \frac{35\,000(10-6)}{35\,000(10-6) - 20\,000} = 1.17$$

第二种生产方案：

$$\text{DOL}_2 = \frac{Q(P-V)}{Q(P-V) - F} = \frac{35\,000(10-5)}{35\,000(10-5) - 75\,000} = 1.75$$

（四）经营杠杆与经营风险

公司风险可以分为经营风险和财务风险。经营风险又称为商业风险，是指由于生产经营活动所引起的经营收入的不确定性，表现为公司税息前利润或营业利润的波动。如果公司的固定成本占的比重大，只要营业额稍有变化，就会导致经营利润发生大幅度变化。这说明固定成本比重大，也就是经营杠杆高的公司的经营风险也大。从本质上说，固定成本的高低并不是利润不稳定的根源，但由于在其他条件不变的情况下，产销量的增减不改变固定成本总额，却会降低或提高单位产品的固定成本，导致单位产品利润提高或降低，从而使得营业利润的变动率大于产销量的变动率。如果不存在固定成本，所有成本都是变动的，那么营业利润的变动率就与产销量的变动率一致。因此，经营杠杆越高，销售收入不足以支付固定成本的风险就越大，经营风险也就越大。

需要引起注意的是，尽管经营杠杆对营业风险有很大影响，但它并不是营业风险的

唯一风险源。经营风险除了受经营杠杆影响外,还受到许多导致经营收入不确定的其他因素的影响。比如影响公司产品和产品生产要素的诸多市场因素。如果公司产品市场需求稳定,生产要素的市场价格稳定,那么公司产品的成本和售价也就比较稳定,则企业的营业风险也比较小。再比如公司对市场变化的应变能力和调整能力。善于根据市场需求及要素价格变化调整生产的品种、成本的公司收益就比较稳定;反之,则经营风险大。公司所处的行业也是影响经营风险的主要因素。另外,不同行业的产品需求和要素供给的状况有很大差异,这与行业内竞争的状况、受宏观因素及政策的影响程度等因素密切相关。如受国家政策保护的行业和居于垄断地位的企业,其风险明显小于竞争性较强的行业。可见,一个经营杠杆低的企业可能因为其他因素的不稳定而使其具有较高的营业风险,而一个营业杠杆高的企业也可能因其他因素稳定而具有较低的经营风险。

根据公司经营风险与经营杠杆的关系,在运用经营杠杆时,一定要注意在控制经营风险的前提下发挥经营杠杆的作用。例如,当公司面临的市场环境顺利且生产规模有可能大幅上升时,应适当加大经营杠杆的使用;而当公司面临的市场环境不利或难以通过扩大规模来提高产量时,应尽量限制经营业杠杆的使用。总之,企业应综合运用可调控的各种因素,将营业风险调整到一个理想的水平。

秦池:昙花一现的明星

山东秦池酒厂从 1995 年年底勇夺中央电视台广告标王,到 1996 年再夺标王,再到 1998 年年初,短短的两年时间经历了从辉煌到衰败的惊心动魄的历程,给人们留下了很多的思考。

秦池酒厂原是山东省临朐县县属小型国有企业,白酒产量多年维持在万吨规模,却鲜为人知。到 1992 年秦池酒厂已亏损几百万元,濒临倒闭。1993 年,运用广告战,秦池酒厂在白酒品牌尚存空隙的东北打开了沈阳市场。随后,逐渐打开了东北市场,进入西安、兰州、长沙等市场,组建了以秦池酒厂为核心的秦池集团。1995 年 11 月 8 日,实力依然弱小的秦池酒厂为了迅速提高品牌知名度,扩大生产规模,以惊人的勇气斥资 6 666 万元夺得了中央电视台 1996 年黄金时段的广告标王。巨额的广告支出作为一项固定性费用,改变了企业原来的成本结构,使固定成本比重增大,即经营杠杆增大,经营杠杆的作用进一步增强,但经营风险也相应增强,要取得经营杠杆效益,保证企业的可持续发展,必须有足够规模和稳定的市场份额。

大风险为秦池带来大发展。最初的广告轰动效应使秦池酒厂一夜成名,市场份额迅速增加。仅广告播出后的 1 个多月时间里,秦池酒厂就签订了销售合同 4 亿元,头 2 个月就实现了销售收入 2.18 亿元,实现利税 6 800 万元,1996 年实现了销售收入 9.5 亿元,而销售量的大增使经营杠杆产生积极作用,利润则以更大幅度增加,利税高达 2.2 亿元。秦池人很形象地将广告支出与销售收入比喻为:"每天开出一辆桑塔纳,赚回一辆奥迪。"

1996 年年底尝到广告甜头的秦池酒厂,以 3.2 亿元的巨额费用再次夺得 1997 年央视黄金广告时段的广告标王。秦池人对此举的解释是"秦池人每天给央视送去一辆奔驰,将开回一辆加长林肯"。然而,奔驰是开出去了,而加长林肯却没有开回来。再次夺标带给秦池人的不再是滚滚财源,而是一杯难以下咽的苦酒。

大风险为秦池带来了大衰败。为了消化巨额广告费用,大幅度扩大销售规模,秦池酒厂采取了大量收购四川散酒,加上本厂原酒和酒精进行勾兑的办法。1997年年初,一些新闻媒体披露了秦池酒厂大量勾兑白酒出售的事实后,秦池酒的销售量急剧下降,产品大量积压,当年销售收入锐减3亿元,利税下降了6 000万元。1998年销售继续下滑,亏损不期而至,曾经辉煌一时的秦池从此淡出人们的视线。

秦池标王为何昙花一现,原因很多,从财务上分析有一条就是巨额广告支出使经营杠杆作用程度加大,给企业带来巨大的经营风险。树品牌做广告必须有条件:一是要有一流的质量,二是要有承受巨额广告费用的生产能力和销售规模。而秦池当时的情况是,白酒厂家间激烈的竞争,以及洋酒的进入,使白酒市场已处于异常饱和的状态,如果没有一流的质量作保证,是很难保住市场份额的。而要实现预期的销售收入,仅凭秦池几十条生产线的生产能力是远远不够的。但要扩大生产能力、提高品牌质量,需要技术改造,增加投入,资金却投入到巨额的广告支出上了。巨额的广告费用是秦池的巨大包袱,一方面使现金减少,另一方面放大了企业利润对销售量的依赖程度。

经营杠杆让秦池人喝到了甜酒,也尝到了苦果,从辉煌走向衰败。

资料来源:陈放,《企业病诊断》,中国经济出版社1999年版,第181页。

第四节 证券投资风险分析

公司出于种种目的,往往会进行证券投资。例如,为了保证未来偿还债务、生产扩充等对资金的需求,公司往往会拨一定的款项,设立专门的账户。为了避免这些资金闲置,就可能将这些专项资金暂时投资于有价证券,当然必须是收益稳定信用较高的证券,并且能够保证随时变现,以保证资金支付。再如,为了避免资金筹集和使用时间差、季节性经营等所造成的资金闲置,公司也会把暂时不用的资金投资于有价证券。另外,对多元化投资和高收益的追求等都可能导致公司进行证券投资。

证券投资具有方便灵活、变现能力强、风险大等特点,是一项专业性很强的投资活动,如果运用得当,会给公司带来高收益;但若运用不当,也会给公司带来巨大损失。所以必须对证券投资的风险有足够清醒的认识,并进行科学的风险管理。

一、证券投资的风险来源

(一) 市场风险

市场风险指由于证券市场行情的变化而引起的证券价格的波动。证券市场行情通常是周期性变化的。当市场处于高潮期时,证券价格普遍上涨,而当市场处于低潮期,证券价格普遍下降。影响证券市场行情走势的主要因素是宏观经济的周期循环。此外,证券市场资金的供求变化、人们对市场变化的预期等也都会影响市场走势。

(二) 利率风险

证券价格特别容易受到利率变动的影响,当市场利率变动时,证券的价格也会发生震荡。当市场利率上升时,通常会造成供应量减少,对证券的投资需求下降,导致证券价格下降。利率下降时则相反。

（三）购买力风险

购买力风险是物价持续普遍上涨、货币贬值使投资者承担的风险。当出现通货膨胀时,投资的名义收益率不变,但实际收益率下降。虽然在通货膨胀时期,由于商品价格的上升,公司销售收入增加,利润上升,股价可能随之上升,但是持续的高通货膨胀最终将加大公司成本,导致利润减少。

（四）汇率风险

汇率风险是指因汇率变动而给外币证券的投资者带来的风险。当投资者购买了某种外币证券时,汇率变动将使得未来的本币收入发生变化。如购买的外币债券到期时,外币贬值,就会使投资者遭受损失。汇率风险对国内证券的影响主要表现在汇率变动将影响与进出口企业收益,从而影响这些公司所发行的有价证券的价格。另外,汇率变动还可能引起资本的输入输出,进而影响国内货币资金供给和证券市场的供求状况。

（五）政策性风险

经济政策是影响证券价格的重要因素。经济政策包括货币金融政策、财政政策、产业政策等。产业政策对重点产业给予特殊优惠,对限制产业实施限制措施,必然影响公司的收益,从而影响公司证券的价格。货币政策与财政政策调控力度过大或操作不当时,经济可能大起大落,证券市场随之大幅波动,这在新兴市场国家表现得尤为突出。

（六）流动性风险

流动性风险是证券能否顺利地按合理的市场价格出售的风险。假如一种证券能够在较短的时间内按市价大量出售,则说明这种证券的流动性较强;反之,则说明流动性较差,投资者会因此而遭受损失。证券的流动性可以用证券的买卖价差衡量。买卖价差大,表明市场参与者较少,有行无市,流动性差;反之,表明流动性强。

（七）违约风险

违约风险是指一个公司不能履行合约规定的对证券持有人所承担的义务的可能性。如债券发行公司不能按时支付利息和偿还本金的风险,也称为信用风险。这是证券非系统风险的主要表现形式之一。

（八）经营风险

经营风险是指由于公司经营状况变动而导致盈利能力的变化,造成投资者的收益和本金减少或损失的可能性。影响公司经营情况的因素很多,有宏观经济周期、国家政策、行业竞争状况、公司经营决策和管理水平、产品的生命周期、技术变化等。

（九）财务风险

财务风险是指公司因采用不同的融资方式而带来的风险。一家公司以债务融资的比例越高,其收益用于支付利息的部分就越多,如果盈利因种种原因大幅减少,就有可能无法偿还债务,甚至于无法支付利息,债券持有人将因此而受损。而由于公司收益每年各不相同,但利息支付却是固定的,这样,公司股票持有人每年能分到的股利的不确定性增大,股东承受了债务融资的风险。

(十)事件风险

事件风险指一家公司突然发生了对财务状况有重大影响的事件,这一事件不一定是公司或市场运作不良,而是一种非预期的事件,其影响远比经营风险和财务风险严重,且即刻影响投资的价值。例如,一场大火突然烧掉了某公司的库房,造成了重大损失,公司股价随之大幅下降。

二、股票投资分析

股票市场是一个充满机会和风险的地方,也是一个现代文明的竞技场所,每个投资者都必须了解股票价格变动的规律和风险,才能在市场上游刃有余。针对可能引起股票价格变动的风险因素,股票投资分析的方法按照其前提假设与应用资料的不同,可以分为基本分析和技术分析两种主要的类别。

(一)基本分析

基本分析是通过对影响股票价值及价格波动的基本要素,如宏观经济指标、经济政策变化、行业发展状况、产品市场状况、公司财务状况等进行分析,来评估证券投资价值,判断证券的合理价位,提出投资建议的一种分析方法。基本分析的假设前提是,股票具有"价值"或"内在价值"(intrinsic value),股票价值的高低主要取决于股票发行公司的获利能力及其影响因素。股票的市场价格常常偏离它的内在价值,但迟早会朝内在价值回归或调整。因此,基本分析侧重于从影响股票内在价值变动的基本因素角度进行分析,通过内在价值与市场价格的对比来作出相应的投资决策。基本分析的优点主要是能够比较全面地把握证券价格的基本走势,缺点主要是预测的时间跨度相对较长,对短线投资者的指导作用比较弱。基本分析的资料主要是上市公司的招股说明书、上市报告书,公司财务报表,公司股利通告、报纸杂志等有关信息,以及有关各种宏观经济形势、行业发展的各种报告和数据资料。基本分析的主要内容包括以下几个方面:

1. 宏观经济运行与政治、经济政策因素分析

股票市场素有"宏观经济的晴雨表"之称,宏观经济变动是股票市场系统风险的主要来源,对股市的影响幅度大、波及面广且持续时间长。宏观经济运行对股票价值的影响主要通过宏观经济周期作用于行业因素或企业因素而影响上市公司的业绩,并间接地作用于投资者的投资心理,导致股票的市场价格和交易量发生变化。

利率、货币供应量、通货膨胀等都是股票价格变动很敏感的信号。股价随利率的提高而下跌、随利率的下调而上涨,货币供应量直接影响股市的资金供应,通货膨胀预期同样导致资金从股市的撤离和进入,进而影响到股价的变动。

政治因素通过影响人们对经济的预期而影响股票价格波动。例如,美国每四年一次的总统选举造成股市每四年一次的投资机会,考虑到总统上任初期可能会改变经济政

策,于是对这种政策的预期使得选举年股价波动幅度大于平常年份。

货币政策、财政政策等经济政策则通过影响投资者和上市公司而影响股价的波动。

2. 行业和区域因素分析

宏观分析揭示社会经济的总体状况,但在总的宏观经济环境下,各行业和各区域的发展状况各不相同。行业的景气状况在相当程度上决定了行业内企业当前的获利能力和增长潜力,因此行业分析在股票投资分析中具有重要作用。

行业的发展随着宏观经济的周期循环而波动,但不同行业对经济周期的敏感性不同。在宏观经济衰退时,一般首先受影响的是建筑业、建材业、旅游业、娱乐业、房地产业等;然后是高档食品业、高档服装业、百货业等。公用事业类、生活必需品业等受到的冲击最小。而摆脱经济衰退进入复苏阶段,最先上扬的股票则同样是对经济周期最敏感的行业。

同行业不同公司的业绩虽有不同,但与该行业所处的行业生命周期有很大联系。通常任何一个行业都要经历从成长到衰退的过程,这个过程就称为行业生命周期。生命周期可分为初创阶、成长期、成熟期和衰退期四个阶段。在初创期,为数不多的创业公司投资于新兴产业,由于新技术不成熟,消费者对产品认知度低,市场前景不明朗,研发费用和成本较高,市场需求较低,使创业公司面临较大的投资风险。投资处于此阶段的公司股票风险很大。但在初创期的后期,随着工艺的不断完善,成本的降低和市场需求的扩大,行业逐步由高风险、低收益转向高风险、高收益的成长期。在成长期,新产品逐渐赢得顾客,市场需求上升,与市场需求变化相适应,供给方面也出现一系列变化。由于市场前景看好,厂商大量增加,产品也逐步从单一、低质、高价向多样、优质和低价方向发展,出现了生产厂商和产品相互竞争的局面,虽然所面临的竞争风险也很大,破产率与被兼并率也很高,但由于利润增长很快,其具有可测性,投资者蒙受经营失败而导致投资损失的可能性大大降低,分享行业增长带来的收益的可能性大大提高。在成熟期,销售量缓慢增长,整个行业发展的各项指标都处于稳定的平均水平。投资处于此阶段公司的股票风险较小。在衰退期,由于新产品和大量替代品的出现,原行业的市场需求逐渐减少,销售量开始下降,某些厂商开始向其他更有利可图的行业转移,因而原行业出现了厂商数目减少、利润下降的萧条景象。

当然,并非每个行业的发展历程都与上述阶段完全吻合,不同行业每个阶段发展时间的长短也不同。此外,有些行业面临停滞期时,及时地进行自我改造和产品更新等,反而能取得快速成长,有些行业本应高速发展,但受一些非经济因素影响而未及时到位。政府采取不同的产业政策,也会影响行业发展。但是投资者对整个行业所处阶段的把握,有利于作出符合自己风险偏好的决策。对行业发展阶段的判断和选择的方法一般是将行业的增长情况与国民经济增长进行比较,从中发现增长速度快于国民经济的行业。再就是利用行业历年的销售额、盈利额等历史资料分析过去的增长情况,并预测行业的未来发展趋势。

在对行业生命周期分析完成后,还要对行业的结构、业绩等特点进行分析。不同的行业的盈利能力并不相同,这与行业的竞争结构密切相关。正如迈克尔·波特(Michael Porter)所著的《竞争战略》一书所指出的:有五种力量共同决定了行业的竞争强度和盈利能力,它们是进入威胁、替代威胁、公司产品买方的议价能力、公司供应商的议价能力以及竞争的激烈程度。

上市公司的业绩在一定程度上还会受到区域经济的影响。如我国各地区经济发展极不平衡,东部沿海省份经济较为发达,资金充裕,居民收入水平高,公司业绩也好。西部地区经济较为落后,从而造成我国股票市场特有的"板块效应"。

3. 公司因素分析

公司因素分析是基本分析的重点,无论是宏观环境因素还是行业因素,最终都要体现在公司股票价格的变动上。

盈余是影响公司股价最重要的因素之一。盈余是一个公司经营成果和业绩的主要标志,决定着公司可供派发的股利数额和股票内在价值的高低。影响公司盈余的主要因素有公司的竞争能力、经营管理水平、盈利能力、资本结构、财务状况等。例如,通过对公司的技术优势、产品优势和区位优势的分析,能够对公司在行业中的竞争地位和竞争能力作出判断;通过对公司的治理结构、经营理念和经营风格的分析,可以判断公司的管理水平;而通过对公司的资本结构、偿债能力、利润结构和现金流量的分析,则能够判断公司的财务状况和发展潜力。

股利额不仅反映了投资回报率的高低,而且是投资者了解公司经营状况、预测公司未来前景的窗口,是股市信心的基础。股利发放超过预期,股价上升,股利发放低于预期,则股价下降。当然,由于在其他条件不变的前提下,增加股利发放一方面会引起股价上升,另一方面必然会减少留存收益,降低公司盈利的增长潜力,使得股利对股价的影响比较复杂。但股利对股价的影响仍是不可低估的。

此外,新股发行、配股、股票分割、兼并收购等都是影响公司股价变动的因素。

4. 社会公众心理分析

行为金融学的研究表明股价变动的依据主要是市场心理。其表现为:如果投资者对某种股票的市场前景过分悲观,就会不顾发行公司的盈利状况而大量抛售手中的股票,致使股价下跌。当投资者对股市行情看不准时,股价就会盘旋呆滞。股市上人们还有一种盲目跟风心理,被称为"羊群心理"。这种心理容易被一些大投资者或庄家所利用,从而造成股价波动。

5. 市场技术因素分析

市场技术因素分析是指对股市的各种投机操作、市场规律及证券主管机构的某些干预行为的分析。投机操作如制造题材以达到操纵股价。股市规律包括股价循环规律和信用交易规律。股价循环规律是指股票市场上的股价涨跌存在一个"盘旋—转变—活跃—再盘旋"的循环过程。盘旋期交易量不大,股价涨跌幅度小;转变期交易量上升,股价上涨幅度增大;活跃期股票成交量剧增,价格趋于大幅上涨;回落期的股票交易卖多买少,价格大幅下跌;到一定时期,即下跌的因素逐渐消失,则进入新的盘旋期。信用交易规律是以信用为基础的交易活动中股价的变动规律。证券管制行为,如规定信用贷款限额、提高信用交易的保证金比率、限制交易规模等,都会引起股价的变动。

此外,还有市场的效率因素分析,如信息披露是否全面、准确,通信条件是否先进,投资专业化程度如何等。

(二) 技术分析

技术分析是指通过股票交易的历史资料(如成交量、成交价、成交额)进行分析,来判断整个股市或个别股价的变化趋势,探讨股价变动的可能轨迹,提供买卖股票的信号的分析方法。技术分析主要通过图表对股市运行作分析、研究和判断,所以又称为图表分析。通过图表,投资者可以形象地看到某只股票的市场运行是否正常,是否有机构正在建仓,买卖时机是否适宜。

1. 技术分析的三大假设

技术分析的第一条基本假设是,股价由市场上股票的供求关系决定,供求关系又受许多理性因素和非理性因素的影响,供求关系的变动会引起股价趋势的变动,并最终反映在股价变动的轨迹上。也就是说,所有外在的、内在的、宏观的、微观的和心理的因素都会在市场的行为中得到反映,市场的行为已包含了一切信息,因此不必关心具体的信息或引起股价变动的因素是什么。相信技术分析的投资者只需关心这些因素对市场行为的影响效果。这条假设奠定了技术分析的基础。

第二条假设是技术分析最核心的假设。其主要思想是,股票市场作为一种经济现象,必然遵循一定的规律。正因如此,才需要找出股价变动的规律。股价的变动总是趋向使供求双方平衡,但这是一种动态的平衡,不断有新的因素出现并打破这种平衡,并形成新的平衡。

第三条假设是历史会不断重演,某些股价变动形态会重复出现。根据人的心理特征,一个人在某一场合采取某种行动得到了某种结果,那么,下一次碰到类似场合,这个人就会认为采取同样的行动将得到同样的结果。对股票投资而言,投资者在某种情况下按一种方法操作得到成功,将来在此情景下也会采用同样的操作。因此,研究过去市场转折点所呈现的现象能够帮助人们判断未来的行情。

在以上三大假设基础上,技术分析形成了自己的理论基础。技术分析的主要理论是道氏理论和波浪理论。

道氏理论认为,股价运动有三种趋势:第一种是主要趋势,如长期上涨或长期下跌趋势,主要趋势一经形成,通常持续一年甚至一年以上。第二种趋势是次要趋势,即在持续上涨或下跌的过程中突然出现中期回跌或反弹的现象。第三种趋势是短期趋势,指股价每天的小幅波动。股价运动的三种趋势互相影响,共同决定着股价的走势。

波浪理论认为,股票价格的波动与大自然的潮汐和波浪一样,一浪接一浪,周而复始。因此,股价的上升或下跌会交替进行,而推动波浪和调整波浪是价格波动最基本的两种形态,波浪可以拉长,也可以缩短,但基本形态不变。

2. 技术分析的主要方法

一般来说技术分析方法可以分为指标类、K 线类、切线类、形态类和波浪类五类。

指标分析法通常要考虑市场行为的各个方面,建立一个数学模型,根据模型计算得到一个反映股票市场某个方面内在实质的数字,这个数字就是指标值。目前股票市场上的各种指标数不胜数,例如相对强弱指标(RSI)、随机指标(KD)、趋向指标(DMI)、平滑异同平均值(MACD)、能量潮(OBV)等。

K 线图是技术分析中最重要的图表。根据使用的股价资料不同,K 线图分为每日 K

线图、每周 K 线图、每月 K 线图等。K 线又称红黑线、阴阳线或蜡烛线,由上影线、下影线和中间实体三部分组成。将开盘价和收盘价用粗线表示,绘成直立的长方形,称为实体。当最高价比实体的高价高时,最高价所在点与实体上端中间点相连构成上影线。下影线则是当最高价低于实体低价时,最低价与实体线下端中间点的连线。K 线图可以准确反映当天股价的涨跌及其幅度。把每日的 K 线图按时间顺序画在以交易日为横轴、以交易价格为纵轴的坐标系上,就成了一幅每日 K 线图。根据不同 K 线形态的组合可以判断价格的不同趋势。

切线分析法是根据一定方法在反映股票价格的图形上画出一些直线,然后根据这些直线推测股票价格的未来趋势,这些直线称为切线。切线主要是起支撑和压力的作用,分为支撑线和压力线。当股价由低向高变化的过程中一旦触及压力线,通常会调头向下,而当股价由高向低的变化过程中一旦触及支撑线,则会调头向上。

形态分析法是根据价格图表过去一段时间的轨迹来预测股价未来趋势的一种方法。

波浪分析法比较直观形象,将股价趋势描述为波浪。数清楚了各个浪就能准确预见到跌势已接近尾声、牛市即将来临,或是牛市已是强弩之末,熊市即将来到。由于股价时时变化,往往大浪中套小浪,浪中有浪,因此数浪并不是件容易的事,容易发生偏差。

以上五类技术分析方法从不同方面理解和描述股市,有的具有理论基础,还有的则很难说清楚原因,但它们都经过股市的实践考验。

(三)基本分析和技术分析的比较

基本分析和技术分析在理论及分析方法上代表不同的流派。基本分析有较完善坚实的理论基础,适用于选股和长期投资分析;而技术分析则侧重于对历史资料和现象的统计与归纳。由于股票市场错综复杂、千变万化,股价是不同类型投资者期待、恐惧、猜测等种种理性和非理性因素综合影响的结果,难免经常与内在价值背离,特别是在投机气氛相当浓厚的市场中,股价与公司业绩脱离,股价严重背离内在价值的现象时有发生,因此,投资者光靠基本分析进行股票买卖的决策是不够的。而技术分析的优点是同市场接近、直观,对市场的反映比较直接,分析结果比较接近市场的局部现象,利用其结果能够较快地作出股票买卖的决策。缺点是对无法判断市场长远的趋势和股票的内在价值。因此,投资者在投资实务上应该将两种方法结合起来使用。如在股市变动较正常、平稳时多注重基本分析方法,在股市变动异常、投机气氛较盛时多注重技术分析。在判断长期趋势及股票的内在价值时采用基本分析,进行短期操作时采用技术分析。

三、债券投资分析

债券的系统风险主要有两个来源,一是购买债券后市场利率发生变化,从而影响债券的价格及再投资收益率;二是不可预见的通货膨胀及购买力下降对固定收益债券的影响。由于这两个因素对所有债券都产生作用,因此基本上代表了债券的系统性风险。债券投资最主要的非系统性风险的表现形式是违约风险,对于债券投资者而言,债券的个别风险非常重要,必须充分估计公司债券发生违约的可能性。分析债券违约的可能性主要是对债券发行公司的状况特别是要对发行公司的资本结构、偿债能力进行全面的分析。由于这些内容在本书前面的章节中已有阐述,因此在本部分只重点分析利率风险对债券投资的影响。

（一）债券的利率风险

债券的利率风险指购买债券后，市场利率发生变化所导致的债券投资收益的不确定。债券的利率风险表现在两方面：一是利率变化影响债券的市场价格，二是利率变化影响债券利息的再投资收益。

1. 市场利率变化导致债券价格变化

多数债券都有固定的利息和本金，如果市场利率上升，而债券的利率和到期归还的本金却不变，为了保证投资者买入已发行的债券时可获得必要的投资收益率，债券价格将下跌。相反，若市场利率下降，则债券价格上升。市场利率变动对债券价格的影响具有如下规律：

（1）债券的价格与市场利率呈反方向变动。

（2）给定市场利率的波动幅度，偿还期限长的债券的价格波动幅度大于偿还期限短的债券，但价格波动的相对幅度随期限的延长而缩小。例如，期限分别为5年和10年的同类债券，当市场利率变化时，5年期债券价格的相对波动要大于10年期债券。

（3）给定利率波动幅度，票面利息率较低的债券价格波动幅度大于票面利率高的债券。

（4）同一债券，市场利率下降引起的债券价格上升的幅度大于市场利率上升相同幅度而引起的债券价格下跌的幅度。

下面我们举例说明市场利率变化对债券价格影响的上述特点。

设有A、B、C三只债券，其价格波动与市场利率波动的关系如表7-17所示。

表7-17 债券价格波动与市场利率变动之间的关系

	A	B	C
年利息(元)	90	90	90
面额(元)	1 000	1 000	1 000
穆迪等级	Aa	Aa	Aa
距到期日(年)	5	10	15
市场利率(%)	9	10	11
债券价格(元)	1 000	938.55	856.18
若市场利率下降10%			
市场利率(%)	8.1	9	9.9
债券价格(元)	1 035.84	1 000	931.15
债券价格上升幅度(%)	3.58	6.55	8.76
若市场利率上升10%			
市场利率(%)	9.9	11	12.1
债券价格(元)	965.80	882.19	789.99
债券价格下降幅度(%)	3.42	6.01	7.73

我们看到,当市场利率下降 10% 时,三只债券的价格都有不同幅度的上升,债券 B 的上升幅度大于债券 A,而债券 C 的上升幅度最大。由于假设三只债券除了距到期日不同外,其他特征都相同,显然债券价格上升幅度大小与债券距到期日长短直接相关。相反,当市场利率上升 10% 时,三只债券的价格都有不同幅度的下降,债券 B 下降的幅度大于债券 A,债券 C 下降的幅度最大。说明距到期日越长的债券受市场利率波动的影响越大。另外,当利率下降 10% 时,债券 B 的与债券 A 价格波动幅度的差为 2.97%(6.55% −3.58%),债券 C 与债券 B 价格波动幅度的差为 2.21%(8.76% −6.55%);当利率上升 10% 时,存在同样的规律。这说明债券价格波动的相对幅度随期限的延长而缩小。

从市场利率上升或下降后三只债券价格随之发生的波动幅度的对比中,我们还可以看到,在市场利率变动幅度同为 10% 的情况下,利率下降引起的三只债券价格的上升幅度均大于利率上升引起的三只债券价格的下降幅度。

现假设有除票面利率不同、其他特征都相同的两只债券 X 和 Y,对其价格波动与市场利率变动之间关系的分析如表 7-18 所示。

表 7-18 票面利率不同的债券价格波动与市场利率波动关系的对比

	X	Y
年利息(元)	60	100
面值(元)	1 000	1 000
穆迪信用等级	Aa	Aa
距到期日(年)	10	10
市场利率(%)	12	12
债券价格(元)	660.98	886.99
若市场利率上升 10%		
市场利率(%)	13.2	13.2
债券价格(元)	612.41	827.73
债券价格上升幅度(%)	−7.3	−6.68
若市场利率下降 10%		
市场利率(%)	10.8	10.8
债券价格(元)	714.93	952.49
价格上升百分比(%)	8.16	7.38

表 7-18 的分析结果显示,当利率变动 10% 时,票面率比较低的债券 X 价格变动的幅度大于债券 Y。

2. 市场利率变化导致利息再投资收益率变化

债券的利息收入需要进行再投资,在债券到期收益率和债券价值的计算中,我们都是假定债券的利息收入能够按照到期收益率或当前的市场利率进行再投资,取得投资收益。但是如果购买债券后,市场利率发生变化,则债券的利息收入只能按照变化后的市场利率进行再投资,取得的投资收益自然也就与预期的不同,这就是利率变动所引起的再投资风险。

显然,市场利率变动与再投资收益率的变动方向是一致的。但由于债券价格与市场利率的变动方向是相反的,因此市场利率变动对债券投资总收益的影响是债券价格波动和再投资收益率变化的共同结果。下面我们举例说明这种影响。

假设有两只信用级别都是 Aa 级的债券 A 和 B，债券 A 距到期日还有 2 年，票面利率为 8%，当前市场价格为 948.62 元，债券 B 票面利率为 12%，距到期日还有 4 年，当前市场价格为 1000 元。假设投资者的理想投资期为两年。表 7-19 是市场利率变化对债券投资收益影响的分析过程和结果。

表 7-19 市场利率变化对债券投资收益的影响

	债券 A	债券 B
面值(元)	1 000	1 000
票面利率(%)	8	12
穆迪信用等级	Aa	Aa
距到期日(年)	2	4
债券市场价格(元)	948.62	1 000
到期收益率(%)	11	12
(1) 若购买后市场利率不变，持有期为 2 年：		
第 1 年利息的再投资收益(元)	80(1.11)=88.8	120(1.12)=134.4
第 2 年利息收益(元)	80	120
债券变现收入(元)	1 000	1 000
第 2 年年底总值(元)	1 168.8	1 254.4
年持有期收益率(%)	11	12
(2) 若购买后市场利率下降，债券 A 市场利率降为 9%，债券 B 降为 10%，持有期为 2 年：		
第 1 年利息的再投资收益(元)	80(1.09)=87.2	120(1.10)=132
第 2 年利息收益(元)	80	120
债券变现收入(元)	1 000	1 034.71
第 2 年年底总值(元)	1 167.2	1 286.71
年持有期收益率(%)	10.92	13.43
(3) 若购买后市场利率上升，债券 A 的市场利率上升为 13%，债券 B 升为 14%，持有期为 2 年：		
第 1 年利息的再投资收益(元)	80(1.13)=90.4	120(1.14)=136.8
第 2 年利息收益(元)	80	120
债券变现收入(元)	1 000	967.1
第 2 年年底总值(元)	1 170.4	1 223.9
年持有期收益率(%)	11.08	10.63

如表中第(1)部分分析所示，假如市场利率不变，投资债券 B 的持有期收益率高于债券 A，所以应该选择购买债券 B。

表中第(2)部分的分析结果表明，假如未来市场利率下降，由于持有债券 A 将承担市场利率下降而引起的再投资收益率下降的损失，却因债券到期而不能享受市场利率下降而导致的债券价格上升的收益，而持有债券 B 虽然需要承担市场利率下降而引起的再投资收益率下降的损失，却因债券未到期而可以享受因市场利率下降而导致的债券价格上升的收益，并且其价格上升的收益大于再投资的损失，总收益增加，从而使得其持有期收益率上升。

表中第(3)部分的分析结果则表明，假如未来市场利率上升，持有债券 A 能够享受市场利率上升所带来的再投资收益率上升的收益，却因债券到期而不必承担市场利率上升而引起的债券价格下降的损失，而持有债券 B 在享受利率上升带来的再投资收益率上升收益的同时,也必须承担债券价格下降的损失,并且其价格下降的损失超过了再投资收益,总收益下降,从而使得此时债券 A 的吸引力增加。

一般而言,预计市场利率上升,期限较短的债券将更受投资者青睐。这是因为一方面期限短的债券可以较早收回本金,以较高的收益率进行再投资,另一方面其价格受市场利率的影响相对小些。相反,若预计市场利率下降,则期限较长的债券更受欢迎。

(二)债券的持续期

持续期(duration)又称为久期,可用于衡量债券价格对市场利率风险的敏感性。持续期的计算公式如下:

$$D = \frac{\sum_{t=1}^{n} \frac{tC_t}{(1+r)^t} + \frac{nM_n}{(1+r)^n}}{\sum_{t=1}^{n} \frac{C_t}{(1+r)^t} + \frac{M_n}{(1+r)^n}} \tag{7-2}$$

在(7-2)式中,D 表示持续期;t 为债券现金流入的时期,$t = 1, 2, \cdots, n$;n 为债券的期限或至到期日的剩余时间;C_t 为第 t 期的利息;r 为市场利率;M_n 为债券的到期日价格。

(7-2)式中的分母是债券的现值,分子与分母很相似,但各期利息乘以期数,到期日价格乘以到期日期数。因此,从债券持续期的计算公式看,所谓债券的持续期是以各期现金流现值占总现金流现值的比重为权数计算得到的债券的加权平均年数。

例 7.7 假设一种债券的面值为 1 000 元,票面利率为 9%,至偿还期还有 5 年,市场上同类债券的收益率为 14%,试计算该债券的持续期。

解 首先求出持续期计算中的权数,计算过程如表 7-20 所示。

表 7-20 某债券现金流的权数计算表

年	现金流(元)	现值系数	现金流的现值(元)	每一现金流现值占总现金流现值比重
1	90	0.8772	78.95	0.0953
2	90	0.7695	69.25	0.0836
3	90	0.6750	60.75	0.0733
4	90	0.5921	53.29	0.0643
5	1 090	0.5194	566.15	0.6835
合计			828.39	1.000

其次对现金流流入时间加权平均求出持续期。

$D = 0.0953 \times 1 + 0.0836 \times 2 + 0.0733 \times 3 + 0.0643 \times 4 + 0.6835 \times 5 = 4.1571(年)$

上述债券的持续期为 4.1571 年,小于其 5 年的偿还期限。一般而言,定期支付利息的债券的持续期总是小于其偿还期限,零息债券或一次还本付息的债券,持续期与其偿还期限相同。

持续期是偿还期、票面利息率、到期价格、市场利率的函数,与偿还期正相关,而与票面利息率和市场利率负相关。如果债券的票面利率较低,偿还期又长,其持续期要比那些票面利率高、偿还期短的债券的持续期长。在其他条件不变的情况下,随着市场利率的上升,持续期将下降。相对于市场利率的变动,持续期较长的债券其价格的波动也较大。关于持续期的上述这些特征,通过以下的推导结果能够得到说明。

已知,债券的价格可以用以下公式确定:

$$P = \sum_{t=1}^{n} \frac{C_t}{(1+r)^t} + \frac{M_n}{(1+r)^n}$$

式中,C_t 为第 t 期的利息;r 为市场利率;M_n 为债券的到期日价格。

对上式求导,得到债券价格相对于市场利率的变动率:

$$\frac{dP}{dr} = -\frac{1}{1+r}\left[\sum_{t=1}^{n} \frac{tC_t}{(1+r)^t} + \frac{nM_n}{(1+r)^n}\right] \tag{7-3}$$

由于债券价格与市场利率反方向变动,显然有:$\frac{dP}{dr} < 0$。

又因为

$$\frac{dP}{P} = \frac{dP}{dr} \times \frac{1}{P} \times dr \tag{7-4}$$

将(7-3)式代入(7-4)式,可得下式:

$$\frac{dP}{P} = -\frac{1}{1+r} \times \frac{\sum_{t=1}^{n} \frac{tC_t}{(1+r)^t} + \frac{nM_n}{(1+r)^n}}{\sum_{t=1}^{n} \frac{C_t}{(1+r)^t} + \frac{M_n}{(1+r)^n}} \times dr \tag{7-5}$$

对比(7-5)式与(7-2)式,可以将(7-5)式表示为:

$$\frac{dP}{P} = -\frac{1}{1+r} \times D \times dr \tag{7-6}$$

于是有:

$$\left(\frac{dP}{P}\right) \bigg/ \left[\frac{dr}{(1+r)}\right] = -D \tag{7-7}$$

(7-7)式说明,持续期本质上是一个反映债券价格变动相对于市场利率变动的敏感性指标,即市场利率每变化一个百分比,债券价格将变化多少个百分比。给定市场利率波动幅度,债券的持续期越长,其价格波动的幅度也就越大。

如例 7.7 中,债券的持续期为 4.16 年,现价为 828.39 元。假设市场收益率从 14% 下降至 12%,下降了 2%,那么债券的价格将上升 7.3%,至 888.86 元。有:

$$-4.16 \times \frac{-2\%}{1.14} = 7.30\%$$

$$828.39(1 + 0.0730) = 888.86(元)$$

需要注意的是,用持续期去估计债券价格波动是有误差的,特别是当市场收益率发生较大波动时,误差会比较大。如例 7.7 中,如果按照债券定价模型计算,当市场利率从 14% 降到 12% 时,价格将上升至 891.83 元,价格上升了 7.7%(891.83/828.39)。而按照持续期的方法计算得到的是价格上升了 7.3%。

出现上述误差的原因在于:债券与市场收益率之间的关系具有两个重要特征,一是两者之间呈反方向变动,二是市场收益率下降引起的债券价格上升幅度比市场收益率上升同样幅度引起的债券价格下降的幅度要大,这说明收益率变化对债券价格的关系是非线性的,是具有凸性特征的曲线,如图 7-4 所示。这种凸性的程度依赖于债券票面利息率的大小、偿还期的长短及其他诸多因素。而 dP/dr 是债券价格在市场收益率为 r 时的导数,即在 Q 点的切线斜率。通过持续期可以将债券价格和市场收益率以一种线性关系联系起来,但这种关系给出的只是债券价格变化的近似值,特别是在市场利率变化很小的条件下的近似值。然而当利率变化比较大时,这种线性关系将失去精确性,即随着市场利率偏离 r,用切线估计的债券价格与用债券价格理论公式估计的价格间的距离就会逐渐扩大。

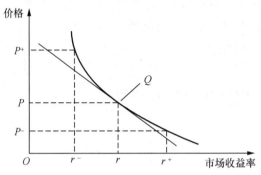

图 7-4 债券价格变动与市场收益率变动的关系

债券的持续期是债券投资中回避利率风险的有效工具。根据投资者理想的投资期来选择持续期与投资期相同的债券或债券组合,只要市场利率的变化不是太大,就可以保证投资者在投资期结束时得到基本确定的收益。

假设投资者理想的投资期是 3 年,某债券现价为 900 元,面值为 1 000 元,每年付息一次,票面利率为 12%,偿还期为 4 年。容易算出其到期收益率为 15.54%(即市场同类债券的收益率为 15.54%),其持续期为 3.378 年。

$$D = \frac{120/1.1554 + 240/1.1554^2 + 360/1.1554^3 + 4\,480/1.1554^4}{120 \text{PVIFA}_{15.4\%,4} + 1\,000 \text{PVIF}_{15.4\%,4}}$$

$$= \frac{3\,030.94}{900} = 3.378(年)$$

假如该债券购买一年后,市场利率下降至 13%。此后,利息再投资收益下降,但债券价格上升。到投资期结束时,持有该债券的投资者所拥有的价值如下:

第一次利息的期末价值:$120(1+0.13)^2 = 153.23$(元)
第二次利息的期末价值:$120(1+0.13) = 135.60$(元)
第三次利息的期末价值:$120(1+1.13)^0 = 120$(元)
市场利率为 13% 时期末的债券价格为:

$$P_0 = \frac{120}{1+0.13} + \frac{1\,000}{1+0.13} = 991.15(元)$$

全部期末价值合计为:$153.23 + 135.60 + 120 + 991.15 = 1\,399.98$(元)
年度的持有期收益率为:$1\,399.98 = 900(1+x)$, $x = 15.87\%$
而在市场利率不发生变化的情况下,其年度持有期收益率为:

$$120(1+0.1554)^2 + 120(1.1554) + 120 + 1\,120/1.1554$$
$$= 160.19 + 138.65 + 120 + 969.36 = 1\,388.2(元)$$
$$1\,388.2 = 900(1+x), \quad x = 15.54\%$$

也就是说,尽管市场利率变化了,但债券提供给投资者的实际收益率并没有变化。

对于债券组合而言,同样可以通过保证其持续期与投资期相同而回避利率风险。债券投资组合的持续期是组合中所包含的各个单只债券持续期的加权平均。计算公式为：

$$D_p = \sum_j x_j D_j \tag{7-8}$$

式中，x_j 表示债券 j 在组合中的资金比例。

由于债券的持续期会随着市场收益率的变化而变化，如果组合中有某个或多个债券的市场收益率发生变化，组合的持续期就会相应发生变化。这就要求投资者适时调整债券组合以适应利率的变化，使债券组合的持续期始终保持与投资期一致。

本章总结 》

1. 根据资本资产定价理论，只有项目的系统风险才与项目的风险度量相关，并应获得风险补偿。利用资本资产定价模型确定风险贴现率的关键因素是 β 值的确定。对于那些经营风险和财务风险与公司总体风险一致的项目可以用公司的 β 值，而对于那些与公司总体风险完全不同的项目，可以寻找一家或多家系统风险特点与正待决策的项目十分相似的公开上市公司，以其 β 值或计算相似公司的平均 β 值来推算项目的预期报酬率。

2. 在没有资本市场相关数据时，简便的方法是寻找其他类似投资项目的平均投资报酬率作为项目投资贴现率的参考值。也可以利用以往的经验，建立风险等级与其对应的贴现率的标准，以便决策时使用。

3. 确定性等价系数就是确定性等价现金流与有风险的期望现金流的比值，也称为约当系数。通过确定性等价系数可以将不确定的现金流量转化为确定性等价现金流，对确定性等价现金流可以用无风险收益率进行贴现以求出投资项目的现值。

4. 调整现金流量的方法通过直接调低项目的预期现金流来处理项目的风险，克服了调整贴现率方法可能夸大远期风险的不足，但这种方法受决策者的主观感觉和风险偏好的影响较大。利用经验数据取得标准离差率与确定性等价系数的经验对照关系的方法有助于在一定程度上克服决策者主观偏好对项目决策的影响。

5. 假如我们对未来各种情况发生的概率已有所了解，并已估算出在各种情况下的现金流量，那么通过计算现金流量的期望值和期望净现值进行决策，可以较好地考虑项目的风险，而决策树分析则特别适合于那些需要分阶段决策的资本预算项目。

6. 敏感性分析检测项目净现值对特定假设条件变化的敏感度。具体的方法是假定其他变量处于正常值的状态下，估计某一变量在各种可能状态下所导致的各种可能的净现值，找出影响项目净现值的关键变量。敏感性分析有助于降低决策失误的可能性，其主要不足在于孤立地处理各个互相关联的变量。

7. 情景分析通过对影响资本预算现金流量变量进行组合而构造出多种未来的可能状况，揭示项目在不同情景下可能出现的结果。

8. 会计利润的盈亏平衡点是指当总收入等于总支出时的销售量水平，而现值的盈亏平衡点则指使得项目净现值为零时的销售量水平，两者的差别在于会计利润的盈亏平衡点没有考虑初始投资机会成本。

9. 经营杠杆是指由于固定成本的存在，使得利润的变动率大于销售量的变动率。公司的固定成本越大，经营杠杆也就越大。经营杠杆一方面能够带来经营杠杆利益,另一方面也会增大经营风险。但经营杠杆并不是经营风险的唯一风险源。公司在选择经营杠杆时,一定要注意在控制经营风险的前提下,发挥经营杠杆的作用。

10. 公司出于种种目的会进行证券投资,证券投资收益高,但风险也大。证券投资所面临的风险有市场风险、利率风险、购买力风险、汇率风险、政治和经济政策风险等系统风险,还有违约风险、流动性风险、经营风险、财务风险、事件风险等非系统性风险。因此,需要运用各种有效的分析方法进行证券投资分析,避免不必要的投资失误。

11. 股票投资分析的方法按照其前提假设与引用资料的不同,可以分为基本分析和技术分析两种主要的类别。基本分析是通过对影响股票价值及价格波动的基本要素进行分析,来评估证券投资价值。技术分析是通过股票交易的历史资料(如成交量、成交价、成交额)进行分析,来判断整个股市或个别股价的变化趋势,探讨股价变动的可能轨迹。

12. 利率风险是债券投资所面临的主要系统风险。债券的利率风险表现在两方面:一是利率变化影响债券的市场价格,二是利率变化影响债券利息的再投资收益。市场利率变动对债券价格的影响呈现出如下规律:债券价格与市场利率呈反向变动;市场利率下降对债券价格的影响要大于市场利率上升对债券价格的影响;市场利率变动对票面利息率低、期限长的债券价格的影响要大于对票面利息率高、期限短的债券价格的影响。

13. 债券的持续期是以各期现金流现值占总现金流现值比重为权数计算得到债券的加权平均年数,是偿还期、票面利息率、到期价格、市场利率的函数,可用于衡量债券价格对市场利率风险的敏感性。相对于市场利率的变动,持续期较长的债券价格的波动也较大。

14. 债券的持续期是债券投资中回避利率风险的有效工具。根据投资者理想的投资期来选择持续期与投资期相同的债券或债券组合,只要市场利率的变化不是太大,就可以保证投资者在投资期结束时得到基本确定的收益。

思考与练习》

1. 调整资本预算贴现率与调整资本预算现金流量这两种方法有什么异同?
2. 一个公司对所有的项目都采用公司现有的必要收益率作为贴现率是否合理?为什么?
3. 什么是敏感性分析法?它与情景分析法有何不同?它们的重要性体现在哪里?
4. 什么是决策树方法?画决策树时应注意哪些问题?
5. 什么是现值盈亏平衡点?它与会计利润盈亏平衡点有何不同?如何计算?
6. 什么是经营杠杆和经营风险?公司在确定经营杠杆时应注意哪些问题?
7. 什么是股票投资的基本分析?其主要内容是什么?
8. 什么是股票投资的技术分析?它与基本分析有何不同?
9. 什么是债券投资的利率风险?如何回避?
10. 为什么持续期能够测度债券的利率风险?

11. 在以下条件下,电视经销商在一年内要达到多少销售量才能实现会计利润的盈亏平衡?

销售单价 = 1 500 元, 单位变动成本 = 1 100 元, 固定成本 = 120 000 元, 折旧 = 20 000 元, 所得税税率 = 33%

12. 日本奥巴拓公司对电动小摩托项目的初始投资额为 150 亿日元,投资额根据 10 年期寿命按直线折旧,公司所得税税率为 50%,资本机会成本为 10%。项目未来 10 年的现金流估计如下表所示。

	悲观	期望	乐观
市场规模(万辆)	80	100	120
单位价格(日元)	300 000	370 500	400 000
单位可变成本(日元)	350 000	300 000	270 500
固定成本(亿日元)	50	30	10

(1) 对此项目进行敏感性分析。

(2) 对电动小摩托的生产,奥巴拓公司也考虑了另一种生产方法,这将需要额外投资 150 亿日元,但单位可变成本将降低 40 000 日元,其他变量假设与上表相同。这种生产方案的净现值是多少?分别计算这种生产方案使利润和净现值为零的盈亏平衡点。

13. Z 公司产成品售价是 180 元,单位变动成本是 110 元,每年固定成本为 630 000 元。(1) 计算该产品销售量分别为 12 000、15 000 和 10 000 单位时,公司的盈利或亏损。(2) 计算上述各销售量水平上的经营杠杆系数。

14. C 公司有两个互斥的风险投资项目,两个项目各年的期望现金流量和约当系数如下表所示。

期望现金流量

年度	项目 A	项目 B
0	− 1 000 000	− 1 000 000
1	500 000	500 000
2	700 000	600 000
3	600 000	700 000
4	500 000	800 000

约当系数

年度	项目 A	项目 B
0	1.00	1.00
1	0.95	0.90
2	0.90	0.70
3	0.80	0.60
4	0.70	0.50

已知无风险贴现率为5%,计算两个项目的净现值,并决定接受哪个项目。

15. H公司有两个互斥的风险投资项目,这两个项目的初始投资额均为10 000元,期限均为5年,两个项目1—5年预期的现金流量及发生概率如下表所示。

项目A		项目B	
概率	现金流	概率	现金流
0.15	4 000	0.15	2 000
0.75	5 000	0.75	6 000
0.15	6 000	0.15	10 000

由于项目B的风险大,H公司的经理认为其适用的收益率为15%,项目A为12%。确定每个项目期望现金流和按风险调整后的净现值。

16. 某石油公司拥有在某一给定区域采油的权利,为了更有效地利用这一权利,公司面临一系列决策:第一,是否需要在这一地区进行地震试验,以判明发现油气资源的机会?第二,公司是利用这一权利自己采油,还是将这一权利卖给其他企业?自己钻井开采石油,钻井成本为1 250万元,如果找到石油,可获得2 500万元的净现值收益,如果找不到石油,公司将损失1 250万元的钻井成本。根据经验数据,试验的费用为300万元,成功的概率为0.52,失败的概率为0.48。如果试验成功,自己钻井成功的概率为0.92,出售开采权则可获得1 800万元收益。如果试验失败,自己钻井成功的概率降为0.25,直接出售开采权只能获得450万元。如果不试验就直接自己钻井,成功的概率为0.6,失败的概率为0.4,这时出售开采权可获得900万元收益。请用决策树方法进行决策。

17. A、B、C三只债券的面值均为1 000元,期限均为5年,但还本付息方式不同,详见下表。三只债券都保证按面值提供12%的年收益率。求:(1)当市场利率为12%时,三只债券的持续期。(2)当市场利率为20%时,三只债券的持续期。

年度	债券A	债券B	债券C
1	277.41	120.00	0
2	277.41	120.00	0
3	277.41	120.00	0
4	277.41	120.00	0
5	277.41	1 120.00	1 762.34

第八章 期权与实物期权

┃本章概要┃

期权是最常见的金融衍生产品,不仅可以成为公司用于规避风险的有效工具,而且公司的许多投融资以及日常经营决策都隐含着期权。本章主要介绍期权的基本知识和定价方法,以及资本预算中基本的实物期权价值分析和评估的方法。

┃学习目标┃

1. 熟悉期权及其所涉及的相关概念。
2. 掌握期权交易各种头寸在到期日的基本损益状态。
3. 掌握看涨期权-看跌期权评价关系式。
4. 了解期权价值变动的基本规律及其影响因素。
5. 掌握二叉树期权定价模型和 Black-Scholes 期权定价模型及其应用。
6. 了解投资决策中所隐含的期权的各种表现形式。
7. 掌握运用二叉树模型和 Black-Scholes 模型对资本预算中的实物期权进行价值评估的基本方法。

引　言

在金融创新层出不穷的现代经济中,期权已不再是一个陌生、充满"神秘"色彩的词语。它不仅频繁地出现在交易所大厅中,而且渗透到公司理财活动的各个方面。可以说,几乎所有的公司理财活动都可以用期权的观点来审视。不仅公司发行的股票和债券具有期权的特征,公司的风险管理需要运用商品期权、货币期权、利率期权以及汇率期权来进行套期保值以降低风险,而且很多项目投资都隐含着期权。例如,公司往往会投资某项专利以获得一项新技术的开发权利,或在城市的新开发区购买一块楼盘,以便将来有权根据开发区的发展状况决定其用途,这些投资都是为公司获得未来的发展机会,这就是该项目所隐含的扩张机会的期权。投资项目本身所具有的各种期权统称为实物期权,显然这些期权都会增加项目的价值,在项目投资决策中需要正确评估这些期权的价值。

第一节　期权的基本知识

一、期权的基本概念

(一)期权

期权(option)是一种赋予持有人在某给定日期或该日期之前的任何时间以固定价格

购进或售出一种资产的权利的合约。例如一座建筑物的期权可以赋予持有者在2012年1月1日或之前的任何时间,以100万元的价格购买该建筑,而不论购买时该建筑物实际的市场价格是多少。

期权是一种独特类型的金融合约,它赋予持有人的是进行某项交易或处置某项事务的权利而非义务。例如上例持有某建筑物期权的人只有在执行期权对他有利时才会行使这个权利,否则将弃置不顾。

作为一种衍生证券,期权的价值依赖于其基础资产(underlying assets),通常称为标的资产。基础资产或标的资产就是合约中规定的可以按固定价格购买或出售的资产,如上例中的建筑物。

期权合约规定的购买或出售标的资产的固定价格称为执行价格(striking price)或敲定价格,如上例中的100万元的购买价格。

期权到期的那一天称为到期日(maturing date or expiration date),在那一天后期权失效。

通过期权合约购进或出售标的资产的行为称为执行期权(exercising the option)。

期权有美式期权和欧式期权之别。美式期权允许持有者在到期日之前的任何一天行使权利,而欧式期权只允许持有者在到期日当天或到期日之前的某一非常有限的时间段内行使其权利。在交易所中交易的大多数期权为美式期权。但是欧式期权比美式期权更容易分析,并且美式期权的很多性质都可以由欧式期权性质推导出来。

人们购买或出售期权的价格称为期权费(option premium)或期权价格(option price),这是人们为了获得期权所付出的成本。任何一个期权都同时存在买方和卖方。期权的购买者称作多头(buyer),付出期权费,获得了权利,但他可以放弃这种权利,并没有义务必须执行期权。而期权的出售者又称作空头(writer),接受了期权费,就必须按合约规定执行期权,他没有权利选择执行或是不执行期权,只有义务在期权持有者执行期权时按合约处置。

为了更好地理解期权的概念,首先来看下面这个例子。

假设现在是2015年1月20日,此时思科公司股票的市场价格为19美元每股,而你同时拥有一项权利,可以按20美元的价格在2015年7月20日从王先生手中购买1股思科公司的股票,当然你也可以不购买,这取决于你自己。因此,你就是这个期权的买方,即多头,拥有购买思科公司股票的权利,但是并没有必须购买的义务。王先生就是这个期权的卖方,即空头,他只有执行期权的义务而没有权利。也就是说,如果你购买,他就必须把股票卖给你;如果你不购买,他没有权利要求你购买。假如在2015年7月20日到期日这一天思科公司的股票价格为25美元,虽然你预计股价还会继续上升,但过了这一天,期权将失效。因此,你执行了期权,即按20美元的价格从王先生手中买了1股思科公司的股票。当然,你也不会白白得到这个权利,当初为得到这个权利,你向王先生支付了2美元,这2美元就是期权费或期权价格。思科公司的股票则为标的资产。

(二) 看涨期权

最普通的一类期权是看涨期权(call option),又称为买权。看涨期权赋予持有人在一个特定时期以某一固定价格购进标的资产的权利。看涨期权在到期日的价值究竟是多少？为了简单起见,分析中暂不考虑货币的时间价值和交易成本,并假定标的股票在持有期间不发放股票红利。

看涨期权在到期日的价值取决于标的资产在到期日的价值。定义以 S_T 为标的资产普通股到期日的市场价格,当然在到期日之前可能不是这个价格;以 K 为标的资产普通股的执行价格。若该普通股在到期日的市场价格高于执行价格,即有 $S_T > K$,则该期权的价值是二者之差,即 $S_T - K$,此时,这个差额是大于零的,称该期权为实值期权(in-the-money option)。当然,在到期日,普通股的股价可能低于执行价格,即有 $S_T < K$,此时标的资产的价格与执行价之差小于零,则称看涨期权为虚值期权(out-of-money option)。显然,此时,看涨期权持有人没有理由也不会执行该期权,这时期权的价值为零。如果在到期日普通股的股价等于执行价,则称看涨期权为平价期权(at-the-money option)。

例如,到期日标的资产普通股的股价是 60 元,执行价格是 50 元,则看涨期权的持有人有权以 50 元买进股票。然后他可以在市场上按 60 元的价格卖出股票,这样他就可以获得 10 元钱的收益。因此,该期权的价值就是 10 元。如果到期日普通股的股价是 40 元,显然,持有人没有理由要用 50 元买一只值 40 元的股票,其他人当然也不会花钱买入这样一个期权,此时看涨期权的价值为零。

定义 P_C 为看涨期权在到期日的价值,它可以表示为:$P_C = \max(0, S_T - K)$,如图 8-1 所示。

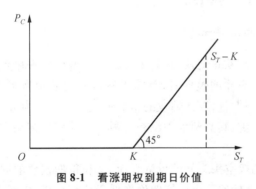

图 8-1　看涨期权到期日价值

(三)看跌期权

看跌期权(put option)又称为卖权,它赋予持有者在一个特定时期以某一固定价格卖出标的资产的权利。

看跌期权的价值与看涨期权相反。若在到期日,标的资产的价格高于执行价格,即 $S_T > K$,那么持有人没有理由也不会按照低于市价的执行价格出售资产,这种情况下,看跌期权为虚值期权,其价值为零。反之,若标的资产市价低于执行价,即 $S_T < K$,持有人就会按执行价格卖出资产,其价值等于 $K - S_T$,有实值。

例如,到期日标的资产普通股的股价是 60 元,执行价格是 50 元,看跌期权的持有人有权以 50 元的价格出售股票,当然他不会这样做,也没有人愿意花钱买入这样一个看跌期权,因此,该看跌期权的价值为零。若在到期日,标的资产普通股股价为 40 元,看跌期权的持有人就会执行其权利,他可以从市场上按 40 元的价格买入普通股,然后按 50 元的价格卖出普通股,这样他就可以获得 10 元钱的收益。因此,该期权的价值就是 10 元。

定义 P_P 为看跌期权在到期日的价值，它可以表示为：$P_P = \max(0, K - S_T)$，如图 8-2 所示。

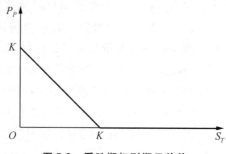

图 8-2 看跌期权到期日价值

二、期权的基本损益状态

每一期权合约都有两方，一方是持有期权的多头，即购买期权的一方；另一方是期权的空头，即出售期权或承约期权的一方。同时，期权又分为看涨期权和看跌期权，因此就有四种基本的期权头寸(position)，即：

看涨期权的多头 vs 看涨期权的空头。
看跌期权的多头 vs 看跌期权的空头。

(一) 看涨期权的多头和空头

仍以股票为标的资产欧式期权为例，来分析看涨期权多头和空头的基本损益状态。

持有看涨期权多头头寸的投资者，意味着曾以一定的价格买入该期权，若当初以 C 的价格买进期权，则在到期日，看涨期权的多头最大的净损失为 C，只有当 $S_T - K > C$ 时，才开始盈利。从理论上讲，其盈利水平没有上限。看涨期权多头在到期日的损益状态如图 8-3(a) 所示。

而对于持有看涨期权空头头寸的投资者而言，获得期权费的同时拥有了出售标的资产的义务。在到期日，若标的资产股票的价格低于执行价格，由于多头不会执行期权，持有空头头寸的投资者所获得的期权费就是其净收益。但若到期日股价高于执行价，就可能产生损失，其净损失为 $S_T + C - K$，同样，从理论上看其亏损也是没有下限的。看涨期权空头在到期日的损益状态如图 8-3(b) 所示。

仍假设你持有思科公司股票的看涨期权。若当初这个期权是你花费 2 美元买来的，只有当股票价格和执行价格之差大于 2 美元时，你才开始获利。若执行日股价是 25 美元，则该看涨期权的价值为 5 美元，你的净收益是 3 美元，这正好是空头方的净损失。假设股价的上涨空间是无穷的①，则你的获利空间是无穷大的，而空头方的亏损也是无穷大的。但若执行日股价低于 20 美元，这个期权一文不值，你的最大损失是 2 美元，空头方的最大收益也就是 2 美元。显然，在期权买卖中，多头和空头之间是一种零和博弈。

---

① 这是一种极端的纯理论的假设。

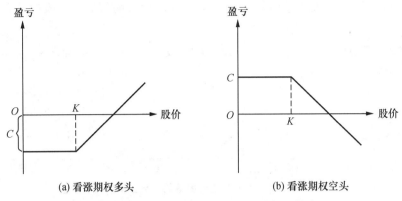

(a) 看涨期权多头 (b) 看涨期权空头

图 8-3 看涨期权到期日多、空头头寸损益状态

(二) 看跌期权的多头和空头

购买并持有看跌期权的多头,曾经付出了价值为 P 的期权费购买了看跌期权,得到了按固定价格卖出标的资产的权利。当标的资产股票的价格小于执行价格时,他将执行期权。当 $|S_T - K| > P$ 时,才开始盈利。从理论上看,股票价格最低为零,所以看跌期权的多头盈利的最大值为 $K - P$。如果标的资产股票的价格高于执行价格,看跌期权的多头将选择不执行期权,这时他最大的损失就是购买期权的费用 P。看跌期权多头在到期日的损益状态如图 8-4(a) 所示。

而看跌期权的空头,有义务在多头执行期权时,按执行价格买入股票。看跌期权多头的盈利就是空头方的亏损。看跌期权空头在到期日的损益状态如图 8-4(b) 所示。

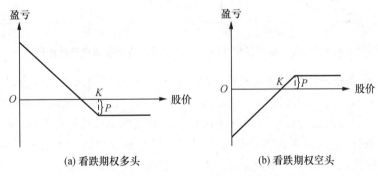

(a) 看跌期权多头 (b) 看跌期权空头

图 8-4 看跌期权多、空头头寸到期日损益状态

三、期权组合与买卖权平价

(一) 期权组合

看涨期权和看跌期权可以与其标的资产或其他金融资产组合以实现风险规避。

投资组合 I ——买入看跌期权的同时购进股票。

图 8-5 描述了购买看跌期权的同时购入标的资产普通股的投资组合在到期日的价值。若到期日的股价高于执行价格,看跌期权毫无价值,此时投资组合的价值等于到期日股票的市场价值。若到期日股价低于执行价格,股价的下降恰好被看跌期权价值的增加所抵消。显然,无论到期日普通股市价多么低,股票总是可以按执行价格卖出,组合就

好像为股票购买了一份保险。这种买进看跌期权的同时购买股票的策略被称为保护性看跌期权。

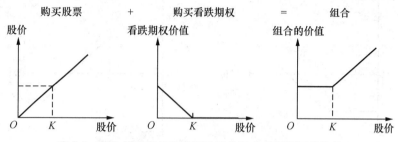

图 8-5　买入看跌期权与购进股票的组合在到期日的价值

投资组合 Ⅱ——买入看涨期权的同时购进零息债券,组合中零息债券的到期日与看涨期权的到期日相同,其面值也与看涨期权的执行价格相同。

图 8-6 描述了购买看涨期权与购买金融资产零息债券的投资组合在到期日的价值。在到期日,若股价低于看涨期权的执行价格,看涨期权将毫无价值,组合的价值等于零息债券的价值。若到期日股价高于看涨期权,期权将被执行,组合的价值等于期权的价值与零息债券的价值之和。

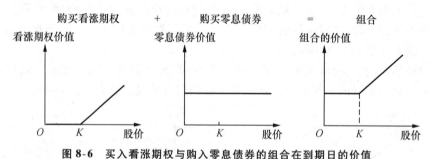

图 8-6　买入看涨期权与购入零息债券的组合在到期日的价值

看涨期权或看跌期权与普通股或其他金融资产还可以组成其他组合,例如,可以在购进普通股的同时卖出看涨期权。总之,通过组合很好地达到了风险规避的目的。

例 8.1　假设某公司股票的看涨期权和看跌期权的执行价格都是 55 元(欧式,不能在到期日前执行)。从现在起满一年为到期日。目前该股票的市场价格是 44 元。假定在到期日该股票的价格将是 58 元或者 34 元。市场上无风险证券的收益率为 10%。试构造期权组合进行风险规避。

解　采用对抵策略构造组合:购进股票,购进看跌期权;售出看涨期权。则该组合到期日的价值如表 8-1 所示。

表 8-1　组合到期日的价值

投资策略	组合的未来价值(未扣除购买成本)	
	股价升至 58 元	股价跌至 34 元
购入普通股	58	34
购入看跌期权	0(不执行期权)	21
售出看涨期权	−3	0(持有人不执行期权)
合计	55	55

由于当股票价格下跌时,看跌期权是实值的,而看涨期权因持有人不执行而终止;当股票上涨时,看涨期权是实值的,看跌期权终止,这样在任何一种情况下都能实现55元的到期日价值。

(二) 买权卖权平价

对比图 8-5 和图 8-6 中投资组合 I 与投资组合 II 在到期日的价值不难看出,两种投资策略完全一样。根据无套利原理,它们的成本也应该完全相同,否则投资者就会追求低成本的投资策略而放弃高成本的组合。投资组合 I 和投资组合 II 的成本及其关系可用以下公式表示:

标的股票的价格 + 看跌期权的价格 = 看涨期权的价格 + 执行价的现值[①]　　(8-1)
　　(组合 I 的成本)　　　　　　　　(组合 II 的成本)

(8-1)式就是买权卖权平价,又称为看涨期权-看跌期权平价(call-put parity)。这是非常精确的期权关系等式,但它有严格的限制条件:首先,它讲的是具有相同到期日、相同执行价格的欧式期权;其次,它要求零息债券的面值等于期权的执行价格。

例如,为构造例 8.1 的投资组合,若当初花 44 元买股票,7 元买看跌期权,而售出看涨期权得到 1 元,市场的无风险利率为 10%。由于你支付了 50 元买到了一年后收入 55 元的保证,你将正好赚得 10% 的利息。相反,若你能以 6 元买入看跌期权,你的组合成本是 49 元,用 49 元换来了 55 元的保证,那么你获得了 12.2% 的收益。只要有套利的存在,这种收益不会持久。在没有套利存在的情况下,你的初始头寸必须符合以下基本关系:

$$44 + 7 = 1 + 55/1.1$$

定义　P 为卖权的价格;C 为买权的价格;S 为标的股票现价;K 为无风险资产在到期日的价值(它等于执行价),则买权卖权平价关系式可以表示为如下形式:

$$P + S = C + K/(1 + r_f)^t \tag{8-2}$$

买权卖权平价关系是最基础的期权关系,它还可以有多种表达形式。每一种表达方式都隐含着两个具有相同投资结果的投资策略。例如,如果想了解看跌期权的价值,只需将(8-2)式变换成:

$$P = C + K/(1 + r_f)^t - S$$

此表达式所对应的具有同等结果的两个策略是:

(1) 买入看跌期权。

(2) 买入看涨期权同时买入到期日价值为执行价现值的无风险资产,卖出标的股票。

换句话说,如果市场上没有看跌期权,则可以通过策略(2)实现同样的目的。

第二节　期权的价值

前一节讨论了期权在到期日的价值,这一节将讨论如何决定期权在到期日前的价值。

[①] 在例 8.1 中,执行价的现值恰好等于零息债券的现值,也就是零息债券的购买成本。

一、看涨期权价值的上下界

假设目前 AOL 股票的市场价格为 35 美元,其看涨期权的执行价格为 30 美元,那么该期权肯定不能以低于 5 美元的价格售出。原因很简单,如果期权的价格为 4 美元,聪明的人就会以 4 美元的价格买入该期权,再花 30 美元执行期权。也就是说,通过这一操作,仅用了 34 美元(4 美元 + 30 美元)获得 1 股 AOL 股票,在市场上以 35 美元的价格出售后就可以轻松获利 1 美元(35 美元 − 34 美元)。在无套利的市场上,这种套利机会很快消失。因此,期权价格至少要等于 5 美元。如图 8-7 所示,在到期日前,期权的价格不会低于右边那条黑色的斜线。①

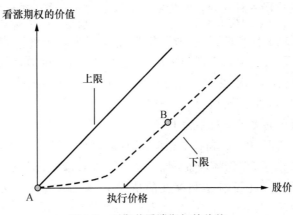

图 8-7 到期前看涨期权的价值

期权价格有上限吗?答案是肯定的,这个上限就是标的股票本身。如果 AOL 公司看涨期权的价格高于普通股股票,投资者就会以较低的价格直接购买普通股,而不必采用通过购买期权的方法来购买普通股。如图 8-7 所示,在到期日前,看涨期权的价值不可能高于其标的资产股票的价格。

二、影响期权价值的因素

有两类基本因素影响期权的价值,一类是期权合约本身的特征,包括到期日和执行价格;另一类是股票价格和市场的因素。

(一)看涨期权的影响因素

1. 执行价格

当其他条件不变时,执行价格越高,看涨期权的价值就越低。但只要标的资产的价格在到期日之前能够超过执行价格,期权就有价值。

假设价格为 30 美元的 IBM 股票有两个看涨期权,第一个看涨期权的执行价格为 25 美元,第二个看涨期权的执行价格为 20 美元,你会选择哪一个呢?毫无疑问,第二个期权对你更有吸引力。那么,第二个看涨期权的价格就要高一些。因此,执行价格的降低会提高看涨期权的价值。

---

① 下限对美式期权严格正确,对欧式期权却不是。

2. 到期日

对于同类的美式期权,距到期日长的价值至少与到期日短的一样。这是因为距到期日越长,标的资产发生有利于期权持有者的变化的机会越多。考虑其他条件一样的两个美式期权,一个 3 个月到期,另一个 6 个月到期。显然 6 个月到期的美式期权不仅有与 3 个月到期的美式期权相同的权利,它还有另外 3 个月获取价值的权利。因此,6 个月到期的美式期权更有价值。[①] 另外,离到期日时间越长,未来支付执行价格的现值就越低。

3. 股票价格

如果股票一文不值,期权到时肯定不会被执行。因此,今天的期权价值也必然为零。[②] 如图 8-7 虚线的 A 点所示。如果股价涨得很高,说明股价比执行价高得多,期权最终被执行的可能性就越大,同时股价在到期日前跌至执行价之下的可能性也就越小。股价涨得足够大,则期权肯定在到期日行权,因此看涨期权的价值就等于股价与执行价格现值的差额。如图 8-7 虚线的 B 点所示。例如,股票价格是 50 美元,执行价格是 100 美元的期权,显然值不了多少钱。但若股票价格狂升到 150 美元,则该期权就有很高的价值了。

图 8-7 的虚线描述了到期日前看涨期权价值与股价之间的关系,股价越高,看涨期权的价值也就越高,但它们之间的关系并不是线性的,而是一条"凸曲线",也就是说,对应于给定的股票价格增加值,看涨期权的价格在股票价格高时的增加幅度比在股票价格低时的增加幅度大。

4. 股价的波动性

决定图 8-7 中虚线高度(即期权的实际价值与下限价值之间的差额)的最重要因素就是标的资产价格的变异性。倘若一种股票的价格变化不超过 1%,这种股票对应的期权价值就很低。倘若一种股票的价格可能翻倍也可能折半,这种股票对应的期权价值就极高。

例如,A、B 两只股票价格的概率分布如表 8-2 所示,假定股票 A 和股票 B 的期权的执行价格都为 45 元。

表 8-2　到期日股票 A 与股票 B 价格的概率分布　　　　　　　　　　　　单位:元

概率	0.07	0.10	0.18	0.30	0.18	0.10	0.07
股票 A 的价格	35	40	45	50	55	60	65
股票 B 的价格	20	30	40	50	60	70	80

容易算得,两种股票在到期日的期望价格都是 50 元,而期权在到期日的预期价值为:

期权 A $= 0 \times 0.07 + 0 \times 0.01 + 0 \times 0.18 + 5 \times 0.30 + 10 \times 0.18 + 15 \times 0.10 + 20 \times 0.07$
$= 6.2(元)$

期权 B $= 0 \times 0.07 + 0 \times 0.01 + 0 \times 0.18 + 5 \times 0.30 + 15 \times 0.18 + 25 \times 0.10 + 35 \times 0.07$
$= 9.15(元)$

[①] 对于欧式看涨期权,这个关系不一定必然成立。例如一家公司有两种等同的欧式期权,一种在 5 月底到期,另一种在 10 月份到期。再假定 6 月初有大量的股利支付。若第一种期权在 5 月底执行,其持有人将收到标的股票,此后不久他就会得到大量股利。然而,第二种看涨期权的持有人将在股利支付之后通过执行期权得到股票。由于市场知道这种看涨期权的持有人将失去股利,因此第二种看涨期权的价值可能小于第一种看涨期权的价值。

[②] 如果一只股票未来还可能有价值,投资者今天就会愿意为之有所付出,虽然数目可能很小。

由于股票 B 的价格比股票 A 的价格变动幅度大,即股价的波动率较大,使得股票 B 的期权的预期价值高于股票 A 的期权。这是因为股票价格波动率越大,期权持有者的收入为正的可能性就越大,从而使得期权的价值就越大。在这一问题上,持有标的资产与持有标的资产的期权有着根本的区别。若市场上的投资者都是风险厌恶型的,股票波动率的增加只会使股票的市场价值减少,然而期权的持有人却从股票的波动中获取收益,因此股票波动率的增加反而会使期权的价值增加。

5. 市场利率

看涨期权的价格也是利率水平的函数。如果你拥有一份已经确定将被执行的看涨期权,可以认为你已经持有股票,唯一的差别是你只需首先以看涨期权的价格支付一笔定金,而在执行时才以执行价格付款。如果距到期日很远,市场利率又很高,延迟付款就越有价值。因此看涨期权的价值与利率正相关。

(二) 看跌期权的影响因素

影响看涨期权的五个因素也是看跌期权的影响因素,但其中执行价格、股票价格和市场利率这三个影响因素的看跌期权作用的方向与看涨期权不同。

1. 执行价格

由于当其他条件不变时,执行价格越高,股价低于执行价的可能性就越大,看跌期权的持有者就更有可能按高于股票市场价格的执行价格出售股票。因此,与看涨期权相反,看跌期权的价值随着执行价格的增加而增加。

2. 股票价格

由于当股票以低于执行价格的价格出售时看跌期权是实值的,因此,当其他条件不变时,股票价格越高,看跌期权的价值越低。看跌期权的市场价随股价的增加而减少。

3. 市场利率

看跌期权的持有者只有在执行期权时才收到按执行价出售股票的收入,因此,在其他条件不变的前提下,较高的市场利率将降低延迟售出股票的价值。

将以上影响因素总结后,得到表 8-3。

表 8-3 影响美式期权价值的因素

影响因素及其变化	看涨期权价值	看跌期权价值
股票价格增加	增加	减少
执行价格增加	减少	增加
股票波动率增加	增加	增加
市场利率增加	增加	减少
距到期日的时间增加	增加	增加

美式期权同时具有以下四种关系:
(1) 看涨期权的价格绝不能高于股票价格(上限)。
(2) 看涨期权的价格绝不能小于零,也不能小于股票价格与执行价格之差(下限)。
(3) 如果股票价格等于零,那么看涨期权的价值为零。
(4) 当股票价格远远大于执行价格时,看涨期权的价格接近等于股票价格与执行价格现值之差。

三、期权定价的基本原理

人们最早也曾试图用现金流贴现的方法评价期权的价值。遗憾的是,很难找到一个合适的贴现率。期权的风险取决于标的资产价格与执行价格之间的差额大小,而标的资产的价格在不断变化,因此虽然可以知道期权的风险比标的资产的大,却不能准确地判断期权的风险究竟是多少。显然,为了求出期权价格,需要另辟蹊径。

设想在一个绝无套利可能的市场上,如果能够构造出一个收益状况与期权相同但由其他金融资产构成的组合,那么就可以由该组合来找出期权的价格。

例 8.2 假设股票 Z 当前的市场价格是 100 元,预计在 6 个月后的价格是 120 元或者 80 元。目前市场上出售一种以股票 Z 为标的资产的看涨期权,期限也是 6 个月,执行价格是 100 元。再假设投资者可以按 10% 的半年期无风险利率借款。估计该期权的价格。

解 首先,需要找出与期权到期日价值相同的但由其他金融资产构成的组合。考虑以下两种策略:第一种策略是购进股票 Z 的看涨期权;第二种策略是买进 0.5 份股票,同时借入 36.36 元。两种策略在期权到期日时的价值如表 8-4 所示。

表 8-4 两种投资策略在到期日的价值   单位:元

初始交易	到期日收益	
	若股票价格是 120 元	若股票价格是 80 元
1. 购进看涨期权	120 − 100 = 20	0
合计:	20	0
2. 购进 0.5 股股票	120 × 0.5 = 60	80 × 0.5 = 40
借入 36.36 元	− 36.36 × 1.1 = − 40	− 36.36 × 1.1 = − 40
合计:	20	0

上述购进看涨期权的盈利结构被第二种策略所复制,也就是说,从投资者所关心的盈利方面看两种投资策略是等价的。在无套利的市场上,这两种策略一定有相同的成本。第二种策略的成本很容易估计:$100 \times 0.5 - 36.36 = 13.64$(元)。

由此得到看涨期权的价格为 13.64 元。也就是说,上述看涨期权必须按 13.64 元定价,否则就会出现无风险套利。

为了更好地理解和应用上述原理,进一步讨论以下两个问题:

(1) 如何得知在复制策略中应该购入多少股票数量? 如例 8.2 中购入 0.5 股股票而不是其他任何数量。

由于已经预计到股价在到期日的价值可能是 120 元或者 80 元,潜在的波动幅度是 40 元;据此,推算出期权在期末的价值可能是 20 元或者 0 元,相应的波动幅度为 20 元,刚好是股价波动幅度的 1/2。也就是说,股价涨落 1 元会带来看涨期权 0.5 元的涨落。将以上关系一般化,可以得到以下比率:

$$期权的 \delta = \frac{看涨期权变化范围}{股价变化范围} \tag{8-3}$$

这个被称为期权的 δ 的比率,提供了在复制策略中应该购入的股票数量的信息。

(2) 如何得知在复制策略中应该借贷多少数量的资金? 如例 8.2 中借入 36.36 元,

而不是其他任何数量。

已知买 0.5 股股票的期末价值为 60 元或者 40 元,比看涨期权的两种可能期末价值分别多 40 元。为了能够保证复制组合与看涨期权有相同的期末价值,就应该借入数量为期末能够恰好偿还 40 元借款本息的资金,因此,借款数量就应为 36.36 元(40/1.1)。也就是说,借款额应该等于复制组合中股票的期末价值与看涨期权价值的差额的现值。

在已知复制策略所需购入的股票数量和借款量的基础上,通过以下公式就可以容易地估计出看涨期权的价值:

$$\text{看涨期权的价值} = \text{当前股价} \times \delta - \text{借款量} \tag{8-4}$$

看跌期权的价值可以通过看涨期权-看跌期权平价关系计算。

四、二叉树期权定价模型

上述方法要求我们在评估期权价值时,每次都要构造一个复制组合。能否有一个更简单的方法?建立在上述方法基础之上的二叉树模型就是一个简便的方法。

(一) 单期状态

设股票当前的市场价格为 S_0,一年后可能上升为 S_H 或下降为 S_L,相应地,一个与此股票对应的看涨期权在到期日可能价值为 C_H 和 C_L;画出它们价格变化的二叉树如图 8-8 所示。

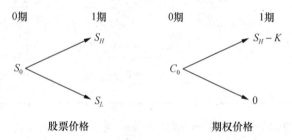

图 8-8 期权价格变化的单期二叉树图

对于风险中立者,判断效用的唯一标准是期望值,因此股票当前价格由下式决定:

$$S_0 = \frac{1}{(1+r_f)} [w_H S_H + (1-w_H) S_L] \tag{8-5}$$

式中,w_H 为股票上升的概率,当然它并非真正意义上的概率,只是其特征和作用类似于概率,称为等价概率测度,也称为等价鞅测度①。根据(8-5)式可以得到:

$$w_H = \frac{S_0(1+r_f) - S_L}{S_H - S_L} \tag{8-6}$$

相应地,一个与此股票对应的看涨期权在 0 期的价值则为:

$$C_0 = \frac{1}{(1+r_f)} [w_H C_H + (1-w_H) C_L] \tag{8-7}$$

---

① 等价鞅测度的内涵请参阅金融经济学相关教材。在二叉树模型中,股票和无风险证券之间不存在套利机会的充分必要条件是存在唯一的等价鞅测度。

例 8.3 已知某股票当前价格为 70 元,6 个月后价格可能为 100 元或者 50 元,市场无风险年利率为 8%,求以这一股票为标的股票,执行价格为 75 元,期限为 6 个月的看涨期权的价格。

解 首先求解 w_H:

$$w_H = \frac{S_0(1+r_f) - S_L}{S_H - S_L} = \frac{70 \times 1.04 - 50}{100 - 50} = 0.456$$

然后将计算结果代入(8-7)式:

$$C_0 = \frac{1}{(1+r_f)}[w_H C_H + (1-w_H)C_L]$$

$$= \frac{1}{1.04}[0.456 \times 25 + (1-0.456) \times 0] = 10.96(元)$$

得到上述期权的价格为 10.96 元。

(二) 多期状态

在一个多期的二叉树估价过程中,估价必须交互进行,即从最后的时点开始向前追溯,直到当前时点。每一步都要估计标的资产的价格,从而得到各时点期权的价格。

例 8.4 某股票现价为 55 元,预计未来每 6 个月中每 3 个月股价将上涨或下跌 10%。设每期的无风险利率为 1%。以该股票为标的资产,执行价为 58 元的买权的价值是多少?

解 这是一个两期的资产价格运动,其股票价格和期权价格变化的二叉树如图 8-9 所示。

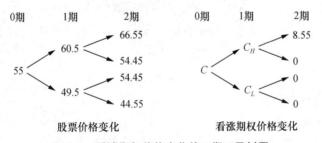

图 8-9 看涨期权价格变化的二期二叉树图

定义 1 期至 2 期股价变化的概率为 w_{HH}(1 期上升,2 期也上升),w_{HL}(1 期上升,2 期下降),w_{LH}(1 期下降,2 期上升),w_{LL}(1 期下降,2 期也下降)。应用(8-6)式得到:

$$w_{HH} = \frac{S_H(1+r_f) - S_{HL}}{S_{HH} - S_{HL}} = \frac{60.5 \times 1.01 - 54.45}{66.55 - 54.45} = \frac{6.655}{12.1} = 0.55$$

$$w_{HL} = 1 - w_{HH} = 1 - 0.55 = 0.45$$

$$w_{LH} = \frac{S_L(1+r_f) - S_{LL}}{S_{LH} - S_{LL}} = \frac{49.5 \times 1.01 - 44.55}{54.45 - 44.55} = \frac{5.445}{9.9} = 0.55$$

$$w_{LL} = 0.45$$

$$w_H = w_{HH} = 0.55$$

将以上数据代入(8-7)式,求各期的期权价值:

$$C_H = \frac{1}{(1+r_f)}[w_{HH}C_{HH} + (1-w_{HH})C_{HL}]$$

$$= \frac{1}{1.01}(0.55 \times 8.55 + 0.45 \times 0) = 4.66(元)$$

$$C_L = \frac{1}{(1+r_f)}[w_{LH}C_{LH} + (1-w_{LH})C_{LL}] = 0$$

$$C_0 = \frac{1}{(1+r_f)}[w_H C_H + (1-w_H)C_L]$$

$$= \frac{1}{1.01}(0.55 \times 4.66 + 0.45 \times 0) = 2.54(元)$$

计算结果表明,该看涨期权在当前的价值为 2.54 元。

五、Black-Scholes 期权定价模型

显然,二叉树模型是有缺陷的,模型假定股票在期末的价格仅取两个值,这不符合现实。事实上,股票在到期日的价格是有多种可能的。不过,价格的可能数目会随着时间的缩短而减少,因此,对于无限短的瞬间来说,二叉树的假设是合理的。换句话说,二叉树模型虽然是一个描述股票价格运动的离散时间模型,但随着期权有效期被拆细成越来越多的时段,即当时间间隔 t 趋于无穷小时,股票价格将服从对数正态分布。Black-Scholes 期权定价模型的创立者费雪·布莱克(Fisher Black)和迈伦·斯科尔斯(Myron Scholes)运用期权定价的基本原理,在假定股票价格连续变化等的前提下,推导出的期权定价模型如下[①]:

$$C = SN(d_1) - Ke^{-rt}N(d_2) \tag{8-8}$$

式中,

$$d_1 = \frac{\ln(S/K) + (r_f + \sigma^2/2)t}{\sigma\sqrt{t}} \tag{8-9}$$

$$d_2 = d_1 - \sqrt{\sigma^2 t} \tag{8-10}$$

S 是股票的当前价格;

K 是欧式看涨期权的执行价格;

r 是无风险利率,年连续复利;

t 是距到期日的时间,以年为单位;

σ^2 是股票连续收益率变动的方差;

$N(d)$ 表示标准正态分布随机变量小于或等于 d 的概率。

Black-Scholes 定价模型推导起来较难,但应用起来很容易。下面举例说明这一模型的应用。

---

① Black-Scholes 期权定价公式的推导方法很多,也有点复杂。基本思路是,复制与期权具有同样到期价值的股票与债券的组合,将时间间隔缩小,在每一时点上,都假定资产价格的变化只有两种状态,从最后的时点追溯至初始时期期权的价格。当时间间隔 t 趋于无穷时,股票价格运动的二叉树模型转变为几何布朗运动模型。有兴趣的读者可以参考相关书籍,本书不进行详细推导。但如何理解 Black-Scholes 定价公式背后的含义呢?不妨对比期权定价基本方法中,通过复制的购买股票和借款的策略来确定期权的价值的公式(8-4):看涨期权的价值 = 股价 × delta − 借款量。可以证明,delta 就是 Black-Scholes 定价模型中的 $N(d_1)$,而 $Ke^{-rt}N(d_2)$ 则是投资者为了复制看涨期权所需要的借款量。

例 8.5 考虑 PEC 公司,假设在 1990 年 10 月 4 日,其股票的收盘价为 50 美元,其以股票为标的资产的看涨期权距到期日还有 199 天,执行价格为 49 美元。市场的无风险利率为 7%(按连续复利计算的年利率),该公司股票收益的方差为 0.09。求该看涨期权的价值。

解 (1) 求出正态分布的临界值:

$$d_1 = \frac{\ln(S/K) + (r_f + \sigma^2/2)t}{\sigma\sqrt{t}}$$

$$= \frac{\ln(50/49) + (0.07 + 0.5 \times 0.09) \times 199/365}{\sqrt{0.09(199/365)}} = 0.3742$$

$$d_2 = d_1 - \sigma\sqrt{t} = 0.1527$$

(2) 查标准正态分布表,得到:

$$N(d_1) = N(0.3742) = 0.6459$$
$$N(d_2) = N(0.1527) = 0.5607$$

(3) 计算看涨期权的价值:

$$C = SN(d_1) - Ke^{-rt}N(d_2) = 50 \times 0.6459 - 49 \times e^{-0.07 \times 199/365} \times 0.5607 = 5.85(美元)$$

Black-Scholes 期权定价模型所确定的是看涨期权的价值,看跌期权的价值可以通过买权卖权平价推出。

与假设可能结果有限的二叉树方法相比,B-S 定价方法考虑到可能结果的连续分布,从而更加现实。不仅如此,它所得到的结果也比二叉树方法更加准确、更加方便。只要给定若干参数就可以计算期权的价值。①

第三节 实 物 期 权

期权对于公司金融决策具有十分重要的意义,公司金融决策的很多问题都可以用期权的观点来审视和分析。设公司资产的价值为 A,它等于股票价值 S 和债券价值 D 之和($A = S + D$)。若用看涨期权描述,公司股票、债券和公司价值三者的关系如图 8-10 所示。

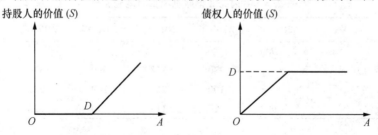

图 8-10 公司股东与债券持有人与公司价值的关系

注:股东可被看作对公司持有看涨期权。如果公司价值超过债券价值 D,股东将执行期权,支付行权价格 D(偿还债务),拥有公司。若公司价值低于 D,股东将放弃公司。而债券持有人可被看作这个看涨期权的卖方。公司价值超过 D,股东执行期权,债权人收回债务本息;若公司价值低于 D,债权人拥有公司(通过清算收回部分本息)。

---

① 关于 Black-Scholes 模型有些假设是很重要的:① 对卖空不存在障碍和限制;② 交易成本与税收是零;③ 期权是欧式的;④ 不支付股票红利;⑤ 股票价格是连续的,即没有跳跃;⑥ 市场连续运作;⑦ 短期利率已知且固定;⑧ 股票价格服从对数正态分布。这些假设是保证模型正确的充分条件,当这些条件不成立时,需要对公式进行一些微调后才能得到精确的结果。

不仅公司的股票和债券可以视为期权,而且公司的资本结构、资本预算、兼并收购等决策中都隐含着期权的价值。本书后面的章节中将会陆续讨论这些问题,本章主要讨论资本预算中的期权及其价值的确定。

前面讨论的用现金流贴现的方法评估项目价值,或者通过调整风险贴现率估算项目净现值,甚至以更复杂的决策树、情景分析等方法处理项目风险时,都忽略了项目决策中的主动性。实际上,当项目投入运作后,公司可以根据未来形势的发展变化重新作出选择。这种调整项目的选择权被称为实物期权(real option)。

一、后续投资机会的价值

例 8.6 星光公司是一家大型计算机制造商,2010 年,公司考虑是否投入自行研制的闪光 I 型微机项目。该项目初始投资额 4.5 亿元,未来 5 年预计现金流如表 8-5 所示。当前市场的无风险利率为 10%,但考虑到项目的风险状况,公司要求的必要收益率为 20%。由于市场竞争激烈,公司如果现在不进行闪光 I 型项目的投资,将来就没有机会进入微机市场。而且在闪光 I 型的基础上,公司还可以开发闪光 II 型,估计在 2013 年能够投入生产。闪光 II 型项目的风险与闪光 I 型项目相似,其现金流变动的标准差预计为 0.35,但其投资额和现金流量是闪光 I 型项目的 2 倍,预计的现金流量如表 8-6 所示。目前是否应该投资闪光 I 型项目?

表 8-5　闪光 I 型微机项目的现金流量　　　　　　　　　单位:百万元

	2010 年	2011 年	2012 年	2013 年	2014 年	2015 年
初始投入	450					
税后经营现金流量		110	159	295	185	0
营运资本增加		50	100	100	−125	−125
净现金流量	−450	60	59	195	310	125

表 8-6　闪光 II 型微机项目的现金流量　　　　　　　　　单位:百万元

	2013 年	2014 年	2015 年	2016 年	2017 年	2018 年
初始投入	900					
税后经营现金流量		220	318	590	370	0
营运资本增加		100	200	200	−250	−250
净现金流量	−900	120	118	390	620	250

解　(1) 若不考虑闪光 I 型微机项目所具有的后续投资机会的价值,其净现值为:

$$NPV_I = -450 + \frac{60}{1.2} + \frac{59}{1.2^2} + \frac{195}{1.2^3} + \frac{310}{1.2^4} + \frac{125}{1.2^5} = -46.5(百万元)$$

(2) 闪光 II 型项目在 2013 年的净现值为:

$$NPV_{II,2013} = -900 + \frac{120}{1.2} + \frac{118}{1.2^2} + \frac{390}{1.2^3} + \frac{620}{1.2^4} + \frac{250}{1.2^5}$$

$$= -900 + 805.7 = -94.3(百万元)$$

(3) 闪光Ⅱ型微机项目在2010年的净现值为[①]：

$$\text{NPV}_{\text{Ⅱ},2010} = -\frac{900}{1.1^3} + \frac{805.7}{1.2^3} = -676.2 + 466.3 = -209.9(百万元)$$

显然从目前来看，无论是现在进行闪光Ⅰ型微机项目投资，还是3年后进行闪光Ⅱ型微机项目投资，从财务上看都是无利可图的。但是闪光Ⅱ型微机项目是一个3年后才需投入的项目，具有较大的不确定性，存在市场发生变化、净现值大于零的可能。如果现在不进行闪光Ⅰ型微机项目，就失去了未来发现闪光Ⅱ型微机项目可以盈利时再进行投资的机会。所以闪光Ⅰ型项目不仅是一个未来3年可以带来现金流的项目，而且包括在2013年选择是否进行闪光Ⅱ型微机项目的选择权。这个期权的标的资产就是闪光Ⅱ型微机项目，标的资产的价值就是闪光Ⅱ型微机项目的现值，而执行价格就是闪光Ⅱ型微机项目的投资额。

(4) 用Black-Scholes期权定价模型估计闪光Ⅰ型微机项目所含有的期权价值。

已知：$r_f = 10\%$；$\sigma = 0.35$；$t = 3$；$K = 900$（百万元）；标的资产价格 = 466.3（百万元）

则：

$$d_1 = \frac{\ln(S/K) + (r_f + \sigma^2/2)t}{\sigma\sqrt{t}}$$

$$= \frac{\ln(466.3/900) + (0.1 + 0.35^2/2) \times 3}{0.35\sqrt{3}} = -0.287$$

$$d_2 = d_1 - \sigma\sqrt{t} = -0.2867 - 0.35\sqrt{3} = -0.893$$

$$N(d_1) = N(-0.2867) = 0.387$$

$$N(d_2) = N(-0.893) = 0.186$$

$$C = SN(d_1) - Ke^{-rt}N(d_2) = 466.3 \times 0.387 - 900e^{-0.3} \times 0.186 = 56.45(百万元)$$

(5) 考虑了闪光Ⅰ型微机项目所具有的期权价值后，其净现值为：

$$\text{NPV} = -46.5 + 56.45 = 9.95(百万元)$$

由于接受闪光Ⅰ型微机项目能够得到闪光Ⅱ型微机项目的扩张期权，此扩张期权的价值约为5 600万元，据此对闪光Ⅰ型微机项目的净现值进行调整，得到项目净现值约1 000万元。

二、时间选择期权

在不确定的情况下，选择投资时机是很有意义的，即便项目具有正的净现值也并不意味着就应该立即投资。假如未来市场状况的不确定程度很大，延迟一段时间也不会失去进入市场的机会，那么，等待和静观市场发展变化后再做决定会更有把握。这种情况下，投资者相当于拥有一个尚未到期的买权[②]，其持有者可以选择立即执行还是等待。

例8.7 某公司可以选择对一个新项目马上投资或是一年后投资，不论是当前投资还是一年后投资，其投资额都是1.8亿元。如果产品市场情况好，项目每年能够产生2 500万元的净现金流量，如果市场情况不好，每年只能产生1 600万元的净现金流量。

---

① 这里假定90亿元的资金如果不投入闪光Ⅱ型微机项目，只能用于无风险投资，获得无风险报酬。

② 在例8.6关于后续机会价值的讨论中，由于假定公司若不马上投资闪光Ⅰ型微机项目，就会失去进入该市场的机会，这就相当于公司持有一个已经到期的有实值的买权，已没有等待的机会，必须马上执行，否则期权就将失效。

该项目目前预计的价值为 2 亿元,项目的机会成本为 10%,市场无风险收益率为 5%。对该项目的投资时机应作何选择?

解 (1) 该项目在市场状况好时投资可带来 7 000 万元(2.5 亿元 − 1.8 亿元)的净现值,而在市场状况不好时的净现值为 −2 000 万元。由于项目可以等待一年再开发,因此,该公司相当于拥有期限为一年的看涨期权,一年后根据市场状况决定是否投资(是否执行买权)该项目。为了找出买权的价值,可对项目的现金流分解如下:如果市场情况好,项目在第一年将带来 2 500 万元的净现金流量和 25 000 万元的终值;如果市场情况不好,项目在第一年将带来 1 600 万元的净现金流量和 16 000 万元的终值。根据上述数据可画出二叉树图形如图 8-11 所示。

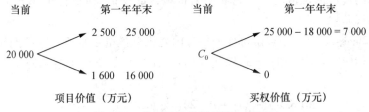

图 8-11 某项目等待期权的二叉树图

根据二叉树模型计算买权价值得到:

$$w_H = \frac{S_0(1+r_f) - S_L}{S_H - S_L} = \frac{20\,000(1+0.05) - 17\,600}{27\,500 - 17\,600} = 0.343$$

$$C_0 = \frac{1}{(1+r_f)}[w_H C_H + (1-w_H)C_L] = \frac{1}{1.05}(0.343 \times 7\,000 + 0) = 2\,287(万元)$$

如果立即投资,相当于马上执行买权,得到的价值就是项目当前的净现值 2 000 万元(20 000 − 18 000)。但若继续保持这份期权,其价值则为 2 287 万元。所以,该项目净现值为正的事实并不足以保证现在就该投资,因为等待并观察是更好的策略。

三、转作他用的卖权价值

在以往所涉及的资本预算中,总是假设一旦实施某个项目,就不会中途放弃,也不会改变。但是在现实中,有些项目根据运行的情况,中途是可以重新作出选择的。对于这样的项目,就应该估计其期权的价值。

例 8.8[①] 某企业生产一种新产品可以采用两种不同的设备。设备 A 是专用设备,不能转为他用。设备 B 是通用设备,生产效率不如设备 A,但可以生产其他产品。两种设备的价格都是 65 万元,使用期限均为 5 年。预计新产品未来第一年的销售状况好与不好的概率均为 50%,但如果第一年销售状况好,以后各年将保持好的销售状况,如果第一年销售状况不理想,随后各年的销售状况也不理想。该项目的机会成本为 12%,市场无风险收益率为 5%,两种设备预期的净现金流量列于表 8-7。新产品究竟应该采用哪一种设备进行生产?

---

① 此例选自刘力,《财务管理学》(第二版),企业管理出版社 2000 年版,第 193 页。

表 8-7　某企业新项目预期净现金流量　　　　　　　　　单位：万元

时间		0	1	2	3	4	5
设备 A	情况好	−65	19	27	35	43	51
	情况差	−65	4	8	12	16	20
设备 B	情况好	−65	18	26	34	42	50
	情况差	−65	3	7	11	15	19

解　(1) 若采用设备 A：

(a) 未来第 2—5 年净现金流量在第一年年末的价值为：

情况好：$PV_{AG,1} = \dfrac{27}{1.12} + \dfrac{35}{1.12^2} + \dfrac{43}{1.12^3} + \dfrac{51}{1.12^4} = 115(万元)$

情况差：$PV_{AB,1} = \dfrac{8}{1.12} + \dfrac{12}{1.12^2} + \dfrac{16}{1.12^3} + \dfrac{20}{1.12^4} = 40.8(万元)$

(b) 项目在当前的价值是情况好与情况不好现值的期望值，扣除初始投资为净现值。

$$PV_{A,0} = \dfrac{[(115+19)+(40.8+4)] \times 0.5}{1.12} = 79.8(万元)$$

$$E(NPV_{A,0}) = 79.8 - 65 = 14.8(万元)$$

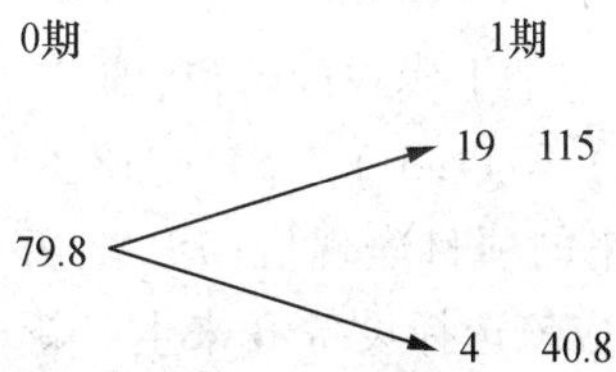

```
0期        1期
           19    115
  79.8
           4     40.8
```

图 8-12　采用设备 A 的现金流及其价值的二叉树图

(2) 若采用设备 B：

(a) 未来第 2—5 年净现金流量在第一年年末的价值为：

情况好：$PV_{BG,1} = \dfrac{26}{1.12} + \dfrac{34}{1.12^2} + \dfrac{42}{1.12^3} + \dfrac{50}{1.12^4} = 112(万元)$

情况差：$PV_{BB,1} = \dfrac{7}{1.12} + \dfrac{11}{1.12^2} + \dfrac{15}{1.12^3} + \dfrac{19}{1.12^4} = 37.8(万元)$

(b) 项目现金流在当前的价值是情况好与情况不好现值的期望值，扣除初始投资为项目净现金流的净现值。

$$PV_{B,0} = \dfrac{[(112+18)+(3+37.8)] \times 0.5}{1.12} = \dfrac{(130+40.8) \times 0.5}{1.12} = 76.3(万元)$$

$$E(NPV_{B,0}) = 76.3 - 65 = 11.3(万元)$$

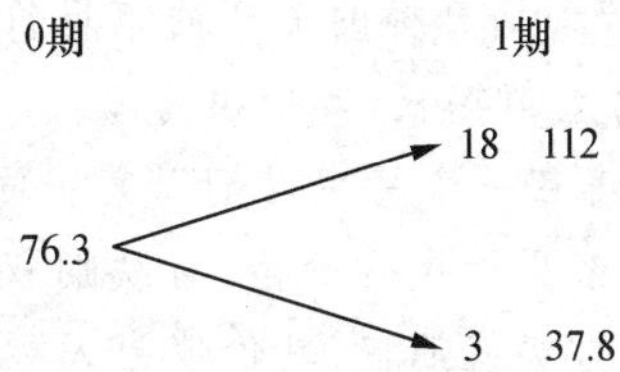

```
0期        1期
           18    112
  76.3
           3     37.8
```

图 8-13　采用设备 B 的现金流及其价值的二叉树图

(c) 上述计算结果表明,选择设备 A 的净现值较大(14.8 > 11.3)。但是,若选择设备 B,由于设备可以转作他用,如果第一年销售不好,则可放弃此项目,将设备按账面净值 52 万元出售。因此,选择设备 B 相当于持有一个期限一年,执行价格为 52 万元的卖权。当作为标的资产(项目本身)的价值低于执行价 52 万元时,卖权有实值,放弃项目卖掉设备;当标的资产(项目本身)的价值高于执行价 52 万元时,其卖权为虚值,则放弃卖权。选用设备 B 时项目的价值与其卖权价值之间的关系可用二叉树描述,如图 8-14 所示。

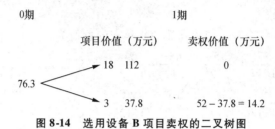

图 8-14　选用设备 B 项目卖权的二叉树图

根据二叉树定价原理,计算得到:

$$w_H = \frac{S_0(1+r_f) - S_L}{S_H - S_L} = \frac{76.3(1+0.05) - 40.8}{130 - 40.8} = 0.44$$

$$卖权的价值 = \frac{1}{1.05}(0 \times 0.44 + 14.2 \times 0.56) = 7.57(万元)$$

显然,选择设备 B 的净现值应加上卖权的价值,即:

$$E(\text{NPV}_B) = 11.3 + 7.57 = 18.87(万元)$$

(3) 由于选择设备 B 所带来的项目净现值(18.87 万元)大于选择设备 A 所带来的项目净现值(14.8 万元),因此,应该选择设备 B 来生产新产品。

本章总结

1. 期权是一种赋予持有人在某给定日期或该日期之前的任何时间以固定价格购进或售出一种资产的权利的合约。它赋予持有人的是进行某项交易或处置某项事务的权利而非义务。

2. 期权合约规定的按固定价格购买或出售的资产称为标的资产,固定价格称为执行价格。期权有到期日,到期日后期权失效。期权有美式期权和欧式期权之别。美式期权允许持有者在到期日之前的任何一天行使权利,而欧式期权只允许持有者在到期日当天或到期日之前的某一非常有限的时间内行使其权利。人们购买或出售期权的价格称为期权费或期权价格。任何一个期权都同时存在买者和卖者。期权的购买者称作多头,期权的出售者称作空头。

3. 最普通的一类期权是看涨期权,它赋予持有人在一个特定时期以某一固定价格购进标的资产的权利。若到期日标的资产的市场价格高于执行价格,则为实值期权,其价值为 $S_T - K$,反之为虚值期权,其价值为零。

4. 看跌期权赋予持有者在一个特定时期以某一固定价格卖出标的资产的权利。若在到期日,标的资产的价格高于执行价格,看跌期权为虚值期权,其价值为零。若标的资产市价低于执行价,为实值期权,其价值为 $K - S_T$。

5. 看涨期权和看跌期权可以与其标的资产或其他金融资产组合以实现风险规避。具有相同到期日、相同执行价格的看涨期权与看跌期权之间的关系可用买权卖权平价来表示。

6. 有两类基本因素影响期权的价值,一类是期权合约本身的特征,包括到期日和执行价格;另一类是标的资产价格和市场的因素,包括标的资产价格及其波动率、市场利率。

7. 期权定价的主要模型有二叉树期权定价模型和 Black-Scholes 期权定价模型。

8. 期权对于公司金融决策具有十分重要的意义,公司金融决策的很多问题都可以用期权的观点来审视和分析。不仅公司的股票和债券可以视为期权,而且公司的资本结构、资本预算、兼并收购等决策中都隐含着期权的价值。

9. 资本预算中,在用现金流贴现的方法来评估项目价值时,或者通过适当的风险贴现率调整项目净现值时,甚至是以更复杂的决策树、情景分析等方法处理项目风险时,都忽略了公司可以根据未来形势的发展变化对项目重新作出选择的选择权。这种项目投资中的选择权被称为实物期权。

10. 比较典型的实物期权表现为:后续投资机会或扩张机会的期权、放弃的期权、项目转作他用的期权、等待的期权等。

思考与练习

1. 什么是看涨期权?看涨期权的价格是如何与标的股票的到期日价格联系起来的?

2. 什么是看跌期权?看跌期权的价格是如何与标的股票的到期日价格联系起来的?

3. 有哪些因素影响期权的价值?它们是如何影响期权价值的?

4. 什么叫买权卖权平价?它有什么作用?

5. 二叉树模型在确定期权价值中是如何应用的?

6. Black-Scholes 期权定价模型的公式是什么?

7. 怎样以看涨期权来表示公司价值?

8. 钱女士持有 Further 公司股票的看涨期权,目前该看涨期权以每份 4 美元交易,到期日是一年后的今日,执行价格是 45 美元。(1)若这是美式期权,此期权可在什么日期被执行?(2)若这是欧式期权,此期权可在什么日期被执行?(3)假定目前标的股票的价格是 35 美元,此期权是无价值的吗?

9. 奔腾公司股票当前的价格为 55 元,看涨期权的执行价格为每股 50 元。估计一年后到期日股票的价格可能为 60 元或 40 元。你愿意付多少钱购买一份奔腾公司股票的看涨期权?

10. Plus 计算机公司股票的看涨期权将于一年后到期,执行价格为 35 美元,公司股票的现价为 37 美元,股票收益的方差为 0.004 元。市场无风险利率是 7%。(1)利用 Black-Scholes 模型为该看涨期权定价;(2)股票收益率的方差不是 0.004,而是 0.0064,该看涨期权的价格应为多少?

11. 张先生打算投资 70 万元开办一家风味餐厅,估计有 50% 的可能会受到人们的欢迎。如果经营业绩不好,几年内就可能倒闭,如果经营业绩好,就可以扩张,开办新的分店。经过深思熟虑,他估计了餐厅未来的净现金流量,如下表所示。

单位:元

	第 1 年	第 2 年	第 3 年	第 4 年	所有未来年份
净现金流量	−150 000	−70 000	65 000	240 000	250 000

张先生认为,他需要三年的时间经营第一家餐厅,待经营顺畅后,再决定是否扩张。如果经营业绩好的话,准备在第四年开始开张另外 29 家连锁餐厅,每家餐厅的投资额都是 70 万元。显然是否要投资第一家餐厅的决定十分重要。张先生认为该项目的贴现率为 20%,但其净现值应该包括扩张的期权。为了估计该期权的价值,他搜集了三个参数:四年期零息债券的利率,等于 3.5%;餐厅类上市公司的平均标准差 0.45,但他认为自己经营的是特色的风味餐厅,因此风险更大些,标准差为 0.5 更合适些。根据上述资料对是否要开设第一家餐厅作出你的判断。

第九章 长期资金筹集

▎本章概要▎

　　公司设立与发展都需要筹集资金,资本市场为公司融资提供了许多金融产品,每一种金融产品都有各自的特点。对于公司而言,需要了解资本市场和各种金融产品的特点,并根据公司自身的特点和融资需求,选择融资方式,作出最优的融资决策。关于公司融资与资本市场,本章主要介绍公司融资决策的基本原则和资本市场有效理论,讨论有效资本市场利对公司融资决策的意义和启示。关于金融产品,本章主要介绍股票、债券、长期借款、租赁、认股权证和可转换债券这几种最主要的公司融资工具,讨论它们在公司融资中所表现出来的特点和作用。

▎学习目标▎

1. 了解公司融资决策与投资决策的异同。
2. 了解有效市场假说,理解该假说对公司融资决策的重要启示。
3. 了解普通股和优先股的基本特征、IPO的程序、首日及后市股价表现特点、配股和新股发行的程序及可能产生的影响,认识普通股融资和优先股融资的利弊。
4. 了解不同种类债券的特点、债券合同书中包括的主要条款、债券评级的意义和债券筹资的利弊,掌握换债分析的基本方法。
5. 了解长期借款合同所包含的基本条款、信用条件及其对借款企业所产生的重要影响,认识借款融资的利弊。
6. 了解租赁的类别及其特点,掌握租金确定的基本方法以及租赁与借款购买的比较分析法。认识公司选择租赁融资的理由及其利弊。
7. 了解认股权证的特征、价值及认股权证融资方式的意义和利弊。
8. 了解可转换债券的特征、价值及可转换债券融资方式的意义和利弊。

引　言

　　在初创和持续经营过程中,公司出于各种动机会不断产生筹资需求。例如,为了扩大生产经营规模而产生筹资动机,为了偿还债务而产生筹资动机等。为了满足种种筹资需求,公司既可以选择权益性融资,也可以选择债务融资。在权益性融资中,既可以吸收新的资本投入,也可以依靠自身积累,将利润留下来用于生产经营;而吸收新的资本投入,既可以采取发行普通股的方式,也可以采取发行优先股的方式。在债务融资方式中,既可以发行债券,也可以采用向银行等金融机构贷款的方式,或者采用租赁的方式。公司还可以选择发行混合性证券,如认股权证、可转换债券等方式进行筹资。随着资本市场的发展和金融创新品种的涌现,公司可以选择的融资工具也越来越多。如何根据公司自身以及资本市场发展的特点选择融资方式、确定最佳筹资策略,是公司长期资金筹集所面临的主要问题。而要解决这些问题,就需要了解公司融资的目标,了解金融市场,了解各种融资工具。

第一节　公司融资与资本市场有效性

为了分析问题的方便,前面讨论投资决策时基本没有涉及筹资决策。其实投资决策与筹资决策是紧密相关、相互作用的,很多时候公司的决策需要同时考虑投资与融资决策,如公司的资本结构选择,在投资决策中门槛利率的选择等。① 而公司既是投资者又是筹资者,两重身份、两种决策所要考虑的问题是否一致？所面对的市场条件又是否相同？通过对比融资与投资决策的异同以及了解有效资本市场理论有助于找出这些问题的答案。

一、融资决策与投资决策的异同

(一) 净现值准则是投融资决策的共同原则

无论是购买设备的投资决策,还是出售公司债券的融资决策都涉及对资产价值的评估。而资产的价值都表现为未来现金流的现值,因此,无论它是实物资产还是金融资产,决策的准则就是净现值原则。

例如,某金融机构愿意贷款 100 万元给你建设一座加工厂,其条件是每年连本带利偿还 263 800 元,5 年还清。显然你必须了解这笔贷款所形成的负债的价值是多少。换句话说,你需要了解,在自由交易的金融市场上你会按什么样的利率取得同样数量的贷款。根据一般的定价模型,可以建立以下关系式：

$$1\,000\,000 = 263\,800\left[\frac{1}{r} - \frac{1}{r(1+r)^5}\right]$$

求解以上关系式,可得到 $r = 10\%$。如果在金融市场上你可以按照低于 10% 的利率借款,显然你就会拒绝这笔贷款。反之,如果金融市场上的利率高于 10%(比如 11%),你将欣然接受这笔贷款。

上述问题也可以换个角度分析。假如你已知道在金融市场上此类贷款的利率是 11%,则你可以根据一般的定价模型,建立这笔贷款的价值评估模型如下：

$$NPV = 1\,000\,000 - 263\,800\left[\frac{1}{0.11} - \frac{1}{0.11 \times 1.11^5}\right] = 25\,019(元)$$

净现值大于零,因此应该接受此笔贷款。

(二) 市场环境不同是投融资决策最大的差异

公司投资决策所面对的是产品或服务市场,这是一个充满竞争的市场,但在这个市

---

① 前面讨论资本预算时,通常采用了一个最简单的假设,即公司完全依靠权益融资。因此,在计算净现值时,通常按照权益资本的机会成本,即投资者要求的必要报酬率贴现。在计算 IRR 时,同样是以资本的机会成本为标准决定项目的取舍。但如果公司并不仅仅依靠权益融资,例如还有一部分资金来源于贷款,则应该以公司的加权平均资本成本作为项目 IRR 比较标准的门槛利率。

场上能够形成各种各样的进入障碍和垄断以实现竞争优势。例如,公司要通过资本预算决策来获得净现值,可以通过产品创新以取得超额利润;可以通过申请专利保护等办法来设置一些障碍以长期保持垄断利润;还可以通过更加低廉的成本生产或提供更加优质的服务以获得竞争的优势。虽然通过投资决策创造价值并不是一件容易的事,而且一旦作出错误决策,项目付诸实施后,要变更很不容易,需要付出重大的代价,但是精明、有远见的投资者总是可以找到净现值大于零的项目,为公司创造价值。

公司融资决策所面对的是资本市场,这是一个近乎完全竞争的市场,竞争的结果使得各类资金的价格都是统一和公开的,任何人都无法形成有效的垄断。在这个市场上,作为筹资者的公司只能根据自身的风险情况,按市场上形成的资金价格来取得所需资金,风险相同的公司筹集到的资金只能是同样的成本,不可能有最低成本,而一旦要变更已经作出的筹资决策也比较容易。例如,由于以往的筹资决策导致公司目前债务比例太高,公司可以通过发行普通股替换债务等办法改变资本结构。因此,相对投资决策而言,筹资决策不容易发生重大失误,但也不容易实现正的净现值。取得正的净现值的最主要途径是产品创新,在融资领域就是证券创新。公司可以从开发和高价发行具有独创性的证券中获得超额利润,但长期来看证券创新所能获得的超额利润很小。因为证券创新者通常不能对其证券创新的思想申请专利或版权,由于竞争者大量仿效,垄断利润会很快消失。既然难以通过证券创新获得正的净现值,那么,如果要让融资决策产生正的净现值,也就意味着要使公司发行的证券被错误定价,使得公司筹资所获得的现金价值大于其对应的负债的价值。而如果出售证券能给公司带来正的净现值,也就意味着证券的认购者得到的是负的净现值。而这样的情况在一个近乎完全竞争的有效的资本市场上是不可能也不应该发生的。

二、有效市场假说

有效市场假说(efficient markets hypothesis, EMH)是新古典金融经济学理论中的一个核心命题。如果说金融经济学研究的中心问题是金融产品的定价问题,那么有效市场假说则是金融产品定价理论研究的前提。根据有效市场假说,有效资本市场是指证券价格总可以充分解释一切可获得的信息变化所带来的影响。

无论是对于公司融资还是对于证券投资,有效市场假说都具有重要的意义。对于公司融资而言,如果市场是有效的,公司只能期望从它发行的证券中获得公允的价值,而不可能期望通过愚弄投资者而获得净现值。对于投资者而言,如果市场是有效的,同样难以获得超常的收益。因为价格及时反映了新的信息,投资者只能期望获得正常的收益。

(一) 有效资本市场的三种类型

为了分析市场价格对于不同类别的信息的反映情况,在将信息分为过去的信息、当前公开发表的信息和尚未公开发表的信息的前提下,根据对这三类信息的反映情况,市场分为弱有效率、半强有效率和强有效率三种形式。

1. 弱有效率市场

在弱有效率市场(weak form)上,证券价格已完全反映了所有历史信息,如过去的价格、交易量的变化、短期利率的变化等,因此,价格未来的走向与其历史变化之间已没有关系了。也就是说,在弱有效率市场上,证券价格的过去变化趋势对判断价格的未来变化毫无用处。

弱有效率市场上的证券价格可以用下面的数学公式表示:

$$P_t = P_{t-1} + 期望收益 + 随机误差 \tag{9-1}$$

随机误差是关于证券的最新信息的反映,与历史毫无关系,称为"随机游走"(random walk)。由于历史信息极易获取,因此弱有效率市场是一种最低形式的效率市场。如果我们能从股价变化的历史信息中发现某种超常收益,那么人人都能做到,结果超常收益就在竞争中消失了。精明的投资者在低点买入,推动价格上涨,高点卖出,推动价格下跌。竞争的结果是规律性消失,留下的只是随机波动。显然,如果市场是弱有效率的,那就意味着技术分析无助于了解价格的未来变化。

2. 半强有效率市场

在半强有效率市场(semi-strong form)上,证券价格不仅反映了所有历史信息,而且反映了当前所有公开发表的信息,即证券价格不仅包含证券交易的历史数据,而且包含诸如公司的财务报告、管理水平、产品特点、盈利预期、国家经济政策等信息。如果人们可以公开得到这些信息,那么这些信息也就不具备什么价值了,因此,所有公开发表的最新消息对判断证券价格未来的变化毫无作用。证券价格对各种最新消息的反应速度是衡量市场是否是半强有效率的关键。

3. 强有效率市场

如果某一资本市场上的证券价格充分地反映了所有的信息,包括历史的、公开的和内幕的信息,那么该资本市场就达到了"强式有效型"。显然,强有效率市场(strong form)是一个极端的假说。如果某些投资者能够拥有内幕消息,他们有可能利用这一消息获取超额利润。强有效率市场只是强调这种消息不会对证券价格产生很大的影响,尽管这些消息一开始是秘密的,但很快会透露出来并迅速反映在证券价格的变化上。

(二)有效市场假说的形成与发展

研究市场有效性问题是从研究随机游走行为开始的,最早进行这一方面研究的著述是法国经济学家巴舍利耶(Bachelier,1900)的博士论文"投机理论"[1],巴舍利耶认为价格行为的基本原则是"公平游戏"(fair game),投机者的期望利润为零。虽然他的研究成果在很长时间里都被理论界忽视,但他的研究推动了后来将股票市场价格运动作为维纳过程进行研究的发展。

20世纪50年代,对于股票市场价格的研究开始蓬勃发展。英国统计学家肯德尔(Kendall,1953)[2]对英国工业股票价格指数和商品即期价格进行实证分析,发现价格的变化遵循随机游走假设。奥斯本(Osborne,1959)[3]运用统计学原理对美国股票市场价格的运动进行分析,得出股票价格遵循布朗运动的结论。还有许多其他学者的研究成果得出了基本类似的结论,于是,证券价格的运动遵循随机游走假设这一特征逐渐被当作股

---

[1] Bachelier, L., "Thèorie de la spéculation", *Annales de l'Ecole Normale Superieure*, Series 3, 1900, 17: 21—86.
[2] Kendall, Maurice, "The Analysis of Economic Time Series", *Journal of the Royal Statistical Society*, Series A, 1953, 96: 11—25.
[3] Osborne, M.F.M., "Brownian Motion in the Stock Market", *Operations Research*, 1959, 7: 145—173.

票市场有效率的标志,经济学家们开始寻求这种现象的经济学解释。萨缪尔森(1965)和曼德尔布罗特(1966)在这一方面作出了很大贡献[①],他们较为严密地揭示了有效市场假说期望收益模型中的"公平游戏"原则。但是,效率市场理论成熟的标志是法玛在1970年发表的经典论文"有效资本市场:理论和实证研究回顾"[②]。法玛的这篇文章不仅对此前有关效率市场假说的研究作了系统的总结,还提出了研究有效市场假说的一个完整的理论框架。此后,该理论的内涵不断加深、外延不断扩大,最终成为现代金融经济学的支柱理论之一。

(三) 有效市场假说的理论基础

有效市场假说建立在三个逐渐放宽的假定基础上:首先,投资者是理性的,他们能够对证券作出合理的价值评估;其次,即使投资者在某种程度上是非理性的,但由于他们的交易行为具有随机性,因此他们的非理性会相互抵消,所以证券价格并不会受到影响;最后,在某些情况下,即使投资者会犯类似的错误,但他们在市场上会遇到理性套利者,后者的行为会消除前者对价格的影响。

当投资者是理性的时,他们能够确定每种证券的基本面价值:证券的未来现金流,经风险调整后的净现值。当投资者获得证券基本面价值的最新信息后,他们会对新信息迅速作出反应。利好时,他们会抬高价格;利空时,他们又会压低价格。结果,证券价格会迅速吸收这些新的信息,并调整到与新的净现值相对应的价位上。

萨缪尔森(1965)和曼德尔布罗特(1966)证明了上述第一条假定中的一些内容,指出在一个由风险中立的理性投资者构成的竞争市场中,证券的基本面价值和价格是随机游走的,所以预期收益是不可测的。此后,经济学家们研究了风险厌恶型投资者在风险水平随时间和风险承受能力变化时,有效证券价格的特征。在较为复杂的模型中,证券价格不再随机游走,但投资者的理性仍然意味着,要获得风险调整后的超额收益是不可能的。所以,在一个由完全理性投资者组成的市场中,有效市场假说是竞争性市场均衡的结果。

有效市场假说并不依赖于投资者的理性。在很多情况下,投资者并非是完全理性的,但市场仍被认为是有效的。经常提到的一种情形是,非理性投资者在市场中的交易是随机进行的,当这种投资者大量存在并且交易策略互不相关时,他们之间的交易很可能会相互抵消掉他们的认知错误。尽管非理性投资者的交易量非常大,但证券价格能够保持在基本面价格附近。在某些情况下,即使非理性的投资者会犯下同样的错误,但由于市场上存在大量的理性投资者,他们理性的套利活动终会消除非理性行为的系统性影响。比如有一种证券,由于非理性投资者的共同错误导致抢购或者哄抬,使价格超过基本价值,但是市场上存在的理性投资者一旦察觉到这种价格高估,就会卖出甚至卖空这种高价证券,同时买进本质相似的其他证券对冲风险。只要能够找到这种可替换的证券,这种套利活动就会有利可图,其结果是证券价格回归到基本价值。而且,由于非理性

[①] Samuelson, P., "Proof that Properly Anticipated Prices Fluctuate Randomly", *Industrial Management Review*, 1965, 6:41—49; Mandelbrot, B., "Forecasts of Future Prices, Unbiased Markets, and Martingale Models", *Journal of Business*, 39; 1966, 242—255.

[②] Fama, E., "Efficient Capital Markets: A Review of Theory and Empirical Work", *Journal of Finance*, 1970, 25: 383—417.

投资者所获得的收益要低于理性投资者,相对说来总处于亏损状况,其结果是他们要么变得理性,要么被市场淘汰。因此即使套利者不能及时消除非理性投资者对证券价格的影响,市场力量也会减少非理性投资者的财富。长期看,竞争的选择和套利的存在使得市场的有效性会一直持续下去。

现在,效率市场假说理论大厦只剩下隐含在第三个假设中的最后一个问题,那就是套利活动能否发挥作用,而这里隐含着另一个假设,即套利者能否找到可替换证券。斯科尔斯(1972)[①]的实证研究发现股价对于公司内大股东之间的大宗股票交易反应平淡。斯科尔斯给出的解释是,当近似的某种证券的替代品存在时,对于一组给定的风险集合,无论持有哪一种(或几种)股票对投资者来说都是一样的。如果卖出大宗股票,特别是由没有特别信息的投资者卖出,对股价不会有实质性的影响,因为股票的价格取决于其近似替代品的相对价值而不是供给量。这种解释与效率市场理论第三个假设的套利观点是一致的。

(四) 支持有效市场假说的实证检验

1. 对弱有效率市场的实证检验

根据有效市场假说,在弱有效市场上证券的价格已经完全反映了影响价格变动的历史信息,投资者不可能从证券的历史信息(包括过去的成交价、成交量、收益信息等)中获得经过风险调整后的超额利润。通常对这种假说的检验是验证证券价格是否遵循随机游走假说。在效率市场假说提出之前,肯德尔(1953)等人对股票收益率序列所进行的实证研究就已经证明了股价基本符合随机游走规律。在效率市场假说提出之后,费雪(1966)[②]通过系列数据的相关检验和趋势检验,也说明了随机游走假说的正确性。其他类似的研究也支持了弱有效市场假说。

2. 对半强有效率市场的假设检验

按照最一般的做法,对半强有效率市场假说的实证检验可按两种思路进行:第一种思路是,当关于证券基本面价值的信息传播到市场上时,证券的价格是否会迅速准确地作出反应,并将这些信息的影响体现于价格中。"快速"是指较晚得到信息的人,比如通过阅读报纸获取该信息的人,将不可能从该消息中获利;"准确"是指价格对这些信息的反应是否恰到好处,既不会反应过度,也不会反应不足。"事件研究法"成为这类实证检验的主导方法。科文和平克顿(1981)[③]考察当有收购公告发布时,持有目标公司股票所获收益的情况。他们的研究发现,在消息公布之前,目标公司的股价开始上升,这表示信息已经开始进入价格;在消息公布的当天,股价发生向上跳跃,反映出目标公司股票持有人获得了并购带来的超额收益;在消息公布之后,股价并没有继续延续上升趋势,也未出现向下回调现象,说明股票价格对收购信息的反应是正确的,这个结论与半强有效率市场假说一致。事实上,早期的大量事件研究文献,包括股票分拆、盈利声明、兼并收购、新

[①] Scholes, M., "The Market for Securities: Substitution versus Price Pressure and Effects of Information on Share Prices", *Journal of Business*, 1972, 45: 179—211.

[②] Fisher, L., "Some New Stock-market Indices", *Journal of Business*, 1966, 39: 191—225.

[③] Keown, A. and Pinkerton, J., "Merger Announcements and Insider Trading Activity: An Empirical Investigation", *Journal of Finance*, 1981, 36: 855—869.

证券发行等,大多接受证券市场是半强有效率的结论。第二种思路是检验无基本价值信息时价格是否无反应,如果没有关于证券基本价值的信息,对这种证券的供给和需求量的改变本身不会改变价格。

3. 对强有效率市场的假设检验

按照有效市场假说,在强有效率市场上证券价格不仅包括历史的、公开发表的信息,而且反映了尚未发表的内幕信息。这种假设如果成立,则投资者即使拥有内幕消息也无法获得超额利润。这类研究主要是检验专业投资者或内幕人士能否利用内部信息来获取超额收益。一般认为这是一个非常强的假设,现实中很难得到满足。事实上,许多研究(比如 Neiderhoffer,1966;Jaffe,1974)[1]表明证券交易所的专营经纪人利用控制指令的条件获取了额外的收益。

4. 对中国股票市场效率性的实证检验

由于中国证券市场的主体是股票市场,因此关于证券市场有效性的实证研究主要是针对股票市场进行检验。从股票市场成立至今,随着股票市场的不断发展和数据的逐渐积累,研究也在持续深入地进行。

国内学者关于弱有效率市场的实证研究很多,大体上,使用 1993 年以前的数据得出的结论是否定弱有效率市场的,此后的数据则较多支持弱有效率,多数研究认为中国股市存在明显的阶段性变化。例如,宋颂兴和金伟根(1995)[2]的分阶段研究表明沪市 1991—1992 年为无效,1993 年 1 月至 1994 年 10 月为弱有效;周爱民(1997)[3]利用游程检验统计量来验证沪市的弱有效性,也得出沪市不具备弱有效率,但有效性正逐步增强的结论。不过,也有一些研究表明中国内地的股票市场仍不具备弱有效率市场条件。例如,俞乔(1994)[4]的研究表明沪深股市变动存在很强的序列相关性,因此是非弱有效率的;吴世农(1996)[5]的分析也表明深沪两市股价时间序列呈现显著的自相关,同时还发现前两天的价差对当天的价格有一定影响。

利用事件研究法对于我国股市的实证检验多数得到中国股市尚不具备半强有效率的特性的结论。[6]

(五)有效市场假说面临的挑战

从 20 世纪 80 年代初开始,有效市场假说在理论与实证检验两个方面同时受到了挑战。实证检验方面的冲击表现在,涌现了大量的有效市场假说无法作出解释的所谓"异象",如公司规模效应、"一月效应""周末效应"等。而随着实验经济学的引入和行为金

---

[1] Neiderhoffer, V. and Osborne, M. F. M., "Market Making and Reversal on the Stock Exchange", *Journal of the American Statistical Association*, 1966, 61: 897—916; Jaffe Jeffrey, "Special Information and Insider Trading", *Journal of Business*, 1974, 47(3): 410—428.
[2] 宋颂兴、金伟根:《上海股市市场有效性实证研究》,《经济学家》,1995 年第 4 期。
[3] 周爱民:《证券市场有效性、可预测性与技术指标的协整性》,《南开经济研究》,1997 年第 1 期。
[4] 俞乔:《市场有效、周期异常与股价波动》,《经济研究》,1994 年第 9 期。
[5] 吴世农:《我国证券市场效率的分析》,《经济研究》,1996 年第 4 期。
[6] 例如陈晓、陈小悦、刘钊:《A 股盈余报告的有用性研究——来自上海、深圳股市的实证证据》,《经济研究》,1999 年第 6 期;陈晓、陈小悦、倪凡:《我国上市公司首次股利信号传递效应的实证研究》,《经济科学》,1998 年第 5 期。

融学的出现,在理论方面,有效市场假说的三个假设也遭到了质疑。

1. 理论上的挑战

对投资者理性的质疑是有效市场假说中受到质疑最多的部分。完全理性意味着在对不确定性后果进行预期时,个人的行事原则常常遵循贝叶斯原则,然而,行为金融学的研究表明,实际上人们常常违背这种原则,人们的行为往往是厌恶损失、过于自信、易于产生认知偏差的。

有效市场假说的第二个理论前提认为如果存在非理性的投资者,他们之间的交易将会随机进行,所以他们的错误会相互抵消,但是席勒(1984)[1]的研究说明,由于受到传言的影响或者大家都相互模仿,非理性的投资行为就具有一定的社会性。Barberis et al. (1998)[2]对于投资者心态的研究也证实了大量投资者会犯同样的判断失误错误,而且他们的行为具有相关性的现象。虽然有效市场假说的支持者认为非理性的投资者在经历几次相同的错误后,将会慢慢地学会正确进行判断和决策。但是由于学习的机会成本可能高过投资者所能容忍的成本,或者可能学习所需时间太长,或者有些决策不具备足够多的学习机会,因此学习作用在理论上缺乏支持(Mullainathan and Thaler,2000)[3]。

最后是对套利假说的质疑。行为金融理论认为,现实中的套利充满风险、成本高昂,而且作用有限。很多研究都表明[4],在大多数情况下,证券并没有明显合适的替代品,从而套利者不能从总体上对股票和债券设定一个价格水平,所以常常无法进行无风险的对冲交易。即使能找到完全的替代品,套利者也会面临噪声交易者风险,即使两种基本价值完全相同的证券,在噪声交易者的影响下,价高者可能持续走高,而价低者也可能持续走低。尽管两种证券的价格最终会走向一致,但这个时间可能很长,套利者在交易过程中不得不承受暂时的亏损,如果套利者不能熬过亏损期,比如对机构管理者来说,业绩评估是定期的;对个人投资者来说,能够亏损的资金规模是有限的,那么他们的套利就将面临很大约束。

2. 实证检验对有效市场假说的挑战

在实证检验方面,最具有历史意义的挑战是席勒(1981)[5]对股市波动的研究,他发现,股价波动的幅度远远超出"价格由未来红利的预期净现值来决定"的解释范围,这种现实状况并不符合有效市场假说。席勒的工作开拓了一个全新的领域,从此不断有实证检验结果冲击着有效率市场假说。

对弱有效率市场假说的批评主要是实证中发现了一些基于历史信息可以找到预测证券收益的现象。例如,投资于最差公司组合的收益率非常高,而投资于最好公司组合的收益率则相对差一些,而且这种差距无法用风险调整标准来解释(De Bondt and Thaler,

---

[1] Shiller, R., "Stock Prices and Social Dynamics", *Brookings Papers on Economic Activity*, 1984, 2: 457—498.
[2] Barberis, N., Shleifer, A. and Vishny, R., "A Model of Investor Sentiment", *Journal of Financial Economics*, 1998, 108: 291—311.
[3] Mullainathan, Sendhil and Richard H. Thaler, "Behavioral Economics", NBER Working Paper, 2000, No. 7948.
[4] 例如 Campbell, J. Y. and Kyle, A., "Smart Money, Noise Trading, and Stock Price Behavior", *Review of Economic Studies*, 1993, 60: 1—34.
[5] Shiller, R., "Do Stock Prices Move too much to be Justified by Subsequent Changes in Dividends", *American Economic Review*, 1981, 71: 421—436.

1985)①；单只股票过去 6—12 个月的股价走势有助于预测未来的价格走势(Jegadeesh and Titman,1993)②。这些根据过去的收益状况预测未来收益的方法,显然是与弱有效率市场理论相违背的。

对半强有效率市场假说的批评主要来自金融市场中大量的所谓异常现象,如"小公司效应"和"一月效应"。从历史数据来看,投资于小公司股票的收益要高于大公司股票,而且小公司股票的超额收益主要集中在 1 月份。因为公司的规模和日期的更替是公开信息,市场预先知道,按照半强有效率市场假说,这两种现象是不可能发生的。又如,公司规模与市值/账面值比率相关的现象。研究发现,投资者可以采用市值/账面值比率来选择证券组合。该比率高的公司一般是价格相对较高的成长性公司,而比率低的公司则是价格较低的具有投资价值的公司。法玛和弗伦奇(1992)③发现,从历史数据来看,该比率高的公司与低的公司相比,不仅收益要低,而且风险要高。

(六) 有效市场假说的启示

尽管有效市场假说在实证和理论上都遇到了严峻的挑战,但是,一方面实证研究至今无法完全否定有效市场假说,另一方面新学说也无法对金融现象作出比有效市场假说更全面、更合理的解释。因此,虽然金融经济学家们围绕有效市场假说进行的争论至今尚未达成共识,但有效市场假说在金融经济学理论中仍然占据主流地位,对于金融实践的重大意义始终是不可低估的。从有效市场假说的精髓中我们可以发现和挖掘出对公司投资决策和融资决策具有重要指导意义的启示。

1. 启示一:市场没有记忆

弱有效率市场理论指出,过去价格变化的时间序列中不包含任何有关未来价格变化的信息,也就是说,市场是没有记忆的。因此,与证券价格的历史记录相比较,并不能帮助人们判断当前的证券价格是否合理。而人们经常看到的一个现象是,公司在融资时,当市场出现了一个非正常的价格攀升后,通常倾向于发行普通股融资,而不愿通过债务融资;当市场出现了价格下跌时,通常不愿意发行股票,而宁愿坐等价格反弹。但是如果市场是弱有效率的,那么市场就是没有记忆的,证券价格是不存在周期的。即使你只能以上个月一半的价格销售公司股票,这样的定价依然有可能高估了公司的股价;反之,即便现在的股价是上个月的两倍,也仍有可能低估了公司股价。

2. 启示二:相信市场价格

在一个有效的资本市场中,价格已经包含所有影响证券价值的信息,因此证券的价格是可以信赖的投资信号或融资的价格。市场价格反映了大多数投资者对各种信息综合分析判断的均衡值,因此可能是最可以相信的信息。人们可能在某几次投资中获得超额收益,但从长期看,只能获得平均利润。这说明公司在融资中,既不必费尽苦心地选择

---

① De Bondt, W. F. M., and Thaler, R., "Does the Stock Market Overreact?", *Journal of Finance*, 1985, 40: 793—805.

② Jegadeesh, N. and Titman, S., "Returns to Buying Winners and Selling Losers: Implications for Stock Market Efficiency", *Journal of Finance*, 1993, 48: 65—91.

③ Fama, E. and French, K., "The Cross-section of Expected Stock Returns", *Journal of Finance*, 1992, 47: 427—465.

发行时机，也不必担心出售证券的数额会造成股价下降，更不要自以为能够把握市场走势，试图通过交易谋利。对于有效市场中的投机来说，获利与亏损的机会是均等的。

3. 启示三：信息是财富

有效市场假说理论中最重要的思想就是所有信息都将在价格中得到反映，因此，只要学会读取信息就可以得到超额利润。有效市场三种类型的划分意味着证券市场在某种程度上是有效的，这说明掌握某种信息优势的投资者能够获取超常的利润。例如在弱有效率市场上，及时获取并分析公布的宏观经济数据和上市公司的经营及财务信息就能够在证券价格变化前作出准确的判断，从而能够及时采取策略，获得超额利润。

信息是装载着数据、资料、消息、新闻、情报的特定信号，对于既是投资者又是筹资者的上市公司而言，不仅要搜集和研究市场上的各种信息，以作出正确的投资选择，而且要及时公允地向市场传递关于公司生产、经营、效益等各方面的信息，避免信息不对称所引起的各种损失；而对于证券市场而言，高效率的现代化信息传递、信息共享系统以及公开、公平和公正的信息制度建设则是保证市场效率的基本条件。

4. 启示四：市场没有幻觉

在有效市场上，证券价格取决于其实际价值，靠造假是无法真正影响证券价格的。在实践中，会计方法为会计报告提供了一定的灵活性，留有显著的余地，但如果会计报表能够提供足够的信息，市场又是半强有效率的，那么会计方法的改变不会影响股票的价格。

5. 启示五：竞争是市场效率的根源

效率市场假说强调的是证券的市场价格充分反映所有相关信息。如果证券价格不能充分反映信息，则市场是无效的，那么通过对相关信息的分析找出价格变化的规律就可以获取超额利润；如果市场是有效率的，试图获得超额利润的任何努力都将是徒劳的。但如果人人都认为市场是有效率的，而不进行信息搜集和分析，证券价格就不可能反映所有的信息，市场呈现的只能是无效状态。许多人花费毕生的精力去寻找超过市场平均收益率的股票，他们孜孜不倦地收集和分析关于上市公司的各种信息，然而正是这种研究和使用信息的行为最终导致了超常利润的消失。市场的效率性正是由那些认为市场无效率或效率不高的人的努力工作和竞争所促成的，这些人工作越努力，竞争越充分，市场就越有效率。

第二节 权益融资

权益资本是企业创立的基础，也是企业发展过程中的主要资金来源。筹集权益资本可以通过公司外部和公司内部两条渠道。公司内部的权益融资是指将公司利润的一部分保留下来作为公司的新增权益资本，内部权益融资涉及公司的利润分配和股利政策。公司外部权益融资是指通过发行普通股、优先股、配股或要求股东直接注入新的资金等方式获取公司的权益资本。本章主要讨论外部权益融资。

一、普通股融资

（一）普通股的特征

普通股股票是最基本、最常见的股票,构成了股份公司注册资本的基础。通常普通股的票面都会记载一定金额,这一金额也叫票面金额、票面价值或股票面值,一般是以国家主币为单位。票面金额的多少是国家通过立法直接加以规定的,而且一般都是限定最低金额。股票面额通常具有以下作用:① 可以明确表示每一股所代表的股权比例。例如,某股份有限公司发行 1 亿元人民币的股票,每股面值 1 元,则每股代表公司净资产的一亿分之一。② 为股票发行价格的确定提供依据。但也有并无面额的股票,需注明它在公司股本中所占的比例,这种股票又称为比例股票或份额股票。无面额股票淡化了票面价值的概念,但仍有内在价值,它与有面额股票仅存在形式上的差异。不过,目前世界上包括中国在内的很多国家都不允许发行这种股票。

普通股股票按是否记名,分为记名股票和不记名股票。公司向发起人、法人发行的股票,应当为记名股票,并应当记载该发起人、法人的名称或者姓名,不得另立户名或者以代表人姓名记名。

（二）普通股股东的权利

普通股股票的持有者是股份公司的基本股东。按照公司法的规定,普通股股东在股份公司存续期间平等地享有下列权利:

1. 公司剩余收益请求权和剩余财产清偿权

普通股股东有权按照其出资比例从股份公司的税后利润中分配股利,以获得投资收益。但是他们的收益只有在其他利益相关者(债权人、供应商、职工、经营者、政府)的收益请求得到满足之后才能实现。公司解散清算时,在满足了其他利益相关者的清偿要求后,普通股股东有权按照出资比例分得剩余的财产。

2. 公司重大决策监督权

由于普通股股东享有的仅是剩余收益请求权,因而承担了公司经营的主要风险。普通股股东的风险表现在:作为股票价格基石的公司经营情况受行业状况、管理团队、宏观经济、自然灾害等多种因素的影响,从而导致公司的盈利情况每年都不一样。如果公司破产,普通股股东可能血本无归。此外,股票价格还受公司不可控因素的影响,如政治因素、心理因素都对股票价格产生很大影响。在不发达的股票市场上,甚至流言也在很大程度上影响着股票的涨跌。因此,普通股股东需要拥有公司经营的重大决策权和监督权。行使这一权利的途径是参加股东大会,行使表决权。股东大会是股份公司的最高权力机构,普通股股东有权出席股东大会,听取公司董事会关于公司经营和财务方面的报告,了解公司经营状况,并通过行使表决权来对公司的重大事项作出决策,同时有选举和被选举为公司董事、监事的权利。

3. 法律和公司章程规定的其他权利

除了上面的两种基本权利外,普通股股东还享有法律和公司章程规定的其他权利,如转让股票的权利、优先认股权等。

优先认股权是一项比较特别的权利。它是指当股份公司为增加资本而决定增发新的股票(增资扩股、配股)时,普通股股东享有的按比例、通常以低于市价的价格优先认购一定数量新发行股票的权利。享有优先认股权主要是为了保持普通股股东在公司中原有的持股比例,从而保护原普通股股东的利益和持股价值。这是因为当公司发行新股时,每股净资产和每股税后利润会摊薄。当公司发行新股时,股东可以有三种选择:一是行使优先认股权;二是转让该权利,从中获得转让回报;三是既不行使该权利,又不转让,从而导致该权利过期失效。

普通股股东所必须履行的义务包括遵守公司章程、足额交纳认缴的资本、以所交纳的资本额为限承担公司的亏损责任、不得无故抽回资金等。

(三) 普通股的分类

一般股份制公司只发行一种普通股,所有普通股股东享受同样的权利和义务,但也有特殊情况。

例如,在美国股市上,尽管大多数公司仅有一种类型的普通股股票,但在某些情况下,也采用分类股票来满足公司的特殊用途。举例来说,2005年8月5日,百度在纳斯达克上市时,为防止被恶意收购,公司推出了提供双重级别的普通股计划。该计划将上市后的百度股份分为A类股票和B类股票。在美国股市新发行的股票为A类股票,而所有原始股份为B类股票。每1股B类股票的表决权相当于10股A类股票的表决权。通常,与中国股市不同,A类、B类等说法并没有标准的定义,一个公司可以指定它的B类股票为发起人股,A类股票为向社会公众发行的股票,也可以进行完全相反的定义。另外,公司也可以将股票的分类用于完全不同的目的。例如跟踪股票(tracking stock)指的是一家大公司发行某种股票"跟踪"该公司某项业务的表现。这样的股票可以向该公司现有的股东发行,也可以作为首发股在股票交易市场公开发行。跟踪股股票针对的是这样一类股东,他们对跟踪股所反映的业务(通常是正在兴起的新行业)感兴趣,愿意冒高风险换得可能的高回报。1984年通用汽车在为收购电子数据系统公司和休斯航天公司而进行的筹资活动中,首次发行了这种股票。基因酶公司是第一个发行该种股票的生物技术上市公司,它为其所属的分子肿瘤、外科产品和组织修复分公司分别发行了三种跟踪股票,从而有效地划分了资本市场的供给源,吸引到了对公司各分部分别感兴趣的投资者。

由于我国股市正经历着先发展、后规范的历程,从而形成了我国股票所具有的一些独特的分类。

我国股市股票曾被分为流通股及非流通股两大类。在可流通的股票中,按市场属性的不同又可分为A股、B股、法人股和境外上市股票。A股股票是指已在或获准在上海证券交易所、深圳证券交易所流通的且以人民币为计价币种的股票,这种股票按规定只能由我国居民或法人购买,所以我国股民通常所称的股票一般都是指A股股票。B股股票是以人民币为标明面值、以外币为认购和交易币种的股票,是境外投资者向我国的股份有限公司投资而形成的股份,在上海和深圳两个证券交易所上市流通。

非流通股股票主要是指暂时不能上市流通的国家股和法人股,其中国家股是在股份公司改制时由国有资产折成的股份,而法人股一部分是成立股份公司之初由公司的发起人出资认购的股份,另一部分是在股份有限公司向社会公开募集股份时专门向其他法人机构募集而成的。这一部分股票当时未上市流通的主要原因,一是国家股的代表人尚未确定,其上市转让难以操作;二是在发行股票时,部分法人股的募集和社会公众股条件有所不同;三是国家股和法人股在上市公司的总股本中所占比例高达2/3,其上市流通会对现在的二级市场形成较大的冲击。为解决这2/3的股权不能流通,同股不同权、同股不同利等"股权分置"存在的弊端,经国务院批准,中国证监会于2005年4月29日发布了《关于上市公司股权分置改革试点有关问题的通知》,宣布启动股权分置改革试点工作。到2008年6月,有98.2%的公司完成或者进入改革程序,市值占99.7%,标志着股权分置改革基本完成。

(四) 股票初次公开发行

股票初次公开发行(initial public offering, IPO)意味着使一个非公众公司转变成一个公众公司,这一过程被称为上市。

1. 公司为什么要上市

公司上市的主要原因有以下几点:

(1) 筹集资金。企业规模要做大,需要大量资金,上市是企业筹集资金的重要途径。绝大多数公司上市的主要目的都是筹集资金。

(2) 增加流动性。由于没有市场,非公众公司的股权流通起来很困难。公司一旦上市,创始人手中所持有的股票就会变成流动性很强的资产,可以在公开市场出售套现。微软公司的上市就属于此类。微软公司上市时只发行了很少的股票,微软称它上市的目的是为公司的经理和其他内部人员提供流动性的便利,微软曾向这些人员分发股票作为报酬。

(3) 分散创始人的风险。当公司发展壮大后,创始人的大部分财富都集中在公司中,而公司经营毕竟面临不可预知的各种风险,从而使创始人的风险过于集中。通过公司上市,使创始人具有能够迅速变现原有股权的能力,从而降低创始人投资组合的风险。

(4) 确定公司的价值。由于各种原因,非公众公司的价值评估起来很困难。公司上市后,由于公开交易市场的作用,上市公司就具有了市场价值。同时,股票价格在一定程度上能够反映公司经营的信息,股东"用脚投票"的股票买卖行为有助于公司更好地经营。尽管市场并非一贯正确,但它仍提供了一种有用的现实反映。

(5) 便利进一步融资。公司上市后,随着进一步发展的需要,进行二次融资、三次融资要便利很多。

(6) 扩大潜在的市场。上市有助于提高公司的知名度与市场影响力,公司上市后向潜在客户出售产品和服务变得容易了,同时也增加了已有顾客的忠诚度。

公司上市给公司带来好处的同时,也会带来一些弊端,主要表现在以下几点:

(1) 股权分散。公司一旦上市,创始人的股权份额急剧下降,从而在一定程度上削弱了创始人对公司的控制权。

(2) 信息公开。公司上市后,需要向投资者披露大量信息,甚至一些敏感信息也不得不披露。公开的信息可以被公司的竞争对手获取,这可能使公司在商业竞争中处于不利的地位。

(3) 接受更严格的监管。公司上市后,将面临监管部门严格的监管,在很多方面都要受到严格的限制,同时需要支付一定的成本费用对付来自各方面的调查。

(4) 维持上市地位需要支付一定的费用。公司信息披露,定期财务报告的公布,聘请律师事务所、会计师事务所等中介机构,与投资人、分析师的沟通,向监管部门汇报等都需要花费大量的人力、财力和时间。

(5) 降低公司决策质量。上市公司的重大决策必须通过股东大会与股东沟通,这可能在某种程度上降低商业运营的效率,使公司失去宝贵的发展机会。同时,股价的短期随机扰动会给管理层造成很大的压力,管理层为了追逐股票的短期良好表现,很可能会损害公司的长期利益。

2. 公司上市的过程

公司一旦决定上市,就开始了复杂的上市过程。

(1) 选择投资银行。公司决定上市后,首先必须解决如何把股票出售给投资者的问题。各国法律普遍规定,股票公开发行必须通过投资银行(在我国又叫证券公司)进行。投资银行能够帮助公司确定股票的初始发行价格或价格范围,以及计划出售的股票数量。在股票的发行过程中,投资银行能够利用自己的声望和经验说服投资者报出价格购买股票,保证股票价格既没有被定得过高也没有被定得过低。另外,在股票发行期间,投资银行有义务维持股价的稳定,以免股价发行不久就跌破发行价,从而保证了投资者的利益和信心。

(2) 股票承销。投资银行获取主承销商资格后,就开始组建 IPO 小组。IPO 小组除主承销商外,还包括发行公司的高管、律师、会计师、行业专家等。投资银行、律师事务所、会计师事务所等中介机构根据行业标准和道德规范,对发行人进行尽职调查(due diligence),这主要由主承销商来完成,以保证此次股票发行不存在虚假陈述、重大遗漏等欺诈公众的事件。

IPO 小组成立后,就开始对发行股票的企业进行重组,以保证其符合公开发行的条件,或在发行时取得良好的效果。重组方案的制订应有利于公司资本结构得到优化,有利于筹集到更多的资金,有利于再次融资,避免同业竞争等。与此同时,主承销商和 IPO 小组相关机构一起为股票的发行准备大量的材料,制订发行方案,包括制作招股说明书等募股文件以及报送证券监管机构。证券监管机构组织有关专家组对报送资料进行审查。在注册制下,监管机构不对预期发行的质量进行评价,这一结论由市场作出;在核准制下,监管机构要对发行质量进行判断,并决定是否允许发行。

准备工作完成后,承销商针对可能购买的机构投资者,与发行人高管、律师一起在选择的地点进行路演(road show),通过路演介绍发行人的情况,了解投资者的意向。如果路演顺利,投资银行即可利用其丰富的专业经验,和发行人一起把股票的最终发行价格确定下来。随后,新股发行开始。IPO 可能会出现超额认购,也可能由于股市不佳而需求较低。因此,路演和发行日期的选择非常重要。

股票的承销方式主要有包销和代销两种。包销方式下,当承销期结束后,承销商将按发行价认购未售出的股票,这意味着承销商要承担一定的风险,但承销费用也相对较高。代销是指承销期结束后,承销商将未售出的股票返还给发行人或包销商。

大多数承销协议都包含这样一条规定：允许承销商最多可以按发行价格购买发行规模15%的额外股票，以实现对潜在投资者的承诺，这被称为"绿鞋期权"（green shoes option），因1963年佩恩·韦伯公司为波士顿绿鞋公司发行股票时采用这种期权而得名，在我国又叫超额认购选择权。"绿鞋期权"的有效期通常为30天，但在不同的发行中，具体期限也会有所不同。当IPO出现超额认购时，出于稳定价格的需要，承销商会行使这一权利来购买额外的股份。"绿鞋期权"的主要目的是稳定股价。

3. IPO发行价格的确定

固定价格法和公开市场价格法是IPO确定股票发行价格的两种主要方法。

采用固定价格法，发行价格由承销商和发行人共同协商确定，并于发行日之前确定下来。为了保证发行成功，一般都将发行价格定得偏低。

采用公开市场定价法，需根据市场情况和新股需求量的变化调整发行价格。一般来说，承销商要进行三次定价过程：第一次是在发行人选择主承销商时，相互竞争承销业务的投资银行会报出他们的预期发行价格。一般来说，发行人愿意选择报价较高的投资银行作为主承销商。第二次定价是在初步编制招股说明书的时候，在向政府监管机构递交初步招股说明书上，要列出价格发行区间。第三次是在IPO申请获批之后，在正式公开发售的前一天，确定最终的发行价格。

4. 交易的第一日——IPO抑价之谜

IPO的第一个交易日往往令人激动甚至疯狂。一些股票在初次公开交易当日有显著的回报；一些股票开始上涨，随后跌回，回报甚微；还有一些股票则以亏损收盘。IPO在第一个交易日的表现引起了人们的极大兴趣。

百度震惊美国股市

北京时间2005年8月5日晚11点40分，百度在美国纳斯达克股票市场正式挂牌上市，股票发行价为27美元，上市时即以66美元跳空开盘，在首日的交易中股价最高时曾达到151.21美元，收盘于122.54美元，上涨了354%，成为中国在纳斯达克上市公司中市值最大，也是唯一股价超过100美元的公司。

百度此次首次公开招股，纳斯达克交易代号为"BIDU"，在首日的交易中的涨幅为美国股市5年来新上市公司首日涨幅之最，成为美国有史以来上市当天收益最多的10只股票之一，百度借此成为在美上市的国外企业中收益最好者，创造了在美国上市的中国公司最为辉煌的股市纪录。

资料来源：http://vovow.xinhuanet.com/ec/zt050801/index.htm。

表9-1列示了一些学者总结的IPO第一个交易日股价的表现。表中收益率是按发行价格P_0和第一天、第一周或第一个月月末的收盘价格P_1计算出来的初始收益率$(P_1 - P_0)/P_0$。

表 9-1　首次公开发行定价的研究总结

研究者	初期收益率(%)	收益期间	研究时期	样本容量
McDonald, Fisher, 1972	29	每周	1960—1970	142
Logue, 1973	42	每月	1965—1969	250
Reilly, 1973	10	每周	1966	62
Neuberger, Hammond, 1974	17	每周	1965—1969	816
Ibbotson, 1975	11	每月	1960—1971	128
Ibbotson, Jaffe, 1975	17	每周	1960—1970	2 650
Reilly, 1978	11	每周	1972—1975	486
Block, Stanley, 1977	6	每周	1974—1978	102
Neuberger, LaChapelle, 1983	28	每周	1975—1980	118
Ritter, 1984	19	每天	1960—1982	5 162
Miller, Reilly, 1987	10	每天	1982—1983	510
Ibotson, Sindelar, Ritter, 1988	15	每天	1960—1992	10 626
Ritter, 1987, 包销的样本	15	每天	1977—1982	664
Ritter, 1987, 代销的样本	48	每天	1977—1982	364

资料来源：国际金融公司《新兴市场年鉴》。

表 9-1 所列示的研究结果普遍表现出在 IPO 公开交易的第一天，收盘价格远远高于发行价格，即存在超额回报的现象。这种现象被称为首次公开发行抑价（initial public offerings underpricing，简称"IPO 抑价"），各国证券市场（包括新兴市场和发达市场）普遍存在这种现象。

IPO 抑价现象引起了人们的广泛关注。股价定价偏低增加了上市公司的成本，并有可能阻碍一些企业上市，然而对投资者来说，却似乎是"免费的午餐"。那么，到底是什么原因导致发行价格这么低呢？人们从各个角度尝试对这一问题作出合理的解释。

一种解释是从承销商的动机出发，认为折价能降低承销商的发行风险。承销商为了避免股票上市交易后价格表现不佳而遭到投资者的起诉，总是尽量把初始发行价格定得低一些。

一种称为"胜利者的诅咒"的观点认为，由于投资者之间存在信息不对称，处于信息优势的投资者在股票的申购中由于能够辨别"好股票"和"坏股票"而获利，相反，处于信息劣势的投资者则总是亏损。其结果是处于信息劣势的投资者逐渐退出 IPO 市场，从而使 IPO 的风险加大。为了增加股价对投资者的吸引力，投资银行就会给新股制定一个较低的价格，以吸引处于信息劣势的投资者购买。

市场反馈假说认为，在实行询价制度下，投资银行需要通过发行折价的方式来诱使机构投资者报出真实价格，因为这些机构投资者的真实报价可以帮助投资银行比较准确地确定发行价格。但要使这些机构投资者报出真实价格是有代价的，投资银行至少要保证这些投资者报出的真实价格比虚报价格更合算。因此，招股说明书中的价格一定比真实价格要低，以此来激励投资者提供真实的报价。

马车效应假说（the bandwagon hypothesis）则从投资者心理的角度作出解释。投资者进行投资时往往并不仅仅根据自己所掌握的信息，而且经常被其他投资者的行为所影响。如果这种心理在市场上占主导地位，那么就会增加 IPO 的风险。避免无人购买最有效的方法就是折价发行。折价后就可以吸引到第一批投资者,而且由于第一批投资者的示范效应,会引来大量投资者的加入。

还有一种解释从信号的角度出发,认为公司上市的一个重要目的是为随后更大规模的融资铺平道路。公司在 IPO 时的折价是为了给投资者留下一个良好的印象,使投资者认为购买该公司发行的新股有利可图,这样在随后增发新股时就可以制定比较高的价格,而且增发的难度也会大大降低,这是一种从动态博弈的角度对 IPO 折价的解释。

5. 长期价格的表现

首次公开发行股票的第一个交易日是令人兴奋的,股票在这一天的回报率非常高,但许多研究发现,IPO 公司股票长期的价格表现往往不佳,在其随后的 3—5 年中的回报率往往低于市场平均水平。对于这种现象,经济学家们也试图给出合理的解释。

例如,Miller et al. (1987)[①]认为市场上的投资者分为乐观投资者和悲观投资者两种,在 IPO 股票价值不确定的情况下,乐观投资者的看法在市场上处于主导地位,随着信息的披露,二者的评价趋于一致。这时市场对股票总的评价呈现下降趋势,从而股价下降。

(五) 上市公司发行新股

已经公开发行股票的上市公司发行新的股票,称为发行新股(seasoned equity offering,SEO)。

上市公司发行新股有很多原因,最主要的原因是满足资本预算所需资金。发行新股成功的可能性在很大程度上取决于公司当前投资项目的盈利能力。如果公司面临大量的净现值大于零的投资机会,但当前的投资并不盈利,则它发行新股会很困难。如果不仅有大量好的投资机会,而且目前的投资也能获得较高的利润,成功发行新股就不会有什么问题。当然,如果公司缺乏投资机会且目前投资项目取得较多的收益,则没有必要发行新股。

新股发行会给上市公司带来以下两方面的重要影响:① 增加了公司的股东,改变了公司的股权结构,造成了对现有股东权益的稀释,有可能在一定程度上损害现有股东的利益;② 通常会改变公司的资本结构。

在取得董事会和股东大会的批准后,上市公司可以采用配股和向社会公众增发新股的办法进行增资扩股。

1. 配股

如果在公司章程中规定了股东的优先认股权,那么公司在发行新股时就必须向现有股东销售新发行的普通股股票,称为配售(rights offering),而股东所拥有的购买一定数量股票的权利称为购股权,股东可以行使其购股权购买新发行的股票,也可以把购股权出售给他人。

公司在拟定优先购股权条款时需要考虑以下三个方面的问题:

(1) 购买一股新发行的股票需要多少个购股权?

(2) 每个购股权的价值是多少?

---

① Miller, Robert, and Frank Reilly, "An Examination of Mispricing, Returns, and Uncertainty of Initial Public Offerings", *Financial Management*, 1987.

(3) 配股对现有股票价格会产生什么影响?

例 9.1　若 S 公司计划募集 1 000 万元的权益资本,并决定以每股 80 元的价格向现有股东配售。表 9-2 是公司配股前的(部分)会计报表。

表 9-2　S 公司配股前(部分)会计报表　　　　　　　　单位:元

(部分)资产负债表

		总负债	50 000 000
		普通股	10 000 000
		留存收益	40 000 000
资产总计	100 000 000	负债和所有者权益	100 000 000

(部分)利润表

EBIT(息税前收益)	16 940 299
债务利息	5 000 000
税前利润	11 940 299
所得税(税率33%)	3 940 299
税后利润	8 000 000
每股收益(1 000 000 股)	8
股票的市场价格(市盈率12.5)	100

(1) 确定购买一股新股所需要的购股权。S 公司计划筹资 1 000 万元,并以每股 80 元的价格配股发行股票。因而,

$$拟发行新股数量 = \frac{需募集资金数量}{认购价格} = \frac{10\ 000\ 000}{80} = 125\ 000(股)$$

市场上已流通股票为 100 万股,所以,

$$购买一股所需要的购股权 = \frac{原有股数}{新股数} = \frac{1\ 000\ 000}{125\ 000} = 8(个购股权)$$

即:现有股东需要花费 80 元和 8 个购股权来购买一股新发行的股票。

必须清楚,购买一股所需要的配股权数量是与认股价格、新股的数量联系在一起的。表 9-3 提供了几种可供选择的配股方案。

表 9-3　S 公司可供选择的三种配股方案

认股价格(元)	配售新股数量	买入一股所需要的认股权
90	111 111	9
80	125 000	8
70	142 857	7

(2) 购股权的价值。只需 80 元就能购买到目前市场价格为 100 元的股票,这显然是有利可图的事,因此,购股权是有价值的。

为了分析问题的方便,假设配股引起的市值变动恰好等于筹集的资金额,即配售使公司普通股的总市值恰好增加了 1 000 万元。[①] 则配股后每股普通股的市场价值为:

---

　① 事实上,如果扩股所筹资金用于投资 NPV>0 的项目,那么增加的市值会超过 1 000 万元;如果市场对此次配售反应不好,那么增加的市值会小于 1 000 万元。

$$普通股的市场价值 = \frac{100\,000\,000 + 10\,000\,000}{1\,000\,000 + 125\,000} = 97.78(元)$$

由于用 80 元就可以购买到价值为 97.78 元的股票,节省了 17.78 元,因此一个认股权的价值为 2.22 元(17.78/8)。

(3) 配股对现有股票价格的影响。

配股期间股票的交易价格涉及除权日。股价在除权日前后发生变化,除权日之前股价中包含认股权的价值,在除权日后不包含认股权的价值。从理论上说,其变化额正好为购股权的价值。根据这种关系可建立如下关系式:

$$一个认股权的市场价值 = \frac{除权后股票市价 - 认股价格}{购买一股普通股所需认股权数} \quad (9-2)$$

定义 R 为一个购股权的价值,M_1 为股票除权后的市场价格,S 为购股价格,N 为购买一股普通股所需要的认股权数。则可将(9-2)式写成如下形式:

$$R = \frac{M_1 - S}{N} \quad (9-3)$$

因为除权前股票的市场价值等于除权后的市场价值加上认股权价值,即:

$$M_1 = M_0 - R$$

所以(9-3)式可以用除权前股价来表示,有:

$$R = \frac{M_0 - R - S}{N}$$

整理上式,得到:

$$R = \frac{M_0 - S}{N + 1} \quad (9-4)$$

将例 9.1 的数据代入(9-4)式,计算得到 S 公司认股权的价值为:

$$R = \frac{100 - 80}{8 + 1} = 2.22(元)$$

显然,配股发行后(除权后)股票的市场价格应当低于配股发行前(除权前)股票的市场价格。认股价格越低,配股发行后价格下跌的幅度就越大。然而,股东的财富在理论上并没有受到影响。

假设股东王先生配股发行之前恰好有 8 股 S 公司的股票,那么他拥有的股票价值为 800 元。如果王先生行使购股权,以 80 元的价格购入了 1 股股票,那么他的总投资为 880 元。配售结束后,股票的市场价格为 97.78 元,王先生此时拥有 9 股 S 公司的股票,总价值约为 880 元(97.78×9)。如果王先生不行使购股权,而是以每个购股权 2.22 元的价格卖掉 8 个购股权,那么他获得 17.76 元(2.22×8)的现金收入。他所持有的 8 股 S 公司的股票在配股结束后的价值为 782.24 元(97.78×8),他的投资组合的总价值为:

$$股票 = 97.78 \times 8 = 782.24(元)$$
$$现金 = 2.22 \times 8 = 17.76(元)$$
$$总计 = 782.24 + 17.76 = 880(元)$$

无论是否行使购股权,王先生的财富都没有受到影响。

如果目前未持有 S 公司股票的投资者李女士想认购 S 公司配股发行的股票,她可以从王先生那里购买 8 个购股权,共支出 17.76 元,然后以 80 元的价格购入 1 股 S 公司的股票,总支出是 97.76 元,这与 S 公司配股发行结束后在公开市场购买 1 股股票需要支付的 97.78 元基本相等。李女士的财富也没有发生变化。在一个有效资本市场上,无论是通过配股发行购买还是公开市场购买,结果都是无差异的。

2. 向社会公开增发新股

一般来讲,向社会公众公开增发新股的成本要高于向原股东配售,而且时间也比较长,如果发行价格确定不好,还容易损害原股东的利益。

(六) 普通股融资的利与弊

从公司的角度看,普通股筹资有如下主要优点:

(1) 普通股是公司的自有资本,没有到期日,具备稳定安全的优点。

(2) 普通股股东的投资回报是公司的税后利润,与债务的利息负担相比,没有强制性,可以根据公司的盈利能力和发展需要安排股利分配,因此具有灵活的优点。

(3) 普通股筹资所获得的是公司的权益资本,有利于降低财务风险,增强公司的举债能力。

(4) 由于发行普通股需要具备一定的条件,因此,普通股融资有利于增强公司的信誉,扩大公司的知名度,不仅能够筹集大量的资金,还能造就大量股东和客户。

公司股票融资的缺点主要在于:

(1) 成本高。首先,公开发行股票需要发生大量的成本,如申请费用、承销费用、重组成本、时间等待等,一般这些费用要占到发行收入的 3%—5%。其次,股利是税后支付的,相对于债务融资的税前利息支付,其成本较高。

(2) 需增强公司的信息披露。发行普通股成为公众公司后,就负有严格的信息披露义务。加强信息披露的目的是减少公司与公众投资者之间的信息不对称,能够降低信息不对称所引起的负面影响,但同时也会影响到公司商业秘密的保护,使竞争对手更容易了解公司的经营动向。

(3) 对老股东而言,新股发行可能引起控制权转移,如果市场机制不完善,每股收益和股价稀释可能使老股东的利益受损。

(4) 新股发行所带来的信息负面作用可能对公司造成一些不良影响。通常增资扩股被投资者视为"消极信号"。这是因为人们知道,发行新股是要选择时机的。对于老股东而言,不希望在股价被低估时发行新股。如果在股价低估时发行新股,新股东等于买进了实际价值高于市场价值的股票,新股东因而受益,老股东受损。作为公司当然是站在老股东的立场上,他们会根据自己掌握的资料,在分析未来预期收益的前提下,选择在股票价值被高估的时候发行新股。因此,投资者会把公司发行新股看作关于"股价"的不利消息,从而导致股价下跌。另外,发新股还会向市场传递一个信息,即公司准备改变自身的资本结构,降低负债率,而降低负债率给人们传递的信息是,公司对自身偿债能力信心不足,这又是一则不利消息,也将导致股价较大的下跌。

二、优先股融资

优先股是指其持有者比普通股持有者具有一定优先权的一类证券,是一种介于普通股和公司债券之间的筹资工具。优先股在某些方面与公司债券类似——支付固定的股息,但与债券利息不同的是,优先股股息只能从税后利润中支付,不能用来抵税;在某些方面又与普通股类似——对公司财产的要求权排在公司债权人之后。从资产负债表看,它属于权益资本;从金融的角度看,它需要支付固定的费用,从而提高了公司的财务杠杆,却不会因为不支付优先股股利而导致公司破产。而优先股的优先权意味着优先股股东获得股利后,普通股股东才有资格获得股利。

(一) 优先股的基本特征

优先股都有一个确定的面值,也叫清偿价值。优先股的面值具有两层意义,一是代表优先股股东在公司清算时应得的资产权,二是计算股利的基础。股息可以用每股多少货币单位表示,也可以用面值的百分之几表示,或者两种方法并用。

优先股的股息不同于债券利息,董事会有权决定不对优先股发放股息。优先股的股息可以是累计的,也可以不是累计的。但是,现实中大多数优先股股息都是可以累计的,也就是说,某一年未发放的股息可以向前结转。在拖延支付期间,未支付的优先股股息被称为未付款项,但它本身并不能产生利息,未付款项只会随着未付股利的增多而增多。

优先股股东通常都没有投票权利。但是如果公司在一段时间内(通常为4个或6个分红期)没有发放优先股股息,根据约定,一般都会赋予优先股股东选举部分董事的权利。还有一些优先股的条款规定,一旦优先股股息累计到一定时间之后,公司的某些行为(比如修改有关公司兼并的条款)必须经过优先股股东的投票表决通过。

优先股的股息支付必须排在普通股股利支付之前。所以,尽管不支付优先股股息并不会导致公司破产,但发行公司一般还是倾向于支付优先股股息。因为若不支付优先股股息,就不能支付普通股股利,就会导致发行债券融资更困难,当然也不能发行更多的优先股或普通股来融资。从发行公司的角度讲,优先股股息支付的灵活性还是为公司提供了很大的便利,优先股的风险要比债券小;从投资者来说,优先股的风险就比债券要大,因此他们会要求一个比较高的税后收益。

优先股股东一般只能收取既定的股息,而且一旦公司破产,他们只能获得给定的价值补偿。近年来,许多新发行的优先股都设定了强制性偿债基金。这些因素都使优先股看起来很像债券。然而,从发行公司的角度看,优先股股息不像债券利息那样能够免税。从个人投资者的角度看,优先股股息属于应纳税的普通收入。在美国,对公司投资者[①]而言,投资优先股股息的70%是可以免税的,因此公司投资者更有动力购买其他公司的优先股而不是债券,从而导致优先股的收益率一般要比债券低。所以,在谈到关于优先股的税收问题时,既要考虑优先股股息税后支付的税收劣势,也要考虑到公司投资者所具有的税收优势。

目前大多数的优先股附有下述条款:① 利用偿债基金定期赎回优先股;② 提前赎回全部或者部分优先股;③ 转化为普通股。

订立赎回及转化条款的原因很多,主要是经济环境发生了变化,发行人希望利用债券的税收优势或者希望通过低成本地发行股票从而赎回高成本的优先股,也可能是为了

---

① 美国税法规定,一家公司从征收联邦收入税的其他公司获得的股利总收入可免除70%的收入税。该规则有一定的适用范围,读者可参看相关法条。从美国的经济现实看,这项规定确实使大量的优先股被公司而不是个人投资者所拥有。

调整公司的资本结构。大多数优先股赎回时是以预定的价格加上赎回日累计欠付的股息全部或者部分赎回。初始赎回价一般是面值或者售出价格加1年的股息,随后逐渐降到面值或者初始售出价格。例如,杜克能源公司的股息率为7.12%的Q系列优先股(面值100美元)到1992年3月15日的赎回价为107.12美元;第二个五年的赎回价为104.75美元;第三个五年的赎回价为102.83美元;最后,2000年3月16日的赎回价为100美元。

(二)优先股融资的利与弊

从发行优先股的公司角度看,优先股融资的主要优点在于:

(1)优先股不像债务那样,面临到期必须支付利息的硬约束,未能支付优先股股息不属于公司的违约行为,不会导致公司破产。

(2)增加优先股股东一般不会导致原有普通股股东对公司控制权的下降。

(3)优先股没有固定的到期日,是公司可以永久使用的自有资金。

优先股融资的最主要不足在于其较高的成本。成本高的原因一是对于个人投资者而言,投资优先股风险高于购买债券,为补偿风险,要求股利比债券的票面利率高;二是优先股股利需从税后利润中支付,不能起到抵税作用。正因如此,那些高税率的企业不喜欢发行优先股。另外优先股往往附有较多的限制条款,如对公司借债的限制、对普通股股利支付的限制等。

第三节 债务与租赁融资

债权性资金是公司发展过程中的重要资金来源。公司的债权性资金主要指公司的长期债务,包括长期债券、长期借款和融资租赁引起的长期应付款。

一、债券融资

(一)债券的基本要素和基本特征

债券是借款者承担某一确定金额债务的凭据,是可交易的固定收益证券。债券作为一种常见的融资工具,虽然不同主体发行的债券可能会有很大的差异,但都具有一个共同特征:承诺按一定利率定期支付利息并到期偿还本金。

1. 债券的基本要素

(1)面值。债券的面值是指债券票面标明的币种和金额大小。债券的面值与股票的面值有着完全不同的含义,股票的面值已基本不具有实际金额的意义,而债券面值通常反映到期偿还额。债券的面值和债券的发行价格并不一定相等,公司也可以溢价或折价发行债券。

(2)票面利率。票面利率也称为息票利率(coupon rate),表示每年应付利息与面值或本金的比率,通常由发行者决定。发行者根据市场状况、债券到期日、风险等级等因素确定债券的票面利率。一般情况下,息票利率被设计成能够保证债券以面值或接近面值的价格发行。

(3) 到期日。在到期日所有对应的债务将终止,发行人通过偿还面值或本金赎回债券。从发行日到到期日的时间间隔为债券的偿还期限。偿还期限是债券的重要特征,是发行人承诺履行债券条款的年数。从理论上讲,任何时间长度的偿还期限都是可以的。1993年7月,沃尔特·迪士尼发行了现代历史上首个100年期的债券。同年,ABN-AM-ER(一家荷兰银行)、可口可乐公司都发行了100年期的债券。一般来说,偿还期限在1年以内的为短期债券,偿还期限在1年以上的为中长期债券。

2. 债券的基本特征

(1) 偿还性。偿还性是指在规定的偿还期限内,债务人必须按照约定的条件向债权人支付利息和偿还本金,否则就构成违约。在历史上,英国政府曾发行永久公债,这种债券无固定的偿还期,持有人不能要求政府偿还,只能按期取息,当然这只是个别现象,并不能因此否定债券具有偿还性的一般特征。

(2) 流动性。债券在到期前不得兑付,但可以在证券市场上交易,因此,债券具有流动性。债券持有人可以按照自己的需求和市场的实际情况,灵活地转让债券,以提前收回本金和实现投资收益。

(3) 风险性。虽然债券持有人的收益相对固定,一般不随债务人情况的变动而变动,并且可按期收回本金,却有可能因债务人破产而不能收回全部本息,也可能因市场利率上升而蒙受债券价格下跌的损失,还可能因通货膨胀而导致实际收益率降低,这些都造成了债券持有人的收益不确定。

(4) 收益性。债券的收益表现在两个方面:一是利息收入;二是资本利得,即债券买卖的差价。

(二) 债券的分类

按照不同的标准,债券可以分为许多种类。以下是一些主要的分类:

1. 根据发行主体的不同,分为政府债券、金融债券和公司债券

政府债券的发行主体是政府,其中由中央政府发行的债券又被称为国债,地方政府发行的债券被称为地方政府债券。

金融债券的发行主体是银行或非银行金融机构。

公司债券的发行主体是非金融性质的企业。一般来说,公司债券的风险相对于政府债券和金融债券要大一些。

2. 根据付息方式的不同,分为零息债券和附息债券

零息债券是指在存续期内不支付利息,但投资者以低于面值的价格购买的债券,因此有时又被称为纯贴现债券。附息债券又称息票债券,是按照债券票面载明的利率及支付方式分期付息的债券。

在美国,零息债券从20世纪80年代开始大量使用。下面通过一个例子来说明究竟是什么原因使得公司选择发行零息债券。

例9.2 1981年,美国的潘尼百货公司出售了一批面值高达2亿美元,8年后(1989年)到期的零息债券。此种债券每张面值1 000美元,以332.41美元的价格出售,潘尼百货公司由此筹到了66 482 000美元。这样做值得吗?

解 （1）由于折价出售,每张债券的折价费用 667.59 美元(1 000 - 332.41)可以按 8 年摊销,每年可摊销 83.45 美元(667.59/8),按照公司 46% 的所得税率,可节税 38.39 美元(83.45 × 0.46)。

（2）对零息债券现金流求其净现值,有:

$$\text{NPV} = \frac{332.41}{(1+r)^0} + \frac{38.39}{(1+r)^1} + \cdots + \frac{38.39}{(1+r)^7} - \frac{961.61}{(1+r)^8}$$

解出令净现值为零的贴现率就是潘尼公司发行债券的税后成本,即:

$$\frac{332.41}{(1+r)^0} + \frac{38.39}{(1+r)^1} + \cdots + \frac{38.39}{(1+r)^7} - \frac{961.61}{(1+r)^8} = 0$$

解得: $r = 7.6\%$

即零息债券的税后成本为 7.6%。

（3）若公司发行普通附息债券,需将票面利率定在 15.25%,则每张债券的税后利息等于 82.35 美元(152.5(1 - 46%))那么,该公司正常债券的税后资金成本为:

$$\frac{1\ 000}{(1+r)^0} - \frac{82.35}{(1+r)^1} - \cdots - \frac{82.35}{(1+r)^7} - \frac{1\ 082.35}{(1+r)^8} = 0$$

$$r = 8.235\%$$

显然,发行零息债券对公司更有利。

从筹资者的角度,发行零息债券可使发行公司享有下列好处:

（1）在债券到期前,公司不需要支付任何利息或本金;

（2）由于折价发行可享受节税利益;

（3）由于节税作用而使得其税后融资成本较普通附息债券低。

零息债券的主要缺点是若市场利率下降无法提前赎回,并且在到期日需支付大笔本金。

从投资者的角度,之所以愿意购买零息债券主要是因为零息债券没有被提前赎回的风险,而且无论市场利率怎样变动,零息债券所提供的到期收益率都是不变的。这是退休基金、人寿保险公司等机构投资者最看重的优点。对这些机构投资者而言,由于市场利率下降使它们无法将所吸收到的资金按照原来估计的报酬率再投资出去的风险,其严重性远大于由于市场利率上升而使债券价格下降的风险。

假设某投保人一次性付给保险公司 33 241 元的保费,保险公司承诺在 8 年后将偿还 100 000 元给他,这 33 241 元的保费是保险公司根据公司可运用这一笔钱在随后的连续 8 年内,每年都能赚到 14.76% 的报酬率的假设计算出来的。[①] 如果保险公司将所收到的保费 33 241 元投资到票面利率为 14.76% 的普通附息债券上,只有当它能在未来 8 年中,将每年收到的利息都重新投资出去,并且能够赚到 14.76% 的报酬率的情况下,才能在第 8 年时累积到 100 000 元付给客户。如果在收到保费后的 8 年内市场利率下降,保险公司就有可能在 8 年后无法累积到 100 000 元。但若保险公司将 33 241 元钱投入到期收益率为 14.76% 的零息债券上,则不管将来市场利率如何变化,都能在第 8 年时收到 100 000 元。因此,零息债券能使保险公司免于受市场利率下降所造成的伤害。

---

① $33\ 241 \times 0.1476 \times \text{FVIFA}_{14.76\%,8} + 33\ 241 = 100\ 000$(元)。

3. 根据票面利率是否固定，分为固定利率债券和浮动利率债券

固定利率债券是在偿还期内利率固定的债券，发行人和持有人都承担在债券存续期内市场利率变化的风险。

浮动利率债券是指利率可以变动的债券，这种债券的利率通常与基准利率（比如LIBOR、国债等）挂钩，其息票率一般要高于基准利率一定的百分点。浮动利率债券的好处在于可以避开因市场利率波动而带来的风险。

4. 根据有无抵押担保，分为信用债券和担保债券

信用债券是仅凭发行人的资信而发行的、没有任何抵押担保的债券。政府债券多为信用债券。

担保债券是指以抵押财产为担保而发行的债券，担保是降低信用风险的重要手段。

5. 根据能否转换成其他金融工具，分为可转换公司债券和不可转换公司债券

可转换公司债券是指在一定条件下可以转换成其他金融工具（通常为股票）的债券。如2004年11月10日，招商银行发行65亿元人民币、5年期可转换公司债券，转股日期为2005年5月10日至2009年11月10日，初始转股价格为9.34元/股。

不可转换公司债券就是通常所说的普通债券，不可转换为其他金融工具。可转换公司债券由于具有期权的性质，其利率一般要低于不可转换公司债券。

6. 根据票面形态，分为实物债券、凭证式债券和记账式债券

实物债券是一种具有标准格式实物券面的债券，一般都印有债券面额、利率、期限、债券发行人全称、还本付息方法等各种票面要素。有时票面利率、债券期限等也可以通过公告向社会公布而不在券面上注明。实物债券不记名、不挂失，可上市流通。我国发行的无记名国债就是这种实物债券。

凭证式债券是债权人认购债券时的一种收款凭证，而不是债券发行人制定的标准格式的债券。我国通过银行系统发行的凭证式国债，券面不印制票面金额，而是根据认购人的认购额填写实际的交款金额，是一种国家储蓄券，可记名、挂失，以"凭证式国债收款金额"记录债权，不能上市流通，从购买之日起计算利息。

记账式债券是没有实物形态的票券，以记账方式记录债权。我国通过沪、深交易所发行和交易的记账式国债就是这种类型。

7. 根据券面上是否记有持券人的姓名，分为记名债券和无记名债券

记名债券是指在券面上注明债权人姓名，同时在发行公司的债权人名册上进行登记的债券。转让记名债券时，除要交付债券外，还要在债券上背书及在公司债权人名册上更换债权人姓名。这种债券的优点是比较安全，缺点是转让手续复杂。

无记名债券的券面上未注明债权人姓名，也不需要将债权人姓名登记在公司债权人名册上，转让时也不必背书。

（三）债券条款

债券发行需要有债券发行合同书，债券合同是明确记载债券发行者与投资者双方所拥有的权利与义务的法律文件，这些法律文件的主要内容就是各种各样的条款，一般由受托管理人（通常是银行）代表债券持有人利益监督合同书中各条款的履行。如果没有

这些条款以及对条款执行情况的监督,掌握公司控制权的股东有可能通过提高资产风险、支付股利或增加负债的办法来剥夺债券持有人的财富。为了保护债券持有人的权益,所有的债务合约都有限制此类行为的条款,否则债券的利率就可能被定得很高。

债券条款就是规定贷方(债券持有人)所享有的权利和借方(债券发行人)所受的限制。随着金融创新的日新月异,债券的条款呈现多样化趋势。

1. 资产条款

资产条款规定债权人(债券持有人)在公司债券违约时,对公司资产所享有的权利。

如前所述,公司负债可以近似看成股东向债权人购入一个以公司资产 A 为标的,以公司负债价值 D 为执行价格,到期日为债权人要求公司偿还债务时的欧式看涨期权。当债权人要求公司偿还债务时,如果公司资产的价值 A 大于负债价值 D,公司就偿还债务,债权人获得本息 D;如果公司资产的价值 A 小于负债价值 D,公司就不执行该期权,此时偿还给债务人的价值为 A,此时 $A < D$。

鉴于此,为了保证债券持有人的利益,通常需要对公司的资产运用进行一些限制。公司在发行债券时,必须对债券持有人所享有的权利作出一些规定。有一部分债券的持有人在公司不能偿还债务时,有优先于其他债务人对公司资产享有的权利,这部分债券称为具有高级性质的债券(senior bond)。次级债券(junior bond)只有当所有优于它的债权人的债务都被全额清偿后才能得到清偿。

除了对公司资产的求偿顺序有要求外,不同债券持有人对公司资产的求偿权也可能不同。例如,若公司违约,拥有抵押债券的债权人可以没收相关的抵押物并将其出售,拥有抵押信托债券的债权人则获得由托管人管理的资产,设备信托债券的持有人对公司的特定设备具有求偿权,而信用债券的持有人则对公司未进行抵押的财产享有求偿权,其偿还顺序在担保债权之后。

2. 股利条款

公司支付现金股利会减少其现金持有量,降低偿债能力。公司遇到财务危机时,还可能通过支付股利转移公司资产,股利条款对公司发放股利作出一定的限制。例如,要求公司必须达到一定的盈利水平并具备较好的偿债能力时才能发放现金股利等。

3. 融资条款

融资条款是为了避免公司乱发新债,从而导致现有债券持有人对公司资产求偿权的稀释。该条款一般规定公司所有新发行债券的持有人对公司资产只具有次级求偿权。如果允许新债券持有人与现有债券持有人具有同级的求偿权,那么新发行债券的数量往往要受到限制,而且取决于公司的财务状况,例如资产负债率、利息保障倍数、流动比率、速动比率等。

4. 保证条款

债券条款中通常要确立一种保证机制,以确保债务人遵守债券合约。如确定一个有资格的信托人来代表债权人的利益监督合同书中各条款的履行情况。

5. 偿债基金条款

大部分债券发行时都会设立偿债基金条款。设立该条款的主要目的是降低发行公司的拖欠风险。一种极端的做法是要求发行人定时、定量在第三方账户存入资金,以保证债券到期时有足够的资金偿还。常见的做法是,规定发行公司每年回收一定数量的债券,如一个30年期的偿债基金可能要求发行公司在第10年到第20年赎回25%的债券。如果发行公司不按照偿债基金条款的规定回收债券的话,往往会引起该债券的市场价格下跌,甚至导致公司破产。

用偿债基金偿还债券有以下两种方式:① 按赎回价(通常是票面价格)赎回一定比例的债券。由于这些债券在发行时都是按照顺序编号的,因此赎回的债券由公证方随机抽取号码确定。② 公开市场赎回。就是在公开市场上直接以市场价格赎回债券。

显然,公司会选择对自己较为有利的方式进行赎回。当市场价格低于赎回价时,发行公司便采用公开市场赎回;当市场价格超过赎回价时,便采用赎回价赎回。因此,偿债基金相当于发行公司的一种期权,这个期权给发行公司带来好处,而不利于债权人。然而,偿债基金也会使债权人受益。首先,以低于赎回价的市场价格赎回时,公司节约了现金,从而减少了公司违约的可能性。其次,由于偿债基金赎回债券是有序的,从而在到期日最后偿付额不会太大,使得违约风险降低。再次,赎回增加了债券的流动性,尤其是发行额小、交易清淡的债券的流动性,从而使投资者受益。最后,具有赎回选择权的债券价格比较稳定,因为价格回落时,发行人可能成为积极的购买者。因此,偿债基金条款给债权人提供的保护是"双刃"保护,这些作用相互交织在一起,但总体来说,债券赎回条款还是有利于债权人的。

6. 赎回选择权

许多公司债券条款都规定发行公司在一定条件下有权提前赎回债券。如果公司执行赎回选择权的话,支付的赎回价格通常要高于债券面值,这个高出的部分被称为赎回升水。赎回升水的确定方法有多种,常用的方法是,先令赎回升水等于债券的年息支付额,然后使它随着债券有效年限的临近而趋向于零。其公式如下:

$$\Delta P = I - t(\frac{I}{N}) \tag{9-5}$$

例如,面值为1 000元的10年期债券,票面利率为10%,在第5年赎回时的赎回升水为:

$$\Delta P = 100 - 5(\frac{100}{10}) = 50(元)$$

绝大多数赎回是在债券发行一定年份(5—10年)之后才具有赎回的权利,而在债券发行后的最初几年内,发行公司禁止赎回自身发行的债券,这种方式被称为延期赎回。

常识告诉我们,赎回选择权具有价值,并且对发行公司有利,对投资者不利。在利率降低时,债券价格升高,公司行使赎回选择权赎回债券,投资者只能投资于其他债券,获得较低的到期收益率。投资者在购买债券时,也会考虑到这一点,因此赎回条款对发行公司来说并非"免费的午餐"。它的成本是用发行时可赎回债券的利率与债券不可赎回时的利率之间的差额来衡量的,这是投资者要求的风险补偿。债券的赎回选择权给发行人带来的利益可能被投资者要求的较高回报率所抵消。

7. 转换选择权、交换选择权和卖出选择权

转换选择权是发行公司赋予债券持有人的一种选择权,规定债券持有人可以将债券

转换成另外一种证券,通常是发行公司的普通股,这些普通股在转换之前仍属于未发行的股票。具有上述选择权的债券被称为可转换债券,转换价格或转换比率都在债券合约中作了明确规定。

还有一种债券叫可交换债券,是指债券持有人可以把债券转换成另外一家公司的股票。例如,1998年2月,贝尔大西洋公司发行了24.55亿美元、利率为5.75%的可交换债券,持有该债券可交换新西兰电信公司的股票。有不少债券甚至可以交换不止一种证券。

卖出选择权是债券持有人享有的一种选择权,是指在一定条件下,债券持有人可以把债券卖给发行公司。如果债券价格下跌(当市场利率大幅度上升时、发债公司面临破产威胁时等),债券持有人可以要求发债公司以较高的价格购回该债券。由于卖出选择权在一定程度上为投资者提供了保护,因此投资者对此类债券要求的收益率会稍低一些,否则发行公司就不会拟定卖出选择权条款。对发行公司来说,可卖出债券的销售价格比不可卖出债券的价格要高一些,从而能够筹集到更多的资金。

(四) 债券评级

债券投资的非系统风险主要表现为违约风险,而债券等级则是债券违约风险的指示器,债券的利率、发行价格和发行规模都与此有关。由于债券等级不仅与投资者利益直接相关,而且对于作为筹资者的企业来说也利益攸关,因此,虽然许多国家的证券法并没有强行要求企业必须取得评级,但发行债券的公司都自愿向债券评级机构申请评级,而没有经过评级的债券往往因不被广大的投资者接受而难以销售。

债券评级最早源于美国。1909年,美国穆迪公司首先运用简单直观的符号表示铁路债券的信用等级,开创了世界上债券信用评级的先河。此后,债券信用评级逐步扩大,由铁路债券到一般企业债券,并形成了制度。如今世界上最著名的四个债券评级机构是穆迪投资者服务公司(Moody's Investors Service)、标准普尔公司(Standard & Poor's Corporation)、惠誉国际信用评级有限公司(Fitch Ratings)和达夫 & 菲尔普斯信用评估公司(Duff & Phelps Credits Rating Corporation),表9-4列出了这四家主要评级机构所使用的符号及其含义。

公司在公开发行债券之前需要聘请一家评级机构为其待发行的债券进行评级,公司需要支付一定的费用给评级机构。评级需要经过一定的程序。债券评级标准既包含很多定性指标,如公司收益的稳定性、海外业务情况、会计政策、公司是否存在严重的劳资危机隐患等,也包含大量的定量指标,如各种债务比率、税前收益率等。债券评级机构通常宣称并不是依照一个精确的数学公式来计算出债券的级别,在为债券评级时,所有的相关因素都被列出并被参考,但以下三个因素是起决定性作用的:① 产业状况——是朝阳产业还是夕阳产业?在环境变化中是稳定的还是不稳定的?是产业政策保护鼓励的还是限制的?在同行业中的竞争能力、发展前景如何? ② 公司内部财务状况——公司的盈利能力如何?资本结构怎样?财务弹性如何?……③ 债务合同——合同中的条款如何?在整个债券评级过程中,评级机构的经验会发挥很大的作用。

表 9-4　主要评级机构评级符号及含义

穆迪	标普	惠誉	达菲	
	投资级——高信誉			
Aaa	AAA	AAA	AAA	
Aa1	AA+	AA+	AA+	
Aa2	AA	AA	AA	优等,高质量
Aa3	AA−	AA−	AA−	
A1	A+	A+	A+	
A2	A	A	A	中上等
A3	A−	A−	A−	
Baa1	BBB+	BBB+	BBB+	
Baa2	BBB	BBB	BBB	中下等
Baa3	BBB−	BBB−	BBB−	
	显著投机级——低信誉			
Ba1	BB+	BB+	BB+	
Ba2	BB	BB	BB	低等,投机级
Ba3	BB−	BB−	BB−	
B1	B+	B+	B+	
B2	B	B	B	高度投机级
B3	B−	B−	B−	
	纯粹投机级——极大违约风险			
	CCC+			
Caa	CCC	CCC	CCC	风险极大,处境困难
	CCC−			
Ca	CC	CC		
C	C			会发生违约,
	C1	C		极度投机性
	收益债券——无利息支付			
	DDD			
	DD	DD		违约
	D	D		

资料来源：Richard Wilson and Frank Fabozzi, *The New Corporate Bond Market*, Probus Publishing Company, 1990。

（五）债券发行

债券公开发行的程序和股票公开发行的程序比较相似,在董事会同意后(有时还要经过股东大会的投票通过),向证券发行主管部门递交各类必需的文件。在通过证券发行主管部门的评审后,公司就可以发行债券了。在这中间,投资银行起着关键的作用。

除了向公众公开发行债券外,公司还可以把债券卖给一少部分机构投资者等,这种发行方式被称为私募,其主要购买者通常是保险公司和养老基金。私募通常主要用于债券发行,偶尔也用于股票发行,因此债券私募构成了私募资本市场的主体。20 世纪 80 年代末,在美国,债券私募一度超过了公开发行。

进行私募时,发行公司与投资者一起协商发行条款,无论是期限、保护性条款还是其他条款,都依当时情况由双方协商确定。但这一点可能产生一个不利之处,就是投资者对公司的监察可能不如公开发行中代表投资人利益的信托人的监察更为仔细。

私募最主要的优点是筹资速度快,省去了与监管部门和承销商打交道的中间环节,降低了债券的发行成本。私募还有一个好处就是不必向公众披露证券发行主管部门所要求的详细信息。

(六) 换债

换债是企业用新发行的债券替换尚未到期的旧债券的行为。由于公司通常对已发行的债券拥有赎回选择权,当市场条件变化使得债券继续流通在外对公司不利时,公司通常希望赎回旧债,发行息票率较低的、条款较宽松的新债券来取代旧债券,以降低公司的资本成本。公司在进行换债决策时需要考虑两个主要问题:① 如果在目前发行新债券以赎回旧债券,公司能否获利? ② 纵使目前实施换券操作可使公司获利,但如果延后实施的话,公司价值是否会增加更多?

这实际上是一种投资决策,因此其决策方法与资本预算方法大致相同:首先,分析换券操作的初始成本,包括旧债赎回升水以及新债的发行成本;其次,分析新债券带来的收益,主要是每年的利息节省;最后,将每年的利息节省折成现值,与初始成本比较。若具有正的净现值,就应该实施换券操作。换债活动净现值的公式为:

$$\mathrm{NPV} = \sum_{t=1}^{n} \frac{\Delta \mathrm{CFAT}_t}{(1+k)^t} + \Delta \mathrm{CFAT}_0 \qquad (9\text{-}6)$$

式中,$\Delta \mathrm{CFAT}_t$ 代表因换债而增加的 t 期税后现金流入量;$\Delta \mathrm{CFAT}_0$ 代表因换债而发生的 0 期税后现金净流出量(成本);k 代表新债券的税后成本。

例 9.3 某公司 5 年前发行一笔总面值为 5 000 万元、票面利率为 11.25%、期限为 30 年的公司债券。债券的发行费用为 48 万元,按直线法在 30 年内摊销,平均每年摊销 1.6 万元,5 年中已摊销了 8 万元。据发行条款,债券可按面值 100 元的价格赎回,同时向债权人支付票面值 6% 的额外补偿。由于市场利率下降,该公司目前可按 10% 的息票率发行 5 000 万元的新债券,考虑赎回旧债需要发行 5 300 万元。预计发行费用为 87.5 万元(或 90 万元)。为保证资金正常需要,新债在旧债收回前一个月发行,发行收入暂时投资于年收益为 6% 的国债(时间是一个月)。此外,公司的所得税税率为 40%。

解 第一步:先计算全部初始支出 $\Delta \mathrm{CFAT}_0$。

(1) 发行新债券引起的税前支出为:

回赎旧债支出(面值×1.06)	53 000 000
重复期利息支出(50 000 000×0.112 58/12)	468 750
减:新债发行收入(53 000 000−87 500)	52 125 000
重复期利息收入(52 125 000×0.06/12)	260 625
得:税前初始投资支出	1 083 125

(2) 可减少纳税所得的支出为:

旧债回赎补偿(53 000 000−50 000 000)	3 000 000
旧债未摊销发行费用	400 000
重复期旧债利息支出	468 750
减:重复期新债投资利息收入	260 625
合计:可减少的纳税所得	3 608 125
得:节税额(3 608 125×0.4)	1 443 250

(3) $\Delta CFAT_0 = 1\,083\,125 - 1\,443\,250 = -360\,125$(元)

第二步：确定换债带来的现金流出节约额，包括利息支出节约，不同发行费用摊销及其节税额等。

(1) 旧债的每年税后支出为：

税前利息支出($50\,000\,000 \times 0.1125$)	5 625 000
发行费摊销（$480\,000/30$）	16 000
合计	5 641 000
节税额（$5\,641\,000 \times 0.4$）	2 256 400
旧债税后年净现金流出（利息支出 5 625 000 – 节税额 2 256 400）	
	3 368 600

(2) 新债每年税后支出为：

利息支出（$53\,000\,000 \times 0.1$）	5 300 000
发行费摊销（$875\,000/25$）	35 000
合计	5 335 000
节税额（$5\,335\,000 \times 0.4$）	2 134 000
新债税后净现金流出量（$5\,3000 - 2\,134\,000$）	3 166 000

(3) 利用新债换旧债，到期日时需多归还本金 3 000 000 元。

(4) 新债换旧债增加的现金流入：

$$\Delta CFAT_t = 旧债年净现金流出 - 新债年净现金流出$$
$$= 3\,368\,600 - 3\,166\,000 = 202\,600(元)$$

第三步：以新债税后净利息率 0.06（0.1×0.6）为贴现率计算换债净现值。

$$NPV = 360\,125 + \sum_{t=1}^{25} \frac{202\,600}{1.06^t} - \frac{3\,000\,000}{1.06^{25}}$$
$$= 360\,125 + 202\,600 \times 12.783 - 3\,000\,000 \times 0.233 = 2\,250\,961(元)$$

在换债分析中有几点要引起注意：

(1) 新旧风险应该相同，且因净现值分析所涉及的现金流量都属于税后现金流量，所以必须以税后负债成本作为折现率。

(2) 换债若对公司有利，必然对旧债券持有人不利，他们不得不放弃较高票面利率的旧债券，只能将资金重新投资于较低票面利率的新债券，所以赎回条款确实是一种潜在威胁。为了反映这种可能损失，对投资人可计算从购买日到第一次回购的收益率。

例如，面值 1 000 元，票面利率 12%，半年付息，期限 5 年，第一次回购期 3 年的债券，当前市价为 900 元，第一次回购价为 1 100 元，不难算出其到期收益率为 14.91%。而至第一次回购期的到期收益率为：

$$900 = \sum_{t=1}^{6} \frac{60}{(1+r/2)^t} + \frac{1100}{(1+r/2)^6}$$
$$r = 19.15\%$$

(3) 若新债券的到期期间比旧债券的剩余到期期间长，则在进行换券分析时，只能对旧剩余期间中的新旧现金流量进行分析。

(4) 关于如何确定是否现在实施换券最有利，主要看对未来市场利率的预期。如果未来利率继续下降，延期将会获得更多的利益。分析方法依然相同，只要将延期的净现值与现在的净现值比较即可,关键在于对未来利率走势的预期。

(七) 债券筹资的利弊

从发行公司角度看,债券融资具有如下优点:

(1) 与股票融资相比,债券融资的成本较低。原因有三个:一是由于债券持有人的利息和本金支付在股东之前,债权人所承担的风险比股东小,因此,企业支付的利息通常低于股东所要求的投资报酬率;二是债券的利息是在税前支付的,可以享受税收屏蔽的好处;三是债券的发行费用比股票低。

(2) 债券融资可以获得财务杠杆效益。无论公司盈利多少,债券持有人都只能获得固定的利息,而余下的收益都归企业所有者。

(3) 不影响企业的所有权和控制权。

债券筹资的缺点主要在于:

(1) 财务风险大。债券有固定到期日和利息负担,一旦企业经营失利,轻则形象受损、信誉下降,重则导致破产。

(2) 发行限制条件多,比长期借款限制条件多且严格。严格的债务条款将在一定程度上限制公司的经营决策。

(3) 筹资数量有限。债券发行规模受额度、公司资产结构等条件的限制。

(4) 限制了公司进一步举债的能力。

二、长期借款融资

借款是企业筹措债务资金的重要方式之一。通常将期限在一年以下的借款分为短期借款,将期限在一年以上的借款分为中、长期贷款。

(一) 长期借款的分类

1. 按提供贷款的机构划分,可分为政策性银行贷款、商业银行贷款和非银行金融机构贷款

政策性银行贷款是指由执行国家政策性贷款业务的银行提供的贷款,这类贷款利率较低、期限较长。

商业银行贷款是由商业银行提供的贷款,是最常见的贷款。

非银行金融机构贷款是除商业银行外可从事贷款业务的金融机构提供的贷款。这类贷款通常利率较高,对企业的信用和担保条件的要求也较高。

2. 按担保条件划分,可分为信用贷款、担保贷款和抵押贷款

信用贷款不需要借款企业提供任何担保,仅凭借款企业自身的信誉而取得借款。

担保贷款是根据借款企业提供的担保而发放的贷款,但不需要抵押品作担保,担保人通常具有较高的资信度。一旦贷款到期时借款企业不能偿还,担保人需承担偿还责任。

抵押贷款是以特定的抵押物作担保而发放的贷款,抵押物通常都是能够变现的资产,抵押物既包括房产、机器设备等实物资产,也包括股票或债券等有价证券。

此外,还可以按贷款用途划分为基本建设贷款、更新改造贷款、科技开发贷款等。

（二）长期借款的程序

公司贷款需要履行一套完整的手续和程序。

1. 选择贷款机构

公司需要根据自身的情况选择适合的贷款机构。贷款机构对贷款风险的政策、专业化程序、所提供的服务、与借款公司的关系等都是借款公司在选择贷款机构时需要考虑的因素。

2. 提出借款申请

公司必须具备一定的条件才有资格提出申请。如需具有法人资格、借款用途属于贷款机构规定的范围、具备还款能力等。在借款申请中需说明借款用途、借款金额与用款时间安排、还款期限、还款方式和还款计划。

3. 签订借款合同

贷款机构根据有关规定和贷款条件对借款企业的申请进行审查，审查内容包括企业的财务状况、信用情况、盈利稳定性、发展前景和借款用途。如果审查合格，贷款机构就与借款企业进一步协商签订借款合同。

借款合同是规定当事人各方权利和义务的契约。借款合同中一般包括借款种类、用途、借款金额、借款利率、期限、还款方式等基本条款。除此之外，借款合同中还约定一些限制性条款，这些条款是为了保护债权人的利益不受损害。所谓限制性条款主要是一些不允许或限制公司做某些事情和要求公司必须履行某些责任的条款。在限制性条款中，最常见的是对营运资本的要求，即要求借款企业保持一定的流动性与偿债能力。现金股利发放、普通股回购的限制、资本性支出和举债的限制也是较为常见的。例如对借款企业发行新债的限制、对支付现金股利的限制、对公司投资行为的限制、对企业购并行为的限制、企业必须定期向贷款机构报送财务报表、流动资产必须达到一定比率的要求等。总之，目的都是保证企业资金的流动性。贷款协议的具体条款确定最终取决于双方的谈判力量。

贷款协议赋予贷款人当借款人违背了协议时可采取行动的权利，当然所采取的行动通常是帮助借款人解决问题。虽然违约时贷款人有权实施法律权利要求借款人立即清偿，但这种情况较少发生，因为这样实质上对双方都不利。

4. 取得借款

借款合同签订后，贷款机构将款项转入借款公司的账户。

（三）长期借款的信用条件

按照惯例，银行借款给公司时，往往还要附加一些信用条件，主要有授信额度和补偿性余额这两种。

授信额度是借款协议确定的借款公司可向贷款机构借款的最高限额。通常在信用额度内，企业可随时根据需要向银行申请借款。在非正式的授信额度条件下，贷款机构并不承担法律义务。但在正式的授信额度条件下，贷款机构必须保证借款公司在授信额度内的借款需求，贷款机构对此负有法律责任，因此往往要向借款公司收取一定的承诺费。

补偿性余额是贷款机构要求借款公司将一定比例(10%—20%)的借款数额留存在银行。这是银行常有的要求,目的是降低银行贷款风险。这样,借款公司为了满足借款需求,就必须使得有效借款数额等于名义借款额减去补偿性余额。例如,企业需要借款80 000元,那么为了保持20%的补偿性余额,就要借款100 000元。由于支付利息时是按照名义借款额计算的,因此贷款的实际利率高于名义利率。假设名义利率为8%,则这一笔100 000元的借款的实际利率为:

$$实际利率 = \frac{名义借款额 \times 名义利率}{名义借款额 \times (1 - 补偿性余额比例)}$$

$$= \frac{100\,000 \times 8\%}{100\,000 \times (1 - 20\%)} = 10\%$$

(四)长期借款的还款方式

长期借款由于涉及的金额较大,期间较长,需经策划后有针对性地作出借款偿还的安排。这些还款计划表现为一个明细的换款时间表。这个时间表通常由借贷双方谈判磋商确定。具体的偿还方式较多且很灵活,可以到期时一次偿还本息,也可以定期付息、到期还本,还可以定期等额偿还本息。

(五)长期借款融资的利弊

1. 长期借款融资的优点

(1)相对发行股票、债券融资而言,长期借款融资的速度较快、程序较简单。

(2)融资成本较低。这是因为:首先,根据风险与报酬匹配原理,作为债权性资金的长期借款的利息比权益性资本所要求的回报率低;其次,利息可在所得税前列支;最后,借款的筹资费用低。

(3)灵活性强。长期借款仅涉及贷款机构与借款公司双方,签订合同时或未来还款时都可以根据具体情况协商解决。

(4)不影响股东的控股权和所有权。

(5)有利于发挥财务杠杆的作用,建立稳定的银企关系。

2. 长期借款融资的缺点

(1)风险大。固定利息负担和固定偿付期限对借款公司的现金流具有较高的要求,财务风险大。

(2)限制条件较多。借款合同的各项条款对公司的生产经营、投融资活动都产生一定的约束作用。

(3)筹资数额有限。由于贷款机构有限,贷款机构愿意借款的数额也有限,再加上借款公司自身资本结构的约束,使得长期借款融资的筹资规模较小,不如股票、债券的发行可以一次性筹到大笔资金。

三、租赁融资

租赁是出租人在承租人给予一定报酬的条件下,授予承租人在约定的期限内占有和使用财产的权利的一种契约性行为。自20世纪50年代以来租赁业得到迅速发展。由于租赁合同包括承租人的利息成本和出租人的利息收益率,因而它可以被看成一种资本市场工具。

(一) 租赁的分类

根据不同的分类标准可以将租赁分为许多类别,经营租赁和融资租赁是最主要的两种。

1. 经营租赁

经营租赁(operating lease)是传统的租赁,期限相对较短,出租人同时提供维修等服务。飞机、卡车、计算机硬件、文字处理器等都是常见的经营租赁设备。

经营租赁的期限要比资产的经济寿命短,因此出租人在一次租赁期间往往无法收回资产的全部成本。大多数经营租赁都具有一个重要特点,就是承租人在租赁合同到期前,在合理的范围内有权取消租赁,这就为承租人提供了很大的灵活性。

经营租赁的主要目的是满足承租人对资产的临时性需求,因此由租赁资产引起的成本和风险都归出租人承受,当然出租人也相应获得较高的租金收入。

从经营租赁的特点看,承租人相当于获得了一笔短期资金贷款,只是资产的所有权归属不同而已。

2. 融资租赁

融资租赁(financial lease)又称为资本性租赁(capital lease),与经营租赁有很大不同。它具有如下特点:

(1) 融资租赁通常是为了满足承租人对资产的长期需要,因此,租赁资产的风险和报酬通常由承租人承受。

(2) 租赁期限较长。各国会计制度都对融资租赁的租期作出了相关的规定。

(3) 租金与租赁资产的价值比较接近。例如,美国财务会计准则委员会第13号公告(FASB No.13)规定,租赁开始日承租人最低租赁付款额的现值不得低于租赁资产公允价值的90%。我国会计制度也有类似规定,租赁开始日承租人最低租赁付款额的现值几乎相当于租赁开始日租赁资产的原账面价值,通常不少于90%。

(4) 在融资租赁下,出租人一般不提供设备的维修、维护服务。

(5) 承租人通常拥有在租赁期满后购买该租赁资产的权利。

(6) 一般来说,融资租赁合同不能被撤销,因此比较稳定。

融资租赁的上述特点表明融资租赁方式是购买资产的一种替代融资形式。融资租赁又可以细分为直接租赁、售后租回和杠杆租赁三种具体的形式。

直接租赁是融资租赁最普通的形式,即由承租人根据所需设备的具体要求,从租赁公司处租入设备,这种形式的效果类似于以分期付款的方式购买资产。

售后租回是指承租人先将资产卖给租赁公司,再将资产由出租方租回。在这一过程中,发生了两件事情:一是承租人出售资产,获得现金;二是承租人定期支付租金,保留了该资产的使用权。公司采用售后租回的主要目的是扩大资金来源,资产的买卖往往只是一种形式上的交易,通过此种方式公司只是把资产的所有权变成了使用权。在某种意义上,售后租回可以看成抵押贷款的一种替代形式。在抵押贷款形式下,债务人以资产为抵押得到一笔借款,在规定的年限内分期偿还贷款。在售后租回的形式下,承租人出售设备从出租人那里得到一笔资金,在租赁期内,分期支付租赁费用。两者的区别在于资产的所有权归属不同。

杠杆租赁涉及承租人、出租人和贷款人三方当事人。承租人使用资产,交付租金。从承租人的角度看,与其他租赁方式没有什么区别。但出租人的作用发生了变化,出租人购买资产,交付给承租人,并定期收取租金。但是出租人通常只支付购买资产所需资金的一部分(通常不超过该项资产价格的50%),大部分资金由债权人提供,出租人通常以租金及资产来担保以取得贷款。贷款人提供购买资产所需的剩余资金,并向出租人收取利息。这种租赁形式下,租赁公司既是出租人又是借款人,一方面收取租金,另一方面支付利息,由于租赁收益高于借款成本,从而获得杠杆收益。飞机、轮船、卫星设备、电信设备的租赁等通常采用杠杆租赁的形式。

(二)租赁的程序

不同的租赁业务,具体的程序会有所不同,从承租公司的角度看,一般包括以下基本程序:

1. 选择租赁公司

不同的租赁公司其经验范围、业务能力、资信水平和租赁费率都可能有所不同,承租人应充分了解各家租赁公司的情况,选择适合的租赁公司。

2. 提出租赁申请

向所选择的租赁公司提出租赁申请,说明所需租赁资产的具体要求,提交有关承租人自身的财务、资信情况等资料。

3. 签订租赁合同

租赁合同的条款涉及租赁资产的交货、验收、维修、保管、租金的支付、担保等诸多方面,比较复杂。需要出租人和承租人充分细致协商后方可签订。

4. 办理验货、付款、保险等事宜

由承租企业与租赁公司的一方或双方选定资产供应商后,购买资产。承租企业则可办理资产的验收和保险等事宜,租赁公司向供货商付款。

5. 支付租金

在租赁期限内,承租方按合同规定的金额、时间和付款方式向租赁公司支付租金。

6. 合同期满时处理资产

在融资租赁方式下,租赁合同期满时,承租企业需根据合同约定选择对资产的处理方式。可选择的方式有退租、续租或留购。

(三)租金的确定

影响融资租赁租金的最主要因素是租赁资产的购置成本。购置成本由设备的买价、运杂费、途中保险费等构成。此外,预计租赁期满后租赁资产的残值,租赁公司购买租赁资产所付资金的应计利息,租赁期限,租赁手续费,租金的支付方式等都是影响租金的因素。租赁手续费通常是指租赁公司承办租赁业务的营业费用及一定的利润。租金支付方式可以是定期等额支付,也可以是定期不等额支付;可以是期初支付,也可以是期末支付;定期间隔可以是月度或季度,也可以是半年或一年。对于经营租赁而言,还需要考虑租赁物的维护费、维修费、陈旧风险等。

租金的确定方法很多,名称也不统一。下面介绍两种常见的确定租金的方法。

1. 平均分摊法

首先,根据出租方与承租方协商确定的利息率和手续费率计算出租赁期间的利息和手续费;其次,连同设备成本按租金支付次数平均。其计算公式为:

$$R = \frac{(C-S)+I+F}{N} \tag{9-7}$$

式中,R 为每次支付的租金;C 为租赁设备购置成本;S 为租赁设备预计残值;I 为租赁期间利息;F 为租赁期间手续费;N 为租赁期限。

例 9.4 设南方公司于 2012 年 1 月 1 日从租赁公司租入一大型设备,价值 80 万元,租期 5 年,预计租期期满时设备残值为 1.5 万元,归租赁公司,年利息率按 9% 计算,租赁手续费为设备价值的 2%,租金每年年末支付一次。租金应为多少?

解 $\frac{(80-1.5)+[80(1+9\%)^5-80]+80(2\%)}{5} = 24.638(万元)$

平均分摊法的不足之处主要是没有充分考虑时间价值因素。

2. 等额年金法

根据年金现值的计算原理,将租赁资产在未来各租赁期内的租金额按一定的贴现系数予以折现,使其现值正好等于租赁资产的成本。这里所用的贴现率通常根据租赁期间利率和手续费来确定。其计算公式为:

$$R = \frac{C}{\text{PVIFA}_{r,n}} \tag{9-8}$$

式中,C 为租赁资产的购置成本;$\text{PVIFA}_{r,n}$ 即等额租金的现值系数,其中 r 为根据利率和手续费确定的租赁费率,n 为租期。

例 9.5 设某公司于 2010 年 1 月 1 日从租赁公司租入一套价值 30 万元的设备,租期为 5 年,到期后设备归承租公司所有,假定租赁费率为 16%。每年年末应支付的租金是多少?

$R = 300\,000/\text{PVIFA}_{16\%,5} = 300\,000/3.274 = 91\,631(元)$

通常租金都是年初支付,若上例中租金支付改为年初支付,则需要进行调整。

$R = 300\,000/[(\text{PVIFA}_{16\%,5})(1+16\%)] = 78\,992(元)$

(四)租赁与借款的比较

融资租赁的承租方通过签订租赁合同,在租赁期内按期支付租金,获得资产的使用权。从现金流量的表现形式上看,与承租方事先借入一笔资金购买资产,然后再逐年归还借款本息的做法是完全一致的。因此,承租方在作出租赁决策前,需要在是借款购买还是融资租赁之间作出比较。

例 9.6 Z 公司需新添一台设备,公司可以通过租赁或借款购买的方式获得设备。设备的购置成本为 1 000 000 元,预计可使用 5 年,5 年后可收回残值 150 000 元。按直线法提取折旧,折旧可计提到账面价值为零。若借款购买设备,借款的利息率 10%,每年需花费 100 000 元维修费。若租用该设备,租赁期 5 年,每年年初支付租金 300 000 元,租金中已包含承租人对机器的维修费用。公司的所得税税率为40%。Z公司究竟该选择哪一种方式呢？

解 （1）计算租赁条件下的公司税后现金流出量，如表9-5所示。

表9-5 租赁引起的税后现金流出量　　　　　　　　　　　　　　单位：元

年	租金支出 （1）	税收减免 （2）=（1）×0.4	税后现金流出量 （3）=（1）-（2）
0	300 000	0	300 000
1	300 000	120 000	180 000
2	300 000	120 000	180 000
3	300 000	120 000	180 000
4	300 000	120 000	180 000
5	0	120 000	(120 000)

由于租金属于费用，可以从公司的应税收入中扣除，因而可以享受税收减免。但这些租金支出只能在付税当年扣税。例如，Z公司第1年年初支付的租金300 000元属于预付费用性质，必须在第1年的应税收益中扣除。

（2）计算举债购置设备引起的税后现金流出量。首先，根据还款计划计算借款的现金流出，假设按年等额偿还本息，其结果如表9-6所示。然后，进一步计算借款方式所带来的节税利益，求出其税后净现金流量，计算结果如表9-7所示。

表9-6 借款分期偿还计划表　　　　　　　　　　　　　　单位：元

年	年偿还额 （1）	年初本金 （2）	利息支付 （3）=（2）×10	本金偿还额 （4）=（1）-（3）	年末本金 （5）=（2）-（4）
1	263 800	1 000 000	100 000	163 800	836 200
2	263 800	836 200	83 600	180 200	656 000
3	263 800	656 000	65 600	198 200	457 800
4	263 800	457 800	45 800	218 000	239 800
5	263 800	239 800	24 000	239 800	0

表9-6中每年的偿还额根据确定年金的方法得出：

$$年还款额 = \frac{1\,000\,000}{PVA_{10\%,5}} = 263\,800(元)$$

表9-7 借款购买税后现金流出量计算表　　　　　　　　　　　　　　单位：元

年	年偿还额 （1）	维修费 （2）	利息费 （3）	折旧费 （4）	节税额 （5）=0.4× [（2）+（3）+（4）]	税后残值	税后现金流出 （7）= （1）+（2）-（5）
1	263 800	100 000	100 000	200 000	160 000		203 800
2	263 800	100 000	83 600	200 000	153 440		210 360
3	263 800	100 000	65 600	200 000	146 240		217 560
4	263 800	100 000	45 800	200 000	138 320		225 480
5	263 800	100 000	24 000	200 000	129 600	90 000	144 200

表9-7中，税后残值=150 000（1-0.4）=90 000（元）。

(3) 计算比较租赁和借款购买税后现金流出量的现值,用税后债务成本为折现率。
债务的税后成本为:
$$10\%(1-0.4)=6\%$$
租赁的成本现值为:
$$PV = 300\,000 + 180\,000 PVIFA_{6\%,4} - 120\,000 PVIF_{6\%,5}$$
$$= 300\,000 + 180\,000 \times 3.465 - 120\,000 \times 0.747 = 834\,060(元)$$
借款购买的成本现值为:
$$PV = \frac{203\,800}{1.06} + \frac{210\,360}{1.06^2} + \frac{217\,560}{1.06^3} + \frac{225\,480}{1.06^4} + \frac{114\,200}{1.06^5} = 848\,507(元)$$

由于借款购买的成本现值大于租赁,因此应选择租赁的方式获得所需设备。

(五) 租赁融资的利弊

租赁融资的好处在于:
(1) 租赁融资集"融资"与"购置"为一身,能够较为迅速地取得所需资产。
(2) 租赁的筹资限制较少。
(3) 免遭设备陈旧过时的风险。
(4) 租金分期支付,不必一次投入大批资金,减少资金占用。
(5) 租金费用在税前支付,可以享受税收屏蔽的好处。

租赁融资的缺点主要是融资成本较高,租金总额通常比资产价值高很多。特别是对于处于财务困难时期的企业,租金也是很沉重的负担。并且不论企业经营状况如何,租金都必须按期支付,因而财务风险较高。

(六) 对租赁的进一步讨论

1. 租赁的会计处理

大多数国家的会计制度对经营租赁和融资租赁都采取不同的会计处理方式。下面的例子清楚地说明了采用借款购买、经营租赁和融资租赁这三种不同方式使用资产时,在资产负债表披露方面的差异所在。

假设 H 公司的初始资产负债状况如表 9-8 第一栏所示。现在该公司需要价值为 5 万元的另一种固定资产Ⅱ,公司可以通过借款购买或租赁的方式达到目的。不同方式引起的资产负债表的变化如表 9-8 所示。

表 9-8 H 公司资产负债表及其变化 单位:元

资产增加前			
流动资产	30 000	负债Ⅰ	40 000
固定资产Ⅰ	70 000	所有者权益	60 000
资产合计	100 000	负债和所有者权益	100 000
借款购买固定资产Ⅱ(公司拥有固定资产Ⅱ的所有权)			
流动资产	30 000	负债Ⅰ	40 000
固定资产Ⅰ	70 000	负债Ⅱ	50 000
固定资产Ⅱ	50 000	所有者权益	60 000
资产合计	150 000	负债和所有者权益	150 000

经营租赁（通过经营租赁使用固定资产Ⅱ）			
流动资产	30 000	负债Ⅰ	40 000
固定资产Ⅰ	70 000	负债Ⅱ	0
固定资产Ⅱ	0	所有者权益	60 000
资产合计	100 000	负债和所有者权益	100 000
融资租赁（通过融资租赁使用固定资产Ⅱ）			
流动资产	30 000	负债Ⅰ	40 000
固定资产Ⅰ	70 000	负债Ⅱ	50 000
固定资产Ⅱ	50 000	所有者权益	60 000
资产合计	150 000	负债和所有者权益	150 000

在经营租赁方式下，租赁资产的价值和相应的负债（应付租赁款）并未反映在资产负债表中。因此，经营租赁也往往被称为表外融资。而在融资租赁方式下，租赁资产被视为固定资产，未来租赁付款额被视为负债，其在会计报表上反映的效果类似于公司借款融资购买固定资产。从财务报表上看，与经营租赁相比，进行融资租赁公司的负债率会上升。上例中，经营租赁方式的资产负债率为40%（40 000/100 000），而融资租赁的负债率为60%（90 000/150 000）。由于公司的财务风险往往与负债率正相关，进行经营租赁融资公司的财务报表从表面上看要漂亮一些。为了避免经营租赁对财务报表的这种修饰作用，许多国家要求在资产负债表的附注中披露经营租赁的情况。

2. 对租赁现象的解释

在租赁业务的分析中，出租人和承租人都有自己的考虑。如果承租人选择了租赁而不是借款购买设备，说明对承租人而言租赁比借款购买更划算，但对出租人而言是否也能够同时获利呢？如果租赁交易不能给出租人带来利益，出租人就不会同意出租设备。

例9.7 克里斯公司需要一台价值为1 000万元的设备2年，公司必须决定是租赁还是购买。如果购买，银行会借给公司1 000万元，年利率8%，单利计息，第2年年末偿还本金。税务部门要求按直线法计提折旧，无残值。公司所得税税率为40%。因此：① 克里斯公司每年需偿还银行借款利息80万元，由于利息可以税前扣除，因此每年的利息节税额为32万元；② 第2年年末，偿还本金1 000万元，本金只能税后支付，所以这1 000万元不存在节税的利益；③ 公司每年计提折旧500万元，根据税法要求，折旧同样在税前扣除，折旧每年可提供的节税额为200万元。采用购买方式，克里斯公司的年现金流量如表9-9所示。

表9-9 克里斯公司借款购买设备的年税后现金流　　　　　　　　单位：万元

年份	0	1	2
设备成本	(1 000)		
贷款流入	1 000		
利息支出		(80)	(80)
利息节税		32	32
偿还本金			(1 000)
折旧节税		200	200
税后现金流量	0	152	(848)

公司也可以从盖尔公司租赁该设备,双方约定每年年底支付550万元的租金。假定租金支出符合税法规定,由于租金支付属于费用,同样可以税前扣除,则每年租金产生的节税额为220万元。租赁的现金流量如表9-10所示。

表 9-10 克里斯公司租赁设备的年税后现金流　　　　　　　　　　　　单位:万元

年份	0	1	2
租金支出	0	(550)	(550)
租金节税		220	220
税后现金流量	0	(330)	(330)

税后债务成本:
$$r = 8\%(1-40\%) = 4.8\%$$

于是有克里斯公司举债融资产生的税后现金流量的现值为:
$$PV = \frac{152}{(1+0.048)} - \frac{848}{(1+0.048)^2} = -627.1(万元)$$

租赁产生的税后现金流量的现值为:
$$PV = \frac{-330}{(1+0.048)} - \frac{330}{(1+0.048)^2} = -615.3(万元)$$

显然,克里斯公司会选择租赁的方式。但盖尔公司的情况如何呢?

假如盖尔公司从银行借款1 000万元购买设备,并交给克里斯公司使用。该笔借款期限两年,年利率也为8%。公司每年计提设备折旧500万元,因此折旧节税200万元。另外,每年从承租人那里收取550万元租金。盖尔公司出租设备的年税后现金流如表9-11所示。

表 9-11 盖尔公司出租设备的年税后现金流　　　　　　　　　　　　单位:万元

年份	0	1	2
银行贷款流入	1 000		
购买设备的现金支出	(1 000)		
利息支出		(80)	(80)
利息节税		32	32
偿还本金			(1 000)
年折旧节税		200	200
收取租金	0	550	550
租金负税额	0	(220)	(220)
税后现金流量	0	482	−518

盖尔公司购买设备并出租的税后现金流量的现值为:
$$PV = \frac{482}{1.048} - \frac{518}{1.048^2} = -11.7(万元)$$

盖尔公司的损失刚好等于克里斯公司选择租赁节约的现金流量的现值。

这一结果的出现包括如下前提条件:① 不存在交易成本;② 出租方和承租方面临相同的利率和税率;③ 购买设备的价格相等。这些都是理想资本市场的条件。

这个例子说明,在理想的资本市场上,承租方通过租赁所获得的利益恰恰是出租方的损失,出租方必然会提高租金来提高收益,而此时承租人便会选择购买而放弃租赁,因此达成租赁协议时,出租人和承租人双方之间是一个零和博弈。显然,这与现实中存在的大量租赁现象相矛盾。那么,究竟是什么原因导致了现实中的双赢结果呢?

(1) 税收。租赁存在的最主要原因在于不同经济个体之间的税收差异。有大量因素影响着税收利益,如税率、折旧、投资税收优惠、亏损的结转等。

仍然考虑克里斯公司的例子。假如盖尔公司的所得税税率为50%,同时盖尔公司可以采用加速折旧法计提折旧(符合税法要求),第1年计提折旧800万元,第二年计提200万元(见表9-12),我们看看会有什么现象发生。

表9-12　盖尔公司出租设备的年税后现金流　　　　　　　　　　　　单位:万元

年份	0	1	2
银行贷款流入	1 000		
购买设备的现金支出	(1 000)		
利息支出		(80)	(80)
利息节税(所得税税率为50%)		40	40
偿还本金			(1 000)
年折旧节税		400	100
收取租金	0	550	550
租金负税额(所得税税率为50%)	0	(225)	(225)
税后现金流量	0	585	-415

以税后债务成本4%(8%×50%)对盖尔公司购买设备并出租所产生的税后现金流量贴现,所得到的现值为:

$$PV = \frac{585}{1.04} - \frac{415}{1.04^2} = 175.81(万元)$$

此时,盖尔公司也乐意出租设备,出租人和承租人都从租赁中获利。

现实经济中的税率千差万别,个人所得税与公司所得税之间存在差异,个人和公司在不同的收入水平上也面临不同的边际税率,而且公司的亏损还可以结转。这些类似的规定可以使公司少纳税或者不纳税。

资产的所有者通过折旧可以回收对该资产的投资,折旧同样能够起到减税作用。而公司的折旧可以采用多种方法进行计提,比如直线折旧法、年数总和法、双倍余额递减法等,税法还对不同的资产规定了不同的最短折旧年限,选择不同的折旧方法必然对公司的节税额产生不同的影响。

投资税收优惠是指符合要求时,企业可以从税额中直接扣除新购买设备支出的一部分。

关于投资税收优惠的规定,可大大降低企业固定资产支出的税收负担。

诸如此类的大量税收差异的存在,使出租人和承租人都能获得好处,实现双赢。

(2) 破产。各国的破产法通常对出租人的利益有较高的保护。如我国关于破产的法规规定,破产公司租赁资产所有权属出租人所有,不列入破产财产。因此,当承租人遭受破产时,出租人可以将资产收回,而债权人往往只能得到部分清偿。融资公司的风险越大,资本提供者就越倾向于订立租赁合同,租赁融资下破产成本外流往往要比债务融资小得多。尤其是当经济衰退时,这个因素就显得比较重要。

(3) 租赁的灵活性。谁都知道,假如一个中国商人去南非出差一个月,租赁公寓显然比购买公寓再卖掉要划算得多。这虽然只是现实生活中一个简单的例子,但它确实能说明很多问题。例如,如今全球航空业面临激烈的竞争,航空业的景气度不断下滑,为了适应不断变化的竞争需求,各大航空公司都需要增加新的航线。不同的机型适用不同的航线,航空公司为了匹配每条航线上的机型,就需要频繁安排各种飞机。如果飞机是买来的,航空公司就无法对变化的形式迅速作出反应。相反,租赁公司却能向所有航空公司提供不同型号的飞机。租赁业增强了航空公司的灵活性,新制造的民用飞机中也大约有一半被租赁公司所购买。

(4) 现实的约束。现实的约束是不能回避的问题。例如,一个刚毕业的大学生在参加工作的最初几年内往往只能租住房屋。零售商的很多店铺都是租来的,他们往往没有足够的资金购买店铺,受资金的约束,除了租赁而没有别的选择。许多远洋货轮都需要使用一些码头,而这些设施通常只能通过租赁取得。

第四节 认股权证与可转换债券融资

认股权证与可转换债券都是兼具股票和债券性质的融资工具,又都同时具有期权的某些特征。认股权证赋予其所有者购买公司股票的权利,而可转换债券赋予其所有者享有用此证券交换其他证券的权利。很多公司发行债券的时候采用与认股权证组合的方式,也有很多公司选择发行可转换债券。这两种被称为混合型证券的融资工具具有什么特征?公司在利用它们进行融资时需要考虑哪些因素?本节将对这些基本问题展开讨论。

一、认股权证融资

(一) 认股权证的概念和特征

认股权证(warrants)是发行公司向投资者发放的一种凭证,它赋予持有人在一定时期内以确定的价格向发行公司购买普通股的权利。认股权证本身不是股票,不享受股利收益,也没有投票权,通常与公司长期债券或优先股共同发行,目的在于增加公司债券或优先股对投资者的吸引力。认股权证发行后,就可以同它所附着的公司债券或优先股相分离,单独流通或交易。

认股权证具有期权的性质,每一份认股权证都规定了持有人可以购买股票的股数和执行价格。当然,执行价格也可以随时间而改变。比如,2 年后的执行价格是 30 元,再过 2 年后的执行价格是 40 元,这一特点会促使持有人提前执行认股权。如果公司进行股票分割或者发放股票股利,执行价格也要根据情况进行相应的调整。比如说,股票按照 1 分 2 进行分割,执行价格相应降为原价的一半。认股权证上须载明认股权证的有效期限,超过有效期即失效,多数认股权证都是有期限限制的。但在有些条件下没有到期日,这称为永久性认股权证。当持有人行使认股权时,应把认股权证交回公司。

认股权证还具有一个重要特征,即通常能够在公司产生资金需求时带来资金。公司的稳步发展需要新的权益资本注入,公司的发展也为股价上升提供了空间。认股权证的执行价格通常比发行时的股票价格高 20%—30%。如果公司发展前景良好,股价就会超过执行价格,持有者就会执行认股权证。如果认股权证在公开市场上的售价超过了执行带来的好处,持有者就会出售认股权证而不是执行它们。除了上面所提到的阶梯执行价格外,发行公司还可以利用认股权证的可回购条款迫使认股权证持有人执行权利,认购股票,达到筹措资金的目的。此外,通过向普通股股东发放诱人的股利也可以促使认股权证得到执行。因为不执行的话,持有人不仅得不到股利,而且股利的发放在一定程度上也限制了股价上升的空间。

从认股权证持有者的角度来看,认股权证与以普通股为标的的看涨期权非常相似,但从发行公司的角度来看,两者存在很大的差异。其根本区别在于看涨期权被执行时,期权持有者所获得的股票来自二级市场,公司对外发行的股份并没有发生任何变化,也不会改变公司的净资产。而当认股权证被执行时,持有者得到的是公司新发行的股票,同时有新的资金注入公司,公司股份数发生了变化。

(二) 认股权证的价值

既然认股权证是一种买方期权,那么它的价值就可以由确定买权价值的方法来决定。但确定认股权证的价值要比确定其他买入期权的价值更困难。原因在于:当认股权证被执行时,发行公司交付的是新发行的股票或已退出流通的库藏股,这使得公司股本增加,股权价值变动。而由于执行价格一般低于市场价格,必然产生股票价值的稀释效应,造成股价的变动。股票价值的变动又进而影响认股权证的价值。总之,认股权证的估价的复杂性体现在对普通股股价的影响上,而一般期权不存在这个问题。综合大量研究结果,认股权证的价值主要受施权价、距到期日的时间、股票现价、股票波动性、可能存在的每股盈利稀释效应等因素的影响。此外,股息率、认股权证是否在交易所上市、认股权证发行数量等都会影响认股权证价值,它们之间不仅分别影响认股权证价值,而且形成了综合效应。

1. 认股权证的内在价值

认股权证的内在价值(intrinsic value)又称为认股权证的底价,在不考虑稀释效应的前提下,由下面的公式决定:

$$V_{\text{intrinsic}} = (P_{S_0} - K)/N_q = Q(P_{S_0} - K) \tag{9-9}$$

式中,P_{S_0} 代表公司普通股当前市价;K 代表施权价;N_q 代表一股公司股所需的认股权证数;Q 代表一个认股权证可认购的普通股股票数。

为什么说认股权证的内在价值是认股权证的底价呢?不妨看看倘若情况不是这样,即认股权证的市价低于其内在价值,会出现什么结果。

设 $N=1$,认股权证的市场价格为 V_M。若认股权证的市价低于其内在价值,即有 $V_{\text{intrinsic}} > V_M$,这时,套利者可在市场上按市价 V_M 买入认股权证,再按施权价 K 向公司购入股票,所发生的总支出为 $V_M + K$。然后,套利者将股票按市价出售,总收入为 $P = V_{\text{intrinsic}} + K$(从内在价值的公式中导出),收支之差为 $(V_{\text{intrinsic}} + K) - (V_M + K) = V_{\text{intrinsic}} - V_M > 0$。显然,这种无风险套利机会在市场上是不可能存在的,因此认股权证价值不会低于内在价值。

2. 认股权证的时间价值

认股权证的市场价值与内在价值之差为时间价值。认股权证的时间价值由以下因素决定：

（1）距到期日的时间。与其他股票期权一样，随着认股权证的到期日临近，其时间价值不断下降。这是因为认股权证的价值受标的资产股票价格的影响，标的资产股票价格上涨，认股权证价格也会上涨，距到期日越长，标的股票价格上涨的空间越大，时间价值也越大。

（2）股价的变动性。同一般的期权一样，认股权证随着股价上升而上升，而在股价下降时不会变为负值。因此，股价大幅度变动带来的利益要大于其所带来的不利影响。所以变化幅度越大的股票的认股权证价值也越大。

（3）杠杆效应。由于相对于标的股票价格而言，认股权证价格较低，因此认股权证给投资者以用较少的投入获得较高的收益的可能。比如，XYZ公司的认股权证市场价格高于其内在价值，此时投资者有两种选择：购买该公司股票或购买认股权证。假如股票当前市价为25元，认股权证当前市价为3元，认股权证的施权价为25元。如果投资者选择购买公司股票，随后股价升至50元，那么投资者的收益率为100%。但如果投资者选择购买认股权证，成本是3元，当股票价格升至50元时的最低收益是(50-25-3)=22元，其收益率高达733%。而股价不上涨，购买认股权证的最大损失为3元，购买股票的最大可能损失是25元。可能出现的高收益率和有限的损失，使认股权证充满了吸引力，也增加了其时间价值。

3. 认股权证对股价的稀释作用

设认股权证行使前，发行公司的股票股数为 N_0，每份认股权证可认购 Q 股股票，发行的认股权证数为 M_Q，认股权证行使前和行使后瞬间股价的变化如表9-13所示。

表9-13 认股权证行使前后的公司股价

	行使前	行使后
股东权益总价值	V_0	$V_1 = Q \times M_Q \times K + V_0$
股票总数	N_0	$N_1 = Q \times M_Q + N_0$
每股股票的价值	P_0	$P_1 = \dfrac{V_0 + Q \times M_Q \times K}{N_0 + Q \times M_Q}$

已知，不考虑稀释效应时的认股权证的内在价值如（9-9）式，那么，考虑稀释效应时的内在价值就应为：

$$V_{\text{intrinsic}} = Q(P_1 - K) = \frac{QN_0}{N_0 + QM_Q}\left(\frac{V_0}{N_0} - K\right) \tag{9-10}$$

式中，$\dfrac{QN_0}{N_0 + QM_Q}$ 就是稀释因子。（9-10）式的推导过程如下：

$$Q(P_1 - K) = Q\left(\frac{V_0 + QM_QK}{N_0 + QM_Q} - \frac{N_0K + QM_QK}{N_0 + QM_Q}\right)$$

$$= Q \times \frac{V_0N_0 - N_0KN_0}{(N_0 + QM_Q)N_0} = \frac{QN_0}{N_0 + QM_Q}\left(\frac{V_0}{N_0} - K\right)$$

例 9.8 U 公司发行在外的普通股股数为 2 000 万股,发行在外的认股权证数为 400 万个,每 2 个认股权证可认购一股普通股,每股的执行价格为 35 元。假如在公司股票价格为 40 元时认股权证持有人行使了认股权。(1) 计算认股权执行前后瞬间公司的股价;(2) 计算认股权的内在价值。

解 (1) 认股权执行前后瞬间股价如表 9-14 所示。

表 9-14 U 公司认股权证行使前后的公司股价

	行使前	行使后
股东权益总价值	40×2 000 = 80 000(万元)	80 000 + 35×400×0.5 = 87 000(万元)
股票总数	2 000 万股	2 000 + 400×0.5 = 2 200(万股)
每股股票的价值	40 元	87 000/2 200 = = 39.54(元)

由于稀释效应使得股价下降了 0.46 元。

(2) 不考虑稀释效应时的认股权证的内在价值为:

$$V_{\text{intrinsic}} = Q(P_0 - K) = 0.5(40 - 35) = 2.5(元)$$

考虑稀释效应后认股权证的内在价值为:

$$V_{\text{intrinsic}} = \frac{0.5 \times 2\,000}{2\,000 + 0.5 \times 400} \times (40 - 35) = 0.454545 \times 5 = 2.27(元)$$

3. 利用 Black-Schoels 公式定价

对股票稀释的影响进行调整后,Black-Schoels 定价模型就可以用于对公司股票欧式认股权证进行定价。

考虑一个公司拥有 N_0 股发行在外的普通股和 M_Q 份发行在外的欧式认股权证。假设每份认股权证可使其持有者在 T 时刻以每股 K 的执行价格认购 Q 股公司股票。根据前面的分析知,认股权证的价值是 $\frac{QN_0}{N_0 + QM_Q}$ 份基于 $\frac{V_0}{N_0}$ 的常规看涨期权的价值。其中,V_0 是公司的股权价值,可以用以下公式计算:

$$V_0 = N_0 P_0 + M_Q W \tag{9-11}$$

式中,P_0 是股票价格,W 是认股权证的价格,有:

$$\frac{V_0}{N_0} = P_0 + \frac{M_Q}{N_0} \tag{9-12}$$

因此,在应用 Black-Schoels 定价模型时,将:① 股票价格 S 用 $P_0 + \frac{M_Q}{N_0} W$ 替换;② 股票波动率 σ 用公司股票加上认股权证的总价值的波动率替换;③ 公式再乘以稀释因子 $\frac{QN_0}{N_0 + QM_Q}$。作出以上调整后,就可以用 Black-Schoels 公式求出认股权证的价值了。当然,由于公式中需要输入认股权证的价值 W,需要通过代数方法来获得认股权证的价值。

(三) 认股权证融资的利弊

1. 认股权证融资的优点

低成本和宽松的筹资条件是认股权证融资最主要的优点。由于认股权证能给其持有者在未来以较低的价格买入具有较高价值公司股票的权利,作为回报,它使得附有认股权证的优先股和债券能够支付较低的利息或股利,从而降低了企业的资金成本。这对资金紧张又无力支付较高利息的发展中的中小企业很有吸引力。在历史上,认股权证通常都是由发展速度较快的成长型的小公司发行的。这些小公司被认为具有较高的风险,故除非它们提供很高的利率或接受严格的限制,否则难以销售其长期证券。而认股权证好比"甜点心",可以吸引投资人购买所售的长期债券或优先股。例如,1985年,美国泛太平洋航空公司就凭借发行附认股权证债券筹集到了高达5 000万美元的资金。当时根据投资银行估计,如果发行普通债券,需要将票面利率定在14%左右才能被投资人接受。但若每发行一张面值为1 000美元的20年期债券,就提供30张认股权证,那么债券的票面利率就可以定在10.375%的低水平上。当时该公司普通股的每股市价为20美元,认股权证允诺持有人在1995年以前,随时有权以每股22美元的价格购买公司的股票。为什么在一个票面利率应等于14%的资本市场中,投资人愿意购买票面利率只有10.375%的债券呢?原因是认股权证提供了一种长期买进选择权,它可使投资人在公司蓬勃发展时,分享公司的成长,所以投资人愿意接受较低的票面利率以及限制较少的债券条款。

认股权证的另一个有用的性质是,当公司需要资金时,它将带来新的资金,因为成长通常会使公司产生额外的资金需求,同时公司的成长也会导致普通股价格的上升,股价上涨后,促使认股权证持有人以现金认购普通股,如此一来,公司就可以获得资金。

2. 认股权证融资的缺点

认股权证融资的主要缺点在于,由于不能确定投资者何时行使权利,往往使公司陷于被动。认股权证为公司提供了一笔资金来源,但这笔资金何时能得到,公司却不易控制。一旦公司急需资金,认股权证持有人又迟迟不行权,公司的再融资决策将受到约束。倘若发行普通股满足资金需求,一旦普通股发行后又出现了认股权证行权行动,会对股票产生很大的稀释作用,但若采用强制行权的办法又往往会加大公司的资金成本。

认股权融资的另一个缺点就是行权之后对公司股票的稀释作用,以及对公司原股东控制权的分散作用。

二、可转换债券融资

(一) 可转换债券的概念

可转换债券是指由股份公司发行的、可以按一定条件转换成一定数量公司普通股股票的证券,主要是可转换优先股和可转换债券。可转换证券所具备的可转换性实际上是一种较长期的买入期权。这一点与认股权证是一致的,因此两者有许多相似之处,但它与认股权证存在许多明显的不同,以可转换债券为例:

(1) 认股权证一般以定向方式募集,而可转换债券多为公开募集。

(2) 认股权证在发行后一般可以与其所附着的债券或优先股相脱离而独立流通,可转换债券的可转换性不能脱离债券而独立存在。

(3) 认股权证有时还可以独立发行,如许多公司给予其高级经理人员购买股票的期权,这种期权往往不叫认股权证,但实质上是典型的认股权证。而可转换债券的可转换期权不能独立发行。

(4) 认股权证行使时,持有人必须支付现金购买股票,而可转换债券行使时,持有人只需付出债券。因此,认股权证行权增加了公司权益资本,但不改变负债规模(除了认股权证持有人可以不支付现金而代之以返回公司发行的债券或优先股的情况);而可转换债券行使增加了公司权益资本,减少了负债,但不增加公司总资本。

(二) 可转换债券的基本特征

1. 转换价格

可转换证券发行时对转换价格都有明确规定。通常规定可转换证券持有者在行使转换权的有效期内,有权按一个固定价格将可转换证券转换为普通股。如某公司发行期限为10年的可转换债券,面值为1 000元,规定发行后第一个五年期间,按每股50元的转换价格调换20股普通股;此后的五年期间,在初始转换价的基础上,每年提高10元。规定逐步提高转换价格的目的,在于促进可转换债券持有者尽早进行转换,避免损失,同时保证原股东获得股票价格增值的好处,不致因发行可转换债券而把股价增值的好处太多地分摊给新股东。

2. 转换比率

转换比率指在转换时,一张可转换债券所能兑换到的普通股的股数。如转换率为25:1,即说明这张债券可转换为25股普通股。转换价格与转换比率实质上是一致的,知道了转换比率就可以算出转换价格,反之,知道了转换价格也可算出转换比率。由于转换价格既有固定的,也有逐步提高的,因此转换比率也相应地有固定的和逐步降低的。如上例中,面值1 000元的10年期可转换债券,其最初转换价格为50元,则可算出其转换比率为1:20。第6年的转换价格是60元,则其转换比率为1:16.67。

为保证可转换债券的转换价格或转换比率免受公司股票分割、股票股利、低价新股发放等方式的侵害,几乎所有可转换债券都具备以下条款:① 若公司发售新股,且新股售价低于转换价,公司必须将转换价调低到等于新股的售价。② 如果公司分割股票或宣布发放股票股利,也要按股票分割或股票股利的比例来调低转换价格,或调高转换比率。如转换比率原为1:50,转换价格为20元的面值为1 000元的债券,若公司决定将原来的1股分割为2股,则转换价也应由20元调低到10元,而转换率则由1:50调高到1:100。

3. 转换期

转换期是指可转换债券持有人行使转换权的有效期间。可转换债券转换期一般等于债券期限,但也可以有另外规定,如递延转换期和有限转换期。递延转换期指推迟到一定年限后开始转换,有限转换期则规定只能在一定的年限内进行转换,一旦超过有限转换期,可转换债券就自动成为不可转换债券了。

4. 强制转换特性

虽然可转换债券的持有人可在任何时间自愿执行其期权,但公司都是在预期到未来可转换债券会被转换而发行可转换债券的。如果投资者总是预期公司股价会上涨,显然倾向于继续持有可转换债券。随着股价的上涨,可转换债券的转换价值也在上涨,同时还可继续得到利息支付。但是,从股东的利益出发,在可转换债券的转换价值超过赎回价值时,尽快进行强制转换则符合现有股东的利益,也减少了利息支付。为了实现发行者的愿望,可转换债券通常都附有强制转换条款,这些条款可以是有条件的,也可以是无条件的。有条件指当某些条件满足时,公司有权强制转股。而条件通常是指股价上涨到一定水平时,公司有权强制转股。

公司可采用多种方法实现强制转换的目的。除了利用赎回条款强制转换外,还可以利用逐次提高转换价格方法刺激转换,通过在未来每隔一段时间抬高或逐次抬高转换价格,给可转换债券持有人造成转换压力。假如其他条件不变,按合同规定转换价格由目前的 50 元提高的到下周末的 60 元,那么,可刺激持有人在到期日之前转换。因为如果投资者一直等待,将获得更少的普通股,逐次抬高转换价格的条款必须在发行时就定好,不能为了刺激转换而临时增加条款。刺激转换的另一种方式是提高普通股股利,以此增加普通股的吸引力。当某些情况下普通股的股利收入超过利息收入时,投资者会选择转换。虽然提高股利和提高转换价都可刺激转换,但由于债券的下跌保护等原因,仍有些人不进行转换,此时,赎回条款是确保转换实现的唯一手段。

5. 可赎回特性

为了强制转换,可转换债券通常附有赎回条款。赎回条款中一般要说明赎回价格、赎回条件(有条件或无条件)、赎回期等。

例如,某公司在 1989 年 1 月 1 日发行可转换债券时规定,第一次赎回期在 1992 年 1 月 1 日。此时,投资者或者选择转换,或者选择接受赎回价格让公司赎回。显然,只要转股价值高于赎回价值,投资者就会执行转换。这样,发行者就利用了回赎条款迫使投资者执行转换。例如,1 000 元面值可转换债券的转换价格为 50 元,而赎回价为 1 080 元,要使转换价值等于赎回价格,股票的市价必须为 1 080/20,即 54 元。如果市价为每股 54 元,许多投资者可能会选择接受赎回价而不是执行转换,那么,公司就不得不用现金赎回可转换债券。为了确保几乎全部转换,公司只有等转换价值超过赎回价值时,一般是超过 15% 左右,即市价为每股 62 元左右才开始赎回。在这个价位上,投资者接受赎回价格的损失很大。研究表明,公司倾向于在普通股持续上升一段时间后才开始赎回可转换债券,这有利于促使可转换债券全部转换。

6. 回售特性

为了保护投资人的利益,可转换债券通常还附有回售条款。若公司股价表现不佳,投资者有权根据回售条款规定所持有的可转换债券出售给债券发行公司。回售条款包括回售时间、回售价格等内容,回售价格通常要高于可转换债券的面值。

(三)可转换债券的价值

对于可转换债券价值传统的分析方法是把可转换债券的价值分为纯粹债券价值、转换价值和选择权价值三个部分来分析。

1. 纯粹债券价值

纯粹债券价值(straight value)是指不考虑可转换债券所具有的转换特征,仅仅将其当成普通债券在公开市场上出售的价格。

例 9.9 Fowlty 公司发行了面值为 1 000 美元、票面年利率为 9% 的 20 年后到期的可转换债券,该债券半年付息一次。如果该公司目前向市场出售 20 年期的普通债券,半年利息率至少为 6% 才能吸引投资者。该公司可转换债券的纯粹价值是多少?

解 根据 Fowlty 公司可转换债券提供给持有人的现金流,用普通债券定价模型确定其纯粹价值。容易得到:

$$V = 45(\text{PVIFA}_{6\%,40}) + 1\,000(\text{PVIF}_{6\%,40}) = 774(\text{美元})$$

可转换债券的纯粹价值是可转换债券价值的底价。也就是说,如果公司股票价格陡跌,以至于可转换债券的可转换性价值可以忽略不计的话,该可转换债券价格最多只能跌到 774 美元。当然,通常可转换债券所具有的可转换性使它的价值要高于普通债券。可转换债券的纯粹价值不是固定不变的,它随着市场利率的变动以及公司风险的变化而变化。公司经营风险恶化往往导致股票价格下跌,公司的信用等级也会受到严重影响,此时可转换债券的纯粹价值就比较低。随着公司经营状况的好转,普通股价格和信用等级上升,可转债的纯粹价值也以递减的速率上升。在某一点后,股票价格的进一步上升不再会影响它,纯粹价值趋于水平。

2. 转换价值

转换价值(conversion value)指可转换债券持有人将债券转为普通股时,所能得到的普通股市场价值。转换价值可以写成如下表达式:

$$C_V = P_S \times C_R \tag{9-13}$$

式中,C_V 为转换价值;P_S 为普通股市场价格;C_R 为转换比率。

如例 9.9 中,若 Fowlty 公司可转换债券的转股价为 40 美元,转换比率为 1∶25,其持有人在股价为 45 美元时进行了转换,则该债券的转换价值为 1 125 美元(45×25)。

由于转换价值等于转换比率和股票市价的乘积,因此可转换债券的转换价值与股票价格呈线性关系。如果可转换债券的价值低于转换价值,投资者就可以买进可转换债券进行转换,从而实现无风险套利。因此,转换价值也构成了可转换债券的价值底线。事实上,纯粹价值与转换价值共同构成了可转换债券的底价,在同一时点,两者中的较高者为可转换债券的底价。

3. 选择权价值(可转换性价值)

可转换债券的选择权表现为债券的可转换性,因此可转债的选择权价值也称为可转换性价值。可转换债券的选择权价值是可转债的市场价值与底价(纯粹价值与转换价值中较高者)之差。如例 9.9 中,Fowlty 公司可转换债券的可转换性价值为 226 美元。

4. 可转换债券的价值计算

由于可转换债券实际上是一个普通债券与一个公司普通股股票买权的组合,因此可转换债券的价值也就是这两者的组合,这使得可转换债券的价值确定更加复杂。它不仅受基础资产股票的波动性、利率的波动性和公司违约风险的影响,还会受其赎回条款、回售条款对选择权所产生的影响。此外,基础资产和可转换债券的流动性、套期保值的成本、波动率的期限结构、普通股的红利发放等很多因素也都会影响到可转换债券的价值。从定性的角度分析,由于纯粹债券价值和转换价值构成了可转换债券的两条价值底线,因此,在给定市场利率的情况下,可转换债券价值等于纯粹债券价值和转换价值二者之间的最大值与选择权价值之和,即:

可转换债券价值 = max(纯粹债券价值,转换价值) + 选择权价值

图9-1描述了可转换债券的价值轨迹。

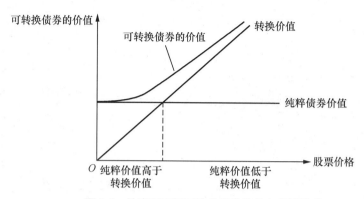

图9-1 给定利率下可转换债券价值与股票价值

例9.10 假如在2005年,Z公司考虑发行面值为10万元、10年后到期的可转换债券,每张债券的票面利率为6%,与该债券风险相同的普通债券的票面利率为10%。每张债券可被转换为526股公司普通股。Z公司的普通股目前每股市价为135元。预计下一年度每股将支付7.8元的股利,且每股股利与每股股价预期以每年12%的固定速率增长。因此条款规定,可转换债券在发行之后的5年内不得被提前赎回。但如果5年后转换价值至少比赎回价格高25%,公司就可能提前按面值赎回债券(这里作了简化处理,一般赎回价格要高一些)。请对可转换债券的价值轨迹进行描述。

解 在可转换债券发行之时,若投资人按每张100 000元的价格买进Z公司的可转换债券,其转换价值、纯粹债券价值和可转换性价值分别为:

转换价值 = $135 \times 526 = 71\,019$(元)

纯粹债券价值 = $\sum_{t=1}^{10} \frac{6\,000}{(1+0.1)^t} + \frac{100\,000}{(1+0.1)^{10}} = 75\,470$(元)

可转换性价值 = $100\,000 - 75\,470 = 24\,530$(元)

他所得到的是可转换债券的纯粹价值75 470元加上24 530元的买进选择权。发行之初,纯粹债券价值高于转换价值,可转换债券价值以纯粹债券价值为底价。

到第一年年末时,投资人持有的可转换债券的转换价值和纯粹债券价值分别为:

第一年年末的纯粹价值 = $\sum_{t=1}^{9} \frac{6\,000}{(1+0.1)^t} + \frac{100\,000}{(1+0.1)^9} = 76\,954$(元)

第一年年末的转换价值 = $135 \times 1.12 \times 526 = 79\,531$(元)

此时,转换价值超过纯粹债券价值,可转换债券的价值以转换价值为底价。

到第五年年末时,情况发生了什么样的变化?

(1)来自526股股票的红利收入已超过可转债的利息收入。

$$7.8 \times 1.12^4 \times 526 = 6455.8 > 6\,000$$

(2)转换价值 = $135 \times 1.12^5 \times 526 = 125\,144$(元)

(3)转换价值超过赎回价格的25%,公司有权并有可能按100 000元的价格赎回债券,继续持有可转债面临赎回风险。买权价值消失。

将上述分析结果作图,可得图 9-2。

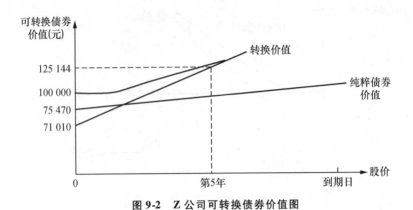

图 9-2　Z 公司可转换债券价值图

上述可转换债券的市价轨迹表明,可转换债券在发行之初就存在一定的溢价(市价高于转换价值部分,通常用百分比表示,可达到 20%—30%),以后按一定规律变化。这种转换溢价存在的原因:一是投资者存在股价上涨因而可转换债券价格必然上涨的预期;二是如果股票价格剧烈下降,可转换债券至少保持纯粹价值,而一旦股价上升,可转换债券的持有人可与普通股股东一样获得资本利得的好处。但溢价为什么越来越少呢?其原因一是由于可转换债券是可回购的,股价的进一步上涨将导致发行者回购迫使投资者转换,随着回购可能性的增加,投资者愿意支付的溢价将减少;二是随着股价上涨,股票投资的吸引力增加,可转换债券的投资吸引力降低,人们不愿意支付很高的溢价去买可转换债券;三是随着转换价值上升,普通债券提供的"投资(下跌)保护"作用逐渐减少,投资者愿意支付的溢价自然也越少。

（四）可转换债券融资的利弊

1. 可转换债券融资的主要优点

（1）能够降低融资成本。可转换债券以它的可转换性吸引投资者,使公司得以发售相对于一般债券而言的利率较低且限制条款较不苛刻的债券,从而降低了筹资的成本。

（2）提供了高于当前市场发行普通股的可能性。可转换债券所设定的转换价格通常较公司普通股的当期市价高 10%—30%,为公司能够以高于当前市场价格发行普通股提供了机会。事实上,很多公司想销售的并不是债券而是普通股,由于公司认为股价目前有被低估的现象,例如由于新投资项目初期待摊费用多,盈利暂时较少,使得股价被低估,但很快股价就会因盈利状况改善而上涨,因此按目前股价发行股票筹资势必要发行较多数量的股份方可满足需要。而发行可转换债券,并将转换价定在高于当期股价的水准上,当可转换债券转换为普通股的时候,公司所需发行的普通股股份数较现在发行的要少,这样就较好地避免了股权稀释,保护了现有股东的利益。

（3）不必偿还本金,减轻了现金支付的压力。通过可转换债券的转换,公司的负债转为本金,免除了公司在到期日支付大量债务本金的压力,而且通过转换还可以改善公司资本结构。

2. 可转换债券融资的主要缺点

（1）如不能按预期的设想转股，公司将付出较高的成本。尽管可转换债券的利息低于同等条件下的不可转换债券，但既然它是债券和权益资本的混合物，所以其成本也介于两者之间。特别是当未来公司股价上涨幅度较大时，公司会发现发行可转换债券筹资的代价可能更加高于发行普通债券筹资。若公司当初发行普通债券，股价高涨时再增发新股，并用新股筹集的资金去赎回普通债券，公司可能获利更多。

（2）如不能实现转换，公司将无法摆脱严重的债务负担。尽管可转换债券提供了公司以高于当前股价销售普通股的机会，但若转换不成功，公司将无法摆脱严重的债务负担。

（3）由于可转换债券转换为股票，因此会使每股收益下降，造成每股收益稀释的效果。事实上，在未发生转换时，公司的财务报表也要公布"充分稀释"后的每股盈余。应注意到一个事实，大部分可转换债券都是没有抵押的低等级债券，并且是由经营风险比较大的小公司发行的。这类公司筹措资金的能力较低，却又由于发展很快，现金十分短缺。本质上，可转换债券是一种使股东与债权人共担风险共享收益的方式。如果公司经营不利，股价很低，股东和债权人都受损失（股价低，债权人放弃转换权，为支付选择权所付出的费用没有得到应得的报酬）。如果公司经营有利，股价高，债权人和股东都有利。

（五）可转换债券融资的策略

从发行公司的角度看，可转换债券有很多优良的特征，利息成本比普通债券要低，股权的稀释作用又小于直接的权益融资，同时它在提供最低收益保障的基础上，为投资者提供了分享公司未来成长的机会。但一旦不能按预期实现转换，可转换债券也会给发行者带来很大的风险。因此，如何把握机会、估计形势、选择策略尤为重要。

1. 可转换债券的发行动机

企业发行可转换债券的主要动机之一是取得较低的票面利率，减少利息支出。动机之二是实现推迟的股权融资。因此它适合那些处于成长阶段或处于暂时的财务困境期的企业。虽然发展中企业与陷入财务困境的企业本质不同，但从财务风险和财务状况看却很相似：一方面两类企业都急需资金，但公司自身创造现金的能力不足，收益不稳定，因此采用普通的权益或债务融资方式成本较高。另一方面，两类企业又都确实有可能在未来出现较好的发展局面（特别是发展中企业），并因此带来股价的上升。因此，选择可转换债券融资对它们而言是适当的。

2. 可转换债券的设计

显然，对于绝大多数公司而言，发行可转换债券的目的都是能在规定时期内全部转换成普通股。为了实现上述目标就必须根据可转换债券的特点，从债券设计、发行时机、转换政策等方面作出妥善的安排。

可转换债券设计的主要工作是确定其转换价格（或转换比率）和纯粹债券价值。从公司的角度看，转换价格应尽可能高，因为价格越高，转换时公司需增发的普通股股份数就越少，对公司盈利的稀释影响也越小。但转换价格也不可以过高，那样的话，持有人将不进行转换，公司也就无法实现其预定的目标。

可转换债券的发行时机选择将直接影响可转换债券融资目标的实现。如何选择发行时机,关键要看公司普通股股票的目前市场状况,并对股价未来的发展变化作出尽可能准确的预测。一般来说,当市场对公司的发展前景看好时,发行可转换债券有利。这意味着投资人对公司未来股价上涨具有较强的信心,这种情况下,就可以将可转换债券的利率定得低一些,通过债券的选择权来吸引投资者购买。如果目前股价偏低,预期未来会上升但近期内不会上升,这种情况下发行可转换债券是最有利的。而如果目前股价偏低,预期近期内就会较大幅度上升,发行可转换债券就不一定是最优的选择了。

转换政策的制定对实现可转换债券融资至关重要。从发行公司的角度,公司总是希望可转换债券的持有人能在规定期限内自愿转换。而可转换债券的持有人更愿意持有并等待观望,尤其是在公司股价节节攀升之时。这就要求公司在发行可转债时事先制定好转换政策,如赎回条款的制定、逐步抬高转换价格条款的设计等。另外,在应用这些条款时也必须十分谨慎。例如,对公司而言,总是希望在可转换债券的市场价值刚超过赎回价格时就采取赎回行动,但经验表明,采取赎回行动以后公司的股票价格通常会下跌很多。为避免这种情况发生,在实践中,公司在宣布赎回后,通常会提供一个月左右的时间让投资者选择。因此,公司作出此类决策时必须充分考虑其后果,尽量减少负面影响。

本章总结

1. 净现值准则同样是融资决策始终应该坚持的原则。但是,由于公司融资决策所面对的是近乎完全竞争的市场,这使得公司通过筹资决策获得净现值的可能性很小。

2. 有效市场假说认为在有效率的资本市场上,证券价格可以充分解释一切可获得的信息变化所带来的影响。根据市场价格对于不同类别的信息的反映情况,有效市场假说将市场分为弱有效率、半强有效率和强有效率三种形式。在弱有效率市场上,证券价格已完全反映了所有历史信息,因此,价格未来的走向与其历史变化之间已没有关系。在半强有效率市场上,证券价格不仅反映了所有历史信息,而且反映了当前所有公开发表的信息。因此,所有公开发表的最新消息也对判断证券价格未来的变化毫无作用。在强有效率市场上,证券价格已充分反映了所有的信息,包括历史的、公开的和内幕的信息。

3. 有效市场假说建立在三个逐渐放宽的假定基础上:首先,投资者是理性的,他们能够对证券作出合理的价值判断;其次,即使在某种程度上投资者是非理性的,但由于他们的交易行为具有随机性,因此他们的非理性会相互抵消,所以证券价格并不会受到影响;最后,在某些情况下,即使投资者会犯类似的错误,但他们在市场上会遇到理性套利者,后者的行为会消除前者对价格的影响。从20世纪80年代初开始,有效市场假说在理论与实证检验两个方面同时受到了挑战。

4. 尽管有效市场假说在实证和理论上都遇到了严峻的挑战,但是,有效市场假说至今仍然在金融经济学理论中占据着主流地位。效率市场理论对公司投资决策和融资决策的重要启示是:(1)市场没有记忆;(2)要相信市场价格;(3)信息是财富;(4)市场没有幻觉;(5)竞争是市场效率的根源。

5. 股票初次公开发行意味着使一个非公众公司转变成一个公众公司,这一过程被称为上市。公司上市能够筹资到所需资金、能够增加股权流动性、分散创始人所承担的风险,还有利于公司的进一步融资和价值评估,但它同时也会带来股权分散、信息披露、监管更加严格等不利影响。研究结果表明,世界各国证券市场普遍存在 IPO 公开交易首日高超额回报的现象和 IPO 公司股票长期的价格表现往往不佳的现象。经济学家们试图对这种现象给出合理的解释。

6. 配股和向社会公众增发新股是公司增资扩股的两种主要方式。新股发行会给上市公司带来以下两个方面的重要影响:(1) 改变了公司的股权结构,造成了对现有股东权益的稀释,有可能在一定程度上损害现有股东的利益;(2) 改变公司的资本结构。

7. 普通股融资具有资金来源稳定、风险小、增强公司知名度等优点,其缺点主要是成本高、信息披露要求高、监管严格、控制权分散、容易产生信息负面作用等。

8. 优先股是一种介于普通股和公司债券之间的筹资工具,同时具备债券和普通股的一些特征。优先股融资的主要好处是没有到期日,没有支付利息的硬约束,是公司可以长久使用的自有资本,但又不影响普通股股东的控制权。缺点主要是成本较高。

9. 债券可以按照不同的分类标准划分为许多类别。公司发行债券需要满足一定的条件,符合一定的程序,并签订债券合同书。债券合同书是明确记载债券发行者与投资者双方所拥有的权利与义务的法律文件。基本条款和限制性条款是合同书中的重要内容。这些条款规定了债券持有人所享有的权利和债券发行人所受的限制。

10. 换债是企业用新发行的债券替换尚未到期的旧债券的行为。由于公司通常对已发行的债券拥有赎回选择权,因此,当市场条件变化使得债券继续流通在外对公司不利时,公司可以赎回旧债券,通过发行息票率较低、条款较宽松的新债券来取代旧债券,以降低公司的资本成本。公司进行的换债决策实际上就是一种投资决策,可以用净现值分析的方法进行分析。

11. 相对于股票融资而言,债券融资具有成本低、不影响控制权等好处,但此种融资方式筹资数量有限、限制条件较多且财务风险大。

12. 公司贷款同样需要履行必要的手续和程序,但相对于股票和债券融资,其融资成本较低,融资速度较快、灵活性较强,并且有利于建立稳定的银企关系。这种方式的主要缺点是财务风险大、限制条件多,且筹资数额有限。

13. 经营租赁和融资租赁是租赁的两种主要类型。融资租赁又有直接租赁、售后租回和杠杆租赁三种主要形式。从它们的特点看,经营性租赁可以看作公司的一种短期融资行为,而融资性租赁则可以看作公司的一种长期借款融资。影响租金的因素很多,资产的购置成本是最主要的因素。确定租金的方法也很多,平均分摊法和等额年金法是两种主要的方法。由于租赁和借款购买设备的现金流十分相似,因此,公司在进行融资租赁决策时,往往会进行租赁与借款购买的比较分析,以便选择对公司最有利的方式。但作为出租方,同样也要从自身的角度分析出租是否有利。促使租赁业务中双方都能够获利的原因是由于双方税收的差异、破产法对出租人的保护、租赁的灵活性对出租人的吸引力等。

14. 从承租方看,租赁的好处在于:筹资速度快、限制少、减少资金占用、享受税收屏蔽等;其主要缺点是筹资成本较高。

15. 认股权证是发行公司向投资者发放的一种凭证,它本身不是股票,不享受股利收益,也没有投票权,但它赋予持有人在一定时期内以确定的价格向发行公司购买普通股的权利。因此,它通常与公司长期债券或优先股共同发行,目的在于增加公司债券或优先股对投资者的吸引力。认股权证的价值可以分解为内在价值和时间价值。认股权证的内在价值是认股权证市场价值的底价,时间价值则是市场价值与内在价值之差。认股权证估价的复杂性体现在认股权证对其标的资产普通股股价的影响上。因此,认股权证的价值不仅受施权价、距到期日的时间、股票现价、股票波动性等因素的影响,还会受到其对普通股所产生的稀释效应的影响。由于认股权证是一种买方期权,因此 Black-Schoels 期权定价模型仍可用于确定认股权证的价值,但需要作一些调整。

16. 由于认股权证能给其持有者在未来以较低的价格买入具有较高价值公司股票的权利,作为回报,它使得附有认股权证的优先股和债券能够支付较低的利息或股利,从而降低了企业的资金成本。这对资金紧张又无力支付较高利息的发展中的中小企业很有吸引力。认股权证另一个有用的性质是,当公司需要资金时,它将带来新的资金。认股权证融资的主要缺点在于由于不能确定投资者何时行使权利,往往使公司陷于被动。另一个缺点就是行权之后对公司股票的稀释作用,以及对公司原股东控制权的分散作用。

17. 可转换债券是由股份公司发行的、可以按一定条件转换成一定数量公司普通股股票的债券。可转换债券一般都具有转换价格、转换比率、转换期、赎回特性、回售特性等基本特征。通常在可转换债券的价值分析中都是将其价值分为纯粹债券价值、转换价值和选择权价值三个部分进行分析。纯粹债券价值是指可转换债券失去可转换性后,作为普通债券的价值;转换价值是指将债券转为普通股时,所能得到的普通股市场价值;可转换债券的选择权价值是可转债的市场价值与纯粹价值之差。可转换债券价值等于纯粹债券价值和转换价值二者之间的最大值和选择权价值之和,即有:可转换债券价值 = max(纯粹债券价值,转换价值) + 选择权价值。

18. 可转换债券以其可转换性吸引投资者,使公司得以发售相对于一般债券而言的利率较低且限制条款较不苛刻的债券,从而降低了筹资的成本。另外,可转换债券给公司提供了高于当前市场发行普通股的机会。如果能够成功转股,还能免除公司在到期日偿还大量本金的压力。但若不能成功转股,则公司仍不能摆脱沉重的偿债负担。如果公司股价上涨幅度很大,转股又不能按预期的设想实现,公司将付出较高的成本。

思考与练习

1. 为什么通过融资决策很难获得正的净现值?
2. 有效市场的三种类型是根据什么标准划分的?它们的特征分别是什么?
3. 有效市场假说的理论基础及其遇到的挑战是什么?

4. 简述有效市场假说对公司金融决策的重要启示。

5. 什么是 IPO 价之谜？你如何看待这种现象？

6. 为什么说发行普通股融资的成本较高？

7. 为什么发行新股会产生信息负面作用？

8. 优先股与公司债有何区别？相对于发行普通股和债券，公司发行优先股融资有什么好处？

9. 债务合同为什么要对债务人的行为作出种种约束？

10. 公司为什么要换债？满足什么条件时换债才对公司有利？

11. 融资租赁和经营租赁有何区别？为什么租赁也可以看作公司的一种融资方式？

12. 可转换债券与认股权证的区别是什么？

13. 公司为什么选择发行可转换债券，而不直接发行普通股或普通公司债？

14. 潘多拉公司采用配股方式发行新股。新股认购价为每股 5 元，配股比例为每 4 股配 1 股。新股发行前该股票在市场上流通的股数为 1 000 万股，每股市场价格为 6 元。(1) 新股发行后筹集到的资金总额是多少？(2) 认购 1 股新股的认股权的价值是多少？(3) 股票发行后，股价是多少？

15. 神通电子公司在 5 年前发行了一批总面值高达 1 亿元、票面利率等于 13% 的 15 年期可赎回债券，发行成本为 600 万元，可以在 15 年内平均分摊这一成本。按赎回条款规定，公司目前只要支付相当于债券总面值的 10% 的赎回溢酬，就能将这批债券全部提前赎回。此外，投资银行认为，神通电子公司目前还能够发行总面值为 1.1 亿元、票面利率为 10%、10 年后到期的新债券，新债券的发行成本约为 500 万元。新债券必须在旧债券被赎回的前一个月发行，新债券发行收入可投资于利率 9% 的短期证券。公司所得税税率为 20%。试问：神通电子公司是否应发行新债券？

16. 大荣货运公司决定添置一辆购买价为 1 200 000 元的卡车。如果公司用租赁的方式，则在未来 5 年中，每年年初都要支付 220 000 元的租金，而卡车的保养由出租人负责。公司也可以向银行贷款，买下卡车，贷款利率等于 12%，必须在 5 年内将贷款平均分摊偿还完毕。此外，公司在每年年底要负担 25 000 元的卡车维修费用。卡车的使用寿命为 5 年，按直线法计提折旧，5 年后有残值 200 000 元。该公司的所得税税率为 25%。大荣公司应该采用哪一种方式来添置卡车？

17. 新业公司需筹资 6 000 万元以扩厂。该公司准备发行面值 10 万元、10 年后到期、票面利率等于 9% 的可转换债券（该公司的不可转换债券目前提供 13% 的收益率给投资人）。该债券条款规定，每张债券可被转换成 2 000 股公司普通股。该债券还附有赎回条款，条款规定，5 年后公司可以每张 105 000 元的价格提前赎回债券，以后每过一年，赎回价格就下降 1 000 元，并且当可转换债券的转换价值超过面值的 25% 时，公司就会将可转换债券赎回。已知公司目前普通股每股售价 40 元，最近刚支付过 2.5 元的每股股利，且预计股利成长率固定等于 10%。试根据上述资料绘出可转换债券未来 10 年的转换价值、纯粹价值、赎回价值和市场价值的价值分析图。

18. 大都会人寿保险公司需筹措 2 亿美元的资金。投资银行指出，如果公司发行 10 年期零票面利率债券，只要提供 13% 的到期收益率，就可以将债券售出。如果公司以面值出售 10 年期正常债券,必须提供 14.5% 的票面利率。公司的所得税税率为 34%。零票面利率债券的折价款可以按直线法分摊。试问:(1) 在不同的融资计划下,该保险公司必须分别卖出多少张面值为 1 000 美元的债券,才能筹到 2 亿美元资金?(2) 公司会选择发行何种债券?为什么?

19. 1993 年 7 月,西门子公司发行在外的认股权证为 300 万股,5 年后(1998年)到期,执行价格为 693 德国马克。公司发行在外的普通股共 5 580 万股,1993 年 7 月时的交易价格为 657.5 德国马克。德国的 5 年期国债利率为 5.88%。西门子公司股权资本价值的年方差为 13.89%。利用 Black-Scholes 期权定价模型计算西门子公司稀释后的认股权证的价值。

20. 一个月前某人以 3 元的价格购买了 100 个施权价为 40 元的 B 公司的认股权证,当时 B 公司的股价为每股 40 元,现在 B 公司的股价已涨至每股 45 元,而 B 公司认股权证的价格则上升为 7.5 元。分别计算投资于认股权证和投资于普通股股票的投资报酬率。

21. 某公司发行了一种期限为 15 年、面值为 1 000 元、票面年利息率为 10%、转换价格为 16.75 元、总额为 1 000 万元的可转换债券,可转换债券发行后公司普通股票的市场价格为 14.75 元。已知同样的不可转换的公司债券的市场收益率为 14%,该可转换债券的市场价格为 970 元,求:(1) 该可转换债券的转换比率;(2) 该可转换债券目前的转换价值;(3) 该可转换债券作为普通债券的价值。

第十章　　估算资本成本

▌本章概要▌

资本成本是公司选择筹资方式和投资项目的重要依据,因此,如何正确估算资本成本是公司融资管理需要考虑和解决的重要问题。本章主要介绍资本成本估算的主要原则和方法,包括个别资本成本、公司整体的资本成本(即加权平均资本成本)、边际资本成本和项目资本成本的估算,以及在估算资本成本中应该注意的问题和避免的错误。

▌学习目标▌

1. 了解个别资本成本的含义,掌握每一种融资方式资本成本的计算方法。
2. 了解影响加权平均资本成本的主要因素,掌握加权资本成本的计算方法。
3. 明确在加权平均资本成本计算中应该如何处理折旧资金、短期负债的成本,以及为什么应该选择目标市场价值比重为权重。
4. 了解边际资本成本的含义,掌握边际资本成本的计算方法和利用边际资本成本进行投资决策的方法。
5. 理解资本成本对资本预算的意义。明确项目资本成本与公司资本成本的区别和联系,以及在资本预算中应用公司资本成本的前提。
6. 掌握估算项目资本成本的方法。
7. 掌握调整现值法的基本原理和应用。

引　　言

无论公司采用何种筹资方式,都不可能无偿使用所筹集到的资金。公司为筹资过程支付的费用以及使用资金过程中所付给资金提供者的报酬是公司的资本成本。从投资者的角度,提供资本需要获得必要的报酬,公司必须提供期望的报酬率。从作为筹资方的公司的角度,资本成本是使用资金的代价。

虽然无论公司采用哪一种筹资方式,都必须付出代价,但不同融资方式所筹集的资金成本不同,资金的成本是选择融资方式十分重要的决定因素之一。对于投资项目决策,资本成本则是企业确定投资项目是否可行的重要判断依据。任何一项投资,只有其投资收益率高于其资本成本时才有利可图,才能够实现正的净现值。如果公司某一项目所赚取的投资收益率等于资本成本,那么,公司价值将不会因此而提高;如果该投资收益率超过了资本成本,就取得了超额收益,这些具有超额收益的项目即净现值为正的项目将提高公司价值。

第一节 估算个别资本成本

个别资本成本指各种不同类别长期资本的成本,如长期借款的成本、普通股的资本成本等。在估算个别资本成本时,通常以资本使用费占与资本使用额比率的形式表示,资本使用费包括筹资费和付给资金提供者的报酬,而且所有的费用都折算为税后的费用,这与现金流量分析中所有现金流量都按税后表示是一致的。

一、估算负债成本

(一) 长期债券成本

由于发行债券时可能按高于、低于或等于面值的价格发行,因此公司债券融资所获得的资本的成本不是由债券的票面利率决定,而是由债券的到期收益率决定的。当债券按面值发行时,其资本成本等于票面利率;当债券发行价格高于面值时,实际资本成本下降,折价发行时,实际资本成本上升。考虑到债券的筹资费用较高,还应从发行收入中扣除发行费用,因此,资本成本会有所上升;但由于债券的利息支付是在税前列支的,能够降低企业应税收入,带来节税利益,因此,需要从利息支出中扣除节税收入,使资本成本有所下降。因此,根据债券定价模型可以得到债券成本的计算公式为:

$$P_d(1-f_d) = \sum_{t=1}^{n} \frac{I_t(1-T)}{(1+K_d)^t} + \frac{B}{(1+K_d)^n} \qquad (10\text{-}1)$$

式中,K_d 代表债券的成本;P_d 为债券的发行价格;f_d 为债券的筹资费率;I_t 为第 t 期的利息支付;n 为债券的期限;B 为债券的面值。

也可以按(10-2)式,先计算税前的资本成本,即:

$$P_d(1-f_d) = \sum_{t=1}^{n} \frac{I_t}{(1+K_d)^t} + \frac{B}{(1+K_d)^n} \qquad (10\text{-}2)$$

然后按 $K_d(1-T)$ 将税前成本调整为税后成本。

例 10.1 公司按 940 元折价发行面值为 1 000 元、票面利息率为 10%、20 年到期的债券。发行费为发行收入的 2%,公司的所得税税率为 33%。这笔资金的资本成本为多少?

解 将债券引起的现金流量代入(10-1)式,有:

$$940(1-2\%) = \sum_{t=1}^{20} \frac{100(1-33\%)}{(1+K_d)^t} + \frac{1\,000}{(1+K_d)^{20}}$$

得到: $K_d \approx 7.27\%$

若采用(10-2)式,有:

$$940(1-2\%) = \sum_{t=1}^{20} \frac{100}{(1+K_d)^t} + \frac{1\,000}{(1+K_d)^{20}}$$

$$K_d \approx 11\%$$

调整为税后的资本成本得到:

$$K_d = 11\%(1-0.33) = 7.31\%$$

为使计算进一步简化,当 n 很大时,可以忽略(10-2)式右边的第二项,将债券的偿付

现金流看作利息支付的永续现金流,于是可以得到简化的计算公式为:

$$P_d(1 - f_d) = I(1 - T)/K_d \qquad (10\text{-}3)$$

整理后即可得到债券的资本成本为:

$$K_d = \frac{I(1 - T)}{P_d(1 - f_d)} \qquad (10\text{-}4)$$

当债券的期限较长时,利用简化的公式来计算债券的资本成本不仅计算简便,而且近似效果较好。例如,将例 10.1 的数据代入(10-4)式,得到债券的资本成本为:

$$K_d = 100(1 - 0.33)/940(1 - 0.02) = 7.27\%$$

(二) 长期借款成本

与债券一样,长期借款也是一种长期负债,在会计上利息支出也是税前列支,所以在不考虑借款的信用条件约束的情况下,其利息费用就是其税前的资本成本,考虑税后的实际费用支出,其税后资本成本为:

$$K_L = \frac{I_L(1 - T)}{L(1 - f_L)} \qquad (10\text{-}5)$$

式中,K_L 为长期借款的资本成本;I_L 是长期借款的利息支出;f_L 是长期借款的筹资费率;L 是长期借款的有效借款额;T 是公司的所得税税率。

但由于长期借款的筹资费用很低,通常可忽略不计,因此,不考虑筹资费用时,长期借款的税后资本成本为:

$$K_L = r_L(1 - T) \qquad (10\text{-}6)$$

式中,r_L 为借款的利息率。

例 10.2 某公司向银行取得 400 万元的长期借款,年利息率为 8%,期限为 5 年,每年付息一次,到期一次还本。假定筹资费用率为 0.2%(主要是借款手续费)。公司的所得税税率为 33%,该笔长期借款的成本是多少?

解 如果考虑筹资费用,公司长期借款的资本成本为:

$$K = \frac{400 \times 8\% \times (1 - 33\%)}{400(1 - 0.2\%)} = 5.37\%$$

如果不考虑筹资费用,则公司长期借款的资本成本为:

$$K = R(1 - T) = 8\%(1 - 33\%) = 5.4\%$$

由于贷款机构在签订贷款合同时,往往要规定一年内付息的次数、时间以及一些特定的信用条件,因此,公司在估算资本成本时,应综合考虑这些因素的影响。

例 10.3 考虑公司一笔 3 年期的长期贷款,其年名义利息为 12%,每半年度结息一次,到期一次还本,若公司所得税税率为 30%,其资本成本是多少?

解 首先计算借款的实际年利率 R_L,然后估算税后资本成本 K_L。

$$R_L = (1 + 12\%/2)^2 - 1 = 12.36\%$$
$$K_L = 12.36\%(1 - 0.30) = 8.65\%$$

例 10.4 某公司从某银行取得一笔贷款,借款额为 1 000 万元,年利率为 5%,期限为 3 年,每年结息一次,到期一次还本。借款合同规定公司需保持 20% 的补偿性余额。若公司所得税税率为 33%,这笔借款的资本成本是多少?

解 由于公司必须将借款额的 20% 留在银行的账户中,不得动用,因此,公司的有效

借款额降低,资本成本上升。于是,在不考虑补偿性余额所可能带来的利息收入影响时,该公司借款的资本成本为:

$$K_L = \frac{1\,000 \times 5\% \times (1 - 33\%)}{1\,000(1 - 20\%)} = 4.19\%$$

中小企业融资难　隐性成本不容小觑

尽管监管机构三令五申要支持小微企业信贷,信贷政策也一直在向小微企业倾斜,但现实中小微企业在贷款方面不仅要面对银行给出的苛刻条件,而且几乎没有议价能力,不得不承担高昂的隐性成本。尤其是夹在中间的担保公司、贷款中介等机构,以为小微企业提供担保以及各种帮助为交换条件,不仅会在银行贷款基准利率之上再"抽水"3个点左右,还要扣留贷款额度的10%—20%作为保证金(原本应由担保公司向银行提供),而截留的担保金被担保公司用于放高利贷,获取高额的利息。一旦担保公司出现债务纠纷,贷款企业垫付的保证金一夜之间就被划走了。

企业主戴先生2011年9月申请1000万元贷款,贷款期限为3年,贷款利率是基准上浮15%。而1000万元贷款中,40万元给银行作为理财顾问费用;300万元成为担保公司的截留资金;50万元作为担保公司担保费;105万元作为担保公司保证金;25万元用于疏通各种关系;最后仅剩下480万元。

资料来源:"小微企业贷款担保乱象:贷款千万到手仅480万",http://finance.sina.com.cn/chanjing/cyxw/20140728/151619839431.shtml。

二、估算股权资本成本

(一)优先股成本

与债券定期付息类似,优先股每股的股利通常是固定的,所不同的是优先股的股利是从税后利润中支付的,没有抵税的作用。根据优先股定价模型可以推导出优先股成本的计算公式为:

$$K_p = \frac{d_p}{P_p(1 - f_p)} \tag{10-7}$$

式中,K_p为优先股成本;d_p为优先股每年股利;P_p为优先股发行价格;f_p为优先股筹资费率。

例10.5　某公司按面值发行每股面值为1000元、年股利率为12%、筹资费用率为2%的优先股。这批优先股的税后成本是多少?

解　将数据代入(10-7)式,得到优先股的成本为:

$$K_p = \frac{1\,000 \times 12\%}{1\,000 \times (1 - 0.02)} = 12.24(\%)$$

一般来说优先股股东所承受的风险大于债权人,并且股利不能节税,相同的情况下,其成本通常高于债务融资,而且由于筹资费用较大,考虑了筹资费用后,资本成本通常高于年股利率。如例 10.5 中,优先股的年股利率为 12%,而成本为 12.24(%)。

(二) 普通股成本

尽管由于普通股的报酬率不确定,每年支付的股利也不固定,使得相对于其他的融资工具而言,普通股的成本最难估算,但从理论上说,仍然可以根据普通股的定价模型推导出其成本的计算公式。因此,常用的确定普通股成本的计算方法有两大类,即股利贴现模型和资本资产定价模型。

1. 股利贴现模型

这种方法是根据公司股利的支付模式,通过相对应的股票定价模型推导得到估算资本成本的计算公式。例如,若公司采用固定股利支付额的股利政策,已知相应的股票定价模型为:

$$P_c = \frac{D_c}{r}$$

由此可推出,普通股成本的计算公式为:

$$K_c = \frac{D_c}{P_c(1-f_c)} \tag{10-8}$$

式中,K_c 为普通股成本;P_c 为普通股发行价格;f_c 为普通股筹资费率;D_c 为固定股利支付额。

假如公司采用固定股利增长率的分配政策,则根据相应的股票定价模型可以得到估算其成本的计算公式为:

$$K_c = \frac{D_1}{P_c(1-f_d)} + g \tag{10-9}$$

式中,g 为固定的股利增长率,其他符号含义与(10-8)式相同。

例 10.6 某公司发行普通股,面值为 1 000 元,发行价格为 2 000 元,发行费用率为 3%,预计第一年股利为 150 元,今后股利以 8% 的速率固定增长。这批普通股的成本是多少?

解 由于股利是按照固定增长率的模式发放的,因此,可以采用(10-9)式来确定这批普通股的成本。

$$K_c = \frac{150}{2\,000(1-0.03)} + 8\% = 15.73\%$$

由于普通股股东享有剩余求偿权,承受的风险大,所要求的报酬高,并且股利必须从税后利润中支付,所以普通股的成本也最高。

对于公司股利发放情况的大量观察表明,多数情况下,股利既不是保持不变,也不是按固定比率增长,甚至有些公司在有些时期根本不发放股利。应用股利折现模型估算普通股的成本,需要对公司未来发放的股利额、支付股利的时间作出预测和假设,因此,这是一件极富挑战性的工作。

2. 资本资产定价模型

由于公司的资本成本实质上就是投资者所要求的必要报酬率,因此可以用资本资产定价模型来估算普通股的成本。根据资本资产定价模型,公司普通股的成本等于无风险

利率加上适当的风险溢价,而适当的风险溢价等于按公司 β 值调整后的市场风险溢价。即:

$$K_c = R_f + \beta(R_M - R_f) \tag{10-10}$$

例 10.7 根据过去 5 年每月超额收益(超过无风险利率部分),Schlosky 油漆公司的 β 值被认为是 1.2。公司高管人员认为这一过去的关系在未来仍然成立。此外,假定股票市场的一般收益率为 13%,无风险利率预期为 8%。该公司普通股的成本是多少?

解 已知 $R_M = 13\%$；$R_f = 8\%$；$\beta = 1.2$,将这些数据代入资本资产定价模型,得:

$$K_c = 8\% + 1.2(13\% - 8\%) = 14\%$$

3. 公司长期债券收益率加风险溢价

估算普通股成本还可以考虑采用一种比较主观的方法,就是在公司长期债券收益率的基础上加上一定的风险溢价作为普通股成本。

例如,某公司的长期债券成本为 12%,根据经验,公司权益资本高于债券的风险溢价为 4.5%,因此该公司普通股成本为:

$$K_c = 12 + 4.5 = 16.5(\%)$$

显然这种方法带有主观判断,所估算的普通股成本不是一个精确的结果,但它也确实提供了一个参考值。

为了得到比较合理的普通股的资本成本,可以同时运用以上几种方法来估计,如果几种方法得出的结果比较接近,则估计结果就可能比较合理；如果几种方法得出的结果相差太大,就需要作进一步的分析修正。

(三)留存收益成本

留存收益是公司税后利润中被留在公司内部用于未来发展而未作为股利发给股东的那部分收益。留存收益作为股东权益的一部分,虽然没有筹资费用,但并不是公司无偿使用的资金。因为这部分利润如果用于发放股利,股东可将它们进行投资以赚取收益,由公司保留作为留存收益后,可以当作股东对公司的新投入,因此,留存收益的成本应相当于没有筹资费用的普通股的成本。

例 10.8 海天公司普通股市场价格为 15 元,第 1 年每股股利为 0.5 元,以后每年增长 6%。该公司将当年 500 万元的净利润留作公司留存收益。这笔留存收益的成本是多少?

解 以 K_r 表示海天公司留存收益的成本,有:

$$K_r = \frac{0.5}{15} + 6\% = 9.3\%$$

即海天公司留存收益的成本为 9.3%。

第二节 估算加权平均资本成本

一、加权平均资本成本的概念和计算公式

公司融资时,由于受多种因素的约束和影响,不会只从一种渠道取得所需资金。各种资金来源的成本不同,公司整体的最低资本成本只有从多种资金的有效组合中实现。加权平均资本成本通常用来表明公司整体的资本成本。

加权平均资本成本是以各类来源的资本额占总资本额的比重为权数,对个别成本进行加权平均而得到的。其计算公式为:

$$\text{WACC} = K_w = \sum_{i=1}^{m} w_i K_i \tag{10-11}$$

式中,WACC 代表加权平均资本成本;w_i 代表第 i 类资本额的市场价值比重;K_i 代表第 i 类个别资本成本。

二、影响加权平均资本成本的因素

从加权平均资本成本的计算公式可以看出,公司的综合资本成本由两个因素决定:一是个别资本成本,二是各类资本占总资本的比重。

在市场经济环境中,多方面的因素综合决定着公司个别资本成本的高低,如总体经济环境、证券市场条件、市场利率水平、筹资费用、税率、相关政策法规等。

总体经济环境决定着整个经济中资本的供给和需求,以及利率和预期通货膨胀水平,这些都反映在无风险报酬率上。利率作为经济中最受关注的一个经济变量,对于公司融资至关重要。市场利率决定了资本的报酬率水平和投资者所要求的必要报酬率,它构成了公司融资成本的主要部分,而风险溢价则体现了公司融资中与风险对应的成本。公司内部的经营风险和财务风险大,投资者就会要求较高的风险补偿,公司融资的成本也就大。为什么同样是发行债券融资,一个从事公用事业的公司与一个从事高风险的远洋航运事业的公司所发行的债券具有不同的利率?这是因为两个公司各自的风险不同,从而各自的风险溢价也就不同。为什么同一公司,采用普通股、债券、长期借款等不同的融资工具会导致不同的个别资本成本?这是因为不同的资金提供者在分享公司经营成果时承担的风险不同。筹资费用同样会影响公司的资本成本。发行普通股的筹资费用高,而留存收益没有筹资费用,所以普通股权益资本成本高于留存收益的权益资本成本。证券市场条件影响证券投资的风险,进而影响证券的价格,再进一步就影响到公司的筹资成本。政府税收政策和法律法规也对公司资本成本产生直接或间接的影响。由于负债具有税收屏蔽的作用,在其他条件相同情况下,公司所得税税率越高的企业,其债务的税后资本成本就越低,选择债务融资就越有利。政府对资本利得征收较低的税率,就会鼓励投资者购买股票或将投资收益留在公司进行再投资,从而在一定程度上降低权益资本成本。

上述因素同样会直接或间接地影响公司资本结构的选择,从而影响加权平均资本成本计算中的权重。此外,选择以不同价值基础计算的权重也会影响加权平均资本成本的计算结果。通常在计算加权平均资本成本时,有以下三种可供选择的权重:

(1)以账面价值为基础的资本权重。以账面价值为基础是指根据各类长期资金的会计账面金额来确定各自占总金额的比重。这种方法的优点是可以直接利用会计数据,资料容易获得;缺点是由于账面价值反映的是资本过去的价值,不能代表公司资本当前的市场价值,只有当公司资本的市场价值与账面价值接近时,采用账面价值计算的权重计算加权平均资本成本才是合理的。另外账面价值比重还容易受到会计核算方法的影响。

(2)以市场价值为基础的资本权重。以市场价值为基础是指以各类长期资金当前市场价值占全部资金的市场价值比重计算得到各类资本的权重。这种方法计算的权重是计算加权平均资本成本比较适合的权重。因为公司无论是发行债券、股票还是借款,都是按照市场价值进行融资的。但是,一方面由于公司资本的市场价值不断变化,另一方面由于市场价值的数据不易取得,使得这种方法应用起来有一定局限性。

(3)以目标价值为基础的资本权重。公司根据自身特点和发展预期确定出的适合公司一定时期内努力保持的资本结构称为目标资本结构。以目标价值为基础是指以公司目标资本结构为计算加权平均资本成本的权重。这种方法体现了公司期望保持的资本结构的要求,能够较好地体现公司目前和未来的融资要求,因此是较为理想的权重选择。但由于目标资本结构很难客观确定,使得这种方法应用起来也有一定的局限性。

例 10.9 长海公司各种长期资本的账面价值、市场价值和目标价值以及个别资本成本的资料如表 10-1 所示。分别计算以账面价值比重、市场价值比重和目标价值比重计算的该公司的加权平均资本成本。

表 10-1 长海公司的资本成本及资本结构

资本种类	账面价值(万元)	市场价值(万元)	目标价值(万元)	个别资本成本(%)
长期借款	800	800	2 000	5.0
长期债券	1 500	2 000	4 000	6.5
普通股	2 500	4 800	5 000	12.0
留存收益	1 500	3 600	4 000	11.5
合计	6 300	11 200	15 000	—

解 (1)按账面价值计算的加权平均资本成本为:

$$WACC = 5\% \times \frac{800}{6\,300} + 6.5\% \times \frac{1\,500}{6\,300} + 12\% \times \frac{2\,500}{6\,300} + 11.5\% \times \frac{1\,500}{6\,300}$$

$$= 5\% \times 12.7\% + 6.5\% \times 23.8\% + 12\% \times 39.7\% + 11.5\% \times 23.8\% = 9.7\%$$

(2)按市场价值计算的加权平均资本成本为:

$$WACC = 5\% \times \frac{800}{11\,200} + 6.5\% \times \frac{2\,000}{11\,200} + 12\% \times \frac{4\,800}{11\,200} + 11.5\% \times \frac{3\,600}{11\,200}$$

$$= 5\% \times 7.1\% + 6.5\% \times 17.9\% + 12\% \times 42.9\% + 11.5\% \times 32.1\% = 10.4\%$$

(3)按目标价值计算的加权平均资本成本为:

$$WACC = 5\% \times \frac{2\,000}{15\,000} + 6.5\% \times \frac{4\,000}{15\,000} + 12\% \times \frac{5\,000}{15\,000} + 11.5\% \times \frac{4\,000}{15\,000}$$

$$= 5\% \times 13.3\% + 6.5\% \times 26.7\% + 12\% \times 33.3\% + 11.5\% \times 26.7\% = 9.5\%$$

计算结果表明,按照不同的价值权重计算所得到的长海公司的加权平均资本成本是不同的。

三、对于资本成本的进一步讨论

(一)如何看待折旧资金

折旧与留存收益一样,都是公司的内部资金来源。关于留存收益有成本,并且应该采用估算权益资本成本的方法来估算的观点,比较容易让人理解并接受,因为留存收益直接增加了公司的权益资本。而对于折旧,似乎就没有这么简单。要解决这个问题,首先需要弄清楚折旧是否为一种资金来源,以及如果是,它是一种什么性质的资金来源。

折旧被列入公司的经营成本,表面上看,它并没有引起公司权益或负债价值的任何变动。但正如在投资决策分析中已反复强调过的,折旧并没有引起现金流出,也就是说,折旧并不是公司实质性的现金支出,通过销售收入收回的折旧资金留在了公司内部,成为公司可以应用的资金。因此,与留存收益一样,折旧作为一种公司内部资金来源,是有成本的。

那么,折旧是一种什么性质的资金呢?设想一下,如果公司预期的经营年限与其固定资产的使用年限相同,公司不需要考虑维持简单再生产或扩大再生产,于是折旧资金也就不需要用于补充和更新固定资产。那么,公司要做的事情就是把折旧资金返还给为公司的固定资产投入资本的投资者。而公司返还折旧资金时,显然应该按照公司资本结构的比例分别返还给股东或债权人,因为股东和债权人对公司资产的投入比例是与公司资本结构相一致的。但如果公司是持续经营的,折旧资金被留下来用于公司的固定资产更新或其他的生产经营活动,那么就相当于公司股东和债权人将资金按资本结构的比例再次投入公司。理解了折旧资金的性质后,如何估算折旧资金成本的问题也就迎刃而解了,显然,折旧资金的成本就是公司股东和债权人所要求的必要投资报酬,即公司的加权平均资本成本。

(二) 如何看待短期负债的成本

公司的短期负债包括各种应付款、短期借款和公司发行的短期融资券。在正常的付款期内,应付款是公司一项无偿的资金来源,没有成本。而银行借款和短期融资券需要支付利息,是有成本的。但通常估算公司加权平均资本成本时并不考虑这部分成本。原因在于:首先,短期负债的数量、时间和利息率都不确定,而且通常都是暂时性的,或者可以由公司所持有的短期投资相抵,因此忽略短期负债成本对于公司整体的资本成本的影响不会很大。其次,在融资分析中,关于资本结构的概念通常有广义和狭义之别。广义的资本结构指公司所有资本的构成及其比例关系,既包括长期资本,也包括短期资本。狭义的资本结构仅指长期资本的构成及其比例关系。由于在公司金融学体系中,短期融资通常放在营运资金管理中讨论,因此理论上通常采用狭义的资本结构的概念。相应地,在计算公司加权平均资本成本时一般也就不考虑短期负债的成本问题。但是如果公司长期持有大量的短期负债,特别是当短期负债比例占公司资本比例很高时,短期负债实质上已成为公司的一种长期性资金来源,这种情况下,就不能不考虑短期负债成本对公司整体资本成本的影响。此时,在计算加权平均资本成本时必须加入短期负债的成本和相应的权重因子。

(三) 为什么选择目标市场价值比重为权重

首先解释为什么要选择市场价值比重,其次解释为什么要采用目标资本结构。

1. 为什么要选择市场价值比重

前面在讨论影响公司加权平均资本成本的因素时,已经简单说明了选择市场价值比重的理由。下面将通过示例给以进一步的解释。

例 10.10 MC 公司是一家生产销售电子设备的企业,该公司 2000 年年末按账面价值简化的资产负债表如表 10-2 所示。公司 5 年前发行了 9 万份面值为 1 000 元、票面利率为 10% 的 10 年期债券。债券当前的市场价格是 1 112 元。公司还有 250 万股流通在外的普通股,股票当前的市场价格为 60 元。公司的 β 值为 1.05,市场的无风险报酬率为 6.5%,平均风险补偿为 7%。公司的所得税税率为 40%。MC 公司的加权平均资本成本是多少?为什么?

表 10-2 MC 公司按账面价值简化的资产负债表   单位:万元

资产		负债与权益	
资产价值	18 000	负债	9 000
		所有者权益	9 000
资产总计	18 000	负债与权益总计	18 000

解 (1) 首先,计算 MC 公司权益和债券的个别资本成本。

债券的税前成本为:

$$1\,112 = \frac{100}{(1+K_D)} + \frac{100}{(1+K_D)^2} + \frac{100}{(1+K_D)^3} + \frac{100}{(1+K_D)^4} + \frac{100}{(1+K_D)^5}$$

$$K_D = 7.25\%$$

普通股的税后成本为:

$$K_c = 6.5\% + 1.05 \times 7\% = 13.85\%$$

(2) 计算债券和普通股的权重。

普通股的市场价值比重为:

$$w_c = \frac{60 \times 250}{60 \times 250 + 10\,008} = 0.6$$

债券的市场价值比重为:

$$w_D = \frac{10\,008}{60 \times 250 + 10\,008} = 0.4$$

普通股和债券的账面价值比重各为 50%。

(3) 计算 MC 公司的加权平均资本成本。

按账面价值比重计算:

$$7.25\% \times (1-40\%) \times 50\% + 13.8\% \times 50\% = 9.1\%$$

按市场价值比重计算:

$$7.25\% (1-40\%) \times 40\% + 13.8\% \times 60\% = 10\%$$

计算结果表明,MC 公司按账面价值计算的资本权重与按市场价值计算出的资本权重不同,由两种权重算出的公司加权平均资本成本也不一致。由于公司的普通股成本和债券的成本都是根据市场价值计算出来的,根据一致性原则,显然在对个别资本成本加权时也应该采用市场价值权重。因此,MC 公司的资本成本应该是 10%,而不是 9.1%。

估算权益和负债的市场价值比重,需要测算公司权益和负债的市场价值。如果公司的股票和债券是公开交易的,则比较容易获得市场价值的数据;否则就必须利用相关的估价模型求出其市场价值。在实践中为了简化计算,往往用账面价值比重代替市场价值比重,尽管从理论上来说这样处理不合理。

2. 为什么要选择目标资本结构

前述分析表明,公司的加权平均资本成本必然反映公司权益和负债市场价值的相对比例。可是我们在某一时点观察到的公司权益和负债市场价值的相对比例可能并不是公司的目标资本结构,因为有许多原因都会造成公司偏离其目标资本结构。例如筹资费用的影响,在给定总筹资额的前提下,如果每次筹资都按照目标资本结构的比例筹集一定数量的权益资本和债务资本,就会降低每一类资本的筹资规模,相应增加筹资费用所占的比例。现实的情况是,如果公司在近期发行了普通股,使其资本结构中的权益比重高于目标资本结构中的权益比重,为了重新达到目标资本结构,公司在一段时间后就会发行债券。再比如,公司在筹资时还会根据资本市场的情况选择筹资方式。通常当债券利率较低时,公司倾向于发行债券或贷款来取得所需资金,而在股票市场繁荣时热衷于发行普通股融资。出于上述种种原因,公司在融资时往往会交替使用权益和债务筹资,从而导致对公司目标资本结构的暂时性偏离。在这种情况下,如果不能正确选择目标资本结构来计算公司的综合资本成本,就有可能导致错误的决策。

假设 X 公司的目标资本结构是普通股与债券各占 50%。公司债券的税后成本为 8%,普通股的成本为 15%,以目标资本结构为权重,可以得到公司的加权平均资本成本为 11.5%($8\% \times 50\% + 15\% \times 50\% = 11.5\%$)。

假如公司现有一个投资项目 A,初始投资额为 1 亿元,其内部收益率为 11%。根据净现值准则,由于其内部收益率低于公司的综合资本成本,显然不应该接受项目 A。但是,如果公司目前采用发行债券的方式为此项目融资,从而使公司目前的权益债务比下降到 40∶60。若债券的税后成本仍然为 8%,以此时的权益债务比为权重,所得到公司的加权平均资本成本为 10.8%($8\% \times 60\% + 15\% \times 40\% = 10.8\%$)。如果以此时的加权平均资本成本为依据,却可以接受项目 A。

假设半年后公司又有一个投资项目 B,初始投资额也是 1 亿元,其内部收益率也是 11%。为了重新达到目标资本结构,这次公司决定采用发行普通股的方式融资,普通股的资本成本还是 15%。发行普通股后,公司的加权平均资本成本重新回复到 11.5%。显然,根据净现值准则,应该拒绝项目 B。

在公司经营风险等其他情况都没有重大变化的情况下,仅仅由于选择了不同的权重,导致了内部收益率同样是 11% 的两个项目,一个被接受,一个却遭到拒绝,这样的决策结果显然是不合理的。既然公司是一个长期存在的经济实体,其综合资本成本就应该体现其长期保持的目标资本结构,而不是某一次筹资的资本成本。

第三节 估算边际资本成本

一、边际资本成本的概念

边际资本成本是与筹资规模相联系的资本成本,它指每新增加一个单位资本而增加的成本。

用一般商品的供给曲线解释资本的供给,资本供给的增加通常伴随资本价格的上升。对筹资公司而言,意味着随着筹资规模的扩大,需要付出更高的价格。因此,从资本供给方面看,公司的资本成本(不论是个别的还是综合的)会随着筹资规模的变化而发生变化;从资本需求方看,已经拥有一定数量资本的企业在筹措新增资本时,偿债风险也会发生相应的变动。因此,公司新筹资本的成本往往会与已筹资本的成本不同,特别是在某些融资点上,资本成本会突破原有成本,这些突破点就是边际资本成本。

例如,某公司希望通过向银行借款筹集1 000万元的资金,经与贷款银行协商,贷款银行提出,如果借款额在500万元以下,利息率为8%,若借款额在500万元与1 000万元之间,由于公司财务风险加大,需按9%的利率支付利息。在这里,500万元规模的借款额是边际资本成本的突破点。假如公司的所得税税率为33%,容易算出,该公司的长期借款的边际资本成本分别为5.36%(8%×(1-33%))和6.03%(9%×(1-33%))。

二、边际资本成本的测算

由于公司资本成本会随着筹资规模而变动,因此就需要测算不同筹资范围内的边际资本成本。下面的例子说明了如何测算公司的边际资本成本。

例10.11 瑞安公司目前的资本总额为1 000万元,其中公司债券200万元,优先股50万元,股东权益750万元。公司下一年度准备筹措新的资本,财务人员分析了资本市场的状况和公司的筹资能力,得到以下数据:(1)公司若发行债券,规模在100万元以下,税前利息率为10%;规模在100万元以上500万元以下,税前利息率为12%;规模在500万元以上,税前利息率为15%。(2)公司若发行优先股筹资,其成本始终都是13%。(3)预计可新增留存收益300万元。留存收益的成本为15%。若发行新股,发行费用为发行收入的8%。公司的所得税税率为33%。计算不同筹资额范围内的加权平均资本成本。

解 可按下列步骤求出不同筹资额范围内的加权平均资本成本。

(1)确定公司的目标资本结构。假设经财务人员分析后认为,瑞安公司目前的资本结构可作为目标资本结构。于是可以得到公司的目标资本结构为长期债务20%,优先股5%,普通股权益75%。

(2)计算个别边际资本成本。测算结果如表10-3所示。

表10-3 瑞安公司的个别边际资本成本测算表

资本种类	筹资额	资本成本
公司债券	100万元以下	$k=10\%(1-0.33)=6.7\%$
	100万—500万元	$k=12\%(1-0.33)=8.04\%$
	500万元以上	$k=15\%(1-0.33)=10.05\%$
优先股	任意	$k=13\%$
普通股权益	300万元以下(留存收益)	$k=15\%$
	300万元以上(发行新股)	$k=15\%/(1-0.08)=16.3\%$

(3)计算筹资总额的分界点。根据公司目标资本结构和个别边际资本成本计算公司筹资总额的分界点,测算结果如表10-4所示,所采用的计算公式为:

$$筹资总额分界点 = \frac{某类资本在一定成本下的筹资额}{该类资本在总资本中所占比重}$$

表 10-4　瑞安公司筹资总额分界点测算表

资本种类	个别资本成本	筹资额的分界点	筹资总额范围
公司债券	6.7%	100 万元/0.2 = 500 万元	0—500 万元
	8.04%	500 万元/0.2 = 2 500 万元	500 万—2 500 万元
	10.05%	—	2 500 万元以上
优先股	13%	—	—
普通股权益	15%	300 万元/0.75 = 400 万元	400 万元
	16.3%	—	400 万元以上

（4）测算加权平均边际资本成本。根据上述筹资总额分界点的测算，划分具有不同资本成本的筹资范围，并计算出相应各筹资范围内的加权平均资本成本。具体计算过程如表 10-5 所示。

表 10-5　瑞安公司边际加权平均资本成本测算表

筹资总额范围	个别资本成本		权重	加权平均资本成本
0—400 万元	公司债券	6.7%	20%	6.7% ×0.2 = 1.34%
	优先股	13%	5%	13% ×0.05 = 0.65%
	普通股权益	15%	75%	15% ×0.75 = 11.25%
				WACC = 13.24%
400 万—500 万元	公司债券	6.7%	20%	6.7% ×0.2 = 1.34%
	优先股	13%	5%	13% ×0.05 = 0.65%
	普通股权益	16.3%	75%	16.3% ×0.75 = 12.23%
				WACC = 14.22%
500 万—2 500 万元	公司债券	8.04%	20%	8.04% ×0.2 = 1.61%
	优先股	13%	5%	13% ×0.05 = 0.65%
	普通股权益	16.3%	75%	16.3% ×0.75 = 12.23%
				WACC = 14.49%
2 500 万元以上	公司债券	10.05%	20%	10.05% ×0.2 = 2.01%
	优先股	13%	5%	13% ×0.05 = 0.65%
	普通股权益	16.3%	75%	16.3% ×0.75 = 12.23%
				WACC = 14.89%

也可以将边际资本成本绘制成图来反映，如图 10-1 所示。

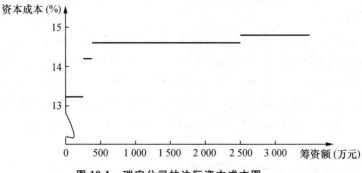

图 10-1　瑞安公司的边际资本成本图

第四节　估算项目的资本成本

资本成本不仅是公司筹资决策时需要考虑的重要问题,而且与公司投资决策紧密相关。在资本预算中,资本成本作为计算投资项目净现值的贴现率和选择投资项目的依据,一旦在应用中出现错误,就会导致错误的决策和公司资金的不合理分配,并最终影响公司的价值。虽然本书在讨论资本预算问题时,曾经简单地提到以税后资本成本为贴现率,但并未展开深入的讨论,本节将对项目资本成本的估算及其在资本预算中的应用等问题展开讨论。

一、项目资本成本的含义

项目资本成本是指能够反映投资项目风险的融资成本,通常用加权平均资本成本代表项目的融资成本,并以此作为资本预算中计算项目现值或净现值的贴现率,以及评估项目的门槛利率(hurdle rate)。

在资本预算中,估计项目税后净现金流时,通常并没有扣除负债融资所引起的利息支出,也没有考虑利息的节税作用。如果项目完全依靠权益融资,那么资本的机会成本[①]就是项目资本成本,是计算项目现值的正确的贴现率。但是如果除了权益资本外,项目还投入了债务资本,那么债务融资的融资成本和节税效应就不应该忽略。由于在加权平均资本成本的计算中,已经反映了利息及其税盾的价值,以及融资因素的影响,因此,用加权平均资本成本代表项目的资本成本对项目的税后净现金流贴现就可以正确地反映项目的价值,而不需要对项目的现金流量进行调整。

二、资本预算中采用公司加权平均资本成本的前提

在资本预算中,采用实施项目的公司加权平均资本成本来代替项目的资本成本计算项目的价值,需要满足以下前提:

(1) 项目的经营风险与实施项目的公司的其他资产的风险相同。

(2) 项目并不影响实施项目的公司的整体资本结构,项目保持相同的融资比例。

假如项目的经营风险大于公司现有资产的平均风险,投资者对项目期望的回报率就会相应提高,公司的加权平均资本成本也就不能代表项目的资本成本。虽然股东和债权人的回报是从实施项目的企业所创造的总现金流中得到的,而不是从项目创造的现金流中得到的,但这并不能改变项目的期望回报率应当等于投资者从其他风险等价的项目中所得到的回报率这个事实。

例如,为了简便起见,假设 M 公司没有负债,其权益的 β 值为 1.0,市场无风险收益率为 7%,市场风险补偿为 6%,则可根据资本资产定价模型估计 M 公司的权益资本成本为 13.0% (7% +1.0×6%),由于 M 公司没有负债,因此其权益资本成本就是其加权平均资本成本。进一步假设,M 公司打算按照公司的资本成本决定项目的取舍。因此,它将接受任何回报率高于 13.0% 的项目,拒绝所有回报率低于 13.0% 的项目。现在,公司

[①] 指资本市场上风险等同的资产的期望收益率。从投资者的角度来解释,也就是股权投资者所要求的必要回报率。

有两个待决策的项目,一个是低风险的项目A,其β值为0.6,内部收益率为12%,另一个是高风险的项目B,其β值为1.5,内部收益率为15%。以公司的资本成本为门槛利率,应接受项目B,拒绝项目A。但是,根据项目的风险状况,用资本资产定价模型估计得到的投资者所期望的报酬率分别是:项目A为10.6%(7%+0.6×6%),项目B为16%(7%+1.5×6%)。由于项目A的回报率高于投资者期望的回报率,显然应该接受而不是拒绝项目A;而项目B的回报率低于投资者期望的回报率,显然应该拒绝而不是接受项目B。可见,不考虑项目的风险情况,仅以公司资本成本为资本预算的判断标准,可能会错误地接受一些高风险的项目,放弃一些低风险的项目,如图10-2所示。

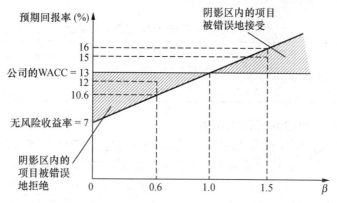

图10-2 M公司的资本成本和项目的预期回报率

由于资本结构的变化不仅会影响加权平均资本成本计算中的权重,而且通过影响财务风险,进而影响个别资本成本,因此,如果项目的目标资本结构与公司的总体资本结构具有本质的差异,公司的加权平均资本成本也就不能代表项目的资本成本。注意:这里强调的是本质的差异,认识这一点很重要,否则将很容易出现错误。

例如,上例中项目A需要200万元的投资额,正好有家银行主动表示愿意贷款给M公司,所以M公司决定向银行贷款200万元,借款利息率为7.5%,公司的所得税税率为33%。那么是否可以认为项目A的资本结构就是100%的负债,因此项目的资本成本就是5.03%(7.5%×0.67)呢?不能这样认为。因为投资项目的融资一般不会超然独立,公司之所以能够以7.5%的利率借到200万元的长期借款,并不是由于项目,而是由于公司有足够的权益和其他有价值的资产作为担保。如果公司并不打算改变其融资政策,那么公司归还贷款后又将回复到其100%股权资本的目标资本结构。但是,如果公司负债政策因此而发生了变化,比如M公司决定从此改变其100%权益资本的资本结构,则需要根据变化后的目标资本结构调整其加权平均资本成本。再就是如果项目的负债能力确实与公司现有资产存在本质差异,例如,项目A的经营业务和经营风险与M公司现有业务完全不同,因此具有完全不同的目标资本结构,这时需要根据项目自身的目标资本结构估算项目的加权平均资本成本。

三、估算项目的资本成本

当项目风险和资本结构与实施项目的公司不同时,需要估算项目的资本成本。下面将通过一个例子来说明估算项目资本成本的基本方法和步骤。

例 10.12 欣欣家电公司打算进入风险较大的计算机行业。由于新项目业务与公司原有业务完全不同,需要估计新项目的资本成本。

第一步:选择代表公司。

当项目的风险与公司不同时,常用的方法是通过选择与项目风险相似的代表公司,以代表公司的资本成本数据为依据调整得到项目的资本成本。所选公司应该与项目具有相似的资产、运营方式、经营风险、成长机会等。如果能够得到同一行业中几个很相似的公司,可以对这些公司的数据进行综合平均。

假设欣欣公司的分析人员搜集了若干家计算机生产厂商的数据,经整理后得到的平均值及相关的市场数据如表 10-6 所示。

表 10-6 欣欣公司新项目的相关市场数据

代表公司负债比率	代表公司 β 的平均值	代表公司平均债务利息率	市场无风险利率	市场风险报酬率
0.5	1.5	10.5%	7%	6%

第二步:估计项目的目标资本结构。

假设欣欣公司的目标资本结构为:负债占 30%,权益占 70%。考虑到计算机制造业的特殊性,公司分析人员认为采用代表企业的资本结构作为新项目的资本结构要比采用公司的目标资本结构更适合,即新项目的资本结构按债务和权益各占 50% 估计。

第三步:估计项目的个别资本成本。

假设新项目的所得税税率为 33%,容易得到新项目的债务资本成本为:

$$K_D = 10.5\% (1 - 0.33) = 7.04\%$$

新项目的权益资本成本可以通过资本资产定价模型求出:

$$K_E = 7\% + 1.5 \times 6\% = 16\%$$

这里,由于假定新项目采用与代表企业相同的资本结构,因此可以直接用代表企业的 β 值代入资本资产定价模型以求出新项目的权益资本成本。如果新项目的目标资本结构与代表企业不同,就必须首先估计新项目目标资本结构下的 β 值,然后估计权益资本成本。这主要是因为权益的 β 值不仅反映公司的经营风险,而且反映财务风险。欣欣公司财务分析人员所搜集并整理后得到的计算机厂商的 β 值代表的是当平均负债率为 50% 时的财务风险,如果项目的负债率与此不同,则其权益的 β 值也要相应调整。

以 $\beta_{无杠杆}$ 代表完全权益融资时权益的 β 值,此时公司所有者面临的只是经营风险,没有负债,因此不存在财务风险;以 $\beta_{杠杆}$ 代表负债时权益的 β 值,两者之间存在以下关系:

$$\beta_{杠杆} = \beta_{无杠杆} \left[1 + (1 - 税率) \frac{负债}{权益} \right] \tag{10-12}$$

也可以将(10-12)式表示为如下形式:

$$\beta_{无杠杆} = \frac{\beta_{杠杆}}{\left[1 + (1 - 税率) \frac{负债}{权益} \right]} \tag{10-13}$$

利用(10-12)式和(10-13)式就可以方便地根据项目的目标资本结构计算项目权益的 β 值。

假如,欣欣公司的新项目仍然保持公司的目标资本结构,则可以通过以下方法估计出新项目权益的 β 值:

首先计算无负债计算机厂商的权益 β 值,利用(10-13)式,得到:

$$\beta_{\text{无杠杆}} = \frac{1.5}{[1 + (1 - 0.33) \times 1]} = 0.898$$

有了无杠杆时权益的 β 值,再利用(10-12)式就可以计算任何负债率情况下的权益 β 值了。在这里,根据公司目标负债率,计算负债率为30%时的 β 值,得到:

$$\beta_{30\%\text{负债}} = 0.898 \left[1 + (1 - 0.33) \frac{30}{70} \right] = 1.156$$

第四步:计算新项目的加权平均资本成本。

按照加权平均资本成本的计算公式,可以得到欣欣公司新项目的资本成本为:

$$\text{WACC}_{\text{新项目}} = 7.04\% \times 0.5 + 16\% \times 0.5 = 11.52\%$$

根据上述计算结果,只有当新项目的内部收益率大于11.52%时,欣欣公司才应该接受。

四、利用边际资本成本进行投资决策

边际资本成本反映了不同筹资规模下的资本成本,而加权平均资本成本则反映了在不同筹资规模下,资金提供者所要求的综合回报率。因此,随着公司投资规模的不断扩张,公司的筹资规模也在增加,这时,应根据变化的边际资本成本来进行投资决策。

例 10.13 望京公司需要在下述几个并不相斥的投资项目中进行选择,这些项目投资风险与目标资本结构均与公司现有资产相同。公司分析人员已经测算出各项目的投资额和内部收益率,以及公司的目标资本结构和边际资金成本,如表10-7 和表10-8 所示。根据这些资料,公司决策者应作何选择?

表 10-7 望京公司所面临的投资项目

项目	投资额(元)	年现金流量(元)	项目寿命(年)	内部收益率(%)
A	200 000	55 757	5	12.2
B	150 000	33 917	7	13.0
C	250 000	43 344	10	11.5
D	350 000	90 005	6	14.0
E	200 000	41 250	8	12.7
F	250 000	106 781	3	13.5

表 10-8 望京公司的边际资本成本

筹资总额范围(元)	个别资本成本(%)		比重	加权平均资本成本(%)
0—700 000	负债	6.0	0.3	12.0
	优先股	12.0	0.1	
	普通股	15.0	0.6	
700 000—1 000 000	负债	6.0	0.3	12.5
	优先股	12.0	0.1	
	普通股	15.9	0.6	
1 000 000 以上	负债	7.2	0.3	12.9
	优先股	12.0	0.1	
	普通股	15.9	0.6	

解 为了更直观地进行比较,可以将上述投资项目的内部收益率和公司的边际资本成本绘在同一个图中,如图10-3所示。图中,虚线表示公司的边际资本成本,实线表示项目的内部收益率,线段的宽度则表示投资额或筹资额。

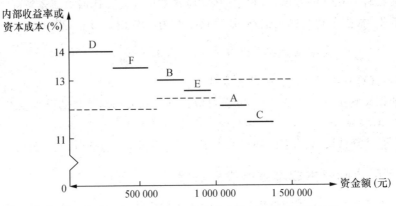

图 10-3 望京公司的边际资本成本与项目的内部收益率

在图10-3中,项目按照收益率由高到低排列,边际资本成本由低到高排列,容易看出,公司应该选择内部收益率高于同一筹资范围的边际资本成本的项目。因此,望京公司应该选择项目D、F、B和E,放弃项目A和C。

五、利用调整现值法(APV)进行投资决策

在投资决策中,以加权平均资本成本为贴现率来估计项目的净现值,是假定有关融资因素对项目净现值的影响(如债务的税收屏蔽效应)已经自动在WACC中加以考虑了。但事实上,WACC计算中关于融资因素对项目净现值影响的考虑过于简单,也不够全面。例如,它不能分解有关融资的因素,明确指出哪些因素对投资项目的净现值产生影响,影响有多大。相比之下,调整现值方法可以较好地解决这一问题。

调整现值法的基本思想是通过分解各个融资因素,用所计算出来的各融资因素对项目现金流所产生的影响的现值来调整未考虑融资因素影响时的净现值,可用公式表示如下:

$$\text{项目调整现值} = \text{基本净现值} + \sum \text{融资因素影响现值} \tag{10-14}$$

调整现值法的基本步骤是:

首先,将待评估的项目看作完全由权益融资组成的独立公司,并据此假设计算其基本净现值。

其次,分析影响项目净现值的每一个融资因素,如证券发行成本、债务的税收屏蔽、财务危机成本等,在此基础上计算各个融资因素对项目现金流影响的现值。

最后,根据各融资因素影响的现值逐项调整基本净现值,也可将所有融资因素影响现值加总后对项目的基本净现值一并进行调整。

例 10.14 某投资项目需要2 000万元的初始投资,10年内每年可产生400万元的税后现金流量,权益资本对这一项目所要求的投资收益率为12%。下面我们采用调整现值法计算该项目的净现值。

解 (1) 计算项目的全部资金来源均为权益资本时的基本净现值。

$$NPV = -2\,000 + \sum_{t=1}^{10} \frac{400}{(1.12)^t} = 260(万元)$$

(2) 估计债务融资的影响。假设公司的目标资产负债率为 50%，则公司可借入 1 000 万元的债务。设债务的利息率为 8%，债务的发行成本为零。公司所得税税率为 30%，公司从第 6 年起每年年末等额归还债务本金，税收屏蔽作用按照债务利息率 8% 贴现。则这个项目的税收屏蔽作用如表 10-9 所示。

表 10-9 债务税收屏蔽的影响　　　　　　　　　　　　　　　单位:元

年度	年初债务余额	利息支出	利息的税收屏蔽	现值系数	税收屏蔽现值
1	10 000 000	800 000	240 000	0.926	222 240
2	10 000 000	800 000	240 000	0.857	205 680
3	10 000 000	800 000	240 000	0.794	190 560
4	10 000 000	800 000	240 000	0.735	176 400
5	10 000 000	800 000	240 000	0.681	163 440
6	10 000 000	800 000	240 000	0.630	151 200
7	8 000 000	640 000	192 000	0.583	111 936
8	6 000 000	480 000	144 000	0.540	77 760
9	4 000 000	320 000	96 000	0.500	48 000
10	2 000 000	160 000	48 000	0.463	22 224
现值总计					1 089 440

计算结果表明，10 年内债务的税收屏蔽可增加现值 108.944 0 万元。因此，该项目调整的净现值为：APV = 260 + 108.944 0 = 368.944 0（万元）。

(3) 估计股票发行费用的影响。假设公司发行股票筹资费相当于筹资额的 5%，这样，为了筹到这 1 000 万元的权益资本，公司发行的股票总金额应为：

$$1\,000/(1-5\%) = 1\,052.631\,6(万元)$$

多出的 52.631 6 万元作为发行费用使用了。再从项目的基本净现值中减去股票发行成本的影响，可以得到这个项目的调整净现值为：

$$APV = 368.944\,0 - 52.631\,6 = 316.312\,4(万元)$$

我们看到，APV 方法和 WACC 方法的相同之处是两种方法都是采用无杠杆的现金流，所不同的是，APV 法用全权益资本成本来折现无杠杆的现金流，然后直接加上负债的节税现值，得到有杠杆情况下的项目的价值，而 WACC 法则是在贴现率中反映负债的节税利益。从理论上说，如果项目保持固定的资产负债率，两种方法得出的结果应该是一样的。但如果项目在寿命期内不能保持固定不变的资本结构，WACC 法的计算将变得十分繁杂，误差也随之增大。而 APV 方法的计算是以未来各期的负债绝对水平为基础的，即使资本结构发生变化，只要未来各期负债的绝对水平能准确知道，用 APV 方法就很容易计算。APV 方法的这一特性使得在很多情况下用它能够取得较好的效果。比如在杠杆收购中，企业开始有大量的负债，但数年后很快清偿，而通常在安排杠杆收购时，企业就已拟好了债务清偿时间表，能够容易地预测出未来年份债务的税收利益，因此便于计算 APV。由此可以得到的启示是，若公司的目标资产负债率适用于项目的整个寿命期，可用 WACC 法。若项目寿命期内负债的绝对水平已知,则适宜采用 APV 法。

本章总结

1. 在公司融资决策中,个别资本成本是指各种不同类别长期资本的成本。在估算个别资本成本时,通常以资本使用费占资本使用额比率的形式表示,资本使用费包括筹资费和付给资金提供者的报酬。所有的费用都要折算为税后的费用,以便与现金流量分析保持一致。

2. 长期债券的成本可以通过债券定价模型估算,但债券的发行价格中要扣除发行费用,利息支出则要考虑节税效应,即:

$$P_d(1-f_d) = \sum_{t=1}^{n} \frac{I_t(1-T)}{(1+K_d)^t} + \frac{B}{(1+K_d)^n}$$

当债券期限很长时,也可以利用简化的计算公式来估算,即:

$$P_d(1-f_d) = \frac{I(1-T)}{K_d}$$

3. 在不考虑借款信用条件约束的情况下,长期借款的利息费用就是其税前的资本成本。由于长期借款的筹资费用很低,通常可忽略不计,因此,长期借款的税后资本成本为:

$$K_L = r_L(1-T)$$

4. 与债券定期付息类似,优先股股利通常是固定的,但优先股股利是从税后利润中支付的,根据优先股定价模型可以推导出优先股成本的计算公式为:

$$K_p = \frac{d_p}{P_p(1-f_p)}$$

5. 常用的确定普通股成本的计算方法有两大类,即股利贴现模型和资本资产定价模型。股利贴现模型是根据公司股利支付模式,通过相对应的股票定价模型推导得到估算资本成本的计算公式。根据资本资产定价模型,公司普通股的成本等于无风险利率加上适当的风险溢价,而适当的风险溢价等于按公司 β 值调整后的市场风险溢价。

6. 留存收益是公司税后利润中被留在公司内部用于未来发展而未作为股利发给股东的那部分,作为股东权益的一部分,虽然没有筹资费用,但并不是公司无偿使用的资金。因此,留存收益的成本应相当于没有筹资费用的普通股的成本。

7. 加权平均资本成本是以各类来源的资本额占总资本额的比重为权数,对个别成本进行加权平均而得到的,用来表明公司整体的资本成本。加权平均资本成本的大小不仅受个别资本成本的影响,而且受各类资本占总资本的比重的影响。按照不同的价值权重所计算出的加权平均资本成本是不同的,正确的计算方法是以目标市场价值比重为权数。

8. 折旧与留存收益一样,都是公司的内部资金来源。根据其性质,折旧资金的成本就是公司的加权平均资本成本。

9. 如果公司长期持有大量的短期负债,特别是当短期负债占公司资本的比例很高时,短期负债实质上已成为公司的一种长期性资金来源,这种情况下,在计算加权平均资本成本时必须加入短期负债的成本和相应的权重因子。

10. 边际资本成本是与筹资规模相联系的资本成本,它是指每新增加一个单位资本而增加的成本。测算不同筹资范围内的边际资本成本,首先需要确定公司的目标资本结构,计算边际个别资本成本;其次,计算筹资总额的分界点;最后根据筹资总额分界点、个别资本成本和目标资本结构计算出边际加权平均资本成本。

11. 项目资本成本是指能够反映投资项目风险的融资成本,在资本预算中可以用来计算项目现值或净现值的贴现率,以及选择项目的门槛利率(hurdle rate)。在资本预算中,若采用实施项目的公司的加权平均资本成本来代替项目的资本成本,需要满足两个前提条件:(1)项目的经营风险与实施项目的公司的其他资产的风险相同;(2)项目并不影响实施项目的公司的整体资本结构,项目保持相同的融资比例。当项目风险和资本结构与实施项目的公司不同时,则需要估算项目的资本成本。可以通过寻找代表企业的方法,以代表公司的资本成本数据为依据调整得到项目的资本成本。

12. 随着公司投资规模的不断扩张,公司的筹资规模也在增加,这时,应根据变化的边际资本成本来进行投资决策。

13. 调整现值法适合于项目在整个寿命期内负债的绝对水平已知的情况下对项目价值的估计。与加权平均资本成本不同,调整现值法不仅能够反映项目的净现值,而且能够给出不同融资因素对项目净现值的影响,从而为调整不同融资因素来改变项目的净现值提供了可能。

思考与练习

1. 为什么要计算公司的资本成本?如何计算个别资本成本?
2. 什么是公司的加权平均资本成本?如何计算?
3. 什么是公司的边际资本成本?为什么要计算边际资本成本?它在投资决策中有什么作用?
4. 影响公司加权平均资本成本的因素有哪些?为什么要选择目标市场价值资本结构作为计算加权平均资本成本中的权重因子?
5. 为什么折旧资金也有成本?
6. 在计算公司整体资本成本时,应该如何处理短期负债的成本?
7. 为什么留存收益也有成本?如何估计留存收益的成本?
8. 如何运用 APV 法?它与 WACC 法的主要区别是什么?什么情况下适宜采用 APV 法?
9. Z 公司发行每股面值为 100 元、股利率为 12% 的优先股,每发行一股优先股须负担相当于每股市价 8% 的发行成本。目前该公司优先股每股市价为 98.25 元。求该公司新优先股的资本成本。
10. 假如 L 公司决定在下年度发行票面利率为 14% 的债券。公司认为,它可以按某特定价格出售,而在此价格下,投资人能获得 16% 的收益率。假如公司所得税税率为 25%,试算出该公司的税后负债成本。
11. P 公司普通股股价为每股 25 元,去年每股现金股利为 0.8 元,发行新股的筹资费用是发行价的 8%,新股发行后每股现金股利和每股收益都将维持 10% 的年增长率，求 P 公司按市价发行普通股的资本成本。

12. 某公司的税后净利润、现金股利和股票价格的预期年增长率均为 9%，已知该公司股票的价格为每股 30 元，公司年底将每股支付 2.4 元的现金股利。问：该公司留存收益的资本成本是多少？

13. 下表为故乡汽车旅馆连锁公司的账面价值资产负债表。公司既有以不动产担保的长期债券，也有银行短期借款。已知公司担保债券的利率为 9%，银行贷款利率为 10%。此外，故乡公司还有 1 000 万股发行在外，每股 90 元，股票的期望收益率为 18%。假设公司债券的市场价值与其账面价值相等，公司边际税率为 35%。试计算故乡公司的 WACC。

故乡汽车旅馆连锁公司的账面价值资产负债表 单位：百万元

资产		负债及所有者权益	
现金及短期投资	100	应付账款	120
存货	50	银行贷款	280
应收账款	200	长期负债	1 800
不动产	2 100	所有者权益	400
其他资产	150		
资产总额	2 600	负债和所有者权益总值	2 600

14. 布森化学公司目前的目标负债比为 40%。公司考虑将现有业务规模扩大 100 万元。预计公司此后将因此每年获得 13 万元的期望净现金流入。公司尚不明确是否应该进行这次扩张，也未决定该采用哪种方式融资：一种方式是发行 100 万元的普通股，另一种方式是发行 100 万元的 20 年期债券。股票的发行成本将是所筹资金的 5%，债券的发行成本则为 1.5%。据公司财务经理估计公司权益要求的期望收益率为 14%，但由于新股的发行成本使其将上涨至 19%，基于这种分析，公司业务不该扩大。财务经理又指出，如果能够以 7% 的利率发行新债券融资，这就意味着新债券的资本成本为 8.5%。因此，他建议公司应该扩大业务，但必须采用发行债券的方式融资。请问，财务经理的分析对吗？你会怎样评估该项目？

15. 某公司有长期借款 200 万元，年利率为 5%，每年付息一次，到期一次还本；债券面额 500 万元，发行收入 600 万元，发行费率 4%，票面利率 8%，目前市场价值仍为 600 万元；普通股面额 500 万元，目前市价 800 万元，去年已发放的股利率为 10%，以后每年增长 6%，筹资费率为 5%；留存收益账面价值 250 万元，假设留存收益的市场价值与账面价值之比与普通股一致。公司所得税税率为 40%。试求公司的加权平均资本成本。

16. C 公司拥有长期资金 1 200 万元，其中，长期借款 240 万元，长期债券 360 万元，普通股 600 万元。由于扩大经营规模需要，公司拟筹措新资，仍保持原有资本结构。随着新筹资额的增加，各种资本成本的变化如下表所示。试计算筹资总额分界点，并计算各筹资范围内的边际资本成本。

C 公司扩大经营规模时各种资本成本变化表

长期借款	10 万元及 10 万元以内	6%
	10 万元以上	8%
长期债券	60 万元及 60 万元以内	11%
	60 万元以上	13%
普通股	80 万元及 80 万元以内	15%
	80 万元以上	16%

17. BBK 公司正考虑一个投资额为 1 000 万美元的投资项目,项目的寿命为 5 年,按直线法提取折旧,每年折旧 200 万美元。项目每年可产生净现金流 350 万美元。公司的所得税税率为 34%。市场无风险利率为 10%,权益资本成本为 20%。公司能够得到一笔 5 年期的一次性偿还的贷款 7 500 万美元,按无风险利率 10% 计息。债务的筹资费为总贷款额的 1%,可在整个借款期内按直线法摊销。请用调整现值法分析该项目的价值,并判断该项目是否可行。

第十一章　　确定资本结构

┃本章概要┃

　　本章将讨论为了实现公司价值最大化,应当如何确定公司的资本结构。在公司金融理论和实务中,资本结构通常指公司长期资本中负债资本与权益资本的比例。资本结构是公司采取多种方式进行融资所形成的结果,因此是筹资决策时需要考虑的重要问题。围绕着最佳资本结构这一核心问题,理论界和实务界一直存在各种不同的观点。资本结构理论研究资本结构与公司价值之间的关系,对此作出各种分析和解释。本章将主要介绍MM资本结构理论、权衡理论、优序融资理论等重要的理论模型。此外,本章还将讨论资本结构对公司财务杠杆和财务风险的影响,以及公司融资实务中常用的确定资本结构的方法。

┃学习目标┃

　　1. 了解并掌握MM资本结构理论、权衡理论和优序融资理论的主要内容与基本观点。
　　2. 理解财务杠杆效应、财务风险的含义,了解有效利用财务杠杆利益的基本前提,掌握财务杠杆系数和联合杠杆系数的衡量方法。
　　3. 掌握根据资本成本选择资本结构的方法。
　　4. 掌握息税前收益-每股收益分析法。
　　5. 学会运用股价分析的方法选择资本结构。
　　6. 了解公司资本结构决策的主要影响因素。

引　言

　　公司可以采取多种方式进行融资,无论何种融资方式都是两种基本资本类型的组合:债务资本和权益资本。负债融资对公司有十分重要的意义,但如果负债太多以至于难以偿还债务的本息,公司管理层将不得不采取一些对股东不利的决策,如被迫变卖能够创造价值的资产等。但如果负债太少,就不能充分利用债务利息税收的屏蔽作用以节约利息支出,也不能充分利用债务的杠杆作用以增加股东收益,从而不能有效地利用负债提高公司价值。因此,负债的比例或公司的资本结构是公司融资决策的核心问题。公司在进行融资决策时,不仅要考虑资本成本,还要从理论上和具体操作方法上解决如何选择一个合适的能够有利于实现公司价值最大化的资本结构的问题。

第一节 资本结构理论

资本结构通常是指公司长期资本的构成及其比例关系[①],即债务资本(D)与权益资本(E)的比值(D/E)。由于公司的总资本是债务资本和权益资本之和($E+D$),因此资本结构常常表述为债务资本与总资本之比值($D/(D+E)$)。资本结构理论主要阐述公司负债、资本成本与公司价值之间的关系。通常称资本结构问题的研究方法为"馅饼模型"。从公司金融理论的角度看,公司资产就是一块巨大的馅饼,股东和债权人都对公司资产所创造的现金流享有一定的要求权。如果公司管理层的目标是尽可能地使公司资产价值增加,那么公司就应该选择使馅饼——公司价值尽可能大的资本结构。

MM资本结构理论是最著名的资本结构理论,由当时在美国麻省理工学院任教的诺贝尔奖获得者弗兰克·莫迪利安尼(Franco Modigliani)和莫顿·米勒(Merton Miller)两位教授创立。从资本结构理论史来看,MM资本结构理论可作为分界线。在MM资本结构理论创立之前,传统的资本结构理论建立在经验和判断的基础上,缺乏严格的推理和证明。1958年,莫迪利安尼和米勒在一系列假设条件下建立并证明的资本结构理论[②],首次以严格的理论推导得出了资本结构与企业价值的关系,推动了财务管理理论的发展。后来的资本结构理论研究先是建立在MM理论基础上,集中在对MM理论假设条件放松的讨论,主要考虑公司外部因素对资本结构的影响。20世纪70年代末,随着信息理论研究的兴起,信息理论中一些主要的概念如委托、代理、信号、契约、激励等,开始被引入公司金融学中,成为公司资本结构理论研究的分析工具。此后,资本结构理论不再仅从税收、破产成本等外部因素分析由此产生的对公司资本结构及市场价值产生的影响,而是试图从公司的内部因素来分析资本结构的问题,从而给资本结构理论问题开辟了新的研究方向,提供了新的思路。

一、早期的资本结构理论

早期的资本结构理论都比较零散,不系统。从文献上看,1952年大卫·杜兰德(David Durand)的一篇题为"企业债务和权益成本计量方法和发展问题"[③]的文章是对传统资本结构观点最为系统全面的概述。在此文中,杜兰德把当时人们对资本结构理论的认识概括为三种:净营业收益理论、净收益理论和传统理论。

(一)净营业收益理论

净营业收益理论的核心思想是,无论公司负债多少,其加权平均资本成本都不变,因此公司的总价值也不变,即公司的资本成本和公司价值都与公司资本结构无关。

该理论认为,当公司增加债务比例时,即使债务成本不发生变化,由于负债增加了公

---

① 此外,还有一种广义的资本结构含义,是指公司资产负债表右边的所有资金的组合结构。但资本结构理论研究中通常采用狭义的概念:仅指长期资本的组合结构。

② Franco Modigliani, Merton Miller, "The Cost of Capital, Corporation Finance and the Theory of Investment", *American Economics Review*, June 1958, 261—297.

③ David Durand, "Cost of Debt and Equity Funds for Business Trends and Problems of Measurement", *National Bureau of Economic Research*, Conference on Research on Business Finance, New York, 1952.

司权益的风险，权益资本所要求的回报率就会上升，从而导致公司的加权平均资本成本保持不变。市场总是将公司的价值作为一个整体进行资本化，因此，权益和债务的比例关系并不重要。

因为

$$K_w = K_d \frac{D}{D+E} + K_e \frac{E}{D+E} \tag{11-1}$$

$$V = D + E$$

所以

$$K_e = \left(K_w - \frac{D}{V}K_d\right)\frac{V}{E} = K_w + (K_w - K_d)\frac{D}{E} \tag{11-2}$$

上述关系可以用图11-1来表示。

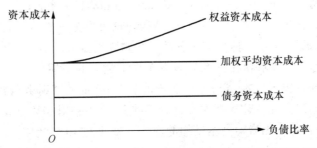

图11-1 净营业收益理论对资本成本与资本结构关系的解释

例11.1 假设RC公司的资本全部由普通股组成，共有发行在外的普通股2 000 000股，每股市价为10美元。预期本年度的息税前收益为2 000 000美元，公司的红利支付率为100%。现在，公司决定以6%的利率发行价值8 000 000美元的债务，并用发债所得资金回购40%的公司股票。发债后，公司总资本为20 000 000美元，其中普通股为12 000 000美元，债务为8 000 000美元。假设没有所得税，则公司发债前每股收益和每股红利都等于1美元，并且股权资本成本就是公司的加权资本成本，即有：

$$K_e = D_1/P_0 = 1/10 = 10\%$$

发债后，资本结构变动使得每股收益和每股红利增加为：

$$DPS_1 = EPS_1 = \frac{2\,000\,000 - 480\,000}{1\,200\,000} = 1.267 (美元)$$

资本结构变动的结果使得每股收益提高了26.7%，这是否会降低公司加权资本成本和提高股票价值呢？根据净营业收益理论，改变结构后公司的权益资本成本、加权平均资本成本以及公司价值可分别计算如下：

$$K_e = 1\,520\,000/12\,000\,000 = 12.67\%$$
$$K_w = 6\%(8/20) + 12.67\%(12/20) = 10\%$$
$$V = 2\,000\,000/0.1 = 20\,000\,000(美元)$$

虽然在总资本中增加了成本较低的债务资本，但由于负债增加引起权益资本成本上升，从而使得加权平均资本成本保持不变，因此，企业总价值不受资本结构影响。

(二) 净收益理论

净收益理论的核心思想是,公司增加负债,债务资本成本与权益资本成本都将保持不变,而随着成本较低的债务资本在总资本中的比例的增加,公司加权平均资本成本降低,因此增加负债会增加公司价值。上述关系如图 11-2 所示。

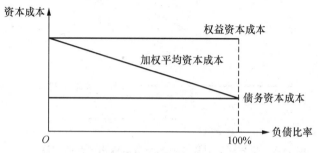

图 11-2 净收益理论对资本成本与资本结构关系的解释

如例 11.1 中,当 RC 公司资本结构改变后,需要从公司息税前收益中扣除利息后才是属于公司权益资本的收益,因此,属于权益资本的收益变为 1 520 000 美元(2 000 000 - 480 000)。根据净收益理论,公司增加负债并不会改变公司权益资本的成本,即公司的权益资本成本仍保持没有负债时的 10%,从而公司负债后普通股的市场价值变为:

$$E = 1\,520\,000/10\% = 15\,200\,000(美元)$$

而公司价值则上升为:

$$V = D + E = 15\,200\,000 + 8\,000\,000 = 23\,200\,000(美元)$$

此时,公司的加权平均资本成本为:

$$K_w = 6\%(80/232) + 10\%(152/232) = 8.62\%$$

由于权益资本成本和债务资本成本都保持不变,且债务资本成本低于权益资本成本,因此,随着负债的增加,加权平均资本成本降低,公司价值上升。

(三) 传统理论

净营业收益理论和净收益理论都是通过对收益进行资本化来分析资本结构对企业价值的影响,却得到了完全不同的结论。差别产生的根本原因在于资本化率的确定。净营业收益理论是用企业的加权平均资本成本对企业的净营业收益进行资本化,由于该理论认为资本结构的改变只是改变了企业总风险在股东和债权人之间的分布,并不改变风险总量,因此,不论负债多少,加权平均资本成本都保持不变,由此得到的企业总价值也是不变的。净收益理论是用权益资本成本对净收益进行资本化,由于该理论认为谨慎地增加债务不会增加股东的风险,从而利用债务会使公司加权平均资本成本下降,企业价值增加。显然,这两种理论与现实都相差甚远。传统的资本结构理论则是介于上述两种理论之间的较为符合现实的一种简单理论。

传统理论认为,公司增加债务会增大权益资本风险,从而导致权益融资成本的上升,但在负债比率较低的阶段内,权益资本成本的上升并不会完全抵消债务增加带来的好处,因此,公司的加权平均资本成本呈现下降趋势,公司价值因此而增加。但是,当负债比率超过一定限度后,权益资本成本的上升就不能被低成本债务比例增加所带来的好处抵消,此时,加权平均资本成本开始上升,公司价值开始下降。加权平均成本由下降变为上升的转折点,就是加权平均成本的最低点,此时的负债比例代表公司的最佳资本结构。传统资本结构理论可以用图11-3来表示。

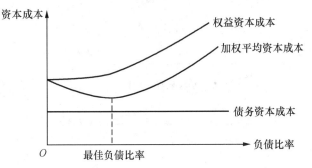

图11-3 传统理论对资本成本与资本结构关系的解释

二、MM 资本结构理论

(一) MM 理论的基本假设条件①

(1) 公司的经营风险由其息税前收益(EBIT)的标准差衡量,具有相同经营风险的公司处于同类风险等级。

(2) 投资者对于公司未来收益和这些收益的风险的预期是相同的。

(3) 公司的股票和债券在完善的资本市场上交易,也就是不存在交易成本、信息不对称和税收。②

(4) 不论是个人投资者还是机构投资者都可以同公司一样按相同的利率借款,而且不论借债多少,公司和个人的负债均无风险,即公司和个人都可以发行无风险债券或按无风险利率借入资金。

(5) 公司每年产生的预期现金流是固定不变而且无限期的,即公司的息税前收益是一种永续年金,公司处于零增长状态。

(二) 无公司所得税时的 MM 模型

在上述假设前提下,Modigliani and Miller(1958)证明了,若两家公司除资本结构外,其他各方面的情况完全相同,则两家公司的价值也完全相同。如果两家公司的价值不同,就会存在套利机会。换句话说,公司价值与资本结构无关。

MM 资本结构无关论的基本观点是,企业的总价值取决于它的基本获利能力和风险程度,只要这两条不变,无论将公司的资本在债务、权益和其他部分之间如何划分,公司的总价值总是恒定的。公司的总价值就相当于一张馅饼的价值,不管这张馅饼被如何切

---

① 参见 Franco Modigliani, Merton Miller, "The Cost of Capital, Corporation Finance and the Theory of Investment", *American Economics Review*, June 1958, 261—297; "Corporate Income Taxes and the Cost of Capital: A Correction", *American Economic Review*, June 1963, 433—443.

② 后来,MM 定理去掉了无税收的假定。

割,整张饼的价值是不会改变的,资本结构只是改变了饼的切法,如图11-4所示。

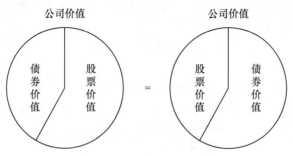

图11-4 资本结构与公司价值无关

1. MM 定理 1:企业价值模型

如果两个公司处于相同的风险等级,且具有相同的息税前收益,则负债公司的价值等于无负债公司的价值。

$$V_U = V_L = \frac{\text{EBIT}}{K_{eu}} = \frac{\text{EBIT}}{\text{WACC}} \tag{11-3}$$

式中,V_U 表示无负债公司的价值;V_L 表示负债公司的价值;K_{eu} 表示投资者对无负债公司要求的回报率,也就是其股权资本成本;WACC 表示负债公司的加权平均资本成本;EBIT 表示公司的息税前收益。

MM 定理 1 的证明: 假设有两家公司 U 和 L,除了资本结构以外,各方面的情况完全相同。公司 U 为无负债公司,其公司价值就等于其权益资本的价值,即有 $V_U = E_U$。公司 L 为负债公司,其公司价值是权益资本价值与债务价值之和,即有 $V_L = D_L + E_L$。设两公司拥有永续的息税前收益,负债利率为 K_d。显然,投资者可以选择表11-1 中的任一方案进行投资,其投资的价值与投资收益如表中所示。

表 11-1 投资者的投资选择

投资方案	投资的价值	投资收益
(1)购买 α 比例公司 U 的股票	$\alpha E_U = \alpha V_U$	αEBIT
(2)分别购买 α 比例公司 L 的普通股和债券	$\alpha E_L + \alpha D_L = \alpha V_L$	$\alpha(\text{EBIT} - K_d D_L) + \alpha K_d D_L = \alpha\text{EBIT}$

两个投资方案的投资收益和风险相同,在理想的资本市场上,其投资价值必然相等,即:

$$\alpha V_U = \alpha V_L$$

由于公司价值可以通过对收益资本化来得到,因此公司 U 和公司 L 的价值又可以表示为:

$$V_U = \frac{\text{EBIT}}{K_{eu}} = V_L = \frac{\text{EBIT}}{\text{WACC}}$$

如果违反了上述命题,就会出现无风险套利。下面的例子说明了无风险套利的情况。

例 11.2 设公司 L 和公司 U 的 EBIT = 1 000 000 美元，公司 L 资本结构中含有 5 000 000 美元利率为 8% 的负债。根据 MM 的假设条件，公司普通股的价值可由下式计算得到：

$$E = \frac{\text{EBIT} - K_d D}{K_e}$$

假如公司 U 与公司 L 普通股的报酬率都等于 10%，以 K_{eu} 表示公司 U 的权益报酬率，以 K_{eL} 表示公司 L 的权益报酬率，则可计算得到这两个公司各自的权益价值和公司价值如下：

$$E_u = \frac{\text{EBIT} - K_d D_u}{K_{eu}} = \frac{1\,000\,000 - 0}{0.1} = 10\,000\,000(美元)$$

$$V_u = E_u + D_u = 10\,000\,000 + 0 = 10\,000\,000(美元)$$

$$E_L = \frac{\text{EBIT} - K_d D_L}{K_{eL}} = \frac{1\,000\,000 - 0.08(5\,000\,000)}{0.1} = 6\,000\,000(美元)$$

$$V_L = E_L + D_L = 6\,000\,000 + 5\,000\,000 = 11\,000\,000(美元)$$

上述结果意味着，在套利行为未发生前，负债公司的市场价值大于无负债公司。假如你持有 20% 的公司 L 的股票，此项投资的市场价值等于 1 200 000 美元（6 000 000 × 0.2），则你就可以按下述方法进行无风险套利：

首先，按 1 200 000 美元的市场价值卖出所持有的公司 L 的股票；同时，向银行借入利率为 8% 的资金 1 000 000 美元（相当于 20% 的 L 公司的负债额）；然后，购买 20% 的公司 U 的股票，共付出 2 000 000 美元（10 000 000 × 0.2）。在采取了上述行动之后，你的总收入为 2 200 000 美元（其中 1 200 000 美元来自卖出公司 L 的股票的收入，1 000 000 美元来自银行借款），但你的总支出只有 2 000 000 美元，所以可将 200 000 美元的净收入用于购买 8% 的无风险证券，这样每年可得利息 16 000 美元。新、旧投资的收益如表 11-2 所示。

表 11-2　无风险套利前后投资收益的比较　　　　　　　　　　　　　　　单位：美元

旧投资收益：公司 L 的股票所提供的报酬	120 000
新投资收益：公司 U 的股票所提供的报酬	200 000
减：银行负债利息	80 000
加：无风险投资利息收入	16 000
得：新投资总收益	136 000

通过无风险套利，你轻松地获得了 16 000 美元的额外利息收入，而你不过是用个人负债取代了公司负债，在没有增加任何风险的情况下，提高了投资收益。所有的投资者都会采取类似的套利行动，即抛售公司 L 的股票，购买公司 U 的股票，其结果必然使得公司 L 的股票价格下跌，公司 U 的股票价格上涨，直至公司 L 和公司 U 的市场价值趋于一致，此时，市场处于均衡状态。在一个理想的资本市场上，任何套利机会都会很快消失，因此，公司和公司的价值保持一致。

MM 定理 1 实质上论证了公司价值的守恒定律，即公司的价值由公司净现金流量决定，无论该现金流如何划分，都不会影响现金流的价值。公司的债权人和股东对公司的净现金流拥有不同的权利，公司负债率不同，净现金流的划分方式也不同，而净现金流的划分方式并不影响公司的价值。

2. MM 定理 2：公司股本成本模型

负债企业的权益资本成本等于同风险等级的无负债公司的权益成本加上一笔风险

溢酬,而这笔风险溢酬的大小则由负债的比重决定。

$$K_{eL} = K_{eu} + (K_{eu} - K_d)(D_L/E_L) \tag{11-4}$$

式中,K_{eL}表示负债公司的权益资本成本;K_{eu}表示无负债公司的权益资本成本。

MM 定理 2 的证明:已知在无税收情况下,负债公司普通股的报酬率可由以下计算公式求出:

$$K_{eL} = \frac{\text{EBIT} - K_d D_L}{E_L}$$

由 MM 定理 1 可以得到:

$$V_L = E_L + D_L = V_u = \frac{\text{EBIT}}{K_{eu}}$$

$$\text{EBIT} = K_{eu}(E_L + D_L)$$

将上式代入负债公司普通股报酬率的计算公式中可得:

$$K_{eL} = \frac{K_{eu}(E_L + D_L) - K_d D_L}{E_L}$$

$$= \frac{K_{eu} E_L}{E_L} + \frac{K_{eu} D_L}{E_L} - \frac{K_d D_L}{E_L} = K_{eu} + (K_{eu} - K_d)\left(\frac{D_L}{E_L}\right)$$

据此,可以得到负债公司的加权平均资金成本为:

$$\text{WACC}_L = K_d\left(\frac{D_L}{V_L}\right) + K_{eL}\left(\frac{E_L}{V_L}\right) = K_d\left(\frac{D_L}{V_L}\right) + \left[K_{eu} + (K_{eu} - K_d)\left(\frac{D_L}{E_L}\right)\right]\left(\frac{E_L}{V_L}\right)$$

$$= K_d\left(\frac{D_L}{V_L}\right) + K_{eu}\left(\frac{E_L}{V_L}\right) + K_{eu}\left(\frac{D_L}{V_L}\right) - K_d\left(\frac{D_L}{V_L}\right)$$

$$= \frac{D_L + E_L}{V_L}(K_{eu}) = K_{eu}$$

MM 定理 2 说明,当公司的债务增加时,其股权成本也会随之增加,并且满足(11-4)式所描述的数学关系。

MM 的两个定理揭示了这样一个理论:在无公司所得税的情况下,增加公司的债务并不能降低公司的资本成本,也不能提高公司的价值,负债带来的利益完全被它同时带来的风险给抵消了。

图 11-5 描述了 MM 定理 1 和定理 2。

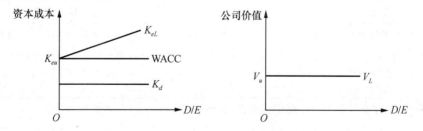

图 11-5　MM 定理 1 和定理 2 所描述的资本结构、公司价值和资本成本

(三) 有公司所得税时的 MM 模型

资本结构与公司价值不相关这一结论建立在理想的资本市场基础上,一个明显与现实不符的假定就是不存在税收。为了考虑所得税的影响,莫迪利安尼和米勒于1963年又提出了有公司所得税时的 MM 模型。[①] 其基本观点是,将公司所得税纳入考虑后,公司的息税前收益将由债权人、政府和股东三方分享,但公司的价值仅仅是属于债权人收益的现值与属于股东收益的现值之和。如果不同的资本结构可以导致不同的公司所得税支出,则能使所得税支出最小的资本结构将导致公司价值最大。由于负债的利息可以抵税,因此,公司的价值会随着负债融资程度的提高而增加,如图 11-6 所示。

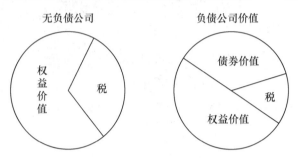

图 11-6　存在公司税时的资本结构馅饼图

存在公司所得税时的 MM 模型也有两个定理。

1. MM 定理 1:公司价值模型

负债公司的价值等于具有同等风险等级但未使用负债的公司的价值加上负债的节税利益。

$$V_L = V_u + TD \tag{11-5}$$

式中,V_L 为负债公司价值;V_u 为无负债公司价值;T 为公司所得税税率;D 为负债公司债务资本总额。

MM 定理 1 的证明: 设有两家公司 U 和 L,除了资本结构以外,两公司各方面的情况完全相同。公司 U 为无负债公司,其公司价值就等于其权益资本的价值,即有 $V_u = E_u$。公司 L 为负债公司,其公司价值是其权益资本价值与债务价值之和,即有 $V_L = E_L + D$。设两公司拥有永续的息税前收益(EBIT),负债利率为 K_d。显然,投资者可以选择表 11-3 中的任一方案进行投资,其投资的价值与投资收益如表中所示。

表 11-3　投资者的投资选择

投资方案	投资的价值	投资收益
(1) 购买 α 比例公司 L 的股票	αE_L	$\alpha(\text{EBIT} - K_d D)(1-T)$
(2) 购买 α 比例公司 U 的普通股,并借入数量为 $\alpha D(1-T)$ 的资金	$\alpha E_u - \alpha D(1-T)$	$\alpha \text{EBIT}(1-T) - \alpha K_d D(1-T)$ $= \alpha(\text{EBIT} - K_d D)(1-T)$

两项投资的收益相等,在理想的资本市场上,其投资价值必然相等,即:

$$\alpha E_L = \alpha E_u - \alpha D(1-T)$$

---

① 参见 Franco Modigliani, Merton Miller, "Corporate Income Taxes and the Cost of Capital: A correction", *American Economic Review*, June 1963, 433—443。

整理上式后得：
$$E_L + D(1-T) = E_u$$
因为 $E_u = V_U$；$E_L + D = V_L$
所以
$$V_L = V_u + TD$$

MM 定理 1 意味着，在考虑了公司所得税以后，负债公司的价值会超过无负债公司的价值，负债越多，这个差异就越大，因此，公司的资本结构中应包含尽可能多的债务以减轻公司的所得税负担，从而增加公司的价值。

MM 定理 2：公司股本成本模型

负债公司的股本成本等于无负债公司股本成本加上一笔风险溢酬。

$$K_{eL} = K_{eu} + (K_{eu} - K_d)(1-T)D/E \tag{11-6}$$

式中，K_{eL} 表示负债公司的权益资本成本；K_{eu} 表示无负债公司的权益资本成本。

MM 定理 2 的证明：已知公司税后净利为：
$$NI = (EBIT - K_d D)(1-T) = EBIT(1-T) - K_d D(1-T)$$

由于公司价值等于其未来息税前收益的折现值，根据存在公司所得税时 MM 定理 1 所揭示的负债公司和无负债公司价值之间的关系，可得：
$$EBIT(1-T) = K_{eu} V_u = K_{eu}(V_L - DT)$$

将上式代入公司净利的公式中，有：
$$NI = K_{eu}(V_L - DT) - K_d D(1-T) = K_{eu} V_L - K_{eu} TD - K_d D(1-T)$$

则负债公司权益资本成本可由下式得到：
$$K_{eL} = \frac{NI}{E_L} = \frac{K_{eu} V_L - K_{eu} TD - K_d D(1-T)}{E_L} = \frac{K_{eu}(E_L + D) - K_{eu} TD - K_d D(1-T)}{E_L}$$
$$= K_{eu} + K_{eu}(1-T)\frac{D}{E_L} - K_d(1-T)\frac{D}{E_L} = K_{eu} + (K_{eu} - K_d)(1-T)D/E_L$$

MM 定理 2 模型中的风险溢酬的大小视负债融资的程度及公司所得税税率的高低而定。由于因子 $1-T$ 总是小于 1，因此，尽管负债公司的权益资本成本会随着负债融资程度的提高而上升，但上升的速率却较未考虑公司所得税时 MM 定理 2 模型所描述的负债公司权益资本成本上升速率慢。这一特性加上债息可以抵税，导致公司所使用负债越多，加权平均资金成本就越低，从而公司的价值就越大。

存在公司所得税时的 MM 定理 1 和 MM 定理 2 所揭示的公司价值、资本成本和资本结构之间的关系可以用图 11-7 表示如下。

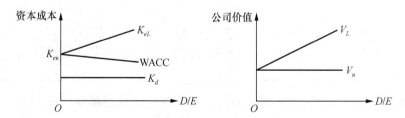

图 11-7 存在所得税时的 MM 定理 1 和 MM 定理 2

(四) MM 模型的应用举例

例 11.3 下面所列为瑞安公司的财务资料：

（1）公司目前未进行负债融资，资本结构完全由普通股权益资本构成。

（2）公司处于零成长状态，在未来各年度中，它的 EBIT 固定等于 6 400 000 元。

（3）公司将所有的盈利都当作股利发放给股东。

（4）若公司开始使用负债，不管负债融资程度有多高，它所需负担的债务利率都固定等于 10%。此外，由举债而来的资金将被用来取代部分的普通股权益，因而公司的总资产保持不变。

（5）如不进行负债融资，普通股股东所要求的收益率等于 16%。

试用 MM 理论解释瑞安公司的资本结构与公司价值、资本成本之间的关系。

解 （1）首先分析不存在公司所得税时的状况。

根据 MM 理论，在任何负债水平下，瑞安公司的价值都应该等于 40 000 000 元，即：

$$V_L = V_u = \frac{\text{EBIT}}{K_{eu}} = \frac{6\,400\,000}{0.16} = 40\,000\,000(元)$$

假设公司决定改变其现有的融资政策，借入 20 000 000 元的债务并替换部分普通股，由于公司总价值不变，因此，资本结构改变后，其普通股的价值必然等于 20 000 000 元，即：

$$E_L = V_L - D = 40\,000\,000 - 20\,000\,000 = 20\,000\,000(元)$$

此时公司的权益资本成本和加权平均资本成本为：

$$K_{eL} = K_{eu} + (K_{eu} - K_d)(1 - T)D/E$$

$$K_{eL} = 0.16 + (0.16 - 01)(20\,000\,000/20\,000\,000) = 22\%$$

$$\text{WACC} = (D/V_L)(K_d)(1 - T) + (E_L/V_L)K_{eL}$$

$$= (20\,000\,000/40\,000\,000)(0.1) + (20\,000\,000/40\,000\,000)(0.22) = 16\%$$

表 11-4 列出了瑞安公司在无公司所得税时不同负债水平下的公司价值与资本成本。表中数据表明在没有公司所得税的情况下，负债融资程度不会影响公司价值和加权平均资本成本。

表 11-4 瑞安公司的资本结构、公司价值和资本成本测算表   单位：百万元

负债额 D	普通股权益 E	公司价值 V	负债比率 $D/V(\%)$	普通股报酬率 $K_e(\%)$	债务利率 $K_d(\%)$	加权平均成本 WACC(%)
0	40	40	0	16	10	16
10	30	40	25	18	10	16
20	20	40	50	22	10	16
30	10	40	75	34	10	16
40	0	40	100	—	10	

（2）其次，分析存在公司所得税时的状况。设公司所得税税率为 25%，其他假设不变。

若无负债，公司价值为：

$$V_u = \frac{\text{EBIT}(1 - T)}{K_{eu}} = \frac{6\,400\,000(1 - 0.25)}{0.16} = 30\,000\,000(元)$$

若公司负债 20 000 000 元,根据 MM 理论,公司价值上升为:
$$V_L = V_u + DT = 30\,000\,000 + 0.25(20\,000\,000) = 35\,000\,000(元)$$
公司普通股价值下降为:
$$E_L = V_L - D = 3\,500\,000 - 20\,000\,000 = 15\,000\,000(元)$$
公司普通股资本成本和加权平均资本成本为:
$$K_{eL} = K_{eu} + (K_{eu} - K_d)(1 - T)D/E$$
$$K_{eL} = 0.16 + (0.16 - 0.1)(1 - 0.25)(20\,000\,000/15\,000\,000) = 22\%$$
$$WACC = (20\,000\,000/35\,000\,000)(0.1)(1 - 0.25)$$
$$+ (15\,000\,000/35\,000\,000)(0.22) = 13.71\%$$

表 11-5 列出了存在所得税时,瑞安公司不同负债水平下的公司价值与资本成本。

表 11-5 存在所得税时瑞安公司的资本结构、公司价值和资本成本测算表　单位:百万元

负债额 D	普通股权益 E	公司价值 V	负债比率 $D/V(\%)$	普通股报酬率 $K_e(\%)$	债务利率 $K_d(\%)$	加权平均成本 $WACC(\%)$
0	30.00	30.00	0.00	0.00	10	0.00
5	26.25	31.25	16.00	16.86	10	15.35
10	22.50	32.50	31.77	18.00	10	14.77
15	18.75	33.75	44.44	19.60	10	14.22
20	15.00	35.00	57.14	22.00	10	13.71
25	11.25	36.25	69.97	26.00	10	13.24
30	7.50	37.50	80.00	34.00	10	12.80
35	3.75	38.75	90.32	58.00	10	12.38

进一步比较无负债和有负债时的公司债权人与股东权益价值。
无负债时,股东净收益为:
$$6\,400\,000(1 - 0.25) = 4\,800\,000(元)$$
负债 20 000 000 元时,股东净收益为:
$$(6\,400\,000 - 20\,000\,000 \times 0.1)(1 - 0.25) = 3\,300\,000(元)$$
此时股东的净收益比起无负债时减少了 150 万元,即:
$$4\,800\,000 - 3\,300\,000 = 1\,500\,000(元)$$
而公司股东和债权人的净收益之和比起无负债时增加了 50 万元,即:
$$(3\,300\,000 + 2\,000\,000) - 4\,800\,000 = 500\,000(元)$$

这笔钱恰好是政府税收的减少额。尽管公司为借入 2 000 万元的债务,每年要多支付 200 万元的利息,但股东的实际收入只比没有负债时减少了 150 万元,也就是说,股东只用 150 万元的利息支出支付了 200 万元的利息,余下的 50 万元的利息是以向政府少缴纳所得税的方式,向债权人转移支付了。因此,如图 11-6 所示,在存在公司所得税的情况下,公司息税前收益不再是仅仅由股东和债权人两类利益相关者分享,而是由政府、股东和债权人三方共享。这样,如果能减少政府税收,就可以提高公司价值。

(五) 米勒模型

由于在存在公司所得税时,根据 MM 模型所得到的结论是公司的价值会随着负债比

率上升而增加,负债越多,公司价值越大,这明显与常理相悖。为此,米勒于1977年发表了论文"债务与税收",探讨公司所得税与个人所得税同时存在时负债对公司价值的影响。[①]

通常投资者都需要缴纳个人所得税。许多国家的个人所得税制度往往具有这样的特点:资本利得税的税率一般低于普通收入税(比如利息的税率),并且延至收入实现时缴纳。由于个人所得税的这一特点,往往要求债务的税前报酬 K_d 高于股权资本的税前报酬 K_e,而投资者关心的是债务的税后收益 $K_d(1-T_{pd})$ 和股权资本的税后收益 $K_e(1-T_{pe})$ 孰大孰小。米勒模型指出,在保持MM模型基本假设不变的前提下,将个人所得税纳入考虑后,对投资人而言,无负债公司的价值将等于:

$$V_u = \frac{\text{EBIT}(1-T_c)(1-T_{pe})}{K_{eu}} \tag{11-7}$$

式中,T_c 代表公司所得税税率;T_{ep} 代表适合个人普通股收入的个人所得税税率。由于普通股收入可能来自股利,也可能来自资本利得,当这两种收入的税率不同时,则为这两种税率的加权平均税率;K_{eu} 代表无负债公司股权资本的报酬率。

如果公司进行负债融资,从投资者的角度,可以将负债公司的现金流量分解为属于股东的净现金流量和属于债权人的净现金流量。以 CF_L 代表负债公司现金流量,有:

$$\text{CF}_L = \text{属于股东的净现金流量} + \text{属于债权人的净现金流量}$$
$$= (\text{EBIT} - I)(1-T_c)(1-T_{pe}) + I(1-T_{pd})$$
$$= \text{EBIT}(1-T_c)(1-T_{pe}) - I(1-T_c)(1-T_{pe}) + I(1-T_{pd}) \tag{11-8}$$

式中,T_{pd} 代表利息收入的个人所得税税率。

(11-8)式等号右边第一项是无负债公司股东的税后净收益,可以用无负债公司的股权资本成本贴现;第二和第三项是与利息有关的税后净现金流,与利息支付具有同等风险,应以债务成本 K_d 贴现,因此,负债公司的价值可以用以下公式表示为:

$$V_L = \frac{\text{EBIT}(1-T_c)(1-T_{pe})}{K_{eu}} - \frac{I(1-T_c)(1-T_{pe})}{K_d} + \frac{I(1-T_{pd})}{K_d}$$
$$= V_u + \frac{I(1-T_{Pd})}{K_d}\left[1 - \frac{(1-T_c)(1-T_{pe})}{(1-T_{pd})}\right]$$
$$= V_u + D\left[1 - \frac{(1-T_c)(1-T_{pd})}{(1-T_{pd})}\right] \tag{11-9}$$

(11-9)式等号右边第二项就是负债为股东带来的利益。对于(11-9)式作进一步讨论,可得如下结论:

(1) 当 $T_c = T_{pe} = T_{pd} = 0$ 时,即不存在税收时,该模型与1958年无税时的MM模型相同。

(2) 当 $T_{pe} = T_{pd}$ 时,即个人资本利得收入税率与利息收入税率相等时,等式右边第二项为 DT_c,则该模型与1963年只有公司所得税时的MM模型相同。

(3) 当 $1 - T_{pd} < (1-T_c)(1-T_{ps})$ 时,等式右边第二项为负数,此时负债公司的价值小于无负债公司的价值。

---

① Merton Miller,"Debt and Taxes",*Journal of Finance*,May 1977,261—275.

(4) 当 $1 - T_{pd} > (1 - T_c)(1 - T_{ps})$ 时，等式右边第二项为正数，此时负债公司的价值大于无负债公司的价值。

(5) 当 $1 - T_{pd} = (1 - T_c)(1 - T_{pe})$ 时，等式右边第二项为零，模型再次回到无税收时的 MM 模型。

上述结论说明同时考虑公司和个人所得税后，公司负债的杠杆利益也并不总是大于零的。

米勒模型还描述了债券市场的均衡状况。模型指出：当市场不均衡时，公司会通过改变资本结构来吸引具有不同税率的投资者。若市场上有大量的免税投资者，如养老基金等，当这部分投资者对债券的需求没有被满足时，公司会发行债券来吸引他们。当市场上的债券发行量逐渐增加时，免税投资者的购买能力逐渐下降，债券不得不卖给高边际税率的投资者。随着债券发行量的大量增加，债权人的边际税率上升，而公司不得不支付较高的利息以补偿债权人因所得税支付而减少的收入，但只要公司所得税税盾的价值仍高于为补偿个人所得税而支付的利息，负债经营就有利可图，公司仍然会继续发行债券。只有当增加负债而得到的公司所得税的税盾价值与公司所增加的对个人利息的补偿相等（即 $1 - T_{pd} = (1 - T_c)(1 - T_{pe})$）时，公司才会停止债券发行，此时市场达到均衡。将市场上所有的企业当作一个整体看，市场上有一个最优的负债总量，但对每一个公司而言，不存在最优的资本结构。

图 11-8 描述了米勒模型所揭示的债券市场的均衡。

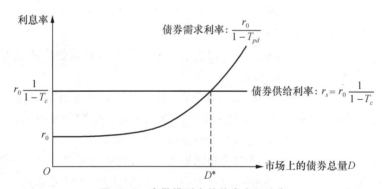

图 11-8　米勒模型中的债券市场均衡

市场上的投资者对债券的需求是一条向上弯曲的曲线，r_0 是利息完全免税的债券的均衡利率。从纵轴往右水平延伸的一段曲线表示完全免税的个人和机构对应税公司债券的需求。利息收入的个人所得税的边际税率为 T_{pd}，投资者对应税公司债券的需求利率是 $\dfrac{r_0}{1 - T_{pd}}$。由于个人所得税是累进的，因此债券的需求利率也必须不断提高，债券的需求曲线呈现向上延伸的弯曲形状。债券的需求曲线与水平的债券供给曲线相交时，市场债券总量达到 D^*，债券市场达到均衡。当债券市场上要出售的债券数量大于 D^* 时，就会使公司为弥补个人利息所得税而支付给投资者额外的利息补贴超过公司负债税收屏蔽所带来的价值，即当债券需求利率高于供给利率时，负债就会给公司造成损失。当公司发现发行债券收益减少时，就会减少发行量。反之，当债券发行量小于 D^* 时，债券需求利率会低于供给利率 $\dfrac{r_0}{1 - T_c}$，一些没有发行债券的公司会发现发行债券有利可图，于是便发行债券，这正是债券市场供需平衡的机制。

三、权衡理论

（一）财务危机成本

负债是一把双刃剑,它一方面减轻了公司的税收负担,另一方面却加大了公司发生财务危机的可能性。所谓财务危机是指公司不能履行对债权人的承诺或出现偿付困难。财务危机会使公司付出额外的代价甚至破产。因此,财务危机的成本是高昂的。

与公司破产相关的直接成本指由破产事务本身所引起的资金消耗,包括昂贵的律师费、会计师费、咨询费、法庭费等处理破产事务的现金支出。间接的破产成本是那些由于破产所导致的费用或经济损失但并非由破产事务本身所引起的资金消耗,如公司经理人在与债权人之间冗长烦琐的交涉过程和法律程序中所花费的大量时间和精力,破产过程中及破产之后销售收入的损失,因处理破产事务而受到制约的投资、被搁置的研究与开发、关键雇员的流失等。由破产引起的直接成本和间接成本会降低公司的价值。债权人意识到公司破产的这种可能性和后果,会通过收取一定的利息补偿以弥补公司违约的情况下债权人所承担的损失,股东则间接承担了预期破产成本。因此,公司决策者在考虑资本结构时,必须考虑到破产成本的影响。因为在其他条件相同的情况下,公司负债越多,破产的可能性也就越大。

财务危机不仅限于破产,同样会引起高昂的财务危机成本。公司发生财务危机时,往往伴随以下现象和相应的直接成本与间接成本：

（1）面临财务危机的公司往往急于出售公司的部分资产以清偿到期债务,这会导致公司资产大幅贬值。

（2）若公司无法渡过财务危机而导致破产,管理层可能失业,面临失业威胁的管理层为了避免公司倒闭,往往会在短期内采取一些有利于公司生存但会损害公司长期利益的行为,如降低产品质量,从而使公司的信誉在长期内受到影响。

（3）供应商和客户都可能注意到公司的财务危机,通常会采取一些尽可能少与公司打交道或对公司不利的做法。如供应商可能会停止供货,终止或降低原先提供的信用条件;客户可能会停止或减少对公司产品的购买量,或者要求公司提供更优惠的条件等,这些都会给公司带来很大的间接成本。1979 年,处于财务困境的克莱斯勒公司不得不靠打折销售其轿车和货车产品来吸引顾客,按平均每辆车的折扣为 300 美元计,克莱斯勒公司当年共出售了 143.8 万辆轿车和货车,财务危机给其带来了大约 4.31 亿美元的间接成本。

（4）处于财务危机中的公司往往会被其竞争者抢去一定的市场份额,高负债公司特别容易遭到采取较为保守融资策略的低负债竞争者的掠夺。竞争者往往会采取各种手段如故意降价等迫使高负债公司破产。

（5）当一家公司陷入财务危机后,面对巨额的偿债压力,公司往往倾向于选择回报快但净现值低的投资项目,而拒绝净现值高但回报慢的项目,这种被称为投资短视的行为显然会造成公司价值的降低。

上述各项破产成本和本不该发生的各项费用都是财务危机成本。虽然这个成本只有在公司出现财务危机或破产时才发生,却不能忽视财务危机成本可能产生的影响。财务危机预期成本的大小取决于两个因素:发生财务危机的概率和发生财务危机后所带来的成本。在其他条件相同的情况下,通常随着公司负债率的提高,发生财务危机的可能性也增大,财务危机的预期成本也相应增大,从而更多地抵消由于负债节税作用而带来的杠杆利益。因此,考虑到财务危机成本,公司负债就不再是越多越好,过度负债是不可取的。

（二）代理成本

公司负债引起的风险不仅会给公司带来财务危机成本,还会增加公司的代理成本。代理问题产生于委托人和代理人之间利益的潜在冲突,契约的不完善和信息的不对称导致委托人可能无法完全监督和约束代理人,代理人可能为了自身利益最大化而损害委托人的利益。当债权人和公司股东之间的利益面临冲突时,尤其是当公司面临财务危机时,公司管理者往往会为了股东利益而采取以下损害债权人利益的行动。

（1）资产替换。公司通过承诺谨慎运用资金获得低息贷款,但在实际运用时,却借入资金投入高风险的资产,试图获取高收益。若成功,股东独享高收益;若失败,债权人则需分担损失。

（2）风险转移。高负债公司的管理者更有动机进行冒险投资以转移风险。假如正好有两个投资机会:一个是低风险但有正的净现值的项目,该项目会增加公司价值,但不能提供足够高的投资回报以帮助公司偿还债务;另一个是高风险但净现值为负的项目,该项目一旦成功,能够获取足够偿还债务的回报。若公司管理者意识到公司很可能在债务到期时无力偿债,则很可能会选择高风险但净现值为负的项目。

（3）投资不足。意识到可能面临破产清算的公司的管理层出于股东利益的考虑,可能会拒绝具有正净现值的投资机会,而宁愿将现金保留下来作为股利发放,从而造成投资不足。无论是投资不足还是风险转移,这些极不正常的资本预算策略对公司来说成本很大。

（4）稀释债权。公司通过借入更多债务解决财务危机,负债率的提高使得净资产对债权的保护削弱,公司的财务风险进一步加大。

（5）抽逃现金。意识到可能面临破产清算,公司股东可能会通过增发现金股利或其他分配方式转移公司资产。

从债权人的角度,当资金出借给公司后,为防止或减少上述代理问题的发生,必须采取种种措施限制公司可能损害其利益的行为,如提高贷款利率、订立更严格的契约条款等。债权人的这些行为无疑会降低公司的经营效率,增加公司的成本。

无论是公司管理者为了股东利益所采取的损害债权人利益的非最优化公司行为,还是债权人为保护自身利益所采取的种种防范和监督措施,都是公司负债所引起的代理成本。在其他条件不变的情况下,公司负债率越高,通常代理成本也越大。因此,公司在进行融资决策时,必须考虑代理成本对公司价值的影响。

（三）权衡理论

财务危机成本和代理成本的存在使得债务融资不再具有那么大的吸引力。考虑财务危机成本和代理成本后的资本结构理论称为权衡理论(trade-off theory)。权衡理论所揭示的资本结构与公司价值之间的关系可以用以下模型表示：

$$V_L = V_u + TD - 预期财务危机成本的现值 - 代理成本的现值 \qquad (11\text{-}10)$$

权衡模型所描述的资本结构与公司价值之间的关系如图 11-9 所示。

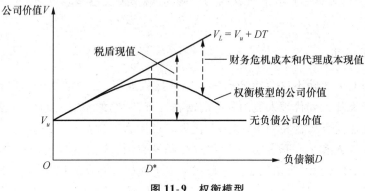

图 11-9　权衡模型

图 11-9 中的两条直线分别代表 MM 模型所描述的无负债公司和负债公司的价值线，弯曲的曲线代表权衡模型所描述的公司价值线。当公司负债率较低时，财务危机成本和代理成本非常小，税盾的影响起主要作用，随着负债率增加，公司价值也会增加。当公司负债率进一步增加后，财务危机成本和代理成本开始起明显作用，抵消了一些税收的优势，但其增加额仍然小于税盾的增加额，因此，公司价值仍然增加，直到 D^*，此时增加债务的边际税收收益恰好被债务增加所引起的财务危机成本和代理成本所抵消，超过该点后，财务危机成本和代理成本的影响起主要作用，公司价值开始呈现下降趋势。资本结构为 D^* 时，公司价值最大。

权衡模型在直观上很容易理解，它告诉我们，完全不负债和过多负债融资都是不可取的，在综合考虑了负债所带来的收益和成本后，企业应有一个最优的资本结构，而不像 MM 理论阐释的那样，似乎应该尽可能地借债。

由于影响资本结构及其与企业价值关系的因素很多，再加上预期的财务危机成本和代理成本难以准确估计，使得权衡模型无法精确地进行计量。不过，我们还是能从中得到一些重要的启示：

（1）税盾利益、财务危机成本和代理成本分析为我们提供了分析问题的一种有益思路，并可以据此估算出相关成本和公司价值。

（2）考虑到财务危机成本和代理成本的存在，在其他条件相同时，高风险等级的公司应比低风险等级的公司较少使用负债。

（3）房地产行业等具有较多有形资产的公司可以比主要依赖无形资产的公司拥有较高的负债，因为即使发生破产，有形资产相对于无形资产通常具有较高的清算价值。

（4）由于税盾利益，目前以高税率纳税并且将来也继续以高税率纳税的公司可以拥有较高的负债，以便有效地利用税收带来的好处。

权衡理论成功地解释了很多行业资本结构差异存在的原因。如高科技成长性公司，风险较大而且大多是无形资产，因此负债率较低；而航空公司风险较低，并且拥有价值很多的有形资产，通常承担着大量的债务。

权衡理论还可以解释为什么杠杆收购的目标公司通常是一些成熟的、现金流充裕但缺乏成长机会的公司。因为这些公司有能力承担高负债,而且能够充分利用负债的税盾利益。

四、优序融资理论

优序融资理论(peking order theory)包含以下内容:

(1) 相对于外部融资而言,公司更愿意内部融资,也就是利用留存收益和折旧的现金流。

(2) 公司以预期的投资机会和未来现金流量为基础来制定目标股利政策,即在竭力避免股利突然变化的前提下,尽量使股利目标支付水平与投资机会相适应。

(3) 稳定的股利、难以准确预测的盈利和投资机会导致公司内部现金流时而超过资本支出,时而低于资本支出。如果公司内部现金流超过所需的资本支出,就将超出部分投资于资本市场或用于还债、增加股利、回购股票、并购等。而当公司没有足够的内部现金流进行一个不能延迟的新项目时,则转向外部资本市场。

(4) 如果需要外部融资,公司首先选择发行债券,然后是混合证券(可转换债券),最后才轮到发行普通股。

资本结构理论进入到权衡理论之后,MM 理论中的许多假设都被松动了,但有一个假设却始终没有被触及,这就是充分信息的假设。根据这一假设,公司内部管理者和外部投资者对公司未来信息的掌握是一致的。优序融资理论则突破了这一假设。

优序融资理论认为,在实际中,内部管理者通常更多更快地了解公司内部的信息。显然,公司经理层只有在认为现有股票市场价格过高时才会选择发行股票;反之就不愿发行股票而选择发行债券。外部投资者当然知道这一点,因此,股票发行通常被认为是"坏消息",导致股价下跌,而债券发行则被认为是"好消息"。经理层(内部人)和投资者(外部人)之间的信息不对称越严重,股价对融资声明的反应就越强烈。正是由于这种信息不对称的存在,使得公司的融资行为成为传递公司经营状况的信号,从而导致负债融资优于权益融资。乐观的经理更愿意负债融资而不是在股价被低估时发行股票,悲观的差公司的经理被迫学样,只有在公司用完负债额度或受到财务困境威胁时才会发行股票。①

优序融资理论指出公司融资存在选择顺序,而不是权衡模型所描述的那样以一种平衡的方式融资。因此,它能够解释权衡理论所不能解释的一些令人困惑的公司行为规则。

例如,为什么在每一个行业中,盈利最高的公司通常都是负债率最低的公司?这显然与权衡理论不符。根据优序融资理论,盈利高的公司之所以负债率低,不是由于它们有很低的目标负债率,而是因为它们并不需要外部资金。而盈利低的公司由于没有足够

---

① 迈尔斯给出了优序融资理论,详见 Myers, Stewart C., "The Capital Structure Puzzle", *Journal of Finance*, July 1984, 575—592。人们还从很多其他角度对公司优序融资理论进行了解释,例如,税收和交易成本的存在有利于公司利用留存收益和负债而非发行股票来融资;发行成本在公司融资中也起着重要作用,债务的发行成本通常要小于股票;经理层通常不需要董事会批准就可以进行债务融资,而发行股票需要得到董事会的批准以及更多的外部审查。尤其是业绩不佳时,经理层就更不愿意接受审查而发行股票;当公司发行股票时,往往会引起股价下跌,因为降低负债水平就增加了现有负债的价值,并将财富从股东转移到债权人手,因此公司不会首选股票融资。另外,股票发行对于负债过多的财务困难的公司来说也不太具有可行性,等等。

的内部资金只得依靠外部融资,而由于外部融资首选债务融资,因此负债率高。它还解释了为什么大多数外部融资来自负债,以及为什么资本结构的改变服从外部融资的需要。

第二节 资本结构与财务杠杆效应

公司的资本结构通过财务杠杆乘数影响着股东收益。对于负债经营的企业来说,由于存在固定的利息费用,当息税前利润变动时,税后利润发生更大的变动,从而使得股东收益的不确定性增加。这种由于负债经营给股东收益带来的风险称为财务风险。显然,在营业风险既定的前提下,财务风险由资本结构通过财务杠杆决定。

一、财务杠杆效应分析

例 11.4 安阳公司准备筹集 1 000 000 元资金生产一种新产品,共有三种融资方式可以选择,具体融资方式如表 11-6 所示。表 11-7 则列示了预计的未来各种可能的息税前利润,以及在每种筹资方式下的每股收益。安阳公司的所得税税率为 30%。

表 11-6 安阳公司的融资方式

方案 1:债务为 0	
债务	0
股东权益	1 000 000 元
股票数量	500 000 股
方案 2:债务 20%,债务利息率为 10%	
债务	200 000 元
股东权益	800 000 元
股票数量	400 000 股
方案 3:债务 40%,债务利息率为 10%	
债务	400 000 元
股东权益	600 000 元
股票数量	300 000 股

表 11-7 安阳公司不同息税前利润水平下的每股收益

	EBIT (元)	EBIT 增长率(%)	利息费用 (元)	税后净利 (元)	EPS (元)	EPS 增长率(%)
筹资方案 1	-200 000	—	0	-140 000	-0.28	—
	0	—	0	0	0.00	—
	200 000	—	0	140 000	0.28	—
	400 000	100	0	280 000	0.56	100
	600 000	50	0	420 000	0.84	50
	800 000	33	0	560 000	1.12	33
	1 000 000	25	0	700 000	1.40	25

(续表)

	EBIT (元)	EBIT 增长 率(%)	利息费用 (元)	税后净利 (元)	EPS (元)	EPS 增长率 (%)
筹资 方案 2	-200 000	—	20 000	-154 000	-0.39	—
	0	—	20 000	-14 000	-0.04	—
	200 000	—	20 000	126 000	0.32	—
	400 000	100	20 000	266 000	0.67	109
	600 000	50	20 000	406 000	1.02	52
	800 000	33	20 000	546 000	1.37	34
	1 000 000	25	20 000	686 000	1.72	26
筹资 方案 3	-200 000	—	40 000	-168 000	-0.56	—
	0	—	40 000	-28 000	-0.09	—
	200 000	—	40 000	112 000	0.37	—
	400 000	100	40 000	252 000	0.84	127
	600 000	50	40 000	392 000	1.31	56
	800 000	33	40 000	532 000	1.77	35
	1 000 000	25	40 000	672 000	2.24	27

表 11-7 显示了在不同的息税前利润水平下,财务杠杆对每股收益的影响。例如,当息税前利润从 400 000 元增加到 600 000 元时,息税前利润增长率为 50%,若采用方案 1,每股收益增长率同样也是 50%,在其他情况下,每股收益增长率也都与息税前利润增长率相同;若采用方案 2,每股收益增长率则为 52%,高于息税前利润增长率,在其他情况下,每股收益增长率都高于息税前利润增长率;若采用方案 3,每股收益增长率达到 56%,不仅高于息税前利润增长率,而且高于方案 2 的每股收益增长率,在其他情况下,也都存在这种结果。显然,这种结果产生的原因是,利息费用是固定的,当息税前利润增加时,每一元息税前利润负担的利息减少,从而使得每股收益增加的幅度更大。负债融资使得息税前利润的增长率被放大为更高的每股收益的增长率,这就是负债所产生的杠杆效应以及财务杠杆利益。

财务杠杆的放大作用一方面能够给股东带来财务杠杆利益,但另一方面也使股东面临更大的财务风险。假如,安阳公司的息税前利润从 600 000 元下降到了 400 000 元,即息税前利润下降了 50%,显然,方案 2 的每股收益将下降 52%,而方案 3 的每股收益将下降 56%。由于固定的利息费用的存在,使得当息税前利润下降时,每一元息税前利润负担的利息费用增加,从而导致每股收益以更大的幅度下降。

二、财务杠杆效应的衡量

财务杠杆效应通常用财务杠杆系数(degree of financial leverage, DFL)来衡量,定义为每股收益的变动率与息税前收益的变动率之比,其计算公式为:

$$DFL = \frac{\Delta EPS/EPS}{\Delta EBIT/EBIT} \tag{11-11}$$

因为

$$\Delta EPS = \Delta EBIT(1-T)/N, \quad EPS = (EBIT-I)(1-T)/N$$

所以

$$DFL = \frac{\Delta EPS/EPS}{\Delta EBIT/EBIT} = \frac{(1-T)\Delta EBIT/(1-T)(EBIT-I)}{\Delta EBIT/EBIT} = \frac{EBIT}{EBIT-I} \tag{11-12}$$

用(11-12)式计算例 11.4 中当安阳公司息税前利润为 400 000 元时三种融资方式下的财务杠杆系数,可以得到:

方案 1:$DFL = \dfrac{400\,000}{400\,000 - 0} = 1$

方案 2:$DFL = \dfrac{400\,000}{400\,000 - 20\,000} = 1.05$

方案 3:$DFL = \dfrac{400\,000}{400\,000 - 40\,000} = 1.11$

计算结果说明,负债比率越高,财务杠杆就越大,公司股东的收益相应就需要承受较大的波动风险。

财务杠杆效应可衡量的事实为公司管理层确定合适的负债水平和选择适当的融资工具提供了有用的分析工具。公司管理层应根据公司预期息税前利润水平及其波动性,确定适当的负债率,以便在控制财务风险的前提下,充分发挥财务杠杆的作用,增加每股收益。将上述三种融资方案的每股收益与息税前利润的关系作图,可以得到图 11-10,该图较好地说明了在什么前提下负债对提高股东收益有利。

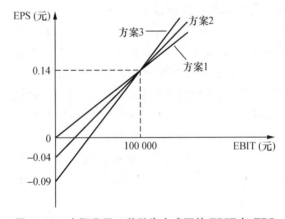

图 11-10 安阳公司三种融资方式下的 EBIT 与 EPS

图 11-10 中,当息税前利润大于 100 000 元时,负债经营可以提高股东收益,而当息税前利润小于 100 000 元时,负债经营将降低股东收益。已知安阳公司负债的利息率等于 10%,公司的资本总额为 1 000 000 元,这说明只有当公司息税前利润与总资本之比即资本的经营利润率大于债务的利息率时,负债经营才会提高股东收益,反之,负债经营只会降低股东收益。这个道理很简单,资本经营利润率反映了公司运用资本创造收益的能力,而债务利息率反映的是债权人对其投入资本所要求的回报率,当资本创造收益的能力高于债务利息率时,债务资本所创造的高于利息率的收益就归入权益资本收益,使得股东权益收益率提高。若资本创造收益的能力低于债务利息率,这之间的差额只能用权益资本收益补偿,使得股东权益收益率降低。

上述分析说明,公司是否应该负债经营取决于其运用资本创造收益的能力,总资本的经营利润率(EBIT/总资本)大于债务的利息率是通过负债经营获得财务杠杆利益的基本前提。

三、联合杠杆效应

当一个公司同时存在经营杠杆和财务杠杆时,就会使得每股收益的变动率远远大于产销量的变动率,这种现象被称为联合杠杆效应。通常用联合杠杆系数(degree of combined leverage)衡量杠杆效应,它说明每股收益对销售收入的敏感性,其计算公式为:

$$\text{DCL} = \frac{\Delta \text{EPS}/\text{EPS}}{\Delta S/S} \quad (11\text{-}13)$$

因为

$$\text{DCL} = \frac{\Delta \text{EPS}/\text{EPS}}{\Delta S/S} = \frac{\Delta \text{EBIT}/\text{EBIT}}{\Delta S/S} \times \frac{\Delta \text{EPS}/\text{EPS}}{\Delta \text{EBIT}/\text{EBIT}} = \text{DOL} \times \text{DFL}$$

又因为

$$\text{DOL} = \frac{Q(P-V)}{Q(P-V)-F}, \quad \text{DFL} = \frac{Q(P-V)-F}{Q(P-V)-F-I}$$

所以联合杠杆系数又可以表示为:

$$\text{DCL} = \frac{Q(P-V)}{Q(P-V)-F} \times \frac{Q(P-V)-F}{Q(P-V)-F-I} = \frac{\text{EBIT}+F}{\text{EBIT}-I}$$

上述关于杠杆效应的分析说明,公司在经营中适当地运用经营杠杆和财务杠杆可以使股东获益,但运用不当也会给股东带来损失。在其他条件相同的情况下,经营杠杆低的公司可以相对多运用一些财务杠杆,经营杠杆高的公司,若运用太多财务杠杆,将使得股东收益的不确定性大大增加。此外,当企业的息税前利润与总资本之比大于债务利息率时,应充分利用财务杠杆,这时负债经营将给股东带来杠杆利益,反之,则应尽量降低财务杠杆,这时负债经营只会降低股东收益。总之,要充分认识杠杆的双面效应。

第三节 资本结构决策

尽管理论上对资本结构有不同的观点,但在现实中,公司在融资时并不是不需要考虑资本结构问题的。首先,资本结构在一定程度上会影响公司的价值;其次,为了充分利用财务杠杆,应适度借债。从实际中观察到的事实也证明,大多数经营良好的企业,都注意维持稳定而健康的资本结构,从而在投资者中建立良好的信誉。由于现实中许多因素都会影响到公司资本结构的选择,不同的公司或同一公司在发展的不同阶段以及不同的宏观经济环境等都使得公司对最优资本结构的要求不同,因此,公司总是希望根据各种条件和自身的目标选择一个最适宜的资本结构。

一、根据资本成本选择资本结构

在控制财务风险的前提下,模拟并计算具有不同资本结构的筹资方案的资本成本,并进行比较,从中选择使公司资本成本最低的筹资方案。

例 11.5 新源公司初创时拟订了三种筹资方案,如表 11-8 所示。

表 11-8　新源公司筹资方案

筹资方式	筹资方案 1		筹资方案 2		筹资方案 3	
	筹资额（万元）	税后资本成本（%）	筹资额（万元）	税后资本成本（%）	筹资额（万元）	税后资本成本（%）
长期借款	40	6	50	6.5	80	7
债券	100	7	150	8	120	7.5
优先股	60	12	100	12	50	12
普通股	300	15	200	15	250	15
合计	500	—	500	—	500	—

根据表 11-8 计算得到三种融资方案下的综合资本成本为：

$$K_{w,1} = 6\%\left(\frac{40}{500}\right) + 7\%\left(\frac{100}{500}\right) + 12\%\left(\frac{60}{500}\right) + 15\%\left(\frac{300}{500}\right) = 12.32\%$$

$$K_{w,2} = 6\%\left(\frac{50}{500}\right) + 7\%\left(\frac{150}{500}\right) + 12\%\left(\frac{100}{500}\right) + 15\%\left(\frac{200}{500}\right) = 11.1\%$$

$$K_{w,3} = 6\%\left(\frac{80}{500}\right) + 7\%\left(\frac{120}{500}\right) + 12\%\left(\frac{50}{500}\right) + 15\%\left(\frac{250}{500}\right) = 11.34\%$$

由于三种筹资方案中，方案 2 的综合资金成本最低，因此新源公司可以选择方案 2 的融资结构作为公司的资本结构。

二、息税前收益-每股收益分析

公司对于债务的偿还能力取决于未来创造收益的能力，这个能力可以通过息税前收益体现。而公司负债的最终目的是通过债务的杠杆作用增加股东收益，因此，确定资本结构不能不考虑公司创造收益的能力以及对股东收益的影响。将以上两个方面结合起来，通过分析息税前收益与每股收益之间的关系，并比较不同的筹资方案或资本结构对它们的影响，是判断资本结构是否合理的一种方法。

例 11.6　华特公司的财务资料如表 11-9 所示。

表 11-9　华特公司的财务资料

（1）2005 年 12 月 31 日的资产负债数据（单位：元）			
流动资产	120 000 000	负债	0
净固定资产	120 000 000	普通股权益（1 000 万股）	240 000 000
资产总计	240 000 000	负债与权益	240 000 000
（2）2005 年的损益数据（单位：元）			
销售收入			300 000 000
固定成本			60 000 000
变动成本			192 000 000
总成本			252 000 000
EBIT			48 000 000
利息			0
税前净利			48 000 000
所得税（25%）			12 000 000
税后净利			36 000 000

（续表）

(3) 其他财务数据

每股盈余 EPS = 36 000 000/10 000 000 = 3.6(元)
每股股利 DPS = 36 000 000/10 000 000 = 3.6(元)
每股账面价值 = 240 000 000/10 000 000 = 24(元)
每股市价 $P = 24$(元)
　本益比(市盈率)$P/E = 24/3.6 = 6.67$
(说明:假定公司将全部收益都用于发放股利)

(4) 不同负债比率下的负债成本

负债总额(元)	负债比率(%)	所有负债的利率(%)
24 000 000	10	7.5
48 000 000	20	8.0
72 000 000	30	8.5
96 000 000	40	9.0
120 000 000	50	12.0
144 000 000	60	15.0
168 000 000	70	19.0

(说明:假定公司章程规定负债比率不超过70%)

(5) 对下一年度销售额的预计

销售额(元)	200 000 000	300 000 000	400 000 000
概率	0.2	0.6	0.2

根据上述资料,可进行息税前收益-每股收益分析,其过程如下:

第一步:计算销售额与财务杠杆对每股收益的影响。

例如,根据下一年度销售额的预测值计算得到当负债率为50%时每股收益的期望值,如表11-10所示。

表11-10　华特公司预期每股收益　　　　　　　　　　　　　单位:元

下一年度销售额出现的概率	0.2	0.6	0.2
销售额(元)	200 000 000	300 000 000	400 000 000
固定成本	60 000 000	60 000 000	60 000 000
变动成本(销售额的64%)	128 000 000	192 000 000	256 000 000
EBIT	12 000 000	48 000 000	84 000 000
当负债率为50%时			
减:利息费用(120 000 000 × 0.12)	14 400 000	14 400 000	14 400 000
税前利润	−2 400 000	33 600 000	69 600 000
所得税	(600 000)	8 400 000	17 400 000
税后净利	−1 800 000	25 200 000	52 200 000
每股收益(500万股流通在外)	−0.36	5.04	10.44
每股收益的期望值		5.04	
标准差		3.42	

注:当使用50%的负债后,该公司流通在外的普通股股数已由原来的1 000万股下降到500万股。

按照上述方法计算得到不同负债率下的每股收益的期望值,计算结果如表11-11所示。

表 11-11 华特公司不同负债比率下的预期每股收益

负债比率(%)	预期每股收益(元)	每股收益的标准差(元)
0	3.60	1.71
10	3.85	1.90
20	4.14	2.13
30	4.49	2.43
40	4.92	2.85
50	5.04	3.42
60	4.95	4.27
70	4.02	5.69

计算结果表明了预期的每股收益和财务杠杆以及财务风险之间的关系。最初每股收益随负债比率的提高而增加,当负债比率提高到50%时,每股收益上升到最高点。过了这一点,由于利率急剧上升,利息费用负担沉重,使得每股收益下降。在未使用负债时,华特公司的总风险完全由营业风险构成。负债后,其总风险既包括营业风险,又包含财务风险,以每股收益标准差衡量的总风险随负债比率的提高而持续不断地增加,而且增加的速度也越来越快。

第二步:计算息税前利润-每股收益无差异点。即通过将一定负债比率下的每股收益与完全不使用负债时的每股收益进行比较,找到使得它们的每股收益相等时的息税前利润。

例如,已知

$$EPS = (EBIT - I)(1 - T)/N$$

式中,N 为普通股股数。

则令负债比率为零时的每股收益与负债比率50%时,每股收益相等,可得以下方程式:

$$EPS_{D/A=0\%} = \frac{EBIT(0.75)}{10\,000\,000} = EPS_{D/A=50\%} = \frac{(EBIT - 14\,400\,000)0.75}{5\,000\,000}$$

解上式得到:EBIT = 28 800 000(元)。即当息税前利润等于 28 800 000 元时,无负债的每股收益与负债比率为50%时的每股收益相等,都是每股1.8元的收益。

需要指出的是,这里之所以用50%的负债比率与无负债求临界点,是因为在各种负债比率下,50%负债比率下的每股收益最大。当然,我们也可以用同样的方法求使其他负债比率的每股收益无差异的息税前利润点。

将上述计算结果作图,可得到图11-11。

最后,根据计算结果进行分析,作出资本结构决策。在本例中,假如预计未来的息税前利润高于 28 000 000 元的可能性较大,则可以考虑采用50%的负债比率,不仅可以充分地发挥财务杠杆的正面效应,而且所承担的财务风险也较小。由于根据销售额预测,下一年度的销售额高于分析所得的临界点 28 000 000 元的可能性为60%,从期望的每股收益也能看出,当负债比率为50%时,每股收益为5.04元,也高出临界点的每股收益1.8元很多,因此,可以考虑采用50%的负债比率。

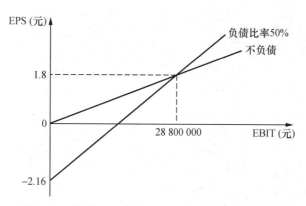

图 11-11 华特公司两种融资方式下的 EBIT 与 EPS

三、股票价值分析

由于资本结构会影响公司的价值,因此,可以通过对不同资本结构下的公司股票价值进行估计并比较,来选择公司的资本结构。

例 11.7 以例 11.6 华特公司的财务资料为基础,并假设未使用负债时,该公司的 β 值为 1.5,市场的无风险报酬率 R_f 为 9%,市场投资组合的报酬率 R_m 为 13%,估计不同负债率水平下华特公司股票的价值。

解 (1) 根据资本资产定价模型计算不同负债率水平下华特公司普通股的资本成本。

例如,当公司负债 24 000 000 元时,华特公司普通股的资本成本的计算过程如下:

首先,根据(10-12)式计算负债为 24 000 000 元时华特公司的 β 值,有:

$$\beta_{杠杆} = \beta_{无杠杆}\left[1 + (1 - 税率)\frac{负债}{权益}\right]$$

为此需要估计负债和权益的市场价值,根据 MM 模型估计得到公司市场价值为:

$$V_L = V_u + TD = 240\,000\,000 + 0.25 \times 24\,000\,000 = 246\,000\,000(元)$$

即公司普通股的市场价值为 222 000 000 元,于是有:

$$\beta_L = 1.5\left[1 + (1 - 0.25)\frac{24\,000\,000}{222\,000\,000}\right] = 1.62$$

然后,根据资本资产定价模型有:

$$R_{eL} = 9\% + 1.62(13\% - 9\%) = 15.48\%$$

即当负债为 24 000 000 元时华特公司普通股的资本成本为 15.48%。同样的方法可以求出不同负债额下,华特公司普通股的 β 值和普通股成本,详见表 11-12 第(4)列和第(5)列。

(2) 根据股票定价模型,估计不同负债率水平下华特公司股票的价值。

由于华特公司的盈余全部用于股利发放,公司处于零成长状态,因此股利现金流可视为永续年金。例如,已知当负债额为 24 000 000 元时华特公司的每股收益为 3.85 元,于是其普通股的价值为:

$$S = \frac{3.85}{0.1548} = 24.87(元)$$

表 11-12　华特公司不同负债水平下普通股价值的估计值

负债比率(%) (1)	负债利率(%) (2)	预期 EPS（元） (3)	β (4)	普通股成本(%) (5)	预估的股价（元） (6)
0	—	3.60	1.50	15.00	24.00
10	7.5	3.85	1.62	15.48	24.87
20	8.0	4.14	1.76	16.04	25.81
30	8.5	4.49	1.94	16.74	26.82
40	9.0	4.92	2.14	17.57	28.00
50	12.0	5.04	2.40	18.60	27.10
60	15.0	4.95	2.73	19.92	24.85
70	19.0	4.02	3.16	21.64	18.58

同样的方法可以估计出在不同负债水平下华特公司普通股的价值,详见表 11-12 的第(6)列。

计算结果表明,随着负债比率上升,普通股的价值也逐渐上升。当公司负债比率为 40%,即负债额为 96 000 000 元时,普通股的价值达到最高点,此后,随着负债比率的继续上升,普通股的价值逐渐下降。股价变动的趋势与每股收益变动的趋势基本相同,但股价达到最高点时的负债比率与每股收益最高点时的负债比率不同。由于公司价值除了受每股收益的影响外,还受到权益资本成本的影响,因此只有当每股收益较高,权益资本成本又较低时,股东权益的价值才是最大的。本例中,当负债比率为 40% 时,虽然每股收益不是最高的,但权益资本成本最低,所以普通股的价值最大。可见,每股收益最大时,并不代表公司的价值最大。

四、影响资本结构决策的主要因素

某机构调查了 170 位高级财务经理,其中有 120 位坚信公司存在最优的资本结构。该机构提供的调查报告指出,大多数公司的财务经理为本公司设立了目标债务比率,但最优的资本结构因公司、行业不同而异,而且受宏观经济状况、金融市场、收入趋势等因素的制约。[①] 正因为有很多因素影响公司最优的资本结构,而其中又有许多因素较难量化,所以在实际中完全依靠定量分析准确地确定最优资本结构几乎是不可能的,还必须辅以定性分析,综合考虑影响资本结构的各种因素。

除了资本结构理论和资本结构决策定量分析方法中所涉及的税收、杠杆效应、财务风险、资本成本、融资优序等因素外,还有以下主要因素会影响公司的资本结构决策。

(一) 公司的经营收入和风险状况

公司经营收入的增长性和稳定性都会影响资本结构。如果公司经营收入比较稳定,则对偿还固定利息费用的保障程度较大。如果经营收入增长前景很好,使用财务杠杆则会扩大每股收益,增加股东财富。

公司的经营风险决定了公司经营收入的稳定性,增加负债增加了公司的财务风险,从而使得公司的总风险加大,进而影响资本成本。因此,公司在确定资本结构时必须考

---

① 参见〔美〕Arthar J. Keoron 等,《现代财务管理基础》(第 7 版),朱武祥译,清华大学出版社 1997 年版。

虑自身经营收入的状况及对风险的承受能力。

（二）公司的偿债能力和获利能力

在其他条件相同的情况下，偿债能力强的公司可以较多地使用债务融资。

公司的偿债能力受公司现有债务负担的状况和未来获利能力的影响。现有的负债越多，期限越短，债务负担越重，公司的偿债能力越弱。而公司未来的获利能力越强，现金收益越多、越稳定，则公司的偿债能力就越强。例如，若利息保障倍数为6，意味着即使公司的息税前利润下降80%，还能够保证利息支付。若债务偿付系数为1.2，则意味着如果息税前利润下降超过了17%，就不能保证履行还本付息的承诺。[1] 公司在确定其资本结构时，一定要充分考虑偿债能力和获利能力。

（三）公司的筹资能力和未来的现金流量

公司在偿债方面所面临的真正问题并不完全取决于其偿债能力和获利能力，还取决于其实际无力偿还债务的可能性有多大。而这个可能性不仅受息税前收益的影响，而且受企业筹措资金的能力或折旧前收益即现金收益多少的影响。

公司在根据自身的筹资能力选择筹资方式时，还要考虑保留一定的筹资灵活性。这是因为公司从每一种筹资渠道能够筹措到的资金的数量有限，而且各种筹资方式互相影响。例如，公司当前发行大量的债券融资使得负债比例上升，可能导致公司在一定时间内（如在这些债务偿还之前）无法再利用债务融资，或者只能以较高的利息率进行债务融资。因此，公司的资本结构应该为将来筹资留有余地，要做好长期的筹资规划。

（四）公司的资产结构

公司的资产结构对资本结构的影响表现在：① 资产结构影响公司债务筹资的能力。拥有大量固定资产的公司较容易通过固定资产抵押而获得贷款。② 资产结构影响公司债务结构。拥有较多流动资产的公司比较容易获得短期债务。③ 由于实物资产在清算变现时的价值损失小于无形资产，因此，无形资产比例高的公司负债率较低，如以技术研究开发为主的公司通常负债率较低。

（五）公司所处的生命周期及其成长性

处于生命周期不同阶段的公司对资金的需求不同，导致资本结构不同。处于创业期的公司，由于经营前景不确定性大，借债不易且利息率较高，因此主要依靠权益资本。处于成熟期的企业一方面具有充裕的现金流，另一方面投资机会减少，其负债率较低。处于成长期的公司通常对外部资金的需求和依赖性较强，不仅依靠权益融资，还要大量依靠债务融资，而由于信息不对称的原因，这类公司的股票价值容易被低估，往往会更多地利用债务融资，因此负债比率通常较高。

---

[1] 利息保障倍数＝息税前利润/利息费用；债务偿付系数＝息税前利润/[利息费用＋到期债务/(1－所得税税率)]。

(六) 行业差别

公司所处的行业不同,资本结构也会有较大差异。例如,零售商业通常是为存货增加而筹资,而存货周转期短,变现能力强,所以较多采用短期债务融资的方式,使得负债比率较高。而钢铁行业固定资产比重高,债务筹资能力强,通常具有较高的负债比率。

(七) 公司的信用等级及债权人的态度

每个公司对如何根据自身条件选择合理的资本结构都有自己的分析,但公司的信用等级及债权人的态度往往成为决定资本结构的关键因素。如果公司的信用等级不高,贷款人将不愿意借款,这样的公司自然无法达到其所希望实现的负债水平。通常公司在进行债务融资前,都会与贷款人和信用评级机构商讨,并尊重他们的意见。此外,贷款合同也是制约公司资本结构的因素之一。

(八) 公司所有者和管理者的态度

从公司所有者的角度看,负债具有以下好处:① 能够减少由于管理权和经营权相分离所产生的代理成本。在偿债能力许可的范围内尽量发挥债务的杠杆作用,不仅能够增加股东收益,而且由于负债利息和本金的支付,减少了管理者可支配的现金流,从而能够在一定程度上降低代理成本。② 能够保持现有股东对公司的控制权。发行新股获得权益资本会减少现有股东的持股比例,减少他们对公司的控制权,而负债不会产生控制权稀释的作用。所以当公司需要外部融资时,现有股东为了维持自己的控制权,会更青睐债务融资。③ 有利于减少公司管理层与外部投资者之间的信息不对称。公司管理层通常比外部投资者(股东和债权人)拥有更多公司未来发展前景的信息。如果投资者意识到公司只有在股价被高估时才会发行股票,那么当公司发行股票融资时,投资者就会降低对公司股价的评估,使得股价下降,从而提高了融资成本。公司管理者出于对现有股东和公司利益的考虑,为了减少这种信息不对称,需要投入大量时间和经费让外部投资者了解公司真实的状况,这必然会加大公司的融资成本。特别是当这些关于公司未来发展的规划对于竞争对手也很有价值时,为降低信息不对称所付出的成本或代价就更大了,而负债融资所起的信号作用却是有利于公司的。因此,从降低代理成本和减少信息不对称的角度看,公司所有者倾向于在资本结构中保持较高的负债比率。

但是,过度的负债也会带来一系列问题,如增加财务风险,增加股东和债权人之间产生纷争的可能性,进而增加债务融资的成本,影响公司股利支付的稳定性,等等。负债所可能导致的这些问题会对公司所有者选择资本结构时产生一定的约束。

对于治理良好的公司,管理者的态度通常与公司所有者的利益一致,但是管理者对待风险的个人偏好也会影响公司的资本结构。喜欢冒险的管理者可能会安排较高的负债比率,而风险回避程度较高的管理者则会选择较低的负债比率。

此外,市场利率水平、通货膨胀状况、经济周期、政府财政金融政策等宏观经济因素对公司资本结构决策的影响也不容忽视。

本章总结

1. 资本结构理论主要研究公司负债、资本成本与公司价值之间的关系。MM资本结构理论是最著名的资本结构理论。MM理论被提出来之前,理论上对于资本结构的讨论可以总结为三种比较有代表性的观点:一是净营业收益理论,其核心思想是无论公司负债多少,其加权平均资本成本都不变,因此公司的总价值也不变;二是净收益理论,其核心思想是公司增加负债,债务资本成本与权益资本成本都将保持不变,因此增加负债会增加公司价值;三是传统理论,其核心思想是公司适当增加债务会降低加权平均资本成本,但当负债比率超过一定限度后,加权平均资本成本由下降转为上升。因此,公司存在最佳的资本结构,即加权平均成本由下降变为上升的转折点所对应的负债比率。

2. MM定理1(无税)证明了假如不存在公司所得税,公司资本结构不会影响公司的价值。该定理是在一系列假设条件下推导出来的,其基本含义是,企业的总价值取决于其基本获利能力和风险程度,只要这两条不变,无论将公司的资本在债务、权益和其他部分之间如何划分,公司的总价值总是恒定的。MM定理2(无税)证明了当公司的债务增加时,其股权成本也会随之增加,满足公式

$$K_{eL} = K_{eu} + (K_{eu} - K_d)(D_L/E_L)$$

3. 在同样的假设条件下,MM定理1(有税)证明了假如存在公司所得税,公司价值是财务杠杆的增函数,即负债公司的价值等于具有同等风险等级但未使用负债的公司的价值加上负债的节税利益。MM定理2(有税)负债公司的股本成本等于无负债公司股本成本加上一笔风险溢酬,满足公式

$$K_{eL} = K_{eu} + (K_{eu} - K_d)(1 - T)D/E$$

4. 米勒模型指出,在保持MM模型基本假设不变的前提下,将个人所得税纳入考虑后,对投资人而言,无负债公司的价值将等于:

$$V_u = \frac{EBIT(1 - T_c)(1 - T_{pe})}{K_{eu}}$$

因此,同时考虑公司和个人所得税后,公司负债的杠杆利益也并不总是大于零的。

5. 权衡理论则认为,负债是一把双刃剑,它一方面减轻了公司的税收负担,另一方面却加大了公司的代理成本和财务危机成本。根据权衡理论,公司存在最优的资本结构。

6. 优序融资理论指出,相对于外部融资而言,公司更加偏好内部融资。如果需要外部融资,则首先选择债务融资,最后才是普通股融资。

7. 由于利息费用是固定不变的,当息税前利润变动时,税后利润会发生更大的变动,因此,公司负债能够产生财务杠杆效应。负债的财务杠杆效应一方面能够产生财务杠杆利益,从而增加股东的收益,另一方面则由于增加了股东收益的不确定性,也使股东面临更大的财务风险。

8. 财务杠杆效应通常用财务杠杆系数(degree of financial leverage, DFL)来衡量,定义为每股收益的变动率与息税前收益的变动率之比。

9. 当一个公司同时存在经营杠杆和财务杠杆时,就会使得每股收益的变动率远远大于产销量的变动率,这种现象被称为联合杠杆效应。通常用联合杠杆系数(degree of combined leverage)衡量杠杆效应,它说明每股收益对销售收入的敏感性。

10. 公司在进行资本结构决策时,可以采取比较资本成本和公司股价的方法,也可以采取息税前利润和每股收益分析法。此外,还需要综合考虑公司的经营收入和风险状况、筹资能力以及未来的现金流量、资产结构、行业差异、公司所处的生命周期和成长性、公司的信用等级和债权人的态度、公司所有者和管理者的态度、市场利率、通货膨胀和经济周期等多种因素。

思考与练习

1. 什么是资本结构的馅饼模型?
2. MM 定理 1(无税)和定理 2(无税)的基本内容是什么?如何证明?
3. MM 定理 1(有税)和定理 2(有税)的基本内容是什么?如何证明?
4. 米勒模型是怎样解释税收对公司资本结构的影响的?
5. 什么是代理成本?什么是财务危机成本?什么是权衡模型?
6. 请用优序理论解释下述现象:(1) 为什么公司增加负债的一些行为,如股票回购、债权与股权置换等通常会提高公司股价从而增加股东收益,而公司降低负债率的行为(如发行新股)却往往导致股票价格下降?(2) 为什么公司发行债券是经常性的,发行股票却不是经常性的?
7. 公司资本结构会受到哪些因素影响?为什么?
8. U 公司和 L 公司除了负债融资程度不同外,其他方面都相同。U 公司无负债,L 公司有 2 000 万元票面利率为 8% 的负债流通在外。假定:(1) 没有公司所得税和个人所得税;(2) MM 提出的假设都能成立;(3) EBIT 等于 360 万元;(4) U 公司的权益资本成本等于 12%。求:(1) U 公司与 L 公司的价值;(2) U 公司与 L 公司的权益资本成本和加权平均资本成本;(3) 假如 U 公司价值为 3 000 万元,L 公司价值为 3 200 万元,则根据 MM 的理论,这两家公司的价值是否处于均衡状态中?若否,应通过什么调整过程才能恢复均衡?(4) 假定两个公司的税率都是 25%,试分别算出它们的价值、权益资本成本及加权平均资本成本。
9. 雅音公司的产品每套售价 1 500 元,预计下一年度可以卖出 4 万套。据目前的生产方式,这 4 万套产品须负担 2 400 万元的总变动成本和 2 600 万元的固定成本。公司目前有利率 9%、总价值 2 000 万元的负债和 200 万股的普通股流通在外。公司的股利支付率高达 60%,税率 25%,此外公司并未发行任何优先股。现公司打算筹资 1 800 万元购买新设备,这项投资不会导致销售额增加,却可使单位变动成本较前下降 30%,而总固定成本上涨到 3 000 万元。公司可以下列的任何一种方式筹到资金:(1) 以 10% 的利率举债 1 800 万元;(2) 以每股 20 元的价格发行 90 万股普通股。试根据上述资料:(1) 计算雅音公司在购买新设备前的每股盈余、经营杠杆程度、财务杠杆程度和总杠杆程度。(2) 如果公司决定启用新设备,试分别算出在不同融资方式下,公司的每股盈余、经营杠杆程度、财务杠杆程度和总杠杆程度。

(3) 你认为雅音公司应采用哪一种融资方式来筹措新资所需资金？为什么？

10. 永吉公司目前没有使用负债，而它每年所能赚得的息税前收益固定等于 300 万元。公司的税率为 25%，市场价值为 1 500 万元。公司管理当局正考虑发行一些负债，以取代部分普通股权益。此外，管理当局认为，若公司发生财务危机，公司必须负担的财务危机成本的现值约等于 500 万元，下表所示为不同的负债水准下，公司发生财务危机的可能性。

负债额(元)	2 000 000	4 000 000	6 000 000	8 000 000	10 000 000	12 000 000
危机概率(%)	0	5	10	25	50	80

(1) 试算出永吉公司未使用负债前的价值、权益成本及加权平均资金成本。(2) 考虑了负债的节税利益与财务危机成本后，永吉公司的最佳负债比率应该是多少？(3) 试算出考虑财务危机成本前后永吉公司在不同的负债水平下的价值，并将负债与公司价值间的关系绘制在图上。

11. 某项目需要投入 300 万元，可选择的筹资方案有两个：方案一是全部采用权益资本，准备发行 30 万股普通股。方案二是发行 100 万元利息率为 10% 的永久性债务，余下的 200 万元发行 20 万股普通股。公司的所得税税率为 40%，计算两种筹资方案的每股收益相同时的息税前收益。

12. 科信公司发行了 200 万股股票，没有负债。公司在正常环境下的息税前收益为 2 000 万元，经济衰退时为 1 500 万元，经济繁荣时为 3 000 万元。公司欲以 8% 的利率发行 5 000 万元的债权，并用这些资金以每股 50 元的价格回购 100 万股股票。公司的所得税税率为 40%。对该公司的融资政策进行每股收益-息税前收益分析，并根据分析结果评价该公司的资本结构调整计划。

13. 田园公司是一个无增长公司，可永久性地每年产生 200 万元的息税前收益，公司拥有利息率为 8% 的债务，每年需要支付 30 万元的利息。如果公司不负债，权益资本要求的回报率是 12%，公司的所得税税率为 40%。问：目前情况下田园公司的价值是多少？

14. 卡洛公司是一个零成长的公司，其股利政策是把所有的盈余都用于股利发放，其他的财务资料如下：(1) 永久性的债务额 400 万元，债务利息率为 8%。(2) 息税前盈余 600 万元。(3) 发行在外的普通股 120 万股，每股账面值 10 元，普通股必要报酬率为 16%，所得税税率为 25%。此外，公司的所得税税率为 25%。试估计卡洛公司的每股收益、加权平均资本成本以及每股股价。

15. 阳光公司目前无负债，其权益资本的账面价值为 1 000 万元。该公司认为目前的资本结构不合理，打算进行调整。公司预计年息税前利润为 300 万元，所得税税率为 40%。经测算公司不同负债率下的债务资本成本和普通股资本成本如下表所示。

债务额(万元)	债务利息率(%)	β	股权成本(%)
0	—	1.2	16
100	8	1.4	17
200	10	1.6	18
300	12	1.8	19
400	14	2.0	20
500	16	2.2	21

已知市场的无风险收益率为10%,市场组合的收益率为15%。测算不同债务规模下公司普通股的价值,并跟据测算结果判断公司最佳的资本结构。

第十二章 股利理论与政策

▰本章概要▰

　　股利理论与公司股利政策的核心问题是：股利分配是否影响公司股票价值？如果公司股利分配会影响股票价值，那么是如何影响的？关于这些问题，学术界始终存在不同的观点，其中比较有代表性的理论是 MM 股利无关论、"一鸟在手论"、税收偏好论、顾客效应假说和信号理论。现实中，影响公司股利分配的因素很多，公司在进行股利分配决策时需要综合各种因素，选择有利于公司价值最大化的股利政策。公司经常采用的股利政策有剩余股利政策、固定股利额政策、固定股利支付率政策、正常股利加额外股利政策等。股票股利和股票回购都是公司经常用来取代现金股利发放的方式，但它们对公司股票价值所产生的影响是不同的。股票分割虽然并不是现金股利的替代形式，但它与股票股利的作用非常相似。

▰学习目标▰

　　1. 了解并掌握 MM 股利无关论、"一鸟在手论"、税收偏好论、顾客效应假说和信号理论这几种股利理论的基本观点。
　　2. 了解影响公司股利政策的主要因素。
　　3. 了解公司金融实践活动中经常采用的几种股利政策各自的含义、特点及其对公司股价的影响。
　　4. 明确现金股利支付的程序和其中几个重要日期的含义。
　　5. 了解股票股利、拆股和股票回购三种方式各自的特点、作用及其对公司股价的影响。

引　言

　　从股票定价模型看，公司的股利政策会影响公司股票的市场价值。由于公司的股利政策总是与投资决策和融资决策交织在一起，从而使得这种影响表现得十分复杂。公司股利发放的多少或股利支付率的高低直接影响公司留存收益数额的大小。一些公司之所以股利较低，是因为公司希望将更多的盈余留下来以实现自身的扩张和发展，这种情况下，减少股利发放的公告反而会引起股价上升；而一些公司之所以股利较高，是因为没有更好的投资机会，此时，增发股利的公告却可能引起股价下跌。上述情况下，公司的股利政策显然成为投资决策的副产品。如何才能区别股价的变动是受到股利政策的影响还是受到投资机会的影响？还有一些公司通过对外借债融资来满足资本预算对资金的需求，从而保证了股利发放的稳定性，这时，公司的股利政策又表现为融资决策的副产品，而我们又该如何区别股价的变动是由于融资决策的信号作用还是股利政策的影响？

此外,公司既可以通过发放股利,也可以通过股票回购给予股东现金回报,那么,它们是否有不同的机制,以及对股价会产生什么样的影响?对于这些问题,理论上有不同的观点,各种观点针锋相对,而实践中则有不同的政策,各种政策见仁见智。

第一节 股 利 理 论

一、MM 股利无关论

米勒和莫迪利安尼对股利的支付也进行了研究[①],明确地提出了股利无关论。

MM 股利无关论的基本观点是,在给定企业投资政策和资本结构的前提下,公司的价值完全由投资政策所决定的获利能力决定,而与盈利的分割方式无关,股利政策只影响公司的筹资方式。

MM 股利无关论建立在严格的假设基础之上:

(1) 没有个人所得税和公司所得税。

(2) 没有股票的发行成本和交易成本。

(3) 投资者对股利收益与资本利得收益具有同样的偏好。

(4) 没有信息不对称,投资者与公司管理人员对公司未来的投资机会具有同样的信息。

(5) 公司的投资政策已知且不变,即投资政策与股利政策无关。

上述假设实质是完善资本市场、理性行为和信息对称以及完全确定性(未来的投资和利润情况是确定的)假设。

在上述假设前提下,MM 股利无关论的推导过程如下:

设:公司全部资金来源都是股东权益;NOI_t 为第 t 期公司净营业收益,DIV_t 为第 t 期股利发放额,I_t 为第 t 期投资额,n_t 为第 t 期发行在外的股票股数,S_t 为第 t 期公司股东权益总价值,P_t 为第 t 期股票价格,为公司所处风险等级的贴现率,也即权益资本要求的回报率。那么,第 t 期公司股东权益的总价值应该等于下一期的股利分配额和股票总市值的贴现值,可用公式表示为:

$$S_t = \frac{DIV_{t+1} + n_t P_{t+1}}{(1+r)} \qquad (12\text{-}1)$$

以 m_{t+1} 表示第 $t+1$ 期新发行股票数量,根据公司的资金来源必须与资金运用相等的原理,可以得到以下等式:

$$NOI_{t+1} + m_{t+1} P_{t+1} = DIV_{t+1} + I_{t+1} \qquad (12\text{-}2)$$

(12-2)式表示公司通过发行新股和盈余获得满足红利支付与投资所需的资金。整理(12-2)式,可以得到:

$$DIV_{t+1} = NOI_{t+1} + m_{t+1} P_{t+1} - I_{t+1} \qquad (12\text{-}3)$$

将(12-3)式代入(12-1)式,得到:

$$S_t = \frac{NOI_{t+1} + m_{t+1} P_{t+1} - I_{t+1} + n_t P_{t+1}}{(1+r)} = \frac{NOI_{t+1} - I_{t+1} + P_{t+1}(m_{t+1} + n_t)}{(1+r)}$$

---

① Merton H. Miller, Franco Modigliani, "Dividend Policy, Growth, and the Valuation of Shares", *Journal of Business*, 34 October 1961, 411—433.

$$= \frac{\text{NOI}_{t+1} - I_{t+1} + P_{t+1} n_{t+1}}{(1+r)} = \frac{\text{NOI}_{t+1} - I_{t+1} + S_{t+1}}{(1+r)} \qquad (12\text{-}4)$$

(12-4)式中没有股利分配额出现,这表明只要公司的投资政策不因股利发放数量的变化而变化,即投资额 I_{t+1} 不变,公司股票的价值就不变。在投资政策完全确定的假设下,在未来每一时期,股票的价值都可以由(12-4)式决定。因此,在将来的所有时期,股东对盈余是用于留存公司,还是通过股票融资来满足所需资金的问题是不关心的。可见,公司普通股的价值不受现在和将来股利政策的影响,而是完全取决于公司未来的收益状况。

对于股票定价模型所揭示的股价是所有未来预期股利现值这一本质特征,MM 股利无关论认为,股利政策改变的只是股利的发放时间,但其现值却保持不变。该理论并非不支持发放股利[1],只是认为对于股票价值而言,推迟股利的发放无关紧要。关于这一点,可以用下面的例子说明。

例 12.1 设 U 公司无负债,2012 年年底时发行在外的普通股为 50 000 股,股票总价值为 4 000 000 元。假设公司还将继续经营两年,两年后将关闭清算。公司股东权益收益率为 25%,预计 2013 年净收益为 1 000 000 元,2014 年净收益为 1 200 000 元。公司有一项目,需要在 2013 年年底时投资 800 000 元,该项目在 2014 年年底即可收回全部投资并获得 25% 的投资回报率。公司可以采取以下两种筹资方案:方案一,2013 年的净收益首先用于满足投资,余下的再用于股利发放,即股东可得到 200 000 元的现金股利;方案二,2013 年的净收益中一半用于投资,另一半用于发放股利,投资资金不足部分通过发行新股筹措。

解 根据上述资料,可以计算出不同筹资方案下新老股东所得的收益,计算结果如表 12-1 所示。

表 12-1 U 公司筹资方案 单位:元

	方案一		方案二	
	总额	每股股利	总额	每股股利
2013 年年底				
现金股利	200 000	4.00	500 000	10.00
2014 年年底				
(1) 初始投资额				
老股东	4 000 000		4 000 000	
新股东	0		300 000	
(2) 2013 年留存收益	800 000		500 000	
(3) 2014 年净收益	1 200 000		1 200 000	
全部可分配现金	6 000 000		6 000 000	
减:分配给新股东的现金				
(1) 初始投资	0		300 000	
(2) 投资收益			75 000	
老股东可得现金	6 000 000	120.00	5 625 000	112.50

如果公司采用方案一,则根据股票定价模型可得到公司在 2012 年年底时的股票价

---

[1] 这里的股利包括清算股利。

值为：

$$P_0 = \frac{4.00}{(1+0.25)} + \frac{120}{(1+0.25)^2} = 80(元)$$

如果公司采用方案二，公司在2012年年底的股票价值为：

$$P_0 = \frac{10.00}{(1+0.25)} + \frac{112.5}{(1+0.25)^2} = 80(元)$$

两种不同的融资方案，虽然影响了当年的股利发放数额，却没有影响公司的股票价格。这说明股利政策改变的只是股利的发放时间，却不会影响其现值，因此，公司的股票价值与股利政策无关。

MM股利无关论还说明了支付现金股利和股票回购这两种股利分配政策是无差异的。为了理解这一结论，考虑以下简单的例子。

例12.2 设C、D为两家除了股利分配政策外是完全相同的公司。期末分配股利时，C公司打算回购1 000万元的股份，D公司打算分配1 000万元的现金股利。两家公司在期末股利分配政策完成时的价值是相等的，都为1.9亿元，两家公司期初发行在外的股份数都为100万股。

解 首先考虑C公司，假设回购时的股价为P_C，1 000万元可回购M股，则有$P_C M = 1\,000$（万元）。由于回购结束时，C公司的价值为1.9亿元，因此C公司的股价应满足：$P_C = \frac{190\,000\,000}{1\,000\,000 - M}$，联合以上两个关系式可以解出：$P_C = 200$元，$M = 50\,000$股。也就是说，C公司以每股200元的价格回购5万股完成股利分配，此时流通在外的股份变为95万股。C公司的股东所拥有的股票价格为200元。同时，股东在年底没有得到股利，所获得的现金股利为0。

再来看D公司。D公司的股东每股可获得10元的股利，同时，期末股票价格为：$P_D = \frac{190\,000\,000}{1\,000\,000} = 190$（元），D公司股东拥有的股票价值加上所获得的股利价值等于200元，正好与C公司的股东从股票价值或者股票出售中所得到的现金收入是一样的。可见，只要公司的期末价值相等，股份回购与现金股利对股东而言并无差异，这两种分配现金的方式实质上是等价的。因此，仅仅是股利分配政策不同的两家公司，应该具有相同的价值。违背了上述规律就可能出现无风险套利。

假定C公司和D公司期初的股票价格不一样，$P_C = 180$元，$P_D = 175$元，则投资者可以在期初买入D公司的股票同时卖空C公司的股票，可实现无风险收益5元。而期末持有D公司的股票可获得每股价值190元再加上10元的股利，正好补偿卖空C公司的股票每股价值200元。投资者的这种无风险套利行为会导致股票的价格保持一致。

MM股利无关理论成立的关键在于完善资本市场的假定。正如资本结构中有关公司财务杠杆的分析一样，如果两家公司所有其他方面都相同，仅仅是股利支付率不同，那么投资者就能自制任何一种公司应该支付但当期没有支付的股利水平。例如，股利水平低于投资者预期的水平，投资者可以出售部分股票以获取期望现金收入，如果股利水平高于投资者预期，投资者可以利用股利购买一些该公司的股票。而所有这些交易以及其他的套利活动在完善资本市场上不需要支付任何交易费用。否则，MM理论就不能成立。

对于现实中股票价格会随股利发放额的增减而变动这一事实，MM股利无关论的解释是,股利增减所引起的股价变动,并不能归因于股利政策,而应归因于股利发放所包含的有关公司未来盈利状况的信息内容。股利增发传递给市场的信息是公司未来的盈利会提高,而股利减发传递的信息是公司未来盈利能力下降。是这种信息效应影响了股票价格,而不是股利支付模式本身。另外,MM 股利无关论还指出,投资政策与股利政策相互交织,使人们很难分辨是因投资政策改变而引起的股票价格变动,还是股利政策引起的。如企业撤掉不盈利的项目,将收回的资金用于发放股利,在这种情况下,股价上升,与其说是股利政策的影响,不如说是投资政策的影响。

二、股利更安全:"一鸟在手论"

MM 股利不相关理论的一个重要基础是股利政策不影响股东权益要求的回报率,这一结论引起了激烈的争论。

约翰·林特纳(1962)[①]认为股东权益要求的回报率会随股利支付率的增加而减少。由于资本利得取决于留存收益的经营状况和股票价格,而股票的价格起伏不定,留存收益的经营状况也很难预计,因此,资本利得不如股利收益确定。对于投资者来说,股利就像囊中之物,其风险要比资本利得的风险小得多,按风险与收益匹配的原则,投资者对资本利得应要求更高的收益,从而使得红利收益的现值高于等额的资本利得收益的现值。

对此观点,米勒和莫迪利安的反驳是[②],约翰·林特纳的观点属于"一鸟在手荒谬"(bird-in-the-hand fallacy),假如真是如此,为什么绝大多数投资者往往把到手的股利重新再投资于同一家或相似公司的股票,因此公司的现金流对投资者的长期风险取决于公司的经营风险等级,而不是公司的股利支付政策。

"一鸟在手论"的缺陷在于,它无法推翻股利并不能减少股票的基本风险的事实。从长期来看,不论是股利收益还是资本利得收益,都取决于公司的预期经营现金流量,如果公司的投资政策和融资政策不受股利政策的影响,股利政策也就不能影响公司的预期经营现金流量。既然股利政策对公司整体现金流量的变动没有影响,当然就不会影响公司的风险水平。

三、税收偏好理论

有三个税收方面的原因会造成投资者偏好较低的股利政策:① 资本收益的个人所得税率一般来说要比股利低,因此对于富有的投资者来说,他们更偏好公司留存收益,留存收益的增加导致股价上升,能在一定程度上减轻他们的税收负担。② 资本利得税的缴纳是在股票被出售时,因此股东就有时间作出对自己有利的选择,同时由于资金时间价值的影响,还可享受延迟纳税的好处。③ 如果股票被赠送给慈善机构或者投资者死亡了,资本利得税也就被免除了。鉴于这些原因,投资者显然更偏好实行低股利支付率的公司的股票。

由于 MM 的股利无关论、"一鸟在手论"和税收偏好理论这三种股利理论都建立在同

---

① John Lintner, "Dividends, Earnings, Leverage, Stock Prices and the Supply of Capital to Corporations", *The Review of Economics and Statistics*, Angrst 1962, 243—269.

② Merton H. Miller, Franco Modigliani, "Dividend Policy and Market Valuation: A Reply", *The Journal of Business*, January. 1963, 116—119.

样严格但却有所不同的前提假设之上,因此给出了相互矛盾的结论。MM股利无关论假定股票价格和权益成本都不受股利分配政策的影响;"一鸟在手论"假定投资者偏爱股利,因此,公司分配的股利越多,股价就越高,相应地,权益资本成本就越低;而税收偏好理论则假定投资者更偏好公司保留盈余,因此,股利分配率越高,股价就越低,相应地,权益成本就越高。对三种理论实证检验的结果并未说明哪种理论的解释力度更强一些。因为人们很难找到除了股利分配政策外,几乎完全一样的大量公司作为样本,也无法准确地衡量公司的权益成本。

四、股利分配的信号理论

MM股利无关论得以成立的重要假设之一是,每个人对公司未来盈利的潜在不确定性和股利支付水平的预期是完全相同的,也就是说,外部投资者和公司内部高管层对公司的未来发展和收益状况有相同的了解和预期。但实际上,公司内部高管人员往往比外部投资者拥有更多的关于公司的信息。长久以来,人们已经观察到,每当公司提高股利的发放时,公司的股票价格就会上涨,反之亦然。这就是信息不对称所引起的。

一般来说,投资者只能通过公司的财务报告和其他公开发布的信息来了解公司的经营状况和盈利能力,并据此来判断股票价格是否合理。由于公司的财务报告可以在一定程度内调整和润色,甚至某些提供虚假信息的财务报告也可能逃过独立审计机关的检查,因此,人们对公司财务报表的信任程度是有限的,这就需要从其他渠道获取信息。公司的现金股利分配就是一条极为重要的信息渠道。从长期看,盈利能力不足和资金匮乏的企业是无法按期按量支付现金股利的,公司现金股利的发放数额在很大程度上反映了公司的盈利能力和现金获取能力。通常,增加现金股利发放被看作经营状况良好、盈利能力强和现金充足的象征,刺激股价上升;而减少股利发放则被看作公司经营状况恶化、前途不乐观、现金不足的象征,引起股价下降。因此,市场上股价对于股利发放变化的反应不是说明投资者对股利的偏好,而是对股利分配所蕴藏的信息的反应。

股利分配的信号理论建立在信息不对称的基础上,这与资本结构理论中提到的信号作用原理相似,但研究发现股利的信息作用更重要。

五、顾客效应假说

根据税收偏好理论,不同的投资者由于税负不同,其对公司的股利政策会有不同的偏好。例如,类似养老金这样的机构投资者由于免税,因此很喜欢分发股利的股票;而富有的投资者则可能对不分发股利的股票情有独钟。如果公司不发放股利而利用留存收益进行投资,那么对那些希望获得股利进行消费的投资者来说就很不利,虽然其持有的股票会增值,但需支出成本来卖掉股票并缴纳资本利得税;但如果公司发放股利的话,对富有的投资者就较为不利,因为他们的股利收入需要支付很高的边际税率,并且他们不需要依靠股利收益进行消费。既然不同的投资者具有不同的股利偏好,公司在制定或调整股利政策时就应该注意到这一点。如果公司股利政策变动导致现有的投资者卖掉手中的股票,就会引起股价下跌,如果公司股利政策只能吸引到非常少的投资者,股价就会一直在低位运行,当然,如果公司股利政策能吸引到更多更大的买家,股票价格就会上涨。上述观点就是所谓的股利分配的顾客效应(client effect)假说①,这种效应的存在是公司制定股利政策时的一个不可忽视的因素。

第二节 股利政策的选择

为了了解公司财务主管对股利政策与股价之间相关性的看法,贝克·法雷利和埃德尔曼教授1983年对纽约股票交易所318家上市公司的财务主管进行了调研,调查报告的主要内容如表12-2所示。②

表12-2 公司管理者对红利政策的看法

有关红利政策的观点	同意(%)	无所谓(%)	不同意(%)
1. 现金红利支付率影响公司股票价格	67	31	2
2. 红利支付水平是公司未来前景的信号	52	41	7
3. 股票市场应利用红利公告来对股票估值	43	51	6
4. 红利与留存收益对投资者有不同的风险	56	42	2
5. 红利收益与资本收益对投资者无差异	6	30	64
6. 投资者喜欢那些股利政策适合其纳税特征的公司股票	44	49	7
7. 管理者应考虑股东的红利偏好	41	49	10

调研结果表明,多数公司主管还是认为股利政策是有影响的。因此,尽管关于公司股利政策的选择理论有各种不同的观点,但公司在进行财务决策时,还是应该努力制定能够有利于公司股票价值最大化的股利政策。

一、影响公司股利政策的主要因素

通常稳定的股利政策比较受欢迎,因为它起码能给投资者一个比较稳定的预期,这里的稳定是指股利支付水平不应该与大多数投资者的预期相差太远。但是,影响公司股利支付水平及其稳定性的因素错综复杂,公司需要在综合考虑种种约束因素的基础上制定其最优的股利政策。以下是影响公司股利政策制定的最主要的五个因素。

(一)公司的现金流

股利的发放需要资金,现金流成为决定股利政策的重要因素。制定股利政策时,公司一般都要对未来几年的现金流进行预测,以便能制定出比较稳定的股利政策。

公司的盈利能力是现金流的主要保证,长期亏损的公司很难制定出令投资者比较满意的股利政策,只有盈利才是股利的根本保证。盈利能力较强的公司可以考虑采取较高的现金股利政策。

公司的偿债能力和筹资能力直接影响现金流。如果公司有较强的筹资能力,可随时筹集到所需资金,那么就有较强的支付股利的能力。规模较大、获利丰厚的公司一般有

---

① 参见 Pettit, R. Richardson, "Taxes, Transaction Costs and the Clientele Effect of Dividends", *Journal of Financial Economics*, 1977.

② 引自〔美〕Arthar J. Keoron 等,《现代财务管理基础》(第7版),朱武祥译,清华大学出版社1997年版。

较强的筹资能力,可以采取高现金股利的政策,而规模较小、新创办的公司,往往要限制现金股利的发放,而较多地保留盈余。借债同样会给公司带来现金流,在必要的条件下,借债能够在短期内缓解公司现金流不足的问题。但公司在借入长期债务时,债务合同对公司发放现金股利通常都有一定的限制,如对每股现金股利最高数额的限制,对发放现金股利时公司流动比率、速动比率的限制等,公司的股利政策必须受债务契约约束。另外,由于大量的股利分配会影响公司的偿债能力,因此,具有较高债务负担且偿债能力较弱的公司通常不能采取高股利支付的股利政策。

总之,影响公司现金流的因素都是公司在制定股利政策时需要考虑的因素。

(二) 公司的投资机会

投资机会对是公司制定股利政策时考虑的重要因素之一。如果公司有大量可以获利的投资机会,它就应该把这种信息传达给投资者,适当地降低股利支付水平,以保证公司发展的需要。不过,有时公司为了保持比较稳定的股利政策,也需要变通地对待投资机会,如加速或推迟项目的投资。从企业的生命周期看,处于上升期的公司由于投资机会多,资金需求量大,因此其现金股利分配额通常较少。而处于成熟期或衰退期的公司,由于投资机会减少,资金需求量降低,而利润又较为丰厚,因此股利发放额通常较高。

(三) 法律法规的约束和限制

对于现金股利支付,各国都有法律法规的约束。例如,对现金股利支付不能减少公司资本金的要求;对公司只有在支付了优先股股息的基础上,才能发放普通股股利的要求;对若公司因支付现金股利可能影响其正常的偿债能力时不准或限制支付现金股利的限制;对积累不足的限制以及惩罚性税收约束等。①

(四) 信号作用

如前所述,公司的股利政策通常向市场传递着某种信息。在信息不对称的情况下,信号的作用不能忽视,公司在制定股利政策时需要充分考虑股利分配的信息效应,考虑外界对此可能产生的反应。

(五) 公司的控制权

股东的意见对公司股利政策起着关键作用。有的公司由少数大股东控制,如果这些大股东较为看重对公司的控制权,则通常不愿意发行新股融资,而倾向于采用公司内部积累,这种情况下公司的股利支付水平就会较低。

二、常见的公司股利政策

从长期来看,大部分公司在多数时间里总是在盈利的,公司也经常对自己未来五年、

---

① 为了保护各方利益,各国法律都对公司的税后利润分配进行一定限制。如我国《公司法》规定,公司(税前)利润分配的顺序是:(1) 弥补以前亏损(在不超过税法规定的弥补期限内);(2) 缴纳所得税;(3) 提取法定公积金和法定公益金,公司应将(税后)利润的10%列入法定公积金,5%—10%列入法定公益金;(4) 弥补在税前利润弥补亏损之后仍存在的亏损;(5) 提取任意公积金;(6) 分配股利。在美国,法律规定如果国内收入署(IRS)能够证明公司的股利支付被蓄意调低以帮助股东逃避个人所得税,公司将面临很严重的惩罚。

十年甚至更长时间的发展前景进行展望,参考自己的历史经验,制定出适合自身的股利政策。常见的公司股利政策主要有以下几种:

(一)剩余股利政策

顾名思义,剩余股利政策是指公司以自己的资金需要为出发点,满足公司资金需要后剩余的盈利才用于股利分配。得到市场认可的具有良好发展前景的高增长公司,更适合采用该政策。

采取剩余股利政策的公司,一般按以下步骤进行:
(1)制定公司最优的目标资本结构;
(2)根据投资机会确定下一年度所需的资金需求量;
(3)根据最优目标资本结构,确定满足资金需求所需增加的股东权益数额;
(4)将公司盈余首先用于满足公司下一年度的资金需求,剩余部分才用于分发股利。

例 12.3 SouHo 公司现有盈利 1 800 000 元。该公司目标资本结构为 30% 的负债和 70% 的权益。目前公司面临三个互斥的投资机会可供选择,三个投资项目所需的投资支出分别为 1 500 000 元、2 400 000 元和 3 200 000 元。若执行剩余股利政策,则如表 12-3 所示,采纳不同的投资项目,将导致不同的股利支付率。

表 12-3 SouHo 公司采纳不同投资项目的股利支付率

	项目 1	项目 2	项目 3
(1)资本支出预算额(元)	1 500 000	2 400 000	3 200 000
(2)现有留存盈利能力(元)	1 800 000	1 800 000	1 800 000
(3)资本预算所需权益资金(元)	1 050 000	1 680 000	2 240 000
(4)股利发放额(元)	750 000	120 000	0
(5)股利支付率(%)	41.7	6.7	0

由于投资机会和盈利都是不确定的,因此严格遵守剩余股利政策可能导致股利变化非常不稳定。不稳定的股利支付将传递给市场不乐观的预期。为避免不利的信号作用,公司可以根据其长期发展战略,对未来若干年的盈利和投资机会进行分析预测,利用剩余股利模型计算出每年的股利支付额和支付率,然后根据平均数制定出未来若干年的目标股利支付率。它被用来指导公司的长期股利支付目标,而非具体某年的股利政策。

(二)固定股利额政策

执行该政策的公司每年发放的股利额保持不变,但考虑到通货膨胀等因素,通常保持适度的增长,只有当公司未来盈余会显著且不可逆转地大幅增长时,公司才会提高股利发放额,也就是说,要以确定的股利分配额作为股利分配的首要目标优先予以考虑。固定股利额政策可用图描述,如图 12-1 所示。

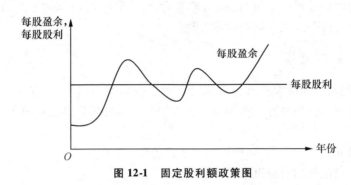

图 12-1 固定股利额政策图

采取固定股利额政策的主要目的是给投资者一个稳定的预期。稳定的股利额传递公司经营稳定的信息,若公司盈利下降,但仍保持稳定的股利,向外界传递的信息是公司的状况并不像利润下降表现得那么严重。固定股利额政策还有利于吸引和稳定希望以稳定股利收入为稳定收入来源的投资者。由于公司的盈余不是固定的,因此,这种股利政策的缺点是容易造成公司在具体某一年份的股利和盈余脱节。这就要求采取这一政策的公司对未来的支付能力作出较好的判断,在确定固定股利额水平时要留有余地,以免因执行此政策而使公司陷入被动的困境。

(三) 固定股利支付率政策

固定股利支付率指按照固定的比例从盈余中提取股利。这一政策的支持者认为,对公司而言,这才是一种真正的"稳定"股利政策,体现了多盈多分的原则。但其缺点也显而易见,由于公司盈余是变化的,采取这种股利支付政策容易造成公司各年度实际支付的股利不稳定,如图 12-2 所示。

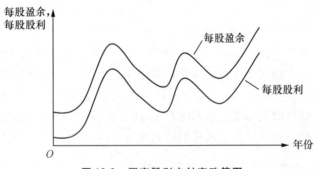

图 12-2 固定股利支付率政策图

(四) 正常股利加额外股利政策

采取这一政策的公司通常维持一个在任何情况下都有能力支付的较低的股利额,当公司盈余情况较好时,再支付额外的临时股利。由于投资者并未意识到未来可能得到这笔临时的额外股利,因此 就不会把发放这笔额外的临时股利当成公司未来盈利上升的信号,也不会把没有得到额外股利当成不利的信号。这种股利政策为公司在决策中提供了一定的灵活性,特别是对那些盈利和资金需求浮动大的公司而言,能够提供较大的灵活性。福特、通用等汽车公司就曾长期采用这种股利支付政策。

（五）阶梯式股利政策

该政策实质上是一种分阶段的稳定股利额政策。采取该政策的公司在每个阶段内均保持稳定的现金股利水平，只有当盈余的增长趋势明显并稳定，而不是偶然波动时，才提高每股现金股利水平，从而进入另一个稳定股利额阶段。阶梯式股利政策可以用图描述，如图 12-3 所示。

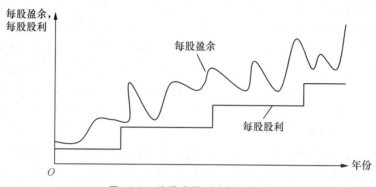

图 12-3　阶梯式股利支付政策图

（六）林纳模型[①]

林纳曾提出一个关于公司股利分配的模型：公司若以某一确定的"股利/收益"为目标股利支付率，则下一年度的股利分配数额应等于下一年度的每股收益的一个常数比例，用公式表示为：

$$DIV_1 = EPS_1(Dividend/Earnings) \tag{12-5}$$

则据此确定的两年间的股利变化额即目标股利变化额，可以表示为：

$$DIV_1 - DIV_0 = EPS_1(Dividend/Earnings) - DIV_0 = 目标股利变化额 \tag{12-6}$$

既然公司出于各种考虑，不愿意减少下一年度的股利发放额，那么在公司收益变化时，只需对其目标股利变化额做微小的调整就可以了，即只要在(12-6)式中加上一个调整系数就可以了。因此，实际的股利支付额为：

$$实际股利支付额 = 调整率 \times 目标股利变化额 \tag{12-7}$$

实际操作中，公司只需要在调整率上做文章。如果不想改变其股利发放额，调整率可定得接近于零，当调整率为零时执行的实际上是固定股利支付额政策。如果公司希望完全按照目标股利支付率支付股利，而不考虑其他影响，则可将调整率定为1，这时实际上执行的是固定股利支付率政策。公司可任意地在 0 和 1 之间选择调整系数以决定自己的股利政策。

三、现金股利的支付程序

公司可以以多种形式向股东派发股利。现金股利是以现金形式向公司股东发放股利，是最普遍的一种股利分配形式。现金股利的发放次数在不同国家可能呈现很大的差

[①]　John Lintner，"Distribution of Incomes of Corporations among Dividends, Retained Earnings, and Taxes"，*American Economic Review*，46 May 1956，97—113．

异。我国股份公司通常一年发放一次股利,而在美国,股利通常是按季度支付的。

在股利支付的程序中有几个特别重要的日期,它们是公布日、登记日、除权日和支付日。下面先以美国 H 公司为例,说明股利支付的流程和这几个重要日期,再讨论中国的情况。

(1) 公布日(declaration day)是公司宣布股利发放方案的日子。例如,2005 年 11 月 11 日,H 公司发布公告称"H 公司决定支付每股 0.6 美元的正常季度股利,并于 12 月 8 日对持有人进行登记,2006 年 1 月 5 日支付",则 2005 年 11 月 11 日为公布日。

(2) 登记日(holder-of-record date)即股权登记日,凡在登记日之前(含登记日当天)列于公司股东名单上的股东,都将获得此次发放的股利,而在这一天之后才列于公司股东名单上的股东,将得不到此次发放的股利,股利仍归原股东所有。例如,根据 H 公司所公布的股利发放方案,当 2005 年 12 月 8 日登记工作结束时的,公司将制作股东名单,这些人将有资格获得此次股利,而于 2005 年 12 月 9 日当天及以后得到 H 公司股票的投资者,无资格获得该次分发的股利。

(3) 除权日(ex-dividend date)。由于股票交易与过户之间需要一定的时间,因此,只有在登记日之前一段时间购买股票的投资者,才有可能在登记日之前列于公司股东名单上。因此,需要规定一个在登记日之前的工作日为除权日。在除权日之前(不含除权日)购买的股票可以得到将要发放的股利,在除权日之后及当天购买的股票则无权得到股利。在现代发达的交易系统下,股票买卖交易的当天就可办理完交割过户手续,在"$T+0$"这种交易制度下,股权登记日的前日即可为除权日。但美国证券业的惯例是登记日两个交易日之前,股利所有权是依附于股票上的,而在登记日之前的两天,股利所有权不再依附于股票。所以,根据 H 公司 2005 年 11 月 11 日公布的股利支付方案,2005 年 12 月 6 日为除权日。如果投资者玛丽于 2005 年 12 月 7 日从布朗处买了 1 000 股 H 公司的股票,那么玛丽和布朗究竟谁能获得 H 公司此次分派的股利呢?由于除权日为 12 月 6 日,因此在 12 月 5 日及其之前的股利所有权仍依附于股票,但从 12 月 6 日起,此次股利的所有权已脱离股票,所以玛丽无法获得每股 0.6 美元共计 600 美元的现金股利,这 600 美元的现金股利应由布朗获得,因为布朗是正式登记的股票持有人。

除权日对股票价格有着非常明显的影响。在除权日之前进行的股票交易,股票价格中包含该次发放的股利的价值,除权日之后进行的股票交易,股票价格中已不包含股利的价值,因此,除权日的股票价格一般要低于除权日之前的股票价格。在没有所得税的完善的资本市场上,股票价格下跌的幅度应与股利支付额相等。假如 2005 年 12 月 5 日 H 公司股票的收盘价为 55 美元,则 12 月 6 日(周二)股票的开盘价为 54.5 美元。但绝大多数投资者都要缴纳所得税,所以股价的下降往往低于股利额。

(4) 支付日(payment day)。这一天,公司支付股利。

中国上市公司支付股利的流程以及几个重要日期的含义与美国基本相似,不同的是在中国除权交易日是指股权登记日后的第二个交易日。

美国与中国股利分配的公布日、除权日、登记日和支付日的关系如图 12-4 所示。

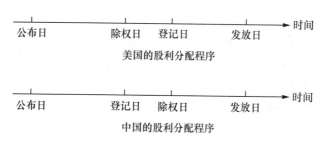

图 12-4 股利分配程序图

中兴通讯股份有限公司 2004 年度分红派息公告

证券代码(A 股/H 股):000063/763　证券简称:中兴通讯　公告编号:200517

本公司及董事会全体成员保证信息披露的内容真实、准确、完整,没有虚假记载、误导性陈述或重大遗漏。

中兴通讯股份有限公司(以下简称"本公司")2004 年度利润分配方案已获 2005 年 5 月 31 日召开的 2004 年度股东大会审议通过,本公司现将 A 股以及 H 股的分红派息事宜公告如下:

一、分红派息方案

本公司 2004 年度分红派息方案为:以本公司 2004 年 12 月 31 日总股本 59 521 650 股为基数,每 10 股派发人民币 2.5 元现金(含税),总计人民币 239 880 千元。

A 股股东中的个人股东(含高管股)、投资基金扣税后实际每 10 股派发 2.25 元现金;A 股中的法人股以及 H 股的股息不需扣税。本次分红前后,本公司的总股本不变。

二、A 股的分红派息事宜

1. 股权登记日与除息日

本次分红派息股权登记日为:2005 年 7 月 7 日;除息日为:2005 年 7 月 8 日。

2. 分红派息对象

本次分红派息对象为:截至 2005 年 7 月 7 日下午深圳证券交易所收市,在中国证券登记结算有限责任公司深圳分公司登记在册的本公司全体 A 股股东。

3. 分红派息方法

本次社会公众股的股息于 2005 年 7 月 8 日通过股东托管证券商直接划入其资金账户。国有法人股、境内法人股及高管持股股息由本公司派发。

三、H 股的分红派息事宜

于 2005 年 4 月 29 日登记于本公司 H 股股东名册的本公司 H 股股东有权获得上述本公司末期股息。

本公司 H 股的股息以人民币计价和宣布,以港币支付,相关汇率按照本次末期股息宣布当日(2005 年 5 月 31 日)之前一个公历星期中国人民银行公布的港币兑人民币的基准价的平均值折算,即港币 100 元兑人民币 106.322 元。本次每股港币 0.2351 元的末期股息将于 2005 年 7 月 8 日派发予本公司 H 股股东。

四、咨询机构

咨询地址：深圳市南山区高新技术产业园科技南路中兴通讯大厦A座6楼
咨询联系人：×××
咨询电话：+86(755)××××××××
咨询传真：+86(755)××××××××

中兴通讯股份有限公司董事会
2005年7月4日

资料来源：http://www.zte.com.cn

第三节　股票股利、拆股与股票回购

一、股票股利

股票股利是以赠送股票的形式向股东发放的股利，在我国通常被称为"送红股"。例如，"10送3"，就是指股东每持有10股股票将得到3股股票作为投资回报。"10送3派0.6"，则是指在"10送3"的基础上，再分发每股0.6元人民币的现金股利。

股票股利实际上是将企业用于分配的利润转换成普通股，公司资产的价值和股东财富价值均未发生变化，每个股东所拥有的公司所有权也没有改变。从会计角度看，只是资金在股东权益账户之间进行了转移，并不导致公司现金的流出或流入。

例12.4　设盈讯公司发行在外的普通股数为100 000股，每股面值为2元，每股市价为20元，现决定每10股股票送2股增发的股票，即增加20 000股的普通股。公司现有保留盈余1 000 000元。那么，发行股票股利前后的股东权益账面价值变化如表12-4所示。

表12-4　盈讯公司发放股票股利前后股东权益账面价值

	发放股票股利前	发放股票股利后
普通股股数	100 000	120 000
股本(面值)(元)	200 000	240 000
发行溢价(资本公积)(元)	400 000	760 000
保留盈余(元)	1 000 000	600 000
权益资本总计	1 600 000	1 600 000
每股账面价值(元/股)	16	13.33

随着股票股利的发放，按照每股市价，保留盈余中有40 000元资金转入普通股股本，360 000元转入股票发行溢价(资本公积)账户，公司的资产净值并未发生变化。但由于流通在外的股数增加了20%，每股账面价值和每股盈余也将按比例减少。假设预计公司当年税后利润为120 000元，则发放股票股利之前每股盈余为1.2元(120 000/100 000)，而在发放股票股利之后每股盈余降为1元(120 000/120 000)。因此，股票市价也会随之降低。严格地说，股价变化发生在除权日那天。由于市场对公司总价值的估计不会变，

因此,若以 D_S 代表因股票股利而新增的股票比率,则发放股票股利前后的股价 P_0 和 P_1 应满足以下关系式:

$$P_0 N_0 = P_1 N_1 = P_1 N_0 (1 + D_S) \quad (12\text{-}8)$$

$$P_1 = P_0 / (1 + D_S) \quad (12\text{-}9)$$

根据(12-9)式计算得到盈讯公司在发放股票股利后的股价为:

$$P_1 = 20/(1 + 20\%) = 16.67(元)$$

假如某股东原有 1 000 股普通股,那么在发放股票股利之前,其持有股票的总价值为 20 000 元,发放股票股利后,其持有 1 200 股,但持有的股票的总价值仍然是 20 000 元 (16.67×1200)。

从理论上说,发放股票股利所导致的股价下降的幅度应与账面价值下跌的幅度一致,但资本市场往往不是那么有效的,所以股价下降的幅度与账面价值下降的幅度的差别,主要取决于市场的反应程度。如果市场价格下跌幅度小于账面价值的下跌幅度,股东将获益;但若市场反应太强烈,市价跌幅大于账面价值,则股东受损。

对公司来说,发放股票股利既不需要支付现金,又可以满足股东获取投资回报的需求,因此,它经常代替现金股利或者在现金股利之外额外发放。特别是在公司资金紧张、无力支付现金股利时,采取发放股票股利的做法不失为一种权宜之计。另外,公司发股票股利还有一种出发点,即考虑到公司当前股价太高不利于交易,通过发放股票股利产生降低股价以利于交易的效应。

二、股票分割

股票分割(stock split)又叫拆股,指通过降低股票面值而增加发行在外普通股的股数。例如,2 对 1 股票分割是指股票面值减少 1/2,股数增加 1 倍。

股票分割对公司的资本结构、股东权益各账户的账面价值都不产生影响,但由于股票分割使公司发行在外的股票总数增加,因此会导致每股账面价值降低。除了会计处理不同外,股票分割与股票股利的作用非常相似,都是在不增加股东权益的基础上增加股票的数量,不过,股票分割所导致的股票数量的增加量可以大大超过发放股票股利。

例 12.5 在例 12.4 中,假设盈讯公司现决定进行每 1 股换 2 股新股的股票分割。那么,公司拆股前后的股东权益账面价值变化如表 12-5 所示。

表 12-5 盈讯公司股票分割前后股东权益账面价值

	股票分割前	按 1 股分为 2 股拆股后
普通股股数	100 000	200 000
股本(面值)(元)	200 000	200 000
发行溢价(资本公积)(元)	400 000	400 000
保留盈余(元)	1 000 000	1 000 000
权益资本总计(元)	1 600 000	1 600 000
每股账面价值(元/股)	16	8

显然,从会计上看,股票分割仅仅是对股票的数量和面值作了调整而已。那么对于公司来说为什么要进行股票分割呢?下面的资料或许能够回答这个问题。

专家称 Google 不会分割股票 但压力越来越大

CNET 科技资讯网 2006 年 1 月 6 日国际报道：当 Google 的股票在本周四上冲到 450 美元时，对于普通投资者而言，它就更像一颗昂贵的 Tiffany 钻石了。

最显而易见的一个解决办法可能只有通过股票分割压低 Google 的股价了。但财务专家认为 Google 不会这样做。简单地说，由于购买 Google 股票的意向非常强劲，Google 的官员没有理由要求这样做。乔治城大学的金融学副教授詹姆士说，尽管股价如此高，但 Google 股票不存在任何交易方面的困难。股票分割对 Google 没有太大的意义，因此它并非必须这样做。但在股价上升到 Google 股份的水平后，不分割股票的高科技公司实属凤毛麟角。在过去的数年中，雅虎、eBay、微软都因这一原因进行过股票分割。目前，购买 100 股 Google 股票需要 45 000 美元，分割股票能够降低这一数字。

专家表示，分割股票对股东的资产以及公司的市值没有任何影响，但它可能导致分割后股价的迅速上涨，因为投资者总是认为股票分割是管理层对未来股价乐观的一个信号。

但至少在目前，Google 的管理层对分割股票没有兴趣。在去年 5 月份的股东会议上，Google 的首席执行官舒米特表示公司没有这样的计划。Google 没有披露可能改变这一政策的任何迹象。

尽管财务专家表示 Google 没有分割股票的迫切理由，但未来数月内分割股票的压力会越来越大。本周二，Piper Jaffray 的分析师将对 Google 股价的预期提高到了 600 美元。伊利诺伊州立大学金融系的教授大卫说，对于希望建立低风险投资组合的投资者来说，这一价格太高了。随着股价日益提高，越来越多的投资者将对股价更敏感，购买 Google 股票的投资者会越来越少。

资料来源：http://finance.sina.com.cn。

从 Google 公司的例子中，可以找出公司进行股票分割的两个最主要的理由：一是通过股票分割降低股价，达到增强股票的流动性、有利于股票交易的效果；二是向股票市场和投资者传递公司增长潜力高和盈利前景良好的信息。

在很多情况下，公司都需要运用股票分割以迅速增加流通中的股票数量，降低每股股价。例如，它是公司进行兼并收购时经常采取的策略。当一家公司欲兼并另一家公司时，首先将自己股票加以分割，以增加公司股票对目标公司股东的吸引力。例如，甲公司准备通过股票交换兼并乙公司。若甲乙两公司目前的股票市价分别为 40 元和 4 元，根据对双方公司价值的分析，甲公司认为以 1∶10 的交换比率（即 1 股甲公司的股票换 10 股乙公司的股票）对于双方股东是公平合理的，但 1∶10 的比例可能会使乙公司的股东在心理上难以接受。为此，甲公司可先按 1 拆 5 的比例对本公司的股票进行分割，然后再按 1∶2 的交换比率实施对乙公司的兼并。虽然这样做后并未发生实质上的改变，但从心理上比较容易被乙公司股东所接受，从而有助于兼并的顺利完成。再如，通过股票分割为新股发行做准备。股票价格太高使许多潜在投资者力不从心，在新股发行前利用股票分割降低股价，有助于增加投资者的兴趣，促进新股的畅销。

就股东而言，股票分割与股票股利相同，增加股东的持股数量但不改变其持股比例和所持有股票的总价值。关于现金股利的发放,很少有公司会在股票分割后仍维持与分割前相同的现金股利额,但只要每股现金股利的下降幅度小于股票分割的幅度,股东实际得到的股利仍有可能增加。

与股票分割相反,当公司认为其股票价格过低时,为提高股票的每股市价则可能采取反向操作,即用1股新股换1股以上的旧股,这种行为被称为并股或合股。如果公司的股票市价为2元,公司可以采用5股旧股1股新股的反分割行动,反分割将使其股价由原来的2元提高到每股10元。

三、股票回购

股票回购是指上市公司从股票市场上购回本公司已流通在外的股票。公司在回购完成后,既可以将所回购的股票注销,也可以将其作为库藏股保留,但库藏股不参与收益的分配和每股收益的计算,日后可移作他用,如作为职工持股计划,用于可转换债券的兑换或再出售等。

(一) 股票回购的目的

替代股利发放是公司进行股票回购的主要目的之一。如果一个公司有足够多的现金,却没有有利可图的投资机会,就不应该采用高保留盈余、低现金股利支付的政策,而应该把现金分配给股东。除了发放直接发放现金股利外,也可以利用充裕的现金购回部分股票,使流通在外的股票减少,从而提高每股盈余和股价。这样,股东就可以通过出售股票而获得资本利得。如果没有所得税和交易成本的影响,显然发放现金股利还是股票回购对于股东而言并无差异。

设想在一个完善的资本市场中,有一家公司拥有3 000 000元的剩余现金(见表12-6),打算将这笔现金作为股利发放。预计股利发放后公司年度利润为4 500 000元,公司现有流通在外的普通股1 000 000股,市场中同类公司的市盈率为6倍。因此,可以推算出公司的股价为27元。当然,公司也可以选择用剩余的现金回购股票。假设回购价为30元,可回购100 000股。由于股数减少,每股盈余升至5元。由于公司面临的经营风险和财务风险都没有变化,市盈率仍保持6倍,因此,股价上升为每股30元。忽视税收、交易费用等,则在公司发放现金股利的情况下,每位股东将拥有每股价值27元的股票和3元的股利,总价值为30元。这一结果与股票回购下拥有价值30元的股票一样。显然,股东对是发放股利现金还是通过股票回购获得资本利得并无偏好。

表12-6 股票回购与现金股利的比较

单位:元

项目	总额	每股
发放股利		
计划股利	3 000 000	3
预计发放股利后年度利润	4 500 000	4.5
发放股利后股票市场价值	27 000 000	27
回购		
预计回购后的年度利润	4 500 000	5
回购后的股票市场价值	27 000 000	30

然而，资本市场通常并不完善，存在税收、信息不对称、交易成本等，若资本利得的所得税税率低于现金股利收益的所得税税率的话，通过股票回购要比支付现金股利给股东更为实惠。特别是当避税成为股东需要考虑的重要因素时，股票回购就成为股利发放很好的替代品。另外，股票回购还能产生延期纳税的好处。正因为股票回购能够产生避税的作用，许多国家的政府都对股票回购进行了一定的限制。如英国、德国和日本原则上禁止公司买回自己的股份；美国虽原则上允许公司回购股份，但需要有正当的理由。我国则规定不得回购股票，但为减少公司资本而注销股票、为持有本公司股票与其他公司合并等情况除外。

改变公司资本结构也是公司进行股票回购的目的。当公司管理层认为资本结构中股权的比例过大时，可以用充裕的现金或通过发行债券并用得到的资金回购股票，以改变公司的资本结构。

股票回购还可能出于公司购并或反购并等战略目的。按照购并计划，公司可提前购回部分股票，并用库藏股进行股票交换以减少公司的现金支出。在反收购活动中，通过回购股票提高股价，可以增加收购的难度和成本。

此外，公司出于稳定或提高股票的市场价格、改善公司形象、满足可转换证券或认股权证的行使等目的，都可能进行股票回购。

（二）股票回购的方式

股票回购常用的方法有：

（1）固定价位回购（fixed-price tender offer）。公司以高于目前市场价格的价位向股东提出正式的招标，股东可以选择出售还是继续持有股票。

（2）荷兰式招标（dutch-auction tender offer），也叫单一价格招标。每个股东都告诉公司愿意出售的股票数额和价位，公司也定出自己愿意购买的数额、最高价和最低价，最低价通常高于市场价格。公司将股东所提出的价位在所定范围内进行由低到高的排序，然后定出可以回购既定股数的最低价位。所有不高于这个价位的股东将以该价位交易。固定价位回购和荷兰式招标统称为现金要约收购。

（3）公开市场回购（open-market purchases）。公司像普通股民一样通过经纪人购买自己的股票。这种方式一般在股票市场价格欠佳时小规模回购特殊用途（如股票期权）所需股票。

（4）公司与某一大股东进行协商购买，但要保证该股东没有比其他股东获得更多的优惠。

我国股份回购若干案例

我国《公司法》（2006年1月1日施行）第143条规定，允许股份公司在下面四种情况下回购公司股份：（一）减少公司注册资本；（二）与持有本公司股份的其他公司合并；（三）将股份奖励给本公司职工；（四）股东因对股东大会作出的公司合并、分立决议持异议，要求公司收购其股份的。针对第三种情况，修正案同时还规定，奖励给公司职工的回购股份，不得超过本公司已发行股份总额的百分之五；用于收购的资金应当从公司的税后利润中支出；所收购的股份应当在一年内转让给职工。

一、豫园股份合并回购案

1992年小豫园并入大豫园可以看作中国股市第一例为了合并而实施股份回购的成功个案。依据《公司法》并经股东大会批准，大豫园作为小豫园的大股东，采用协议回购方式把小豫园的所有股份（包括国家股、法人股、社会公众股）悉数回购并注销，合并后新公司再发行股票，小豫园股东享有优先认股权。这为我国国有企业的股份制改造提供了一条新的、可行的途径。

二、云天化和冰箱压缩的现金回购案

1999年4月1日，云天化发布公告，宣布回购云天化集团持有的2亿股国有法人股，并于2000年9月获准实施。云天化以每股2.83元的价格，向该公司第一大股东云天化集团协议回购该公司持有的国有法人股20 000万股，此次回购完成后，云天化股份总额从56 818.18万股减少至36 818.18万股。整个回购支付资金总额为56 600万元，资金来源主要有：(1) 截至2000年8月31日的未分配利润430 143 509.05元；(2) 2000年9—10月预计实现的未分配利润26 800 000元；(3) 其他自有资金110 050 352.29元。全部股份回购资金为一次性支付。云天化实施股份回购，收缩股本，在现有经营规模的基础上，可以最大限度地发挥资金杠杆作用，遏制公司每股收益下滑的趋势。此次股份回购也可以看作公司将原本应向外投资的资金投向了自身现有的资产。

2000年5月29日，冰箱压缩公司获准以9 590万元的自有资金向大股东上海轻工控股(集团)公司回购国家股4 206.275 3万股，占公司总股本的9.95%。回购后，公司总股本降至38 052万股。上海轻工控股(集团)公司用回购股份所得款项受让冰箱压缩投资的上海森林电器有限公司31%的股权。上海森林电器公司自1997年成立以来连续亏损，1998年亏损额更高达8 000多万元，给冰箱压缩带来4 271万元的投资损失，该数字已超过了公司1998年的利润总额。回购后冰箱压缩对森林电器的持股比例降至19%，按成本法进行核算，冰箱压缩剔除了一个重大亏损因素。这意味着冰箱压缩在实施回购方案后，不仅可以降低国家股比例，减少总股本，更可以规避和控制股权投资的风险隐患，从而从两方面改善公司业绩。在这一回购方案中，冰箱压缩成功地运用了财务手段，这无论对于国有股回购还是其他形式的资产重组都是一个有益的启示。

三、长春高新的资产回购案

长春高新公司于2000年7月26日经临时股东大会通过决议，决定以每股3.44元的价格向第一大股东长春高新技术产业发展总公司协议回购并注销国家股7 000万股。回购价格是以公司1999年12月31日经审计确认的每股净资产3.40元为基础，同时考虑自2000年年初至回购实施期间的公司经营收益而确定。回购后，公司总股本由20 132.657万股降为13 132.657万股，其中国家股占34.63%，募集法人股占4.61%，社会公众股占60.76%。回购资金为2.408亿元，资金来源于管委会（系长春高新技术产业发展总公司的母公司）归还长春高新的2.4亿元欠款。通过本次股份回购，不仅可以改善长春高新的资产结构，减少2.4亿元的应收款项，提高公司资产的营运质量，而且可以提升公司的经营业绩，2000年公司每股收益为0.23元，远高于1999年的0.069元。

资料来源：《上海证券报》，2005年6月10日。

（三）股票回购的利与弊

从公司和股东的角度看，股票回购通常具有以下作用：

（1）当公司有多余现金需要分配，又不希望改变股利政策时，股票回购作为股利分配的替代，其作用相当于一笔额外现金股利。

（2）通过股票回购，减少流通中的股票，公司能在不增加资金的情况下提高每股股利额。

（3）当公司进行回购时，股东可以选择卖与不卖，这样能够使需要现金和不需要现金的股东的意愿都能得到满足。

（4）可以迅速地改变公司的资本结构。

（5）信号作用。回购价反映了管理层对公司股价的评估，回购价超过市价的部分在一定程度上反映了股价被低估的程度。股票回购所产生信号作用还表现在它所发出的公司现金流充裕、财务状况良好的信号上。

股票回购也会产生一些负面影响。例如，股票回购可能向市场发出公司没有好的投资机会、公司的增长机会不大的信号。另外，即便在股利和资本利得对股东收益的影响并无差异的情况下，现金股利毕竟比通过回购而获得资本利得更可靠，因此，现金股利可能更受欢迎。股票回购还会给公司操纵股价、进行内部交易、避税以可乘之机。股票回购实质上是一种减资行为，公司资本减少会削弱公司的资本基础以及对公司债权人的财产保障程度。股票回购使得公司持有自己的股票，公司与股东的法律关系发生混淆，容易导致上市公司利用内幕进行炒作，或对报表进行粉饰，增加了公司行为非规范化的可能。因此，股票回购在很多情况下都是受到限制的。

本章总结 》

1. MM 股利无关理论建立在完善资本市场、理性行为和信息对称以及完全确定性等严格的假设基础之上，其基本观点是，在给定公司投资政策和资本结构的前提下，公司的价值完全由投资政策所决定的获利能力决定，与盈利的分割方式无关。对于股票定价模型所揭示的股价是所有未来预期股利现值这一本质特征，MM 股利无关论认为，股利政策改变的只是股利的发放时间，但其现值却保持不变。对于现实中股票价格会随股利发放额的增减而变动这一事实，MM 股利无关论的解释是，股利增减所引起的股价变动，应归因于股利发放所包含的有关公司未来盈利状况的信息内容。

2. "一鸟在手论"认为普通股票的收益来自资本利得和股利，而人们对于资本利得与股利收益的偏好是不同的。正常股利是投资者按时按量有把握的收入，好比手中之鸟。而资本利得要靠出售手中的股票才能得到，股票价格起伏不定，好似停在灌木林中的鸟，看着很多，但不一定都能抓到手中。因此，在普通股的报酬率中，预期资本利得收益比例大，则投资人会要求较高的报酬率，从而导致股票价值下降。

3. 所得税差异理认为由于资本收益的个人所得税税率通常低于股利收入的所得税税率，并且还有延期纳税的好处，因此，投资者显然更偏好实行低股利支付率的公司的股票。

4. 根据税收偏好理论，不同的投资者由于税负不同，其对公司的股利政策会有不同的偏好。如果公司股利政策变动导致现有投资者卖掉手中的股票，就会引起股价下跌，如果公司股利政策能吸引到更多更大的买家，股票价格就会上涨。这种效应的存在是公司制定股利政策时的一个不可忽视的因素。

5. 股利分配的信号理论认为由于存在信息不对称，因此，公司的现金股利分配是一条极为重要的信息渠道，公司现金股利的发放数额在很大程度上反映了公司的盈利能力和现金获取能力。市场上股价对于股利发放变化的反应不是说明投资者对股利的偏好，而是对股利分配所蕴藏着的信息的反应。

6. 影响公司股利政策的因素很多，其中公司现金流、投资机会、法律法规约束、股利的信号作用和公司的控制权是最主要的五个因素。

7. 剩余股利政策指公司在制定股利政策时首先将盈余用于满足公司的资金需要，剩余部分才用于股利分配，具有良好发展前景的高增长公司适合采用该政策。

8. 固定股利额政策以确定的股利分配额作为股利分配的首要目标优先予以考虑，执行这种政策容易造成公司的股利与盈余脱节。

9. 固定股利支付率政策按照固定的比例从盈余中提取股利，采取这种股利支付政策容易造成公司各年度实际支付的股利不稳定。

10. 采取正常股利加额外股利这一政策的公司通常维持一个在任何情况下都能够支付的较低的股利额，当公司盈余情况较好时，再支付额外的临时股利。这种股利政策为公司在决策中提供了一定的灵活性。

11. 阶梯式股利政策是一种分阶段的稳定股利额政策。林纳模型中公司的实际股利支付额可以在根据目标股利支付率计算的目标股利变化额的基础上乘以一个调整系数。

12. 公布日、登记日、除权日和支付日是股利支付的程序中特别重要的几个日期。除权日对股票价格有非常明显的影响。在除权日之前股票带权交易，除权日之后股票价格中已不包含股利的价值。因此，除权日的股票价格一般要低于除权日之前的股票价格。

13. 股票股利是以赠送股票的形式向股东发放的股利。发放股票股利不会改变公司资产的价值以及股东所拥有的所有权，但会增加普通股的股数，减少每股账面价值和每股盈余，股价也会随之降低。当公司现金紧张、无力支付现金股利时，可采取发放股票股利的方式。另外，当公司管理当局认为目前股价太高不利于交易时，通过发放股票股利会产生降低股价以利于交易的效应。

14. 股票分割对公司的资本结构、股东权益各账户的账面价值都不产生影响，但由于股票分割使公司发行在外股票总数增加，因此，会降低每股账面价值和股价。通过股票分割降低股价，增强流动性和向市场传递公司增长潜力高和盈利前景良好的信息是股票分割的两个重要作用。与股票分割相反，当公司管理当局认为其股票价格过低时，可以采取并股或合股的方式提高股价。

15. 股票回购是指上市公司从股票市场上购回本公司已流通在外的股票。股票回购的主要目的是替代股利发放。股票回购的方式有现金要约收购、公开市场收购等。当公司有多余现金需要分配，又不希望改变股利政策时，股票回购可替代现金股利,并能为股东带来避税效应。此外,股票回购还有能够迅速改变资本结构、产生较好的信号作用等好处。但它也给公司操纵股价、进行内部交易、避税以可乘之机,产生一些负面的影响。

思考与练习

1. MM 股利无关论建立在哪些假设基础之上?
2. 什么是股利分配的信号传递作用?
3. 税收怎样影响不同投资者的收益?税收是股利政策决策中应考虑的一项因素吗?股利理论是如何解释这个问题的?
4. 为什么通常高增长率的公司愿意保持较低的股利支付率,而低增长率的公司愿意维持较高的股利支付率?
5. 与现金股利相比,股票回购和股票股利的优点是什么?
6. 结合现金股利、股票股利、股票分割和股票回购说明财务信号的作用是什么。
7. 2001 年第一季度默克公司派发了 0.34 美元的季度红利。将下面的日期一一配对。

(A1) 2001 年 2 月 27 日　　　　　(B1) 股权登记日
(A2) 2001 年 3 月 6 日　　　　　(B2) 红利派发日
(A3) 2001 年 3 月 7 日　　　　　(B3) 除权日
(A4) 2001 年 3 月 9 日　　　　　(B4) 最后带息日
(A5) 2001 年 4 月 2 日　　　　　(B5) 公告日

8. 1986—2000 年特瑞公司的红利变化可用以下方程式来描述:

$$\text{DIV}_t - \text{DIV}_{t-1} = 0.36 \times (0.26 \text{EPS}_t - \text{DIV}_{t-1})$$

问:(1) 特瑞公司的目标红利发放率是多少? (2) 实际红利发放额的调整比例是多少?

9. 在 2010 年时,三洋公司赚得了 1 400 万元的税后盈余,并支付了 560 万元的股利。在过去 10 年里,公司的盈余每年都以 8% 的速率固定成长。据公司预期,2011 年的盈余将可以达到 1 800 万元,可供利用的投资机会也将高达 1 200 万元。2011 年过后,公司每年的盈余成长率将恢复到以前 8% 的水平。公司的目标负债比率为 25%。试分别算出处于下列情况下,三洋公司在 2011 年的股利发放总额。

(1) 2011 年的股利成长率必须等于 12%。
(2) 2011 年的股利支付率与 2000 年相同。
(3) 公司实行剩余股利政策,但在 2011 年所需的 1 200 万元的投资资金中,有 25% 要用负债筹措,以使它的负债比率维持在目标水准上。
(4) 公司采用正常股利加额外股利政策,正常股利根据公司的长期成长率决定,额外股利则根据剩余股利政策决定。
(5) 你认为三洋公司应采用哪一种股利政策?为什么?

10. Chris Copper 公司 3 月 25 日宣布向股东支付 25% 的股票股利,登记日为 4 月 1 日。股票的市场价格是每股 50 美元,你拥有 160 股。

(1) 假定其他条件不变,如果你在 3 月 20 日卖掉股票,每股价格是多少?

（2）支付股票股利后，你将拥有多少股票？

（3）假定其他条件不变，你预计4月2日出售股票的价格是多少？

（4）假定其他条件不变，在股票股利发放前后，你所拥有的股票价值总额是多少？

11. 盈盈贸易公司流通在外的普通股有240万股，目前每股市价是36元。权益账户如下表所示。

普通股（每股面值2元，2 400 000股）	4 800 000元
资本公积（股本溢价）	5 900 000元
留存收益	7 300 000元
股东权益总额	98 000 000元

（1）如果公司宣布发放12%的股票股利，这些账户将发生什么变化？25%的股票股利呢？

（2）如果不采取股票股利，而是宣布3对2股票分割，这些账户余额将发生什么变化？2对1股票分割呢？

（3）如果进行1对4股票合并会怎样？1对6呢？

12. 星光公司计划发放现金股利550 000元，现有流通在外普通股275 000股，每股盈余为6元，股票在除权日后的价格为45元，如果公司不发放现金股利，而改为回购股票，那么：(1)回购价格为多少？(2)回购数目为多少股？(3)如果回购价格高于或低于(1)中的建议价格会怎样？

第十三章　　营运资本政策与短期融资

▍本章概要▍

　　营运资本是公司为支持生产经营活动而投入在流动资产上的现金。营运资本决策与长期投资决策和长期筹资决策一样都是公司金融决策的重要内容。本章主要介绍营运资本决策中的两个专题：一是公司进行营运资本管理时所采取的主要政策；二是营运资本筹集的主要方式。

▍学习目标▍

1. 了解营运资本和净营运资本的概念、特点和营运资本决策的要求。
2. 了解营运资本投、融资的三种政策及其对公司经营的影响，学会编制管理资产负债表，并能够利用管理资产负债表分析公司营运资本政策。
3. 掌握计算银行短期借款成本的基本方法，了解采取银行短期借款融资方式的利弊。
4. 掌握商业信用融资成本的计算方法，了解采用商业信用融资方式的利弊。
5. 了解短期融资券的概念及其成本的计算方法，以及采用此种融资方式的利弊。

引　　言

　　如果一个公司没有足够的现金以应付各种支付的需要，不能偿还公司的到期债务，公司将陷入财务困境或走向破产。而公司创造现金的能力及资产的流动性是由公司的筹资与投资决策以及营运资本管理决定的。

　　营运资本管理涉及短期存在的资产或负债，这些资产和负债容易变动。例如公司向银行取得 60 天期限的短期贷款 5 000 万元，使负债和资产同时增加了 5 000 万元，但在两个月之后，公司偿还了这笔贷款，公司的资产和负债又会减少 5 000 万元。公司在决定营运资本政策时通常不必考虑长远的将来，例如是否申请这笔短期贷款一般只根据公司近几个月的现金流情况。在一定意义上，营运资本管理比长期资本的投融资决策容易，但其重要性毫不逊色。公司可能抓住了极有价值的投资机会，找到了合理的资本结构，选择了恰当的股利政策，却可能因为没有采取正确的营运资本政策而影响了公司正常的现金周转，损害了短期偿债能力和公司信誉，从而导致失败。

第一节 概 述

一、营运资本的概念和特点

(一) 营运资本的概念

广义的营运资本指公司生产经营活动中投入在流动资产上的现金。流动资产是指可以在一年或超过一年的一个营业周期内变现或运用的资产,是公司从购买原材料开始直至收回货款这一生产经营过程所必需的资产,具有占用时间短、周转快、易变现的特点。

公司流动资产所占用的资金一部分来源于长期负债和股东权益,但主要来源于流动负债,通常具有成本低、偿还期短的特点。

流动资产减流动负债称为净营运资本,它代表用以支持生产经营活动的"净投资",其变化会影响公司的收益和风险。

(二) 营运资本的特点

营运资本一般具有如下特点:

(1) 周转期短。多数公司的生产经营周期都在一年以内,营运资本从现金开始到收回现金经历了采购、生产、销售的全过程,但这个过程时间较短。如果营运资本周转循环的时间很长,则公司的日常经营很可能出现了问题。

(2) 形式多样性。营运资本投入生产经营,在现金、原材料、产品、半成品、产成品、应收账款和现金之间顺序转化,其形式不断地发生变化。

(3) 数量具有波动性。公司流动资产的数量通常会随着公司内外部条件的变化而变化,时高时低,波动很大,季节性、非季节性企业均如此。而流动负债的数量则随着流动资产变动而相应发生变动。倘若不能很好地预测和控制这种波动,就会影响公司正常的生产经营活动。

(4) 营运资本的来源灵活多样。营运资本需求不仅可以通过短期融资满足,而且可以部分通过长期融资满足。而在短期融资中,又有应付货款和票据、预收款和预提费用等自然性流动负债以及银行借款等多种融资方式。

二、营运资本决策的特点和要求

(一) 营运资本决策的特点

营运资本管理是对公司流动资产和流动负债的管理。公司的营运资本决策主要包括两个方面:一是确定流动资产的最佳水平,包括流动资产中现金、应收账款、存货等各项资产的最佳持有量;二是决定维持最佳流动资产水平而进行的短期融资和长期融资的组合。与公司的长期投融资决策相比,营运资本决策具有如下特点:

(1) 营运资本决策多为短期决策。由于营运资本具有短期性特征,而营运资本决策所涉及的对象又都是流动资产和流动负债项目,因此,通常只需要根据近期的生产经营状况作出决定,决策的影响也是短期的。

(2) 营运资本决策是一种经常性决策。这是由营运资本的短期性、多样性和波动性的特征所决定的。这种短期的、经常性的营运资本决策往往要耗费财务经理大量的时间和精力。首先,流动资产在公司的总资产中占据较大的比重,对于典型的制造业,流动资产所占比重达一半以上,对销售等服务业这一比例更高。过高的流动资产水平降低了公司的投资回报率,但流动资产太少,又会给公司的稳定经营造成困难,进行营运资本决策需要在收益和风险之间进行权衡。其次,随着公司经营内外部条件的变化,公司的流动资产和流动负债也要相应调整。调整时不仅要考虑流动资产和流动负债数量上的匹配,还要考虑它们在期限上的匹配。这些都需要管理人员付出很大的努力。

(3) 营运资本决策一旦失误会很快影响到公司的现金周转,而长期投融资决策对公司现金运用的影响通常会有一个滞后期。营运资本的特点是周转快、变现快,但很容易沉淀和流失。所谓沉淀,是指营运资本停滞在周转的某个阶段不再循环周转。如原材料、产成品等存货积压,应收账款长期收不回来,这些都会使本应该不断循环流动的资金停滞不动。营运资本在周转过程中也容易流失。比如,由于管理不善造成现金被贪污,存货被盗窃、损毁;由于对客户缺乏了解,交易中上当受骗,应收账款变成坏账损失,预付货款付出却收不到货物;公司内部缺乏科学的财务管理制度和严密的财务控制体系造成资金的浪费和流失;等等。因此,营运资本相当于企业的血液,以货币形态开始到货币形态结束,处于不断的循环周转过程中,在这个过程中如果管理不善而使得现金周转不灵,则会立即影响企业的支付能力和债务的偿还,损害公司的信誉,使公司陷入财务困境,严重时可能导致公司破产清算。

(二) 营运资本决策的要求

基于上述特点,营运资本决策应满足下述要求:

(1) 合理确定营运资本的需要量,节约资金占用。由于营运资本与公司的生产经营状况密切相关,因此,要根据生产经营状况的变动合理预测营运资本的需要量,在各项流动资产上合理地配置资金数额,节约资金占用,提高投资报酬率。

(2) 加速资金周转,提高营运资本的经营效率。在其他条件不变的前提下,加速了营运资本的周转,也就相应提高了营运资本的利用效果。加速营运资本的周转可以通过加速存货的周转、缩短应收款的收款期和延长应付款的周转期实现,也可以通过制定一些营运资本决策的规范以提高决策的质量和效率。例如,在决定是否向客户提供商业信用方面可以制定一些商业信用标准,在决定现金规模和存货规模方面可以提供一些简便合适的模型等,作为决策的依据,并将这些有了依据的决策下放到更接近生产经营活动一线的管理层,这样既可以降低管理费用,又可以提高决策的时效性。需要注意的是,这些规则需要根据环境的变化及时调整和修改。

(3) 合理安排流动资产与流动负债的比例关系,保证足够的短期偿债能力。流动资产与流动负债的比例关系不仅直接影响公司的短期偿债能力,而且直接影响公司的资本成本,进而影响公司的盈利能力。因此,不仅需要考虑合理的营运资本来源的构成,还要考虑利用廉价的短期融资(如应付账款等自然性短期负债)和偿债风险之间的平衡,以最大限度地减少破产清算的风险。因此在营运资本决策中应注意安排好流动资产与流动负债之间的平衡与合理搭配。营运资本决策直接关系公司的偿债能力和信誉,特别需要强调安全性。

(4) 防止过度增长与营运资本短缺。公司经营规模的扩大往往伴随营运资本需求的增长,虽然由于规模经济效应的存在,经营规模的扩大并非与营运资本需求增加同比例增长,但在大规模扩张情况下,必然导致对营运资金需求的大幅增长。问题在于,人们总是忽视大规模扩张下对营运资本的需求,从而导致项目建成后营运资本无法满足生产经营的需求。这样的增长是难以维持的,可称之为过度增长。错误地认为规模扩大所产生的新增利润会成为新增的营运资本,是资本预算中忽视营运资本需求从而导致过度增长的原因之一。事实上,新项目要产生预期的现金流需要先垫付营运资本。过度增长的后果无疑是严重的,轻者导致投资前功尽弃,重者可能引起公司陷入财务危机,需要引起高度重视。

第二节 营运资本政策

公司在筹集营运资本和安排流动资产时,需要考虑如何配置短期资产与长期资产的比例,以及如何根据长短期资产的比例配置长短期资金的比例。营运资本政策就是公司在营运资本的筹集和运用时所采取的策略。

一、营运资本融资政策

公司的营运资本融资政策所要解决的最主要的问题就是如何合理地配置流动资产与流动负债。根据公司负债结构与公司资产的寿命之间的配置情况,公司营运资本融资政策可以分为匹配型、激进型和稳健型三种。

(一) 匹配型

如果按照在公司持续的生产经营过程中,流动资产占用资本的时间长短对流动资产进行重新分类的话,可以分为临时性流动资产和永久性流动资产。临时性流动资产指受季节性或周期性以及一些临时性因素影响而变动的流动资产,如季节性的存货、销售淡季和旺季的应收账款等。永久性流动资产是指保证公司正常稳定经营最低需求的流动资产数量,如即使在销售淡季也会存在的应收账款规模和存货量等,虽然这些存货或应收账款在形式上不断变换,但它们所占用的资金却是长期的。永久性流动资产在两个重要方面与固定资产相似:一是尽管从资产的变现时间看被称为"流动资产",但对投入资本的占用是长期性的;二是处于成长过程中的公司所需要的永久性资产会随时间的推移而增长。

匹配的营运资本融资政策用长期资本满足固定资产和永久性流动资产对资本的需求,用短期资本满足临时性流动资产对资本的需求,从而使债务的期限结构与资产寿命相匹配。在这种政策下,淡季时,公司的流动资产水平相当于公司永久性流动资产,除了自然性流动负债外,公司没有其他流动负债;旺季时,公司才筹集短期债务满足临时性资产的需求。图13-1描述了匹配型的营运资本融资政策。

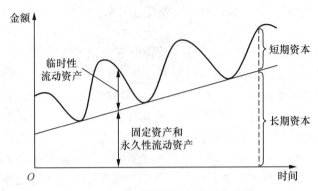

图 13-1　匹配型的营运资本融资政策

我们也可以利用管理资产负债表来分析公司的营运资本融资政策。

例 13.1　嘉嘉公司是一家经营办公设备和用品的分销商,其生产经营不存在季节性和周期性变化,销售收入和利润十分稳定。表 13-1 是嘉嘉公司近三年的资产负债情况。根据这些资料分析嘉嘉公司的营运资本融资政策。

表 13-1　嘉嘉公司 2011—2013 年简化的资产负债表　　　　单位:百万元

资产	2011.12.31	2012.12.31	2013.12.31
资产			
流动资产	104.0	119.0	137.0
现金	6.0	12.0	8.0
应收账款	44.0	48.0	56.0
存货	52.0	57.0	72.0
预付账款	2.0	2.0	1.0
长期投资	0.0	0.0	0.0
固定资产			
固定资产原值	90.0	90.0	93.0
固定资产净值	56.0	51.0	53.0
累计折旧	(34.0)	(39.0)	(40.0)
总资产	160.0	170.0	190.0
负债和所有者权益			
流动负债	54.0	66.0	75.0
短期借款	7.0	14.0	15.0
应付账款	37.0	40.0	48.0
应付费用	2.0	4.0	4.0
一年到期的长期负债	8.0	8.0	8.0
长期借款	42.0	34.0	38.0
负债合计	96.0	100.0	113.0
所有者权益	64.0	70.0	77.0
负债和所有者权益合计	160.0	170.0	190.0

注:① 2012 年没有出售或购置固定资产。2013 年为扩建仓库花费 1 200 万元成本,并把原值 900 万元的固定资产以其净值 200 万元出售;

② 长期借款以年 800 万元速度偿还,2012 年没有新的长期借款,2013 年为建仓库抵押贷款 1 200 万元。

③ 3 年间没有发行或购买新的股票。

解　首先编制管理资产负债表。

公司所筹集的资本通常投入到三个项目中：① 现金和现金等价物；② 营运资本需求，营运资本需求代表用以支持营业活动的"净投资"；③ 土地、厂房、设备等固定资产、无形资产、对外长期投资等。

营运资本需求可通过以下关系式求出：

营运资本需求 =（应收账款 + 存货 + 预付费用）-（应付账款 + 应付费用）

由于现金与现金等价物已经单独列为一个项目，因此，营运资本需求就是不包括现金在内的流动资产减去自然性的流动负债（生产经营过程中自发形成的应付账款、应付费用等）的差额。对于大多数公司而言，流动资产大于流动负债，即营运资本需求是正的。营运资本需求为负的公司多数属于零售业或服务业。这些公司的收款业务在付款前发生，销售量大而存货少，同时，它们对供货商的欠款数额巨大，供货条款非常宽松，很多的应付账款造成现金流入大于流出，大型超市就是典型例子。

由于自然性的流动负债抵减了一部分流动资产投资所需的资金，因此，生产经营中所投入的资本就包括现金、营运资本需求和固定资产投资，它应该等于公司所筹集的资本总额。将投入的资本作为资产方，筹集的资本作为资本来源方，将普通的资产负债表重新整理后，就可以得到管理资产负债表。根据表13-1整理得到的嘉嘉公司的管理资产负债表如表13-2所示。

表13-2　嘉嘉公司2011—2013年的管理资产负债表　　　　　　　　单位：百万元

投入资本	2011年	2012年	2013年	资本来源	2011年	2012年	2013年
现金	6.0	12.0	8.0	短期借款	15.0	22.0	23.0
营运资本需求	59.0	63.0	77.0	长期资本	106.0	104.0	115.0
固定资产净值	56.0	51.0	53.0	长期负债	42.0	34.0	38.0
				所有者权益	64.0	70.0	77.0
投入资本总额	**121.0**	**126.0**	**138.0**	资本来源总额	**121.0**	**126.0**	**138.0**

管理资产负债表清晰地表明了公司经营与筹资之间的关系，据此可以进一步分析公司的营运资本融资政策。从表面上看，营运资本需求应该通过短期融资满足，因为它是由流动资产减去流动负债得出的。但假如公司的经营不存在季节性或周期性变化，则营运资本需求实质上代表的是永久性流动资产对资本的需求，因此，按照匹配的原则，它应该通过筹集长期资本来满足。嘉嘉公司的管理资产负债表显示，公司的一部分营运资本需求来自短期借款，由于公司的经营并不存在季节性或周期性变化，于是我们可以判断嘉嘉公司并未严格地遵循匹配的策略。

另一种情况是公司的销售额既有长期增长趋势，又有季节性或周期性波动，那么其营运资本需求也会表现出同样的变动趋势。若严格按照匹配的策略，则其营运资本需求中长期增长部分应由长期资本支持，而季节性或周期性波动部分应由短期资本支持。

采取匹配的营运资本融资政策，使得短期负债的借入和偿还与扣除自然负债后的流动资产波动一致，减少了资产与负债之间不协调的风险，并能够较好地平衡收益和风险。例如，通常长期债务的利息率高于短期债务。若长期负债被用于满足季节性营运资本需求，那么，在淡季时公司不再需要这部分资金，却因仍持有这部分债务而继续支付较高的利息，从而增加了公司的资本成本。而如果采取匹配的策略，公司在出现季节性需求时借入短期债务,并随着季节性的周期变动,用临时性资产的减少而释放出来的现金来偿还这些债务,就能够降低成本,提高收益。反之,若短期负债被用于满足永久性营运资本需求,由于在短期内不能产生足够的还本付息的现金流,公司就要承担再融资的风险,包括续借的风险和利率变动的风险。

(二)激进型

激进型的营运资本融资政策是指短期融资不仅需要支持临时性流动资产,而且需要支持部分甚至全部永久性流动资产。采用这种政策公司将承担较大的再融资风险,但其资本成本较低,收益率较高,如图 13-2 所示。

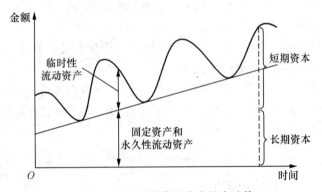

图 13-2 激进型的营运资本融资政策

(三)稳健型

采取稳健型营运资本融资政策的公司不仅用长期资本支持永久性流动资产,而且用长期资本支持部分或全部临时性流动资产。例如,公司借入长期负债满足高峰期营运资本的季节性需求,这使得公司的净营运资本较大,偿债能力强,风险小,但在流动资产波动的低谷期,长期资本过剩却仍需支付利息,加大了公司的资本成本,降低了收益,如图 13-3 所示。

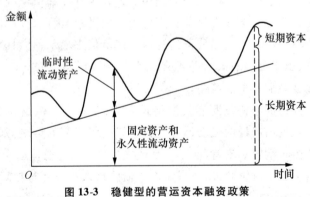

图 13-3 稳健型的营运资本融资政策

二、营运资本投资政策

营运资本投资政策所要解决的主要问题是如何合理地确定流动资产在总资产中的

比例。影响流动资产比例的因素很多,有公司的获利能力和风险、经营规模、公司所处的行业等诸多因素。在其他因素既定的前提下,由于不同的流动资产比例体现了不一样的风险与收益关系,因此,公司在决定营运资本投资政策时,主要是在收益和风险之间进行权衡。例如,某企业根据其固定资产规模,每年最多可生产10万件产品,所需投入的流动资产数量是与特定的产出量相关的,不过对应每一种产量,企业仍可以选择许多种不同的流动资产水平。产出与流动资产水平的关系如图13-4所示。从图中可以看出,产量越大,为支持这一产量所需投入的流动资产也越多,但由于规模经济效应的存在,产出与流动资产投入量之间并非线性关系。而对应于同一产量可以有不同的流动资产水平。显然,在同一产出水平下,流动资产越多,单位产品的成本越高,收益就越低。但同时,资产的流动性越强,风险就越小。

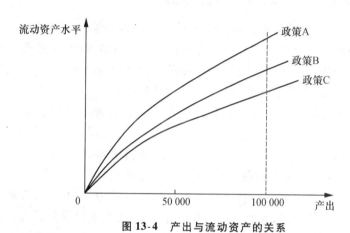

图13-4 产出与流动资产的关系

与营运资本融资政策一样,营运资本投资政策根据其所反映的收益与风险的关系,也可以分为匹配型、激进型和稳健型三种类型。

(一) 匹配型

匹配型的营运资本投资政策在安排流动资产时,根据一定的产出水平或销售规模安排适中的流动资产,既不过高,也不过低。也就是说,在生产和销售计划确定的情况下,尽量将流动资产和流动负债在期限上衔接起来,保证流入的现金刚好满足支付的需要,存货也恰好满足生产和销售所用,使得流动资产保持最佳数量。如果以图13-4中的三条曲线分别代表营运资本投资的三种政策,则曲线B可代表匹配型的营运资本投资政策。

(二) 激进型

激进型的营运资本投资政策在安排流动资产时,根据产出水平或销售规模安排尽可能少的流动资产,这样可降低流动资产对资金的占用,降低成本,增加收益。但同时也加大了公司由于现金不足而拖欠货款或不能及时采购供货以及不能按期清偿债务的风险。相对于匹配型和稳健型而言,激进型的营运资本投资政策的特点是收益高、风险大。如果以图13-4中的三条曲线分别代表营运资本投资的三种政策,则曲线C可代表激进型的营运资本投资政策。

(三) 稳健型

稳健型的营运资本投资政策在安排流动资产时,根据产出水平或销售规模安排较多的流动资产。例如,在正常生产经营需要量和正常保险储备量的基础上,再加上一部分额外的储备量,以便降低风险。与激进型和匹配型相比,在同样的销售规模下,采取稳健型的营运资本投资政策使公司拥有较多的现金、有价证券和存货,而宽松的信用政策使应收账款增多,同时促进了销售增长,从而能够较自如地支付到期债务,提供生产和销售所需货物。但较高的流动资产比重会降低运营效率、加大成本、降低收益。所以该政策的特点是收益低、风险小。图 13-4 中的曲线 A 可代表稳健型的营运资本投资政策。

三、营运资本政策对收益和风险的影响

以上分别从融资和投资的角度介绍了不同的营运资本政策,但在实际运用中,它们并不是孤立的,而是相互对应的。当公司决定采用某种投资政策时,必然会选择与之相适应的营运资金融资政策,并会对公司的收益和风险产生影响。下面,我们就通过一个实例来看营运资本政策改变是如何影响公司的收益和风险的。

例 13-2 蓝星实业公司的主要业务是制造专供包装新鲜果菜用的新型木箱。从 2005 年起,该公司就以极快的速度在扩充。到 2010 年时,该公司又增建了两座厂房。此后,所有厂房的产能每年都有增加。由于公司制造的木箱用途很广,故其销售量并不受季节性变动的影响。蓝星实业公司的主要问题在于产销无法配合,虽然该公司扩充很快,却常因为产能不足而被迫放弃一些已到手的订单。为此,公司董事长陈蓝星特别召开会议,请董事与高级主管列席,会商增产途径。经讨论,提出了可供公司选择的三个方案:甲方案——维持公司现有的营运资金政策;乙方案——在不变更现有资本结构的情况下,将流动资产降低到产业平均水平,再以所得到的资金增添设备;丙方案——减少 20% 的流动资产,增加 20% 的流动负债。在这三个方案下,长期负债与股东权益都将维持在现有水平。蓝星实业公司能借到年息为 7.5% 的短期贷款,以及年息为 9% 的长期贷款。表 13-3 为公司目前的财务资料。试分别表列出甲、乙、丙三个方案对蓝星实业公司财务状况的影响。表中要列出下列项目:(a)资产负债表;(b)损益表;(c)重要财务比率——流动比率、总负债对总资产比率、利息保障倍数以及普通股权益报酬率。在制表时,假定股东权益、长期负债、销售额对固定资产比率以及销售成本对销售额的比率都维持不变。

表 13-3　蓝星实业公司的财务资料

	当期余额(元)	占比(%)	产业平均比例(%)
(1) 资产负债表			
流动资产	14 400 000	40	36
净固定资产	21 600 000	60	64
资产总计	36 000 000	100	100
流动负债(利率7.5%)	4 680 000	13	13
长期负债(利率9%)	14 400 000	40	40
普通股	16 920 000	47	47
负债与股东权益总计	36 000 000	100	100

（续表）

	当期余额(元)	占比(%)	产业平均比例(%)
(2) 损益表			
销售额	36 000 000		
销售成本	30 600 000		
税息前收益	5 400 000		
利息费用	1 647 000		
税前净利	3 753 000		
所得税	1 876 500		
税后净利	1 876 500		
(3) 重要财务比率	蓝星实业公司		产业平均水平
流动比率	3.00		2.77
负债比率(%)	53.00		53.00
销售额对固定资产比率	1.67		1.60
普通股权益报酬率(%)	11.10		10.21
销售成本对销售额比率(%)	85.00		86.00
利息保障倍数	3.28		3.22

解 首先，计算出三个方案下的流动资产、流动负债、总资产等数据，并据以编制资产负债表。由于甲方案维持现状不变，因此可利用表13-3中的所有资料。其次，根据销售额对固定资产的百分比、销售成本对销售额的比率，可以估计出损益表中的销售额、销售成本等财务数据，并据以编制出三种方案下的损益表。最后，根据资产负债表和损益表中的数据计算利息保障倍数、股东权益收益率等财务比率。计算结果如表13-4所示。

表13-4 蓝星实业公司三种营运资本政策下的财务数据

	甲方案		乙方案		丙方案	
	当期余额(元)	占比(%)	当期余额(元)	占比(%)	当期余额(元)	占比(%)
(1) 资产负债表						
流动资产	14 400 000	40	12 960 000	36	11 520 000	31
净固定资产	21 600 000	60	23 040 000	64	25 416 000	69
资产总计	36 000 000	100	36 000 000	100	36 936 000	100
流动负债	4 680 000	13	4 680 000	13	5 616 000	15
长期负债	14 400 000	40	14 400 000	40	14 400 000	39
股东权益	16 920 000	47	16 920 000	47	16 920 000	46
负债与股东权益总计	36 000 000	100	36 000 000	100	36 936 000	100
(2) 损益表						
销售额	36 000 000		38 476 800		42 444 720	
销售成本	30 600 000		32 705 280		36 078 012	
税息前收益	5 400 000		5 771 520		6 366 708	
利息费用	1 647 000		1 647 000		1 717 200	
税前净利	3 753 000		4 124 520		4 649 508	
所得税	1 876 500		2 062 260		2 324 754	
税后净利	1 876 500		2 062 260		2 324 754	

(续表)

	甲方案		乙方案		丙方案	
	当期余额（元）	占比（%）	当期余额（元）	占比（%）	当期余额（元）	占比（%）
(3) 重要财务比率						
流动比率	3.00		2.77		2.05	
负债比率(%)	53.00		53.00		54.20	
利息保障倍数	3.28		3.50		3.71	
股东权益报酬率(%)	11.10		12.20		13.70	

计算结果显示，乙方案调整了营运资本投资政策，由于降低了流动资产的数量，因此，其股东权益报酬率和利息保障倍数相对于甲方案而言都有所增加，但反映公司短期偿债能力的流动比率下降了。丙方案所采取的营运资本调整政策是一方面降低流动资产，另一方面增加短期借款，其结果是股东权益报酬率和利息保障倍数增加的幅度更大，流动比率下降得更多，负债比率也上升了。

第三节 短期融资决策

短期融资是支持公司流动资产的资金来源。与长期融资相比，短期融资合同期限短、手续简便、弹性大、筹资速度快、资本成本低，但必须承担较高的利率风险和还款压力。短期融资的方式灵活多样，每种方式都各有利弊，短期融资决策需要根据生产经营活动的需要，权衡利弊，平衡供需，以保证营运资本的正常运转。

一、短期银行借款

短期银行借款的期限为1年以内，通常是90天或180天。贷款到期后，借款人必须偿还或提出延期偿还的请求，银行则根据借款人的财务状况酌情考虑是否延期。

(一) 短期银行借款的信用条件

银行在提供短期借款时，通常都会附加一些信用条件，主要有信用额度、周转信用协议和补偿性余额。

1. 信用额度

信用额度是银行与借款人之间达成的一种非正式协议，它规定了借款人向银行借入资金的最高额度。例如，某银行同意给某家公司一年8 000万元的信用额度，公司在年初取得了第一笔贷款3 000万元，此后可以根据需要在剩余的额度内向银行申请增加借款额，银行将自动给付资金。不过由于是非正式协议，银行并不承担保证按信用额度贷款的法律义务。信用额度的高低取决于银行对于借款公司财务状况和信用风险的评估。

2. 周转信用协议

周转信用协定是银行与借款人之间关于信用额度的正式协议。由于银行具有在协议规定的期间内，按规定的最高额度借款给企业的法律义务，因此，借款人必须支付一定的承诺费以保证履行借入规定金额的资金的义务。如果借款企业没有按信用额度借款，则承诺费归银行所有。承诺费通常是按照未使用贷款额的一定百分比计算。例如,某银行与某家公司签订的一个两年期的周转信用协议规定的信用额度是1亿元,承诺费为未使用信用额度的0.35%。若该公司在两年内只借了6 000万元,则需支付14万元(4 000×0.35%)的承诺费。

周转信用协议与信用额度虽然都是银行与借款人之间关于贷款额度的协议,但两者具有很大不同。信用额度是非正式的协议,没有法律约束,银行可以根据实际情况的变化不执行信用额度,企业不按信用额度借款也不需支付补偿费。而周转信用协议是正式的、具有法律约束力的协议,因此,银行有义务按最高限额借款给企业,而企业没有按限额借款则需支付补偿费。

3. 补偿性余额

有时,银行要求借款公司将贷款额的一部分保持在银行的活期存款账户上,这种存款余额称为补偿性余额。补偿性余额有利于银行降低风险,但实质上等于提高了贷款公司的实际利率,加大了公司的资本成本。

(二) 短期银行借款的成本

短期银行借款的成本即借款的利息率,其高低因借款企业的风险、借款金额的大小和时间长短而不同。银行贷款利率有多种方式,它们对贷款的实际利率会产生不同影响。

多数银行按单利收取短期贷款利息。按单利计算的贷款,借款人到期需支付的利息等于贷款额乘以利率和贷款时间,到期时一次偿还本金和利息。贷款利率通常以年利率表示。在贷款的名义利率不变的情况下,一年里支付利息的次数越多,实际利率就越高,贷款的实际成本增大。

在银行提供短期借款时,有时会要求借款公司在期初支付利息,这种利息称为贴现利息。由于借款公司在得到贷款额之初就扣除了利息,因此所得到的实际贷款金额少于贷款面值,此时贷款的实际利率高于名义利率。贴现利率的计算公式为:

$$贴现利率 = 利息支出 / (借款总额 - 利息) \qquad (13\text{-}1)$$

当然如果银行以复利计息,则意味着存在对利息计息的情况,借款人承担的实际利率必然高于名义利率。

例13.3 华悦公司打算向银行借入一年期的短期贷款100万元,名义年利率12%。(1)如果银行要求到期时一次还本付息,这笔贷款的实际年利率是多少?(2)如果银行要求按季付息,这笔贷款的实际年利率是多少?(3)如果银行要求华悦公司在取得贷款时就一次支付利息,到期时还本,那么这笔贷款的年利率又是多少?(4)假如银行同意连本带利到期一次偿还,但要求华悦公司保留贷款额的20%作为补偿性余额,那么华悦公司实际负担的利率又是多少?

解 (1)到期时一次还本付息,其名义年利率就是实际年利率,因此华悦公司承担的实际利率是12%。

(2)按季付息,则一年需支付四次利息,其实际利率为:

$$实际利率 = \left(1 + \frac{12\%}{4}\right)^4 - 1 = 12.55\%$$

(3) 这种情况需要计算贴现利率,其实际利率等于贴现利率。

$$贴现利率 = \frac{1\,000\,000 \times 0.12}{1\,000\,000 - 1\,000\,000 \times 0.12} = 13.64\%$$

(4) 由于有补偿性余额的要求,华悦公司实际上可运用的贷款额度减少,按简单利率计算,其实际利率为:

$$实际利率 = \frac{利息支出}{实际借款额} = \frac{名义利率}{1 - 补偿性余额比例} = \frac{12\%}{1 - 20\%} = 15\%$$

(三) 短期银行借款的利弊

从借款公司的角度看,银行短期借款相对于其他短期融资方式而言具有以下两个主要优点:一是借款手续较为简便,能够较快取得所需资金;二是作为专业的贷款机构,银行不仅资金实力雄厚,能够随时为企业提供较多的短期贷款,而且能够提供专业的贷款服务,在借款金额、借款时间等方面具有较大的灵活性。短期银行借款的主要缺点是资本成本较高、限制较多。

由于好的银行不仅能够为贷款企业提供资金,而且能够在许多方面为企业的经营活动提供专业性服务和帮助,因此,企业在利用短期银行借款筹集资金时,应该根据自己的情况选择合适的银行。银行的资金实力、贷款的能力和专业性、对待风险的态度、对待客户的忠诚度、所能够提供的咨询和服务等都是重要的选择标准。

二、商业信用

(一) 商业信用的概念

商业信用是指商品交易中由于延期付款或预收货款而形成的企业之间的借贷关系,主要包括应付账款、应付票据和应计费用。商业信用融资是企业在日常交易活动中自然形成的资金来源,其数量多少取决于公司的经营规模。一般来说,公司的经营规模越大,由商业信用形成的负债资金就越多。

(二) 商业信用融资的成本

商业信用融资的成本与商业信用条件直接相关。在规范的商业信用行为中,债权人为了保证货款的及时回笼都会向负债方提出一定的信用条件。信用条件通常包括信用期限、提前付款的折扣优惠等。例如,在公司的购销业务中,"1/10, n/40"就是一种规范的商业信用条件,它表示信用期是40天,优惠期是10天,优惠折扣率是1%。即发票开出后10天付款可享受1%的现金折扣,超过10天之后则没有折扣,40天必须付清货款。

通常由商业信用形成的自然负债不需要支付利息,如果没有优惠条件,则不存在融资成本。但如果有优惠条件,此时放弃优惠条件就需要考虑这笔自然负债的隐含利息成本。隐含利息成本的近似计算公式为:

$$隐含的利息成本 = \frac{优惠折扣率}{1 - 优惠折扣率} \times \frac{365}{信用期 - 折扣期} \tag{13-2}$$

例如,放弃信用条件"2/10, n/30"中优惠条件的隐含利息成本为:

$$r = \frac{2\%}{100\% - 2\%} \times \frac{365}{30 - 10} = 37.2\%$$

可见,放弃现金折扣,有时付出的成本是很高的。当然成本的高低取决于信用条件,但如果隐含利息成本高于银行贷款利率,显然放弃现金折扣是很不合算的。而且公司随便放弃现金折扣的优惠,往往说明该公司的财务状况不佳,这会给公司的信用带来十分不利的影响,因此,许多公司只要有可能,宁可向银行或其他机构借款也要保证在折扣期内付款。

在公司销售的商品供不应求或产品生产周期长、价值高的情况下,公司往往会要求客户预付货款。此外,当已知买方信用差、违约风险大时,卖方也会坚持要求买方预付货款,从而形成公司的预收货款。预收货款与延期付款一样,也是一种商业信用,是卖方从买方获得的商业信用。如果客户在预付货款时没有附加任何条件,则公司等于无偿占用客户的资金,不发生任何成本。但若客户要求给予一定的优惠条件,如要求享受一定比例的折扣,这时公司就要付出成本,其成本的计算原理与(13-1)式相同。

(三) 商业信用融资的利弊

商业信用融资的优点主要表现在以下三个方面:

(1) 商业信用是企业在日常交易活动中自然产生的资金来源,不需安排筹资计划,也不需办理借贷手续,因此使用起来方便自然。

(2) 商业信用融资不需承担筹资费,在没有优惠条件的情况下,也不会发生隐性成本。

(3) 与银行借款等短期融资方式比较,商业信用融资在资金的使用上不受限制,因此资金使用的弹性大。

当然,商业信用融资也存在一些不足。与其他短期融资方式比较,其最主要的缺点在于期限短,数额受交易规模约束,在有优惠条件的情况下,需承担较高的成本。在经济不景气或市场信用环境不好的情况下,企业之间很可能会因相互拖欠货款而引起不良连锁反应。

三、短期融资券

(一) 短期融资券的概念

短期融资券又称为商业票据或商业本票,是大型工商企业或金融企业为筹措短期资金发行的无担保短期本票。

短期融资券源于商业票据。商业票据是随商品交易和劳务交易而签发的一种远期付款的债务凭证,在票据上列有付款的金额和时间、收款方和付款方的名称。持有票据的公司如在约定付款期前需要现金,可以向商业银行或贴现公司贴现。有时,贴现票据的银行或公司因为资金周转的需要,也将贴现过的票据再次贴现。根据商业票据所具有的这种融资特点,一些大公司就凭借自己的信誉,开始脱离商品交易过程签发商业票据,并逐渐演变为一种在货币市场上融资的票据,这种票据体现的是发行人与投资者之间纯粹的债权债务关系,票据上也不再列明收款人,只列出付款人,成为单名票据。这种区别于传统商业票据的单名票据就称为短期融资券。

短期融资券可以由发行人直接销售给最终投资者,也可以由承销商代销。发行短期融资券通常也需要进行信用评级,其评级方法和评级程序与发行长期债券相似,不过发行人的短期偿债能力对债券级别的影响较大。

(二) 短期融资券的成本

短期融资券的利息就是短期融资券的成本。由于其利息是按贴现的方式支付的,因此其资本成本可以按以下公式确定:

$$k = \frac{r}{1 - r \times \frac{n}{365}} \tag{13-3}$$

式中,k 代表资本成本或实际利率;r 为名义利率;n 为短期融资券的付款期。

例 13.4 海天实业公司发行了为期 180 天的短期融资券,其票面利率是 10%,则该短期融资券的资本成本是多少?

解 按(13-4)式计算可以得到该短期融资券的资本成本为:

$$r = \frac{10\%}{1 - 10\% \times \frac{180}{365}} = 10.43\%$$

为了保证短期融资券的偿还,通常发行短期融资券的公司都会保持备用的信用额度,以备到期无力偿还短期融资券时动用。但由于银行对信用额度都是收取费用的,短期融资券的成本将会因此而增加。

例 13.5 星云公司发行了期限为 90 天、票面利率为 12% 的优等短期融资券 10 亿元,其备用的信用额度的成本是 0.25%。星云公司的短期融资券的总成本是多少?

解 短期融资券的利息成本为:

$$r = \frac{12\%}{1 - 12\% \times \frac{90}{365}} = 12.37\%$$

考虑信用额度的成本后,星云公司短期融资券的总成本为:

$$12.37\% + 0.25\% = 12.62\%$$

(三) 短期融资券融资的利弊

短期融资券作为一种直接融资方式,最主要的优点就是具有较低的融资成本,通常情况下,短期融资券的利率加上发行费用要低于银行同期贷款的利率。另外,发行短期融资券可以筹集到的资金数额比较大。但发行短期融资券也会加大企业的还款压力和财务风险。短期融资券不能提前或延期偿还,必须按期如数偿还,缺少灵活性,而一旦不能按期偿还将会给企业信用造成严重的不良影响。另外,发行短期融资券的条件比较严格,一般的企业难以利用这种筹资方式。

本章总结 》》

1. 营运资本通常指公司生产经营活动中投入在流动资产上的现金。净营运资本则指流动资产减流动负债的差额,它代表用以支持生产经营活动的"净投资"。营运资本具有周转期短、形式多样、数量波动性大和资金来源灵活多样的特点。相应地,营运资本决策具有短期性、经常性和影响即时性的特点。这些特点决定了营运资本决策必须做到:合理确定营运资本需求量,既要防止过度扩张所引起的资本短缺,又要节约资本占用,要通过加速资本周转提高营运资本运用的效率,还要合理地安排好流动资产和流动负债之间的比例关系以保证足够的偿债能力。

2. 营运资本政策是公司在筹集营运资本和安排流动资产时对长短期资产比例的配置,以及相应的长短期资金比例的配置所采取的策略。公司通常采取的营运资本政策有匹配型、激进型和稳健型三种,不同的政策会影响公司经营的收益和风险。

3. 短期银行借款是公司筹集营运资本的一种重要方式,通常银行在提供短期借款时,都会附加一些信用条件,常见的信用条件有信用额度、周转信用协议和补偿性余额。短期银行借款的成本即借款的利息率,其高低因借款企业的风险、借款金额的大小和时间长短而不同。不同的贷款方式也会对贷款的实际利率产生不同的影响。采用银行短期借款融资方式能够较快地取得所需资金,手续也比较简便,但由于信用条件等一些因素的影响,其资本成本较高。不同的银行所提供的贷款服务和所提出的信用条件是不同的,企业应慎重选择贷款银行,建立起良好的银企关系。

4. 商业信用是企业在商品交易中由于延期付款或预收货款而形成的借贷关系,因此,它是一种自然性负债资金,其数量多少取决于公司的经营规模,其成本与商业信用条件直接相关。如果没有优惠条件,则不存在融资成本。但如果有优惠条件,放弃优惠条件就有成本,称为隐含的利息成本。随便放弃现金折扣的优惠,往往会给公司的信用带来十分不利的影响。

5. 短期融资券是大型工商企业或金融企业为筹措短期资金发行的无担保短期本票,它是由商业票据发展而来的一种单名票据。短期融资券的利息就是短期融资券的成本。作为一种直接融资方式,短期融资券最主要的优点就是具有较低的融资成本,但其发行条件通常比较严格。

思考与练习

1. 什么是营运资本和净营运资本?它们有什么特点?
2. 与公司的长期投融资相比,营运资本决策有什么特点?应达到什么要求?
3. 如何理解三种不同的营运资本政策?
4. 为什么企业在进行短期融资时需要慎重选择贷款银行?如何选择?
5. 商业信用融资有成本吗?如果有,应该如何确定其资本成本?
6. 短期融资券与商业票据有何不同?
7. M公司现有三种银行贷款可供选择,公司希望选择融资成本最低的贷款。三种贷款相关的信息如下:(1)年利率18%,年末支付利息,没有补偿性存款的要求;(2)年利率16%,要求20%的补偿性存款余额,年末支付利息;(3)年利率14%,利息预先扣除,且要求20%的补偿性存款余额。
8. 某公司按"2/15,n/30"的条件购入15万元的货物,公司在第25天支付了货款,计算其商业信用的成本。
9. 运通公司目前资产总额为320万元,每年度销售额为1 000万元,税前净利润率为12%。公司目前无负债。公司担心目前的流动资产水平太低,特别是存货可能会出现短缺,因此公司决定将流动资产水平由目前的20万元提高到50万元或80万元,所需资金通过权益资本融资。请计算三种流动资产水平下的资产周转率、税前投资收益率和税前净利润率,并对三种营运资本投资政策作出评价。

10. ABC 公司以 11% 的票面利率发行了 50 亿元为期 90 天的优等短期融资券,公司为该融资券所取得的信用额度的成本是 0.5%,计算该短期融资券的总成本。

11. 设东方公司目前的资产组合和筹资组合如下表所示,已知息税前收益为 20 000 元,流动负债成本为 4%,长期资金(包括长期负债和权益资本)成本为 15%。

单位:元

资产组合		筹资组合	
流动资产	40 000	流动负债	20 000
固定资产	60 000	长期资金	80 000

(1) 若息税前收益和资产组合不变,公司将流动负债与长期资金的比率调为 1:1,求不同筹资组合对公司风险和收益的影响。

(2) 若年销售量增至 2 400 件,销售收入为 240 000 元,实现净利 24 000 元。但要生产 2 400 件产品,需追加 10 000 元固定资产投资。公司决定,在资产总额不变的情况下,以减少流动资产 10 000 元来增加固定资产 10 000 元。若筹资组合不变,求不同的资产组合对公司风险和收益的影响。

12. ACC 是一家服装生产商。2007 年公司实施了一项冒险计划,目的是使销售额比 1996 年增长 50%。以下给出了 2005—2007 年的财务报表,损益表的会计期间为 1 年,资产负债表制定的日期为每年 12 月 31 日。

资产负债表 单位:万元

	2005 年	2006 年	2007 年		2005 年	2006 年	2007 年
现金	100	90	50	短期借款	80	90	135
应收账款	200	230	290	应付账款	170	180	220
存货	160	170	300	预提费用	40	45	50
预付费用	30	30	35	长期负债	140	120	100
固定资产净值	390	390	365	权益资本	450	475	535
总资产	880	910	1 040	总资本	880	910	1 040

损益表 单位:万元

	2005 年	2006 年	2007 年
销售收入	1 200	1 350	1 600
减:销售成本	860	970	1 160
销售及管理费用	150	165	200
折旧	40	50	55
息税前收益	150	165	185
减:利息费用	20	20	25
税前利润	130	145	160
减:所得税	40	45	50
净利润	90	100	110
股利	75	75	50
留存收益	15	25	60

（1）ACC 公司实现营销目标了吗？
（2）编制 ACC 公司的管理资产负债表。
（3）营运资本需求是长期投资还是短期投资？
（4）根据管理资产负债表考察 ACC 公司的营运资本政策是否为匹配型的。

第十四章　流动资产管理

▮本章概要▮

流动资产是公司所有资产中最活跃的部分,合理地配置和有效地管理流动资产对于降低公司资本成本、加速资金周转以及提高公司利润具有十分重要的意义。本章主要介绍流动资产管理的主要方法,包括现金及有价证券、应收账款和存货的管理。

▮学习目标▮

1. 了解现金循环的特点和规律,掌握分析现金流量与存量变动的方法。
2. 了解现金预算的编制过程,掌握确定理想现金余额的方法。
3. 了解公司持有短期有价证券的目的,以及选择短期有价证券时应考虑的主要因素。
4. 了解应收账款管理的基本要求和内容,掌握确定信用政策的成本收益分析法的基本原理。
5. 了解存货管理的基本要求和内容,掌握确定经济订货批量和订货点的基本方法。

引　言

不论一家公司是蒸蒸日上、每况愈下还是正在走出危机,有一条规则放之四海而皆准:精细的流动资产管理将有助于企业降低成本,提高收益,保持强健的现金流量,避免重大的损失。

有人曾把上市公司长虹的历史誉为一部企业版的"红楼梦",作为中国彩电业的"老大",它曾有过年净利润25.9亿元的辉煌,也创下过36.81亿元巨额亏损的中国股市纪录。而在这戏剧性的转变过程中,流动资产扮演了极其重要的角色。可以说,1998年的囤积彩管、库存积压是长虹由盛转衰的始因,而随后接踵而至的应收账款的大幅上涨则是拖垮长虹的直接诱因。2003年年末长虹公司的应收账款已高达49.8亿元,相当于当年1/3的销售额。

2007年中国统计年鉴显示,2006年我国全部国有及规模以上非国有工业企业的流动资产平均余额为125 286.16亿元,主营业务收入为313 592.45亿元,流动资产周转率仅为2.5次,工业企业流动资产周转率能达到先进国家的水平,只需用4万亿元的流动资产余额就足以支持31.36万亿元的销售规模了,那样我们将可以有更多的资金用于国家和企业的发展。

第一节 现金与有价证券管理

在所有的流动资产中,现金的流动性最强,收益性却最弱。而且由于它代表的是公司的直接支付能力,因而是反映偿债能力和风险的重要标志。短期有价证券的流动性仅次于现金,因而被看作准现金。现金与有价证券管理的目的就是在保证生产经营需要的同时,尽可能降低现金持有量,提高资金的收益率。

一、现金与现金周转

在一个新设立企业或已完工的项目投入运行前,首先需要筹集一定数额的现金,作为最初的营运资本。当企业开始运营后,这些现金会变为经营用的非现金资产,在运营过程中这些非现金资产又再陆续地变为现金。在企业生产经营的过程中,现金变为非现金资产,非现金资产又变为现金,这种周而复始的流转过程称为现金周转。在企业持续的生产经营过程中,现金周转循环往复,这个过程称为现金循环。现金的循环有多条途径。例如,有的现金用于购买原材料,原材料经过加工成为产成品,产成品出售后又变为现金;有的现金用于购买机器等固定资产,固定资产在使用过程中逐渐磨损,其损耗价值进入产品,陆续通过产品销售转变为现金。不同的流转途径完成一次周转,即从现金支出到现金收回的时间不同。通常将时间不超过一年的现金流转称为短期现金循环,而将时间超过一年的现金流转称为长期现金循环。

(一) 短期现金循环

短期现金循环过程中的非现金资产是流动资产。图14-1描述了短期现金循环的规律和时间。

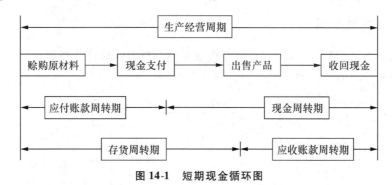

图14-1 短期现金循环图

如图所示,企业的生产经营周期等于存货周转期加上应收账款周转期,而现金周转期则等于生产经营周期减去应付账款周转期。根据现金短期循环的规律和特点,利用会计数据可以估计出企业现金周转一次所需的时间。

例14.1 绿茵公司2013年的财务数据如表14-1所示。利用表中数据估计绿茵公司的现金周转期和生产经营周期。

表 14-1　绿茵公司 2013 年的财务资料　　　　　　　　　　单位：百万元

原材料购买量	67
原材料投入量	65
产成品销售量（赊销）	250
销售成本	180
应收账款平均余额	47
原材料存货平均余额	12
在产品平均余额	10
产成品存货平均余额	21
应付款平均余额	14

解　原材料周转期 =（原材料平均存货/原材料使用量）×365 =（12/65）×365 = 67（天）
生产周期 =（在产品平均余额/销售成本）×365 =（10/180）×365 = 20（天）
产成品周转期 =（产成品平均存货/销售成本）×365 =（365 = 21/180）×365 = 43（天）
应收账款周转期 =（应收账款平均余额/销售收入）×365 =（47/250）×365 = 69（天）
应付账款周转期 =（应付款平均余额/原材料采购额）×365 =（14/67）×365 = 76（天）
生产经营周期 = 原材料周转期 + 在产品周转期 + 产成品周转期 + 应收账款周转期
　　　　　　 = 67 + 20 + 43 + 69 = 199（天）
现金周转期 = 生产经营周期 - 应付账款周转期 = 199 - 76 = 123（天）

计算结果表明，绿茵公司在 2013 年现金周转一次所需的时间平均是 123 天。如果要加速现金的周转，可以通过加速应收账款和存货的周转期与延长应付账款周转期来实现。不过，这些因素对现金周转的影响是不同的。在本例中，应收账款减少一天将节约 68.4 万元（25 000/365）的现金，而应付账款增加一天只节约 18.4 万元（6 700/365）的现金。

（二）长期现金循环

长期现金循环的起点也是现金，但在换取非现金资产时转化为长期资产。图 14-2 描述了长期现金循环的特征和规律。

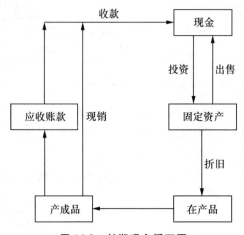

图 14-2　长期现金循环图

现金的长期循环是一个缓慢的过程,其中有一个特点值得注意:折旧是现金的一种来源。例如,某公司的损益情况如表14-2所示。

表14-2 某公司的利润表   单位:元

销售收入	100 000
制造成本	50 000
销售和管理费用	10 000
折旧	20 000
税前利润	20 000
所得税(30%)	6 000
税后利润	14 000

该公司获利14 000元,现金却增加了34 000元。如果该公司本年度亏损,只要亏损额不超过折旧额,企业的现金余额就不会减少。

（三）影响现金循环的因素

对比现金的短期循环和长期循环,我们看到两种循环的起点和终点都是现金,但在换取非现金资产时分别转化为长期资产和短期资产,并分别进入"在产品"和各种费用账户,然后又汇合在一起,形成"产成品",产品出售后再转为现金。需要注意的是,在转化为现金后,不管是来自原来的短期循环还是长期循环,公司都可以按照需要重新分配资金。折旧形成的资金也可以买材料,原来短期循环收回的资金也可以投资于固定资产。

如果公司的现金流出量与现金流入量在数量和时间上都相等,那么现金的持有量可以降到零,现金管理的工作也将大大简化。但这种情况极少出现,大多数情况下不是现金流入大于现金流出,就是现金流出大于现金流入。造成这种状况的原因有很多,有公司内部的,如盈利、亏损、业务扩充或收缩等,也有外部的,如宏观经济周期波动、市场竞争等。

假如不考虑外部因素,一个不打算扩充的盈利的公司,总体看其现金流入大于流出。其短期循环的现金基本平衡,所产生的盈利使现金增加,长期循环中的折旧、摊销积存起来进一步增加现金。但如果公司过多地抽出现金用于支付股利、偿还借款、更新设备等也可能引起现金短缺,当然如果生产经营管理不当,如存货变质、应收账款坏账损失增加、固定资产毁损等,也会引起现金减少,造成现金周转不平衡。对于迅速扩充的公司而言,不论是否盈利通常都会遇到相当严重的现金短缺。扩充不仅需要扩大固定资产投资,还会引起存货、应收账款等流动资产增加,从而导致现金流出增加。公司不仅要维持现有业务现金收支的平衡,而且要设法满足企业扩大的现金需要。这时,公司应力求使扩充的现金需求不超过未来可能产生的净现金流。在寻求资金时,尽量先从公司内部挖掘现金流,如出售短期资产、减少利润分配、加速应收账款回收等,然后考虑从外部筹集资金。对外借债时,一定要保证未来还本付息的现金流出不超过未来公司的现金流入。

不考虑外部因素,一个亏损的公司的短期现金流转有两种情况:一种情况是亏损额小于折旧额,那么,在固定资产重置前,现金仍可以满足日常开支,然而,当计提折旧的固定资产达到必须重置的时候,问题就来了。积存的现金不够重置固定资产,对外筹资是唯一的出路,如借债,但若公司仍不能扭亏为盈,则会进一步增加公司未来的财务负担,从而加大公司的亏损。当然,还有一条出路,就是找一家对降低税负有兴趣的企业,寻求被其兼并。另一种情况是亏损额大于折旧额,这意味着公司必须不断向短期循环中补充现金,如果要重置资产,所需现金就更多了。唯一的出路是从外部筹措所需资金,但若贷款人看不到偿还贷款的保证,股东看不到盈利的前景,外部融资的希望很可能落空。如无特殊的题材,盘进这样的公司既不能节税,还需要注入现金,往往连被兼并的希望都很渺茫。

从长期的观点看,一个亏损企业的现金循环显然是不可能维持的。

影响公司现金循环的外部因素有宏观经济周期、通货膨胀、市场利率、季节性需求变化等。例如,通货膨胀会使公司遭遇现金短缺的困难。通货膨胀使原材料价格上涨,存货占用资金增加,人工费用上涨使现金支出增加,产品售价提高引起应收账款占用资金增加,最理想的情况是利润也能够同步上涨,但扩大市场份额或提高售价以增加收入等措施会受到市场竞争的限制,因此,通货膨胀对收入和成本的影响并不是完全一致的,难以完全抵消。

再如,市场需求的季节性变化不仅使得公司难以进行均衡生产以充分利用设备和人力,引起成本增加,而且使得存货、应收账款和费用支出呈现周期性的变化,使得现金流入和现金流出不同步的差距扩大,加剧了现金循环的不平衡。

来自宏观经济波动的影响同样显著。在经济繁荣时,市场对公司产品需求的增加,公司不仅需要增加对现金、存货、应收账款等流动资产的投入,而且受到经济繁荣和乐观情绪的鼓舞,还会对固定资产进行扩充性投资,从而导致现金需求迅速扩大,而银行也会增加贷款。由于市场上资金供小于求,利息率上升,过度扩充的公司将背负巨大的利息负担,并会首先受到经济收缩的打击。在经济收缩初期,公司的生产、销售和采购的减少,固定资产重置的推迟等会导致积存的现金增加,但随着销售额继续减少,大量的经营亏损接踵而来,现金将被逐步销蚀。

这一切都表明一家公司可被看作一台"现金机器",要维持长期生存,必须制定有效的投资和筹资战略来获得尽可能多的现金盈余。

二、现金与现金流量

概括而言,公司的经营活动、投资活动和筹资活动会带来现金流入和流出,并最终引起公司现金存量的变化。现金存量和流量之间的关系可以用图 14-3 描述。

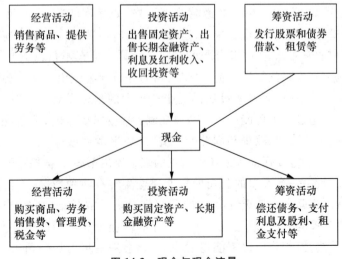

图 14-3 现金与现金流量

下面通过公司的财务报表来说明现金与现金流量的关系。

在第十三章的例13.1中,我们已经知道嘉嘉公司是一家经营办公设备和用品的分销商,通过表13-1也已了解该公司2011—2013年的资产负债状况,其中列示了公司2011—2013年的现金分别为600万元、1200万元和800万元。我们还整理得到了嘉嘉公司的管理资产负债表如表13-2所示。表14-3是嘉嘉公司2011—2013年的损益表。

表14-3 嘉嘉2011—2013年的利润表　　　　　　　　　　　　　　单位:万元

	2011年	2012年	2013年
销售净额	39 000	42 000	48 000
减:销售成本	(32 800)	(35 300)	(40 000)
毛利润	6 200	6 700	8 000
减:销售及管理费用	(3 980)	(4 370)	(4 800)
折旧	(500)	(500)	(800)
营业利润	1 720	1 830	2 400
净利息费用	(550)	(500)	(700)
税前利润	1 170	1 330	1 700
所得税	(470)	(530)	(680)
税后净利	700	800	1 020
股利	200	200	320
留存收益	500	600	700

注:由于公司没有利息收入,故净利息费用等于利息支出费用。

首先,分析经营活动现金流量。上述损益表提供了计算经营活动净现金流量的基础,因为经营活动所产生的净现金流量源于损益表所揭示的营业收入和营业费用,但并非所有营业收入和营业费用都会引起现金流动,收入和支出一经确认就计入损益表,却不一定相应发生现金流入或流出。例如,折旧是营业费用,但并没有引起现金流出。因此,要通过损益表计算营业净现金流还需要进一步的调整。

以营业现金收入为例,公司每向客户发货一次,都会同时记入销售净收入和应收账款两方,当顾客付现金时,再同时以现金增加和应收账款减少加以反映。可见,根据应收账款的变动,可以估计一定期间的营业现金流入量。即有:

$$销售现金流入 = 销售收入 - (期末应收账款 - 期初应收账款)$$
$$= 销售收入 - \Delta 应收账款$$

这个道理同样适合于营业费用与营业现金流出之间的关系。即有:

$$营业现金流出 = 采购现金支出 + 销售及管理费用现金支出 + 税金现金支出$$

其中,

$$采购现金支出 = 销售成本 + (期末存货 - 期初存货)$$
$$- (期末应付账款 - 期初应付账款)$$
$$= 销售成本 + \Delta 存货 - \Delta 应付账款$$

$$销售及管理费用现金支出 = 销售及管理费用 + \Delta 预付费用 - \Delta 预提费用$$

上式中的销售及管理费用不包括折旧,因为折旧并没有引起现金流出。综合考虑营业现金流入与营业现金流出后,可以得到营业净现金流量为:

营业净现金流量
$$= (销售收入 - \Delta 应收账款) - (销售成本 + 销售及管理费用 + \Delta 存货 + \Delta 预付费用 - \Delta 预提费用 - \Delta 应付账款) - 税金$$

整理后可得：

$$营业净现金流量 = 销售收入 - 销售成本 - 销售及管理费用 - 税金 - \Delta 营运资本需求 \tag{14-1}$$

根据以上关系式和嘉嘉公司利润表（表14-3）以及管理资产负债表（表13-2）所揭示的信息，我们可以计算得到嘉嘉公司经营活动的净现金流量如下：

2012年经营活动净现金流量 = 42 000 - 35 300 - 4 370 - 530 - 400 = 1 400（万元）

2013年经营活动净现金流量 = 48 000 - 40 000 - 4 800 - 680 - 1 400 = 1 120（万元）

其次，分析投资活动的现金流量。资产负债表和损益表并不直接反映会计期间的投资情况，需要利用报表之外的一些信息。由于嘉嘉公司在2012年没有出售或购置固定资产，在2013年花费了1 200万元扩建仓库，并以200万元的账面净值处置了一批固定资产（见表13-1的注），又由于该公司没有其他长期投资活动，与投资活动有关的现金流量只是购置与处置固定资产，于是嘉嘉公司2012年投资活动的净现金流量为零，2013年为1 000万元（1 200 - 200）。

最后，分析筹资活动的现金流量。通过资产负债表和损益表中的数据可以计算得到与筹资活动相关的现金流量。嘉嘉公司的资产负债表显示，2012年短期借款为1 400万元，比2011年增加了700万元，偿还长期借款800万元，其损益表显示，支付利息500万元，支付股利200万元，因此，2012年筹资活动使现金流量减少了800万元（700 - 800 - 500 - 200）。2013年嘉嘉公司短期借款增加了100万元，为扩建仓库借款1 200万元，继续偿还长期借款800万元，支付利息700万元，支付股利320万元，从筹资活动中产生的净现金流量为 -520万元（100 + 1 200 - 800 - 700 - 320）。

根据上述分析结果可以整理得到嘉嘉公司的现金流量表如表14-4所示。

表14-4　嘉嘉公司2002—2003年的现金流量表　　　　　　　　　　单位：万元

	2012年	2013年
经营活动现金流量		
销售收入净额	42 000	48 000
销售成本	(35 300)	(40 000)
销售及管理费用	(4 370)	(4 800)
税金	(530)	(680)
营运资本需求变动	(400)	(1 400)
A. 经营活动净现金流量	1 400	1 120
投资活动净现金流量		
出售固定资产	0	200
资本性支出及购并支出	0	(1 200)
B. 投资活动净现金流量	0	(1 000)

（续表）

	2012 年	2013 年
筹资活动净现金流量		
增加长期借款	0	12.0
增加短期借款	700	100
偿还长期借款	(800)	(800)
支付利息	(500)	(700)
支付股利	(200)	(320)
C. 筹资活动净现金流量	(800)	(520)
D. 总净现金流量 A + B + C	600	(400)
E. 期初现金	600	1 200
F. 期末现金 D + E	1 200	800

注：销售及管理费用不包括折旧。

上述分析及现金流量表显示了现金存量变化的原因以及变化的方式，说明是哪些活动增加了现金，哪些活动减少了现金，从而使管理者能够更清楚地了解公司究竟是处于合理的财务处境还是在步入困境，知道该怎样筹划现金运作。

三、现金管理

（一）现金管理的目的

在生产经营过程中公司往往需要持有一定数量的现金。持有现金最基本的目的有两个：一是为满足交易的需要，二是为满足补偿性余额的要求。

由于企业在生产经营活动中不可能始终保持现金收入与现金支出在时间和数量上相等，因此，需要保持一定的现金余额以应对各种支付。一般情况下，公司的业务规模越大，所要保持的现金余额也越大。此外，许多意外事件的发生会影响和改变公司正常的现金需要量。例如，自然灾害、生产事故、客户款项不能如期支付、国家政策的某些突然变化等，都会打破公司原先预计的现金收支平衡。因此，公司还需要保持一定的额外现金余额以应付意外事件。这一部分现金持有量的多少主要取决于：现金收支预测的可靠程度；公司临时的借款能力；其他流动资产的变现能力；公司对意外事件可能性大小的判断和风险承受能力；等等。

补偿性余额的要求是银行向公司提供贷款服务的一种补偿。

然而，持有现金是有成本的，其成本就是损失投资收益的机会成本。因此，现金管理最根本的目的就是通过有效的现金收支使公司的现金持有量达到最小。而要实现这一目的，关键的问题是要准确预测现金的需求量，并尽量做到现金收支的匹配。由此决定了现金管理的主要内容就是：编制现金预算，确定最佳的现金持有量，控制日常现金收支。

（二）现金预算

现金预算是在对未来现金收支状况合理预测的基础上，安排和平衡未来一定时期内现金收入与支出的计划。

现金预算建立在销售预测基础之上,通常按月为基础进行编制,也可以按季、周、日编制。表 14-5 至表 14-12 列示了现金预算的编制过程。①

表 14-5　长江公司 20××年预计现金收入计算表　　　　　单位:元

季度		1	2	3	4	合计
预计销售额	(1)	60 000	120 000	80 000	90 000	350 000
收到上季应收货款	(2) = 上季(1)×30%	18 000	18 000	36 000	24 000	96 000
收到本季销货款	(3) = (1)×70%	42 000	84 000	56 000	63 000	245 000
现金收入合计	(4) = (2)+(3)	60 000	102 000	92 000	87 000	341 000

表 14-6　长江公司 20××年生产预算　　　　　单位:件

季度		1	2	3	4	合计
预计销售量	(1)	300	600	400	450	1 750
加:预计期末存货	(2) = 下季预计销售量×10%	60	40	45	40	40
减:期初存货量	(3) = 上季预计期末存货量	50	60	40	45	45
预计生产量	(4) = (1)+(2)−(3)	310	580	405	445	1 740

表 14-7　长江公司 20××年材料采购预算表　　　　　单位:千克

季度		1	2	3	4	合计
预计生产量(件)	(1)	310	580	405	445	1 740
单位产品材料消耗定额	(2)	4	4	4	4	4
生产需要量	(3) = (1)×(2)	1 240	2 320	1 620	1 780	6 960
加:期末存量	(4) = 下季(3)×30%	696	486	534	500	500
减:期初存量	(5) = 上季(4)	510	696	486	534	510
材料采购量	(6) = (3)+(4)−(5)	1 426	2 110	1 668	1 746	6 950

表 14-8　长江公司 20××年材料采购现金支出计算表　　　　　单位:元

季度		1	2	3	4	合计
材料采购量	(1)	1 426	2 110	1 668	1 746	6 950
材料单价	(2)	12	12	12	12	12
预计材料采购额	(3) = (1)×(2)	17 112	25 320	20 016	20 952	83 400
应付上季赊购款	(4) = 上季(3)×40%	6 000	6 844.8	10 128	8 006.4	30 979.2
应付本季现购款	(5) = (3)×60%	10 267.2	15 192	12 009.6	12 571.2	50 040
现金支出	(6) = (4)+(5)	10 267.2	22 036.8	22 137.6	20 577.6	81 019.2

---

① 引自茂竹,文光伟等,《管理会计学》,中国人民大学出版社 1999 年版。

表 14-9　长江公司 20××年直接人工预算表　　　　　　　　　　　　　　　　单位：元

季度		1	2	3	4	合计
预计生产量	(1)	310	580	405	445	1 740
单位产品定额工时	(2)	3	3	3	3	3
总工时用量	(3) = (1) × (2)	930	1 740	1 215	1 335	5 220
单位工时工资率（元）	(4)	5	5	5	5	5
预计直接人工成本（元）	(5) = (3) × (4)	4 650	8 700	6 075	6 675	26 100

表 14-10　长江公司 20××年间接制造费用预计现金支出计算表　　　　　　　　单位：元

季度		1	2	3	4	全年
预计生产量（件）	(1)	310	580	405	445	1 740
变动间接制造费用支出②	(2) = (1) × 18①	5 580	10 440	7 290	8 010	31 320
固定间接制造费用③	(3) = 46 980/4	11 745	11 745	11 745	11 745	46 980
减：折旧	(4) = 20 000/4	5 000	5 000	5 000	5 000	20 000
间接制造费现金合计	(5) = (2) + (3) − (4)	12 325	17 185	14 035	14 755	58 300

注：① 变动间接制造费用分配率 = 变动间接制造费用/预算期生产总量 = 31 320/1 740 = 18。
② 全年变动间接制造费为 31 320 元，其中，间接人工 10 000 元，间接材料 8 000 元，水电费 12 000 元，维修费 1 320 元。
③ 固定间接制造费用 46 980 元，其中，管理人员工资 12 000 元，维护费 4 980 元，保险费 10 000 元，设备折旧费 20 000 元。

表 14-11　长江公司 20××年销售及管理费用预算表　　　　　　　　　　　　单位：元

季度		1	2	3	4	全年
预计销售量（件）	(1)	300	600	400	450	1 750
变动销售及管理费用分配率	(2) = 3 500/1 750	2	2	2	2	2
变动销售及管理费现金支出	(3) = (2) × (1)	600	1 200	800	900	3 500
固定销售及管理费现金支出	(4) = 13 600/4	3 400	3 400	3 400	3 400	13 600
现金支出总额	(5) = (3) + (4)	4 000	4 600	4 200	4 300	17 100

表 14-12　长江公司 20××年现金收支预算表　　　　　　　　　　　　　　　　单位：元

季度	1	2	3	4	全年
期初现金余额	45 000	26 257.8	58 236	86 288.4	45 000
加：现金收入（表 14-5）	60 000	102 000	92 000	87 000	341 000
可动用现金合计	105 000	128 257.8	150 236	173 288.4	386 000
减：现金支出					
直接材料（表 14-8）	16 267.2	22 036.8	22 137.6	20 577.6	81 019.2
直接人工（表 14-9）	4 650	8 700	6 075	6 675	26 100
间接制造费用（表 14-10）	12 325	17 185	14 035	14 755	58 300
销售和管理费用（表 14-11）	4 000	4 600	4 200	4 300	17 100
购置设备	94 000				94 000
支付所得税	175 000	17 500	17 500	17 500	70 000
现金支出合计	148 742.2	70 021.8	63 947.6	63 807.6	346 519.2
现金结余或不足	−43 742.2	58 236	86 288.4	109 480.8	39 480.8

在编制现金预算时,首先需要根据公司以往的销售经验和对未来市场状况的预测估计未来的销售额,并根据公司销售的信用政策确定销售现金收入。如示例中长江公司预计的季度销售现金收入中有30%来自上季度的销售,70%来自本季度的销售。其次需要根据预计销售额估计发生的各项成本和费用,包括原材料成本、人工费、销售及管理费等各项现金支出额。例如,估计原材料现金支出时,必须根据产品库存的情况首先确定生产量,再根据生产量、原材料库存和消耗定额预计采购量,最后根据采购量和公司所接受的购货信用政策,确定原材料采购的现金支出。间接费用必须按照生产量和分配率进行分摊后确定。最后需要综合各项现金收入和现金支出,得到现金收入和支出总额的预测值,并估计出现金结余情况。若现金不足,则要提前安排融资计划弥补现金缺口,若现金剩余,则要考虑如何充分利用剩余现金增加收益。

(三) 理想现金余额的确定

现金管理最核心的任务就是确定理想的现金余额或最佳现金持有量。所谓理想现金余额或最佳现金持有量是指合理权衡风险与收益之后的现金持有量。确定理想现金余额的模型很多,企业可以根据各自现金收支的特点来选择。下面介绍几种常用的模型。

1. 存货模型

存货模型又称为鲍莫尔模型(Baumol model)。存货模型假定公司的现金流入与流出的数量是稳定的,这样公司每日(或每周、每月)所需的现金数量是确定的。例如,某公司开始期初现金余额为50万元,每周现金流出超出现金流入10万元,那么在第五周周末公司的现金余额为零,这时通过出售有价证券或贷款补充现金,使现金余额恢复到期初持有量水平。如此周而复始。由于公司持有现金的目的是满足正常生产经营对现金的需要,就像公司持有存货一样,都存在一个最经济的持有量,而上述现金余额变动的规律也与存货的耗用和补充一样,因此,在上述假定前提下推导出来的确定现金余额的模型称为存货模型。图14-4描述了现金余额变化的特征和过程。

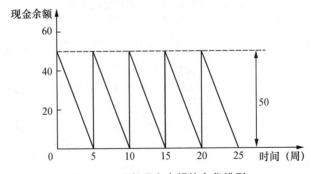

图14-4 理想现金余额的存货模型

上述的运作可能产生的成本是:① 现金的持有成本。这种成本可用有价证券的收益率或贷款的利息率来衡量,现金余额越多持有成本越高。② 现金转换成本。即现金与有价证券转换时所发生的固定成本,如经纪人费用、缴纳的税费、其他的管理成本等。这种成本与交易的次数有关,而与现金金额的大小无关。显然,两种成本合计最低时的现金余额是最经济的,即理想的现金余额。其原理如图14-5所示。

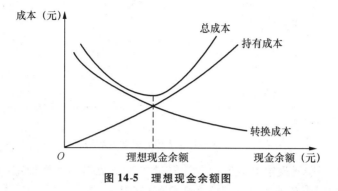

图14-5　理想现金余额图

设:TC为总成本;F为现金转换成本;T为特定期间现金需求量;r为短期有价证券收益率;C为理想现金余额,则总成本可用以下关系式表示:

$$TC = \frac{C}{2} \times r + \frac{T}{C} \times F$$

对上式中的C求导数,求出当TC为零时的最小点,有:

$$TC' = \left(\frac{C}{2} \times r + \frac{T}{C} \times F\right)' = \frac{r}{2} - \frac{T}{C^2} \times F = 0$$

$$C = \sqrt{\frac{2TF}{r}} \tag{14-2}$$

(14-2)式就是确定理想现金余额的存货模型。

例14.2 J公司预计每月现金需要量为300 000元,每次转换有价证券的固定成本为100元,有价证券月收益率为1%,J公司理想的现金余额是多少?

解

$$C = \sqrt{\frac{2 \times 100 \times 300\,000}{1\%}} = 77\,500(元)$$

按上述现金余额,J公司每月有价证券的交易次数为:300 000/77 500 = 3.87(次)。

2. 米勒-奥尔模型

由于存货模型假定公司的现金支出是均匀分布的,这与公司实际的现金支出情况不完全相符。将日常生产经营中现金流入量和流出量的不确定性纳入考虑后,米勒-奥尔模型假定每日的净现金流量具有正态分布的性质,且会随着时间而随机波动。当这种波动在一定的界限之间时,表明现金储备量处于合理范围,无须调整,若超过界限,就需要进行调整。米勒-奥尔模型所描述的现金余额变动图如图14-6所示。

按照米勒-奥尔模型,虽然现金收支随机波动难以预知,但可以根据公司的历史经验数据和现实需要,测算出服从正态分布的现金余额的控制范围,即现金余额的上限和下限。若在某时刻,现金余额超过了上限H,表明现金持有量超出了合理范围,这时可将数量等于$H-Z$的现金转化为短期有价证券,使现金余额恢复到均衡点Z。当现金余额在某时刻达到下限L时,表明现金持有量太少,需要将数量等于$Z-L$的有价证券转变为现

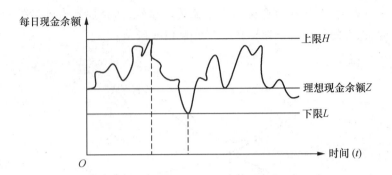

图 14-6　理想现金余额的米勒-奥尔模型

金。给定公司管理层所设定的最低现金持有量，米勒-奥尔模型所确定的理想现金余额 Z 和最高现金持有量 H 可以由以下计算公式而得到①：

$$Z = \left[\frac{3F\sigma^2}{4r}\right]^{\frac{1}{3}} + L \tag{14-3}$$

$$H = 3\left[\frac{3F\sigma^2}{4r}\right]^{\frac{1}{3}} + L = 3Z - 2L \tag{14-4}$$

式中，Z 为理想现金余额，即现金返回点；H 为上限，即最高现金持有量；L 为下限，即最低现金持有量，由公司管理层根据每日的最低现金需要、现金不足的风险、银行要求的最低限额等因素决定；F 为每次转换有价证券的固定成本；r 为持有现金的机会成本，即短期投资的日收益率；σ^2 为每日净现金流量的方差。

例 14.3　A 公司有价证券的年利率为 9%，每次转换有价证券固定成本为 50 元，根据以往经验数据测算出现金余额波动的标准差为 800 元，公司现金余额不能低于 1 000 元。根据米勒-奥尔模型，公司的理想现金余额是多少？现金余额的最高限是多少？

解

$$Z = \sqrt[3]{\frac{3 \times 50 \times 800^2}{4 \times 0.09/360}} + 1\,000 = 5\,579(元)$$

$$H = 3 \times 5\,579 - 2 \times 1\,000 = 14\,737(元)$$

3. 经验模型

经验模型根据公司上一年度现金占用情况和下一年度的销售预计来估计下一年度的理想现金余额，其数学表达式如下：

理想现金余额 =（上年平均现金余额 − 不合理占用额）

　　　　　　 ×（1 ± 预计销售收入的变化率）　　　　　　　　 (14-5)

例 14.4　佳禾公司 2014 年平均现金余额为 2 000 万元，经财务人员分析约有 80 万元属于不合理占用额。预计 2015 年销售收入较 2005 年增长 12%。2015 年理想的现金余额应该是多少？

解　根据经验模型可以确定，2015 年佳禾公司理想的现金余额为：

$$(2\,000 - 80) \times (1 + 12\%) = 2\,150.4(元)$$

---

①　与存货模型一样，米勒-奥尔模型的理想现金余额的确定，也需要建立成本函数并通过对其成本函数求最小值而得到，有兴趣的读者可参见 Miller Merton H., Daniel Orr, "A Model of the Demand for Money by Firms", *Quarterly Journal of Economics*, August 1966。

由于理想现金余额的多少受公司内外部许多因素的共同影响,因此很难准确地用某一个数学模型计量。上述三种模型各有特点,如存货模型和米勒-奥尔模型都需要满足一定的假设条件,而且对数据有较高的要求,经验模型则太多地依赖分析者个人的主观判断。因此,在实际运用中,需要根据各公司自身的特点和决策者的经验对计算出来的结果进行适当调整。

（四）现金收支的日常管理

现金日常管理的目的就是提高现金的使用效率。根据现金循环周转的规律,实现有效现金管理的途径一是加速现金回收;二是控制现金支出,改善付款过程;三是调整现金流量,提高收支的匹配程度。

1. 加速收款

缩短赊账购货的期限、缩短收账延迟的时间等方法可以加速收款。

例如,在不影响未来销售额的前提下且经济上可行,应尽量采用现金折扣,以便缩短应收账款回收的时间。通常公司从供货到收到货款需要经历邮寄、处理账务、清算等延迟时间,如果能够减少从客户开出支票到公司收到货款并存入银行账户的时间,则可因收账延迟时间的缩短而使得收款加速。锁箱系统、集中银行账户等都是公司在实践中发展出来的缩短收账延迟时间的有效方法。

2. 控制付款

控制付款是指公司在管理现金支出时,应在不影响公司信用的前提下尽量延缓现金支出的时间。如在购货时尽量享受供应商给予的信用条件,在信用期限的最后一天付款;在付款时,尽量延迟从开出支票到对方收到支票存入对方银行账户的时间。

由于公司在收款与付款时都存在时间延迟,因此,公司银行的存款账户上的现金余额与公司会计账面上的现金余额之间就会产生一定的差额,这个差额称为现金浮差。如果一个公司办理收款和控制付款的效率都很高,银行存款账户现金余额就会大大高于公司会计账面现金余额,公司将拥有正浮差,这相当于使用了一笔无息贷款。不过,随着支付的逐渐电子化,公司利用现金浮差的机会已显著减少。

3. 提高收支的匹配程度

公司应当考虑现金流入的时间来安排现金支出,尽量使现金流出与现金流入同步,这样可以减少现金持有量,并减少有价证券转换的次数。

此外,还要注意对闲置资金的充分利用。如果公司有暂时的剩余资金,应及时投资于短期有价证券。

四、短期有价证券管理

公司除了试图保持一定水平的现金外,通常还会持有一定量的短期有价证券。短期有价证券具有较高的流动性和较强的变现能力,而且在保持高流动性的同时还提供比现金高的收益率。因此,公司持有短期有价证券的主要目的一方面是将其作为现金的替代品,随时满足公司预防性和季节性的现金需求;另一方面是充分利用闲置现金取得一定的收益。

（一）短期有价证券的选择

公司在进行短期有价证券投资时，需要考虑多种因素，所有这些因素其实都可以概括为风险因素和收益因素，公司选择短期有价证券的过程实质上就是风险与收益的权衡过程。

短期有价证券的风险主要表现为违约风险、利率风险、通货膨胀风险、流动性风险和意外性事件的风险。这些风险的含义和表现我们在前面章节的学习中已经了解了。考虑到持有短期有价证券的主要目的是作为现金的替代品，因此，特别要强调投资的安全性和变现性，所以需要特别注意有价证券的违约风险与流动性风险。如果短期有价证券的发行人不能履约或经营失败倒闭，致使公司所持有价证券的价格下降或不能兑现，就会影响公司的现金支付。而违约风险低的有价证券并不意味着其流动性必然高。如果公司所持有的短期有价证券不能随时按预期价格出售，同样不能实现短期有价证券作为"准现金"的功能。

通过短期有价证券投资取得一定的收益也是持有短期有价证券的目的，因此有价证券的收益率也是在选择短期有价证券时需要考虑的重要因素。

（二）短期有价证券的种类

可供公司选择的短期有价证券种类很多。短期国债、短期融资券、大额可转让存单公司股票和公司债券等都是常见的短期投资品种。

短期国债是货币市场上最主要的投资品种，其风险低、流动性强，既安全又灵活，很适合企业进行短期投资。

短期融资券是金融机构和工商企业发行的无担保本票，其风险和收益的状况取决于发行票据的金融机构和企业的信誉及财务状况。虽然安全性低于国债，但利率高于国债。

大额可转让存单是银行提供的主要投资品种。大额可转让存单通常称为 C.D.，是 "certificate of deposit" 的简称。它与银行定期存款性质基本相同，所不同的是它可以在二级市场转让出售。在发达的金融市场上，它是一种非常活跃、流动性很强的短期投资品种。

公司股票和公司债券属于长期有价证券，从它可以在证券市场上自由买卖，在需要时随时卖出这一点看，也可以作为短期的投资品种。但与其他短期投资工具比，股票和债券的风险较高。公司将其作为短期有价证券持有，需特别谨慎。

第二节 应收账款管理

一、应收账款管理的目标

应收账款主要是由企业赊销产品所导致的。激烈的市场竞争迫使企业以各种手段扩大销售，对于价格、质量和售后服务都相同的同类产品，采取赊销的方法能够扩大销售额，减少存货。当然，销售和收款的时间差距也会产生应收账款，结算手段越落后，结算所需时间越长，所导致的应收账款就会越多。不过，销售和收款时间差距并不是导致应收账款的主要原因，尤其是在结算手段越来越先进的现代经济中。

应收账款在促进销售、减少存货从而增加利润的同时，也会带来相应的成本，主要的成本有坏账成本、管理成本和机会成本。坏账成本是指应收账款收不回来的损失。由于客户的信用程度和支付能力不同,且会发生变化,因此难免有部分应收账款因客户无力偿付而不能收回。管理成本是指与应收账款有关的管理费用,包括公司信用政策制定和实施过程中所发生的一切费用。如对客户信用状况的调查、信用政策制定过程的分析、对应收账款的簿记和账龄的分析、对催款和收账方案的制订和实施等。机会成本是指由于应收账款占用资金所引起的利用该笔资金创造收益的机会损失。

由此可见,应收账款管理的目的就是权衡利弊,在成本收益分析的基础上,制定有效的信用政策,并通过有效的管理以实现收益的最大化。

二、信用政策的制定

信用政策包括信用标准、信用条件和收账政策。制定信用政策的过程实质上就是成本收益分析的过程。

(一) 信用标准

信用标准是客户获得公司商业信用所必须具备的条件。如果客户达不到信用标准的要求,就不能享受公司提供的商业信用,或只能享受较低的信用优惠。信用标准严,意味着只有信誉很好、坏账损失率很低的顾客能够得到赊销优惠,从而使得公司的应收账款减少,应收账款成本降低,但不利于销售额的扩大。信用标准宽松,意味着较多的客户可以享受到赊销优惠,公司的销售额会增加,但应收账款及其成本也相应增加。公司到底要选择什么样的应收账款政策,需要权衡利弊。

例 14.5 宏远机械有限公司原来的信用标准是只对坏账损失率在 6% 以下的客户提供商业信用。公司认为目前的信用标准太严格了,不利于销售额的扩大,考虑放松原来的信用标准。表 14-13 所列是新提出的两种信用标准方案。宏远公司应该选择哪一种方案? 已知当前短期有价证券的年收益率为 12%,公司的销售利润率为 20%。

表 14-13 宏远公司拟采用的新的信用标准

	方案 A	方案 B
信用标准(预计坏账损失率)(%)	7.5	12.5
销售收入(全部为赊销)(元)	1 000 000	1 500 000
应收账款的平均收款期(天)	60	70
应收账款的管理成本(元)	1 000	1 500

解 根据表 14-13 所提供的信息,进行成本收益的分析,分析结果如表 14-14 所示。

表 14-14 不同信用标准对利润的影响 单位:元

	方案 A	方案 B
销售利润	1 000 000 × 20% = 200 000	1 500 000 × 20% = 300 000
应收账款机会成本	1 000 000 × 12% × 60/365 = 19 726	1 500 000 × 12% × 70/365 = 34 521
应收账款管理成本	1 000	1 500
坏账成本	1 000 000 × 7.5% = 75 000	1 500 000 × 12.5% = 187 500
应收账款成本总额	19 726 + 1 000 + 75 000 = 95 726	34 521 + 1 500 + 187 500 = 223 521
不同信用标准的利润额	200 000 − 95 726 = 104 274	300 000 − 223 520 = 76 480

计算结果表明,宏远公司应该选择方案 A 的信用标准。

(二) 信用条件

信用条件支付赊销货款的具体优惠条件,包括信用期限、折扣期限和现金折扣率。信用期限规定了客户延期付款的天数。信用期限太短,不足以吸引客户,信用期限太长,虽然有足够的吸引力,但会增加应收账款的收款期和相关成本。现金折扣率是在顾客提前付款时所给予的优惠,折扣期限是可享受折扣优惠的付款期限。折扣率高,折扣期限长,能够促使客户提前付款,但同时会引起成本的增加。确定信用条件同样需要在现金折扣所带来的加速收款收益与折扣所带来的成本之间进行比较。

例 14.6 设宏远公司决定只对坏账损失率在 7.5% 以下的客户提供赊销,以下是公司财务人员拟定的两种信用条件。宏远公司应该选择哪一种?

	30 天内付清,无现金折扣	"$1/10, n/40$"
销售收入(元)	1 000 000	1 200 000
平均收款期(天)	40	30
需付现金折扣占销售收入的比重(%)	0	50
应收账款的管理成本(元)	1 000	1 500

解 已知宏远公司的销售利润率为 20%,资金的机会成本为 12%,因此可根据上表提供的信息进行成本收益分析,分析结果如表 14-15 所示。

表 14-15 宏远公司在不同信用条件下的成本与收益 单位:元

	30 天内付清,无现金折扣	"$1/10, n/40$"
销售利润	$1\,000\,000 \times 20\% = 200\,000$	$1\,200\,000 \times 20\% = 240\,000$
应收账款机会成本	$1\,000\,000 \times 12\% \times 40/365 = 13\,151$	$1\,200\,000 \times 12\% \times 30/365 = 11\,836$
现金折扣成本	0	$1\,200\,000 \times 50\% \times 1\% = 6\,000$
应收账款管理成本	1 000	1 500
应收账款成本总额	$13\,151 + 1\,000 = 14\,151$	$11\,836 + 6\,000 + 1\,500 = 19\,336$
不同信用条件的利润额	$200\,000 - 14\,151 = 185\,849$	$240\,000 - 19\,336 = 220\,664$

计算结果表明,虽然提供现金折扣会产生一定的现金损失,但能够缩短平均收款期,减少机会成本,因此应该采用允许 40 天付清货款,但 10 天内付清可享受货款 1% 的现金折扣的优惠,即 "$1/10, n/40$" 的信用条件。

(三) 收账政策

应收账款发生后,公司应采取各项措施尽量争取按期收回货款,否则会因拖欠而发生坏账损失。收账政策是指信用条件被违反时,公司采取的收账策略。客户违反信用条件,拖欠货款的情况主要有两种:一是客户本身的信用品质差,没有偿还能力;二是客户具有良好的信用品质,但临时发生财务困难。公司需根据不同的情况制定和采取不同的收账政策。但不论采取何种收账政策都要付出一定的成本,如收账发生的通信费用、收账人员的差旅费、法律诉讼费等。采取积极的收账政策可能加大收账成本,但能够减少坏账损失。因此,公司制定收账政策时需要在减少的坏账损失和增加的收账成本之间进行权衡。

例 14.7 川江化工厂现行收账政策下年平均收账费用为 10 000 元,应收账款平均收款期为 60 天,坏账损失率为 4%。厂财务科建议采取一套新的收账政策,估计年平均收账费用为 15 000 元,平均收款期为 30 天,坏账损失率为 2%。该工厂当年的销售额为 1 200 000 元(全部赊销),应收账款的机会成本为 10%。川江化工厂应采取哪一种收账政策?

解 对川江化工厂现行和建议实行的收账政策所可能发生的成本与减少的坏账损失进行分析,计算结果如表 14-16 所示。

表 14-16 川江化工厂不同收账政策的成本和收益　　　　　　　　　　　单位:元

	当前收账政策	建议收账政策
(1) 年销售收入	1 200 000	1 200 000
(2) 应收账款平均收款期(天)	60	30
(3) 应收账款的机会成本	20 000	10 000
(4) 坏账成本	48 000	24 000
(5) 收账费用	10 000	15 000
(6) 不同收账政策下的总成本	78 000	49 000
(7) 建议的收账政策节约的成本	—	29 000

注:① 收账政策的机会成本 = 年销售收入 × 10% × 平均收款期/360。
② 坏账损失 = 年销售收入 × 坏账率。

由于建议的收账政策比现行的收账政策节省了成本,因此应该采用财务人员所建议的收账政策。

公司在催收货款过程中应采取的步骤和具体方法应根据账款过期时间长短、客户拖欠货款原因等灵活选用。例如,对过期较短的客户,不予采取严厉的催收方法;对因临时发生财务困难的客户表示一定的理解,并给以一定的宽限期,以便稳定客户;而对过期很长、没有还款诚意的客户则频繁催款,措辞严厉,甚至诉诸法律。典型的收款过程通常遵循以下步骤:措辞温和的信件、电话、个人拜访、求助专门的收账公司、诉诸法律。

需要注意的是,以上我们在讨论如何制定公司的信用政策时,为了讨论问题的方便,将信用标准、信用条件和收账政策分开单独进行成本收益分析,但实际上这三方面的信用政策会共同发生作用,影响公司的销售收入和应收账款成本。因此,在制定信用政策时,应把信用标准、信用条件和收账政策结合起来,综合考虑这些政策变化对销售额、应收账款的机会成本及收账成本的影响。分析的基本思路仍然遵循成本收益分析的原则。由于综合分析所涉及的变量多是预计的,有相当大的不确定性。因此,信用政策的制定除了依靠数量分析外,在很大程度上还要由决策者的经验来判断决定。

三、客户的信用调查和评估

公司的信用政策制定后,还需要通过对客户信用状况进行调查和评估来评估客户的信用品质,判断其是否达到信用标准从而能够享受公司所提供的信用优惠条件。客户的信用调查和评估是应收账款管理的重要依据。

（一）信用调查

信用调查是指对客户的信用品质、偿债能力、财务状况等信用状况进行调查,搜集客户的信用记录。信用调查的方法可以概括为两类:一是直接调查,二是间接调查。直接调查是通过访问、观看等与客户直接接触的方法来获取客户信用有关的资料。这种方法的优点是能够获得第一手的资料,保证资料的准确性和适用性,但如果得不到被调查单位的配合,难以得到全面的资料。间接调查是指从各种渠道搜集所需的信息资料,比如,通过客户的财务报表了解客户的资本实力、盈利状况、偿债能力等财务状况的信息;通过信用评估机构获得客户信用评级的资料;通过与客户往来的金融机构、商业伙伴、税务部门等获得客户信用的相关信息。

（二）信用评估

信用评估是在信用调查的基础上,通过各种资料的分析来评估客户的信用状况。

1. 五C评估法

五C评估法从品德、能力、资本、抵押和条件这五个方面评估客户的信用,由于这五个方面的第一个英文字母都是C,因此称为五C分析法。

品德(character)是指客户的信誉,即客户是否有履行偿债义务的诚意。这一点被视为评价客户信用的首要因素。要判断客户是否具备良好的品德,必须设法了解客户过去的付款记录,调查客户与其他供货企业的关系等。能力(capacity)是指客户的偿债能力,可以通过客户的资产的流动性、流动资产与流动负债的比例等情况判断。资本(capital)是指顾客的财务实力和财务状况,表明顾客可能偿还债务的经济背景。抵押(collateral)是指客户为获取商业信用提供抵押担保的能力。这对于那些初次交往不知底细或信用状况有争议的客户而言特别重要。条件(conditions)是指客户偿付能力对条件变化的反应。例如,万一出现经济不景气,会对客户的付款产生什么影响。

2. 信用评分法

信用评分法通过以下计算公式来得到被评估客户的信用分值:

$$Y = w_1 x_1 + w_2 x_2 + \cdots + w_n x_n = \sum_{i=1}^{n} w_i x_i \quad (14-6)$$

式中,Y 为信用分值;w_i 为信用分析指标的权重;x_i 为信用分析指标值。

通常选择财务比率和信用品质作为信用分析指标,并根据被评估的客户所处的行业环境、公司经营状况等具体状况确定各信用分析指标的权重。例如,表14-17所列是某公司信用评估中所选择的评估指标和权重,以及对某一大客户的信用评估分数。

表14-17 某公司对其大客户的信用评分

项目	信用分析指标值 (1)	分数 (2)	权数 (3)	加权平均数 (4)=(2)×(3)
流动比率	2.0	90	0.2	18.0
资产负债率(%)	35	80	0.1	8.0
销售净利率(%)	20	85	0.1	8.5
流动资产周转率	6.8	90	0.1	9.0

(续表)

项目	信用分析指标值 (1)	分数 (2)	权数 (3)	加权平均数 (4)=(2)×(3)
信用评估等级	AA	85	0.2	17.0
付款历史	良好	80	0.2	16.0
未来财务状况预计	良好	80	0.05	4.0
其他因素	一般	70	0.05	3.5
合计	—	—	1.00	84.00

四、应收账款的日常管理

应收账款日常管理最主要的任务就是对应收账款进行监控,以便及时发现问题,防止恶化。对应收账款的控制主要通过账龄分析来实现。

(一)确定应收账款的平均收款期

应收账款的平均收款期也就是应收账款的周转天数,其计算公式为:

$$平均收款期 = 全部应收款 / 平均日赊销额 \tag{14-7}$$

式中的平均日赊销额可以是月度的日赊销额,也可以是季度或年度的平均日赊销额。平均收款期不仅能够反映应收账款的质量,还可以从另一个角度反映公司的信用政策和收账政策的宽松情况。信用政策宽松,则货款回收慢,平均收款期长。

(二)编制账龄分析表

平均收款期综合反映公司所有应收账款的平均回收速度,但无法反映每笔具体的应收账款回收期间的差异。编制账龄分析表的目的就是更具体、更详细地反映应收账款的质量。账龄分析表将所有的应收账款按账龄分为若干类别,反映不同账龄的应收账款的总额及其比重,为应收账款的监控提供更为详细的信息。应收账款账龄分析表如表14-18所示。

表14-18 某公司账龄分析表　　　　　　　　　20××年12月31日

应收账款账龄	账户数量	金额(千元)	百分比(%)
信用期内	200	80	40
超过信用期1—20天	100	40	20
超过信用期21—40天	50	20	10
超过信用期41—60天	30	20	10
超过信用期61—80天	20	20	10
超过信用期81—100天	15	10	5
超过信用期100天以上	5	10	5
合计	420	200	100

通过账龄分析可以了解有多少欠款仍在信用期内,有多少欠款已超过信用期,有多少欠款拖欠时间太久而可能成为坏账。在账龄分析的基础上,就可以根据欠款的拖欠时间采取不同的收账方法,对可能的坏账损失提前作出准备。

例 14.8 设甲、乙两公司生产同类产品,各自的应收账款账龄如表 14-19 所示。哪一个公司的应收账款质量较好?

表 14-19 甲、乙公司应收账款账龄分析表   20××年12月31日

应收账款账龄(天)	甲公司		乙公司	
	应收账款金额(元)	占比(%)	应收账款金额(元)	占比(%)
0—10	1 500 000	75.0	1 000 000	50.0
11—30	300 000	15.0	300 000	15.0
31—45	200 000	10.0	200 000	10.0
46—60	0	0.0	300 000	15.0
60 以上	0	0.0	200 000	10.0
应收账款总计	2 000 000	100.0	2 000 000	100.0

表中数据显示,尽管甲、乙两公司的应收账款总额相等,但乙公司的"高龄"应收账款高于甲公司,由于"高龄"应收账款发生坏账的可能性要高于"低龄"应收账款,因此,乙公司应收账款的质量显然不如甲公司。如果两个公司的信用政策相同,则说明乙公司在应收账款管理方面可能存在某些问题,可能是对客户的信用调查和评估工作不够深入细致,致使一些不符合信用标准的客户享受了公司的信用优惠,也可能是由于收账政策过于宽松等,具体原因有待进一步查明。

(三) 确认坏账损失,建立坏账准备制度

既然有应收账款就难免发生坏账损失,为了更准确地反映公司应收账款的规模和质量,需要计提坏账损失和坏账准备。坏账损失需要按照财务制度的规定确认和计提。如在我国财务制度规定确认坏账准备的标准是:① 债务人破产或死亡,依法清偿后,确实无法收回的应收账款;② 债务人逾期未履行偿债已无,账龄超过三年,有明显证据证明无法收回的应收账款。至少符合以上条件之一的方可确认为坏账损失。

坏账准备是指按一定的比例估计坏账损失,预先计提,等坏账发生时再冲减计提的准备金,可以按应收账款的账龄长短计提,账龄越长,计提比例越高,也可以按销货额的百分比计提。例如我国财务制度规定按照期末应收账款余额的 3‰—5‰ 计提坏账准备。

第三节 存货管理

一、存货管理的目标

公司的存货主要有原材料、在制品、半成品、产成品等。公司之所以必须保持一定量的存货,一方面是由于原材料的供应速度与生产过程中原材料的消耗速度不完全相同,此外还由于大量采购可以享受数量折扣,获得较低采购价格的好处;另一方面是由于市场对公司产品的需求难以准确预测。如果公司能够保证从它的供应商那里源源不断地得到原料,并且其供应速度与生产过程中的原料消耗速度完全相同,那就完全不用储存任何原料了。如果公司能够准确地预测交货期、生产周期以及客户对产品需求的数量和时间,那么也不用保持产成品存货。但上述因素难以控制和预测,况且还有许多其他因

素,使得企业必须储备足够的原材料及产成品,以防不能及时供货和交货的风险。但是,存货由于占用资金而会产生机会成本,还会增加仓储费、保险费、维护费、管理人员工资等费用。因此,存货管理的目标就是在存货所产生的效益和成本之间作出权衡,合理地控制存货水平,在保证生产经营正常进行的前提下,尽量降低存货成本。

二、存货的控制

围绕存货管理的目标,存货管理最基本的任务就是对存货进行控制。在公司实际管理活动中,应用多种方法对存货进行有效控制,如存货经济订货批量法、ABC 控制法、定额管理法、归口分级管理法等。下面主要介绍经济订货批量法和 ABC 控制法。

(一) 经济订货批量控制

经济订货批量法是在综合考虑存货可能引起的各种成本的基础上所确定的使存货总成本最低的进货数量。

1. 存货的成本

存货的成本指因为采购、存储而引起的各项费用,可分为生产或购置成本、订货成本、储存成本和缺货成本几种类型。

(1) 生产或购置成本。生产或购置成本指存货本身的价值。在确定订货批量中,表现为存货采购的成本,包括买价、运杂费等。采购成本通常与采购数量成正比。一定时期内,在存货的市场价格稳定和存货需求量固定的情况下,存货的总采购成本也是固定的,与采购批数和每批的采购量无关。

(2) 订货成本。订货成本指公司由于对外采购存货而发生的各种费用支出,包括填制订单、发出订单、订购追踪、到货验收、进库等各项开支,如办公费、差旅费、邮资、通信费、专设采购机构的经费等支出。订货成本可以分为变动成本与固定成本。变动成本是与订货次数有关但与订货数量关系不大的费用,如差旅费、邮资、谈判费等。固定成本是与订货次数关系不大的费用,如维持采购部门日常运行的经费支出。

(3) 储存成本。储存成本指为持有存货而发生的成本,包括存货占用资金而产生的机会成本、仓储费用、保险费用、存货的毁损和变质损失等。储存成本随着平均存货量的增加而上升,通常与存货的订购次数无关,而与存货的订购数量有关。

(4) 缺货成本。缺货成本指由于存货短缺而引起的生产中断、销售不畅所带来的损失。例如,由于缺货导致停工而发生的损失,因延迟交货而支付的罚金,由于丧失销售机会而蒙受的收入损失、信誉损失等。

2. 经济订货批量

经济订货批量就是使上述存货总成本最小时的订货批量。由于在上述四种存货成本中,采购成本与存货的订购批量无关,而在不允许缺货的前提下,可以不必考虑缺货成本,又由于订货成本与订货批量负相关,而存储成本与订货批量正相关,因此,经济订货批量与存货总成本之间的关系可以用图 14-7 描述。

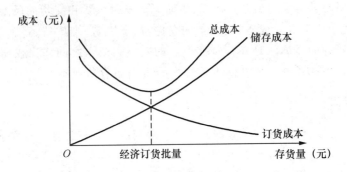

图 14-7 经济订货批量下的存货总成本

令:TC 代表存货的总成本,D 代表一定时期内对存货的总需求,C 代表存货的采购成本,F 代表每次订货发生的订货成本,H 代表单位存货储存成本,Q 代表一批订购的存货数量,则在不考虑缺货成本时,存货的总成本为:

$$TC = (D/Q)F + (Q/2)H + DC \tag{14-8}$$

对(14-8)式求总成本 TC 对一次订购的存货量 Q 的导数,有:

$$\frac{dTC}{dQ} = \frac{H}{2} - \frac{D}{Q^2}F$$

令上式为零,求解出来的订货批量即为经济订货批量(EOQ):

$$EOQ = \sqrt{\frac{2DF}{H}} = \sqrt{\frac{2 \times 某期间需求总量 \times 订货成本}{某期间内单位存货储存成本}} \tag{14-9}$$

例 14.9 罗艺印染厂每年耗用某种染料 3 600 千克,每次订货的成本为 25 元,单位染料的存储成本为 2 元,每次订货的变动成本为 25 元。罗艺印染厂对该种染料的经济订货批量是多少?

$$EOQ = \sqrt{\frac{2 \times 25 \times 3\,600}{2}} = 300(千克)$$

3. 确定订货点

由于从发出订货指令到存货可投入使用之间需要有一段时间,因此,必须在存货耗用完之间发出订货指令,发出订货指令时的存货量称为订货点。确定订货点需考虑平均每日存货的正常耗用量和预计最大耗用量、正常情况下发出订货指令到货物入库所需时间及意外情况发生时所需的时间、保险储备量等因素。

以 R 表示订货点;d 表示每日存货的正常消耗量;T 表示正常提前订货时间;S 表示保险储备量[①],可用以下公式计算存货的订货点:

$$R = d \times T + S \tag{14-10}$$

假如罗艺印染厂某种染料正常提前订货时间为 5 天,正常每日消耗量为 10 千克,保险储备量为 25 千克,则可以确定该染料的订货点为:

$$R = 10 \times 5 + 25 = 75(千克)$$

即当该染料库存剩下 75 千克时就该发出订货指令了。

[①] 保险储备量可以根据预计最大存货耗用量、最长提前订货时间等不确定因素确定。假如以 U 代表存货最大的耗用量,L 代表最长的提前订货时间,则保险储备量 S 可由以下计算公式求出:$S = (U \times L - d \times T)/2$。

（二）ABC 控制法

很多公司都拥有品种繁多的存货,有些大企业的存货品种可多达上万种。其中有些存货价值很高,占用资金很多,有些存货价值很低,占用资金很少。显然,公司没有必要对所有的存货都采取同样的方法管理,那样不仅费时费力,也难以做到面面俱到,反而可能因事无巨细、头绪太多而主次不分,忽视了对重要货物的控制。基于存货的上述特点,ABC 控制法根据存货价值或存货对公司生产经营活动的重要性,将所有存货分为 A、B、C 三类。最重要的存货为 A 类,其品种不多但价值高,是存货控制的重点,需要加强管理。C 类存货是不重要的存货,通常种类繁多但价值低、重要性不大,不需详加管理,其数量控制可以采用定期订货和保持较高的安全存货方式。B 类存货的重要性介于 A 类和 C 类存货之间,重要性一般,其价值在存货价值中占有一定的比例,对这类存货在管理中可给予适当的重视,进行次重点控制。

ABC 控制法是一种突出重点的管理方法,因此有助于提高存货管理的效率。

如今,随着计算机和网络技术在存货管理中的广泛应用,存货控制的效率大大提高。例如,配置了比较简单的计算机库存控制系统以后,当库存数据输入存储器时,计算机就会开始工作。此后,每当有货物取出时,计算机都会及时作出记录并修正库存余额。当库存量下降到订货点时,计算机会自动会发出订货单,并在收到订货时记录下新的库存量。

本章总结

1. 现金短期循环和长期循环的起点和终点都是现金,但在换取非现金资产时分别转化为长期资产和短期资产。在转化为现金后,不管是来自原来的长期循环还是短期循环,公司都可以按照需要重新分配资金。加速现金短期循环可以通过缩短应收账款和存货周转期以及延长应付账款周转期实现。

2. 现金循环因受多种因素影响而往往处于不平衡的状况,现金管理的目的就是通过有效的现金收支使公司的现金持有量达到最小。据此,现金管理的主要内容就是编制现金预算,确定理想的现金持有量,控制日常现金收支。存货模型和米勒-奥尔模型是确定理想现金余额常用的方法。控制日常现金收支的主要途径是加速收款和控制付款。

3. 公司持有短期有价证券的主要目的一方面是将其作为现金的替代品,随时满足公司预防性和季节性的现金需求;另一方面是充分利用闲置现金取得一定的收益。公司在选择短期有价证券时需要进行风险与收益的权衡。

4. 公司提供商业信用产生了应收账款,应收账款的多少与公司的信用政策直接相关。应收账款管理的目的就是通过制定有效的信用政策和有效的管理降低持有应收账款的成本,提高收益。公司信用政策包括信用标准、信用条件和收账政策。制定信用政策的过程实质上就是成本收益分析的过程。公司的信用政策制定后,还需要对客户信用状况进行调查和评估。

5. 应收账款日常管理的主要任务就是对应收账款进行监控,包括应收账款账龄分析、合理计提坏账准备和确认坏账损失,采取有效的收账政策及时回笼货款等。

6. 存货管理的目标是在权衡存货所产生的收益和成本的基础上,合理地控制存货水平,在保证生产经营正常进行的前提下,尽量降低存货成本。存货管理的主要任务是控制订货批量和实行有效的存货控制管理。

思考与练习

1. 从现金短期循环与长期循环中你得到什么启示？现金循环为什么会不平衡？如何看待这种不平衡？
2. 现金流量如何影响现金存量？
3. 现金管理的目标是什么？包括哪些重要内容？
4. 影响公司短期有价证券选择的主要因素有哪些？
5. 公司的信用政策主要包括哪些内容？公司制定信用政策的基本方法是什么？
6. 应收账款是如何产生的？有哪些作用？会发生哪些成本？
7. 存货有什么作用和成本？存货管理的目标和主要内容是什么？
8. 某企业全年预计现金需要量6 000元,现金与有价证券转换成本为每次100元,有价证券的收益率为18%,理想的现金余额是多少？
9. 某公司全年需要某种零件1 200个,每次订货成本为400元,每个零件的年储存成本为6元,经济订货批量是多少？
10. A公司下个月需要支付现金800 000元,公司在有价证券上投资的年收益率为6.5%,每笔证券买卖的交易费用为85元,公司的现金支付固定且持续,运用存货模型确定A公司理想的现金余额。
11. E公司的现金水平很难预测。公司在活期存款账户内要保持2 000元的最低存款。经验数据表明,公司每日现金余额的均方差为600元,现金的变动性将持续至未来。公司每笔证券交易的费用为85元,证券投资的收益率为6%。运用米勒-奥尔模型确定E公司理想的现金余额。
12. 某公司的存货周转率为6,应收账款周转率为10,应付账款周转率为12。若按一年360天计,该公司的应收账款、存货、应付账款和现金的周转期各为多少？公司的生产经营周期是多长？
13. 全友公司预计,下一年度共产生75 000 000元的净现金流出量,且这些现金流出量是均匀发生的。公司打算定期出售有价证券,以满足对现金的需求,这些有价证券能提供11%的报酬率,且每次转换为现金时都需负担200元交易成本。试用存货模式确定最佳的现金持有量,并算出全友公司平均现金余额、交易次数及一年总共负担的成本。
14. 家乐公司每年可以销售10万台电视,其保险存量为2 000台,每台电视购价为5 000元,存货的储存成本相当于存货价值的12%,每次订货成本等于12 000元。试求家乐公司的理想订购批量和每年订购次数。
15. 2013年华南公司信用条件为30天付款,无现金折扣,平均收现期40天,销售收入10万元。预计2014年的销售利润率与2013年相同,仍保持30%。目前为了扩大销售,公司财务部门制订了两个方案:(1) 信用条件为"3/10,$n/20$",估计销售额将增加3万元,所增加的销售额中,坏账损失率为4%,60%的客户会享受现金折扣,平均收现期 15 天。(2)信用条件为"2/20,n/30",预计销售额增加 4 万元,所增加的销售额中,坏账损失率为 5%,客户有 70% 会享受现金折扣,平均收现期为 25 天。问:如果应收款的机会成本为 10%,哪个方案较优?

16. 下面给出了一家服装制造商 ACC 公司的财务报表。请根据财务报表提供的信息:(1)编制 ACC 公司的管理资产负债表;(2)编制 2012 年和 2013 年的现金流量表。

ACC 公司的资产负债表   单位:万元

	2011 年	2012 年	2013 年		2011 年	2012 年	2013 年
现金	100	90	50	短期借款	80	90	135
应收账款	200	230	290	应付账款	170	180	220
存货	160	170	300	预提费用	40	45	50
预付费用	30	30	35	长期借款	140	120	100
固定资产净值	390	390	365	股东权益	450	475	535
资产总额	880	910	1 040	负债及权益合计	880	910	1 040

ACC 公司的损益表   单位:万元

	2011 年	2012 年	2013 年
销售收入净额	1 200	1 350	1 600
销售成本	860	970	1 160
销售及管理费用	150	165	200
折旧	40	50	55
息税前利润	150	165	185
净利息费用	20	20	25
税前利润	130	145	160
所得税	40	45	50
净利润	90	100	110
股利	15	25	60
留存收益	75	75	50

第十五章　　公司价值评估

▮本章概要▮

　　20 世纪 80 年代活跃的公司控制权市场的出现,使得公司价值评估的重要性日益凸显。而适当的评估方法是公司价值准确评估的前提。目前有多种公司价值评估的方法,本章主要介绍应用较为广泛的基于现金流的价值评估方法和比较价值法,并通过这些方法在公司购并活动中的应用以加深读者的理解。本章还介绍了 90 年代发展起来的一种评价公司价值的评定方法——经济增加值(EVA)和附加市场价值(MVA)。

▮学习目标▮

　　1. 掌握并能够熟练运用比较价值法确定公司价值。
　　2. 掌握现金流贴现法的基本原理,能够熟练运用股权自由现金流贴现模型和公司自由现金流贴现模型评价公司价值。
　　3. 了解并掌握公司杠杆收购中应用调整现值法评估目标公司价值的基本思路和原理。
　　4. 了解经济增加值(EVA)和附加市场价值(MVA)的含义及其在公司价值创造衡量中的作用。

引　　言

　　2001 年 9 月 3 日担任惠普第一任女总裁的女企业家卡莉·菲奥莉娜(Carly Fiorina)宣布惠普将收购康柏公司,此举轰动了美国产业界,引起了褒贬不一的各种议论。按照达成的协议,惠普将以 0.63 股交换康柏 1 股的方式并购康柏,并购价值达 250 亿美元。并购消息宣布后惠普和康柏的股价大幅下跌,到第三天原来的购并价值已缩水到大约 196 亿美元。康柏公司是否达到了 250 亿的价值?惠普是否从这次收购活动中为它们的股东创造了价值?惠普公司是否支付了超值的收购款?或许要对一个收购行为是否明智作出正确的评判需要数年甚至十几年的时间,但对于购并中目标公司的价值评估却必须发生在购并行动开始之前,一刻也不能等待。其实,对于公司价值的评估不仅发生在公司购并中,而且发生在公司的股票首次发行中,发生在作为独立子项目的项目评估等许多活动中。

第一节　公司价值评估的方法

　　最常用的公司价值评估的方法是贴现现金流估价法和比较价值法。贴现现金流估价法认为公司的价值应该等于预期公司在未来可能产生的全部现金流的现值总和。比较价值法认为同类的具有"可比性"的公司之间的某些财务指标与公司价值的比率大致相同,因此可以通过"可比"公司的某一财务指标与公司价值的比率估计被评估的公司的价值。当然,评估公司价值的方法并不只有这两种,还有期权估价法、清算价值法、重置价值法等。期权估价法应用期权定价模型来估计具有期权特性的公司资产以得到公司的价值,清算价值法通过测算公司资产的清算价值并加总得到公司价值,而重置价值法则按照公司资产的重置价值估计公司价值。下面将介绍比较价值法和现金流贴现法这两种最常用的公司估价法。

一、比较价值法

(一) 基本原理

比较价值法的基本原理是在参考"可比"公司价值与某一财务指标的比率的基础上,通过该比率与被评估公司的这一财务指标的乘积而计算得到被评估公司的价值。通常采用的财务指标有营业收入、利润、现金流、资产账面价值等,常用的比率有:市价/收入比率、市盈率、市价/现金流比率、市价/账面价值比率等。例如,已知 A 公司股东权益账面价值为 5 000 万元,其"可比"公司 B 的股东权益的市场价值为 8 000 万元,账面价值为 4 000 万元,则可计算得到 B 公司股东权益的市价/账面价值比率为 2。根据 B 公司的这一比率和 A 公司股东权益的账面价值可以得到 A 公司股东权益的市场价值为 10 000 万元(5 000 ×2)。

比较价值法主要用于估计权益资本的价值,如果要得到公司的整体价值可以加上债务的账面价值。

应用比较价值法需要满足两个基本前提:一是所选择的用于计算比率的公司与被评估公司必须具有可比性,二是市场对"可比"公司的定价必须是正确的。例如,行业平均市盈率是一个常用的比率,但应用该比率时要求该行业中其他公司与被评估的公司之间具有可比性,并且市场对这些可比公司的定价是正确的。市场价格与账面价值比率也是被广泛应用的一个财务比率,如果可比公司的市场价格低于账面价值,应用该比率估价就意味着被评估公司也应该折价出售。

比较价值法的魅力在于简单且易于使用,尤其是当金融市场上有大量"可比"公司在进行交易时,应用起来比较方便。但是可比价值法也很容易被操纵和误用。因为事实上很难找到在风险、成长性等方面完全相同的两个公司,"可比"公司的定义只是一个主观的概念。

(二) 常用的比率

1. 市盈率

市盈率在估价中被广泛应用的原因很多,最主要原因有三个:① 它易于计算,且容易得到;② 它是直接将股票价格与公司盈利联系在一起的统计比率;③ 它反映了市场对公司未来盈利的预期,比较好地反映了公司的特征。

市盈率估价法也存在一定的局限性,主要表现在以下几个方面:① 市场并不总是正确的,如果市场对某个公司或行业的前景过于乐观或过于悲观,则该公司或该行业内公司的股价必然被高估,从而导致对公司估价的错误;② 公司收益的波动往往会导致市盈率在不同时期出现戏剧性的变动,例如,由于周期性公司的盈利通常与宏观经济周期变动一致,而价格反映的是投资者对未来盈利的预期,因此,对于周期性公司而言,其市盈率在经济衰退期会处于高峰,而在经济繁荣期则会处于谷底;③ 会计利润容易受到人为因素的影响,在会计利润失真的情况下,市盈率也不可靠;④ 当每股收益为负值时,市盈率是没有意义的。

预期增长率、红利支付率和风险这些决定价值的基础因素同样是决定公司市盈率高低的基本因素。

已知 $DPS_1 = EPS_0 \times 红利支付率 \times (1+g)$,所以稳定增长公司的股权资本的价值可以表示为:

$$P_0 = \frac{DPS_1}{r-g} = \frac{EPS_0 \times 红利支付率 \times (1+g)}{r-g} \tag{15-1}$$

则有其市盈率为:

$$\frac{P_0}{EPS_0} = \frac{红利支付率 \times (1+g)}{r-g} \tag{15-2}$$

可见,市盈率与红利支付率和增长率为正相关关系。而由于风险越高,其贴现率 r 也越高,因此,市盈率与公司风险程度为负相关关系。

在投资决策中,有经验的机构投资者或分析人员常常会通过简单比较公司的市盈率与预期增长率来确定公司的价值是被高估还是被低估。一般认为市盈率低于增长率的公司的价值是被低估了的。更多情况下是使用市盈率与增长率的比率度量公司价值,与其他公司相比,这一比率较小的公司则被认为其价值被低估了。

国与国之间、不同市场之间、不同行业之间、不同公司之间以及不同时期的市盈率由于红利支付水平、增长率、市场利率、风险水平等基本因素不同而呈现出很大的区别。因此,不应该简单地将它们之间进行比较。

在用可比价值法评估公司价值时,为了避免误用市盈率,可以考虑选择一组可比公司而不是一家可比公司,计算这一组公司的平均市盈率,然后根据被评估公司与可比公司之间的差别,再对平均市盈率进行适当的主观调整。不过这种方法仍然无法避免被评估公司与所选择的一组公司在基本因素方面的差异,也仍然很难避免选择可比公司时主观因素的作用。因此,也可以利用公司的全部截面数据进行多元回归分析来估计市盈率。当然回归分析也有不足。例如以市盈率为被解释变量,以影响市盈率的基本财务指标为解释变量时,解释变量之间的相关性往往使得回归系数很不可靠。此外基本财务指标与市盈率之间的线性关系也不稳定。这些都可能使得从回归模型得出的预测结果不可靠。

2. 价格/账面价值比率

价格/账面价值比率也是被广泛应用的比率之一,其优点主要是:① 账面价值是资产价值的一种相对稳定和直观的度量,特别是对那些不相信现金流贴现方法的投资者而言,价格/账面价值比率提供了一种非常简单的比较标准;② 该比率提供了一种合理的跨企业的比较标准,投资者可以通过比较同行业不同公司的比率来发现价值被低估或被高估的公司;③ 即使是那些盈利为负,从而无法用市盈率估价的公司也可以用这个比率估价。

应用价格/账面价值比率评估公司价值的主要弊端在于：① 与计算公司利润一样，公司资产的账面价值也会受到折旧方法和其他会计政策的影响；② 对于那些固定资产很少的行业（如服务行业）采用该比率意义不大；③ 对于多年负利润的公司，其净资产的账面价值可能为负，则无法应用该比率。

与市盈率一样，一家公司价格/账面价值比率的高低取决于公司净资产收益率、红利支付率、增长率、风险等基本因素。以稳定增长的公司为例，已知其股东权益的价值如(15-1)式所示。现令：净资产收益率(ROE) = EPS/股东权益账面价值(BV)，并将其代入(15-1)式，可以得到以下关系式：

$$P_0 = \frac{BV_0 \times ROE \times 红利支付率 \times (1+g)}{r-g} \tag{15-3}$$

将(15-3)式改写为价格/账面价值比率，则有：

$$\frac{P_0}{BV_0} = \frac{ROE \times 红利支付率 \times (1+g)}{r-g} \tag{15-4}$$

可见，价格/账面价值比率与净资产收益率、红利支付率和增值率之间为正相关关系，与公司的风险程度为负相关关系。其中净资产收益率不仅直接影响该比率的高低，而且通过影响增长率和红利支付率间接影响该比率。了解了净资产收益率与价格/账面价值比率的这种关系，我们就不难理解为什么净资产收益率高的公司的市场价格高于账面价值，净资产收益率低的公司的市场价格低于账面价值。更重要的是，考察净资产收益率与价格/账面价值比率之间是否匹配，可以帮助投资者寻找到价值被低估的公司——价格/账面价值比率低但净资产收益率高的公司。

应用比较价值法选择可比公司估计价格/账面价值比率时，最常用的方法是选择一组可比公司计算其平均的价格/账面价值比率，然后再根据被评估公司与可比公司之间在基本因素方面的差异，特别是净资产收益率方面的差异进行调整。当然也可以利用截面数据进行回归分析来估计价格/账面价值比率。

托宾 Q 值（资产的市场价值/资产的重置成本）常被用来替代价格/账面价值比率。当通货膨胀导致资产价格上升或技术进步导致资产价格下降的时候，托宾 Q 值能够提供资产价值较好的判断标准。托宾 Q 值的缺陷在于有些资产具有很强的独特性，使得其重置成本很难估计。而且即便可以得到资产的重置成本，通常也不容易计算，往往需要很多的信息。

3. 价格/销售收入比率

价格/销售收入比率在很多方面吸引着投资者和分析师。首先，它不会变为负数，在任何情况下，即使经营十分困难的公司也可以应用它进行估价；其次，与账面价值和利润不同，它不受折旧、存货等会计政策的影响，对于采用不同会计政策的公司也可以进行比较；最后，它比较稳定，不像利润那样对经济周期敏感，因此不会像市盈率那样易变。这是价格/销售收入比率最大的优点。

价格/销售收入比率最大的问题在于：当公司的成本控制出现问题时，尽管利润和账面价值会出现显著下降，但是销售收入不会大幅度下降。其结果可能使得人们对一个有着负利润和负资产账面价值的公司估价时，因无法识别各公司的成本、利润方面的差别而导致错误的评判。

决定价格/销售收入比率高低的基本因素是公司净利润率、红利支付率和公司的风险程度。仍以稳定增长的公司为例,定义净利润率等于每股净利润除以每股销售收入,即 PM = EPS/SPS,则一个稳定增长公司的权益资本价值可以表示为:

$$P_0 = \frac{PM_0 \times SPS_0 \times 红利支付率 \times (1+g)}{r-g} \quad (15-5)$$

改写为价格/销售收入的形式,有:

$$\frac{P_0}{SPS_0} = \frac{PM_0 \times 红利支付率 \times (1+g)}{r-g} \quad (15-6)$$

价格/销售收入比率在很大程度上受到净利润率的影响,一方面净利润率的减少直接降低该比率,另一方面较低的净利润率导致较低的增长率,进而降低该比率。正因如此,处于高净利润率行业中的公司通常具有较高的价格/销售收入比率,而处于低净利润率行业中的公司通常具有较低的价格/销售收入比率。通过考察净利润率与价格/销售收入比率之间是否匹配,可以帮助投资者寻找被错误定价的公司。如果一个公司具有较高的价格/销售收入比率,同时拥有较低的净利润率,则说明该公司股东权益的价格可能被高估了。相反,如果一个公司具有较低的价格/销售收入比率,却同时拥有较高的利润率则意味着该公司股东权益的价格很可能被低估了。

估计价格/销售收入比率的主要方法是选择同行业中一组可比公司计算其平均的价格/销售收入比率,也可以将价格/销售收入比率看作一些基本变量的函数,用截面数据来进行回归分析。

(三) 应用举例

例 15.1 嘉嘉公司是一家经营办公设备和用品的分销商,在例 13.1 和表 14-3 中已经介绍了嘉嘉公司的一些财务状况,但由于嘉嘉公司的股票尚未上市,因此并不知道其股权的市场价值。迅达公司也是经营办公设备和用品的分销商,而且其成本结构与嘉嘉公司十分相似,但迅达公司的规模较大,并且其股票已公开上市。表 15-1 是两家公司 2013 年的会计数据和金融市场数据。试以迅达公司为可比公司,按照比较价值法估计嘉嘉公司的价值。

表 15-1　迅达公司与嘉嘉公司 2013 年的会计数据与金融市场数据

	迅达公司	嘉嘉公司
税后利润(万元)	6 350	1 020
销售收入(万元)	310 000	48 000
权益账面价值(万元)	52 600	7 700
股票数量(万股)	5 000	1 000
每股收益(元)	1.27	1.02
每股销售收入(元)	62	48
每股账面价值(元)	10.52	7.70
股票价格(元)	20	—
市盈率	15.7	—
股价与销售收入比	0.32	—
股价与账面价值比	1.9	—

解 (1) 按市盈率估计嘉嘉公司股东权益的价值。

嘉嘉公司股权价值 = 嘉嘉公司税后收益 × 迅达公司市盈率
$$= 1\,020 × 15.7 = 16\,000(万元)$$

(2) 按股价/账面价值比率估计嘉嘉公司股东权益的价值。

嘉嘉公司股权价值
$$= 嘉嘉公司权益账面价值 × (迅达公司股价/账面价值)$$
$$= 7.7 × 1\,000 × 1.9 = 14\,600(万元)$$

(3) 按股价/销售收入比率估计嘉嘉公司股东权益的价值。

嘉嘉公司股权价值
$$= 嘉嘉公司销售收入 × (迅达公司股价/销售收入)$$
$$= 48\,000 × 0.32 = 15\,360(万元)$$

采用不同的比率估价难免会得出不同的结果,但只要所得的结果相差不是很大就可以采纳,毕竟估价本身并不要求十分精确。当然,如果结果相差太多,就需要检查各种估价方法的前提假设是否满足以及财务数据是否真实等。这里虽然采用三种不同的比率得出了三种不同的股权价值,但差别不大,因此,取个折中值按 15 000 万元估计嘉嘉公司股权的价值应该是合理的。由于公司价值等于权益资本价值与债务价值之和,已知嘉嘉公司拥有 6 100 万元的债务,因此嘉嘉公司的价值为 21 100 万元。

二、现金流贴现法

(一) 基本原理

现金流贴现估价法的基本理论基础是"现值"原则,即任何资产的价值都是由资产未来创造现金流的能力所决定的,因此,资产的价值就是其预期未来全部现金流量的现值之和。其基本估价模型为:

$$V = \sum_{t=1}^{n} \frac{\mathrm{CF}_t}{(1+r)^t} \tag{15-7}$$

式中,V 代表资产的价值;n 代表资产的寿命;CF_t 为资产在 t 期产生的现金流;r 为贴现率。

应用以上基本估价模型时,现金流因所估价的资产不同而异,贴现率则因现金流风险不同而异。例如,估计公司股权价值时,现金流是红利等属于股东的现金流,贴现率就是股东要求的回报率;估计公司债券价值时,现金流是利息和本金,贴现率则是债权人要求的回报率,即利息率。应用现金流量贴现法最关键的问题是现金流量和贴现率的确定。

利用现金流贴现估价法可以仅对公司的股权资本进行估价,也可以对公司整体价值进行评估。

(二) 股权自由现金流贴现模型

股权自由现金流贴现模型(FCFE)是评估公司股权资本价值的主要方法之一。

公司股权资本投资者拥有的是对公司现金流的剩余要求权,因此,股权自由现金流就是公司在履行了包括偿债义务在内的所有财务义务和满足了再投资需要之后的全部

现金流,即扣除了经营费用、本息偿还和各种资本性支出后的剩余现金流。股权自由现金流的计算公式为:

$$FCFE = 净利润 + 折旧 - 资本性支出 - 增加的营运资本支出 - 债务本金偿还 + 新发行债务$$

对公司未来股权自由现金流贴现就可以得到公司股权的价值,其基本模型为:

$$E_0 = \sum_{t=1}^{n} \frac{FCFE_t}{(1+r_e)^t} \tag{15-8}$$

式中,E_0 表示股权资本价值;r_e 表示股权资本投资者要求的回报率。

例如,对于处于长期稳定增长的公司而言,可用以下股权自由现金流模型估计其股权资本价值:

$$E_0 = \frac{FCFE_1}{r_e - g} \tag{15-9}$$

由于股权自由现金流是股利支付的基础,因此,股权自由现金流模型可以看作另一种形式的股利贴现模型。但是这两种模型所得到的结果有时相同,有时却不同。在以下两种情况下,股权自由现金流贴现模型与股利贴现模型计算出的股权价值是相等的:一是股权自由现金流等于股利额。有些公司奉行将所有的股权自由现金流全部作为红利发放的红利政策,这类公司的股权自由现金流就等于股利额。但出于保持红利稳定性、满足未来投资需求、充分利用税收屏蔽作用等的考虑,大多数公司都或多或少地保留部分股权自由现金流。二是公司把保留的股权自由现金流投到了净现值为零的项目中。在以下两种情况下则会导致两种模型计算的结果不一致:一是当股权自由现金流大于股利额,而保留的股权自由现金流都被投资到净现值为负的项目中。例如,一些公司通过支付小于股权自由现金流的股利而积累起大量现金,然后将这些现金用于并不明智的兼并收购活动。二是股利发放额大于股权自由现金流。这时公司不得不依靠发行新股或债务来支付过高的股利,这会对公司价值产生负面影响。

(三) 公司自由现金流贴现模型

公司自由现金流贴现模型(FCFF)是评价公司整体价值的方法。

公司的全部价值属于公司各种权利要求者,这些权利要求者包括股权资本投资者、债券持有者以及优先股股东,因此,所有这些权利要求者的现金流总和就是公司自由现金流。由于所有权利要求者的现金流总和就是由公司资产创造的净现金流,即在一段时期内以资产为基础的营业活动或投资活动创造的现金流,因此估计公司自由现金流可以从公司资产创造的息税前净收益(EBIT)出发计算,其计算公式为:

$$FCFF = EBIT \times (1 - T) + 折旧 - 净资本支出 - 追加的营运资本 \tag{15-10}$$

用公司的加权平均资本成本(WACC)对公司未来的自由现金流贴现,就可以得到公司的价值 V_0,其基本模型为:

$$V_0 = \sum_{t=1}^{n} \frac{FCFF_t}{(1+WACC)^t} \tag{15-11}$$

由于公司自由现金流也可以通过加总公司所有权利要求者的现金流而得到,因此公司价值也可以通过加总公司股权资本价值、债务价值和非普通股权益价值而得到。[1]

在用公司自由现金流贴现法估计公司价值时,需要对公司未来的自由现金流进行预测。通常的预测期为5年,因为不可能预测所有的未来现金流,所以必须考虑在一个时期截止。至于截止期后的自由现金流可以按照合理的假设来估计,并根据"现值"理论——任一期期末的价值都等于未来各期现金流贴现到期末的现值之和——来估价预测截止期的公司价值。下面通过嘉嘉公司的例子来说明公司自由现金流贴现模型的应用。

例15.2 在例15.1中我们已经通过比较价值法对嘉嘉公司的价值进行了评估,但嘉嘉公司董事会似乎更加相信现金流贴现的方法,因此,公司财务人员决定采用公司自由现金流贴现模型来估计公司价值,表15-2所列是他们对公司未来自由现金流量的预测依据以及预测结果。

表15-2 嘉嘉公司预期现金流[2]   单位:百万元

	2012年	2013年	2014年	2015年	2016年	2017年	2018年	2019年
销售额增长率(%)	7.7	14.3	10	8	7	5	4	3
销售成本占销售额的比例(%)	84.05	83.33	83.33	83.33	83.33	83.33	83.33	83.33
销售及管理费用占销售额比例(%)	10.40	10.0	10	10	10	10	10	10
营运资本需求占销售额比例(%)	15.00	16.04	16.04	16.04	16.04	16.04	16.04	16.04
销售额	420	480	528	570.2	610.1	640.7	666.3	686.3
减:销售成本	-353	-400	-440	-475.2	-508.4	-533.9	-555.2	-571.9
销售及管理费用	-43.7	-48.0	-52.8	-57.0	-61.0	-64.0	-66.6	-68.6
折旧费	-5	-8	-8	-8	-7	-6	-6	-6
EBIT	18.3	24.0	27.2	30.0	33.7	36.7	38.5	39.8
EBIT(1-40%)	11.0	14.4	16.3	18.0	20.2	22.0	23.1	23.9
加:折旧费	5.0	8.0	8.0	8.0	7.0	6.0	6.0	6.0
减:每年增加的营运资本需求	-4.0	-14.0	-7.7	-6.8	-6.4	-4.9	-4.1	-3.2
净资本支出	0.0	-10.0	-8.0	-8.0	-7.0	-6.0	-6.0	-6.0
公司自由现金流量	-1.6	8.6	11.2	13.8	17.1	19.0	20.7	
2018年年末的资产残值							250.9	
加权平均资本成本		11.25%						
公司价值		196						
负债的账面价值		61						
权益价值		135						

(1)预测的逻辑性。销售额的预测十分重要,因为其他财务数据都是在此基础上推算出来的。根据2012年和2013年实际的销售额预测未来五年的销售额。假设销售额增长率在2013年达到顶点后开始平稳下降,各年的销售额增长率如表中所列,到2019年销售额增长率降至3%,假设今后将永远保持这个速度。之所以按这样的假设进行预测,是因为高速度的长期增长是不真实的,如果长期经济增长速度为2%—3%,加上2%—3%

---

[1] FCFF = FCFE + 利息费用×(1-T) + 本金偿还 - 发行的新债 + 优先股股利。
[2] 表中数据引自〔美〕加布里埃尔·哈瓦维尼等,《经理人员财务管理》,王全喜等译,机械工业出版社2006年版,第245页。

的通货膨胀率,那么按照3%的增长率长期增长是完全可以达到的。在销售额的基础上,根据最新的历史数据估算其他的费用占销售额的比例。假设公司除维持现有资产外,没有其他的投资活动,因此每年的净资本支出就等于每年的资产维持费用,即等于每年的折旧费。

在上述假设下,根据(15-10)式就可以得到2014—2018年公司自由现金流的预测值。

(2)估计2018年年末(现金流预测截止期)公司价值。根据"现值"理论,嘉嘉公司在2018年年末的价值等于此后预期自由现金流量的现值。而在上述合理假设下,公司自由现金流量在2018年之后处于稳定增长状态,每年增长3%,则可按照以下模型计算公司期末价值:

$$V_{2018} = \frac{\text{FCFF}_{2019}}{\text{WACC} - g} \tag{15-12}$$

(3)估计公司加权平均资本成本。假设嘉嘉可以按平均9%的利息借债,公司所得税税率为40%,则公司债务的税后成本为5.4%。嘉嘉公司权益资本成本可以通过资本资产定价模型。假设政府债券的利率为6.06%,市场风险补偿为7%,虽然嘉嘉公司股票尚未上市,没有相应的β值,但已知其可比公司迅达的β值为1.1,于是可以得到嘉嘉公司权益资本成本为:

$$\text{嘉嘉公司权益资本成本} = 6.06\% + 7\% \times 1.1 = 13.76\%$$

计算权益资本比重可以用账面价值,但最好用市场价值。假设可比公司迅达公司的资本结构与嘉嘉公司的目标资本结构一致,因此可以采用迅达公司的资本结构。已知迅达公司的权益市场价值比重为70%。根据上述分析结果,可用得到嘉嘉公司的加权平均资本成本为:

$$\text{WACC} = 70\% \times 13.76\% + 30\% \times 5.4\% = 11.25\%$$

(4)估计2013年年底公司价值。首先,根据(15-12)式计算得到2018年年末的公司价值为:

$$V_{2018} = \frac{2\,070}{11.25\% - 3\%} = 25\,090(\text{万元})$$

然后计算各年度预期现金流现值及2018年年末公司价值的现值,加总后得到嘉嘉公司的整体价值为:

$$V_{2013} = \frac{860}{(1+0.1125)^1} + \frac{1\,120}{(1+0.1125)^2} + \frac{1\,380}{(1+0.1125)^3} + \frac{1\,710}{(1+0.1125)^4}$$
$$+ \frac{1\,900}{(1+0.1125)^5} + \frac{25\,090}{(1+0.1125)^5}$$
$$= 773 + 905 + 1\,002 + 1\,116 + 1\,115 + 14\,723 = 19\,600(\text{万元})$$

扣除嘉嘉公司负债的价值6 100万元,则可进一步得到嘉嘉公司股东权益的市场价值为:

$$\text{嘉嘉公司股东权益价值} = \text{公司价值} - \text{债务价值}$$
$$= 19\,600\,000 - 6\,100 = 13\,500(\text{万元})$$

第二节 公司购并中的价值评估

所谓公司购并是指公司兼并与收购,包括吸收合并、新设合并和收购。其实公司购并不过是公司大规模的投资行为,其最终目的与其他投资行为一样,都是提高公司的价值。因此,公司购并中的核心问题之一是对公司价值进行评估。对目标公司而言,要考虑自己公司的价值是多少,被兼并是否对自己有利,收购方出价是否合理。对收购公司而言,要考虑的问题就更多了,不仅要分析自身的价值,还要分析不同的收购方案将如何影响本公司的价值,收购方案包括对目标公司的出价金额、出价方式等。

一、公司购并为什么可能创造价值

如果公司购并能够为股东创造价值,那么它必须能为股东提供分别拥有两个公司股票时所无法得到的利益,包括:

(1) 获得规模经济效益。通常两个公司合并会减少重复的设备,市场营销、原材料购买以及其他许多作业都可以合并起来,因此在产量增加的同时,单位平均成本下降,产生规模经济效益。横向购并即同一行业的两个公司合并,通常能够最好地实现规模经济。纵向购并,即向前到最终消费者、向后到原料采购方的购并,使公司能更好地控制产品销售和原料购买,同样可产生规模经济。相对而言,混合兼并所带来的规模经济效益少些。总之,在公司尚未达到合理规模使各种资源得到充分利用时,或购并双方存在互补优势时,购并能够产生 1+1>2 的经营协同效应,从而为股东创造财富。

(2) 获得财务协同效应。例如,购并一个借贷能力未充分利用的公司就会增加债务融资能力,并获得财务杠杆提高所带来的利益;若一家盈利公司购并了一家亏损公司,可以使公司获得额外的税收减免,并且购并时需重新估价那些已折旧的资产,如果折旧额增加则应税收入减少,从而减少纳税;一个现金充足的公司和一个现金短缺的公司合并就可以实现财务互补,从而给公司股东创造新的财富。

(3) 提高管理效率。具有较高管理效率的公司收购管理效率低下的公司,可以通过提高低效公司的管理效率而提高公司价值。

(4) 增加市场能力。通过购并能够很快地扩大经营规模,增加市场份额或进入新的投资领域、占领新的市场,增加市场能力或垄断能力,从而提高公司价值。

然而,许多公司购并活动实际上并没有为股东创造价值。按照自负假说,购并是受到过于相信自己眼光的竞价者所推动起来的。因此,由自负心理主导的公司购并不可避免地导致过高竞价的非理性行为,结果通常是目标公司的股东受益,而使收购公司的股东财产减少。代理理论则认为,管理者出于个人利益最大化动机,往往会通过购并活动扩大公司规模,以增加个人收入,保障个人职位。出于这种动机的公司购并活动通常会忽视股东利益,并不能为股东创造价值。

二、公司购并中的价值评估

比较价值法和现金流贴现法是最主要的两种公司购并中公司价值评估的方法。应用比较价值法的关键在于正确选择可比公司和适当的比率,而应用现金流贴现法的关键在于正确估计自由现金流量和适当的贴现率,具体的分析过程和计算方法如前所述。下面以公司自由现金流量贴现法的应用为例说明公司购并中对目标公司价值的分析和评估过程。

例 15.3 假定迅达公司目前正在考虑收购嘉嘉公司。迅达公司认为收购不仅能提高嘉嘉公司的管理效率,而且能在市场营销等方面产生较大的规模经济效益。经过仔细分析,收购对嘉嘉公司未来的绩效将产生如下改进:

(1) 嘉嘉公司的销售成本将比目前降低 1 个百分点,从占销售额 83.33% 降到 82.33%;

(2) 嘉嘉公司的销售费用、一般费用和行政管理费用等将降低 0.5 个百分点,从占销售额的 10% 降低到 9.5%;

(3) 嘉嘉公司的营运资本需求从目前占销售额的 16.04% 的水平降到 13%;

(4) 嘉嘉公司 2014—2018 年销售额的增长率比原来预计的数字高 2%,2018 年以后保持 3% 的固定增长。

除了上述变化以外,嘉嘉公司未来其他方面的情况仍将维持未被收购时的预测假设。

解 根据上述假设和表 15-2 所提供的资料可以估计嘉嘉公司被收购后的预计自由现金流量,估计结果如表 15-3 所示。

表 15-3 考虑收购所产生的协同效应后嘉嘉公司的预计现金流量   单位:百万元

	2014 年	2015 年	2016 年	2017 年	2018 年	2019 年
销售额增长率(%)	12	10	9	7	6	3
销售成本占销售额比重(%)	82.33	82.33	82.33	82.33	82.33	82.33
销售及管理费用等占销售额比重(%)	9.5	9.5	9.5	9.5	9.5	9.5
营运资本需求占销售额比重(%)	13	13	13	13	13	13
销售额	537.6	591.4	644.6	689.7	731.1	753.0
减:销售成本	-442.6	-486.9	-530.7	-567.8	-601.9	-619.9
销售及管理费用	-51.07	-56.18	-61.24	-65.52	-69.45	-71.54
折旧费	-8	-8	-7	-6	-6	-6
EBIT	35.93	40.32	45.66	50.38	53.75	55.56
EBIT(1-40%)	21.56	24.19	27.40	30.23	32.25	33.34
加:折旧费	8	8	7	6	6	6
减:每年增加的营运资本需求	7.11	-6.99	-6.92	-5.86	-5.38	-2.85
净资本支出	-8	-8	-7	-6	-6	-6
公司自由现金流量	28.67	17.20	20.48	24.37	26.87	30.49

根据表 15-3 的公司预计自由现金流量,进一步计算嘉嘉公司的价值。

(1) 首先,按照固定增长的假设估计 2018 年年末公司的价值。由于资本结构和借款利率等假设与例 15.2 中未被收购时相同,因此可直接利用例 15.2 中对于加权平均资本成本的计算结果,有 WACC = 11.25%。则 2018 年年末嘉嘉公司的价值为:

$$V_{2018} = \frac{\text{FCFF}_{2019}}{\text{WACC} - g} = \frac{3\,049}{11.25\% - 3\%} = 36\,960(万元)$$

(2) 其次,估计嘉嘉公司的收购价值。

$$V_{2013} = \frac{2\,867}{(1+0.1125)^1} + \frac{1\,720}{(1+0.1125)^2} + \frac{2\,048}{(1+0.1125)^3} + \frac{2\,437}{(1+0.1125)^4}$$

$$+ \frac{2\,687}{(1+0.1125)^5} + \frac{36\,960}{(1+0.1125)^5}$$
$$= 30\,310(万元)$$

扣除负债价值 6 100 万元,嘉嘉公司的股东权益价值为:
$$E_{2013} = 30\,310 - 6\,100 = 24\,210(万元)$$

对比例 15.2 所估计的嘉嘉公司未被收购时的公司股东权益的价值 13 500 万元,收购可能创造的价值为:
$$24\,210 - 13\,500 = 10\,710(万元)$$

三、调整现值法在杠杆收购中的应用

杠杆收购是以目标公司的资产为抵押来获取贷款进行收购的活动。收购方通过筹集相对于权益资本而言不寻常的大量债务来购买一家经营不够好的公司。杠杆收购所采用的战略是在收购后迅速改变经营绩效,提高公司资产创造的现金流,以便在一个合理的期限内(3—5 年)偿还大部分债务,使资本结构调整到合理水平。在资本结构调整阶段,新股东往往不能正常收到现金股利,因为经营收入或出售资产所得的现金首先被用于清偿巨额债务本金和利息。杠杆收购的最终目标一般是将部分或全部股票出售给公众或另一家公司而获得这项投资的收益。所以只有当公司在被收购后的前几年能够获得足够的现金偿还债务,并在若干年后有人愿意购买该公司时收购才能成功。由于收购前投资者总要安排好清偿债务的时间表,因此,债务比率会不断下降,资本结构一直在变动,在这种情况下,对目标公司进行价值评估,应用调整现值法显然要比应用 WACC 对公司自由现金流贴现的方法更好。

下面,我们仍以嘉嘉公司为例,说明在杠杆收购中如何应用调整现值法评估目标公司的价值。

例 15.4[①] 假设嘉嘉公司的几个资深管理人员联合了一家风险投资公司,考虑以 2 亿元买下嘉嘉公司。这笔收购资金由 1.6 亿元的债务资本和 4 000 万元的权益资本组成,债务资本是 11% 的固定利率的贷款,并从 2014 年开始每年偿还 1 500 万元的贷款本金,2018 年年底时负债水平将降低到当前水平,故 2018 年后大笔的债务偿还将停止,此后的债务偿还通过新借入的贷款实现。嘉嘉公司的收购者经过仔细分析后认为,通过更有效的管理能够对嘉嘉公司未来的绩效产生如下改进:

(1) 嘉嘉公司的销售成本将比目前降低一个百分点,从占销售额 83.33% 降到 82.33%;

(2) 嘉嘉公司的销售费用、一般费用和行政管理费用等降低 0.5 个百分点,从占销售额的 10% 降低到 9.5%;

(3) 嘉嘉公司的营运资本需求从目前占销售额的 16.04% 的水平降到 13%;

(4) 嘉嘉公司 2014—2018 年销售额的增长率比原来预计的数字高 2%,2018 年以后保持 3% 的固定增长。

除了上述变化以外,未来其他方面的情况仍将维持嘉嘉公司未被收购时的预测

---

① 此例引自〔美〕加布里埃尔·哈瓦维尼等,《经理人员财务管理》,王全喜等译,机械工业出版社 2006 年版,第 246 页。

假设。

解 (1) 计算收购后预计公司自由现金流量。与现金流贴现法一样,采用调整现值法评估公司价值时同样首先需要预测公司自由现金流量。由于预测的基础与迅达公司考虑收购嘉嘉公司时一样,因此未来公司的自由现金流量也一样,所以可以直接利用表15-3 所计算的公司自由现金流量。需要指出的是,虽然两种情况下公司自由现金流量的数额是相同的,但在迅达公司的收购案中,公司自由现金流除了包括管理改进增加的现金流外,还包括协同效应引起的现金流增加。而在这个杠杆收购案中公司自由现金流的增加全部是由于管理效率的提高所致,并没有协同效应的作用。

(2) 计算收购后嘉嘉公司的资本成本。应用调整现值法需要计算无负债时权益资本的成本。假如 2014 年年初预期的无风险利率为 6.06%,市场风险补偿的历史数据为 7%,并且已知可比公司迅达公司当负债率为 30% 时的权益资本的值是 1.1。因此,可以用资本资产定价模型确定权益资本成本,但需要将迅达公司现在的值调整为无负债状态下的值。根据(10-3)式,有:

$$\beta_{无杠杆} = \frac{\beta_{杠杆}}{\left[1+(1-税率)\frac{负债}{权益}\right]} = \frac{1.1}{1+(1-40\%)\times\frac{0.3}{0.7}} = 0.875$$

则收购后嘉嘉公司无负债时的权益资本成本 $=6.06\%+0.875 7\%=12.2\%$。

(3) 考虑杠杆收购可能引起的税收节约。嘉嘉公司的收购者认为杠杆收购的税收节约主要来自两个方面:一是每年折旧费增加引起的税收节约。固定资产经重新评估后将由原来的 0.53 亿元增加为 1.15 亿元,因此,今后 10 年每年将增加折旧费 1 000 万元。二是杠杆收购后由于大量的债务偿还而带来的税收节约。根据估计,2018 年之后,公司的负债额和利息费用将以与销售额增长率同样的比率上升。折旧和债务所引起的税收节约一律按 11% 负债利息率贴现。①

(4) 计算杠杆收购后公司的权益资本价值,如表 15-4 所示。

表 15-4　嘉嘉公司 2014 年 1 月杠杆收购的价值　　　　　　　　　　单位:百万元

	2014 年年初	2014 年	2015 年	2016 年	2017 年	2018 年	2019 年
1. 公司自由现金流量(见表 15-3)	28.7	17.2	20.5	24.3	26.9	30.5	
无负债时(按 12.2% 资本成本贴现)							
2. 2018 年年末残值						331.5	
3. 2014 年年初公司价值	270.5						
增加的折旧费的节税额							
4. 增加的折旧费(10 年)		10	10	10	10	10	10
5. 折旧费的节税额(40% 税率)		4	4	4	4	4	4
6. 折旧节税额的现值	23.6						
负债的节税额							
7. 年初未偿还债务		160	145	130	115	100	85
8. 年末未偿还债务		145	130	115	100	85	87.6

---

① 折旧引起的税前利润减少,从而导致税收节约现金流的风险低于权益资本现金流,一般的方法是与债务节税额一样都按债务利息率贴现。

(续表)

	2014年年初	2014年	2015年	2016年	2017年	2018年	2019年
9. 利息费用		17.6	16.0	14.3	12.7	11.0	9.6
10. 利息节税额		7.0	6.4	5.7	5.1	4.4	3.8
11. 未来利息节税的价值						47.5	
12. 利息节税额的总价值	49.4						
负债时公司的总价值(无负债时的公司价值+折旧节税现值+利息节税现值)							
13. 2004年年初公司价值	343.5						
14. 权益资本的价值	282.5						

表中数据解释:

无负债时公司在2018年年末的价值 $=\dfrac{30.50}{12.2\%-3\%}=331.5$(百万元)

无负债时公司在2014年年初的价值:

$$V=\dfrac{28.7}{(1+0.122)^1}+\dfrac{17.2}{(1+0.122)^2}+\dfrac{20.5}{(1+0.122)^3}+\dfrac{24.3}{(1+0.122)^4}$$
$$+\dfrac{26.9}{(1+0.122)^5}+\dfrac{331.5}{(1+0.122)^5}=270.5(百万元)$$

折旧税收节约在2014年年初的价值 $=4\times PVIFA_{11\%,10}=4\times 5.889=23.6$(百万元)

2018年年末未来利息节税的价值 $=\dfrac{3.8}{11\%-3\%}=47.5$(百万元)

利息节税在2014年年初的总价值:

$$V=\dfrac{7.0}{(1+0.11)^1}+\dfrac{6.4}{(1+0.11)^2}+\dfrac{5.7}{(1+0.11)^3}+\dfrac{5.1}{(1+0.11)^4}$$
$$+\dfrac{4.4}{(1+0.11)^5}+\dfrac{47.5}{(1+0.11)^5}=49.4(百万元)$$

2014年年初公司总价值 $=270.5+23.6+49.4=343.5$(百万元)

计算结果表明,杠杆收购后嘉嘉公司的价值为3.435亿元,远远大于2亿元的收购价。扣除嘉嘉公司目前的债务额6 100万元,权益资本的价值为2.825亿元。与例15.2中公司自由现金流贴现法估计的嘉嘉公司的价值1.96亿元相比,杠杆收购创造的价值为1.475亿元。不过,这个收购案是否成功的关键问题是能否在收购后的前5年产生足够的现金以支付高额的债务负担。

如表15-5所示,对收购后前5年的现金流分析表明,公司有足够的现金流支付债务本息。但是如果新增的1 000万元折旧资金需留做资本性支出,则除了2015年以外,其他年份都有足够的现金流支付债务。不难看出,收购后的前3年是关键,如果能够保证这3年按预定目标经营,那么即便增加的折旧都留做资本性支出,只要第一年不分股利累积下来就可以满足2015年的偿债需求。所以,为了保证偿债需求,最好是前3—5年不分股利,以备需要,至2018年后债务负担下降至正常水平,公司自由现金流又很充足,分红是不成问题的。

表 15-5　嘉嘉公司杠杆收购后的现金流分析　　　　　　　　单位：百万元

	2014 年	2015 年	2016 年	2017 年	2018 年	2019 年
公司自由现金流	28.7	17.2	20.5	24.3	26.9	30.5
增加的折旧及其税负节约	14.0	14.0	14.0	14.0	14.0	14.0
公司总的自由现金流	42.7	31.2	34.5	38.3	40.9	44.5
税后利息费用	10.6	9.6	8.6	7.6	6.6	5.8
债务本金偿还	15.0	15.0	15.0	15.0	15.0	15.0
债权人总的税后现金流	25.6	24.6	23.6	22.6	21.6	5.8
权益持有人的现金流	17.1	6.6	10.9	15.7	19.3	38.7
权益持有人的现金流（不包括折旧）	7.1	(3.4)	0.9	5.7	9.3	28.7

第三节　公司价值创造的衡量

公司的投资决策、融资决策、营运资金管理等价值管理活动的最终目标是实现公司价值创造，为股东创造财富。但并不是所有能增加公司市场价值的管理活动都实现了价值创造。例如，投入了 2 000 万元资金到一个新项目中，新项目所产生的现金流使得公司当前的市场价值增加了 1 500 万元，那么，此项投资决策是否创造了价值呢？应用净现值原则来分析这个问题，答案很清楚，项目带来的市场价值小于投入的资本，因此该项决策不仅没有创造价值，而且损失了价值。但是在更多的情况下，答案并非如此一目了然。因为公司的各项财务管理活动最终所导致的究竟是价值创造还是价值损失，并不是都可以通过计算净现值进行判断的。这一节将介绍经济增加值和附加市场价值，它们是一种能够衡量公司管理是否创造价值的财务评价指标。

一、经济增加值和附加市场价值的产生

传统的业绩衡量以会计利润为核心，每股盈余一直是衡量上市公司业绩的主要指标。但由于会计确认程序的滞后性以及公司存在盈余管理的可能性，会计利润或每股盈余与公司价值的相关性日益受到人们的质疑。尤其是不断曝光的上市公司财务欺诈案，使得投资者对会计利润的信任度大打折扣。此外，会计利润只考虑以利息形式表现的债务融资成本，而忽略了股权资本的成本，从而严重影响了资源配置的有效性和公司投资决策的正确性。在这种标准的引导下，销售收入和利润的增长成为公司追求的首要目标，过度投资、追求短期利益和委托代理中的逆向选择问题成为久治不愈的顽疾。例如，如果以净资产收益率为基准衡量公司经营者的业绩，则公司经营者可能会放弃高于公司整体资本成本但低于基准净资产收益率的项目，或从事高于基准净资产收益率但具有较高风险的项目，而这些行为都会降低公司整体价值。基于上述问题，人们开始思考用更好的业绩评价指标代替会计利润。

例如，人们注意到对会计利润进行粉饰的主要途径是营业外收支和非主营业务项目，因此开始注重利润表中的主营业务利润。同时，开始推崇"现金至尊"的理念，现金流量被认为是度量公司价值的基础。

经济增加值（economic value added，EVA）和附加市场价值（market value added，MVA）

是20世纪90年代发展起来的一种新的绩效评定方法,美国思藤斯特管理咨询公司(Stern Stewart & Co.)是它们的创造者和商标持有者。1993年,EVA在美国《财富》杂志的封面故事中被称为当今最为热门的财务理念,并作为公司治理和业绩评价标准在全球范围内得到迅速推广。世界上一些著名的大公司,像西门子、可口可乐、杜邦、索尼、AT&T等,都是EVA的忠实用户。如今,美国《财富》杂志已经连续十几年刊登了按照EVA和MVA排名的上市公司财富创造排行榜。

表15-6　2006年美国最大的价值创造者(2007年排行榜)　　单位:百万美元

MVA 前10名	MVA	EVA	ROIC	WACC
1. 通用电气	281 265	8 284	14%	7%
2. 埃克森美孚	223 811	28 961	19%	7%
3. 微软	221 403	9 187	46%	11%
4. 沃尔玛	127 747	5 026	11%	6%
5. 宝洁	125 886	4 179	12%	7%
6. 谷歌	123 471	2 245	55%	13%
7. 阿尔特里亚	117 992	6 903	13%	6%
8. 花旗	116 276	8 381	15%	8%
9. 思科	110 366	827	14%	12%
10. 强生	103 802	5 945	16%	8%

资料来源:摘自美国《财富》杂志,2007年第1期。

二、附加市场价值

(一) 概念

附加市场价值指某一特定时点上,公司总资本的市场价值与投入的总资本价值之差。附加市场价值的计算公式可以表示为:

$$MVA = 公司总资本的市场价值 - 投入的总资本价值 \qquad (15\text{-}13)$$

假设惠康公司于2001年成立,截至2007年12月31日,股东投入的资本价值共2.8亿元,债权人投入的资本价值(假如全部为债券,则为债券的面值)为1亿元。假如这一天公司债券的市场价值为1.1亿元,公司股票有390万股,每股价格为100元,则权益资本的市场价值为3.9亿元,则2000年12月31日该公司的附加市场价值为:

$$MVA = (3.9 + 1.1) - (2.8 + 1) = 1.2(亿元)$$

从MVA的计算公式可以看出,MVA计算的是投资者投入公司的现金价值与按市场价格出售其拥有的资本现金价值的差额,这个差额正是公司增加或减少投资者财富的累积总量。因此,MVA能够反映和评价公司的管理活动是否为投资者创造价值。

(二) 附加市场价值的测算

直接利用(15-13)式计算MVA需要测算公司资本的市场价值和公司投资者投入资本的价值。公司资本的市场价值可以从金融市场获得,但如果要测算的公司不是上市公司,市场价值的数据就不易取得,这时需要通过公司价值评估的方法计算得到。估计投入资本的价值最简便的办法是利用资产负债表的数据,但需要作些调整。这是因为,由于会计核算的需要,使得一些项目没有包括在资产负债表中的总资本中。例如,坏账准备提取、商誉摊销、研究发展费用等按会计准则归入费用项目从利润中减去,其结果影响了留存收益,同时也影响了股东权益的账面价值。因此需要通过调整在资产负债表的总资本中加上这些项目。需要调整的具体项目很多也很复杂,但关键是找出几个对公司业绩分析产生较大影响的项目进行调整,例如坏账准备摊销、商誉摊销、研究开发费用摊销等,这样可以大大减轻调整的复杂性。下面以惠康公司为例说明对会计数据进行调整的意义和过程。

例 15.5[①] 设表 15-7 为惠康公司用管理资产负债表形式表示的未经调整的资产负债表。表 15-7 中浅色数据为没有反映在股东权益账面价值中的会计核算摊销的费用。表 15-8 则为经过调整后的惠康公司管理资产负债表。

表 15-7 惠康公司未经调整的管理资产负债表　　　　　　　单位:百万元

	2013.12.31	2014.12.31		2013.12.31	2014.12.31
现金	5	10	短期负债	40	20
净营运资本需求	100	100	长期负债	40	40
总营运资本需求	105	110	租赁责任	40	40
累计坏账准备	(5)	(10)	所有者权益	170	200
净固定资产	185	190			
厂房设备净值	95	110			
商誉净值	90	80			
累计商誉摊销	(10)	(20)			
合计	290	300	合计	290	300

表 15-8 康惠公司调整后的管理资产负债表　　　　　　　单位:百万元

	2013.12.31	2014.12.31		2013.12.31	2014.12.31
现金	5	10	短期负债	40	20
营运资本需求	105	110	长期负债	40	40
净固定资产	235	260	租赁责任	40	40
厂房设备净值	95	110	负债合计	120	100
总商誉	100	100	调整后的所有者权益	225	280
资本化 RD	40	50	权益账面价值	170	200
			累计坏账准备	5	10
			累计商誉摊销	10	20
			资本化 RD	40	50
合计	345	380	合计	345	380

投资者对公司的投入表现为公司资产的价值,倘若根据惠康公司未经调整的管理资产负债表,公司资产在 2014 年 12 月 31 日这一天的总价值为 3 亿元,其中股东投入的股

[①] 此例引自〔美〕加布里埃尔·哈瓦维尼等,《经理人员财务管理》,王全喜等译,机械工业出版社 2006 年版,第 288 页。

权资本为 2 亿元,债权人投入的资本为 1 亿元。然而,由于累计的坏账准备、累计的商誉摊销、研究开发费用等项目的存在,使得公司的利润和留存收益被低估了,从而导致资产负债表中的股东权益账户不真实,总资产不真实。因此,需要将这些摊销的费用进行资本化调整,才能真实地反映投资者对公司的投入。惠康公司经调整后的管理资产表显示,惠康公司的股东和债权人共投入资本 3.8 亿元,其中股东投入的股权资本为 2.8 亿元。已知这一天在金融市场上,惠康公司股票的价值为 3.9 亿元,债券的价值为 1 亿元,所以,惠康公司在 2014 年 12 月 31 日的附加市场价值是 1.2 亿元。

(三) 附加市场价值与价值创造

如前所述,公司市场价值增加并不意味着公司的生产经营活动正在创造价值。假如 A 公司为投资某个项目筹集了 2 000 万元资金,其中,发行新股筹集了 1 500 万元,发行债券筹集了 500 万元,而该投资项目使得公司的市场价值增加了 1 600 万元。公司市场价值虽然增加了,但是我们并不能说这项投资决策为公司创造了价值,因为公司投入了 2 000 万元才换来这 1 600 万元。这个道理很明显,我们不能因为 A 公司的市场价值是 B 公司的 2 倍,就说 A 公司管理创造的价值是 B 公司的 2 倍,显然,只有比较了 A 公司和 B 公司各自占用的资本数量才能下结论。而公司附加市场价值正是在扣除了资本占用数量之后的公司市场价值。因此,公司附加市场价值增加也就意味着公司的生产经营活动正在创造价值。

公司附加市场价值增加好比公司投资了正的净现值的项目,因此创造了价值。回顾净现值的定义,净现值是投资项目预期产生的现金流量的现值与投入资本之差。附加市场价值中的公司资本投入无非是过去和现在大大小小投资项目的投入资本总量,而所有这些项目未来预期产生的现金流量的现值就是附加市场价值中的公司市场价值。

(四) 价值创造的决定因素

既然附加市场价值能够反映公司是否为投资者创造了价值,那么我们就可以通过分析决定公司附加市场价值增加的重要因素,来揭示公司价值创造的决定因素。在附加市场价值测算中,对于公司资本的市场价值,除了可以通过金融市场取得该数据外,还可以通过公司自有现金流贴现模型得到。为了概括出价值创造的一般规律,假定公司资产产生的自由现金流量以固定的比率增长,因此可以通过以下计算公式确定公司资产的价值:

$$总资本的价值 = \frac{公司自由现金流(FCFF)}{WACC - 增长率}$$

已知:$FCFF = EBIT \times (1 - T) + 折旧 - 净资本支出 - 追加的营运资本$,其中,$EBIT(1 - T)$ 为税后经营净利润,可用 NOPAT 表示,则公司自由现金流可以表示为以下形式:

$$FCFF = NOPAT - (追加的营运资本 + 净资本支出 - 折旧)$$

上式括号里所计算的实际上就是追加的资本投入,因此有:

$$FCFF = NOPAT - 追加的资本投入 \qquad (15\text{-}14)$$

将(15-14)式代入总资本价值计算公式,再从公式两边减去投入的总资本价值,可以得到:

$$总资本的价值 - 期初投入的总资本$$

$$= \frac{NOPAT - 追加的资本投入}{WACC - 增长率} - 期初投入的总资本$$

于是，我们得到附加市场价值的另一表达式：

$$MVA = \frac{NOPAT - 追加的资本投入 - 期初投入的总资本(WACC - 增长率)}{WACC - 增长率}$$

$$= \frac{\left[\dfrac{NOPAT}{期初投入的总资本} - \dfrac{追加的资本投入}{期初投入的总资本} - (WACC - 增长率)\right] \times 期初投入的总资本}{WACC - 增长率}$$

式中，$\dfrac{NOPAT}{期初投入的总资本}$ 是资本的税后经营利润率，用 ROIC 表示，则有：

$$MVA = \frac{[ROIC - 增长率 - (WACC - 增长率)] \times 期初投入的总资本}{WACC - 增长率}$$

$$= \frac{(ROIC - WACC) \times 期初投入的总资本}{WACC - 增长率} \tag{15-15}$$

从(15-15)式可以得到如下重要启示：

第一，附加市场价值主要由决定公司经营业绩的三个主要因素：经营获利能力(ROIC)、资本成本(WACC)和增长率(g)决定。

第二，要实现价值创造，公司资本的获利能力必须大于资本成本。称 ROIC-WACC 为回报率差，这样管理者的目标就不是资本的获利能力最大化，而是回报率差的最大化。如果对经营者的业绩考核采用的仅仅是资本税后经营利润率 ROIC，而不是回报率差，那么就不能实现价值创造的最大化。例如，给经营者制定的业绩考核指标是资产经营利润率必须达到 18%，而公司的资本成本为 12%，那么，对于一个资产经营利润率能达到 15%、已超过公司 12% 资本成本的项目，管理者就会拒绝，因为这个项目将降低他的平均业绩。反之，对于一个资产经营利润率能够达到 18%、但资金成本为 19% 的项目，管理者就会接受，因为该项目将增加他的平均业绩，其结果必然不能实现价值创造的最大化。

第三，在回报率差大于零的情况下，公司增长率越高，创造的价值就越多，但单纯的高增长率并不一定表示价值创造。

MVA 的上述计算公式给我们最重要的启示就是，在决定公司是否创造价值最本质的因素是回报率差。当回报率差大于零时，公司才能够为投资者创造价值。图 15-1 很好地描述了 MVA 的决定因素与价值创造之间的关系。

可见，公司通过组合下述活动能够提高公司的附加市场价值：通过增加销售收入、减少费用支出等方法提高经营利润率；通过加速应收账款回收和存货周转以及更有效地利用固定资产加速总资产的周转；通过获得有利的税率和税收补贴减少实际税收支出；通过设计合理的资本结构和有利的融资方式降低资本成本。将公司的经营业绩考核、报酬计划与上述因素联系起来就能够实现价值创造。

三、经济增加值

（一）概念

经济增加值是公司经过调整的税后经营净利润减去公司为获得这些利润所使用资本的"费用"余额。其计算公式为：

$$EVA = 税后经营净利润(NOPAT) - WACC \times 期初资本占用额 \tag{15-16}$$

从经济增加值的定义和计算公式中可以看到，EVA 与传统的利润指标有一个显著的

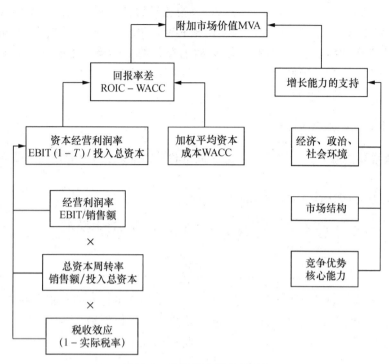

图 15-1 公司价值创造驱动图

不同,这就是在利润的计算中扣除了利息费用,即考虑了债务资本成本,却没有扣除权益资本成本,所以利润的增加并不代表股东财富的增长。而 EVA 则纠正了传统利润指标的这一缺陷,考虑了经营的全部成本。因此,EVA 是从股东的角度定义的利润,有利于反映股东财富变化的真实情况,纠正那种不计成本地扩大股权融资规模,盲目筹资、投资的现象。

EVA 作为独特的业绩评价标准,能够将股东利益与经营者业绩联系在一起,避免决策次优化。例如,如果用投资报酬率来考核公司经营者的业绩,经营者就有可能放弃高于公司资本成本而低于基准投资报酬率的投资机会,或减少现有的投资报酬率较低但高于资本成本的某些资产以提高业绩,其结果是伤害了股东利益。而若用 EVA 考核经营者就能有效解决这个问题。因为经营者主要通过三种途径来增加 EVA:一是在不增加资本投入的条件下,提高已有资产使用效率来提高税后经营利润;二是在收益高于资本成本的条件下增加投资;三是减少收益低于资本成本的资产占用,这三种途径显然都有利于增加股东财富。

(二) EVA 的计算

根据(15-16)式计算 EVA,需要以利润表中的经营净利润为基础,通过调整因会计核算需要但实际并未真正发生的引起经营利润变化的费用项目来得到税后经营净利润。公式中的期初资本占有额也需要进行相应调整,以反映真实的投入总资本。

以研发费用为例,根据公认会计准则,研发费用需计入当年成本,即使这些研发费用是对未来产品或业务的投资。但在计算 EVA 时,需要将在利润表中作为一次性成本的研发费用从费用中剔除,同时在资产负债表中,将研发费用资本化,以得到调整后的税后经营利润和所有者权益。经过这样的调整,公司的税后经营利润和总资本能够反映研发费用的长期经济效益。计算 EVA 时需要调整的项目很多,有商誉的摊销、坏账准备的提取、研究开发费用的摊销、存货计价方法导致的存货的变化等。之所以要进行这样的调整,是因为按会计谨慎性原则这些项目要作为费用从利润中减去,从而影响了公司税后经营利润和总资本的真实性。

（三）EVA 与价值创造

EVA 最重要的意义在于它提出了一种新的价值观念,可以衡量公司为股东创造价值的状况。

假如对 EVA 的计算公式(15-16)作如下调整:

$$\text{EVA} = \left(\frac{\text{NOPAT}}{\text{投资资本}} - \text{WACC}\right) \times \text{期初资本投入}$$

于是有:

$$\text{EVA} = (\text{ROIC} - \text{WACC}) \times \text{期初资本投入} \quad (15\text{-}17)$$

(15-17)式表明,EVA 可以表示为回报率差与期初资本投入的乘积。在 MVA 与价值创造的分析中,我们已经了解到正的回报率差意味着价值创造,由此推论,正的 EVA 意味着价值创造。EVA 衡量了公司管理者创造价值的能力。

EVA 和 MVA 都能够衡量价值创造,那么,它们之间存在什么样的关系呢?

仍以处于稳定增长的公司为例,已知其附加市场价值可以用以下公式计算:

$$\text{MVA} = \frac{(\text{ROIC} - \text{WACC}) \times \text{期初投入资本}}{\text{WACC} - \text{增长率}}$$

由于上式中的分子就是经济增加值的计算公式,因此附加市场价值也可以写为以下形式:

$$\text{MVA} = \frac{\text{EVA}}{\text{WACC} - \text{增长率}} \quad (15\text{-}18)$$

(15-18)式表明,公司的附加市场价值就是其未来预期经济增加值的现值。根据经济增加值的定义,显然它所测量的是特定时期内公司生产经营活动所创造的经济利润,而附加市场价值则是一个存量的概念,是未来可能产生的经济增加值按一定的贴现率贴现的总价值。

下面的例子可以说明经济增加值、附加市场价值和净现值之间的关系。

例 15.6 东风公司准备投资一个独立的子项目。项目的寿命为 2 年,所需初始设备投资为 1 000 万元,营运资本需求为销售收入的 10%。预计第一年的销售收入为 2 000 万元,第二年为 4 000 万元,营业费用占销售额的 70%。项目的寿命为 2 年,固定资产按直线法折旧,残值为零,公司的所得税税率为 40%。公司的加权平均资本成本为 10%。根据上述资料计算该项目的净现值、经济增加值和附加市场价值。

解 该项目的净现值、经济增加值和附加市场价值的计算过程和结果如表 15-9 所示。

表 15-9　东风公司独立子项目的 NPV、EVA 和 MVA　　　　　　　　　　　　单位：万元

	0	1	2
初始投资			
设备	1 000		
营运资本需求(销售额10%)变化	−200	−200	400
税后净营业利润(NOPAT)			
销售额		2 000	4 000
减:占销售额70%的营业费用		−1 400	−2 800
减:折旧		−500	−500
税前营业利润		100	700
减:所得税(40%)		−40	−280
NOPAT		60	420
净现值计算			
NOPAT 加折旧		560	920
减:营运资本需求变化	−200	−200	400
减:资本支出	−1 000		
净现金流量	−1 200	360	1 320
按 10% 资本成本贴现的净现值	218.2		
内部收益率	21%		
经济增加值和附加市场价值计算			
NOPAT		60	420
投入资本	1 000	1 000	1 000
固定资产原值		−500	−1 000
减:累计折旧	1 000	500	0
固定资产净投资		200	400
加:营运资本需求投资		1 200	900
投入资本合计		−120	−90
资本费用(年初投入资本的10%)		−60	330
经济增加值(NOPAT−资本费用)	218.2		
MVA(EVA 按10%贴现)			

例 15.6 说明,价值创造的管理者的最终经营目标应该是使公司的经济增加值和附加市场价值最大化,该目标与以净现值最大化的决策目标是一致的。

例 15.7　超音公司是生产和销售户外体育用品的公司。张先生是该公司唯一的所有者。张先生认为公司最近的业绩很不理想,2013 年度销售额和利润的增长率都低于同行中业绩领先的公司。为了提高公司的经营业绩,张先生决定雇用经验丰富的职业经理人刘先生来经营管理公司,并制订了一个与利润挂钩的非常诱人的报酬计划。刘经理于2014 年 1 月上任后,经过细致的调查分析,提交了 2014 年度的经营计划,计划针对两个主要目标:(1) 通过更有竞争性的营销策略和引进一条新的生产线使公司销售额的增长超过当前水平;(2) 通过严格控制经营费用来提高公司的利润率。表 15-10 和表 15-11 分别是超音公司 2013—2014 年经营情况的管理资产负债表和利润表。表中数据都已经调整过了会计方法对投入资本价值和利润的影响,2014 年增加的资本投入都是在年初一

次性投入的。

表 15-10 超音公司的资产负债表 单位:万元

	2012 年	2013 年	2014 年
投入资本			
现金	100	100	100
营运资本需求	600	600	800
净固定资产	300	300	400
合计	**1 000**	**1 000**	**1 300**
占用资本			
短期负债	200	200	300
长期负债	300	300	400
所有者权益	500	500	600
合计	**1 000**	**1 000**	**1 300**

表 15-11 超音公司的利润表 单位:万元

	2012 年	2013 年	2014 年
销售收入	1 900	2 090	2 500
减:营业费用	1 680	1 860	2 200
折旧	20	20	40
息税前利润（EBIT）	**200**	**210**	**260**
减:利息费用(负债的 10%)	50	50	70
税前利润	150	160	190
减:所得税(33%)	49.5	52.8	62.7
税后利润	**100.5**	**107.2**	**127.3**

表 15-12 则是基于信息咨询机构提供的一些数据以及超音公司财务报表数据计算的结果,咨询机构还提供了投资具有同样风险的户外体育用品生产企业的预期回报率是 25%。那么,刘经理是否实现了张先生所希望达到的目标呢?

表 15-12 超音公司的经营业绩 单位:%

业绩指标	2013 年	2014 年	同行领先者业绩
销售增长率	10.0	20.0	15.0
净利润增长率	6.7	18.8	15.0
营业费用增长率	10.7	18.3	10.0
投入资本增长率	0.0	30.0	15.0
营运资本需求增长率	0.0	33.3	25.0
资本经营利润率(ROIC)	14.1	13.4	16.5

注:资本经营利润率(ROIC) = EBIT(1 − T)/投入资本。

解 根据业绩分析表(表 15-12)所提供的会计数据,可以认为刘经理达到了张先生对他的预期,销售额增长率和净利润率增长率都比 2013 年提高了,而且超过了同行业领先者的水平。但是,我们还不能就此简单地断言刘经理为张先生创造了价值。

超音公司 2014 年的资产负债表显示,公司的负债率是 50%,税前的债务成本是

10%,而根据咨询机构提供的信息,公司权益资本的成本应该为25%。于是我们可以计算超音公司的加权平均资本成本:

$$WACC = 6\% \times (1-33\%) \times 0.5 + 25\% \times 0.5 = 15.9\%$$

超音公司的回报率差:

$$ROIC - WACC = 13.4\% - 15.9\% = -2.5\%$$

2014年的经济增加值:

$$EVA = (ROIC - WACC) \times 期初投入资本 = -2.5\% \times 1300 = -32.5(万元)$$

由于2014年增加的资本投入都是在年初一次性投入的,因此期初资本投入按照1 300万元计算。

分析结果表明,尽管刘经理提高了销售额和利润,却没能为公司创造价值。之所以出现这个结果是因为2014年销售额和利润率的提高主要依靠的是资本投入。最根本的原因还在于张先生以利润和销售的增长考核刘经理的业绩,如果以经济增加值考核业绩就不会出现这种情况。

强调价值创造而不是利润增长作为管理的目标,其最大的优点是引导公司管理者更加注重费用的控制,更加强调资产使用的有效性,以获得更好的投资回报率。

本章总结

1. 比较价值法的基本原理是在参考可比公司价值与某一财务指标的比率的基础上,通过该比率与被评估公司的这一财务指标的乘积而计算得到被评估公司的价值。应用比较价值法需要满足两个基本前提:一是所选择的用于计算比率的公司与被评估公司必须具有可比性,二是市场对可比公司的定价必须是正确的。比较价值法的魅力在于简单且易于使用,尤其是当金融市场上有大量可比公司在进行交易时,应用起来比较方便。但是可比价值法也很容易被操纵和误用。

2. 现金流贴现估价法的基本原理是,由于任何资产的价值都是由资产未来创造现金流的能力所决定的,因此,资产的价值就是其预期未来全部现金流量的现值之和。在此基础上,根据不同的现金流及其相应的贴现率产生了估计公司价值的股权自由现金流贴现模型和公司自由现金流贴现模型。

3. 公司购并通过获得规模经济效益、财务协同效应、提高管理能力等提升公司的价值。现金流贴现法和比较价值法是最主要的两种公司购并中公司价值评估的方法。应用比较价值法的关键在于正确选择可比公司和适当的比率,应用现金流贴现法的关键在于正确估计自由现金流量和适当的贴现率,而在杠杆收购中应用调整现值法则可能取得更好的估计效果。

4. 附加市场价值和经济增加值不仅能够衡量公司的价值,而且可以反映公司的管理活动是否为投资者创造了价值。附加市场价值指某一特定时点上,公司总资本的市场价值与投入的总资本价值之差,这个差额正是公司增加或减少投资者财富的累积总量。经济增加值是公司经过调整的税后经营净利润减去公司为获得这些利润所使用资本的"费用"余额,它是从股东的角度定义的利润,有利于反映股东财富变化的真实情况。经济增加值作为一种独特的业绩评价标准,能够将股东利益与经营者业绩联系在一起,避免决策次优化。公司未来预期经济增加值的现值就是其附加市场价值。

5. 公司附加市场价值主要由决定公司经营业绩的三个主要因素经营获利能力（ROIC）、资本成本（WACC）和增长率（g）决定。实现价值创造最根本的基础是公司资本的获利能力必须大于资本成本，而单纯的高增长率并不一定能够实现价值创造。

思考与练习 》》

1. 为什么市盈率被广泛地用于评估公司价值？应用市盈率估计公司价值时应注意哪些问题？

2. 用价格/账面价值比率评估公司价值的优点和弊端是什么？为什么托宾 Q 值常被用来替代价格/账面价值比率？

3. 用价格/收入比率评估公司价值的优点和弊端是什么？

4. 如何理解在应用现金流贴现估价模型时，现金流因所估价的资产不同而异，贴现率则因现金流风险不同而异？试举例说明。

5. 股权自由现金流模型与股利贴现模型有何异同？

6. 公司购并活动总是能够增加公司价值吗？如果不是，那么你认为什么情况下才会增加公司价值呢？

7. 为什么在杠杆收购中应用调整现值法估计公司价值能够取得比较好的效果？

8. 为什么说 EVA 和 MVA 能够衡量公司的管理活动是否创造了价值？EVA 和 MAV 之间存在什么样的关系？

9. LMC 是一家私有企业。它的所有者正在考虑上市，他们想用 NEC 公司的财务数据估计自己公司的价值。NEC 是一家上市公司，其业务、资产和财务结构都与 LMC 公司具有可比性。试以以下给出的数据为基础，按四种财务比率估计 LMC 公司的价值。

	LMC	NEC
销售额（万美元）	62 000	134 000
税收利润（万美元）	4 600	9 000
现金收益（万美元）	10 400	21 000
权益账面价值（万美元）	20 700	59 000
发行在外的股份数（万股）	—	4 000
股票价格（美元）	—	30

10. 根据以下假设采用现金流贴现法估计 LMC 公司的价值。

（1）销售额目前是 62 000 万美元，将在今后的两年以 8% 的比率增长，之后的两年以 6% 的比率增长，然后增长率将保持在 4%。

（2）税前经营利润率保持在 20%。

（3）资本支出将等于折旧费。

（4）营运资本需求将保持在占销售额 20% 的比例上。

（5）LMC 能够按 10% 的利率借入资金，尚未偿还的负债额为 28 000 万美元，公司所得税税率为 40%。

(6) NEC 公司以市场价值计算的权益资本占全部资本比重为 80%，市场 β 为 1.2。市场无风险利率和风险补偿均为 7%。

11. 假如 NEC 公司准备收购 LMC 公司，经过认真考虑，认为收购后 LMC 公司的绩效可以通过如下途径得到提高：

(1) 每年的销售额增长率在第 10 题假设的基础上提高 0.5 个百分点，但固定增长率仍保持 4%。

(2) 税前经营利润率从 20% 提高到 21%。

(3) 营运资本需求从占销售额的 20% 降到 15%。

(4) 其他假设仍按第 10 题的标准。

试估计 LMC 公司的收购价。

12. ADC 公司的财务数据见下面的管理资产负债表。ADC 公司的加权平均资本成本为 11%。估计 2006 年有 5 500 万美元的 R&D 费用需要资本化，2007 年为 7 000 万美元，2007 年 R&D 费用的摊销为 3 000 万美元。用所给信息，分别以初始投资资本和平均投资资本计算 2007 年 ADC 公司的 EVA。

ADC 公司的管理资产负债表　　　　　　　　单位：百万美元

投入资本	2006.12.31	2007.12.31	资本占有	2006.12.31	2007.12.31
现金	10	15	短期负债	30	10
净营运资本	140	160	长期负债	80	80
总营运资本	147	173	租赁债务	50	50
累计坏账准备	7	13			
固定资产净值	210	225	所有者权益	200	260
有形资产净值	110	150			
商誉净值	100	75			
商誉总值	120	120			
累计摊销	20	45			
总计	360	400	总计	360	400

ADC 公司的损益表　　　　　　　　　　　　单位：百万美元

净销售额	1 400
销售成本	780
销售及管理费用	330
折旧费	45
R&D 费用	110
坏账准备	6
商誉摊销	25
利息费用	14
所得税	40
净利润	60

12. 某电子设备公司考虑购买价值 30 万元的设备，可以在第 1 年增加销售收入 100 万元，第 2 年为 200 万元，第 3 年为 180 万元。设备的成本在 3 年内按直线折旧

法全部折旧完,没有残值。增加的经营费用预计为销售额的90%,不包括折旧。支持项目销售额的营运资本需求为销售额的10%,假设营运资本在年初投入。该公司的借款利率是8%,公司所得税税率为30%,60%的资金来源于借款,公司的权益资本成本为14.1%。

(1) 项目的净现值和内部收益率是多少?据此是否应该购买设备?

(2) 项目的MVA是多少?为什么第1年的EVA是负的,该设备仍应该购买?

参 考 文 献

1. Joseph P. Ogden, Frank C. Jen, Philip F. O'Cornnor, *Advanced Corporate Finance—Policies and Strategies*, Pearson Education, Inc., 2003.
2. Eugene F. Brigham, Michael C. Ehrhardt, *Financial Management—Theory and Practice*, 10th edition, Harcourt, Inc., 2002.
3. 〔美〕James C. Van Horne 等,《财务管理基础》(第11版),清华大学出版社2001年版。
4. 〔美〕Arthur J. Keown 等,《现代财务管理基础》(第七版),朱武祥译,清华大学出版社1997年版。
5. 〔美〕埃斯瓦斯·达莫达兰,《投资估价》,朱武祥、邓海峰等译,清华大学出版社1999年版。
6. 〔美〕加布里埃尔·哈瓦维尼、克劳德·维埃里,《高级经理财务管理——创造价值的过程》(第二版),王全喜等译,机械工业出版社2003年版。
7. 〔英〕理查德·A. 布雷利、〔美〕斯图尔特·C. 迈尔斯,《公司财务原理》,方曙红、范龙振、陆宝群等译,机械工业出版社2004年版。
8. 〔美〕斯蒂芬·罗斯等,《公司理财》,吴世农、沈艺峰、王志强等译,机械工业出版社2005年版。
9. 〔美〕威廉·F. 夏普、戈登·J. 亚历山大、杰弗里·V. 贝利,《投资学》(第五版),赵锡军等译,中国人民大学出版社1998年版。
10. 〔美〕约翰·赫尔,《期权、期货和衍生证券》,张陶伟译,华夏出版社1997年版。
11. 曹凤岐、刘力、姚长辉,《证券投资学》(第二版),北京大学出版社2000年版。
12. 财务报表阅读与分析编写组,《财物报表阅读与分析》,立信会计出版社2000年版。
13. 单吉吉敏,《上市公司财务报表分析》,上海财经大学出版社2004年版。
14. 陈隆麒,《现代财务管理——理论与应用》,华泰书局1993年版。
15. 荆新、王化成、刘俊彦,《财务管理学》(第三版),中国人民大学出版社2002年版。
16. 刘力,《财务管理学》(第二版),企业管理出版社2000年版。
17. 杨纪琬、夏东林,《怎样阅读会计报表》,经济科学出版社1999年版。
18. 李心愉、冯旭南,《公司融资》,中国发展出版社2007年版。

附 表

附表一 复利终值系数表

$$FV_{r,n} = (1+r)^n$$

n	1%	2%	3%	4%	5%	6%	7%	8%	9%	10%
1	1.0100	1.0200	1.0300	1.0400	1.0500	1.0600	1.0700	1.0800	1.0900	1.1000
2	1.0201	1.0404	1.0609	1.0816	1.1025	1.1236	1.1449	1.1664	1.1881	1.2100
3	1.0303	1.0612	1.0927	1.1249	1.1576	1.1910	1.2250	1.2597	1.2950	1.3310
4	1.0406	1.0824	1.1255	1.1699	1.2155	1.2625	1.3108	1.3605	1.4116	1.4641
5	1.0510	1.1041	1.1593	1.2167	1.2763	1.3382	1.4026	1.4693	1.5386	1.6105
6	1.0615	1.1262	1.1941	1.2653	1.3401	1.4185	1.5007	1.5869	1.6771	1.7716
7	1.0721	1.1487	1.2299	1.3159	1.4071	1.5036	1.6058	1.7138	1.8280	1.9487
8	1.0829	1.1717	1.2668	1.3686	1.4775	1.5938	1.7182	1.8509	1.9926	2.1436
9	1.0937	1.1951	1.3048	1.4233	1.5513	1.6895	1.8385	1.9990	2.1719	2.3579
10	1.1046	1.2190	1.3439	1.4802	1.6289	1.7908	1.9672	2.1589	2.3674	2.5937
11	1.1157	1.2434	1.3842	1.5395	1.7103	1.8983	2.1049	2.3316	2.5804	2.8531
12	1.1268	1.2682	1.4258	1.6010	1.7959	2.0122	2.2522	2.5182	2.8127	3.1384
13	1.1381	1.2936	1.4685	1.6651	1.8856	2.1329	2.4098	2.7196	3.0658	3.4523
14	1.1495	1.3195	1.5126	1.7317	1.9799	2.2609	2.5785	2.9372	3.3417	3.7975
15	1.1610	1.3459	1.5580	1.8009	2.0789	2.3966	2.7590	3.1722	3.6425	4.1772
16	1.1726	1.3728	1.6047	1.8730	2.1829	2.5404	2.9522	3.4259	3.9703	4.5950
17	1.1843	1.4002	1.6528	1.9479	2.2920	2.6928	3.1588	3.7000	4.3276	5.0545
18	1.1961	1.4282	1.7024	2.0258	2.4066	2.8543	3.3799	3.9960	4.7171	5.5599
19	1.2081	1.4568	1.7535	2.1068	2.5270	3.0256	3.6165	4.3157	5.1417	6.1159
20	1.2202	1.4859	1.8061	2.1911	2.6533	3.2071	3.8697	4.6610	5.6044	6.7275
21	1.2324	1.5157	1.8603	2.2788	2.7860	3.3996	4.1406	5.0338	6.1088	7.4002
22	1.2447	1.5460	1.9161	2.3699	2.9253	3.6035	4.4304	5.4365	6.6586	8.1403
23	1.2572	1.5769	1.9736	2.4647	3.0715	3.8197	4.7405	5.8715	7.2579	8.9543
24	1.2697	1.6084	2.0328	2.5633	3.2251	4.0489	5.0724	6.3412	7.9111	9.8497
25	1.2824	1.6406	2.0938	2.6658	3.3864	4.2919	5.4274	6.8485	8.6231	10.835
26	1.2953	1.6734	2.1566	2.7725	3.5557	4.5494	5.8074	7.3964	9.3992	11.918
27	1.3082	1.7069	2.2213	2.8834	3.7335	4.8223	6.2139	7.9881	10.245	13.110
28	1.3213	1.7410	2.2879	2.9987	3.9201	5.1117	6.6488	8.6271	11.167	14.421
29	1.3345	1.7758	2.3566	3.1187	4.1161	5.4184	7.1143	9.3173	12.172	15.863
30	1.3478	1.8114	2.4273	3.2434	4.3219	5.7435	7.6123	10.063	13.268	17.449
40	1.4889	2.2080	3.2620	4.8010	7.0400	10.286	14.794	21.725	31.409	45.259
50	1.6446	2.6916	4.3839	7.1067	11.467	18.420	29.457	46.902	74.358	117.39
60	1.8167	3.2810	5.8916	10.520	18.679	32.988	57.946	101.26	176.03	304.48

（续表）

n	12%	14%	15%	16%	18%	20%	24%	28%	32%	36%
1	1.1200	1.1400	1.1500	1.1600	1.1800	1.2000	1.2400	1.2800	1.3200	1.3600
2	1.2544	1.2996	1.3225	1.3456	1.3924	1.4400	1.5376	1.6384	1.7424	1.8496
3	1.4049	1.4815	1.5209	1.5609	1.6430	1.7280	1.9066	2.0972	2.3000	2.5155
4	1.5735	1.6890	1.7490	1.8106	1.9388	2.0736	2.3642	2.6844	3.0360	3.4210
5	1.7623	1.9254	2.0114	2.1003	2.2878	2.4883	2.9316	3.4360	4.0075	4.6526
6	1.9738	2.1950	2.3131	2.4364	2.6996	2.9860	3.6352	4.3980	5.2899	6.3275
7	2.2107	2.5023	2.6600	2.8262	3.1855	3.5832	4.5077	5.6295	6.9826	8.6054
8	2.4760	2.8526	3.0590	3.2784	3.7589	4.2998	5.5895	7.2058	9.2170	11.703
9	2.7731	3.2519	3.5179	3.8030	4.4355	5.1598	6.9310	9.2234	12.166	15.917
10	3.1058	3.7072	4.0456	4.4114	5.2338	6.1917	8.5944	11.806	16.060	21.647
11	3.4785	4.2262	4.6524	5.1173	6.1759	7.4301	10.657	15.112	21.199	29.439
12	3.8960	4.8179	5.3503	5.9360	7.2876	8.9161	13.215	19.343	27.983	40.037
13	4.3635	5.4924	6.1528	6.8858	8.5994	10.699	16.386	24.759	36.937	54.451
14	4.8871	6.2613	7.0757	7.9875	10.147	12.839	20.319	31.691	48.757	74.053
15	5.4736	7.1379	8.1371	9.2655	11.974	15.407	25.196	40.565	64.359	100.71
16	6.1304	8.1372	9.3576	10.748	14.129	18.488	31.243	51.923	84.954	136.97
17	6.8660	9.2765	10.761	12.468	16.672	22.186	38.741	66.461	112.14	186.28
18	7.6900	10.575	12.375	14.463	19.673	26.623	48.039	85.071	148.02	253.34
19	8.6128	12.056	14.232	16.777	23.214	31.948	59.568	108.89	195.39	344.54
20	9.6463	13.743	16.367	19.461	27.393	38.338	73.864	139.38	257.92	468.57
21	10.804	15.668	18.822	22.574	32.324	46.005	91.592	178.41	340.45	637.26
22	12.100	17.861	21.645	26.186	38.142	55.206	113.57	228.36	449.39	866.67
23	13.552	20.362	24.891	30.376	45.008	66.247	140.83	292.30	593.20	1 178.7
24	15.179	23.212	28.625	35.236	53.109	79.497	174.63	374.14	783.02	1 603.0
25	17.000	26.462	32.919	40.874	62.669	95.396	216.54	478.90	1 033.6	2 180.1
26	19.040	30.167	37.857	47.414	73.949	114.48	268.51	613.00	1 364.3	2 964.9
27	21.325	34.390	43.535	55.000	87.260	137.37	332.95	784.64	1 800.9	4 032.3
28	23.884	39.204	50.066	63.800	102.97	164.84	412.86	1 004.3	2 377.2	5 483.9
29	26.750	44.693	57.575	74.009	121.50	197.81	511.95	1 285.6	3 137.9	7 458.1
30	29.960	50.950	66.212	85.850	143.37	237.38	634.82	1 645.5	4 142.1	10 143
40	93.051	188.88	267.86	378.72	750.38	1 469.8	5 455.9	19 427	6 6521	*
50	289.00	700.23	1 083.7	1 670.7	3 927.4	9 100.4	46 890	*	*	*
60	897.60	2 595.9	4 384.0	7 370.2	20 555	56 348	*	*	*	*

* > 99 999

附表二 复利现值系数表

$$PV_{r,n} = \frac{1}{(1+r)^n}$$

n	1%	2%	3%	4%	5%	6%	7%	8%	9%	10%
1	0.9901	0.9804	0.9709	0.9615	0.9524	0.9434	0.9346	0.9259	0.9174	0.9091
2	0.9803	0.9612	0.9426	0.9246	0.9070	0.8900	0.8734	0.8573	0.8417	0.8264
3	0.9706	0.9423	0.9151	0.8890	0.8638	0.8396	0.8163	0.7938	0.7722	0.7513
4	0.9610	0.9238	0.8885	0.8548	0.8227	0.7921	0.7629	0.7350	0.7084	0.6830
5	0.9515	0.9057	0.8626	0.8219	0.7835	0.7473	0.7130	0.6806	0.6499	0.6209
6	0.9420	0.8880	0.8375	0.7903	0.7462	0.7050	0.6663	0.6302	0.5963	0.5645
7	0.9327	0.8706	0.8131	0.7599	0.7107	0.6651	0.6227	0.5835	0.5470	0.5132
8	0.9235	0.8535	0.7894	0.7307	0.6768	0.6274	0.5820	0.5403	0.5019	0.4665
9	0.9143	0.8368	0.7664	0.7026	0.6446	0.5919	0.5439	0.5002	0.4604	0.4241
10	0.9053	0.8203	0.7441	0.6756	0.6139	0.5584	0.5083	0.4632	0.4224	0.3855
11	0.8963	0.8043	0.7224	0.6496	0.5847	0.5268	0.4751	0.4289	0.3875	0.3505
12	0.8874	0.7885	0.7014	0.6246	0.5568	0.4970	0.4440	0.3971	0.3555	0.3186
13	0.8787	0.7730	0.6810	0.6006	0.503	0.4688	0.4150	0.3677	0.3262	0.2897
14	0.8700	0.7579	0.6611	0.5775	0.5051	0.4423	0.3878	0.3405	0.2992	0.2633
15	0.8613	0.7430	0.6419	0.5553	0.4810	0.4173	0.3624	0.3152	0.2745	0.2394
16	0.8528	0.7284	0.6232	0.5339	0.4581	0.3936	0.3387	0.2919	0.2519	0.2176
17	0.8444	0.7142	0.6050	0.5134	0.4363	0.3714	0.3166	0.2703	0.2311	0.1978
18	0.8360	0.7002	0.5874	0.4936	0.4155	0.3503	0.2959	0.2502	0.2120	0.1799
19	0.8277	0.6864	0.5703	0.4746	0.3957	0.3305	0.2765	0.2317	0.1945	0.1635
20	0.8195	0.6730	0.5537	0.4564	0.3769	0.3118	0.2584	0.2145	0.1784	0.1486
21	0.8114	0.6598	0.5375	0.4388	0.3589	0.2942	0.2415	0.1987	0.1637	0.1351
22	0.8034	0.6468	0.5219	0.4220	0.3418	0.2775	0.2257	0.1839	0.1502	0.1228
23	0.7954	0.6342	0.5067	0.4057	0.3256	0.2618	0.2109	0.1703	0.1378	0.1117
24	0.7876	0.6217	0.4919	0.3901	0.3101	0.2470	0.1971	0.1577	0.1264	0.1015
25	0.7798	0.6095	0.4776	0.3751	0.2953	0.2330	0.1842	0.1460	0.1160	0.0923
26	0.7720	0.5976	0.4637	0.3604	0.2812	0.2198	0.1722	0.1352	0.1064	0.0839
27	0.7644	0.5859	0.4502	0.3468	0.2678	0.2074	0.1609	0.1252	0.0976	0.0763
28	0.7568	0.5744	0.4371	0.3335	0.2551	0.1956	0.1504	0.1159	0.0895	0.0693
29	0.7493	0.5631	0.4243	0.3207	0.2429	0.1846	0.1406	0.1073	0.0822	0.0630
30	0.7419	0.5521	0.4120	0.3083	0.2314	0.1741	0.1314	0.0994	0.0754	0.0573
35	0.7059	0.5000	0.3554	0.2534	0.1813	0.1301	0.0937	0.0676	0.0490	0.0356
40	0.6717	0.4529	0.3066	0.2083	0.1420	0.0972	0.0668	0.0460	0.0318	0.0221
45	0.6391	0.4102	0.2644	0.1712	0.1113	0.0727	0.0476	0.0313	0.0207	0.0137
50	0.6080	0.3715	0.2281	0.1407	0.0872	0.0543	0.0339	0.0213	0.0134	0.0085
55	0.5785	0.3365	0.1968	0.1157	0.0683	0.0406	0.0242	0.0145	0.0087	0.0053

（续表）

n	12%	14%	15%	16%	18%	20%	24%	28%	32%	36%
1	0.8929	0.8772	0.8696	0.8621	0.8475	0.8333	0.8065	0.7813	0.7576	0.7353
2	0.7972	0.7695	0.7561	0.7432	0.7182	0.6944	0.6504	0.6104	0.5739	0.5407
3	0.7118	0.6750	0.6575	0.6407	0.6086	0.5787	0.5245	0.4768	0.4348	0.3975
4	0.6355	0.5921	0.5718	0.5523	0.5158	0.4823	0.4230	0.3725	0.3294	0.2923
5	0.5674	0.5194	0.4972	0.4761	0.4371	0.4019	0.3411	0.2910	0.2495	0.2149
6	0.5066	0.4556	0.4323	0.4104	0.3704	0.3349	0.2751	0.2274	0.1890	0.1580
7	0.4523	0.3996	0.3759	0.3538	0.3139	0.2791	0.2218	0.1776	0.1432	0.1162
8	0.4039	0.3506	0.3269	0.3050	0.2660	0.2326	0.1789	0.1388	0.1085	0.0854
9	0.3606	0.3075	0.2843	0.2630	0.2255	0.1938	0.1443	0.1084	0.0822	0.0628
10	0.3220	0.2697	0.2472	0.2267	0.1911	0.1615	0.1164	0.0847	0.0623	0.0462
11	0.2875	0.2366	0.2149	0.1954	0.1619	0.1346	0.0938	0.0662	0.0472	0.0340
12	0.2567	0.2076	0.1869	0.1685	0.1373	0.1122	0.0757	0.0517	0.0357	0.0250
13	0.2292	0.1821	0.1625	0.1452	0.1163	0.0935	0.0610	0.0404	0.0271	0.0184
14	0.2046	0.1597	0.1413	0.1252	0.0985	0.0779	0.0492	0.0316	0.0205	0.0135
15	0.1827	0.1401	0.1229	0.1079	0.0835	0.0649	0.0397	0.0247	0.0155	0.0099
16	0.1631	0.1229	0.1069	0.0980	0.0708	0.0541	0.0320	0.0193	0.0118	0.0073
17	0.1456	0.1078	0.0929	0.0802	0.0600	0.0451	0.0258	0.0150	0.0089	0.0054
18	0.1300	0.0946	0.0808	0.0691	0.0508	0.0376	0.0208	0.0118	0.0068	0.0039
19	0.1161	0.0829	0.0703	0.0596	0.0431	0.0313	0.0168	0.0092	0.0051	0.0029
20	0.1037	0.0728	0.0611	0.0514	0.0365	0.0261	0.0135	0.0072	0.0039	0.0021
21	0.0926	0.0638	0.0531	0.0443	0.0309	0.0217	0.0109	0.0056	0.0029	0.0016
22	0.0826	0.0560	0.0462	0.0382	0.0262	0.0181	0.0088	0.0044	0.0022	0.0012
23	0.0738	0.0491	0.0402	0.0329	0.0222	0.0151	0.0071	0.0034	0.0017	0.0008
24	0.0659	0.0431	0.0349	0.0284	0.0188	0.0126	0.0057	0.0027	0.0013	0.0006
25	0.0588	0.0378	0.0304	0.0245	0.0160	0.0105	0.0046	0.0021	0.0010	0.0005
26	0.0525	0.0331	0.0264	0.0211	0.0135	0.0087	0.0037	0.0016	0.0007	0.0003
27	0.0469	0.0291	0.0230	0.0182	0.0115	0.0073	0.0030	0.0013	0.0006	0.0002
28	0.0419	0.0255	0.0200	0.0157	0.0097	0.0061	0.0024	0.0010	0.0004	0.0002
29	0.0374	0.0224	0.0174	0.0135	0.0082	0.0051	0.0020	0.0008	0.0003	0.0001
30	0.0334	0.0196	0.0151	0.0116	0.0070	0.0042	0.0016	0.0006	0.0002	0.0001
35	0.0189	0.0102	0.0075	0.0055	0.0030	0.0017	0.0005	0.0002	0.0001	*
40	0.0107	0.0053	0.0037	0.0026	0.0013	0.0007	0.0002	0.0001	*	*
45	0.0061	0.0027	0.0019	0.0013	0.0006	0.0003	0.0001	*	*	*
50	0.0035	0.0014	0.0009	0.0006	0.0003	0.0001	*	*	*	*
55	0.0020	0.0007	0.0005	0.0003	0.0001	*	*	*	*	*

* < 0.0001

附表三　年金终值系数表

$$FVIFA_{r,n} = \sum_{t=1}^{n}(1+r)^{n-1} = \frac{(1+r)^n - 1}{r}$$

n	1%	2%	3%	4%	5%	6%	7%	8%	9%	10%
1	1.0000	1.0000	1.0000	1.0000	1.0000	1.0000	1.0000	1.0000	1.0000	1.0000
2	2.0100	2.0200	2.0300	2.0400	2.0500	2.0600	2.0700	2.0800	2.0900	2.1000
3	3.0301	3.0604	3.0909	3.1216	3.1525	3.1836	3.2149	3.2464	3.2781	3.3100
4	4.0604	4.1216	4.1836	4.2465	4.3101	4.3746	4.4399	4.5061	4.5731	4.6410
5	5.1010	5.2040	5.3091	5.4163	5.5256	5.6371	5.7507	5.8666	5.9847	6.1051
6	6.1520	6.3081	6.4684	6.6330	6.8019	6.9753	7.1533	7.3359	7.5233	7.7156
7	7.2135	7.4343	7.6625	7.8983	8.1420	8.3938	8.6540	8.9228	9.2004	9.4872
8	8.2857	8.5830	8.8923	9.2142	9.5491	9.8975	10.260	10.637	11.028	11.436
9	9.3685	9.7546	10.159	10.583	11.027	11.491	11.978	12.488	13.021	13.579
10	10.462	10.950	11.464	12.006	12.578	13.181	13.816	14.487	15.193	15.937
11	11.567	12.169	12.808	13.486	14.207	14.972	15.784	16.645	17.560	18.531
12	12.683	13.412	14.192	15.026	15.917	16.870	17.888	18.977	20.141	21.384
13	13.809	14.680	15.618	16.627	17.713	18.882	20.141	21.495	22.953	24.523
14	14.947	15.974	17.086	18.292	19.599	21.015	22.550	24.215	26.019	27.975
15	16.097	17.293	18.599	20.024	21.579	23.276	25.129	27.152	29.361	31.772
16	17.258	18.639	20.157	21.825	23.657	25.673	27.888	30.324	33.003	35.950
17	18.430	20.012	21.762	23.698	25.840	28.213	30.840	33.750	36.974	40.545
18	19.615	21.412	23.414	25.645	28.132	30.906	33.999	37.450	41.301	45.599
19	20.811	22.841	25.117	27.671	30.539	33.760	37.379	41.446	46.018	51.159
20	22.019	24.297	26.870	27.778	33.066	36.786	40.995	45.752	51.160	57.275
21	23.239	25.783	28.676	31.969	35.719	39.993	44.865	50.423	56.765	64.002
22	24.472	27.299	30.537	34.248	38.505	43.392	49.006	55.457	62.873	71.403
23	25.716	28.845	32.453	36.618	41.430	46.996	53.436	60.893	69.532	79.543
24	26.973	30.422	34.426	39.083	44.502	50.816	58.177	66.765	76.790	88.497
25	28.243	32.030	36.459	41.646	47.727	54.865	63.249	73.106	84.701	98.347
26	29.526	33.671	38.553	44.312	51.113	59.156	68.676	79.954	93.324	109.18
27	30.821	35.344	40.710	47.084	54.669	63.706	74.484	87.351	102.72	121.10
28	32.129	37.051	42.931	49.968	58.403	68.528	80.698	95.339	112.97	134.21
29	33.450	38.792	45.219	52.966	62.323	73.640	87.347	103.97	124.14	148.63
30	34.785	40.568	47.575	56.085	66.439	79.058	94.461	113.28	136.31	164.49
40	48.886	60.402	75.401	95.026	120.80	154.76	199.64	259.06	337.88	442.59
50	64.463	84.579	112.80	152.67	209.35	290.34	406.53	573.77	815.08	1 163.9
60	81.670	114.05	163.05	237.99	353.58	533.13	813.52	1 253.2	1 944.8	3 034.8

（续表）

n	12%	14%	15%	16%	18%	20%	24%	28%	32%	36%
1	1.0000	1.0000	1.0000	1.0000	1.0000	1.0000	1.0000	1.0000	1.0000	1.0000
2	2.1200	2.1400	2.1500	2.1600	2.1800	2.2000	2.2400	2.2800	2.3200	2.3600
3	3.3744	3.4396	3.4725	3.5056	3.5724	3.6400	3.7776	3.9184	3.0624	3.2096
4	4.7793	4.9211	4.9934	5.0665	5.2154	5.3680	5.6842	6.0156	6.3624	6.7251
5	6.3528	6.6101	6.7424	6.8771	7.1542	7.4416	8.0484	8.6999	9.3983	10.146
6	8.1152	8.5355	8.7537	8.9775	9.4420	9.9299	10.980	12.136	13.406	14.799
7	10.089	10.730	11.067	11.414	12.142	12.916	14.615	16.534	18.696	21.126
8	12.300	13.233	13.727	14.240	15.327	16.499	19.123	22.163	25.678	29.732
9	14.776	16.085	16.786	17.519	19.086	20.799	24.712	29.369	34.895	41.435
10	17.549	19.337	20.304	21.321	23.521	25.959	31.643	38.593	47.062	57.352
11	20.655	23.045	24.349	25.733	28.755	32.150	40.238	50.398	63.122	78.998
12	24.133	27.271	29.002	30.850	34.931	39.581	50.895	65.510	84.320	108.44
13	28.029	32.089	34.352	36.786	42.219	48.497	64.110	84.853	112.30	148.47
14	32.393	37.581	40.505	43.672	50.818	59.196	80.496	109.61	149.24	202.93
15	37.280	43.842	47.580	51.660	60.965	72.035	100.82	141.30	198.00	276.98
16	42.753	50.980	55.717	60.925	72.939	87.442	126.01	181.87	262.36	377.69
17	48.884	59.118	65.075	71.673	87.068	105.93	157.25	233.79	347.31	514.66
18	55.750	68.394	75.836	84.141	103.74	128.12	195.99	300.25	459.45	700.94
19	63.440	78.969	88.212	98.603	123.41	154.74	244.03	385.32	607.47	954.28
20	72.052	91.025	102.44	115.38	146.63	186.69	303.60	494.21	802.86	1 298.8
21	81.699	104.77	118.81	134.84	174.02	225.03	377.46	633.59	1 060.8	1 767.4
22	92.503	120.44	137.63	157.41	206.34	271.03	469.06	812.00	1 401.2	2 404.7
23	104.60	138.30	159.28	183.60	244.49	326.24	582.63	1 040.4	1 850.6	3 271.3
24	118.16	158.66	184.17	213.98	289.49	392.48	723.46	1 332.7	2 443.8	4 450.0
25	133.33	181.87	212.79	249.21	342.60	471.98	898.09	1 706.8	3 226.8	6 053.0
26	150.33	208.33	245.71	290.09	405.27	567.38	1 114.6	2 185.7	4 260.4	8 233.1
27	169.37	238.50	283.57	337.50	479.22	681.85	1 383.1	2 798.7	5 624.8	11 198.0
28	190.70	272.89	327.10	392.50	566.48	819.22	1 716.1	3 583.3	7 425.7	15 230.3
29	214.58	312.09	377.17	456.30	669.45	984.07	2 129.0	4 587.7	9 802.9	20 714.2
30	241.33	356.79	434.75	530.31	790.95	1 181.9	2 640.9	5 873.2	12 941	28 172.3
40	767.09	1 342.0	1 779.1	2 360.8	4 163.2	7 343.9	22 729	69 377	*	*
50	2 400.0	4 994.5	7 217.7	10 436	21 813	4 597	*	*	*	*
60	7 471.6	18 535	29 220	46 058	*	*	*	*	*	*

* >99 999

附表四 年金现值系数表

$$\text{PVIFA}_{r,n} = \sum_{t=1}^{n} \frac{1}{(1+r)^t} = \frac{1-\frac{1}{(1+r)^n}}{r} = \frac{1}{r} - \frac{1}{r(1+r)^n}$$

n	1%	2%	3%	4%	5%	6%	7%	8%	9%
1	0.9901	0.9804	0.9709	0.9615	0.9524	0.9434	0.9346	0.9259	0.9174
2	1.9704	1.9416	1.9135	1.8861	1.8594	1.8334	1.8080	1.7833	1.7591
3	2.9410	2.8839	2.8286	2.7751	2.7232	2.6730	2.6243	2.5771	2.5313
4	3.9020	3.8077	3.7171	3.6299	3.5460	3.4651	3.3872	3.3121	3.2397
5	4.8534	4.7135	4.5797	4.4518	4.3295	4.2124	4.1002	3.9927	3.8897
6	5.7955	5.6014	5.4172	5.2421	5.0757	4.9173	4.7665	4.6229	4.4859
7	6.7282	6.4720	6.2303	6.0021	5.7864	5.5824	5.3893	5.2064	5.0330
8	7.6517	7.3255	7.0197	6.7327	6.4632	6.2098	5.9713	5.7466	5.5348
9	8.5660	8.1622	7.7861	7.4353	7.1078	6.8017	6.5152	6.2469	5.9952
10	9.4713	8.9826	8.5302	8.1109	7.7217	7.3601	7.0236	6.7101	6.4177
11	10.3676	9.7868	9.2526	8.7605	8.3064	7.8869	7.4987	7.1390	6.8052
12	11.2551	10.5753	9.9540	9.3851	8.8633	8.3838	7.9427	7.5361	7.1607
13	12.1337	11.3484	10.6350	9.9856	9.3936	8.8527	8.3577	7.9038	7.4869
14	13.0037	12.1062	11.2961	10.5631	9.8986	9.2950	8.7455	8.2442	7.7862
15	13.8651	12.8493	11.9379	11.1184	10.3797	9.7122	9.1079	8.559	8.0607
16	14.7179	13.5777	12.5611	11.6523	10.8378	10.1059	9.4466	8.8514	8.3126
17	15.5623	14.2919	13.1661	12.1657	11.2741	10.4773	9.7632	9.1216	8.5436
18	16.3983	14.9920	13.7535	12.6593	11.6896	10.8276	10.0591	9.3719	8.7556
19	17.2260	15.6785	14.3238	13.1339	12.0853	11.1581	10.3356	9.6036	8.9501
20	18.0456	16.3514	14.8775	13.5903	12.4622	11.4699	10.5940	9.8181	9.1285
21	18.8570	17.0112	15.4150	14.0292	12.8212	11.7641	10.8355	10.0168	9.2922
22	19.6604	17.6580	15.9369	14.4511	13.1630	12.0416	11.0612	10.2007	9.4424
23	20.4558	18.2922	16.4436	14.8568	13.4886	12.3034	11.2722	10.3711	9.5802
24	21.2434	18.9139	16.9355	15.2470	13.7986	12.5504	11.4693	10.5288	9.7066
25	22.0232	19.5235	17.4131	15.6221	14.0939	12.7834	11.6536	10.6748	9.8226
26	22.7952	20.1210	17.8768	15.9828	14.3752	13.0032	11.8258	10.8100	9.9290
27	23.5596	20.7069	18.3270	16.3296	14.6430	13.2105	11.9867	10.9352	10.0266
28	24.3164	21.2813	18.7641	16.6631	14.8981	13.4062	12.1371	11.0511	10.1161
29	25.0658	21.8444	19.1885	16.9837	15.1411	13.5907	12.2777	11.1584	10.1983
30	25.8077	22.3965	19.6004	17.2920	15.3725	13.7648	12.4090	11.2578	10.2737
35	29.4086	24.9986	21.4872	18.6646	16.3742	14.4982	12.9477	11.6546	10.5668
40	32.8347	27.3555	23.1148	19.7928	17.1591	15.0463	13.3317	11.9246	10.7574
45	36.0945	29.4902	24.5187	20.7200	17.7741	15.4558	13.6055	12.1084	10.8812
50	39.1961	31.4236	25.7298	21.4822	18.2559	15.7619	13.8007	12.2335	10.9617
55	42.1472	33.1748	26.7744	22.1086	18.6335	15.9905	13.9399	12.3186	11.0140

（续表）

n	10%	12%	14%	15%	16%	18%	20%	24%	28%	32%
1	0.9091	0.8929	0.8772	0.8696	0.8621	0.8475	0.8333	0.8065	0.7813	0.7576
2	1.7355	1.6901	1.6467	1.6257	1.6052	1.5656	1.5278	1.4568	1.3916	1.3315
3	2.4869	2.4018	2.3216	2.2832	2.2459	2.1743	2.1065	1.9813	1.8684	1.7663
4	3.1699	3.0373	2.9137	2.8550	2.7982	2.6901	2.5887	2.4043	2.2410	2.0957
5	3.7908	3.6048	3.4331	3.3522	3.2743	3.1272	2.9906	2.7454	2.5320	2.3452
6	4.3553	4.1114	3.8887	3.7845	3.6847	3.4976	3.3255	3.0205	2.7594	2.5342
7	4.8684	4.5638	4.2882	4.1604	4.0386	3.8115	3.6046	3.2423	2.9370	2.6775
8	5.3349	4.9676	4.6389	4.4873	4.3436	4.0776	3.8372	3.4212	3.0758	2.7860
9	5.7590	5.3282	4.9464	4.7716	4.6065	4.3030	4.0310	3.5655	3.1842	2.8681
10	6.1446	5.6502	5.2161	5.0188	4.8332	4.4941	4.1925	3.6819	3.2689	2.9304
11	6.4951	5.9377	5.4527	5.2337	5.0286	4.6560	4.3271	3.7757	3.3351	2.9776
12	6.8137	6.1944	5.6603	5.4206	5.1971	4.7932	4.4392	3.8514	3.3868	3.0133
13	7.1034	6.4235	5.8424	5.5831	5.3423	4.9095	4.5327	3.9124	3.4272	3.0404
14	7.3667	6.6282	6.0021	5.7245	5.4675	5.0081	4.6106	3.9616	3.4587	3.0609
15	7.6061	6.8109	6.1422	5.8474	5.5755	5.0916	4.6755	4.0013	3.4834	3.0764
16	7.8237	6.9740	6.2651	5.9542	5.6685	5.1624	4.7296	4.0333	3.5026	3.0882
17	8.0216	7.1196	6.3729	6.0472	5.7487	5.2223	4.7746	4.0591	3.5177	3.0971
18	8.2014	7.2497	6.4674	6.1280	5.8178	5.2732	4.8122	4.0799	3.5294	3.1039
19	8.3649	7.3658	6.5504	6.1982	5.8775	5.3162	4.8435	4.0967	3.5386	3.1090
20	8.5136	7.4694	6.6231	6.2593	5.9288	5.3527	4.8696	4.1103	3.5458	3.1129
21	8.6487	7.5620	6.6870	6.3125	5.9731	5.3837	4.8913	4.1212	3.5514	3.1158
22	8.7715	7.6446	6.7429	6.3587	6.0113	5.4099	4.9094	4.1300	3.5558	3.1180
23	8.8832	7.7184	6.7921	6.3988	6.0442	5.4321	4.9245	4.1371	3.5592	3.1197
24	8.9847	7.7843	6.8351	6.4338	6.0726	5.4509	4.9371	4.1428	3.5619	3.1210
25	9.0770	7.8431	6.8729	6.4641	6.0971	5.4669	4.9476	4.1474	3.5640	3.1220
26	9.1609	7.8957	6.9061	6.4906	6.1182	5.4804	4.9563	4.1511	3.5656	3.1227
27	9.2372	7.9426	6.9352	6.5135	6.1364	5.4919	4.9636	5.1542	3.5669	3.1233
28	9.3066	7.9844	6.9607	6.5335	6.1520	5.5016	4.9697	4.1566	3.5679	3.1237
29	9.3696	8.0218	6.9830	6.5509	6.1656	5.5098	4.9747	4.1585	3.5687	3.1240
30	9.4269	8.0552	7.0027	6.5660	6.1772	5.5168	4.9789	4.1601	3.5693	3.1242
35	9.6442	8.1755	7.0700	6.6166	6.2153	5.5386	4.9915	1.1644	3.5707	3.1248
40	9.7791	8.2438	7.1050	6.6418	6.2335	5.5482	4.9966	4.1659	3.5712	3.1250
45	9.8628	8.2825	7.1232	6.6543	6.2421	5.5523	4.9986	4.1664	3.5714	3.1250
50	9.9148	8.3045	7.1327	6.6605	6.2463	5.5541	4.9995	4.1666	3.5714	3.1250
55	9.9471	8.3170	7.1376	6.6636	6.2482	5.5549	4.9998	4.1666	3.5714	3.1250

后　　记

　　1997年,我第一次在北京大学经济学院完整地讲授"公司金融学"(那时候称作"公司财务学")课程。到现在,不知不觉地已经十年有余。在学习研究和教学实践中,我对公司金融学的理解和认识在逐步加深,讲稿也被反复地修改和充实了不知多少次。正是在这个基础上,我完成了本书的写作。

　　坦率地说,写完这本书着实不容易。公司金融学是一门涉猎十分广泛的学科,它与日新月异的金融实践紧密相连,与不断发展的会计学、金融学和经济学理论交互相融。为了能够尽量地规范一些,并尽可能地融进公司金融理论和实践的发展,我花了三年多的时间,殚精竭虑地写作,丝毫不敢有所懈怠。尽管如此,仍存在不小的差距。因此,当本书终于完稿之时,我轻松之余却又有些忐忑不安,担心挂一漏万,生怕自己的某些疏漏、笔误甚至偏见会贻害读者。唯有敬请同行专家和读者不吝批评和指教。

　　在本书即将付梓出版之际,我还要感谢本书的责任编辑贾米娜女士,她以对读者高度负责的精神和认真细致的工作态度,以一位编辑特有的敏锐目光,使本书避免了许多可能出现的失误,令我感动并受益无穷。

　　最后,感谢所有曾经以不同方式给过我帮助、鼓励的同仁、朋友和亲人们。

　　就在我完成全部书稿的校对之时,今天凌晨,我最最亲爱的父亲与世长辞了。父亲一生正直、善良、敦厚,给了我人世间最无私、最美好的父爱,是父亲的慈爱和鼓励伴随着我,才使我走到今天。谨以此书献给我最最亲爱的父亲!

李心愉

2008年8月5日于北京大学中关园

第二版后记

本书自第一版出版以来,一直受到读者和学生的欢迎,并在 2014 年被立项为北京大学教材建设项目。从各方面反馈的信息来看,均对本书给予了充分的肯定。

经过 6 年时间的教学实践体验,针对公司理论和实务的发展与变化,以及读者的建议,我对本书进行了修订。修订中,在保持第一版的章节结构体系及主要内容不变的基础上,对各章节分别按照不同情况进行了重点或部分的修订。

2007 年以来,我国的企业的会计报表开始执行新的会计准则,会计报表的科目有较大的变化。因此,在本次修订中,我对第二章和第三章进行了重点修订。对于本书其他章节的修订主要体现在增加和改写了一些案例,对各章节的案例和例题都尽可能进行了重新编排,使其更具有时代感。同时,对各章节所阐述的理论和概念重新斟酌后,对不够精练和准确的表述进行了修改,力求表述更加严谨。

我在北京大学经济学院的本科生和研究生教学中一直采用本书作为教材。学生们在学习过程中仔细阅读教材,积极反馈他们的思考和所发现的问题,正是他们对本书的厚爱以及对教材中疏漏的质疑,使本书能够在修订中得到完善和改进。在本书的修订工作完成之时,我要向这些学生表示由衷的感谢!同时,我也要感谢北京大学出版社对本书修订工作的支持,感谢责任编辑对书稿细致敏锐的审核和建议。

李心愉
2015 年 2 月于北京大学经济学院

教师反馈及教辅申请表

北京大学出版社本着"教材优先、学术为本"的出版宗旨，竭诚为广大高等院校师生服务。为更有针对性地提供服务，请您认真填写以下表格并经系主任签字盖章后寄回，我们将按照您填写的联系方式免费向您提供相应教辅资料，以及在本书内容更新后及时与您联系邮寄样书等事宜。

书名		书号	978-7-301-	作者	
您的姓名				职称职务	
校/院/系					
您所讲授的课程名称					
每学期学生人数	_____人_____年级			学时	
您准备何时用此书授课					
您的联系地址					
邮政编码		联系电话（必填）			
E-mail（必填）		QQ			
您对本书的建议：				系主任签字 盖章	

我们的联系方式：

北京大学出版社经济与管理图书事业部
北京市海淀区成府路 205 号，100871
联 系 人：徐冰
电　　话：010-62767312 / 62757146
传　　真：010-62556201
电子邮件：em_pup@126.com　　em@pup.cn
Ｑ　　Ｑ：5520 63295
新浪微博：@北京大学出版社经管图书
网　　址：http://www.pup.cn